中国城市科学研究会数字城市专业委员会轨道交通学组 编

智慧城市与轨道交通

2017

中央民族大学出版社
China Minzu University Press

图书在版编目(CIP)数据

智慧城市与轨道交通.2017/中国城市科学研究会数字城市专业委员会轨道交通学组编.—北京:中央民族大学出版社,2017.5

ISBN 978-7-5660-1357-6

Ⅰ.①智… Ⅱ.①中… Ⅲ.①现代化城市—城市铁路—轨道交通—研究 Ⅳ.①U239.5

中国版本图书馆CIP数据核字(2017)第108488号

智慧城市与轨道交通.2017

编　　者	中国城市科学研究会数字专业委员会轨道交通学组
责任编辑	舒　松
封面设计	汤建军
出 版 者	中央民族大学出版社 北京市海淀区中关村南大街27号　邮编:100081 电话:68472815(发行部)　传真:68932751(发行部) 68932218(总编室)　68932447(办公室)
发 行 者	全国各地新华书店
印 刷 厂	北京盛华达印刷有限公司
开　　本	889×1194(毫米)　1/16　印张:33.25
字　　数	850千字
版　　次	2017年5月第1版　2017年5月第1次印刷
书　　号	ISBN 978-7-5660-1357-6
定　　价	186.00元

《智慧城市与轨道交通》编委会

前　言

全国智慧城市与轨道交通学术会议已成功举办了三届，为学术界和实务界搭建了理论和实践交流的平台，邀请了国际国内的著名专家学者分享技术创新成果和规划建设经验，为促进智慧城市和轨道交通协同发展做出了贡献。

在我国城市轨道交通日益发展之际，为加强业内的学习交流、合作共赢，推进我国智慧城市与城市轨道交通可持续发展，中国城市科学研究会数字城市专业委员会轨道交通学组定于2017年4月16日—18日在天津市举办“第四届全国智慧城市与轨道交通学术会议暨轨道交通学组年会”，会议自2016年开始征集论文，广大会员积极参与撰写论文。到目前，共收到论文146篇，经专家审核本次论文集收录119篇。其中有部分质量很高的论文，我们选为优秀论文，拟在会上进行表彰。从数字可以看出，去年第三届学术会议收到论文投稿119多篇，收录了96多篇，今年大大增加，这反映出学组成员对参与学组活动和论文投稿很有积极性和热情。也反映出行业发展的前景越来越好。我们希望通过学术交流和论文征集活动，使学组更具有活力，并通过学组活动推动整个行业发展。同时，也希望学组成员通过学术活动和撰写论文，在事业上有收获，有进步。

《智慧城市与轨道交通2017》的形成是学组成员集体智慧的结晶。期间，编委会投入了大量的时间与精力，学组成员单位给予了积极的支持和帮助，专家顾问提出了宝贵的意见和建议。在此，我们对他们表示衷心的感谢。

轨道交通学组

2017年5月

目　录

第一部分　研究分析报告篇

第二部分 设计与施工篇

第三部分 应用篇

1

第一部分

研究分析报告篇

刚性接触网 F + F4622 型膨胀接头烧蚀原因分析

盛 良[1] 张文轩[1] 王文斌[2]

（1. 中国铁道科学研究院基础设施检测研究所；2. 中国铁道科学研究院城市轨道中心）

摘 要：针对我国某地铁线路刚性悬挂 F + F4622 型膨胀接头普遍烧蚀严重的问题，通过对比新旧滑板廓形特征、膨胀元件结构及布置特征以及新旧滑板与膨胀元件动态弓网过程，发现旧碳滑板中心区域集中磨耗的高差是引起该线膨胀接头烧蚀严重的直接原因，并通过新旧滑板等多种工况的弓网动态试验验证了分析结论。为进一步查明碳滑板中集中磨耗产生的原因，采用激光非接触检测系统对全线接触线平面布置进行动态测量，通过对全线四种平面布置方案的拉出值分布特征及各自所占比例分析，得出了膨胀接头拉出值零点布置的过高比例使用是造成碳滑板中心集中磨耗的直接原因，也是该线 F + F4622 型膨胀接头烧蚀的根本原因。

关键词：膨胀接头烧蚀；拉出值；滑板磨耗；弓网动态检测

0 引言

为节约隧道净空，我国多条地铁地下隧道内均采用刚性悬挂接触网。为改善高速区段锚段连接处弓网关系，多条最高运行速度达100km/h 及以上地铁线路采用滑道式膨胀接头进行机械分段，以对锚段内汇流排温度变化所产生纵向的膨胀或收缩予以补偿，并使受电弓在膨胀接头处可以平稳滑过而不产生机械或电气中断[1-3]。但多条线路开通运行至今均出现膨胀接头的普遍烧蚀现象（如图 1 所示），经国内外专家多次反复精调后仍无法避免烧蚀现象出现，极大地增加了运营单位的维护成本，并严重影响线路安全运行[4-7]。利用铁科院新研发的基于地铁运营车辆的弓网检测系统，对安装有 F + F4622 型膨胀接头的国内某地铁线路进行了多工况的弓网动态检测，在充分分析各项试验数据后，总结出了其烧蚀的根本原因。

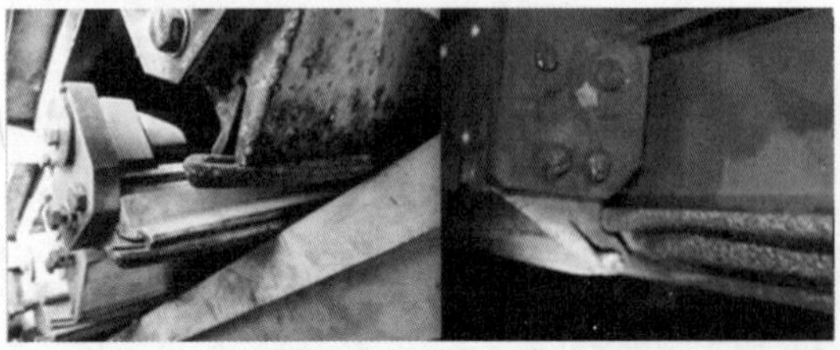

图 1 膨胀接头烧蚀情况

1 膨胀接头

采用 Furrer + Frey 公司研制的 4622. 2 型双辅助线膨胀接头，膨胀接头全长 1 515mm，由铝合金框架、镀银导电杆、动触头、静触头和附加导线夹板等部件组成，其温度最大补偿范围为 1 000mm。膨胀接头单根重量达 58kg，属于集中荷载。膨胀接头夹装在相邻两端的汇流排中间，两端均存在主导线和辅助导线并行区段，该区段三接触线高度相同，水平间距为35. 4mm，如图 2（a）所示。膨胀接头附加导线

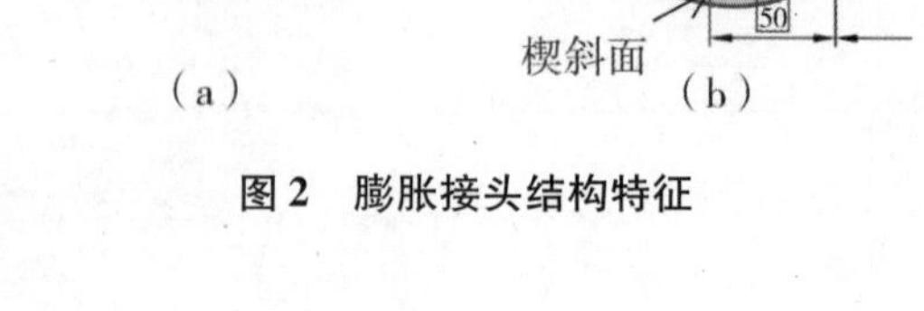

图 2 膨胀接头结构特征

两端和汇流排端部接触线均预打磨成长度50mm，高度6.8mm，外露20mm的楔形斜面作为滑板导入角，以引导受电弓平滑通过，如图2（b）所示。

为保证膨胀接头处汇流排能够自由伸缩，Furrer + Frey公司要求膨胀接头应安装在轨道上尽可能直的中轴线、拉出值为零的位置上。为确保顺滑过渡，膨胀接头两支撑点相邻外侧一支点的拉出值也设置为零值。图3为该地铁线路膨胀接头的安装方案。这样，膨胀元件两端约各15米的接触线拉出值接近零值。

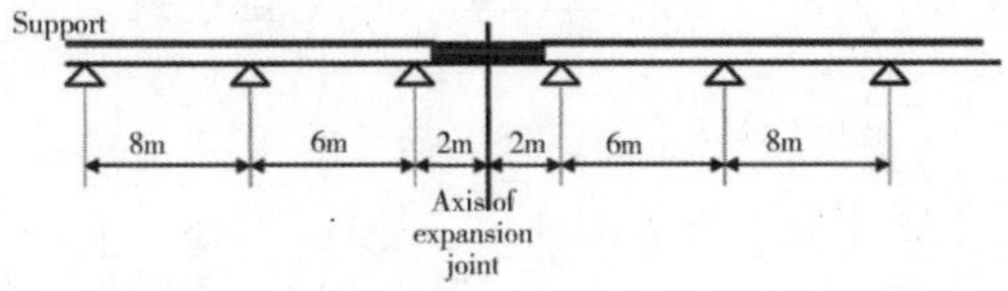

图3　膨胀元件安装方案

2　受电弓滑板

在受电弓的整个有效工作周期内，除碳滑板作为耗材部件不断更新替换外，受电弓其他部件均无需特殊调整。因此碳滑板是受电弓整个有效运行周期内最为显著的变量因素。同时，碳滑板作为受电弓的重要部件，负责与接触线滑动接触并将电能可靠传输至车内牵引系统，碳滑板状态的变化直接影响弓网关系，应重点分析旧滑板相对新滑板的差异。

如图4所示，为新碳滑板，其碳条宽度为800mm，工作范围内（－300mm—＋300mm）碳条高度均为39mm，滑板工作区域为直线，滑板各点高度一致。

图4　新碳滑板实物图

如图5所示，为运维更换后的旧滑板，并且据现场调研发现，运维更换下的旧滑板磨耗廓形基本一致。

图5　旧滑板磨耗实物图

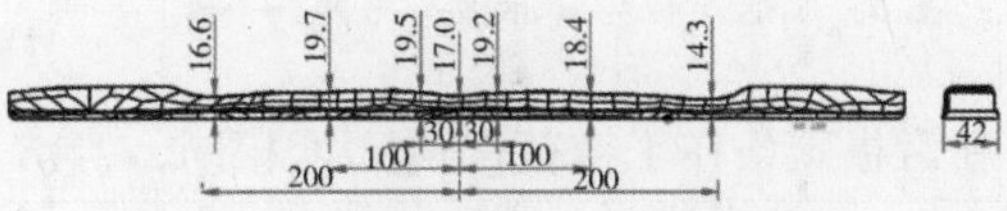

图6　旧碳滑板廓形3D扫描结果

利用3D扫描技术，对旧滑板廓形轮廓扫描，扫描结果如图6所示。分析发现，旧滑板共存在5个集中磨耗区域并有如下特征：

（1）位置1和位置5为拉出值＋200mm位置区域，剩余高度分别为16.6mm和14.3mm，磨耗量分别达22.4mm和24.7mm；

（2）位置2和位置4为拉出值为±100mm位置区域，剩余高度分别为19.7mm和18.4mm，磨耗量分别达19.3mm和20.6mm；

（3）位置3为距弓碳滑板中心±30mm区域，剩余高度为17.0mm，磨耗量达22.0mm。

3　膨胀接头处弓网动态作用分析

根据膨胀接头结构及布置特征，滑板通过膨胀接头时需经历如图7所示的5个状态和4次过渡过程。过渡过程中滑板与膨胀接头接触的位置和数量均发生变化，易引起弓网关系变化。

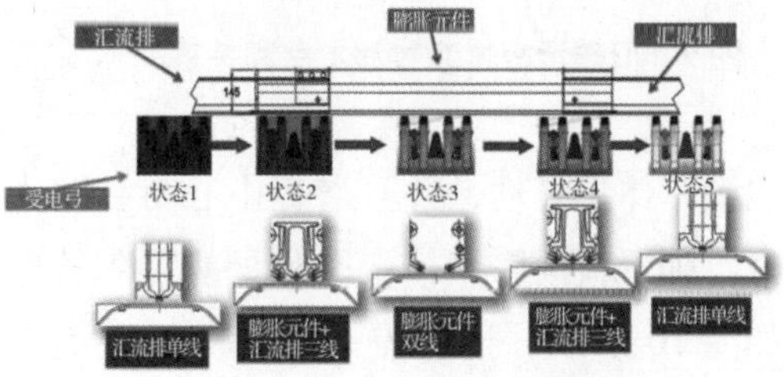

图7　新旧滑板与膨胀元件动态作用状态

3.1　新碳滑板与膨胀接头

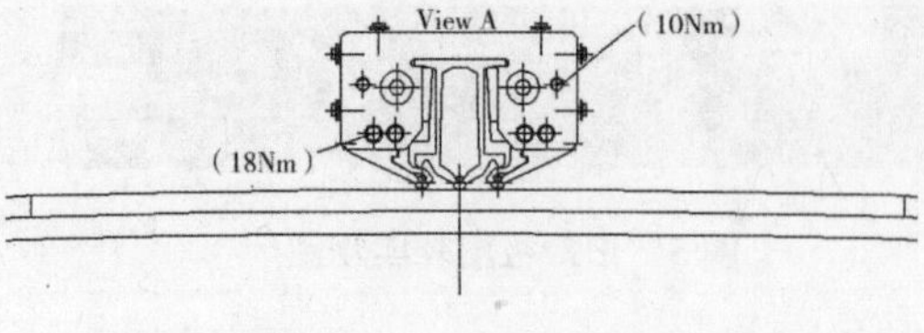

图8　新碳滑板与膨胀接头弓网关系图

新滑板碳条在工作范围内高度相同，当滑板通过膨胀接头时，四次过渡过程中，除因车体晃动引起的滑板中心区域高度小幅度变化外，滑板与膨胀接头条三接触线高度基本一致，并且膨胀接头主导线与附加导线端部设置的楔形斜面有助于平滑过渡。因此，新碳滑板与膨胀接头弓网受流质量应较为稳定，应无硬点、接触力及燃弧等超限。

3.2　旧滑板与膨胀接头

旧滑板碳条中心 -30mm— +30mm 区域存在集中磨耗，最大高差达 3mm。在过渡过程 1 中，弓网由单线接触转变为三线接触，滑板进入膨胀接头前，汇流排接触线已处于滑板中心位置，此时距滑板中心 ±35.4mm 位置高度超过膨胀接头两侧附件导线，最大高差达 3mm，如图 9 所示。

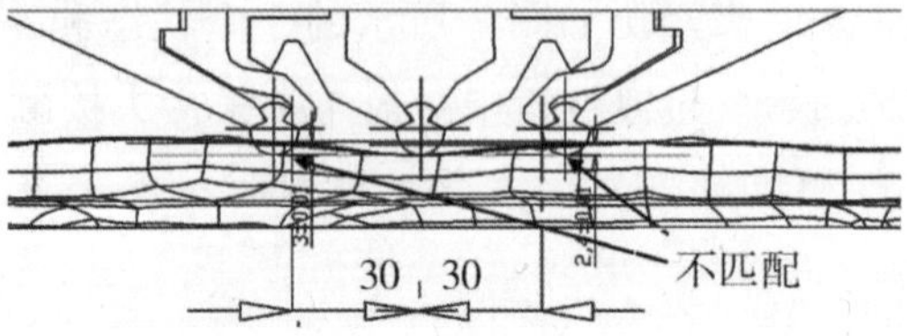

图9　旧碳滑板过渡过程 1 弓网关系图

假设车体无晃动，并且滑板中心与线路中心重合，则滑板与膨胀接头附加导线导角接触位置如图 10 所示，接触点距附加导线底面垂直距离最大 3mm，距导角拐点水平距离 22mm。对滑板进行受力分析，滑板受到附加导线楔形斜面垂直向下的冲击力 F_0。在垂直和水平两个方向对其进行分解，得水平和垂直分力 F_x 和 F_z。导角倾斜角度 $\theta = 8°$，经计算 $F_x = 0.14F_0$，$F_z = 0.99F_0$，冲击力 F_0 主要作用于滑板垂直方向。

$$F_x = F_0 \sin\theta,\ F_z = F_0 \cos\theta$$

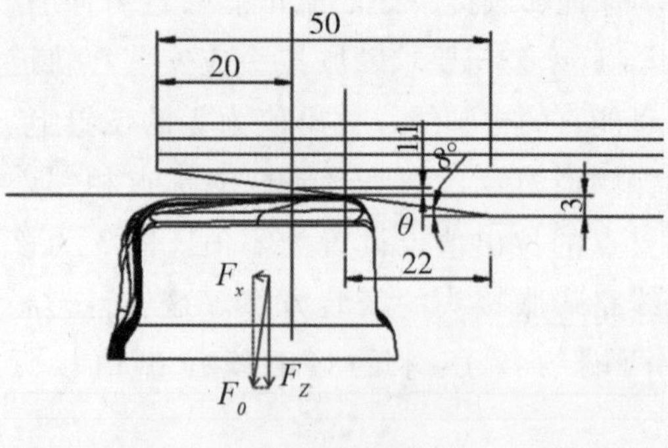

图10　膨胀接头附加导线导角处弓网受力分析

由于车辆质量远大于滑板，滑板通过膨胀接头时可认为水平方向速度 v_x 保持不变，假定 $v_x = 90km/h$，则滑板在垂直方向的运动速度 v_z 为：

$$v_z = v_x \tan\theta = 90km/h \times 0.136 = 12.24km/h$$

而滑板垂直加速度 a_z 是速度的时间微分，其大小取决于状态转变的时间 Δt，a_z 随 Δt 变化曲线趣图如图 11 所示。当中 Δt = 10ms 时，滑板垂向加速度 a_z 达 36g。

$$a = \frac{dv}{dt}$$

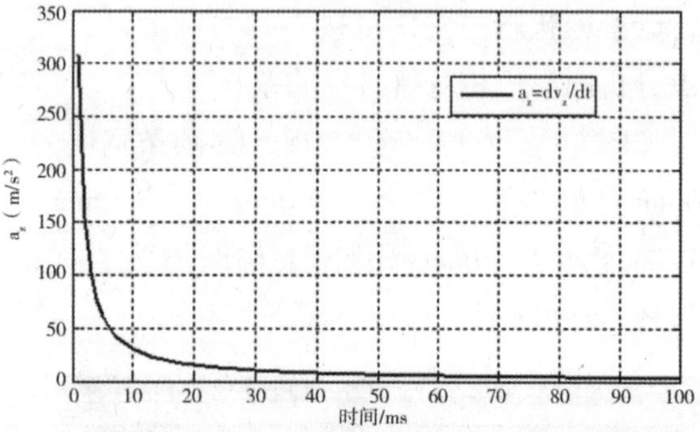

图11　垂直加速度 a_z 随作用时间 Δt 变化曲线

可见，该过渡过程 1，弓网不平顺一定存在，并且考虑到车体晃动等其他动态因素，不仅接触点位置可能会向上发展，同时随着车速的增加，垂向不平顺性应不断加剧。

当滑板运动到导角拐点时，惯性作用使滑板垂向速度仍保持为 v_z，这将引起滑板与膨胀接头辅助导线分离，造成弓网离线燃弧。且随着速度的增加，离线时间不断增加，持续燃弧施加增加。

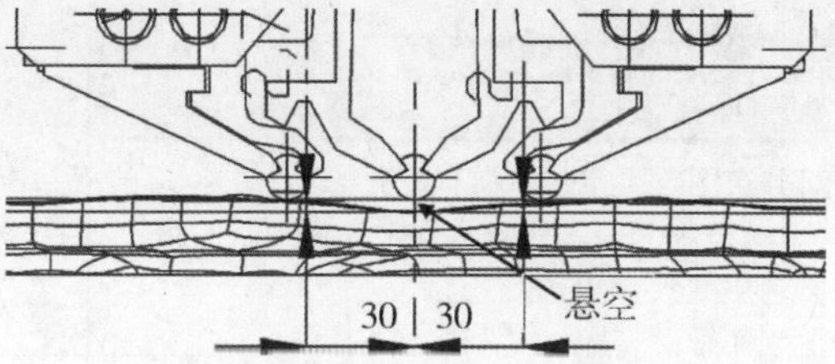

图 12　旧碳滑板过渡过程 2 弓网关系图

在过渡过程 2 到过渡过程 4，膨胀接头两侧附加导线始终与滑板接触，造成滑板中心与接触线悬空，如图 12 所示，过渡过程与滑板接触的导线数量的接触位置均未发生变化，弓网关系平稳。

4　弓网测试及分析

针对以上分析，设计开展了弓网动态检测试验，试验包括了新、旧碳滑板等共计 6 个工况试验。检测装置如图 13 所示，由激光非接触检测系统和动态作用参数检测系统组成，检测参数及精度，见表 1：

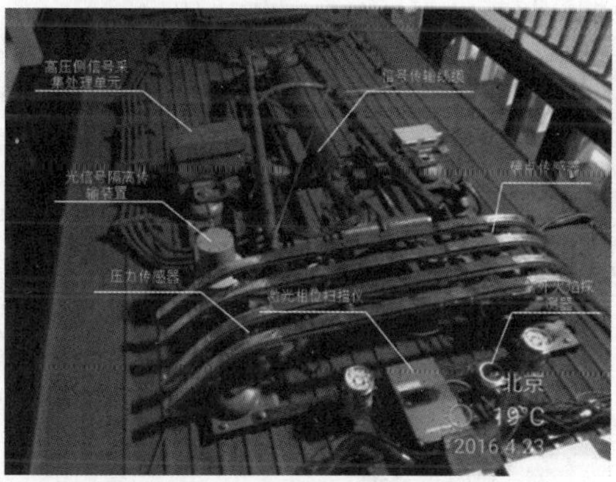

图 13　基于地铁运营车辆的接触网检测系统

表 1　检测系统测量技术指标

序号	检测项目	测量范围	最大允许误差
1	刚性导线高度	3900—5700mm	±4mm
2	柔性导线高度	3900—5700mm	±10mm
3	拉出值	±500mm	±10mm
4	导线水平距离	0—800mm	±20mm
5	导线垂直距离	0—500mm	±20mm
6	硬点	±150g	≤1%
7	弓网接触力	0—250N	≤1%
8	弓网燃弧	0—3s	≤5%
9	速度	0—120km/h	±0.1km/h
10	里程	0—100km	≤1%

4.1　燃弧测试

弓网燃弧时温度高达上千度，是造成膨胀接头烧蚀的直接原因，其持续时间能直接反应膨胀接头的烧蚀程度[8-10]。统计正线上下行剩余 26 处膨胀接头处燃弧数据，如图 14 所示。全线新旧滑板工况总燃弧时间分别为 5720ms 和 11672ms，旧滑板总燃弧时间明显高于新滑板。燃弧测试结果表明，旧滑板工况与膨胀接头弓网关系较新滑板恶劣。

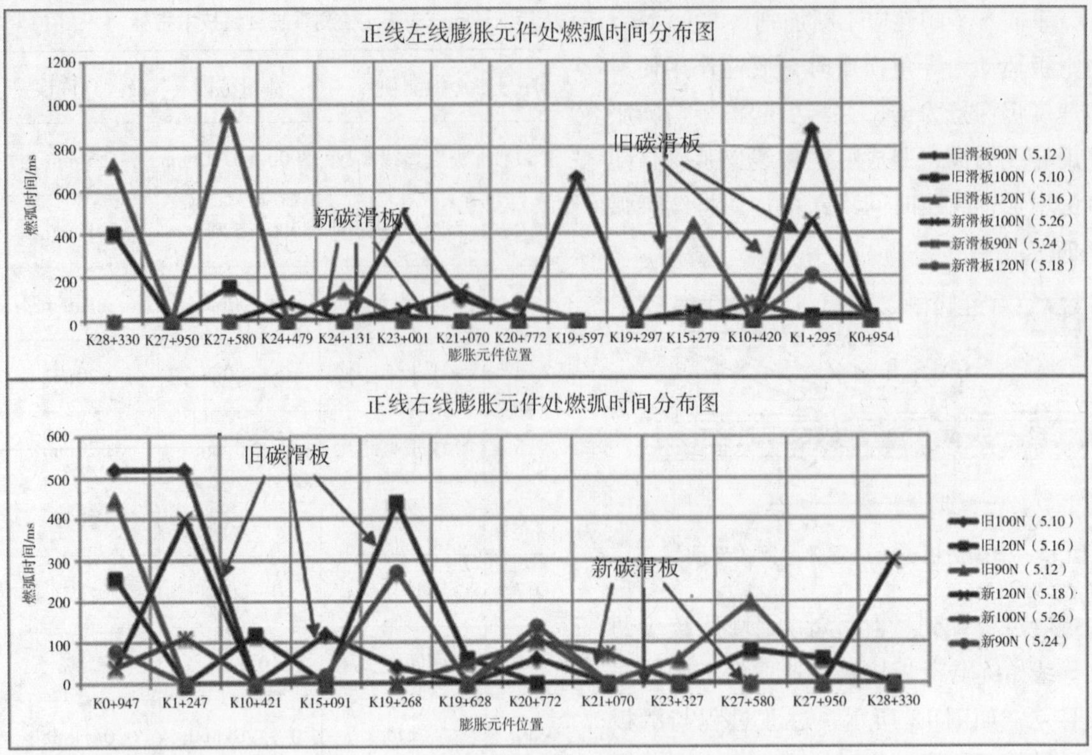

图 14　正线全线膨胀接头处燃弧分布图

4.2　弓网接触力测试

受电弓滑板与接触线属于一对摩擦副，二者的动态接触力直接影响弓网受流质量[11-12]。统计正线上下行 26 处膨胀接头处弓网接触力最大值和最小值，分别如图 15 和图 16 所示。分析发现，新旧滑板与膨胀接头最大和最小弓网接触力均出现明显分界，其中旧滑板时弓网最大接触力主要分布在 200—400N，新滑板时弓网接触力主要分布在 100—180N；弓网最小接触力旧滑板明显小于新滑板，尤其 90N 和 100N 静态抬升力工况下最为突出。参考《轨道交通受流系统受电弓与接触网相互作用准则》（GB/T 3271—2011）：最大弓网接触力≤300N，最小弓网接触力 >0N。新滑板与膨胀接头弓网接触力处于合理范围，旧滑板与膨胀接头弓网最大接触力和最小接触力均有超标现象。弓网接触力测试结果表明，旧滑板与膨胀接头间弓网关系较新滑板显著恶劣。

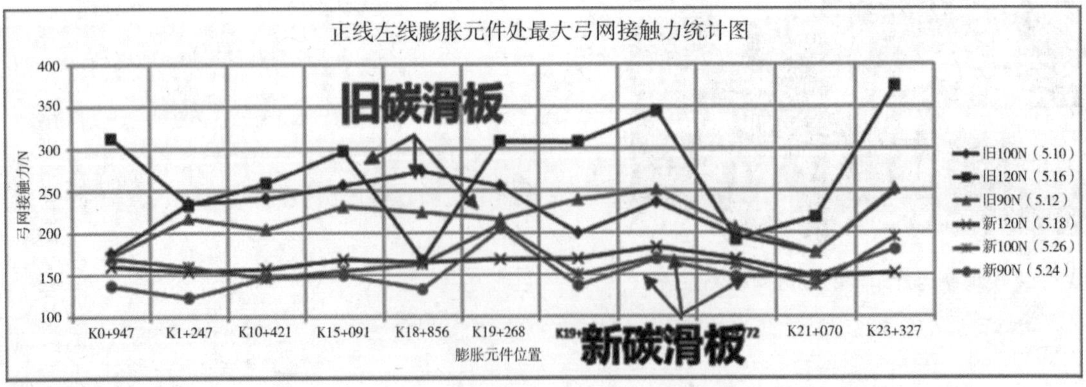

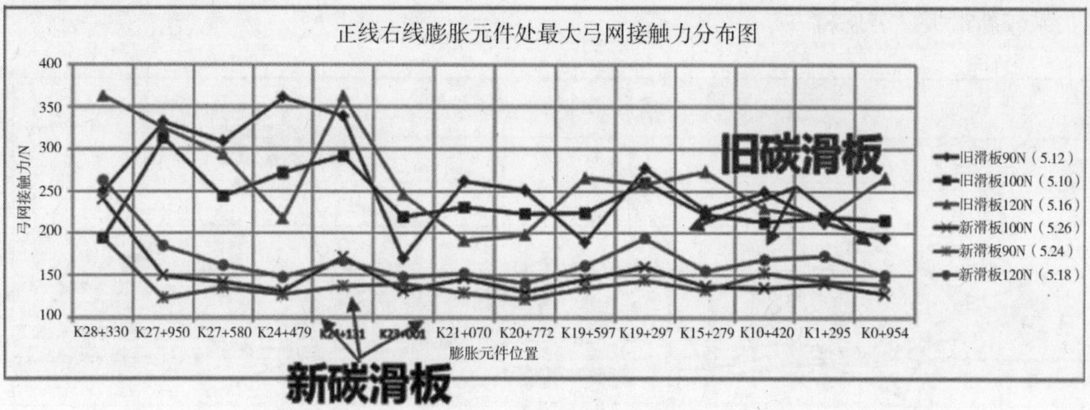

图 15　正线全线膨胀接头处弓网最大接触力分布图

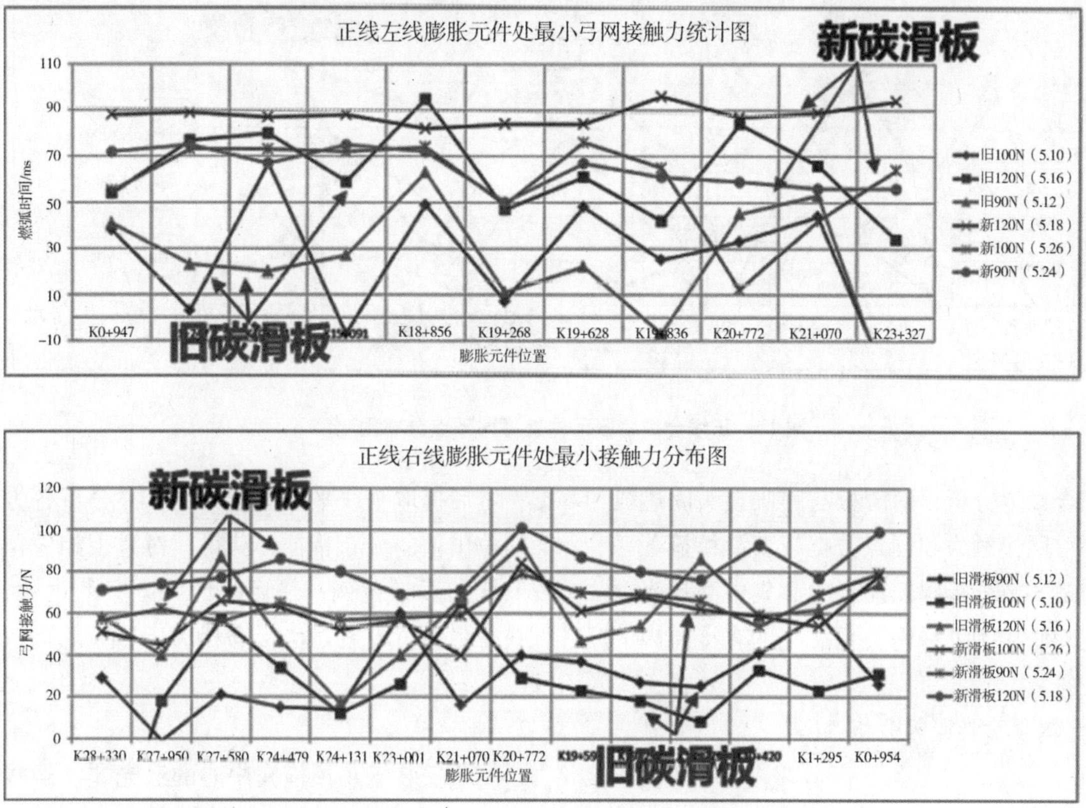

图 16　正线全线膨胀接头处弓网最小接触力分布图

4.3　*硬点测试*

硬点能够捕捉极短时间内的弓网运动变化，是表征弓网平顺性的重要参数[11,12]。统计正线上下行 26 处膨胀接头处硬点数据如图 17 所示。分析发现，新滑板与膨胀接头间硬点主要集中稳定在 5—20g 范围，而旧滑板与膨胀接头间硬点则相对零散分布在 20—60g 范围。参考高速铁路动态验收标准，时速 160—200km/h 柔性接触网的硬点检测标准为小于 49g。新滑板通过膨胀接头时硬点值处于合理范围，旧滑板通过膨胀接头时硬点值超标严重。硬点测试结果表明，旧滑板工况与膨胀接头弓网关系较新滑板显著恶劣。

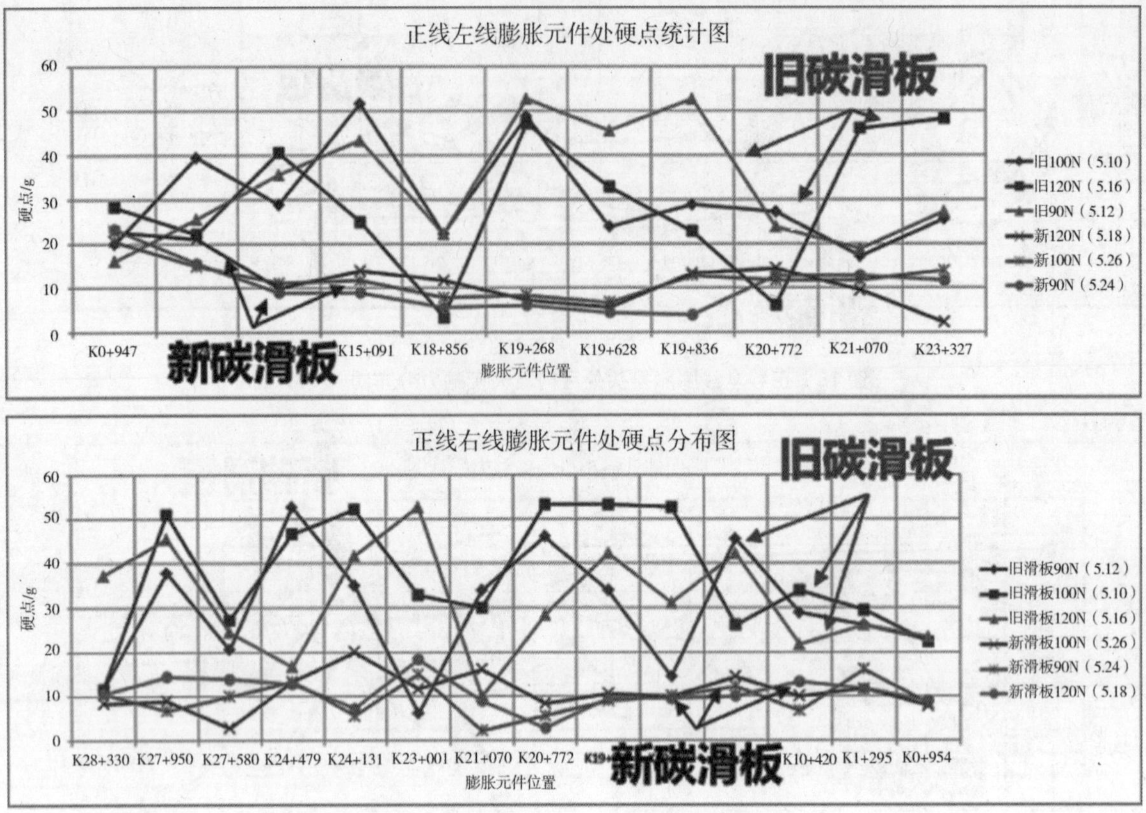

图 17　正线全线膨胀元件处弓网硬点分布图

综合以上分析，旧滑板与膨胀接头间燃弧时间、弓网接触力和硬点数据较新滑板显著恶劣，与第 3 节分析碳旧滑板中心集中磨耗高差是引起膨胀接头处弓网关系恶化的直接原因的结论相符。

5　滑板集中磨耗原因分析

5.1　分析方法

根据文献，单个锚段平面布置方案不同时，其拉出值分布比例不同，即与滑板各位置接触摩擦的概率不同，引起滑板磨耗廓形发生变化[13-19]。因此，受电弓滑板的磨损廓形主要受接触网平面布置方案影响。为研究滑板中心集中磨耗的主要形成原因，首先通过非接触几何参数检测系统获得全线接触网动态拉出值数据；之后提取全线平面布置方案，并分析各方案的拉出值的分布特征，获得其对滑板相应位置磨耗的贡献比例；最后统计各方案的占比，以获得各布置方案对滑板磨耗廓形形成的贡献权重。

5.2　测试试验

利用安装于车顶横向中心的激光非接触式几何参数检测系统，车辆试验工况为 AW0，切除车体震动位移补偿系统，按照 0.25m 等距采样机制，获得当前位置下接触线相对于受电弓滑板的动态拉出值。2016 年 5 月，利用该检测系统完成该线正线全线动态拉出值检测，图 18 为该线某区间动态拉出值波形图。

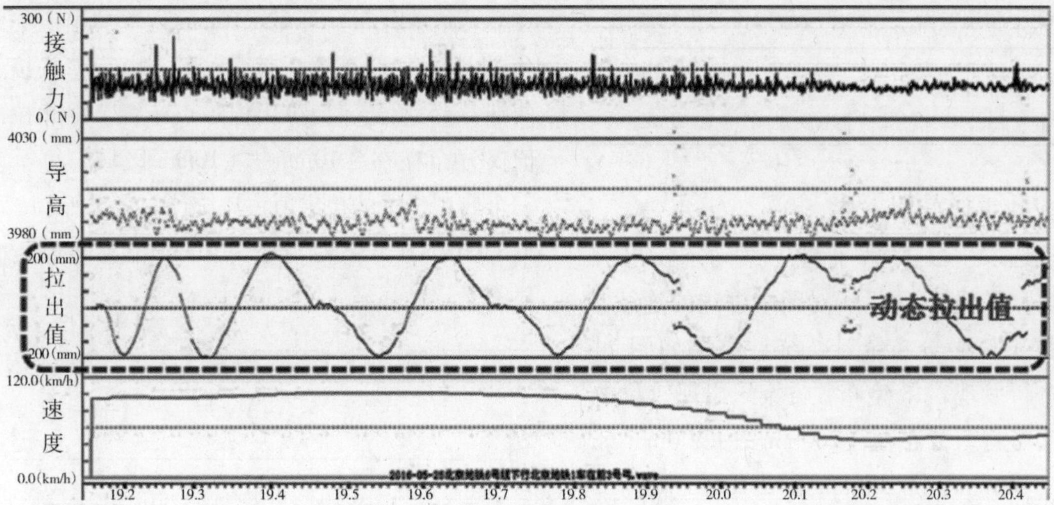

图 18　某区段动态拉出值波形图

5.3　平面布置方案分解及分布特征统计

经统计，该线全线采用四种平面布置方案：正弦一次过零布置（以下简称 S1 型布置）、正弦三次过零布置（以下简称 S3 型布置）、八字形布置（以下简称 T3 型布置）和膨胀接头零点布置（以下简称 P0 型布置）。

（1）正弦一次过零布置

随机选取一段 S1 型布置动态拉出值检测数据，如图 19 所示。对图中框选的连续 4 个锚段拉出值做分布统计，统计结果如图 20 所示。分析发现，S1 型布置方案拉出值主要集中分布在 +100mm 和 ±200mm 位置，未在 ±10mm 位置出现集中分布，其每千米平均占比见表 2。可见，S1 型布置方案对滑板 ±100mm 和 ±200 mm 位置磨耗贡献显著。

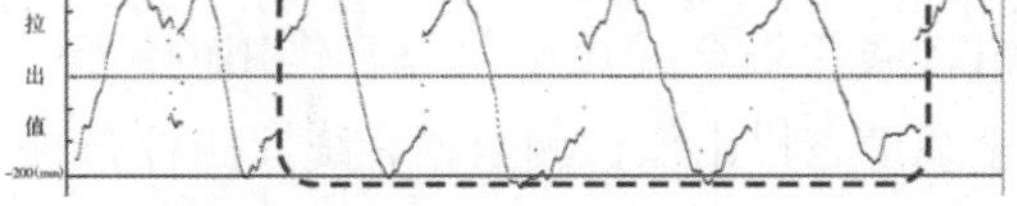

图 19　S1 型布置动态拉出值波形图

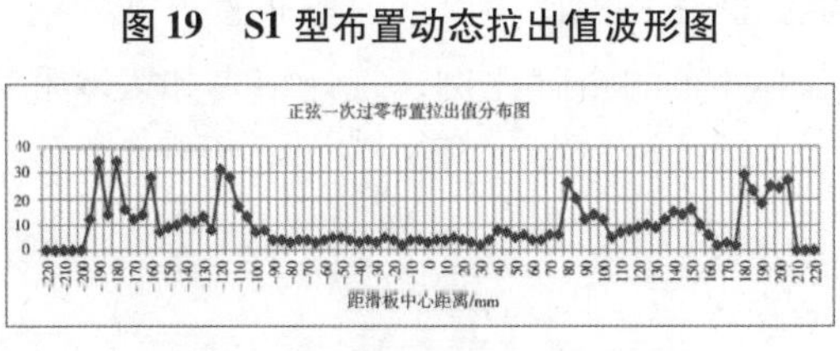

图 20　S1 型布置拉出值分布图

表 2　S1 型布置方案三个典型位置每千米平均占比

位置/mm	±10	±100	±200
占比/%	0.9	3.39	3.63

（2）正弦三次过零布置

随机选取一段 S3 型布置动态拉出值检测数据，如图 21 所示。对图中框选的连续 4 个锚段拉出值做分布统计，统计结果如图 22 所示。分析发现，S3 型布置方案拉出值主要集中分布在 ±200mm 位置，在 ±100mm 和 ±10mm 位置未出现集中分布，其每千米平均占比见表 3。可见，S3 型布置方案对滑板 ±200mm 位置磨耗贡献显著。

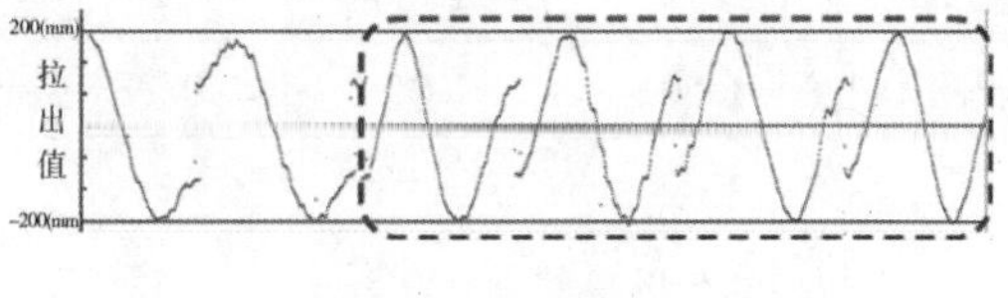

图 21　S3 型布置方案动态拉出值波形图

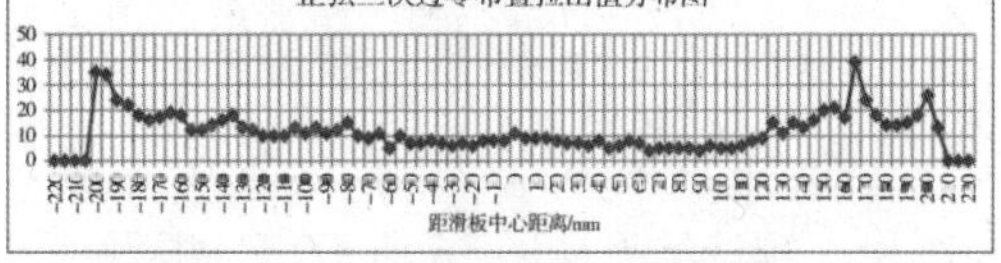

图 22　S3 型布置方案拉出值分布图

表 3　S3 型布置方案三个典型位置每千米平均占比

位置/mm	±10	±100	±200
占比/%	0.45	0.8	3.06

（3）八字形布置

随机选取一段 T3 型布置方案动态拉出值检测数据，如图 23 所示。对图中框选的连续 5 个锚段拉出值做分布统计，统计结果如图 24 所示。分析发现，T3 型布置方案未出现较集中分布，而是均匀分布在 -200mm— +200mm 区域，在 ±100mm、±200mm 和 ±10mm 位置每千米平均占比见表 4。可见，T3 型布置方案对滑板 -200mm— +200mm 区域各位置磨耗贡献相当。

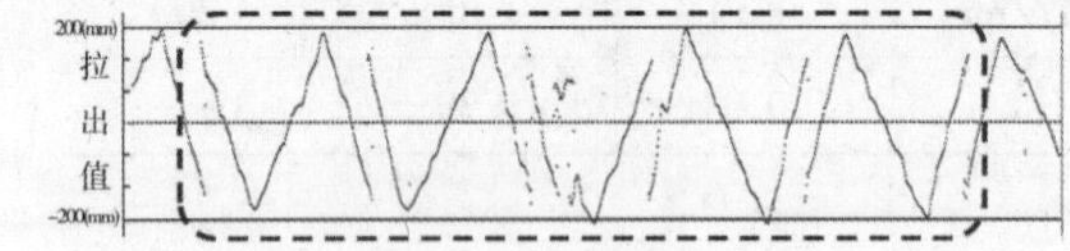

图 23　T3 型布置方案动态拉出值波形图

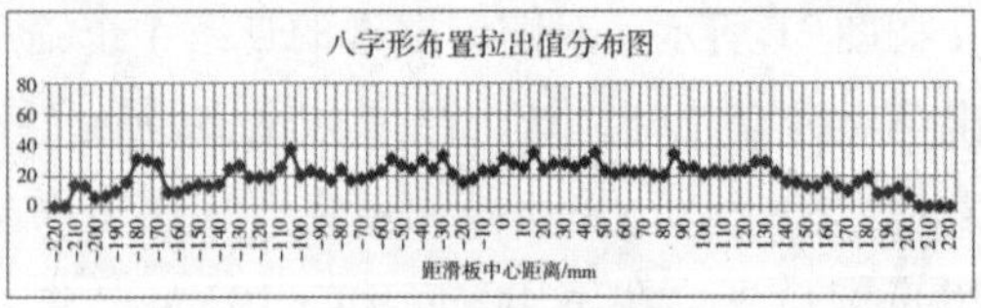

图 24　T3 型布置方案拉出值分布图

表 4　T3 型布置方案每千米平均占比

位置/mm	±10	±100	±200
占比/%	1.50	1.35	0.88

（4）膨胀接头布置

分析该线拉出值检测数据及平面布置图，发现膨胀接头均与 S3 型布置搭配应用。随机选取一段含膨胀接头的 S3 型布置动态拉出值检测数据，如图 25 所示。对该段数据进行拉出值分布统计，统计结果如图 26 所示。分析发现，该段布置方案除包含和 S3 型布置方案相同的 ±200mm 位置集中分布外，在 ±10mm 位置也存在显著集中分布，可见 ±10mm 位置拉出值集中分布主要由 P0 布置贡献。并且，由于膨胀接头两端各 15 米全部为拉出值零点布置，因此拉出值仅分布在在 -10mm— +10mm 区域，每千米三个典型位置的拉出值占比统计如表 5 所示。可见，P0 布置方案对滑板 ±10mm 位置磨耗贡献显著。

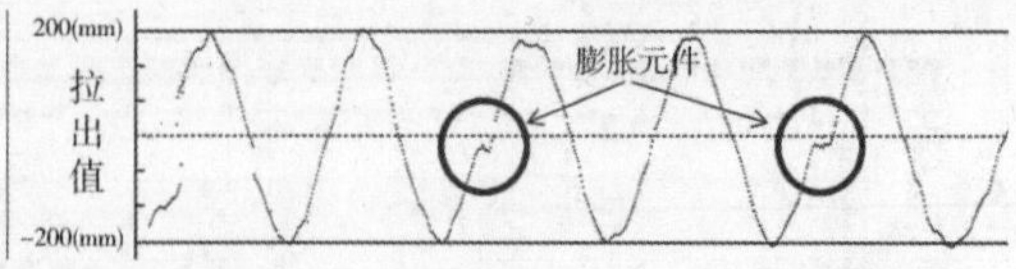

图 25　含膨胀接头的 S3 布置拉出值波形图

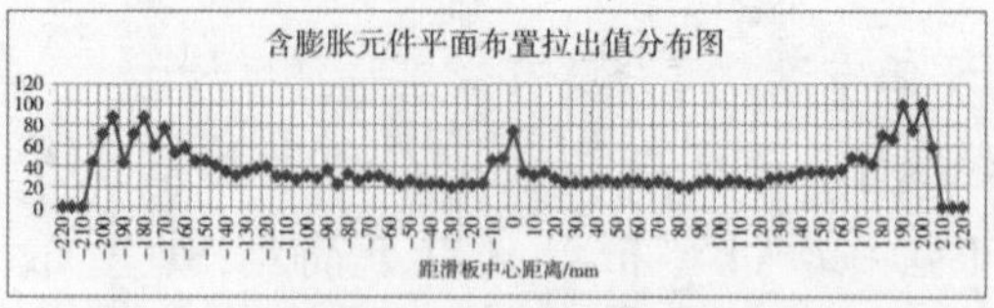

图 26　含膨胀元件平面布置拉出值分布图

表 5　P0 型布置方案每千米平均占比

位置/mm	±10	±100	±200
占比/%	100	0	0

综合以上分析，四种平面布置方案中，膨胀接头零点布置对滑板 ±10mm 位置磨耗贡献的比例最大。并且，随着膨胀接头在全线路总里程的占比数的增大，滑板中心位置磨耗比例不断增大。

（5）各布置方案占比统计及全线拉出值分布统计

滑板磨耗是全线拉出值综合作用的结果，利用全线动态拉出值检测数据，统计四种布置方案累计里程及占比，以掌握各布置方案对总体拉出值分布的贡献比例，统计结果如表 6 和图 27 所示。

表 6　全线四种平面布置方案里程及占比统计

布置方案	S1 型	S3 型	T3 型	P0 型
累计里程/km	41.62	17.6	23.82	1.38
全线占比/%	39.25	16.60	22.47	1.30

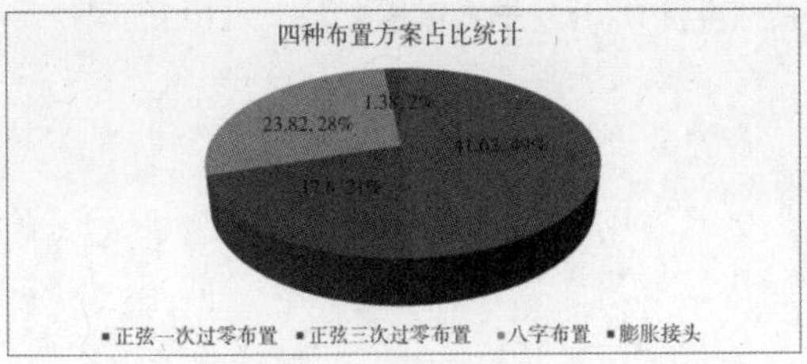

图 27　四种布置方案里程及占比统计图

剔除掉关节处非支和线岔处渡线拉出值，对 2016 年 5 月全线动态拉出值分布进行统计，统计结果如图 28 所示。其中，±10mm、±100mm 和 ±200mm 三个典型位置的平均分布比例见表 7。

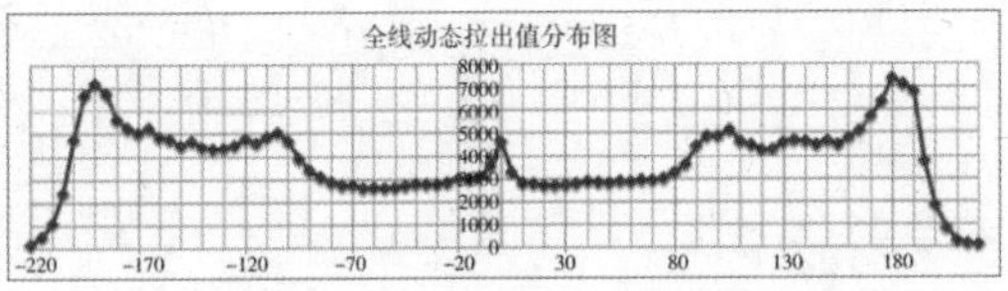

图 28　全线动态拉出值分布图

表 7　全线拉出值三个典型位置平均占比

位置/mm	±10	±100	±200
平均占比/%	1.93	1.80	2.24

可见，由于全线膨胀元件零点布置占比已达到相当的量级，造成全线动态拉出值在 ±10mm 位置集中分布比例与 ±100mm 和 ±200mm 位置相当，并最终引起滑板中心 -30mm—+30mm 区域集中磨耗。

6　结论

受电弓新滑板在刚开始使用时，由于滑板中心 -30mm—+30mm 区域高度相同，在通过膨胀接头时弓网关系匹配良好，受流状态稳定。但过高比例的膨胀接头零点布置使接触线拉出值集中分布在 -10mm—+10mm 区域，随着运行里程的累计，滑板中心区域磨耗不断增加，高差也同时不断增大。不断增大的滑板中心集中磨耗高差恶化了膨胀接头处弓网关系，形成硬点，引起弓网离线燃弧，造成膨胀接头烧蚀。因此，过高比例的膨胀接头拉出值零点布置是滑板中心集中磨耗的直接原因，也是 F+F4622 型膨胀接头烧蚀的根本原因。

参考文献

[1] 唐守乾．地铁时速 120 刚性悬挂技术研究 [J]．工程技术（全文版），2017（1）：226.

[2] 曹毅．架空刚性悬挂关键技术探讨 [J]．现代城市轨道交通，2011（1）：32-33.

[3] 李延安．地铁刚性接触网可断开式接头装置 [J]．价值工程，2016，35（10）：154-157.

[4] 刘国良．广州地铁二号线列车受电弓碳滑板异常磨耗分析 [J]．电力机车与城轨车辆，2008，31（2）：52-53.

[5] 庞波．刚性接触网布置方式与受电弓磨耗分析 [J]．电气化铁道，2009（3）：23-26.

[6] 赵清伦．地铁刚性接触网弓网磨耗关系浅析 [J]．城市建设理论研究（电子版），2014（21）.

[7] 方松，高红星．地铁车辆受电弓故障分析 [J]．机械，2014，41（11）：8-10.

[8] 王万岗，吴广宁，赵云云，等．弓网电弧电气特性试验研究 [J]．电器与能效管理技术，2012（6）：5-10.

[9] 刘宝轩．地铁弓网燃弧能量与牵引电流扰动分析 [D]．西南交通大学，2014.

[10] 吴广宁，古圳，高国强，等．弓网电弧形态特性试验研究 [J]．高电压技术，2015，41（11）：3531-3537.

[11] KieBling，Puschmann，Schmieder. 电气化铁道接触网 [M]．中铁电气化局集团有限公司．北京：中国电力出版社，2003.

[12] 吴积钦．受电弓与接触网系统 [M]．西南交通大学出版社，2010.

[13] 谭冬华．架空刚性接触悬挂弓网磨耗异常的解决办

法［J］. 都市快轨交通，2007，20（2）：88－91.
［14］谢风华. 单轨刚性接触网不均匀磨耗分析及对策［J］. 都市快轨交通，2011，24（3）：108－110.
［15］刘长利. 地铁架空刚性接触悬挂的接触导线—受电弓滑板磨耗分析及改善措施［C］. 城市轨道交通供电系统新技术年会，2009.
［16］朱星光，陈善乐，秦建伟. 广州地铁2号线弓网关系优化设计研究［J］. 铁道工程学报，2015，32（7）：62－67.
［17］蒋灵君. 刚性接触网线路车辆碳滑板异常磨耗分析［J］. 现代城市轨道交通，2011（3）：43－45.
［18］姜国强. 弓网滑动电接触摩擦磨损行为研究［D］. 辽宁工程技术大学，2010.
［19］任志玲. 弓网系统载流摩擦磨损性能及其最优载荷研究［D］. 辽宁工程技术大学，2012.

合肥地铁 2 号线 BAS 系统组网方案的选择及优化研究

赵 健 林必毅 余承英 孙阳松
（深圳市赛为智能股份有限公司）

摘 要：合肥地铁 2 号线是合肥地铁第二条建设的线路，全长 27.764 千米，全部为地下线，一共设有 24 座车站，1 座车辆段，1 座停车场。由于地铁车站地下环境的复杂性、特殊性，环境与设备监控系统（以下简称 BAS 系统）建设效果就显得尤为重要。目前，国内地铁线路在 BAS 系统的建设中，采用的组网方案主要有双总线、以太网双总线与全以太网三种架构，而本文经过仔细的对比和分析，最终选定了适合 2 号线自身情况的全以太网建设方案，基于此，笔者结合合肥 2 号线 BAS 系统的建设经验，对相关内容进行了探讨。

关键词：合肥 2 号线；BAS 系统；组网方案；优化

1 项目概况

合肥轨道交通 2 号线西起长宁大道口，东至大众路口。全线依次沿长江西路、长江中路、长江东路敷设。设计全长 27.764km，全线为地下线。共设车站 24 座，全部为地下车站，包括换乘站 6 座，分别与 1、2A、3、4、5、6、7、8 号线换乘。在线路西端设蜀山车辆段及综合维修基地（2、2A、7、8 号线共用）1 座，在线路东端设龙岗停车场 1 座，在创新大道站附近设置 1 座主变电所，在大东门站设置 1 座电源开闭所。本文探讨的 BAS 系统隶属于综合监控系统工程范畴。

2 综合监控系统

2.1 功能及设计原则

合肥地铁 2 号线综合监控系统的建设目的主要是为实现各专业设备信息互通、资源共享，提升自动化水平，提高地铁运营的安全性、可靠性和响应性，最终达到减员增效。合肥地铁 2 号线综合监控系统主要由中央级综合监控系统、车站级综合监控系统及车辆段/停车场综合监控系统等部分组成。在综合监控系统的设计时，主要考虑了两级管理（中央、车站）、三级控制（中央、车站及现场）的原则。

首先，综合监控系统作为一个综合信息化平台，集成了多个子系统的中央级功能，掌握全线设备的运行情况，负责管辖范围内设备监控与调度，其设备主要设置在控制中心，面向的操作对象是运营部门的环调、电调及维修人员。在中央级可以对整个线路各个站点系统管辖范围内设备运行状态、故障情况进行监视，并向各个站点发布指令，统一指挥、协调各个站点的运行。

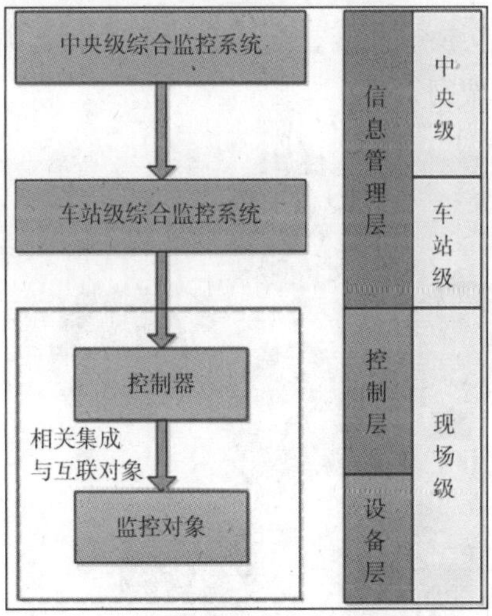

图 1 合肥 2 号线综合监控系统管理模式

其次，车站级设备的监控功能主要是完成

本站点设备监控、管理。其中综合监控系统在车站级集成了多个子系统的车站级功能，一方面负责管辖范围内设备监视，并根据本站的情况向下级子系统发布控制指令；另一方面将本站设备的运行数据传输给中央级，并接受综合监控中央级运行指令。车站级综合监控系统设备主要设置在综合监控设备室、车控室等地，面向的操作对象是车站的值班员。

最后，现场级作为车站级、中央级的被监控对象，是车站地铁机电设备的主体，由BAS、FAS、PSCADA、PSD、FG、CCTV、PIS、SIG、AFC、ACS 等系统组成，广泛分布于现场，可以进行现场的单台设备的操作，面向的操作对象主要是车站管理人员和维修人员。

2.2 网络构成

合肥2号线综合监控系统主要采用了工业级千兆以太网交换机单独组网，综合监控系统站级局域网、中央级局域网和全线骨干网均采用冗余工业级千兆以太网组成单独的传输网络。组网技术采用以太网标准和 TCP/IP 协议，并采用行之有效的故障隔离和抗干扰措施。

传输层和网络层的功能皆由综合监控系统以太网交换机完成。通过光纤将各站点和中央的以太网交换机相连，组成全线一个相对封闭的大型局域网络。

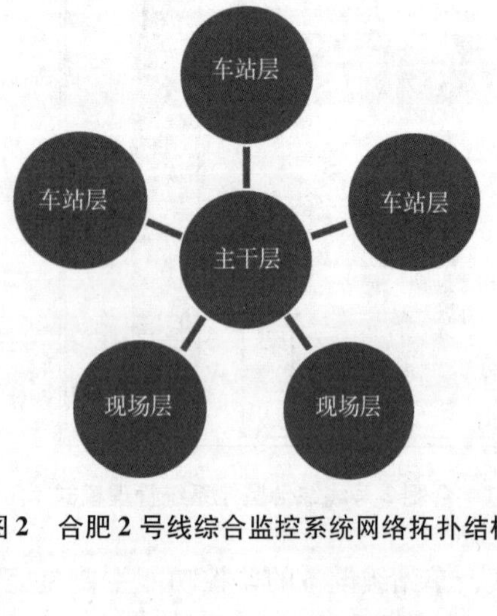

图2 合肥2号线综合监控系统网络拓扑结构

综合监控系统的网络大致可以分为三部分，即主干传输网、中央/车站局域网和现场层网络。其中主干传输网络主要用于综合监控系统控制中心与各车站、车辆段局域网的连接，当然，其主要利用通信系统提供的光纤独立构建。中央/车站局域网主要包括控制中心、各车站、车辆段/停车场的综合监控系统内部局域网，而现场层网络则与 BAS 系统的架构有关。主干传输网络与中央/车站局域网采用的以太网网络均符合 IEEE802.3 系列的相关标准。

3 环境与设备监控系统

3.1 BAS 系统概述

合肥地铁 2 号线环境与设备监控系统（BAS）包括2号线全线24座车站、车辆段与综合基地、停车场范围内的 BAS 系统，对通风空调系统设备、给排水设备、自动扶梯、照明设备、导向标志、车站事故照明电源等车站设备进行全面、有效的自动化监控及管理，确保设备处于安全、可靠、高效、节能的最佳运行状态。合肥市轨道交通 2 号线工程全线 BAS 作为子系统完全融入综合监控系统，其中央级、车站级设备及功能由综合监控系统实现。BAS 现场级主要通过过程控制技术，对地铁通风空调等机电设施按设置功能、系统运行工况和地铁环境标准等要求进行监测、控制和科学管理，并能配合综合监控系统下的火灾报警子系统、PSCADA 子系统等为地铁线路创造舒适、安全可靠的乘车环境，并达到节能的目的。

3.2 BAS 系统组成

BAS 系统同样是由中央级 BAS 系统、车站级 BAS 系统以及现场控制级 BAS 系统三部分组成。其系统层次如图 3 所示。

BAS 中央级对各个车站的区间隧道通风设备进行监控，对各个车站通风空调设备、给排水设备等设备进行监视或控制。BAS 中央级集成在综合监控系统中，设备由综合监控系统负责配置，功能由综合监控系统负责实现。BAS不单独组建全线网络，在车站级由综合监控系统集成，由综合监控系统组建全线监控系统。全线车站、车辆段、停车场 BAS 集成于 ISCS，BAS 的中心级功能由 ISCS 实现，BAS 的传输网络由 ISCS 提供，BAS 车站级通过控制器的网络接口与 ISCS 的交换机连接，实现接入 ISCS。

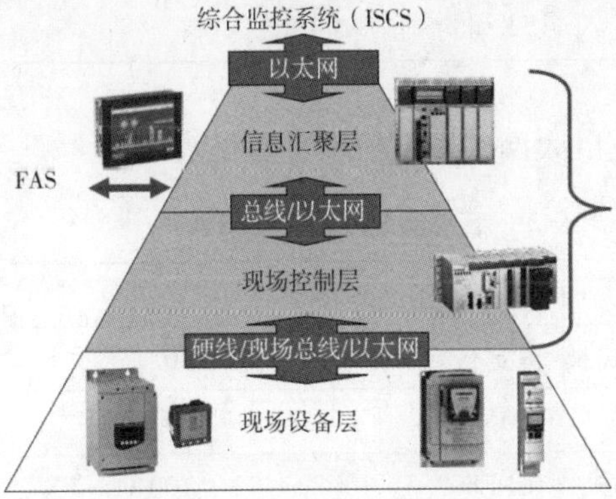

图 3　BAS 系统的系统层次图

BAS 车站级对本车站所辖区间隧道及车站的通风空调大系统、小系统及其水系统、照明系统、导向指示标志、自动扶梯、电梯、给排水系统相关设备进行监控及管理，同时对相关设备用房和公共区的环境温湿度等参数进行监测。车站级 BAS 构成可以包括全以太网方案和总线方案两种。BAS 车站级集成在综合监控系统中。

BAS 现场级监控系统主要包括冗余配置的 PLC 控制器（设置于 A/B 两端通风空调电控室），BAS 维护工作站（设置在车站设备集中端通风空调电控室 BAS 机柜内）、远程智能输入输出模块（RI/O）、各类传感器、执行机构以及现场控制网络等。

现场级监控设备根据机电设备的设置情况配置，一般在通风空调配电室（或低压室）、照明配电间、通风空调机房、冷水机房、水泵房、自动扶梯等附近设就地控制柜（箱）等。

在车辆段、停车场综合楼综合监控设备室内设一套冗余型的 PLC 控制器构成车辆段、停车场级 BAS 系统。在车辆段、停车场的现场设备位置附近设置远程 I/O 模块箱或非冗余 PLC 控制器，实现对相关机电设备的监控。冗余 PLC 通过冗余现场总线或自愈光纤以太环网连接远程 I/O 模块箱。控制器（冗余 PLC）通过以太网接口实现与综合监控系统的信息互通。

本条线路选择施耐德公司的工业以太网方案，具体将在下文进行详细分析。

4　合肥 2 号线 BAS 系统选择及优化

4.1　核心控制器的发展

不仅仅对于地铁行业来说，其他领域亦是如此，应用的核心控制器，都经过了如图 4 所示的发展历程。

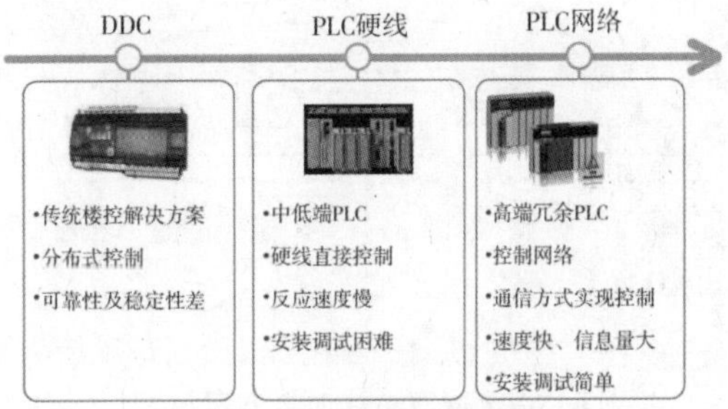

图 4　核心控制器的发展历程

可见，采用 PLC 控制器组网控制，具有通信方式实现灵活、速度快、信息量大以及安装调试简单等突出的优势。尤其对于地铁这样的领域，在选择 BAS 系统时更应该考虑以下几个关注点：

监视方面：信息的及时传递；

控制方面：信息的及时处理及响应与系统的稳定、可靠；

管理方面：各种设备的诊断及维护、成本、造价。

目前，在地铁中应用的 BAS 组网方案主要有双总线方案、以太网双总线混合方案以及全以太网方案三种。

4.2 三种方案的比对

在上文中已经论述，双总线方案、以太网双总线混合方案以及全以太网方案是目前地铁中应用比较广泛的三种方案。该三种方案的拓扑图分别如图5—图7所示。

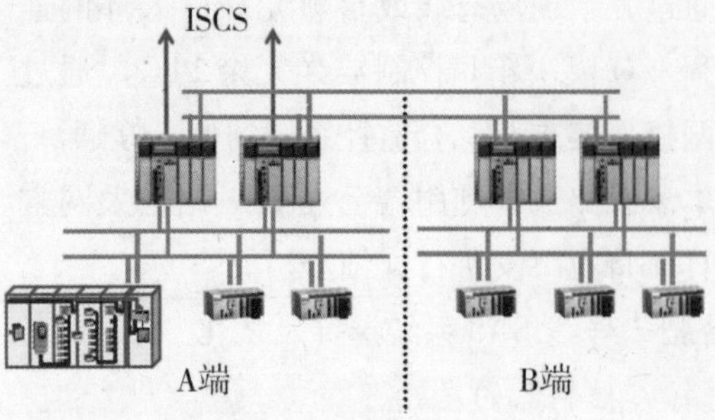

图5 双总线方案

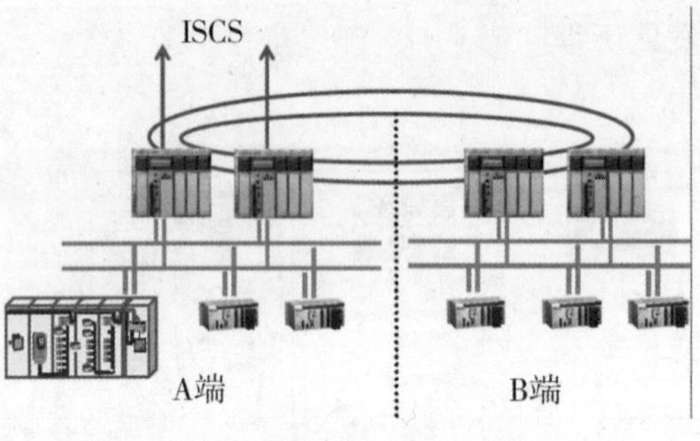

图6 以太网双总线混合方案

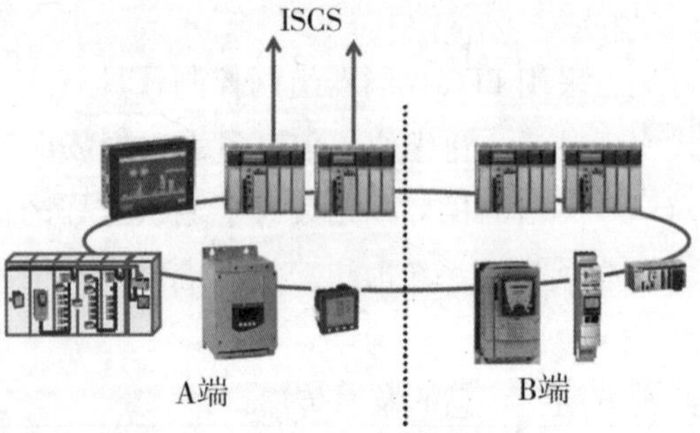

图7 全以太网方案

目前，常用的现场总线特性见表1。

表1 几种常用现场总线的比较

总线名称	通信速率	长度（无中继）	最大站点数	
			无中继	中继
Controlnet	5M 恒定	1000 米	48 个	99
Modbus plus	1M 恒定	450 米	32	63
Profibus	9.6kbps—12Mbps	1000—100 米	32	126
Genius	9.6kbps—153.6kbps	2400—100 米	31	31

工业以太网的方案特性主要见表2。

表2 工业以太网的传输特性

指标	特性
拓扑形式	恒定自愈环形，符合 IEEE802.3
传输速度	100Mbps
传送介质	IEEE802.3，100Base TX，100Base FX
网络长度	100BaseT，10BaseTX 100m，100BaseFX 3Km
接入节点	受 IP 地址规划的影响，一般为 255 个节点
经济特性	低成本，易于组网

而经过实践验证，和总线相比，工业以太网具有以下明显的优势：

1）接口开放，为车站打通信息高速路；

2）调试简单，无须昂贵的专用工具；

3）诊断方便，可实现远程诊断；

4）高速传输，为未来应用预留带宽。

而且如果能够在BAS系统中全部采用工业以太网组网的话，势必能够使得全网更加透明，具有良好的扩展性。基于该种情况，合肥地铁2号线就选择了全以太网的组网方案。

同时，工业以太网的冗余特性也非常适合合肥2号线综合监控系统的整体全冗余架构。这是因为工业以太网的2芯光纤存在2条通信链路，能够在顺时针和逆时针两个方向上存在两个独立环路。

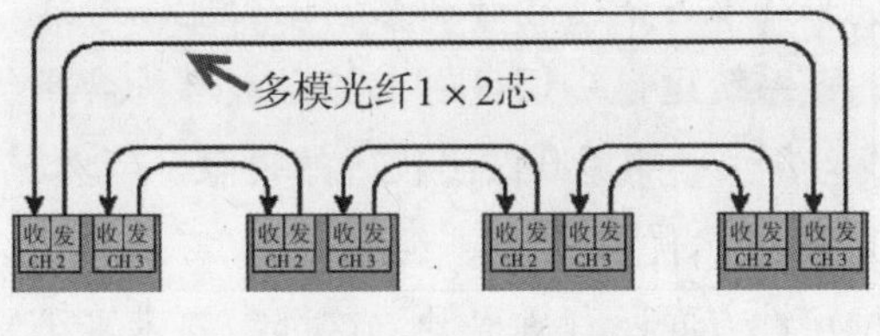

图8　工业以太网的冗余特性

目前，由于该种方案的突出优势，国内采用全冗余架构的地铁线路也在不断增多，如广州6号线，南京3、4、11、12号线，上海10号线，南昌1号线，武汉3、6号线，等等。

4.3　合肥2号线BAS方案的分析

合肥2号线BAS系统由PLC控制设备、现场传感器、维护终端等组成。监控的对象包括车站隧道通风系统、公共区通风空调系统、车站设备管理用房区通风空调系统、空调水系统、车站给排水系统、电扶梯系统、低压动力照明系统等设备。

经过优化后的合肥2号线典型站系统拓扑图如图9所示。

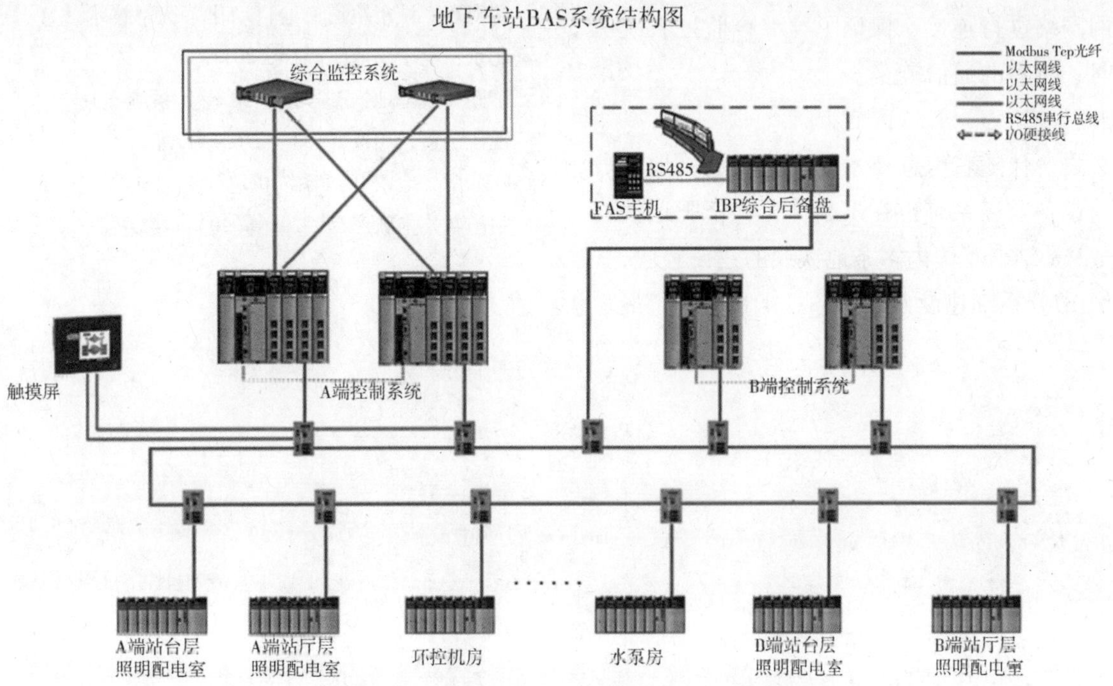

图9　合肥2号线地下车站BAS系统典型结构图

首先，在A端、B端设置施耐德电气公司的Modicon Quantum系列PLC产品，以完成对本车站所辖区间隧道及车站的通风空调大系统、小系统及其水系统、照明系统、导向指示标志、自动扶梯、电梯、给排水系统等相关设备进行监控及管理，同时对相关设备用房和公共区的环境温湿度等参数进行监测，以及与现场设备（如变频器、软启动器、智能马达保护器、群控系统、FAS、EPS、FT、冷水机组等设备）的通信等功能。

现场级I/O采用Modicon M340系列远程IO实现现场设备信号的采集和传输功能。现场级I/O中内置处理器芯片，保证整个BAS系统的可靠性和安全性。即便在A端、B端控制器与现场级I/O设备的通信中断时，现场级I/O设备还可以独立运行，不至于造成现场设备失控或事故进一步扩大等现象发生。

控制系统与现场级I/O均配置有独立的光

纤通信模块，它们之间采用光纤环网总线进行连接，实现现场级设备的数据采集和控制功能。总线通信速率高达100Mbps，具有光纤环网天生的自愈功能，网络单点故障不会对通信造成任何影响。

控制系统中A端控制器、B端控制器、IBP盘控制器上均配置有独立的光纤通信模块，它们之间通过独立的光纤环网进行连接，完成A端控制器、B端控制器、IBP盘控制器之间的数据交换功能。

BAS系统与综合监控系统采用工业级冗余以太网网络进行连接，保证了与综合监控系统的实时、可靠的通信链路。

5 结语

总之，伴随着信息技术的飞速发展，地铁环境与设备监控系统也在不断优化，合肥地铁2号线正是结合了国内多条地铁线的建设经验，对多个BAS系统建设方案进行对比和优化，最终选择了全以太网的施耐德PLC组网方案，而从目前采用该方案已经开通运营的合肥1号线来看，该系统运行一切良好，势必能够为合肥2号线运营水平的提升做出较大的贡献。当然，该种方案虽然优势明显，但是和总线方案相比，稳定性方面还有待提升，这都需要未来进一步努力和改进。

参考文献

[1] 地铁设计规范（GB 50157—2013）.

[2] 城市轨道交通技术规范（GB 50490—2009）.

[3] 魏晓东. 城市轨道交通自动化系统与技术［M］. 北京：电子工业出版社，2011.

[4] 李勤. 成都地铁1号线车站BAS系统概述［J］. 现代制造，2011（18）：216-217.

[5] 陈苏南. 地铁BAS系统机电设备管理要点［J］. 中国新技术新产品，2016（20）：145.

天津地铁1号线车体结构稳定性研究

魏树春　付光涛　宋承昊
（天津市地下铁道运营有限公司）

摘　要：天津地铁1号线车辆采用大断面中空铝合金型材结构，结构稳定性分析是铝合金车体静强度分析的重要内容，本文采用有限元仿真分析技术对1号线车辆铝合金车体的结构稳定性进行研究分析，探讨结构稳定性的关键控制点，为后续地铁车辆的车体屈曲稳定性分析提供参考。

关键词：车体结构；有限元仿真分析；稳定性

1　引言

当结构（可以是杆、薄板、管梁或其组成件）处于外界的干扰之下时，它有种抵抗干扰的能力，这种能力被定义为结构自身的稳定性[1]。当结构的这种自我控制能力被破坏时，我们就说该结构发生了失稳（或称之为屈曲），失稳后的结构会处于弯曲的平衡状态。按照力学上的解释，作用在结构中的广义膜应力会引起膜应变能，当这种膜应变能被转换成了弯曲应变能，结构就会发生屈曲。研究表明，在结构处于受压状态时，是非常容易发生失稳的。本文利用ANSYS软件，在车钩800KN压缩力与垂向超载复合工况下对中间车车体进行线性屈曲研究分析。

2　算法原理

力学中，关于线弹性的一般问题，有以下平衡方程：

$$K_E D = F \tag{2.1}$$

其中，K_E 表示弹性刚度矩阵，D代表位移向量，F是指外部载荷向量[2]。

式（2.1）可以由最小总势能原理推导出。在研究结构稳定性时，一个很重要的问题是求出结构中现存的内力对弯曲刚度的影响。现在用几何矩阵 K_σ 来表示它，所有研究屈曲稳定性时的平衡方程为：

$$(K_E + K_\sigma)\ D = F \tag{2.2}$$

其中，K_σ 只与应力和位移状态以及单元的几何形状有关，而与所用材料的弹性性质没有关系。用符号 $\bar{D}$ 来表示屈曲时的虚位移，现在假设结构在其本身的弹性范围内，可以得出下面的方程：

$$(K_E + \lambda K_\sigma)\ \bar{D} = 0 \tag{2.3}$$

其中，初始外力 P_0 的增加倍数用 λ 表示。要求得某些 λ 值，可假设使方程（2.3）含有非零解，则方程（2.3）的特征值就是 λ，即屈曲因子，与其相对应的非零解向量就是屈曲波形，用 λ 乘以初始的外力 P_0 就得到了失稳时的临界载荷 P_{cr}：

$$P_{cr} = \lambda P_0 \tag{2.4}$$

以上的讨论中，我们假设 K_E 是已知的量，目的是求得 K_σ。把应变方程作为求解的出发点，把应变非线性项也考虑在内，就可以推导出 K_σ，也就求出了结构中现存的内力对弯曲刚度的影响。

3　评价标准

结构的失稳是受压杆件的一个比较常见的现象，也是结构有限元分析时必须去面对的问题。EN 12663—2010标准对结构的稳定性有严格的规定，其指出车辆结构在稳定性方面应该有一个安全裕量，以保证车体在受到异常外部载荷的时候不发生结构失稳[3]，本文基于 EN 12663—2010 中的相关要求，对该车体进行屈曲稳定性分析。

定义计算应力或载荷与临界屈服应力或屈服载荷进行比较时，利用率（通过下列方程式规定）应小于或等于1：

$$U=\frac{\sigma_c S_3}{\sigma_{cb}}\leqslant 1 \text{ 或 } U=\frac{L_c S_3}{L_{cb}}\leqslant 1 \qquad (3.1)$$

其中：U 为利用率；S_3 为不稳定性的安全系数；σ_{cb}为临界屈服应力，单位：MPa；σ_c 为计算应力，单位：MPa；L_{cb}为临界屈服载荷，单位：N；L_c 为计算载荷，单位 N；安全系数取 $S_3=1.5$。若要保证车体结构不发生失稳，则屈曲因子 λ 应大于 1.5。

4 车体结构稳定性分析及评价

4.1 边界条件计算

结构在受压状态下最容易发生失稳，因此根据 EN 12663—2010 标准的要求，对中间车车体在压缩工况下进行结构稳定性分析研究，具体工况如下：

纵向载荷：在一端车钩安装座中心处施加 $P_0=800$KN 的压力。

垂向载荷：AW3 状态（AW0 状态下车体重量 +310 人重量）

其中包括：①有限元模型重量；

②空调、车下悬挂设备重量；

③内装重量：平铺在地板上方；

④乘客：310 人，人均质量：60kg。

位移约束：在另一端车钩安装座中心处施加纵向位移约束，在所有空气弹簧处施加垂向位移约束，在车体的一侧空气弹簧处施加横向位移约束。

4.2 结果分析

中间车车体的结构稳定性（线性屈曲）分析的前6 阶计算结果见表 4.1，与其对应的屈曲振型如图 4.1—图 4.6 所示。

表 4.1 中间车车体结构稳定性分析结果

阶数	屈曲因子 λ	失稳部位	临界载荷 $P_{cr}=\lambda\times P_0$（KN）
1	7.6	侧墙	6080
2	7.604	侧墙	6083.2
3	7.849	地板	6279.2
4	7.856	地板	6284.8
5	7.857	地板	6285.6
6	7.894	地板	6315.2

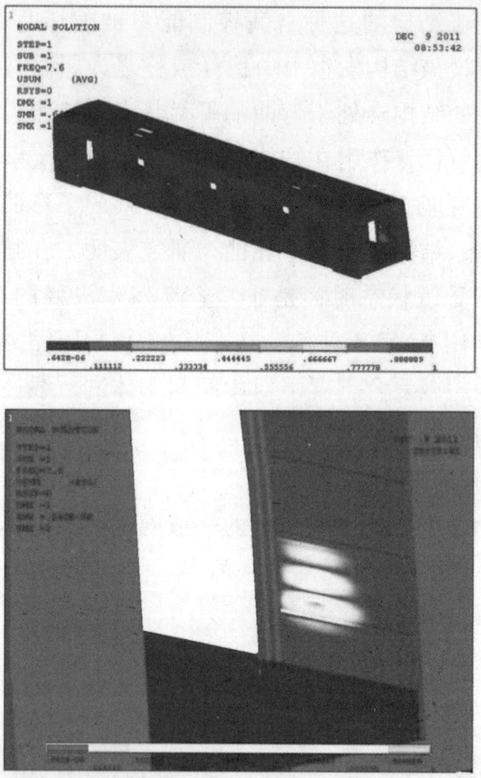

图 4.1 第 1 阶屈曲振型（λ=7.6）

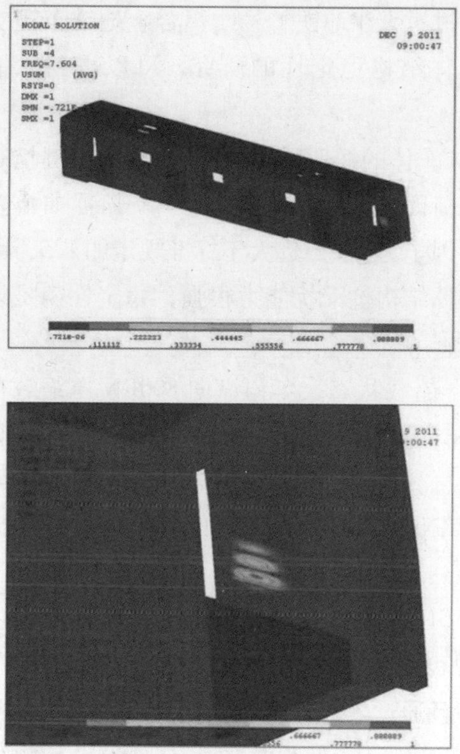

图 4.2　第 2 阶屈曲振型（**λ=7.604**）

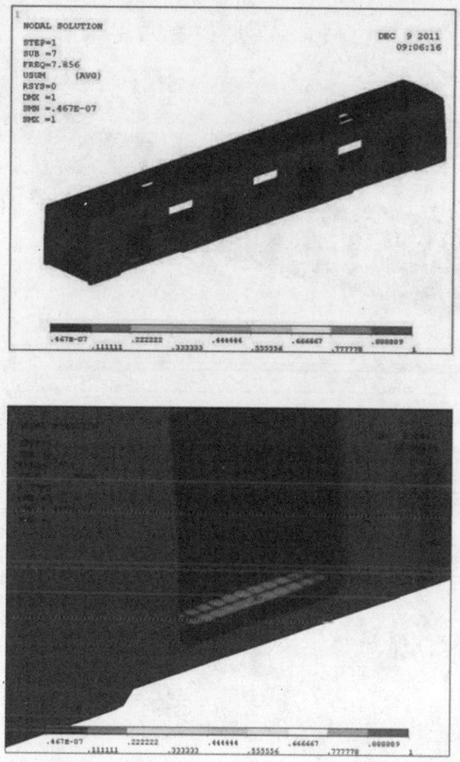

图 4.4　第 4 阶屈曲振型（**λ=7.856**）

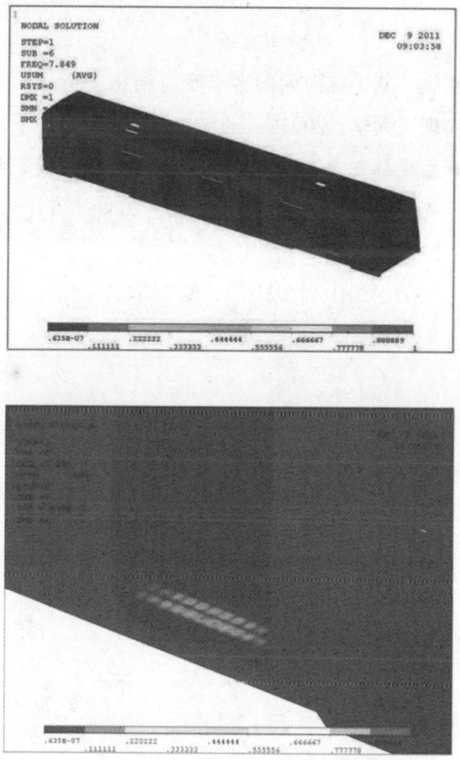

图 4.3　第 3 阶屈曲振型（**λ=7.849**）

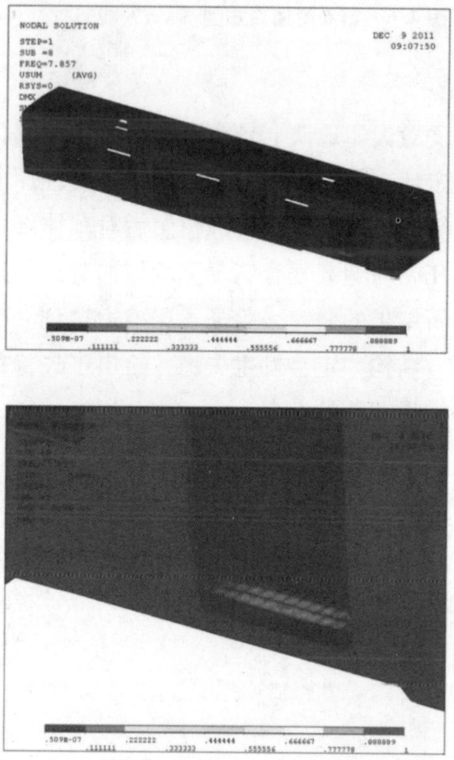

图 4.5　第 5 阶屈曲振型（**λ=7.857**）

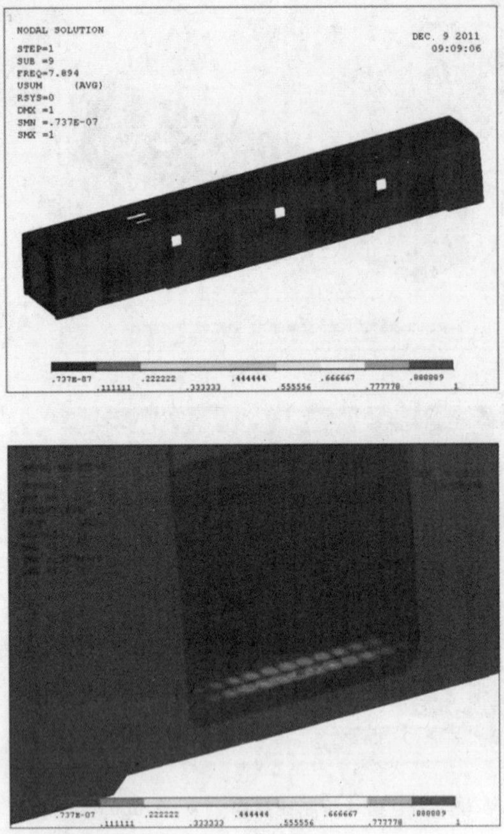

图4.6　第6阶屈曲振型（λ=7.894）

5　结论

本文对天津地铁1号线铝合金地铁车车体结构稳定性进行了研究，首先介绍了线性屈曲分析的算法原理及评价标准，然后对车体结构进行了压缩与超载复合工况下的屈曲分析，通过对分析结果的研究，验证了压缩力达到一定数值后，结构一定会发生失稳，给出了失稳的位置和临界载荷的大小。

通过对天津地铁1号线铝合金地铁车辆中间车车体结构稳定性的研究，可以得到以下结论：

1）车体的线性屈曲/失稳分析的关键控制点是载荷因子，中间车车体的第一阶屈曲模态的载荷因子为7.6，远大于标准规定的1.5，因此，车体结构抗干扰能力很强，稳定性满足设计要求。

2）超载状态，车钩纵向800KN压缩载荷作用下，当临界载荷达到6080KN（7.6 ×800 KN）时，侧墙发生失稳；当临界载荷达到6279.2KN（7.849×800KN）时，地板开始出现失稳。

3）压缩力达到一定数值后，车体一定会出现失稳现象，这要引起设计人员足够的重视，而且通过仿真计算可以找到发生失稳的具体位置、得到临界载荷的大小，为设计提供指导。

参考文献

［1］余翊妮．基于有限元的客车车身结构分析［D］．武汉理工大学，2003.

［2］岳译新，林文君，雷挺．地铁铝合金车体模态和稳定性有限元分析［J］．机械，2008，35（4）：20－22.

［3］EN 12663—2010铁路应用—铁道车辆车体结构要求［S］．欧洲标准，2010.

城市轨道交通车辆运行平稳性评价方法的探讨

戴源廷　王文斌

（中国铁道科学研究院城市轨道交通中心）

摘　要：城市轨道交通车辆运行平稳性是乘客乘坐舒适性的指标，也是城市轨道交通线路运营状态和服务水平的重要体现。文章简述了国内城市轨道交通车辆运行平稳性评价方法，简要分析了车辆运行平稳性的影响主要因素，阐述了现阶段城市轨道交通车辆平稳性评价方法的弊端，对比大铁车辆评价方法和城市轨道交通的特点，提出了新的城市轨道交通车辆运行平稳性计算和评价方法的建议。

关键词：城市轨道交通；车辆运行平稳性；减振轨道；曲线

1　前言

截至2016年12月31日，中国内地已有29个城市拥有了128条运营的城市轨道交通线路，运营总里程达3832km（不含市郊铁路）[1]。预计到2020年，我国城市轨道交通营业里程将超过6000千米，预计城市轨道交通车辆密度将达到7.2辆/km，车辆总保有量将达到4.8万辆。届时，车辆基础条件和运营状态将是制约城市轨道交通运行安全和品质的重要因素。

城市轨道交通车辆验收过程一般按照图1流程进行，主要分为例行试验、型式试验、出厂验收、到货及开箱检查、初步验收和最终验收。《城市轨道交通车辆组装后的检查与试验规则》（GB/T 14894—2005）中规定型式试验由静置试验和线路试验组成[2]，其中静置试验大多在车辆厂内完成，线路试验大多在用户现场，即在即将开通运营的城市轨道交通线路上完成。车辆运行平稳性试验是GB 14894—2005规定的线路试验中重要一部分，是车辆动力学范畴内的重要指标，直接反映了乘客乘坐城市轨道交通车辆时的舒适性，体现了城市轨道交通线路的服务水平。

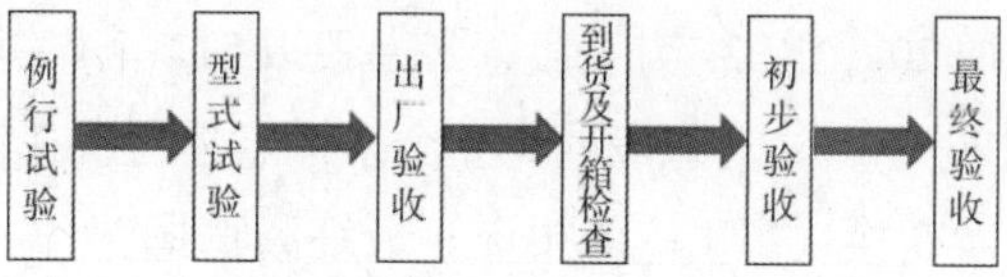

图1　城市轨道交通车辆验收过程

由于城市轨道交通车辆未采用高速铁路车辆定型上线运营的验收方法，只通过5000km线路运行试验即可运营，加之城市轨道交通线路条件较大铁路复杂多样，车辆平稳性验收方法存在不合理性，造成了多条最高运营速度100km/h线路开通运行出现车辆晃动问题，严重影响了乘坐舒适性。

2　城市轨道交通车辆运行平稳性评价方法

GB/T 14894—2005中规定了平稳性试验按照《铁道车辆动力学性能评定和试验鉴定规范》（GB 5599—1985）规定的方法进行测量，车辆运行的平稳性指标应按小于2.5评定[3]。目前国内均采用此方法进行评定。

GB 5599—1985中规定客车运行平稳性指标按公式（1）计算[6][7]。

$$W = 7.08\sqrt[10]{\frac{A^3}{f}F(f)} \quad (1)$$

式中　W——平稳性指标；

A——振动加速度，g；

f——振动频率，Hz；

F（f）——频率修正系数（列于表1）。

表1 频率修正系数

垂直振动	
0.5—5.9Hz	$F(f)=0.325f^2$
5.9—20Hz	$F(f)=400/f^2$
>20Hz	$F(f)=1$
横向振动	
0.5—5.4Hz	$F(f)=0.8f^2$
5.4—26Hz	$F(f)=600/f^2$
>26Hz	$F(f)=1$

GB 5599—1985对车体加速度的频谱分析，推荐取20s，以2s为一段，每一段取512个点，共5120个点。对每段的512个采样点进行快速傅里叶变换（FFT）得频谱。最终频谱图为10段频谱的均值。

在同一振动方向同时存在两种以上的频率成分时，则合成的平稳性指标按式（2）计算。

$$W=\sqrt[10]{W_1^{10}+W_2^{10}+\cdots+W_n^{10}}=\sqrt[10]{\sum_{i=1}^{n}W_i^{10}} \quad (2)$$

依平稳性指标W确定车辆运行平稳性的等级列于表2。表中垂直和横向平稳性采取相同的评定等级。

表2 平稳性等级

平稳性指标	评定等级
<2.5	优
2.5—2.75	良
2.75—3.0	合格

3 城市轨道交通车辆运行平稳性影响因素研究

城市轨道交通线路具有区间多、站间距小、列车运行加减速频繁、发车密度大、客流密度大、曲线半径小、道床类型多等特点；加之每条线车辆转向架动力学结构参数与车体结构均做一定的调整，但对于车辆结构改变的结果缺少试验和运行数据的反馈及优化。造成了城市轨道交通车辆运行平稳性的影响因素较多。

3.1 车辆结构形式多样

车辆结构动力学参数是影响车辆运行平稳性的重要原因。城市轨道交通车辆多采用两系悬挂结构方式，一系悬挂多采用转臂定位和钢圆簧结构或人字橡胶堆弹簧结构，二系悬挂多采用空气弹簧。影响车辆运行平稳性的主要参数有车体质量和转动惯量、二系弹簧刚度和阻尼、抗侧滚扭杆刚度、一系悬挂刚度和阻尼等参数。

图2 城市轨道交通车辆转向架

城市轨道交通车辆设计过程中，会在一些平台车的基础上，对一系和二系悬挂参数做出不同的修改，同时车体外形和材料也会改变，车体质量和转动惯量将会响应产生变化，甚至有些线路车辆设计时会根据线路特点对车辆垂向、横向、抗侧滚扭杆等抑制车辆晃动的部件进行重新设计。以上调整均改变车辆结构动力学参数，影响车辆临界速度，改变车辆抑制外部激扰的能力，影响车辆高速运行时的平稳性[5]。

3.2 减振轨道

在城市轨道交通系统中，车辆运行引起的结构振动通过结构传递给周围地层，进而通过土壤向外传播，诱发了建筑物的二次振动，对建筑物特别是古旧建筑物的结构安全以及其中居民的工作和日常生活产生了很大的影响。因此，国内在建设城市轨道交通时大量采用了轨道减振措施，常用的有减振器扣件轨道、钢弹簧浮置板道床和梯形轨道结构[4]。

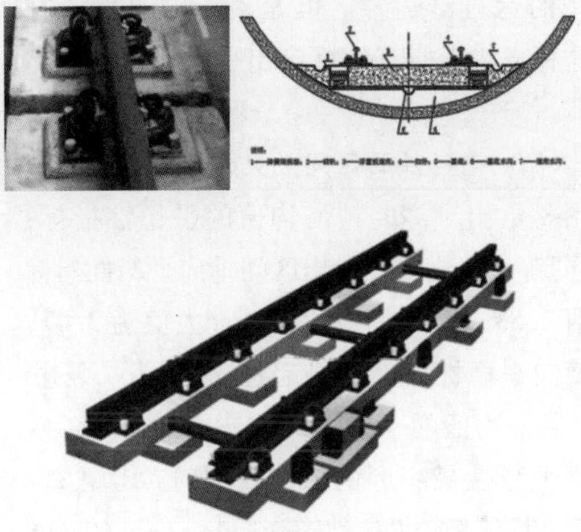

图 3　减振轨道

（a：减振器扣件轨道；b：钢弹簧浮置板道床；c：梯形轨道结构）

城市轨道交通线路往往穿过市区内多出振动敏感地带，如学校、医院、商业中心、住宅、文物古建筑等，不得不在一条线路采取多种减振轨道型式来达到不同的减振效果。图 4 中显示地铁某区间在约 4km 长度的线路上存在减振轨道一、减振轨道二和普通整体道床三种轨道型式。

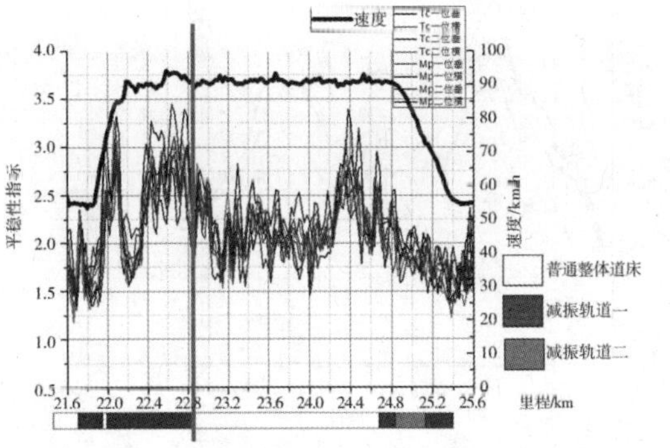

图 4　平稳性指标测试结果与轨道类型的关系

不同的轨道类型对车辆运行平稳性有着不同的影响。图 4 给出了某地铁 Q－D 区间平稳性指标测试结果（注：图中平稳性指标为每 2s 数据求得的频谱后直接计算出的平稳性指标）。图中红线是某减振轨道和普通整体道床的分界线，可以看出在速度大致不变的情况下，车辆从某减振轨道运行到普通整体道床时平稳性指标明显降低，且在普通整体道床下的整体平稳性指标也小于减振轨道区段。

3.3　曲线和道岔

城市轨道交通由于线路设置主要在城区，在线路敷设时需要经常避开或绕开城市既有建筑，因此经常会出现小半径曲线，车辆在经过小半径曲线和道岔时，会对车辆运行平稳性指标造成影响。图 5 给出了某区间平稳性测试结果与曲线和道岔的关系（注：图中平稳性指标为每 2s 数据求的频谱后直接计算出的平稳性指标）。从图中阴影部分可以看出在经过道岔或进出曲线时，平稳性指标均产生了峰值。

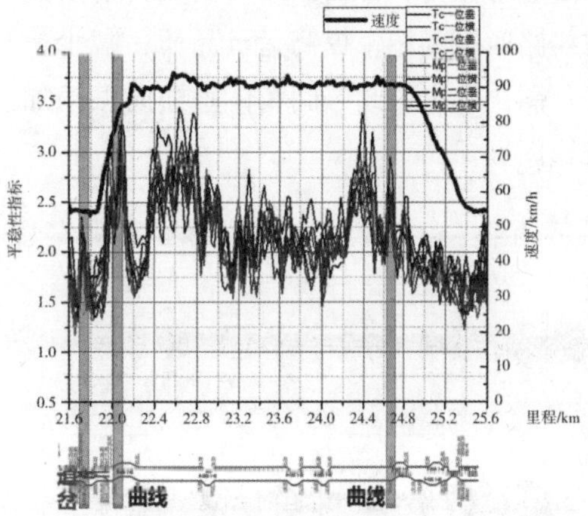

图 5　平稳性测试结果与曲线和道岔的关系

4　车辆平稳性评价方法的探讨

某地铁线开通运营前全区间车辆 100km/h 运行横向平稳性散点数据如图 6 所示。可以看出，大部分车辆平稳性数据在 2.5 以下，根据目前采用的平稳性平均值评价方法，全线车辆平稳性小于 2.5，评级为优；但部分散点数据超过 2.5，少部分数据大于 2.75，甚至超过 3，单次车辆平稳性数据已达到不合格水平。由于车辆动力学试验平稳性依据全线车辆平稳性散点数据的平均值评价，造成了虽全线平稳性水平整体优秀，但个别区间车辆晃动严重，乘客投诉强烈，最终采取个别区间限速运营的方法降低区间车辆运行平稳性指标。

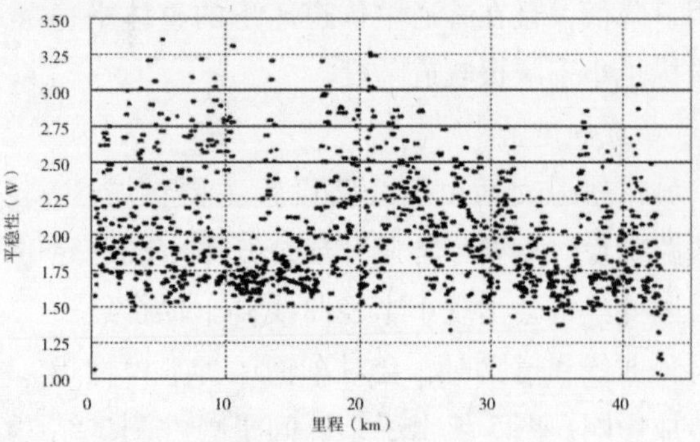

图 6　某地铁线横向平稳性散点图

以此线 Q－D 区间车辆运行平稳性的不同统计方法为例，对城市轨道交通车辆平稳性的评价方法进行探讨，旨在线路开通运营前发现车辆与线路匹配问题，提高运行品质，减少运营病害。图 7 给出了此区间车体垂横向振动加速度时域图。

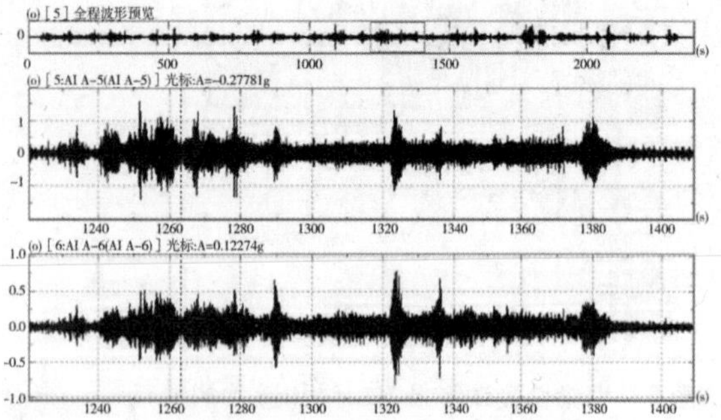

图 7　车体振动加速度时域图

4.1　以 20s 平稳性的平均值评价

目前，针对城市轨道交通车辆运行平稳性评价采用以全线平稳性数据（20s 频谱均值）求平均值的方法。Q－D 区间按此评价方法计算得到的垂向平稳性指标为 2.03，横向平稳性指标平均值为 2.26，按照评价指标应属于优。这种方法计算的平稳性指标是全线 20s 频谱均值平稳性指标的平均值，当车辆进出站时，速度较低，平稳性指标也小，平均值的计算方法会把平稳性指标值拉低。这种方法对于大铁路来讲是合适的，由于大铁路区间长，运行时间长，匀速运行时间也长，这种评价方法可以评价全线的运行舒适性。但是对于城市轨道交通，这种方法不能有效反应出平稳性指标变化的细节。

4.2　以 20s 平稳性的区间最大值评价

图 8 给出了 20s 频谱均值的平稳性指标，每 1s 更新一次数据，得出区间垂向平稳性指标最大值 2.63，横向平稳性指标最大值为 3.07，其中横向平稳性指标已经超过 3.0。此方法相比 20s 频谱均值的平均值的方法更能反映各区间车辆平稳性最不利的状况。同时，考虑 20s 内的频谱均值相较城市轨道交通 1—2min 的区间运行时间而言，所占比率已很高，连续 20s 产生较大车辆晃动，对于乘坐舒适性的影响也很大。因此以 20s 频谱均值的最大值评价能体现城市轨道交通车辆运行时间短的特点，建议区间 20s 频谱均值最大值不超过 2.75。但这种方法仍然无法体现平稳性指标的变化的细节，也不便于根据平稳性指标最大值检查线路问题。

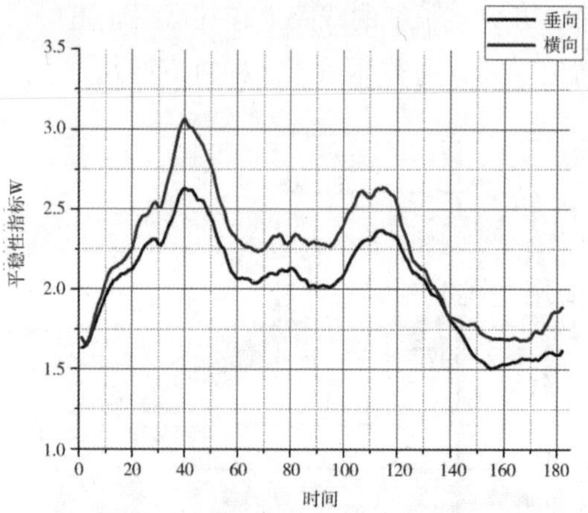

图 8　以 20s 均值频谱方法计算结果

4.3　以 2s 计权平稳性的区间最大值评价

对 GB 5599—1985 计算方法进行改进，不再取 20s 数据进行频谱平均，而是将全程振动加速度值每2s进行频谱计算，每1s更新一次数据。计算结果如图9所示。可从图中看出平稳性指标随速度增大而增大，但在某些里程位置存在峰值，这些峰值就有可能是本文中第3节介绍的由线路条件或不同道床型式造成的车辆运行平稳性值的突变。图中每1个点代表当前2s的平稳性值，方便与里程和速度进行对照。图中显示横向平稳性指标最大值为3.4，虽然持续时间短，但振动对乘客乘坐舒适性的影响较大。根据现场测试数据和实际乘坐感受，建议区间2s计权车辆平稳性最大值不宜超过3.0。

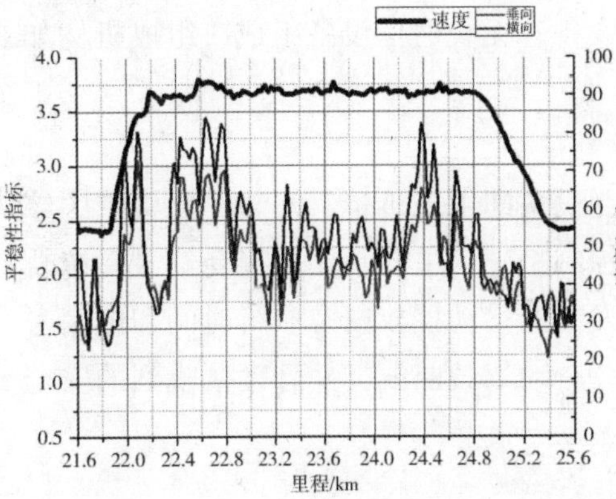

图9 以2s频谱方法计算结果

另外，2s计权能够较准确地反应线路状态对车辆平稳性的影响程度和里程，可采用此方法对线路相应地段进行精调和整改优化，或者主动调整车辆在对应区段的运行速度，从而提高车辆乘坐舒适性。

5 结论及建议

由于城市轨道交通线路短、运行时间短、线路条件复杂等特点，加之车辆形式多样，建议城市轨道交通车辆运行平稳性应按照区间20s频谱均值最大值，以及区间2s计权最大值两者综合评价的方法，以提高车辆设计标准及服役年限，同时对轨道施工质量和动态平顺性提出更高的检验要求，提高轮轨相互作用状态管理水平。

同时建议对设计时速100km以上的城市轨道交通线路的车辆—轨道耦合情况、减振轨道结构的适用性进行研究。在经过一段时间运营后，运用此方法对车辆运行平稳性进行测试，并与线路开通运营初期情况进行比较，用以查找车辆和轨道所发生的变化。

参考文献

[1] 中国城市轨道交通年度报告［R］. 中国城市轨道交通协会.

[2] GB 5599—1985 铁道车辆动力学性能评定和试验鉴定规范［S］. 国家标准局.

[3] GB/T 14894—2005 城市轨道交通车辆组装后的检查与试验规则［S］. 中国国家标准化管理委员会.

[4] 戴华明. 城市轨道交通梯形轨道减振性能研究［D］. 中国铁道科学研究院.

[5] 赵明花. 高速列车转向架技术研究［J］. 中国工程科学，2015，17（4）：53－62.

[6] 万里翔. 铁道车辆运行平稳性评价方法的研究［J］. 铁道机车车辆，2001（1）：8－11

[7] 倪纯双，王悦明. 浅析平稳性指标和舒适度指标［J］. 铁道机车车辆，2003，23（6）：1－3.

天津地铁1号线车载信号系统保障方案

宋承昊　李　实　付光涛

（天津市地下铁道运营有限公司）

摘　要：目前，天津地铁1号线已经运行十年之久。现有的信号设备功能落后，不能满足现有运营线路的需求，因此整套信号系统需要更新改造。天津地铁1号线运营无法中断，车载信号设备是信号系统的重要组成部分，也是列车运营的必要条件之一。车载信号改造后要通过校线、静调、动调等几个重要步骤保证改造工作无任何差错。

关键词：车载信号改造；静调；动调

1　引言

车载信号设备包括控制设备、测速设备、位置识别设备、无线通信四大类。其中，控制设备即主机机柜是系统的大脑，对车辆接口最多，最为复杂，在改造施工中最容易出现差错，是施工的重点和难点。下文主要介绍主机机柜与车辆接口的检查、调试方法。

2　背景

天津地铁信号系统改造是完全淘汰原有信号系统，引用一套新的信号系统。新的信号系统主要包括地面信号系统和车载信号系统两大部分。由于1号线已经运营10年，停止运营回施工会带来很大的社会影响。信号系统切换的同时，车辆、通信等多个系统要随之一同切换，因此信号系统的更替要一次完成。

1号线车辆切换是要将老车停止运营，要将新购进的19列车和经过改造升级的3列老车投入运营，全线共22列车参与运营。为减轻用车压力，3列改造车要以最短的时间完成改造投入运营，就可能引起故障率上升。为保证车载信号设备顺利投入运营，需要一系列的措施降低故障率。

3　车载信号主要设备组成及功能

车载信号系统由控制设备、测速设备、位置识别设备、无线通信设备组成，组成机构如图1所示。

3.1　控制设备

控制设备即主机机柜，安装在司机室的综合电气控制柜中，主要功能是接受信号系统轨旁设备发来的移动授权以及旅行时间和停站时间，计算自动驾驶曲线，并管理接收到的安全码信息。

3.2　测速设备

测速设备主要包括安装在转向架轴端的测速电机、安装在车辆底架上的雷达（或加速度计），主要功能是得到车辆的实际运行速度，雷达主要用于校准，以保证得到的速度信号不受车轮打滑的影响。

3.3　位置识别设备

位置识别设备主要包括安装在车辆底架或转向架上的应答器天线，主要功能是与轨旁设备交换位置识别和定位系统相关信息，确认车辆的绝对位置，以保证定点停车和站台屏蔽门的开/关。

3.4　无线通信设备

无线通信设备主要包括无线天线，主要功能是通过无线网络与控制中心通信，交换连续的数据报文。

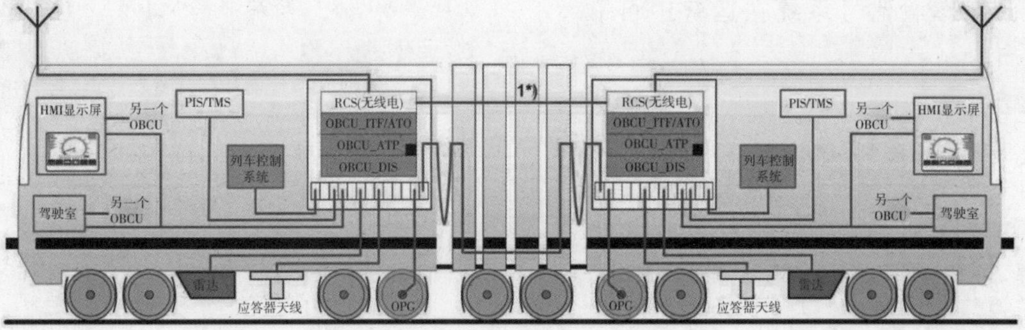

图1　车载信号设备组成示意图

4　施工质量的保证方法

4.1　校线

校线的目的是保证信号设备与车辆之间电压、电流、通信等信号的通路正常。车载信号设备与车辆之间的连线多达上千根，任何一根线缆的接线错误都会导致设备烧毁、功能丧失、系统瘫痪等后果。逐个线缆的复验将会带来极大的工作量，使改造工作无法按期完成。因此我将车载信号线路按照功能分为三类，通过对三类线不同方法的校对，可以保证其接线质量。

4.1.1　电源线

电源线是给车载设备提供稳定电力供应的线路。列车要提供给信号设备的电压的规格只有 DC110V，对电源线的校对方法是用电压表测量其有稳定的 110V 输出，并在测量输出的同时，要开关车上其他的电气设备，在其他设备开关时电压变化范围要在 ±2% 范围之内。如果在测试时产生较大的波动，需要检查电源是否产生串电的情况。

4.1.2　信号线

信号线是传输按钮、继电器等信号的线缆，在设备运行时传输信号设备发出的 DC24V 电压。在信号设备上电之前，由于线路无电压，可以对其进行导通测试。测试方法为：按下按钮或将继电器触电短接，测得设备输出端到设备输入端导通（以上所说为常开触点，若常闭触点则相反）则为正常。需要注意的是，由于车内线路负载，除需要测量导通以外，还要测量输入、输出端口对地无电压，如有错接引起的串电，将会在设备上电时烧毁设备。

4.1.3　通信线

信号设备采用以太网接口通信 100base－tx，头尾车之间的通信距离为 120 米，中间经过 10 个插接头和 5 段过桥线。由于车上电磁环境复杂，且传输距离超过 100 米，在列车的中间车增加了一个中继器起到加强信号的作用。对于信号线，除了测量两端的导通之外，还需要采用线缆分析仪，测试网速要高于 100M。

4.2　静动调

信号设备校线完成以后，可安排 1—2 天的工期将存在问题的线缆加以修改。随后可交付信号公司进行静态调试和动态调试。静态调试的目的是对线进行功能性的测试，实际测试信号畅通。动调调试是要测试在实际行车过程中测试信号系统对车辆的控制能力。通过以上三步测试，才能交付信号厂家对其进行安全测试。

5　结语

随着地铁信号改造的进行，后续将有 22 列老车陆续进行改造施工。如果采用以上方法对线路进行校对，可以大幅度降低出错概率，缩短调试周期，避免因接线错误造成的设备损坏，从而保证车载信号系统在运营中可靠运行。

参考文献

[1] 毕淑娥. 电工学 [M]. 哈尔滨工业大学出版社，2001.
[2] 邱关源. 电路（第四版）[M]. 高等教育出版社，1999.
[3] 王成华. 电子线路基础教程 [M]. 科学出版社，2000.
[4] 童诗白. 模拟电子技术基础 [M]. 高等教育出版社，2001.
[5] 沈嗣昌. 数字系统设计基础 [M]. 航空工业出版社，1996.
[6] 秦曾煌. 电工学 [M]. 高等教育出版社，2001.

地铁车辆检修管理信息化必要性及可行性分析

王强能　陈　俊　黄湛彦

（天津市地下铁道运营有限公司）

摘　要：在全国大城市轨道交通事业的发展下，地铁作为城市主要交通方式，其安全运营与城市市民生活息息相关。地铁车辆的检修工作则将关系到地铁运行的安全性，所以，建设先进地铁车辆检修基地就显得十分重要，下面就对地铁车辆检修基地信息化管理进行探讨。

关键词：地铁车辆；运行安全；检修基地；信息化管理

0　前言

在中国的高速发展，越来越多的人涌向城市，地铁作为交通工具越来越受到人们的青睐，其快捷、舒适、安全的优点离不开信息化管理，本文主要对地铁车辆检修基地的信息化管理进行简要的分析探讨，阐述了地铁信息化管理的重要性。

1　地铁运营管理特点要求信息化管理

1.1　地铁运营与管理在专业性方面要求较高

地铁运营中所涉及的信号车辆等设备管理、行车管理等内容，这些管理内容无论是在知识层面还是在人才层面都具有较强的专业性，相关工作人员必须经过培训或考核等才能够应用现代化工具对地铁的运营进行管理。

1.2　地铁运营与管理对安全性的要求较高

地铁客流量大，乘客密集，易发生突发事件，地铁运营企业需要利用先进的、实时性高的管理手段和管理工具切实保障地铁运营的安全性能，消除或避免安全事故发生，做好应对措施处理突发事件。

1.3　地铁运营过程中使用的设备较为复杂

地铁运营使用的电气设备多达几十种，且标准与普通设备之间存在较大差别，这就要求地铁运营企业需要对其完备状况或使用状态进行监测，确保服务质量与设备状态持续处于正常水平。上述种种因素决定信息管理乃是地铁运营的重中之中。

2　地铁车辆检修基地建设意义及运行的模式

随着城市地铁大规模投入运营，对于地铁车辆检修质量要求有了更高的标准，所以建成并完善一个具备信息化管理系统的基地，专用于地铁车辆的检修工作是十分关键的。采取这种基地检修的模式，可以使车辆得到更高水平的检测维修，为我国城市交通的安全发展有着极为重要的意义。一般我们将地铁车辆检修工作的开展认为是由地铁车辆相关管理部门，检测维修基地以及最终实施维修工作的施工区组成。当地铁车辆有发生故障需要检测或维修时，首先通知相关的管理部门下发维修命令，在维修基地以及最后一个环节的施工区得到消息做好相关计划准备之后，给予信息反馈，接受信息之后，才能安排地铁车辆进入基地开展检测维修工作。另外，检修基地还要负责对地铁车辆进行一定时间间隔的检测工作，对地铁车辆的各项性能，全部设备的运作情况都逐一地检测，排除安全隐患的存在，之后将所得数据整理上报相关部门，决定下一步的整修计划。

3　加强地铁车辆检修基地的信息化管理措施

3.1　地铁车辆检修基地信息管理系统

整个系统强调一体化设计，对各个环节

的设施器材都进行整体的全面管理，确保设备性能保持良好的运作状态。同时，将先进的科学技术运用在整个系统当中，跟踪记录各种设备各个环节的使用以及各个方面的性能信息，并建立详细的电子档案，方便数据的调出。这种方法能够让管理人员对所有的设备情况有一个更清楚的了解，有利于管理工作的开展，也为各个环节资源信息的相结合提供了一个平台。

（1）检修基地管理系统。

检修基地管理系统通过系统的运行实现对车辆检修工作整个流程的管理，包括各个环节的指挥调整，以及根据检修计划对整个检修过程进行合理安排；同时对于地铁车辆维修相关信息负责登记，以及各环节维修情况要给予记录。整个系统对于全部的设施配备都要负责做好管理工作，对于远程信息的传送也要及时地进行。

（2）视频监控系统。

这个系统是要完成基地安全的实时监控，对各个场地区域所发生的事进行视频的传送，确保整个基地的设备及工作人员的安全问题。整个系统包括前面部分以及摄像分控点、主控点共同组成。

（3）办公自动化系统。

办公自动化系统包括各个管理人员的办公区域以及指挥人员的办公区域都实现办公的自动化。通过先进的设备，完成基地内部人员相互之间或者是和外部之间的信息文件传送，提高了办公效率，实现信息的及时交流。

3.2 地铁车辆检修基地网络

（1）整体架构。地铁车辆检修基地的网络包括安全生产网络以及基地内部服务网络两个部分。两个部分共同工作，实现基地内部资源的科学合理的使用，同时也做好相关的管理工作。并且构建起与外部信息互通交流的有效渠道。

（2）网络规划。地铁车辆检修基地设置两个局域网，网络流量均达到两千兆，其中一个主要针对设备的管理系统以及办公自动化系统的运行，还有一个主要负责视频监控系统以及辅助系统的运行。并实现检修基地与外部信息的及时沟通交流。

3.3 计算机硬件配置

（1）基础设施检修管理信息系统。主要由数据库服务器、应用服务器、中间件（GIS，SOA，工作流）服务器、各类管理服务器、存储系统、网络设备（和办公自动化系统合用），以及业务终端构成。系统内关键的服务器、网络交换机、路由器均采用双机热备的方式。

（2）办公自动化系统。主要由数据库服务器、网络设备，OA 服务器、财务服务器以及业务终端构成。在基地调度室内设置安全防灾监控终端、检修调度终端、基础数据处理终端、地理信息系统复视终端、综合计划终端、工务检修调度终端、电务检修调度终端等设备。以上终端设备均配备业界主流的 PC 机。

（3）其他辅助配套系统。

第一，火灾自动报警系统，由火灾报警装置、消防联动控制设备和其他具有辅助功能的设备组成，主要包括火灾报警控制器、系统监控工作站、联动控制盘、消防专用电话设备、气消控制盘、各类火灾探测设备以及监控模块等。

第二，电视监视系统，建议采用全数字视频方式，由各类服务器、数据库、磁盘阵列、监控终端以及各类摄像机和编码器构成，该系统一般设置在站场咽喉区、平交道口、检修库门外、检修线等安全性要求比较高的地方。

第三，门禁系统，采用一卡通系统对整个基地的各个入口进行管理，这种一卡通可以在对地铁车辆检修基地内部人员进行信息登记之后，进行智能信息识别。在重要设备的操控之际，基地内部的各个重要入口之处都要经过信息验证才能得以开放，便于对人员的管理以及对设备的安全控制管理，从而实现基地资源的合理利用。一卡通智能系统在各个重要工作区域都有相关配备，再结合各种辅助设备，将内部人员的资料信息输入。

4 结语

地铁车辆的检修基地信息化建设对其检修工作开展较为便捷，并且对基地相关的设施使用及状态进行详细登记，以保证基地检修工作的有序进行，提高检修服务的质量，为城市交通安全运行提供一定的保障。

参考文献

［1］李悦．信息化在哈尔滨地铁设备管理中应用构想［J］．电脑知识与技术，2012，08（20）：5022－5024.

［2］朱永现．城市轨道交通企业一体化资产管理信息平台初探［J］．中国外资月刊，2011（14）：149－150.

天津地铁 2、3 号线车钩缓冲装置异响分析与研究

赵　刚　户　斌　车宇翔
（天津市地下铁道运营有限公司）

摘　要：天津地铁 2、3 号线车钩缓冲装置均采用青岛四方所研制的柴田式密接式车钩，车辆投入运营使用的初期，车钩缓冲装置便出现了不同程度的异响问题，且随车辆运行千米数、载客量的增加，异响问题日趋严重。为了提高车辆运行的稳定性和乘客的舒适度从技术分析和安全角度出发分析车钩异响原因，根本上解决车钩异响问题。

关键词：车钩缓冲装置；异响；拆解探伤

1　项目概况与实施背景

天津地铁 2、3 号线车钩缓冲装置均采用青岛四方所研制的柴田式密接式车钩，主要采用连接卡环结构和胶泥缓冲器系统、压溃装置组合方案，具有能量吸收大、成本低、重量轻、结构简单、维护检修方便等特点，但在车辆投入运营使用的初期，车钩缓冲装置便出现了不同程度的异响问题，且随车辆运行千米数、载客量的增加，异响问题日趋严重。针对异响我们已从车钩轴承、胶泥缓冲器性能及缓冲机制检测等方面进行了相应的改进，但效果不理想，车钩冲击异响仍然普遍存在，这不仅影响到车辆运行的舒适度和乘车品质，还存在重大的车辆安全隐患，因此从技术分析和安全角度出发，提出开展 2、3 号线车钩缓冲装置拆解探伤工作。通过对车钩重要零部件的外观检查、尺寸测量与磁粉探伤，验证车钩缓冲装置关键零部件技术参数正常性，并深入分析车钩缓冲装置异响原因，最终解决车钩异响问题。

2　项目实施过程及车钩端面选取

根据 2015 年中心重点工作部署和天津地铁 2、3 号线车钩正线运用和前期改造状况，天津地铁首先组织 2、3 号线各主机厂和四方车辆研究所对车钩冲击异响刚性碰撞部件的探伤点位与实施周期进行可行性探讨，并最终确定正式的车钩探伤技术方案。整个拆解探伤过程由四方车辆研究所组织现场实施，拆解探伤方案中对包括弹簧盒壳体、端盖、内半桶等重要部件的尺寸测量及安装座、弹簧盒拉环等重要部件部件的探伤。带缓冲器半自动车钩缓冲装置拆解探伤零部件点位图如图 1 所示。

车钩异响情况分为冲击与咬合两类，由于咬合严重端面的金属轴承改造为橡胶轴承之后，咬合现象得到明显改善，因此，目前车钩缓冲装置异响情况中冲击异响现象尤为突出，根据对车钩缓冲装置的跟踪情况，分别选取冲击异响较严重的 215 车的 2—3 端面和 311 车的 4—5 端面作为首对探伤车钩缓冲装置，后续我们将结合定修修程按照异响“分级、分特点”形式，组织安排车钩落车返厂进行拆解探伤。

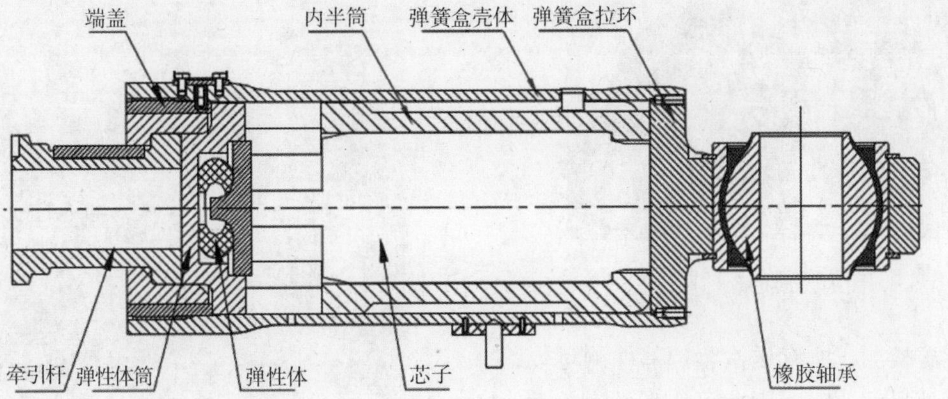

图1 带缓冲器半自动车钩缓冲装置拆解探伤零部件点位图

3 车钩异响分析与拆解探伤实施

3.1 异响分析

根据车钩缓冲装置结构、工作状况及前期实施改造效果，在车钩缓冲装置设计结构和相关工作参数合理的前提下，初步分析异响原因有以下四个方面：

（1）由于车钩缓冲装置零部件磨损导致尺寸改变或部分零部件尺寸不达标造成零部件工作性能及零部件间配合性能有所改变而导致车钩缓冲装置异响；

（2）由于车钩缓冲装置中零部件间相对运动剧烈而产生裂纹等导致零部件工作性能下降从而导致异响；

（3）由于车钩缓冲装置缓冲器中起缓冲作用的最关键部件胶泥芯子的性能参数改变，导致车钩缓冲装置容量发生改变，不能适应其工况，从而导致缓冲器内部冲击异响；

（4）由于车钩整体连挂性能发生改变，导致车钩工作性能下降从而导致异响。

3.2 拆解探伤实施

3.2.1 尺寸测量

根据《车钩拆解探伤技术方案》，对车钩缓冲装置规定零部件进行尺寸测量，以探究零部件尺寸对车钩异响的影响。中间车半自动车钩缓冲装置尺寸测量零部件包括：端盖、弹簧盒壳体、压溃管、内半桶、弹性体筒、钩尾销、牵引杆及钩舌等，部分零部件测量过程图片如图2—图4所示。

图2 端盖

图3 弹簧盒壳体

图4　压溃管

经过拆解检测，所有送检车钩部件测量数据均符合设计尺寸要求，因此可初步排除关键零部件尺寸变化影响车钩工作性能并造成异响的情况。此外，拆解探伤工作还着重对压溃管转动问题进行了检测，送检车钩压溃管性能均符合技术要求。

3.2.2　磁粉探伤

为探究关键零部件内部缺陷导致车钩缓冲装置工作性能的改变所导致异响，对车钩缓冲装置中重要零部件进行探伤，中间车半自动车钩缓冲装置探伤零部件包括：缓冲器端螺母、安装座、钩舌、连接环、弹簧盒组件、牵引杆等，如图5—图7所示。

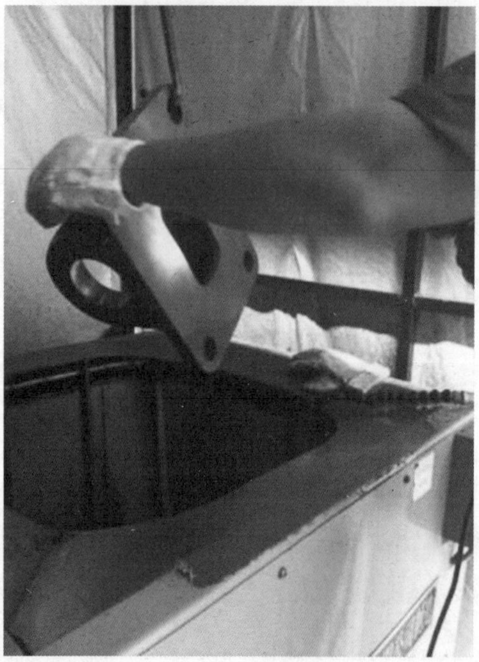

图5　安装座

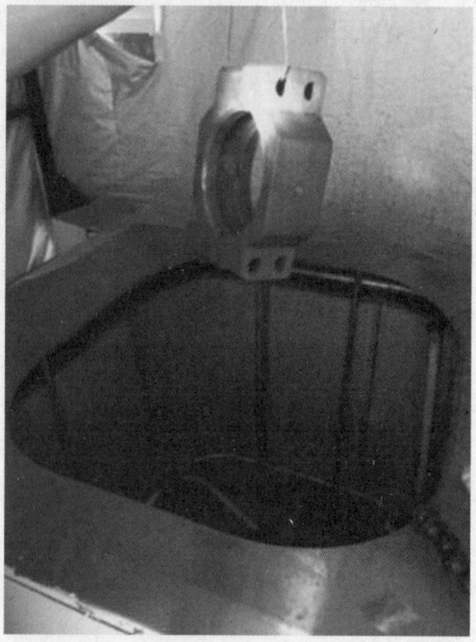

图6　连接环

图7　弹簧盒

根据探伤技术规范（GB/T 15822—2005）和探伤方案，送检探伤车钩缓冲装置关键零部件探伤均合格，未发现车钩缓冲装置零部件缺陷问题。

3.2.3　胶泥芯子性能检测

为分析胶泥芯子性能参数改变导致车钩缓

冲装置异响的情况，对车钩缓冲装置进行外观检测及静压测试，如图 8 所示。

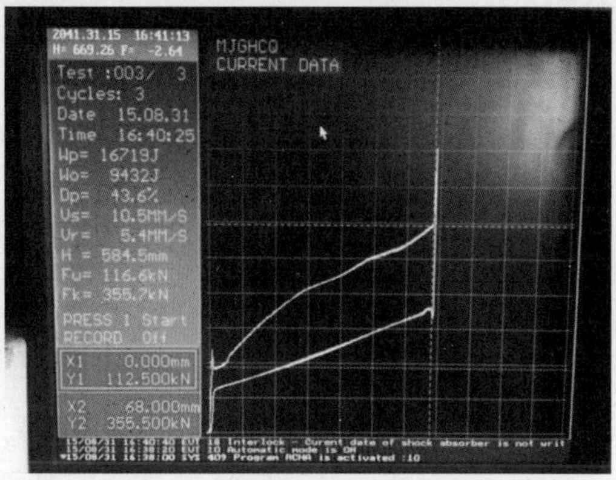

图 8　胶泥芯子静压试验曲线

根据缓冲器胶泥芯子的检查结果，胶泥芯子的外观良好，性能参数满足设计要求，因此可初步排除车钩缓冲装置容量与工况不适应所导致车钩缓冲装置异响的情况。

3.2.4　连挂试验

为探究车钩缓冲装置整体连挂性能对车钩缓冲装置异响的关系，对车钩缓冲装置进行连挂试验，试验内容包括：车钩连挂状态下外观确认、车钩摆动性能检测、气密性试验等。如图 9 所示。

图 9　车钩缓冲装置连挂试验

根据车钩缓冲装置的连挂试验要求及试验结果，初步排除车钩缓冲装置整体连挂状态导致车钩缓冲装置异响。

4　项目达到效果

截至目前，天津地铁 2、3 号线共计完成 5 对车钩拆解探伤工作，实施过程中严格按照既定的《车钩拆解探伤技术方案》执行，拆解探伤车钩装置关键零部件尺寸及探伤结果均正常，初步从车钩组装上和零部件可靠性上验证了车钩运用的安全性，并形成车钩拆解探伤报告，保证了 2、3 号线车钩系统在正线安全、可靠运用。

在后续的拆解分析研究中，我们将继续对 2、3 号线异响严重的车钩进行拆解探伤，根据不同异响车钩缓冲装置的拆解参数及探伤结果，找到不同异响车钩存在的特点，并分析得出导致车钩异响的最终原因。同时，已完成拆解探伤的车钩缓冲装置将持续加强装车试验和正线跟踪，比对总结车钩异响问题规律，以保证车钩拆解探伤工作的保质、保量有序开展。

城市轨道交通动态验收模式探讨

戴华明　王文斌

（中国铁道科学研究院城市轨道交通中心）

摘　要：目前，我国城市轨道交通建设验收环节缺少对轮轨与弓网关系的系统动态检测，多地地铁开通运营后轨道、车辆与接触网病害频发。本文对目前城市轨道交通验收管理现状进行了梳理，借鉴高速铁路的验收方式，对城市轨道交通动态验收模式进行了探讨，提出在城市轨道交通综合检测阶段开展系统动态验收的必要性，可从整体上检验城市轨道交通系统运行的可靠性、稳定性、安全性，并对城市轨道交通系统运行调整优化具有重要意义。

关键词：城市轨道交通；联调联试；动态验收

1　前言

随着我国城市轨道交通行业的快速发展，公众对轨道交通行业的关注度也显著提高，运营的安全和舒适度也日趋重要。然而目前，联调联试技术作为轨道交通运营的安全保障的重要措施，与之相关的实施、验收和效果评价等标准化体系却不够完善，这就导致线路运营一段时间后，轮轨关系、弓网关系等重点设备系统出现诸多问题。本文根据城市轨道交通设备系统的自身特点，借鉴高速铁路的成功经验，对城市轨道交通动态验收模式进行探讨，作为城市轨道交通当前验收管理模式的补充，使其更加完善并符合实际要求。

2　轨道交通验收管理现状

2.1　高速铁路验收模式

高速铁路是一个复杂的系统工程，其生命周期主要分五个阶段，即决策阶段、勘察设计阶段、实施阶段、竣工验收阶段、运营阶段，如图1所示。其中竣工验收阶段又细分为静态验收、动态验收、初步验收、安全评估、正式验收五个阶段；静态验收是联调联试、动态检测的前提，通常由铁路局会同建设项目管理机构实施。

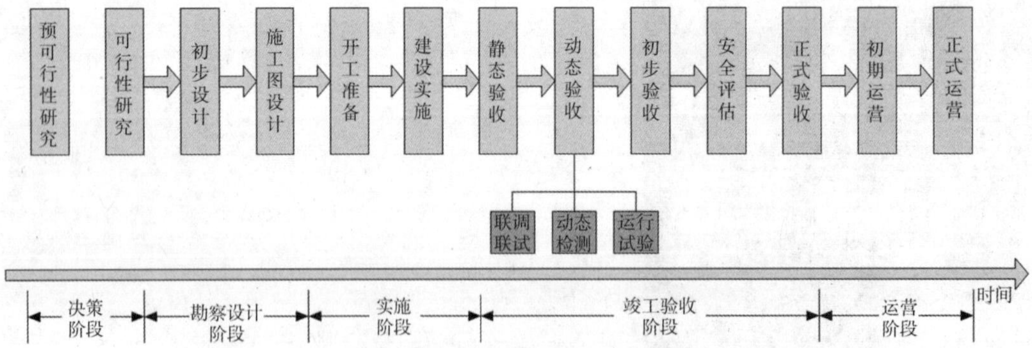

图1　高速铁路系统生命周期

高速铁路联调联试、动态检测是高速铁路系统工程中连接实施阶段和运营阶段的重要环节，联调联试项目即包括自成体系、相互关联的各子系统测试、验证，又包含全系统的调试，优化。静态验收合格，符合综合试验列车上线条件后，由铁路局、建设项目管理机构向铁道部主管部门提报动态验收申请；批准后，铁路局会同建设项目管理机构、检测单位组织联调联试、动态检测工作。

高速铁路运用了大量新技术和新设备，对整体性和系统性的要求非常高，动态验收是实现整体系统集成，实现移动设备与固定设备的整体匹配，实现系统安全分析并为运营提供可靠科学依据的重要阶段。其中，联调联试过程将实现对各个专业系统及整个铁路系统的总体设计方案、系统集成方案、系统接口关系、总体功能、整体性能的调试、完善与优化。动态检测过程包括了轮轨关系测试、弓网关系测试、流固耦合关系测试、列控系统测试、地面各系统测试及运行试验测试等，以确保其在投入正式运营前，各子系统、各专业间的统筹协调性和沟通应变能力。

2.2 城市轨道交通试运营前调试及验收现状

2.2.1 城市轨道交通验收模式及现状

城市轨道交通新建线路在开通试运营前，应完成调试及试运行、工程验收、安全授权、运营交接、运营准备及问题整改等工作。其中调试及试运行是指建设单位组织对设备、设施进行分项调试、安全测试和联合调试后，会同运营单位组织试运行。试运行是指在轨道交通建设工程完工、冷滑和热滑实验成功、系统联调结束，行车基本条件具备的情况下，通过不载客运行，对运营组织管理和设备设施系统的可靠性、安全性进行检验的活动。轨道交通新建工程在开始试运行前应具备的基本条件之一为：系统设备、设施应安装完毕，各单系统调试和系统综合调试应基本完成，并能够正常使用。

随着城市轨道交通行业的发展，试运营基本条件评估已经在全国范围内多次成功开展，包括北京、上海、广州、西安、哈尔滨等多个城市的多条运营线路已经顺利通过评估。目前，国内已经实现 100% 新线开通进行评估，为城市轨道交通运营单位设备移交和试运营起到了质量把控作用。然而，设施设备的测试检验作为试运营基本条件评估中的核心环节，由于测试检验技术尚不完备，没有相关标准规范等原因，还存在许多问题。

依据住建部 2014 年 42 号文《城市轨道交通建设工程验收管理暂行办法》规定：城市轨道交通建设工程验收分为单位工程验收、项目工程验收和竣工验收、专项验收四个阶段（表 1）。城市轨道交通建设工程所包含的单位工程验收合格且通过相关专项验收后，方可组织项目工程验收；项目工程验收合格后，建设单位应组织不载客试运行，试运行三个月并通过全部专项验收后，方可组织竣工验收；竣工验收合格后，城市轨道交通建设工程可履行相关试运营手续。

表 1 城市轨道交通建设工程验收阶段划分

阶段	内容	实施时间	主要工作
单位工程验收	检查工程设计文件和合同约定内容的执行情况，评价单位工程是否符合有关法律法规和工程技术标准，符合设计文件及合同要求，对各参建单位的质量管理进行评价	单位工程完工后	静态检查验收
项目工程验收	确认建设项目工程是否达到设计文件及标准要求，是否满足城市轨道交通试运行要求	通过各项单位工程验收后，试运行之前	静态检查验收，动车调试，试运行

续表

阶段	内容	实施时间	主要工作
竣工验收	结合试运行效果，确认建设项目是否达到设计目标及标准要求	项目工程验收合格后、试运营之前	试运营综合评审（基本条件评估）
专项验收	为保证城市轨道交通建设工程质量和运行安全，依据相关法律法规由政府有关部门负责	竣工验收前	工程规划、环保、人防、档案、消防、卫生检疫、防雷验收等

2.2.2 城市轨道交通联调联试现状

城市轨道交通联调联试是指当城市轨道交通各子系统完成本体调试之后，进行各子系统间的联动功能测试和应急演练，同时采用专业的检测设备，对城市轨道交通工程的主要设备进行检测，并将检测数据与相关国家标准、行业标准或设计要求进行对照，对未达到标准的项点进行修改、完善和优化。

由于我国各城市轨道建设的起始时间不同，经验不同，规模不同，组织管理模式不同，建设和运营的交接界面不同，所以城轨交通设备系统的联调联试方式也不同。

目前联调联试的组织方式有三种：一种方式是建设单位以招标的方式引入联调联试咨询方，由该方提供联调联试的实施方案和实施细则，并在联调联试过程中向联调实施单位提供咨询指导，联调联试咨询方仅提供咨询建议，并不参与具体调试。采用该种调试方式的有沈阳、郑州、宁波等城市。另一种方式是建设单位以招标方式引入联调联试实施方，该方不仅提供联调联试的方案和细则，还要具体实施完成联调联试工作，这种联调联试的组织方式要求联调联试实施方不仅有丰富的联调联试经验，还要有相应的调试人员和调试设备，对联调联试实施方的综合能力要求较高。采用该种调试方式的有北京、南京等城市。还有一种方式是由运营单位组织实施，设备各供货商配合的方式。

然而不管哪种组织方式，联调联试的内容是大致相当的，主要包括相关接口功能测试、设备联动测试、车站与控制中心联动测试等运营场景类测试项目，以及主要验证城市轨道交通整体系统能否满足设计运力的需求、供电系统的最大供电能力、信号系统允许的列车最小追踪间隔和自动售检票系统的通过能力等运行参数类项目。但缺乏用于测试城轨整体系统的基本功能的性能参数类检测项目，如车辆、供电和轨道等系统功能和性能实现情况的测试等。

2.3 城市轨道交通与高速铁路验收差异及存在问题

从验收阶段和实施内容来看，城市轨道交通与高速铁路验收模式具有一定的相似性，见表2。

表2 城市轨道交通与高速铁路验收模式对比

城市轨道交通		高速铁路	
阶段	主要工作	阶段	主要工作
单位工程验收	静态检查验收	静态验收	静态检查验收
项目工程验收	静态检查验收，动车调试，试运行	动态验收	联调联试，动态检测，试运行
竣工验收	试运营综合评审（基本条件评估）	初步验收、安全评估	静态验收、动态验收结果进行检查和确认，安全评估
专项验收	工程规划、环保、人防、档案、消防、卫生检疫、防雷、特种设备验收等	—	初步验收前要求环境保护设施、水土保持设施经相应行政主管部门验收合格；劳动、安全、卫生及消防设施经相关部门验收合格

从验收的内容来看，与高速铁路动态验收相比，城轨验收缺少动态检测内容，主要包括列车运行下的轨道、道岔动力响应，车辆动力学响应测试；弓网受流性能测试等测试项目。由于缺乏对轨道、弓网单系统进行动态检查验收，致使新线运营后由于车辆的不确定性而导致的轮轨和弓网问题频发。

3 城市轨道交通动态验收的组织与实施

3.1 动态验收的主要内容

根据城市轨道交通验收现状，参考高速铁路的成功做法，对城市轨道交通动态验收阶段划分如图2所示，动态验收是在城市轨道交通新建线路各系统静态验收合格并调试完成后，由建设单位组织下进行联调调试，并委托专业

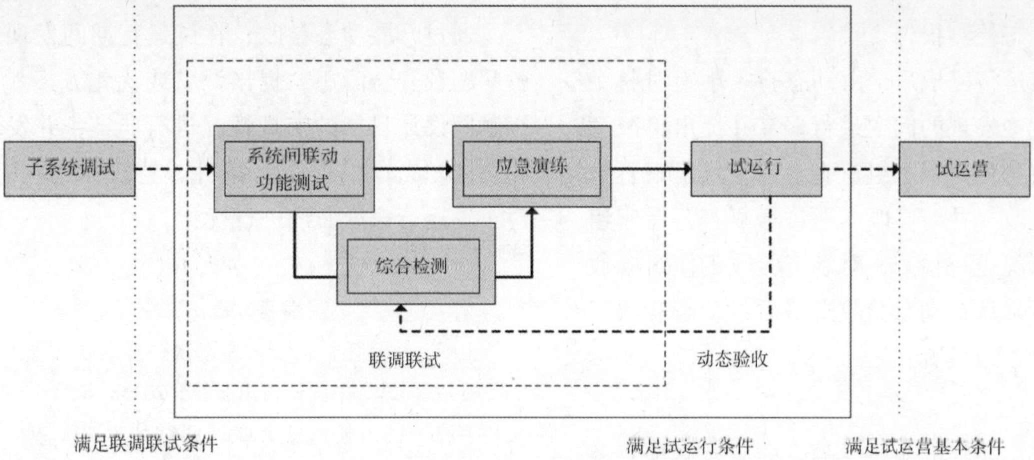

图2 动态验收与子系统调试、试运行和试运营的时序关系图

机构进行综合检测，对工程质量和系统集成安全运行状态进行全面检查和验收。

由于目前各城市在城市轨道交通系统间联动功能测试及应急演练方面开展工作较多，即目前联调联试主要内容，相关技术已日臻成熟，本文不再赘述。

3.2 综合检测的组织与实施

综合检测是指在联调联试阶段、系统试运行之前由具备工程试验检测资质的专业机构进行的独立于施工安装单位和设备供货单位的第三方检测。城市轨道交通试运行综合检测应通过系统管理研究，完善相关工作流程。其主要工作流程包括项目委托，试验大纲编制、审查和批复，编制实施方案，成立组织机构，制定规章制度，现场实施，设备整治，质量评定，报告编写，报告审查等工作。经过对高速铁路联调联试、动态检测的工作进行归纳总结，其中城市轨道交通综合检测应包括轮轨系统测试及接触网系统测试等项目。

在联调联试阶段组织进行动态综合检测的实施，对涉及相关子系统接口关系的修正和优化具有良好效果，例如振动噪声、弓网关系和电磁干扰等，同时也为运营部门提供了较为翔实的监测数据。

3.3 动态验收的组织与实施

为保证城市轨道交通试运行动态验收工作科学有序、安全高效推进，可由建设项目管理机构组织，检测、施工、设计、监理等单位共同参与实施，组建全新的组织机构。该组织机构主要由领导层、控制层和实施层构成。领导层可分动态验收领导小组和现场指挥部，控制层由项目管理机构各部门及检测单位各检测负责部门等组成，实施层由建设单位设备部、项目参建各方以及检测单位现场检测作业工作组

相关人员共同构成，控制层、实施层下设运输组织组等多专业工作组，并设安全责任包保组。

此外，还可以在不改变原有组织模式的基础上，单独增加第三方检测机构，由第三方检测机构完成相关综合检测任务。并根据检测结果提出行车要求、整改和优化方案，进行相关试验数据的整理分析及试验报告编写等工作，并形成动态检测报告。

在试运行完成后，由动态验收小组对整个动态验收中发现的问题进行研究并提出整改意见，整改意见送专家组审查，按专家组审查意见组织整改，并对整改问题进行复查；专家组对验收情况进行检查，对动态验收工作组验收意见进行确认；动态验收合格后，动态验收工作组和专家组签署意见。

4 结语

高速铁路在静态验收后，动态验收前，必须要进行联调联试和动态检测工作，主要对轮轨关系，弓网关系、振动噪声和通信信号等进行测试和调整，保障了高铁开通后安全高效的运营。目前地铁虽然有联调调试这一环节，但仅是在各单系统静态验收后，对供电、通信信号和车站设备系统等进行调试工作，轮轨、弓网等相关系统关系试验与调整内容是缺失的，这也造成了很多在试运行阶段可以解决或者缓解的问题得不到及时处理。

通过开展动态验收，在新线开通前（试运行）对地铁轨道—车辆—弓网系统进行动态综合检测，以确定各系统之间的协同工作性能，从整体上检验城市轨道交通系统运作的可靠性、稳定性、安全性，建立全线初始数据库资料，为后期运营维护提供技术支持。

通过开展动态验收，在试运行期间发现运营问题及安全隐患，提出调整或优化方案。对接触网设计目标的实现情况进行验证，并发现相关问题点；根据线路条件、轮轨作用状态，对车辆运行速度曲线进行优化。

参考文献

[1] 王峰，姚建伟，张骏．高速铁路联调联试管理与技术［M］. 中国铁道出版社，2013.

[2] 王澜．城市轨道交通联调联试技术与工程应用［M］. 中国铁道出版社，2013.

[3] 孙宁．城市轨道交通系统总联调［M］. 中国铁道出版社，2011.

[4] 城市轨道交通试运营基本条件（GB/T 30013—2013）.

[5] 中国铁道科学研究院城市轨道交通中心．城市轨道交通联调联试方案研究［R］. 2014.

天津2、3号线空调变频改造可行性与经济性分析

赵 刚 孙 兵 石鹏飞
（天津市地下铁道运营有限公司 天津 300222）

摘 要：依托天津地铁2、3号线空调厂家，对既有车空调的变频空调改造可行性、可靠性进行深入分析研究，并对改造成本及维护方法及经济性进行全面论证，为全面开展车辆系统节能降耗工作做积淀。

关键词：天津地铁；变频空调；可行性；经济性；节能降耗

1 引言

截至2016年年初，天津地铁2、3号线车辆均已运营5年，即将进入架修期，且1号线地铁车辆变频空调初步改造在节电率（17.09%）和舒适性上取得显著效果。结合目前公司和部门技术工作的发展要求，为进一步促进轨道交通行业节能减排重点工作和推广绿色循环节能新技术，降低单位生产总值能耗，现就天津地铁2、3号线车辆空调变频改造进行可行性研究及相关分析探讨。

2 变频空调研究分析

2.1 变频空调技术特点

变频空调是在定频空调的基础上选用了变频专用压缩机，增加了变频控制系统，采用变频原理，利用逆变得到的可变化交流电源来调节压缩机转速，从而改变管路中制冷剂循环量，控制压缩机输出能力。它的基本结构和制冷原理与普通的定频空调完全相同。变频空调的压缩机是自动进行无级变速的，它可以根据车厢内部情况自动提供所需的冷量；当室内温度达到设定值后，空调压缩机则以能够准确保持这一温度的恒定速度运转，实现“不停机运转”，从而保证环境温度的稳定。

变频空调在额定频率运行时，由于变频器本身需要消耗少量功率，与定频空调相比能效比稍低，此时并不能节能。但当空调运行在低制冷负荷工况时，定频空调需要通过开停压缩机来实现制冷能力调节，频繁启停压缩机导致能耗增加。而变频空调通过自动调整合适的压缩机运行频率，实现“不停机运转”，从而达到节能的目的。

变频空调在低制冷负荷工况时，由于降低了压缩机运行频率，减少制冷系统内的制冷剂流量，而总的换热面积没有发生改变。相比于定频空调，变频空调在较小的制冷剂质量流量时可以获得同样大的换热面积，从而提高了空调的换热效果，总的提高了空调的能效比，最终实现了节能的目的。

2.2 变频空调经济性改造

结合实际，本着“在空调机组和空调控制柜接口、空调性能不变或极少改变”的情况下，将目前的定频空调系统实现变频经济性改造。

2.3 天津地铁2、3号线空调机组对比

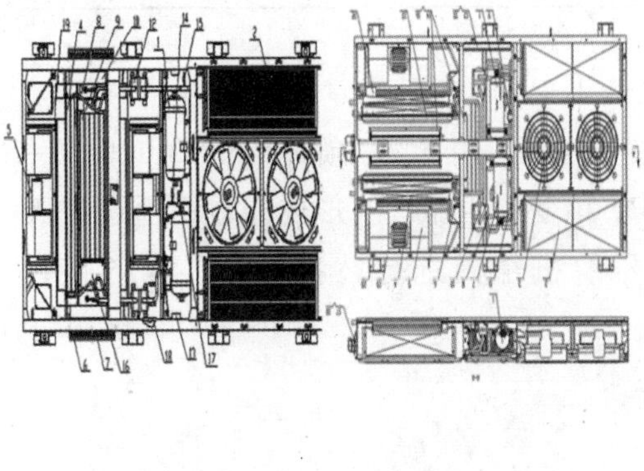

项目	2 号线	3 号线
机组形式	顶置式薄型单元空调机组， 下出风、下回风形式	
机组型号	DLD29F	KLD29—TJL3
外形尺寸	3500×1600×300	3300×1600×330
电源	主电源：380AV、50Hz； 控制电源：24VDC	
制冷量	29kW	
制热量	6kW	7kW
送风量/新风量	≥4000m³/h；≥1250m³/h	
制冷剂	R407C/3.5Kg×2	
机组重量	650kg	600kg

2.4　天津地铁 2、3 号线变频空调可行性分析

经过调研可得出：天津地铁 2、3 号线既有车辆变频空调改造均需采取双变频压缩机技术方案，其余设备不变。结合 2、3 号线车辆实际和变频控制需求特点，经分析目前有两套可行性技术方案进行实施，具体方案如下：

2.4.1　方案 1：不更换控制

变频空调机组的外形和接口尺寸与原车空调一致。主要差异如下：

表 1　定频和变频空调差异

项目	定频空调	变频空调
压缩机	ZRH72KJE—TFD	G501DLV—64DTP
节流装置	毛细管	热力膨胀阀
变频器	—	变频器

2.4.1.1　压缩机

变频空调采用日立涡旋压缩机 G501DLV—64DTP，该变频压缩机外形体积较小适合在天津 2 号线机组内进行替换改装，具备变频功能。

表 2　定频与变频压缩机技术参数

项目	定频	变频
型号	ZRH72KJE—TFD	G501DLV—64DTP
制冷剂	R407C	
制冷量	18.7kW	14.7kW（60Hz）
输入功率	6kW	5.14kW
排气量	98.04cm³/rev	64.2cm³/rev
重量	51.71	37
润滑油类型/注入量	酯类油 1.774L	1.5L
频率范围	50Hz 定频	60—100Hz 变频

参考表 2，G501DLV—64DTP 压缩机整体外形尺寸相对 ZRH72KJE—TFD 压缩机均小，因此压缩机的安装空间没有问题。由于安装孔的间距不一致，为了避免对壳体做出整改，故更换 G501DLV—64DTP 压缩机时需增加过渡安装板；另压缩机的接口铜管需重新设计。

2.4.1.2　节流装置

原车空调采用毛细管作为节流装置。变频空调因制冷能力可调节，采用具有一定自动调节能力的外平衡式热力膨胀阀作为节流装置，如图 1 所示。

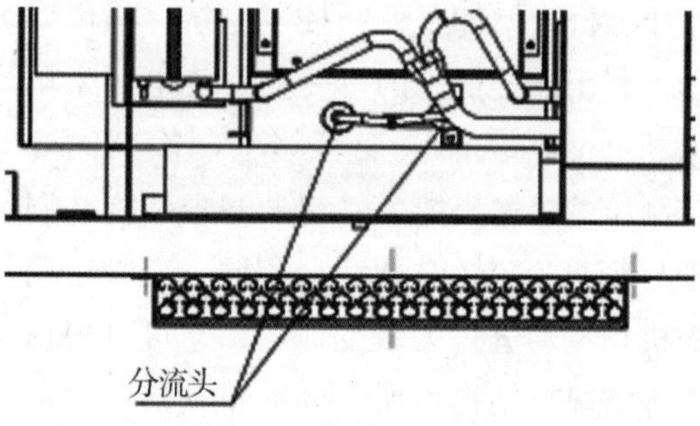

图 1

经现场校核，空间和可操作性是可行的。

2.4.1.3　变频器

变频空调在回风口处安装两台变频器，如图 2 所示。

经现场校核，安装空间和可操作性是可行的。

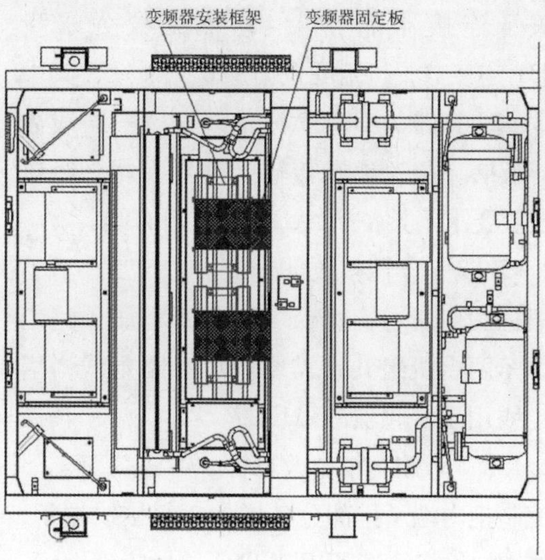

图 2

2.4.1.4　电气部件

为保证原列车与空调的电气接口一致，又同时满足变频空调的控制功能，需要在变频空调内部增加部分电气部件，所有电气部件设置于机组电气盒内，满足变频控制功能，同时保证密封性能。

2.4.1.5　空调系统电气接口更新

空调机组增加 2 台变频器、2 个温度变送器及 2 个温度传感器。

在压缩机电源线中间串入变频器，变频器通过内部电路获取启停信息，正常通电时开始执行内部程序，变频器对采集的温度数据进行分析并输出频率，温度变送器用于将温度值转换为电信号并发给变频器进行判断处理。空调机组增加变频器故障反馈线到客室控制柜。更新后的空调机组电气原理图如图 3 所示。

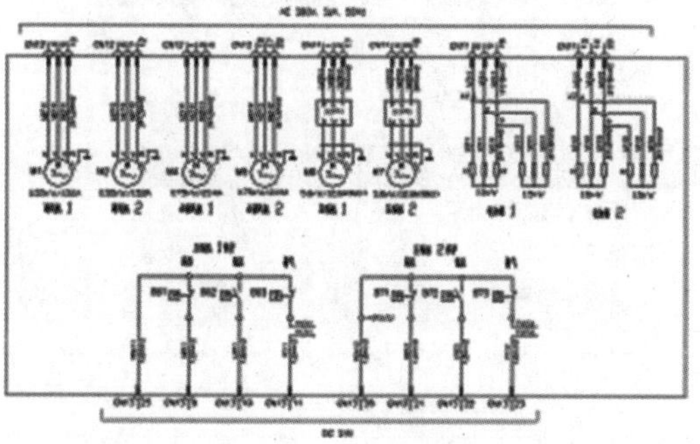

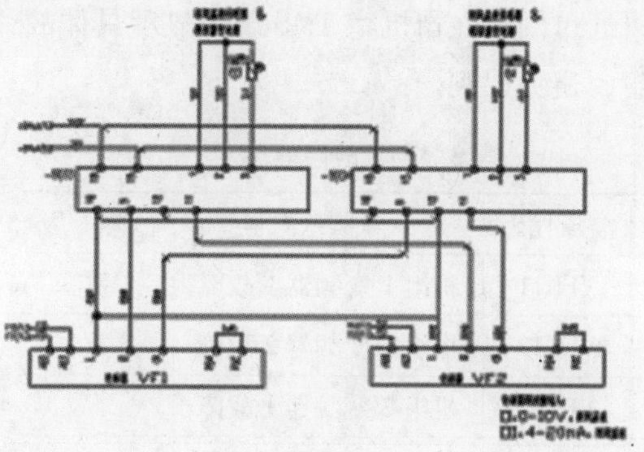

图 3

关于连接器部分，机组侧配置为永贵 TY48J31 连接器，机组配置增加，需在连接器第 5、6、20 号孔位增加 3 路插针。

2.4.1.6　车辆整改部分

每台机组需新增加 3 路走线，每车两台机组共计需要增加 6 路走线，增加的走线用于变频器故障反馈。

2.4.1.7　控制柜部分

控制柜端子排增加变频器故障反馈，控制柜内对应每台机组增加 3 根故障检测线。总计控制柜内增加 6 路双侧接线端子。

可行性分析：已经核实空调柜内空间及接线的可行性。车辆设计时空调系统预留线满足需求——每台机组需要在控制回路增加 2 根 1.0mm 的单芯线，用作变频器硬线故障反馈。

2.4.1.8　控制器软件维护

由于空调机组新增加变频器，在控制程序中增加变频器的故障反馈，以确认空调控制系统对变频器进行检测，当变频器故障时，触发内部触点，并通过增加的反馈线反馈至空调控制器，当变频器发生故障时，空调机组对应的压缩机将停机，该故障信息可通过移动测试 PTU 本地查询。

鉴于变频器的故障反馈级别为重故障，空调机组与 TMS 通信协议中为较好区分变频器和压缩机故障，需在控制器与 TMS 网络通信协议中增加故障反馈功能。当空调机组变频器故障时，可通过网络在司机室 TMS 屏上显示具体故障信息，避免误判。

表 3　变频故障信息

序号	故障代码	故障信息内容	故障等级
1	VFK11	机组 1 变频器 1 故障	重
2	VFK12	机组 1 变频器 2 故障	重
3	VFK21	机组 2 变频器 1 故障	重
4	VFK22	机组 2 变频器 2 故障	重

2.4.2　方案 2：更换控制器

2.4.2.1　压缩机、变频器、节流装置与控制器软件维护的改造与不更换控制方案相同。

2.4.2.2　空调系统电气接口更新

空调机组增加 2 台变频器。

在机组压缩机电源线中间串入变频器，变频器采用 485 通信线与车内控制器连接，正常通电时由控制器结合采集的温度对变频器进行控制输出，空调机组增加变频器故障状态反馈线及变频器通信线到客室控制柜，更新后的空调机组电气原理图如图 4 所示。

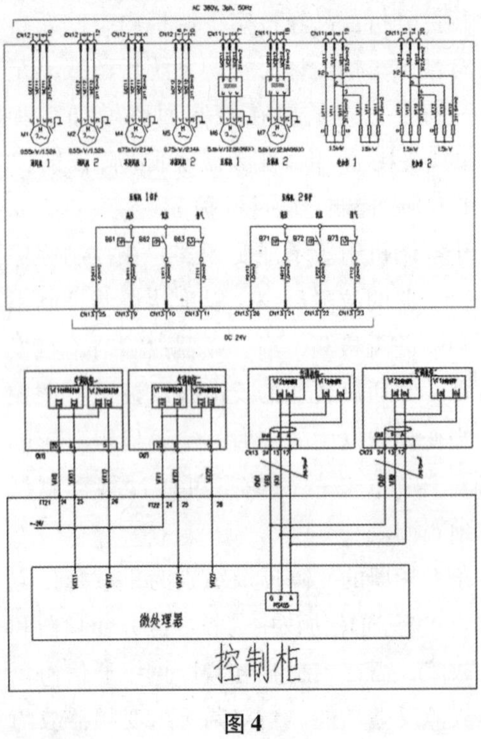

图 4

关于连接器部分，机组侧配置为永贵 TY48J31 连接器，机组配置增加 6 路插针，其中 12、13、24 三路为 RS485 通信线，该三路线需配有屏蔽层，避免通选传输受外界干扰，经核实屏蔽层要求不具备条件，需要重新布线。

2.4.2.3　车辆整改部分

根据图 4 所示，每台机组需新增加 3 路走线，每车两台机组共计需要增加 6 路走线，增加的走线用于变频器故障反馈。

2.4.2.4　控制柜整改部分

控制柜内端子排部分各增加 3 组接线端子，该部分增加的接线端子用于 PLC 的故障反馈线。控制柜内端子排部分增加 3 组接线端子，该部分接线端子用于控制器与机组变频器通信，车辆的三组通信线连接至控制柜端子排。

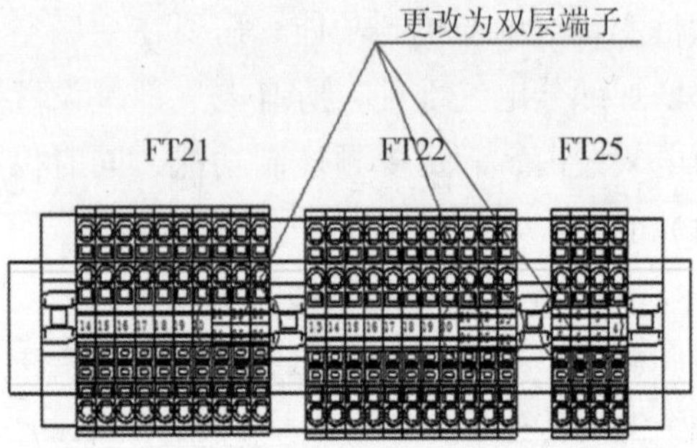

图 5

可行性分析：已经核实空调柜内空间及接线的可行性。经核实车辆设计屏蔽线无预留。

2.4.3　改造成本与增加部件可靠性分析

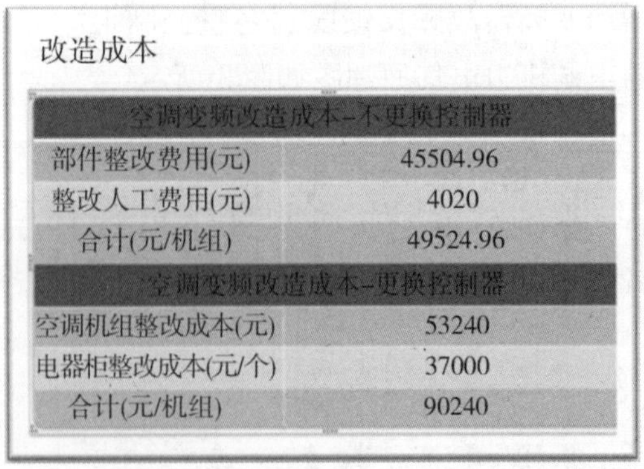

改造成本

空调变频改造成本-不更换控制器	
部件整改费用(元)	45504.96
整改人工费用(元)	4020
合计(元/机组)	49524.96
空调变频改造成本-更换控制器	
空调机组整改成本(元)	53240
电器柜整改成本(元/个)	37000
合计(元/机组)	90240

图 6

新更换部件可靠性分析

序号	名称	型号	故障率(次/小时)	
			定频设备	变频设备
1	变频器	WJ200-110HFC-ZC-S	——	4.89×10-7
2	温度变送器	ST-1-S-R-A1-B1-R0-B/ST-1-S-R-A5-B5-R0-B	——	6.5×10-7
3	温度传感器	Pt100	2.8×10^{-7}	
4	压缩机	ZRHV72KJE-TFD-655(谷轮)/C-SWS225H00A(松下)	1.88×10^{-5}	1.98×10^{-5}

图 7

2.4.4　预计能效分析与计算

空调机组的节能主要体现在以下三个方面：

1）过渡季节；2）客流低峰运行环境；3）减少压缩机频繁启动引起的能耗损失。

参考华车空调在深圳 1 号线变频机组上的应用，得到的节能数据为 28.35%；对比天津地区的气候条件及天津 1 号线变频改造项目，预计本项目的节能效果在 15%—20%。

每台空调每小时的耗电量（kW*h）	每天工作的时间(h,6:00~22:30）	每天的耗电量（kW*h）	整列车空调的数量(台)	整列车每天耗电量（kW*h）	开启制冷运行天数(天)	全年的耗电量（kW*h）	平均节能系数(15%~20%)	整列车全年节省的电能(kW*h)	节电成本（元/列）
14.6	12	175.2	12	2102.4	150	315360	0.175	55188	45806

图 7

改造完成后，按变频空调和定频空调运营维护成本相当计算，每列车改造费用约为 60 万/列，预计 13.1 年才能收回改造成本，较不经济。

2.4.5　天津地铁 1 号线空调变频改造经济性分析跟踪

试验车在 2015 年度节能试验期间有效运行千米数为 34210 千米，平均节电率为 17.09%，根据 1 号线列车运营工况和压缩机开机时间，可以推算 1 台空调一年有 5 个月开启制冷模式，平均每天空调开启时间为 12 小时，则一年总共为 5 个月 ×30 天 ×12 小时 = 1800 小时。（空调电功率为 14.5kW，电费暂定为 0.83 元/kW · h）

定速空调每年制冷运营成本（1 列车 6 编组 12 台空调）

14.5kW×1800 小时×0.83 元/kW · h×12 = 25.9956 万元/（列 · 年）

变频空调每年制冷运营成本（1 列车 6 编组 12 台空调）

14.5kW×1800 小时×0.83 元/kW · h×12×（1-17.09%） =21.55 万元/（列 · 年）

变频空调制冷季节节省运营成本

制冷季节 1 列车节省：25.9956 万元 - 21.55 万元 =4.4456 万元/（列 · 年）

按一条线 25 列车计算，每年制冷季节能够节省运营成本 111.14 万元。

改造完成后，变频空调和定频空调运营维护成本相当，每列车改造费用约为 30 万元/列（除去压缩机，增加变频器、车控器及运输和试验费用等），25 列总共合计 750 万元，6.7 年可以收回改造成本。

3　结论

综合以上分析，下一阶段将主要针对 2、3 号线改造项目进行经济性预估分析，同时着重对 1 号线变频空调和 2、3 号线空调厂家的变频空调应用业绩单位的使用维护情况进行跟踪，全面核算分析现有空调与变频空调的综合可行性。

地铁车辆变频空调节能改造试验及应用前景分析

梁开义　郑传海　张振涛

（天津市地下铁道运营有限公司）

摘　要：天津地铁1号线车辆变频空调改造项目以既有电客车空调为基础，在不改变原有空调机组外观及安装尺寸的前提下，在空调机组内部增加了变频器和变频压缩机，并在客室空调控制柜内增加变频控制器。通过这种方式，将原有的定频空调改成了变频空调，验证了变频空调在地铁车辆使用中具有明显的节能效果，有很好的推广价值。

关键词：地铁电客车；变频空调；节能；试验

1　项目实施目的

天津地铁1号线所用电客车为长春轨道客车股份有限公司生产，所用空调为石家庄国祥制冷设备有限公司生产。既有电客车空调机组从2005年12月投入使用，使用时间已达到10年，存在故障率高，冷媒泄漏，能力衰减以及能效比不高等一系列问题，需要对空调系统进行全面检修和保养。为积极响应国家节能降耗的政策，天津地铁运营公司根据变频空调研发公司在其他地铁公司开展的变频空调节能改造试验项目所取得的成效，组织相关部门开展了1号线电客车变频空调试验改造工作。该试验改造项目的实施，一方面可以通过空调机组的季节能效比的提高，达到节能效果，节约运营费用，另一方面为空调的维护运营积累检修经验。

2　项目实施方案

根据与变频空调研发公司的多次交流与技术沟通，同时结合地铁运营公司的的实际情况，并结合变频空调改造需要的工时安排，最终选取一列电客车（124车）进行变频空调改造实验。具体试验装车方案如下。

124车4、5、6三节车厢安装6台双压缩机变频空调机组。

124车1、2、3三节车厢安装6台双压缩机定速空调机组。

图1　变频空调与定频空调装车示意图

天津地铁1号线124车变频车厢2015年5月完成变频节能改造和正线调试，2015年6月10日正式开始节能试验记录。

根据试验数据分析，从2015年6月10日至2015年9月26日共107天，其中有效全天运行78天。

按照要求，每天进行空调电表数据抄录及温度下载工作。并依据现场原始数据，每月对124车变频空调机组节电能力、客室舒适性分别进行分析。

3　变频空调节能效果分析

3.1　有效数据筛选原则

①车辆全天无故障运营，全天运营里程350km以上；

②试验对比车辆客室设定温度保持一致，天津1号线电客车客室空调设定目标温度为22℃；

③定速空调机组与变频空调机组车厢平均温度差值在±0.5℃范围内。

3.2 节电率计算公式

节电率=（定速空调每千米用电量-变频空调每千米用电量）/定速空调每千米用电量·100%。

表1 有效数据汇总表

月份	运行千米数 km	变频总用电量 kW·h	定速总用电量 kW·h	变频每千米用电量	定速每千米用电量	变频平均温度℃	定速平均温度℃	节电率
6	7298	6494	7259	0.890	0.995	25.6	25.6	10.5%
7	9130	10146	12358	1.111	1.354	26.0	26.0	17.9%
8	10947	11891	14803	1.086	1.352	26.0	26.1	19.7%
9	6835	5493	6618.8	0.804	0.968	25.5	25.4	17.01%
总计	34210	34024	41038.8	0.995	1.200	25.8	25.8	17.09%

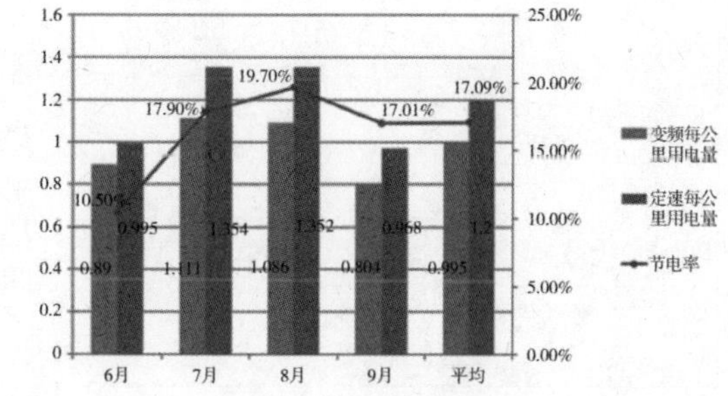

图2 节电率曲线图

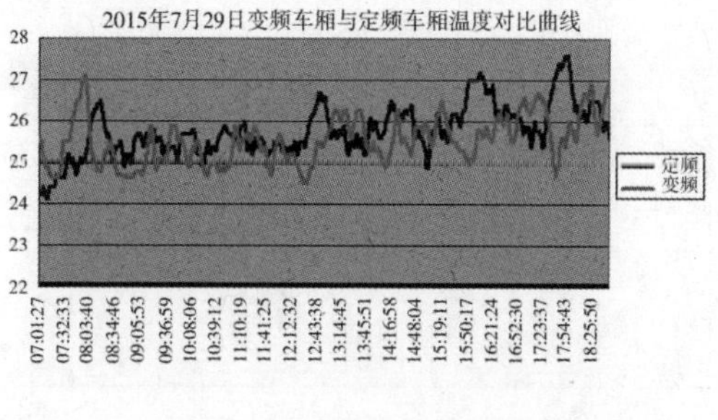

图3 变频空调与定频空调客室温度曲线图

3.3 节电数据分析

如表1所示，试验列车在78天的有效运行期间，运行千米数为34210千米，节约电能消耗量7014.8kW/h，平均节电率为17.09%，节电效果明显。

3.4 客室舒适性

试验期间，为检测客室内乘车舒适性，在每一节车厢靠近贯通道的座椅下方分别安装了2个温湿度记录仪，用于监控客室的温度情况。变频车厢的平均温度为25.8℃；定速车厢的平均温度为25.8℃，两种空调客室内的平均温度无明显变化。但考虑到变频空调的客室温度波动小，因此变频空调机组客室比定频空调客室乘车舒适性好。

4 试验结论

综合以上分析，变频空调机组能达到城市轨道交通车辆的使用要求，其节能减排措施符合国家发展低碳经济的产业政策。通过对天津地铁1号线既有电客车进行变频空调节能试验改造，在试验期内平均节能率达到17.09%，节能效果明显，有较高的推广价值。当前，国内已经有多个城市运营城市轨道交通，运营电客车数量已达到上万辆，并有多条新线正在加紧建设当中。若在全国城市轨道交通列车中推广变频空调技术，将会产生巨大的节能效益。

参考文献

[1] TB/T 1804—2009. 铁路客车空调机组［S］. 北京：中华人民共和国铁道部，2010.

[2] DIN 5510—2—2009. 铁路车辆中的预防性防火［S］. 欧洲：德国标准化研究所车道和铁路机车标准委员会，2009.

中庭式地铁车站消防问题解决策略研究

王　欣

（北京市市政工程设计研究总院有限公司）

摘　要：中庭式地铁车站在国内并不多见，除特殊的空间形式外，消防疏散问题能否妥善解决是其方案成立的关键因素。本文以北京地铁6号线新华大街站设计方案为例，介绍了设计方案所采取的多种消防措施，与读者共做探讨。

关键词：中庭式地铁车站；消防疏散；安全区；非安全区

地铁车站作为地下交通运输系统，有以下的特点：空间相对封闭，人员密集，运量大、运行速度快、发车密度高、设备设施复杂，一旦发生事故将产生较为严重的后果。近年来，随着越来越多的人采用地铁出行方式，火灾和反恐成为车站防灾的重点工作，特别是火灾事故是危险性最高的事故类型。车站作为地铁运输系统运行的连接中心和工作平台，实时产生大量的人员流动和列车停靠，尤其是运营高峰时段系统高速运转、设备的高负荷输出及不规范使用设备等各种因素，使得地铁车站火灾事故安全隐患较高，它对地铁运营系统的危害性主要体现在燃烧产生的烟气、毒害物质、燃烧辐射热等对人员的威胁。因此现行的地铁设计规范对车站的空间布置、设备设施的要求、内部装修用材以及疏散时间等方面做了诸多严格的规定，例如，地铁车站要求“应保证远期或客流控制期超高峰小时一列进站列车所载乘客及站台上的候车能在6min内全部疏散至站厅或其他安全区域”；车站公共区需要满足“当车站站台发生火灾时，应保证站厅到站台的楼梯和扶梯口处具有不小于1.5m/s的向下气流”等。

对于地铁而言，中庭式车站因其形式特殊，并不常见；并且它与常规车站不同，因空间不封闭，所以对于规范所定的部分参数有所突破，需辅以其他有效措施，方能保证消防安全。笔者有幸参与了北京地铁6号线新华大街站的工程设计，在此旨在与大家分享和探讨中庭式车站所应采取的消防措施。

北京地铁6号线新华大街站位于通州运河核心区的中央，地理位置十分重要，是地铁M6号线与市郊轨道S6号线的换乘站。根据城市规划，地铁车站周边有以下功能：商业开发、交通枢纽、综合管廊、地下环隧，因此要求地铁车站设计要与周边环境充分融合，一体化开发。本着上述的设计理念，与常规的地铁车站不同，新华大街站结合周边城市功能定位，以地铁车站中庭空间作为客流组织的核心空间，利用地下空间的互联互通，形成了以轨道交通站点为核心的全互通立体式空间布局，最大限度地实现了地铁与周边各种功能空间的融合，是北京近年来实现的一体化方案的典范案例。

新华大街站为换乘车站：东西向M6线为双岛四线式站型，南北向S6线为单岛式站型，两线十字交叉。其中M6线新华大街站车站总长为473米，含两座12米岛式站台，站体较常规车站2倍宽，内部结构净尺寸为38.9米；车站共四层：地下一层为天桥层，地下二层为站厅层，地下三层为站台层，地下四层为两线的台台换乘节点层。公共区为中庭空间，站厅—站台间中板开洞尺寸较大，约 50 米 ×30 米，此范围内可见中间 2 股道的列车通行区；中庭正上方为一座天桥，约 5 米宽；天桥两端及站厅两侧均与周边商业开发空间连通，空间上下通透。S6 线新华大街站为 14 米岛式站台，车站共三层：地下一层为站厅层，地下二层为设备层，地下三层为站台层。两线总建筑面积之和约为 8.3 万平方米，规模宏大。（新华大街站总平面图如图 1 所示；M6 新华大街站平面图如图 2 所示，剖面图如图 3 所示。）

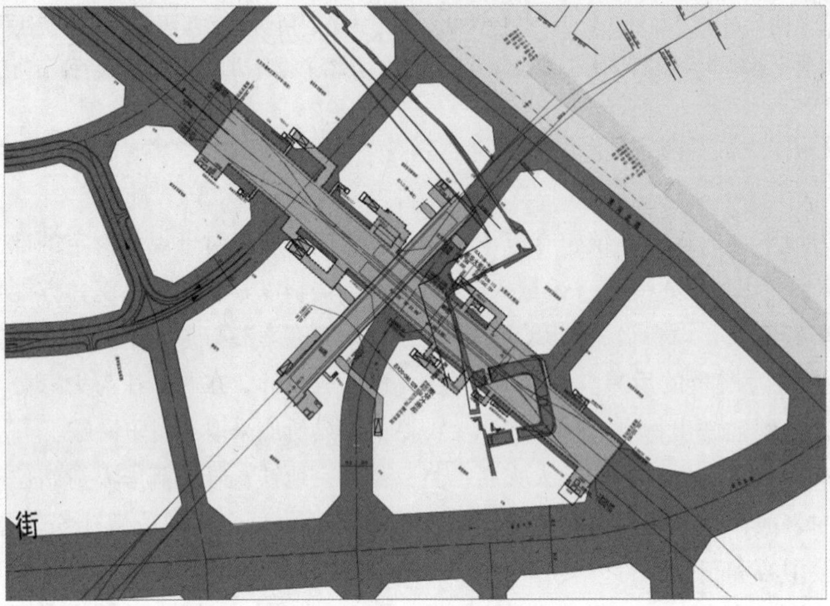

图 1　新华大街站总平面图

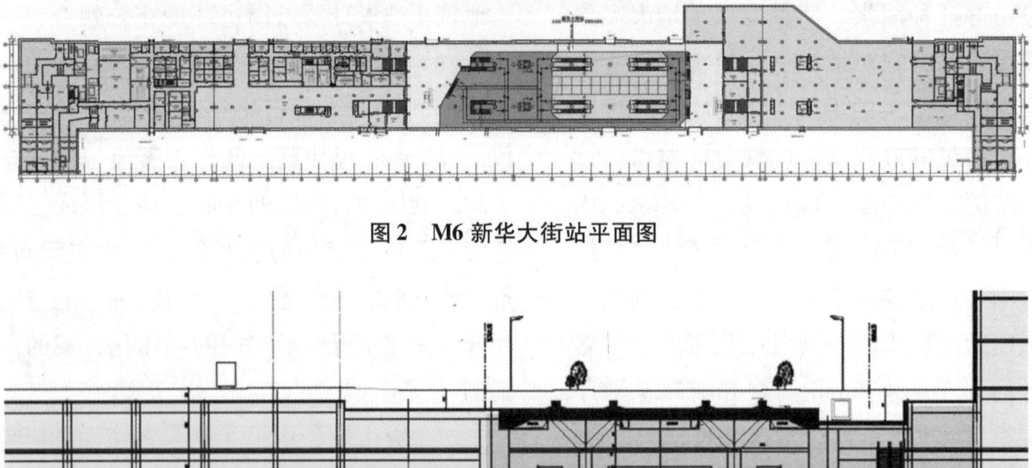

图 2　M6 新华大街站平面图

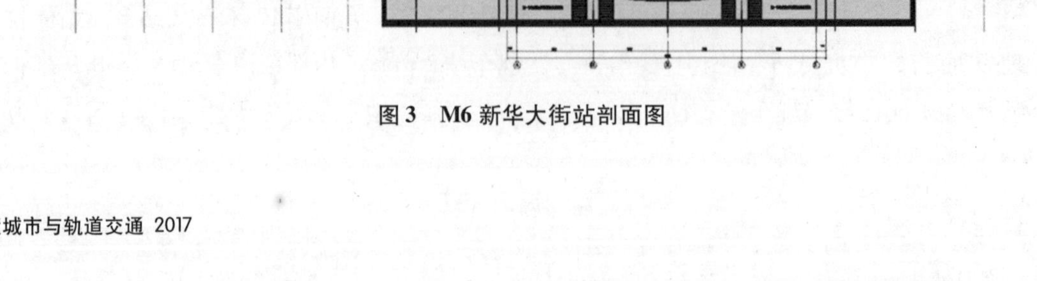

图 3　M6 新华大街站剖面图

由于车站形式特殊，无法像常规车站一样满足规范要求的“厅到站台的楼梯和扶梯口处具有不小于1.5m/s的向下气流”，所以需要着重研究如何控制中庭空间火灾状况下的烟气扩散和人员疏散问题。对此，本站由相关的专业人士做了消防性能化的专项分析和评估，用以指导设计。

根据分析，方案主要问题如下：其一，新华大街站厅—台联通，无法像普通地铁车站一样将站厅层界定为安全区域，因此设计时需要重新考虑安全疏散系统的设置，如疏散楼梯、安全通道、安全出口、紧急安全门或避难走道等火灾时乘客疏散和消防人员灭火救援的必要途径。其二，中庭内的四组楼、扶梯均处在非安全区，火灾条件下，不可避免地会有乘客乘坐此处楼、扶梯，因此仍需要解决一定时间内站厅人员疏散方向和烟气流动方向一致的问题，避免人烟同途，同时应引导好火灾条件下客流的疏散路线，并配以工作人员现场指挥。其三，从一体化设计需求来说，车站和周边商业开发应有连通，但大面积的连通造成公共区面积过大，若不做好分隔，烟气会在公共空间四处蔓延，波及相邻的功能空间，即大空间效果的实现可能会带来严重的安全隐患。其四，由于一体化需求，通透的天桥层位于中庭上空，恰好在烟气聚集区，且天桥与两侧商业地块连接，应考虑天桥与中庭、天桥与商业空间之间的防火、防烟问题。

根据上述问题的提出，将设计方案优化如下：

首先，通过对站台乘客使用情况的分析，我们在中庭区域以内设立了多组向下过轨疏散的楼梯间及通道，同时在站台两端分别增设了直通地面的防烟楼梯间。经核算，上述疏散系统可在火灾工况下，作为人员疏散的有效途径，能缩短火灾工况下人员疏散的时间，起到有效疏散的作用。

其次，考虑到火灾情况下，乘客慌不择路，通常会有哪里来哪里走的心理行为习惯，要求通风专业结合消防性能化专业对各种火灾工况情况的模拟分析，重新评估逃生环境，加大了设备设施的投入，并通过模拟试验，做好防排烟设计，满足一定时间内有限人员的逃生要求，从而为乘客逃生增添了一分保障。

最后，对于车站站厅与周边商业开发多处联通问题，我们对联通部位及数量做了限定，并且在所有的邻接处我们均设置了双控防火卷帘，对两功能空间做了明确的界定和分隔。同时车站采取有效防火分隔措施，将大空间划分为多个防烟分区，并对吊顶的形式、挡烟垂壁的形式等细节也做了处理。特别是对站厅上方中部的连廊，做了防火、防烟的处理，将其与中庭及两端商业空间分隔开来，并确保发生火灾时此通道停止使用。

新华大街站作为北京首个中庭式车站实施的特殊个案，从建筑、结构、设备等方面的设计做了诸多探索，结合消防性能化专项评估建议，我们对诸多细节设计做了多方案比较和论证，种种优化和完善，不能一一赘述。总的来说，土建措施为解决大空间消防问题的解决提供了一定的物质基础，而消防设施才是控制和消灭火灾、保障建筑安全的根本。我们正是通过土建和设备措施的“双管齐下”，才基本有效解决了大空间消防问题，并获得消防部门的认可，车站工程才得以顺利推行并实现，这是最终多方努力的结果。以上是笔者的粗浅体会，希望对今后类似的特殊工程能有所借鉴和帮助。

地铁车辆膜式干燥器故障分析及对策探讨

袁　磊　亓立敏　肖中历

（天津市地下铁道运营有限公司）

摘　要：本文针对GAR10BD型空压机配套使用的膜式干燥器在天津地铁3号线中的应用进行现状介绍，并对典型的漏风故障进行了分析，通过增加保压风缸及加装MPV阀等一些列的整改措施，验证其可行性，探索轨道交通行业中更加可靠，稳定性的供风系统，为轨道交通行业地铁空压机的设备选型及维修提供技术支持。

关键词：膜式干燥器；漏风；MPV阀

1　项目介绍

1.1　运行现状

目前，天津地铁3号线正线运营铁科制动系统车辆共5列，螺杆式GAR10BD型配合膜式干燥器使用的空压机共计10台，每台空压机配置1台膜式干燥器，共计10台膜式干燥器。自2013年8月运用至今，共发生膜式干燥器故障35次，主要表现为膜式干燥器漏风故障，导致空压机打风时间延长，不能满足正线列车的供风需求，严重影响车辆运行安全。

1.2　干燥系统的组成

GAR10BD螺杆式空压机由两个反向转子将吸入的空气通过进气阀进压缩机头进行压缩，同时与机头内部油混合，经两个反向转子的交叠进行压缩循环作用，最终产生的压缩空气经过油分离器、冷却器、三级过滤器（WS-DR、DDR、PDR）后，进入膜式干燥器。其中，三级过滤器中每个过滤器直接与排水阀相连接，压缩空气因冷却所析出的冷凝水、油、固体杂质直接进入排水阀集液腔内，自动定时排出。

1.3　膜式干燥器工作原理

膜式干燥器内部装有很多中空纤维膜管[1]，纤维膜管内壁有选择性透膜，潮湿的压缩空气通过纤维膜管时，水分子会选择性渗透到管壁外侧，膜式干燥器通过分流一小部分干燥的压缩空气进行反吹，将管壁上水分排出，完成压缩空气干燥过程，干燥过程如图1所示。

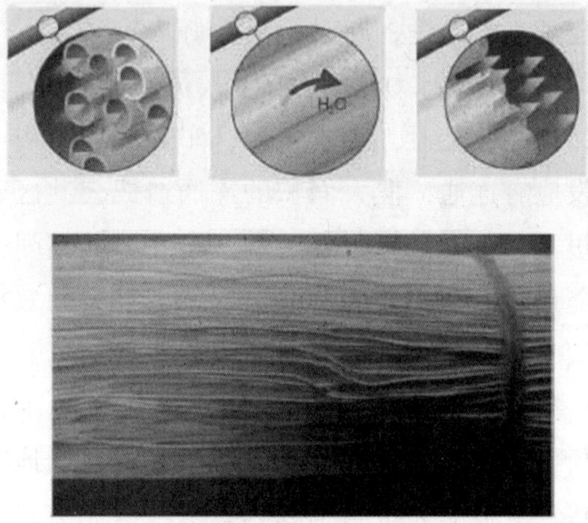

图1　膜式干燥器干燥过程

2　影响因素

2.1　压力循环

膜式干燥器内部由数以千计的薄膜纤维组成，在空压机运行过程中，压力的上升使薄膜膨胀；当干燥器内压力下降至0时，薄膜恢复其原来的形状，这种形变的循环导致纤维的疲劳，决定着干燥器的寿命。为避免干燥器的损坏，需尽量降低循环的次数，因此，在正常运行时，干燥器内应保持有一定压力，避免对纤维造成剧烈冲击。

2.2 高速的压力上升

膜式干燥器内部的薄膜纤维实际上是一种微型聚合物，该种薄膜纤维聚合物对高速的形变非常敏感，如果通过外部的压缩空气直接对干燥器进行加压，将会导致干燥器薄膜急速膨胀，干燥器纤维薄膜极易受到损伤。

2.3 杂质冲击

压缩空气前级过滤不充分，压缩空气中会夹杂部分未过滤完全的油污、杂质等，对纤维膜管造成冲击损坏[2]。

3 故障分析及整改措施

3.1 故障原因

通过对膜式干燥器入口压力检测及空压机中 PDR 后的压力进行压力检测可知：空压机组单日初次启动均会引起膜式干燥器 0—9bar 的压力循环，当车辆压力为 0bar，膜式干燥器后端的总风止回阀比较前后端压差，达到 50kPa 时即开启，此时干燥器内压力较低，反吹压力很低，干燥效果差。相同质量的气体，压力与体积成反比，相同质量的空气压力越低，对应的流速越高。此时干燥器内如果压力很低，便会导致压缩空气流速很高，过滤也不充分，水汽、灰尘、油污等杂质随着压缩空气进入下游，对干燥器形成流速冲击，影响干燥器寿命及干燥效果。综上论述，膜式干燥器漏风故障主要原因应是其内部压力频繁波动致使膜管被冲击破损，最终导致漏风。

3.2 整改措施一

为了减缓纤维膜管的形变循环次数，在膜式干燥器前端加设一个 10L 的保压风缸，如图 2 所示，使膜式干燥器与保压风缸之间形成容积空间，空压机运行，会同时给保压风缸充风，空压机停机，保压风缸会维持膜式干燥器内的压力，避免下次空压机启机运行的压力冲击，减少纤维膜管的形变循环，延长膜式干燥器使用寿命。

图 2 膜式干燥器及保压风缸实物图

3.3 整改措施二

在止回阀前，膜式干燥器后添加最小压力阀（MPV），如图 3 所示，以保证膜式干燥器正常使用和寿命，减低压缩空气快速对膜式干燥器的冲击，图 3 中的 A1.04 为最小压力阀（MPV）添加位置。

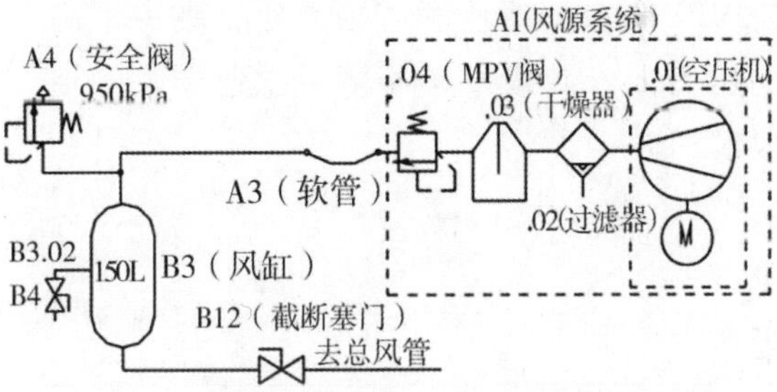

图 3 MPV 阀加装位置图

最小压力阀（MPV），具有保压作用，在 6bar 才能刚开启，8bar 完全打开。在膜式干燥器后加设 MPV 阀，主要作用是平稳压力，降低压缩空气流速对膜式干燥器的冲击，使压缩空气中的水汽、杂质留存在膜式干燥器的前级装置[3]（管道过滤器和水汽分离器中），减少膜式干燥器的负荷，从而改善膜式干燥器寿命。

通过对膜式干燥器压力检测，加装 MPV 阀的空压机，压力波动比较小，峰值 8.9bar，谷值 7.4bar，差值为 1.5bar；未加装 MPV 阀的空压机，压力波动比较大，峰值为 8.9bar，谷值为 1.0bar，差值为 7.9bar。其压力波动对比如图4所示。

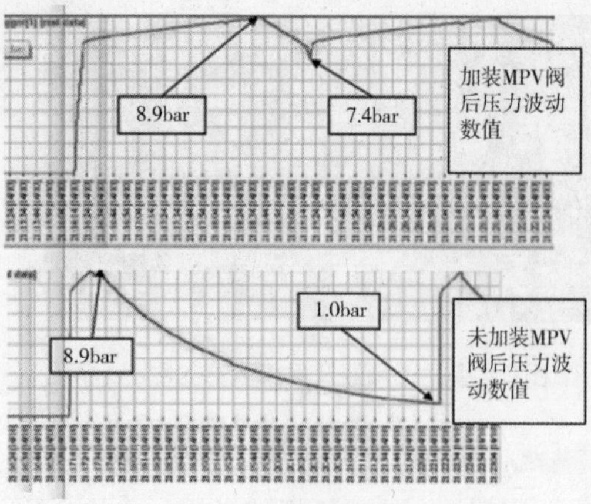

图4　压力波动对比

分析表明，加装MPV阀对空压机膜式干燥器可以减缓膜式干燥器压力波动，实现膜式干燥器的压力波动小的效果。另外，由于加装MPV阀后，峰值和谷值差小，减少了高速的压力上升导致干燥器薄膜急速膨胀的损坏因素。

4　结语

目前在天津地铁3号线3236车试验整改跟踪了6个月，空压机打风状态稳定，后续继续观察其状态。在前期膜式干燥器漏风故障率较高的基础上，通过加装保压风缸及MPV阀，很大程度地保障膜式干燥器前端压缩空气的质量，对延长膜式干燥器的使用寿命起到一定作用。为轨道交通行业车辆空压机的设备选型及维修提供技术参考。

参考文献

[1] 张镇. 关于渗膜式压缩空气干燥器在铁路机车上应用的探讨［J］. 铁道机车与动车，2005（4）：26－31.
[2] 董鹏举. 膜式干燥器的原理与应用［J］. 压缩机技术，2013（4）：66－71.
[3] 董桂秋，李树春. 膜式空气干燥器在机车空气制动系统中的应用［J］. 中国科技信息，2006（6）：153.
[4] 天津地铁3号线铁科院制动系统车辆维护手册［K］.

基于 LM 型踏面两种轮缘厚度磨耗的比较

臧　磊　杜连超
（天津市地下铁道运营有限公司）

摘　要：本文通过天津地铁 3 号线 27 列 B 型车车轮基础数据的激光测量，利用测量数据分析了 3 种型面的磨耗速率，从而指导整体车轮镟修策略，对车轮保护和合理镟修提供理论依据。

关键词：车轮；磨耗

1　引言

轮对是车辆构架上的重要部件之一，其踏面和轮缘的磨耗对车辆的安全行车、乘坐舒适性以及钢轨的使用寿命都有重要影响[1-2]。目前天津地铁 3 号线由于前期闸瓦问题导致踏面产生沟槽，从而车轮镟修，镟修时采用了 LM32 和 LM30 的模板，故 3 号线目前存在 LM32 动车及拖车，LM30 拖车三种型面。LM32 的踏面型面与 LM30 相比仅在轮缘厚度存在差别，但磨耗速率却存在很大差别。

2　实验数据条件及方法

本次试验采用 Miniprof 踏面外形测量装置对车轮踏面磨耗进行测量。该测量装置由定位架、测量转臂、传感器、USB 联线插口、充电电池和定位柱等组成，现场测试安装方法如图 1 所示。

为了便于分析，车轮编号按左、右轮的方式命名，命名方式为：从 6 车往 1 车方向看，左侧车轮为左轮，右侧车轮为右轮。例如，车轮编号“1 - 1L”表示 1 车 1 轴左轮，车轮编号“2 - 3R”表示 2 车 3 轴右轮。其中 1、4、6 车为拖车，2、3、5 车为动车。1 车轮缘润滑器安装在 1 轴，5 车安装在 2 轴，6 车安装在 4 轴，2—4 车安装在 3 轴，如图 2—2 中红色标注。

图 1　车轮踏面外形现场测试照片

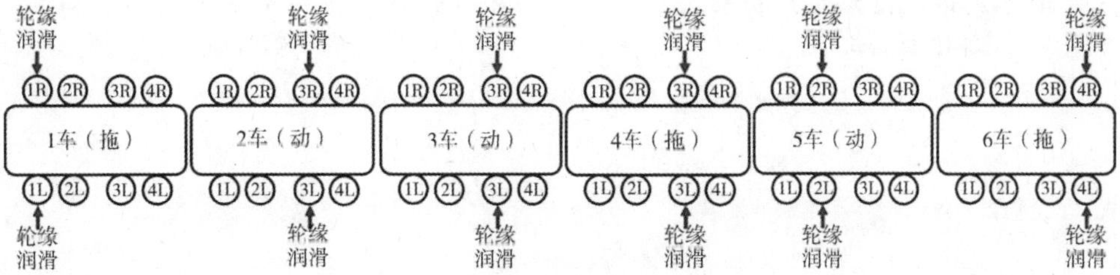

图 2　车辆轮缘润滑安装位置示意图

3 车轮型面普查结果

图3为实测整列6节车车轮型面外形及磨耗量分布情况，横坐标为型面横向位置，左侧纵坐标为型面垂向位置，坐标原点位于标准型面的名义滚动圆处，右侧纵坐标为磨耗分布。每一个图中包含9条实线，其中黑色实线为LM32或LM30标准型面，其他彩色实线为1节车8个车轮实测型面。另外，每个图下方还包含8条彩色线为磨耗分布，颜色与实测型面相对应。磨耗分布是通过计算实测廓形与标准廓形的法向距离得到。图4为整列6节车踏面磨耗量和轮缘磨耗量。踏面磨耗量定义为实测廓形与标准廓形在名义滚动圆处的高度差，而轮缘磨耗量则定义为轮缘顶点往下15mm处实测型面与标准型面的横向距离差。图5为车轮轮缘高度和轮缘厚度，轮缘高度定义为轮缘顶点和名义滚动圆处的高度差，轮缘厚度则定义为名义滚动圆往上12mm处轮缘的厚度。

通过对27列车车轮踏面磨耗测试结果进行分析，发现车轮磨耗主要分布在－40—60mm范围内，其中－40—－30mm范围主要表现为轮缘磨耗，－30—60mm范围主要表现为踏面磨耗。部分运行里程较大的车在踏面尾部出现局部沟槽磨耗，由踏面制动所造成。多数车的1、4、6车拖车（镟修）踏面磨耗量和轮缘磨耗量相当，而2、3、5车动车（未镟修）踏面磨耗明显大于轮缘磨耗。

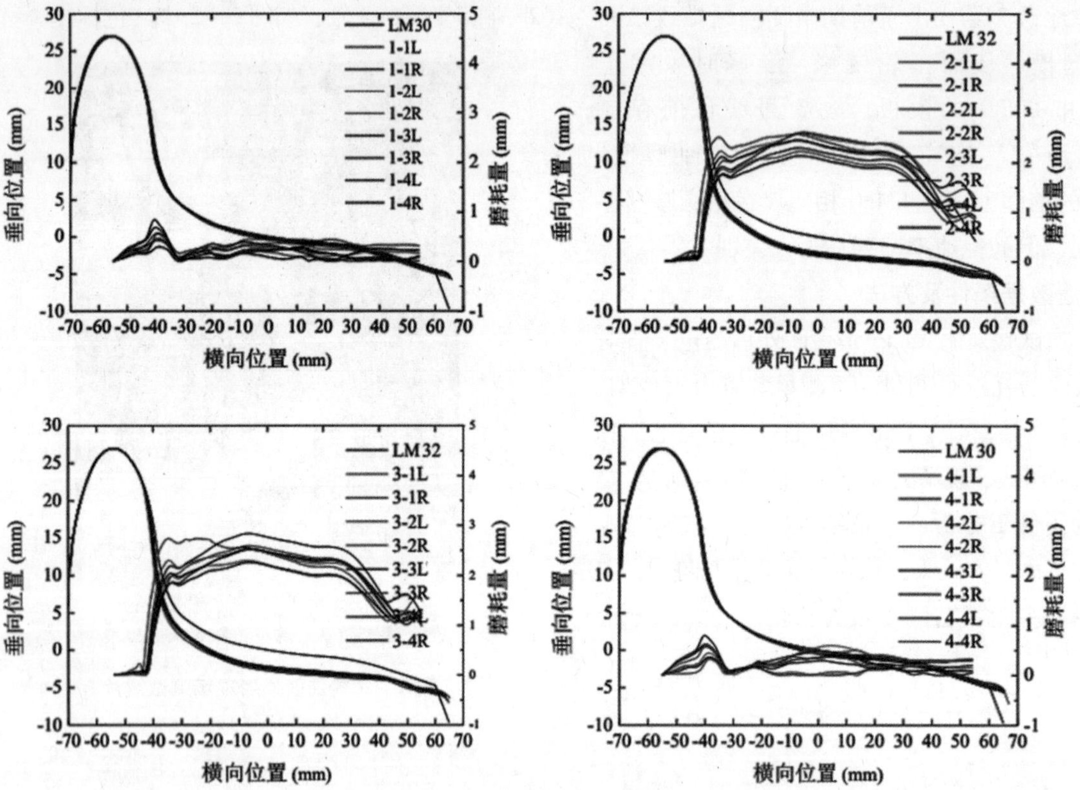

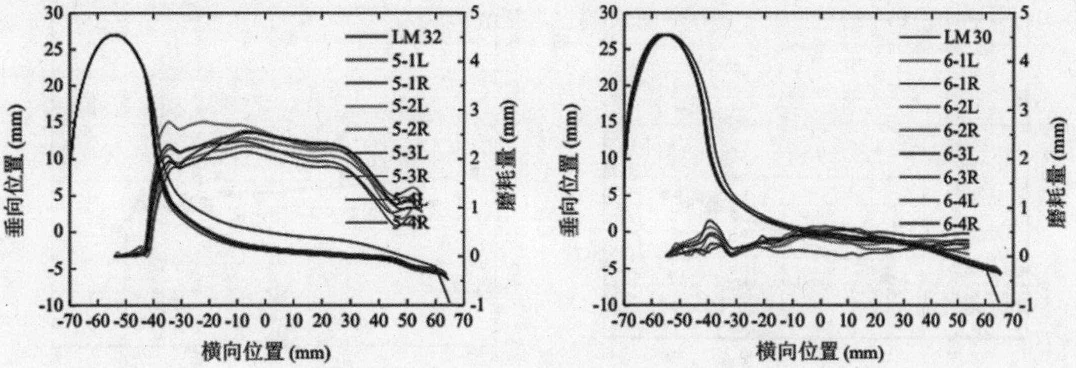

图 3　实测整列 6 节车车轮型面外形及磨耗量分布情况

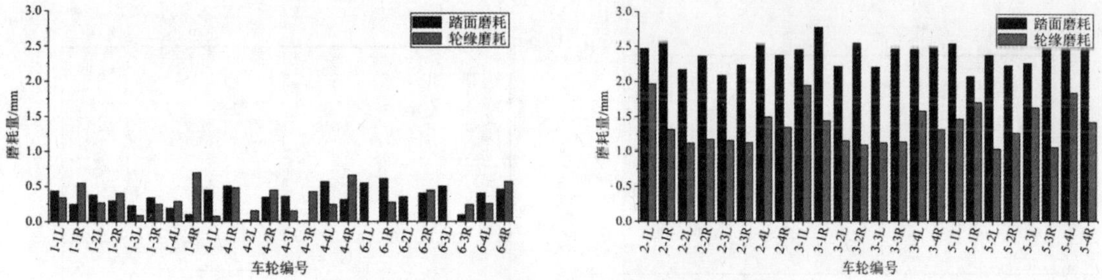

图 4　整列 6 节车踏面磨耗量和轮缘磨耗量

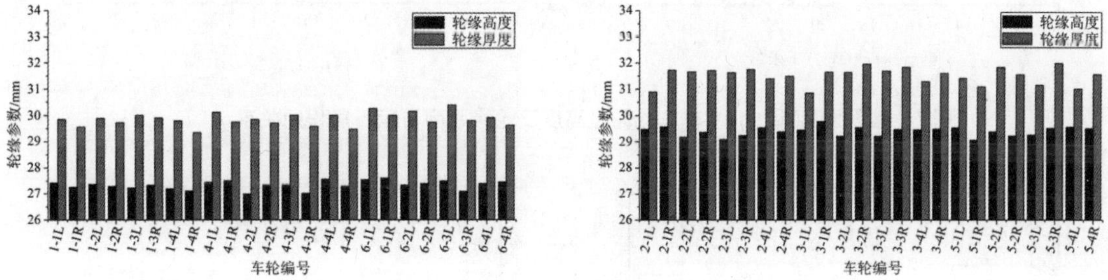

图 5　整列车车轮轮缘高度和轮缘厚度

4　轮缘高度及轮缘厚度与运行里程的关系

天津地铁 3 号线 27 列车轮缘高度及轮缘厚度的统计结果。分为踏面为 LM32 的动车、踏面为 LM32 的拖车及踏面为 LM30 的拖车三种情况。由统计结果可知：

（1）三种情况的轮缘高度都是随里程的增大而增大。

（2）踏面为 LM32 的动车和拖车的轮缘厚度随运行里程增加都有所下降，而踏面为 LM30 的拖车的轮缘厚度随里程增加几乎不变。

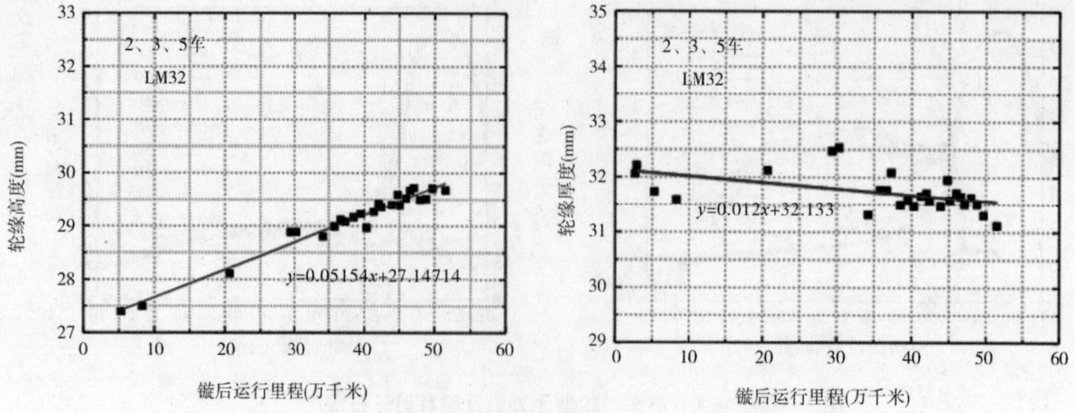

图 6　踏面为 LM32 的动车车轮轮缘高度及轮缘厚度与运行里程的关系

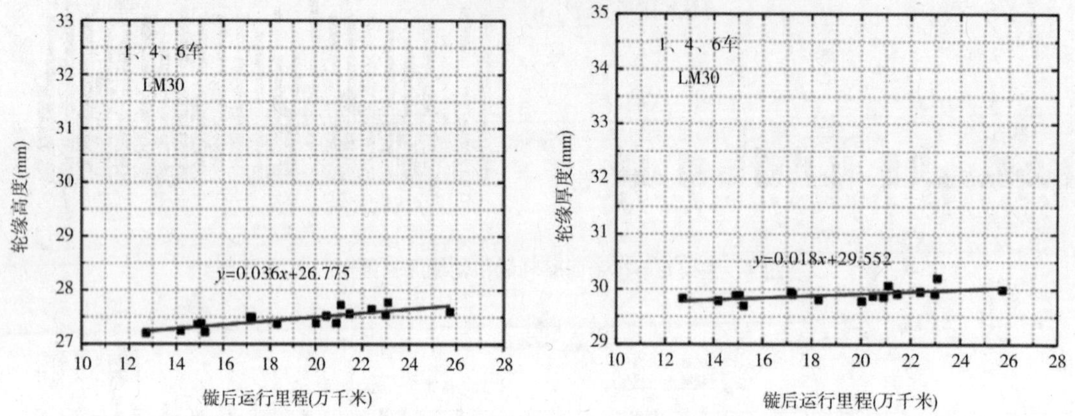

图 7　踏面为 LM30 的拖车车轮轮缘高度及轮缘厚度与运行里程的关系

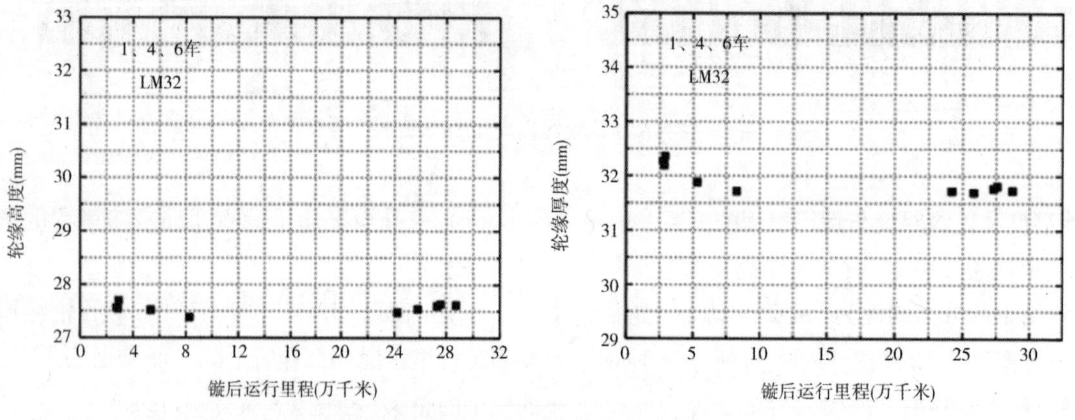

图 8　踏面为 LM32 的拖车车轮轮缘高度及轮缘厚度与运行里程的关系

5 结论

通过对天津地铁3号线列车车轮磨耗进行测试，对测试结果进行统计分析，得到以下结论：

（1）车轮磨耗主要分布在-40—60mm范围内，其中-40—-30mm范围主要表现为轮缘磨耗，-30—60mm范围主要表现为踏面磨耗。多数车的拖车（镟修）踏面磨耗量和轮缘磨耗量相当，而动车（未镟修）踏面磨耗明显大于轮缘磨耗。

（2）车轮轮缘高度随运行里程的增加呈线性增大，而踏面为LM32的动车和拖车的轮缘厚度随运行里程增加略有下降，踏面为LM30的拖车的轮缘厚度随里程增加几乎不变。可知LM30的拖车磨耗速率低于LM32的磨耗速率。

参考文献

［1］冀祖卿，刘忠俊．天津地铁1号线车轮运用现状分析［J］．现代城市轨道研究，2009（4）：43-45.

［2］臧磊．城轨车辆车轮轮缘运用限度探讨［J］．交通标准化，2013（23）：108-110.

［3］温泽峰，金学松．两种型面轮轨滚动接触蠕滑率/力的比较［J］．工程力学，2002（3）：82-89.

档案管理的重要性浅析

赵祯茹　许逢时

（天津市地下铁道运营有限公司）

摘　要：随着社会的发展，信息化的逐步推进，需要通过档案管理宣传工作的开展，促使全社会档案意识得到增强。特别是对一些基层部门档案进行研究发现，在诸多因素的综合制约作用下，档案管理宣传工作跟不上档案业务工作的发展，需要结合实际情况，采取一系列的宣传引导措施，促使人们重视档案管理的价值。

关键词：档案；管理；重要性

1　导言

随着社会的发展，如今人们越来越注重对档案的利用，主要是由于档案记录的信息具有真实性，可以为国家机构、社会组织等提供重要的参考依据。而且各行各业、各类人群都会形成相应的档案，其记录的内容还具有广泛性，几乎所有的地区、所有的单位都有相应的档案室，记录着历史原始记录，人们在遇到问题时，可以通过查看档案，了解到问题的解决措施。档案管理工作是通过对档案的管理，让相关人群能够更快更有效地利用档案信息。

2　档案管理工作的重要性

档案所记录的信息非常全面，管理层及相关工作人员能够通过档案了解到单位的经济效益状况和管理水平问题。档案记录了单位发展中出现的各种信息，管理层及相关工作人员可以通过查阅档案，实现对单位未来发展规划的分析。随着时代的进步，档案管理工作不仅作为信息的记录载体，而是应该加强对其的应用。管理层及相关工作人员要想提高经济效益，提升单位的市场竞争力，就必须通过档案管理进行资源的整合和战略的规划。

档案管理工作首先具有考察依据的作用，因为其具有法律效应，其对历史信息的记录具有真实性、客观性，人们在使用档案信息时，更加具有信服力。档案管理能够避免档案被篡改，因此其是最有效实施凭据。几乎所有的地区或单位都有档案室，因此其所记录的内容非常广泛，管理层及相关工作人员遇到任何事，都能够从档案中找到相关的解决方法。因此档案管理工作具有非常重要的作用。

3　档案管理工作现状及存在的问题

从档案管理工作自身社会价值角度出发，档案管理工作不管是对于个人来说还是对于用人单位来说都有着直接和间接的影响。其直接对应关系，影响到用人单位对人才的使用。很多事业单位都对档案管理工作所具有的重要性进行了有价值的认识，在事业单位档案管理工作过程中需要保障其方法的有效性和针对性。目前我国事业单位档案管理理念以及管理模式在方法等方面都存在一定的局限性矛盾，事业单位的档案管理工作存在着部门众虽然较多，但不能形成有效的标准化管理政策等。造成这一影响的直接原因是我国的经济体制正在开始从计划经济向着市场经济进行转变和发展。其直接的出现根源在事业单位自身档案管理领域管理部门增加，档案管理的模式也开始从体质上进行了发展，进而形成质变。目前档案管理部门已经开始出现部门过多导致管理政策的明显区别。有些事业单位自身的档案管理工作需要在价值观以及标准性上体现出一定的严谨和客观方面。但现有的管理工作已经漏洞较多。事业单位档案管理工作需要具有整体化的优势，客观性特点以及准确性特点，否则事业单位的档案管理工作就会受到实现目的约束，失去了自身的意义和内涵。最后很多档案管理工作甚至存在信息不准确，其并没有体现出严谨的客观性和统一性标准，需要对这一问题进行有效的总结和面对。

4 档案管理的优化措施

4.1 更新管理理念

在新形势下，需要对档案管理观念有机优化，将档案管理制度给构建起来，对档案利用、资料归档以及信息保密等方面的机制有机完善。要设置专门的工作人员来负责档案管理，将多层次运行机制给执行下去，集中管理档案资源。

4.2 优化环境，丰富宣传渠道

仅仅依靠档案部门是无法做好信息宣传工作等，社会各个方面都需要给予积极的配合；档案部门要综合采取一系列的方法途径，来获得社会的支持；要主动联系宣传主管部门及新闻单位，将联络机制构建起来，通过档案管理宣传专栏的开辟等措施，促使宣传效果得到增强。将多样化的宣传活动开展下去，促使社会各个群体有机认知档案工作，从环境角度促进档案管理工作的发展。

4.3 转变服务方式

社会经济的进步，有着更大的档案资料需求量和使用人数；那么不能够仅仅由档案部门来负责档案管理工作，需要对服务方式有机转变，由信息服务者替代以往的资料提供者，将现代网络技术积极利用过来，促使档案人员工作压力得到降低，避免有错误出现于资料归置过程中。同时，将网络咨询平台构建起来，帮助用户筛选学习，将信息检索、查询等服务提供给用户，以便有效提升档案管理工作水平。

4.4 注重对档案管理工作人员的培训

首先领导要意识到档案管理的重要性，能够在人力、物力上给予档案管理工作一定的支持，从而让档案管理工作人员能够重视档案管理工作。档案管理工作人员需要注重加强对《档案法》的学习和掌握，从而完善自己档案管理工作的能力。领导还需要通过奖惩措施，提高工作人员的积极性，使档案管理工作更加完善。

4.5 注重对现代化技术的利用

随着计算机及网络技术的发展，在档案管理工作方面越来越先进化。通过计算机技术能够使档案管理工作更加快速有效，从而有效发挥档案的价值。而且如今计算机越来越普及，通过计算机技术管理，能够提高档案管理工作效率。

5 结论

综上所述，针对贵重的档案需要进行备份或者微缩，在需要利用的时候提供复印件来代替原文件。同时在档案库房设施方面的建设也要加强，避免档案受到外界因素的损害。做好了基础的档案管理工作以后，还需要从社会需求的变化出发使档案管理工作与之相适应，探究更为有效的服务途径，让档案利用的质量和水平都能得到进一步提升，充分发挥出其作用，做到社会效益和自身进步的共同发展。

参考文献

[1] 刘淑苗．加强档案管理基础工作的重要性研究［J］．城建档案，2014（11）：107－108.

[2] 姜钰．探讨信息化手段在档案管理中的重要性［J］．黑龙江史志，2014（9）．

[3] 周宇飞．在现代档案管理中档案管理基础工作的重要性研究［J］．办公室业务，2013（65）：83.

基于云计算的城市轨道交通信息安全预警防御系统研究

高成超　肖　衍

（北京市轨道交通设计与研究有限公司，北京，100068）

摘　要：随着城市轨道交通的发展，中国城市轨道交通的总资金投入量可能上升到仅次于铁路和高速公路，截至2016年末，中国城市轨道交通运营总里程也达到了3832千米，在城市轨道交通突飞猛进的同时也面临着信息安全[1]的问题。本文采用了云计算[2]技术来分析城市轨道交通运营过程中产生的海量数据，通过城市轨道交通信息安全预警平台[3]识别出异常攻击，从而产生相应的报警信息，避免因异常指令对城市轨道交通的工控设备产生严重影响。

关键词：城市轨道交通；信息安全；云计算

1　引言

随着城市轨道交通的快速发展，伴随而来的各种安全问题也越发突出，城市轨道交通信息安全已然成为一个重要的问题。现阶段的轨道交通安全监控体系有城市轨道交通系统应对各类危害因素和突发时间建立而成，具有简单"监、测、报"等功能。随着城市轨道交通的安全防范监控系统规模越来越大，传统的单一监测预警系统构架已经无法满足安全预警防御应用向深层次发展的需求，传统的监测预警信息系统造成了一个个信息孤岛。只有将各种安全防范的应用数据通过网络汇聚、处理和传输，才能够深度挖掘安全预警防范系统的功能，所以构建以大数据为基础的轨道交通信息安全预警防御管理平台，实现车站级、线路级和网路级的三级联网以及列车安全防范数据的实时监控传输已经成为城市轨道交通系统的迫切需求。

在设备漏洞防御[4]方面，轨道交通系统应用的工控设备中存在着许多高危安全漏洞，由于工控系统其特殊的稳定性和安全性考虑，漏洞补丁常常难以及时更新，传统的漏洞库已经基本无法满足防御最新的来自外部和内部的威胁攻击以及常规病毒的演变侵袭。因此，建立以大数据[5]为核心的实时漏洞挖掘系统，不断完善来自各个方面的安全漏洞，最大化地防御最新的威胁攻击和病毒的侵袭。

除此之外，当前网络与信息安全领域也正面临着诸多挑战。一方面，企业和组织安全体系架构日趋复杂，各种类型的安全数据越来越多，传统的分析能力明显力不从心；另一方面，新型威胁的兴起，内控与合规的深入，传统的分析方法存在诸多缺陷，越来越需要分析更多的安全信息，并且要更加快速地做出判定和响应。与此同时，信息安全也面临大数据带来的挑战：

1）数据量越来越大；

2）速度越来越快；

3）数据种类越来越多。

因此大数据分析技术在信息安全领域越来越显得重要。

2　基于云计算的城市轨道交通预警与防御系统方案

2.1　云计算

近年来，云计算作为一种新的服务模式已

成为计算机科学领域的一个研究热点。美国标准化技术机构 NIST 定义：云计算是一种资源利用模式，它能以方便、友好、按需访问的方式通过网络访问可配置的计算机资源池（例如网络、服务器、存储、应用程序和服务），在这种模式中，可以快速供应并以最小的管理代价提供服务。

总之，云计算是一种方便的使用方式和服务模式，通过互联网按需访问资源池模型（例如网络、服务器、存储、应用程序和服务），可以快速和最少的管理工作为用户提供服务。云计算是并行计算、分布式计算和网格计算等技术的发展，云计算又是虚拟化、效用计算的商业计算模式。

2.2 基于云计算的城市轨道交通安全预警与防御系统框架

基于云计算的城市轨道交通安全预警与防御系统从整体架构上来看，可以分为轨交设备系统统一安全管控平台和工控安全防御设备，统一管理平台收集来自轨交系统中的各类信息与数据，进行集中分析，相当于大脑，各专业安全防御设备受统一管理平台集中策略下发和安全管控，相当于手脚；其系统框架如图 1 所示。

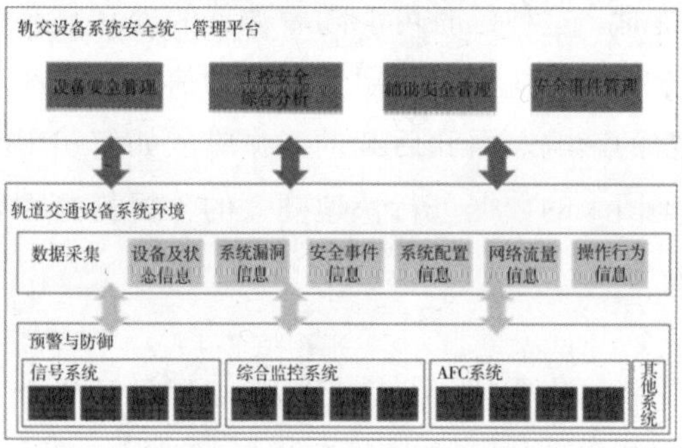

图 1 城市轨道交通安全预警与防御系统框架

2.2.1 轨交设备系统安全统一管理平台

统一安全管控平台系统从模块层次方面来看，则由采集层、大数据层、分析层、管控层和呈现层五个子层平台组成，其中基础数据来源于城市轨道交通中的信号系统、通信系统、AFC 系统和综合监控等主要系统，架构如图 2 所示。

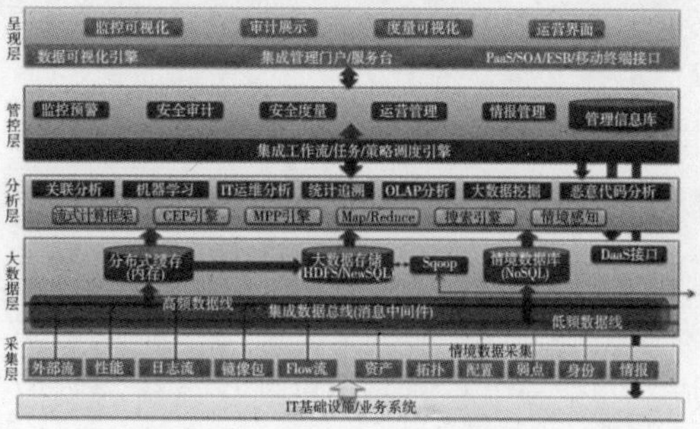

图 2 统一安全管控平台

采集层：负责采集与安全相关的海量异构数据，主要分为两个类型：一类为高频数据，也就是通常所说的大数据，以海量、高速、异构为特征，主要有外部流、运行状态和性能数据、日志和事件、原始流量镜像包和 Flow 流数据等，通过高速数据总线采集；另一类为低频数据，包括常见的资产信息、拓扑信息、配置信息、弱点信息、身份信息和威胁情报等，通过低频数据总线进行采集。

大数据层：实现对采集数据的预处理和存储（以云端形式实现），将需要的数据转换为结构化数据，对非结构化数据进行索引和存储，将数据分别送至分布式文件系统和内存中供分析层使用。

分析层：实现对预处理后的海量数据的实时和历史分析，采用多种分析方法，包括关联分析、机器学习、运维分析、统计分析、OLAP 分析、数据挖掘和恶意代码分析等多种分析手段对数据进行综合关联，完成数据分析和挖掘的功能。

管控层：实现日常安全管理的工作，经过分析层，大数据分析平台将发现的问题呈献给管控层，管控层实现信息安全的监控预警、安全审计、安全度量、运营管理和情报管理的工作。

呈现层：负责对海量数据的原始数据、分析结果数据和管控数据进行可视化展示，提供人机交互界面，向安全管理人员呈现全方位安全状态。

2.2.2 工控安全预警

构建基于云计算的城市轨道交通信息安全预警防御系统，该系统由安全预警与防御云中心（以下简称安全云中心）和本地安全预警与防御云控制器（以下简称安全云控制器）两部分组成，安全云中心部署在自动化系统的监控中心，安全云控制器部署在车站。

在自动化系统控制中心的云计算一体机和车站级的本地云计算控制器上部署探针，对云里的系统进行安全监测、审计、防护，并将安全数据导出到安全云里，进行可视化展示和报警。

系统功能包括云安全监测、云安全审计、云安全防护和云安全运维[6]四个方面，架构计划如图3所示。

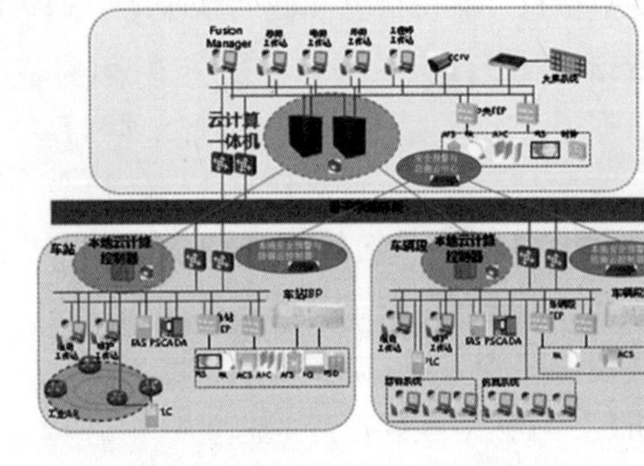

图3 信息安全预警防御系统架构

3 云计算存在的挑战

云计算在提供便利服务的同时，云计算技术的应用本身存在一定的安全挑战，云计算具有按需服务、宽带接入、虚拟化资源池、快速弹性架构、可测量的服务、多用户等特征，为信息系统的安全保障提出了新的挑战。云计算环境催生了新的信息安全技术，包括：虚拟机隔离、多用户隔离、共享虚拟化资源池的数据保护和自销毁、远程接入云等。同时，传统信息安全技术在云计算环境下存在大量的现实需求，包括：访问控制、数据传输和存储加密、身份认证、系统安全加固、漏洞扫描、安全配置管理等，由于云计算的新特点和面临的新威胁，使得这些技术需要在云计算环境下进一步发展。

4 总结与展望

基于云计算的城市轨道交通信息安全预警防御系统，通过数据采集层采集到不同类型的数据，这些数据种类不同，结构不同，规模不同，然后将这些数据送至不同的区域进行存储，供后续分析使用。采用各种分析技术、算法对存储的不同类型的数据进行处理，处理得到过去未发现的问题，帮助安全分析人员进行调查分析发现问题，使城市轨道交通网络化运营对风险管理的需求从“事后分析型、被动型”发展到“事前预防型、主动型”阶段，由经验管理转向现代系统安全风险管理阶段。

虽然基于云计算的城市轨道交通信息安全预警防御系统在信息安全方面具有很好的预警作用，但系统在防御过程中需要对线路中传输的信息进行采集、分析、处理，可能带来时间上的延时，这种延时可能随着数据的处理复杂化而延长，可能对时间要求较高的信号系统产生一定的影响。因此后续的工作应从如何实现对采集回来的数据进行快速高效的分析与处理入手。

作者：高成超，北京市轨道交通设计研究院有限公司，从事城市轨道交通通信设计。

E－mail：15125087@bjtu.edu.cn。

参考文献

[1] 陈亦农，陈瑾申，龚蔚．城市轨道交通公共安全防范系统信息安全管理体系的架构分析［J］．城市轨道交通研究，2011（31）：24－28.

[2] 方巍，文学志，潘吴斌，等．云计算：概念、技术及应用研究综述［J］．南京信息工程大学学报，2012，04（4）：351－361.
[3] 罗钦，朱效洁，陈光华，等．城市轨道交通事故故障统计及预警管理信息系统设计［J］．城市轨道交通研究，2005（6）：39－42.
[4] 王欢欢．工控系统漏洞扫描技术的研究［D］．北京：北京邮电大学，2015.
[5] 任伟，牛玉霞．大数据时代的信息安全研究［J］．信息通信，2014（12）：160－160.
[6] 倪红彪．云计算环境下的信息安全探析［J］．信息与电脑：理论版，2011（10）：63－64.

基金项目：住房和城乡建设部　基于云计算的城市轨道交通信息安全预警防御系统研究开发（2016－K4－050）

城市轨道交通 PPP 项目补贴模式研究

姜晓锋
（江苏现代资产投资管理顾问有限公司）

摘　要：本文通过分析目前国内城市轨道交通 PPP 项目的三种常见运作模式，提出城市轨道交通 PPP 项目运作的核心点是政府补贴，并进而对城市轨道交通 PPP 项目的四种政府补贴模式进行研究与对比。

关键词：运作模式；政府补贴；补贴模式

1　国内城市轨道交通 PPP 项目常见运作模式概述

自财政部 113 号文出台至今，PPP 模式已然成为众多地方政府的首选政府投资类型。在轨道交通方面，前有北京地铁 4 号线作为 PPP 项目的典型案例得到广泛宣传，后有地方 GDP 增长与政府财政负担双重对抗压力的牵引，以至于各地纷纷兴起投资建设轨道交通 PPP 项目，大有方兴未艾之势。

纵观国内外轨道交通 PPP 项目的运作模式，从政府与社会资本组建的项目公司深度参与项目的操作阶段来看主要有以下三类，即只负责土建部分、只负责机电及运营部分和负责整体投融资与运营，由这三类衍生的其他模式在此不作探讨。

只负责土建部分的项目不多，典型的是徐州轨道交通 1 号线。这种模式下，政府选择当地国有企业作为轨道交通运营方而把土建部分交由 PPP 项目公司负责。由于项目公司不负责运营，其实际获得的收入为政府可用性付费。也有地方探索将轨道运营公司的部分票务收入转移至负责土建的项目公司，但其本质上与政府可用性付费无异。

而真正对于政府补贴有研究意义的则属于由社会资本与政府组建的项目公司负责深度运营的项目，也就是前文所述的其余两种 PPP 模式。目前，这两类 PPP 模式的常规操作或者说达成普遍共识的是项目公司可以透过部分商业开发和运营以及政府的可行性缺口补助获得预期的投资回报。

当然，提及轨道交通运营公司运作商业开发成功案例时，社会不免对香港铁路有限公司（以下简称港铁）的“R + P”（Rail + Property）模式多加赞誉。在香港，港铁成功运营 9 条城市轨道线路以及机场线，日均运载乘客达 530 万人次。同时，港铁还负责站点商业开发以及沿线物业开发销售。根据港铁 2015 年的年报显示，在香港地区，港铁的利润来源主要来源于客运业务、车站商务以及物业租赁与管理（见表 1），三者的占比如图 1 所示。

表 1　2015 年港铁的利润分类
（资料来源：港铁 2015 年年报）

基本业务分类利润			
（百万港元）	2015	2014	变动（百分率）
香港客运业务	2493	2710	（8.0）
香港车站商务	4230	3927	7.7
中国内地及国际铁路、物业租赁及管理业务（包括铁路联营公司）	852	611	39.4
香港物业租赁及管理	3650	3427	6.5

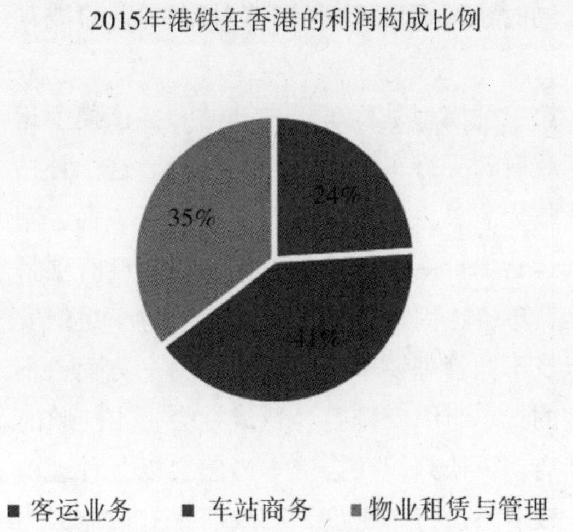

图1　2015 年港铁在香港的利润构成
（数据来源：港铁 2015 年年报）

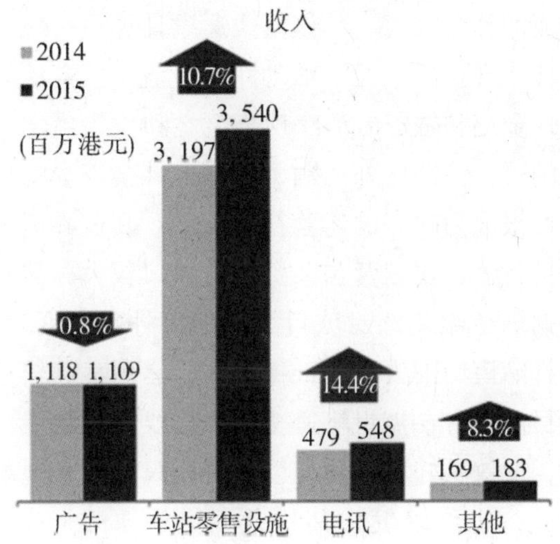

图2　港铁在香港的车站商务收入构成
（资料来源：港铁 2015 年年报）

此前碍于国内相关土地政策不明，经营性用地必须走土地招拍挂程序，也就难以保证 PPP 项目公司或者 PPP 中标社会资本获得土地。换句话说，港铁的“R + P”模式一开始在内地受到了政策的限制。以港铁参与深圳的 4 号线项目为例，早在 2005 年的时候，深圳市就与港铁草签了深圳地铁 4 号线的特许经营协议。双方当时认可的方案是仿照港铁的香港运营模式，深圳同意按土地折扣价以协议出让方式将沿线相关土地交由港铁来开发运营。但最后这样的方案在上报国家审批时就因为土地问题被否决了。在 2011 年的时候，港铁和深圳方面还是不得不采用招拍挂方式完成了土地出让，而且最后也是以市场价格进行了交易。

但最近国土资源部出台的最新文件《产业用地政策实施工作指引》（国土资厅发〔2016〕38 号）已经为 PPP 项目公司拿地扫清了政策的障碍。根据文件第九条的规定，采用政府和社会资本合作方式实施项目建设时，相关用地需要有偿使用的可以通过竞争方式确定项目投资主体和用地者的环节合并实施，这也意味着一旦轨道交通 PPP 项目将沿线土地一并招标的，中标者可以同时获得该项目和该土地，及“P + R”模式获得合法许可。这将大大减轻政府补贴的压力。

但即使一些地方将土地用于捆绑实施，本身土地获取就是一笔不小的成本，况且 PPP 项目公司在执行政府制定的低廉的公众票价基础上，社会资本的投资回报可能仍然远不能满足，因此政府给予可行性缺口补助仍将长期存在。以北京地铁 4 号线为例，因为北京市规定不允许地铁内经营商铺，因此 4 号线运营商京港地铁的非票务收入主要是商业广告，但京港地铁依然需要获得北京市财政的支持。

因此，实际在轨道交通 PPP 案例操作中，核心的聚焦就转化为政府补贴的测算方式。

2　城市轨道交通 PPP 项目补贴模式研究

从目前的实务操作案例中，共有以下几种补贴模式：（1）财政承受能力论证指引推荐的可行性缺口补助计算模式；（2）影子票价差额补贴模式；（3）行车千米补贴模式；（4）基于现金流的补贴模式。笔者正好当下在操作一个轨道交通 PPP 项目，也借由这个项目对上述四种补贴模式进行了一番研究和比较。

第一种模型是财政部推荐的可行性缺口补助公式[3]，其计算方式较为简便，引入了合理利润率和折现率的概念，分别核算建设成本的利润与资金占用成本以及运营成本的利润，思路上将传统的 BT 付费模式进行了延伸。然而这个计算公式选择了以社会资本资金投入与占用为考察视角，并没有从现金流的角度去测算项目公司的实际流入流出，也没有充分权衡财政的运营补贴给项目带来的实际投资价值。

$$\text{当年运用补贴支出数据} = \frac{\text{项目全部建设成本} \times (1+\text{合理利润率}) \times (1+\text{年度折现率})n}{\text{财政运营补贴周期(年)}} + \text{年度运营成本} \times (1+\text{合理利润率}) - \text{当年使用者付费数额}$$

第二种模型是影子票价差额补助。影子定价（Shadow Pricing）由诺贝尔经济学奖获得者荷兰经济学家简·丁伯根（Jan Tinbergen）于 20 世纪 30 年代末首次提出，其认为影子价格是反映社会资源获得最优配置的价格。现今，影子票价的概念被广泛用于国内外的轨道交通项目。支持影子票价差额补助的观点认为轨道交通 PPP 项目的投资方执行了最优的投资、建设、运营方案，将各种相关资源要素集合之后并在充分考虑项目公司的各项收入与支出成本基础上所形成的价格可以反映项目的实际价值，这个形成的价格与现实中执行公众票价的差额即为运营补助。笔者正在操作的轨道交通项目就采用了影子票价的概念，在进行相关财务测算过程中，通过模拟项目公司各项收入、支出的现金流入流出，得出政府可以与社会资本谈判的差额补助单价。但影子票价也有其软肋，影子票价差额补助需要乘以预测客流量，如果预测客流量与实际客流量的偏差较大，那么就会产生很大的收入风险。因此，可以将影子票价差额补助模型作适当的优化，在预测客流量基础上引入基准客流量（一些地方也叫“保底客流量”）的概念，把客流预测报告中常常作出的“乐观客流预测”进行人为的减少，以更贴合客流增长的实际特点以及财政补贴的实际压力，减小预测客流与实际客流的偏差风险，同时也降低了政府运营补贴支出的波动幅度。

第三种模型是行车千米补贴[1]，该模型运用了政府购买行车千米服务的理念。这个补贴方式较为简单，但也比较有争议。一方面，车千米运营单价尚无准确的数据支撑，已有项目的运营单价也因为不同区域、不同行车组织安排以及不同管理要求各不一致；另一方面，不确定的行车组织安排容易造成社会资本与政府不断启动再谈判，社会资本当然会以各种理由要求政府增加行车密度，而政府很有可能因为信息不对称以及顾全大局的想法向社会资本妥协。

第四种模型是最近的一些专家提出的基于现金流的补贴方式[2]。该模式通过计算项目公司累计净现金流（经营活动净现金流、投资活动净现金流和融资活动净现金流之和）来确定政府的可行性缺口补助额，再加上社会资本的合理回报成为政府的运营补贴支出。其核心理念为项目公司在运营初期资金链缺口较大，需要根据现金流差额对项目公司加大补贴力度。这种补贴模型因为是最近提出的，运用案例较少，目前只有在福州轨道交通 2 号线上得到了运用，但效果好坏目前难以评价。只是细究这种模式，也可以发现其具有一定的缺陷。首先，这种补贴方式很大程度上加重了财政在未来几年的支出负担。众所周知，目前虽然国家在大力推广 PPP 模式，但财政部因为防止 PPP 过热而设置了政府 PPP 支出责任不得超过一般公共预算支出 10% 的警戒线。以目前的 PPP 落地速度而言，不难预见在未来的几年将进入 PPP 的集中还款期，在这样的前提下如果人为地增加财政在前几年的补贴额，则财政将在其他 PPP 项目支出上更加捉襟见肘，也势必不得不延缓或减少其他 PPP 项目的落地。其次，以现金流的差额补助难以约束项目公司的成本控制，也容易造成政府被社会资本“绑架”，项目公司通过关联交易或者影子交易大幅增加现金流出，而政府又需要补足项目公司的现金流缺口，这样隐形之中加重了政府或有支出责任的风险。

从上述的分析可以看出，对于轨道交通类PPP项目，目前并没有一种非常完美的补贴方式。无论是哪一种补贴方式，客流带来的偏差都会影响实际的政府补贴。但相比较而言，以基准客流量为基础的影子票价差额补助不但可以减小客流风险造成的补贴支出变动风险，也更贴合最优资源配置的经济学理念，值得进一步探索与推广。

参考文献

[1] 任宇航，肖靓．把握PPP理念科学构建项目补贴机制——轨道交通PPP项目车千米补贴模式简介[J]．中国投资，2016（5）：82－85.

[2] 徐成彬．补贴城市轨道交通PPP项目基于现金流的模式值得关注［EB/OL］. http：//www. ceh. com. cn/cjpd/2016/08/977897. shtml，2016.

PPP 模式下的城市轨道交通项目的资产证券化探讨

丁伯康　吴倩倩

（江苏现代资产投资管理顾问有限公司）

摘　要：本文从城市轨道交通 PPP 项目融资角度出发，探索利用资产证券化方式实现 PPP 项目公司融资的新路径。在分析城市轨道交通 PPP 模式下资产证券化的相关优势、操作流程中提出该融资模式目前的适配性和关键难点，以此建议国家相关部门出台更为详细、明晰的政策文件以支持城市轨道交通 PPP 项目资产证券化的顺利落地。

关键词：PPP；轨道交通；资产证券化

1　引言

2013 年兴起的这一轮 PPP 热潮，极大地调动了我国城市轨道交通行业推广、运用 PPP 模式的积极性和工作热情。在财政部最新公布的第三批 PPP 示范项目中，涉及轨道交通项目的城市就有 9 个，总投资为 968 亿元，占计划总投资金额的 8.4%。2016 年 5 月，国家发改委与交通运输部联合印发的《交通基础设施重大工程建设三年行动计划》指出，2016—2018 年国家将在城市交通领域重点推进 103 个项目前期工作，新建城市轨道交通 2000 千米以上，共涉及资金 1.65 万亿元。2016 年 12 月 26 日国家发展改革委、中国证监会联合印发了《关于推进传统基础设施领域政府和社会资本合作（PPP）项目资产证券化相关工作的通知》更是明确指出，要积极推动具有持续经营能力的传统基础设施领域 PPP 项目，进行证券化融资。因此，在未来的 2—3 年，城市轨道交通 PPP 项目还将进入一个快速增长和逐步繁荣的时期。

2　资产证券化的概念和流程

2.1　资产证券化的概念

“资产证券化”是指将缺乏流动性但未来能产生稳定现金流的资产，汇集成一个资产池，并通过结构性的重组，转换成可以在金融市场上出售和流通的证券的过程。资产证券化主要围绕三个核心点：“资产真实出售”“风险隔离”和“信用增级”。

2.2　资产证券化的流程

2.2.1　构建城市轨道交通 PPP 项目资产证券化的资产池

（1）在构建城市轨道交通资产证券化 PPP 项目资产池之前，应做两方面了解：首先，应对城市轨道交通规划与建设基本情况做全面的了解；其次，对城市轨道交通客流量增长发展规律以及对未来远期票务收入增长规律进行远期预测。

（2）选择备选基础性资产。可将 PPP 项目未来的收益权（包括票务和非票务收入以及政府补贴的收益权）作为备选基础性资产。若城市有多条轨道交通 PPP 项目，可在初期运作资产证券化时选择客流量较稳定的线路，随着运营经验和运作思路的成熟，逐步选择更多的线路作为备选基础性资产。

2.2.2　组建特殊目的公司（SPV），将它证券化

目前国内组建 SPV 主要有以下两种模式。

（1）公司型 SPV 证券化

公司型 SPV 证券化主要由资产管理公司或

证券公司通过设立专门从事资产证券化业务的子公司或由证券公司开展专项资产管理计划（如票务收入资管计划、土地综合开发收入资管计划等）来进行资产证券化。该方式的优势是可以充分利用证券公司在证券发行、资产设计组合方面的经验和优势。

（2）信托型 SPV 证券化

PPP 项目公司将基础资产转让给信托公司，并建立起相互间的信托关系。由信托机构通过发行资金信托计划或凭证来募集所需建设资金。这样通过信托模式，将资产与原始权益人之间进行风险隔离和破产隔离，最大限度地降低原始权益人破产对证券化的影响，保证投资者的投资利益和风险。

从现有资产证券化实务中可以看出，银监会主导的信贷资产证券化普遍以设立信托型 SPV 为主，而证监会主导的企业资产证券化，则以券商设立专项资产管理计划 SPV 为主。

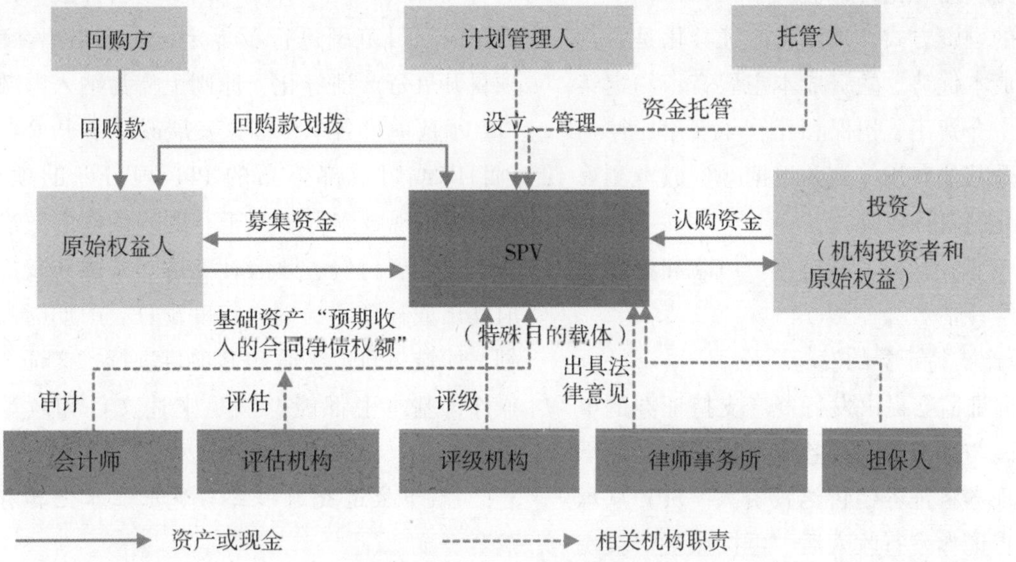

图1　资产证券化流程示意图

2.2.3　信用评级

信用评级机构重点评估的是证券化资产是否有提供足额现金流用作定期支付的能力，与发起人自身的企业信用关联不大。当投资人选择投资产品时，主要参考的就是这些资产池内资产的未来获利能力的可靠性与稳定性以及证券交易结构的严谨性和有效性。城市轨道交通 PPP 项目信用评级考虑的是未来经营现金流的持续性与稳定性，一般而言，城市轨道交通的客流及票价均不会有较大的波动，相对稳定，因此，证券化资产能取得较好的评级结果。

2.2.4　信用增级

信用增级可通过内部信用增级和外部信用增级两种方式进行。内部信用增级是指由发行人自身通过产品的设计、合约的规定等方式为投资者提供信用支持。常用的内部信用增级方式有以下几种：直接追索权、超额抵押、优先/次级结构安排、现金抵押账户。外部信用增级是指由与发起人无关的第三方通过担保等方式提供信用支持。第三方是指除发起人、发行人、受托人、服务人等以外的信用增级机构。常见的外部信用增级方式有第三方担保、保险、抵押投资账户和回购条款等。城市轨道交通 PPP 项目资产证券化信用增级可采用内部增级和外部增级相结合的方式。在外部增级方面，PPP 项目基本是保证社会资本能够收回成本和获得合理的利润，而且国家出台了鼓励PPP项目资产证券化的相关法律文件，这有助于外部信用的增级。在内部增级方面，可采用优先/次级结构安排和直接追索权期权相结合的方式。

2.2.5 具体融资计划及财务效应分析

（1）根据项目的具体情况，确定专项资产管理计划，并制订具体的融资额及偿还计划。

（2）根据项目融资规模和发行期限，计算PPP项目资产证券化的融资成本，并评估下相较于其他的融资方式，采用资产证券化是否具有明显的成本优势。融资成本主要有：约定年收益率、中介费用、担保和托管年费率、律师顾问费以及其他费用等，并根据融资成本测算资产证券化的财务效应。

（3）对信用风险、基础资产风险和流动性风险作风险评估。

2.2.6 资产支持证券的发行

SPV向证监会提出发行资产支持证券的申请获批后，与证券承销商签订承销协议，由承销商承销证券将证券销售给投资人。SPV从承销商处取得证券发行收入后，再按照资产买卖合同约定的价格向原受益企业偿付购买基础资产的资金，从而使PPP项目原受益企业实现筹资目的。此外，SPV还要委托证券权益托管人来管理所发行的证券，以保障投资人利益。

2.2.7 后续管理服务与证券偿还

资产支持证券发行后，原始权益人需按约定及时将收集到的基础资产产生的现金流划转至专项计划账户；证券权益托管人负责对基础资产信息资料定期审查，记录、接收由原始权益人转交的现金收入，并对专项计划账户进行管理，包括在按规定向投资者支付本息前负责对专项计划账户中的资金进行管理（短期投资），增加证券化资产的收入；证券权益托管人在规定的还本付息日向投资者支付证券本息。如果还本付息日专项计划账户内资金不足，必须采取启动外部担保或其他偿债保障措施；偿付完资产支持证券全部本息后，如果专项计划账户还有余额，应返还给SPV，按照约定的比例和分配方法在各机构之间进行分配。

3 城市轨道交通PPP项目资产证券化优势

3.1 PPP项目资产证券化受到政策的大力支持

资产证券化作为一种创新融资工具，近年来受到了国家金融和投资政策的大力支持。在中国证监会2016年5月发布的《资产证券化监管问答（一）》中，对PPP项目开展资产证券化的项目范围进行了界定，明确指出，PPP项目开展资产证券化，原则上需为纳入财政部PPP示范项目名单、国家发展改革委PPP推介项目库或财政部公布的PPP项目库的项目。PPP项目现金流可来源于有明确依据的政府付费、使用者付费、政府补贴等。其中涉及的政府支出或补贴应当纳入年度预算、中期财政规划。而城市轨道交通PPP项目进行资产证券化操作，基本上都能够满足上述文件和政策的要求。

3.2 城市轨道交通项目与资产证券化具有天然契合度

城市轨道交通PPP项目，从政府和社会资本的合作方式上来看，涉及经营性设施、准经营性和公益性设施的融资、建设和运营管理问题；从城市轨道交通PPP项目的收入来源来看，主要来自于票务收入、非票务经营收入和政府补贴三个方面；从城市轨道交通项目的资产流动性来看，它的资产流动性差，但确是未来能产生稳定现金流的资产。因城市轨道交通的客流量一般较稳定，票价由政府统一制定，收费机制相对透明，票价收益较稳定且易预测，这就与可证券化的资产产生了天然的契合度。

3.3 城市轨道交通项目的资产证券化融资成本较低

受限于城市轨道交通PPP项目的特殊要求，在已采购完成的城市轨道交通PPP项目中，社会资本方基本上都是大型央企。据公开披露的财务信息显示，这类企业的资产负债率基本都在75%—80%。较高的资产负债率，使这些企业迫切需求寻找更高效和更低成本的融资方式。

融资方式	融资成本
银行贷款	5年以上基准利率4.9%
信托融资	一般为6%—8%，甚至有10%以上
项目收益债	目前发行较少，国内首单项目收益债为6.38%
PPP引导基金	高于银行基准利率，一般为基准利率上浮10%—20%
股权融资	股权融资难、融资成本高
企业ABN	3%左右

（数据来源：中国人民银行网站、wind）

从PPP项目可供选择的融资模式来看，除国家开发性金融支持的资金外，一般性的商业银行贷款、信托融资、项目收益债、PPP基金等，以长期（五年以上）来看，其融资成本基本上都高于资产证券化的融资成本。

3.4 除融资成本外资产证券化还具有以下优势

（1）表外融资。通过基础资产真实出售，资产从发起人的资产负债表的资产端移除，而真实出售所得收入计入资产负债表的资产一栏，属于非负债型融资。（2）资产收入导向型融资。资产证券化不是以原始权益人的自身信用及资金偿付能力作为融资成功的关键因素，而是以基础资产的质量及未来现金流的稳定性等作为关键因素，换句话说，资产证券化信用评级不受原始权益人的自身信用评级影响。（3）盘活固定资产，增强资产流动性。（4）降低投资人风险。通过结构化的设计能够保证投资人的利益，降低其风险。

3.5 城市轨道交通PPP项目资产证券化是最适合的退出方式

目前，在国内轨道交通的PPP市场上中标的企业以建筑施工类企业为主。这些企业参与城市轨道交通PPP项目的根本动力，主要在于获取施工利润和尽早收回项目投资，而对于后续运营和管理考虑的不是很多。因此，这些社会资本方特别期望在建设期结束后早日收回前期投入资金，把后续运营和管理活动委托给专业的运营公司，自己又可以承接新的项目。

那么，如何常年提高自己在城市轨道交通PPP项目上的资产周转率，实现更高的内部回报率呢？PPP项目资产证券化就为城市轨道交通项目这样一种有稳定现金流的资产退出，提供了有利和便捷的渠道。特别是在财政部2016年90号文《关于在公共服务领域深入推进政府和社会资本合作工作的通知》中，已明令禁止地方政府通过回购股权和明股实债等方式，对社会资本承诺回报和兜底。因此，国家发改委明确提出PPP项目的资产证券化，无疑是目前最为便捷和高效的退出方式。

4 城市轨道交通PPP项目资产证券化关键问题

4.1 基础资产的适格性

PPP项目资产证券化的基础性资产是项目公司的经营性收益权，属于企业资产证券化中的收益权资产证券化类型。

PPP项目收益权在法律层面上包括两个层次，第一个层次是PPP项目的特许经营权，第二个层次是基于特许经营权产生的向社会公众收取使用基础设施及公用产品的费用的权利，即PPP项目收益权。这在操作上存在以下问题：（1）转让特许经营收入时是否需要同时转让特许经营权；（2）如特许经营权同时转让，SPV机构是否能够成为特许经营权的持有主体；（3）如特许经营权未同时转让，收费收入单独转让是否可以满足资产证券化真实出售及破产隔离的需求。

4.2 底层资产的构建

PPP项目的底层资产，是指PPP项目中能够产生收益权等基础资产的设备、基础设施、路面资产、土地、物业等，如道路、桥梁、管道、供水、供电、供气设备等。轨道交通PPP项目涉及的资产范围广，其底层资产基本涵盖了上述各个方面，在项目进行资产证券化时，不仅需要审查底层资产是否权属清晰和完整，还需要把可能存在的抵押质押、纠纷诉讼和或有债务等权利限制，审查和清理完毕。一旦存在上述情形，就要判定是否会影响到原始权益人的持续经营和现金流的稳定，给予解除或限期解除等一系列的法律安排。

在进行资产证券化底层资产构建过程中，除需要考虑这部分资产的权利限制外，还要特别关注轨道交通PPP项目的原始权益人拥有的底层资产的使用效率和运营情况，这也是现金流持续稳定的基础和保障。

4.3 期限的不匹配

城市轨道交通PPP项目的合作周期长，而资产证券化产品的存续期限一般在5年左右，最多不超过7年。因此，如只发行单个资产支持专项计划，并不能覆盖PPP项目的全生命周期，只有循环发行和循环购买，才能解决好项目和资产证券化产品存续期的期限错配问题。

4.4 收益权质押担保

一般情况下，在PPP项目公司正式成立并得到政府授权后，社会资本方就会立即把经营收益权质押给商业银行作为贷款担保。而如果又把经营收益权作为基础资产出售给了SPV公司进入资产池，那么就必须先解除收益权上的质押。这就需要有足额的资金偿还债权银行贷款或以等值的财产进行置换，才能实现资产权属的清晰和合规。但这对PPP项目公司而言是存在很大难度的。

4.5 信用风险的防范

轨道交通PPP项目属于重大公共服务项目，在实际运作中存在许多不确定的因素和风险，因此现阶段难以明说项目资产证券化后，就一定会有稳定的现金流产生。而一旦因公众反对、政策调整，也很容易导致项目现金流出现重大问题，从而影响资产证券化产品的存续，直接造成投资人的损失。在这种情况下，政府和社会资本方，如何在合作前期达成良好的约定，在不可预见因素造成的风险出现时，又该如何协商妥善解决，是检验项目合作双方信用程度好坏的标准。

4.6 资产证券化后项目或资产的控制权

在许多PPP项目中，政府为保护公众利益，希望把PPP项目的资产所有权牢牢掌握在自己的手中，即使部分项目允许项目公司拥有全部项目资产，也会通过政府派驻董事和其他高级管理人员进入项目公司从而实现对项目的实际掌控的目的。根据资产证券化的运作原理，原始权益人将其基础性资产转让给SPV后，便不再拥有对该基础性资产的控制权和所有权，从而达到资产真实出售和破产隔离的目的。然而一旦资产实现真实出售，由于有限追索的限制，地方政府便无法实现对资产或项目的管控，可能导致项目本身的运作存在不确定性的风险，如无法享受到PPP项目和国有企业的相关优惠政策等，即使借鉴英国的WBS（Whole Business Securitization）模式，即对企业的整体运营收益而非企业某项特定资产进行的证券化，发起人保留对项目的控制权和所有权，基础资产留在发起人的资产负债表内，又无法完全达到破产隔离的目的，一旦公司发生破产（或出现经营问题），是必会损害投资者的利益。

4.7 PPP项目资产证券化的税收处理

当前在政府投资项目，特别是具有特许经营权的PPP项目财务处理方面，还存在不少不明确和不规范的地方。如在进行PPP项目的资产转让时，所发生的一系列税收，包括所得税、增值税和印花税等，目前大部分情况下，是需要和当地的税务主管部门进行沟通和解释，才有可能达成一致的处理意见的。

如在城市轨道交通PPP项目的资产转让中，其所得税可参照企业所得税的政策规定进行计算和上缴。但是在企业“营改增”后，税法对PPP项目公司向SPV公司转让资产，如何计算交纳增值税到目前为止尚未做出明确规定。在法规未明确的情况下，发起人首先需要与当地的税务主管部门进行沟通，明确相关处理，才能规避税务方面的风险。

参考文献

[1] 李杨. 城市轨道交通资产证券化研究——基于南昌地铁建设项目［D］. 北京：北京交通大学，2015.

[2] 张馨如. 我国PPP项目引入资产证券化融资模式的法律问题探究［D］. 上海：华东政法大学，2016.

[3] 李力. 全业务证券化交易结构分析（二）：英国WBS的“真实控制”模式［EB/OL］. http://ccuorg.com/info/info_13687.html，2016.

[4] 王明吉，崔学贤. PPP项目资产证券化之会计处理与税务影响［J］. 财会月刊：上，2017（1）：61-63.

天津地铁6号线受电弓快排阀国产化探讨

李云波　刘东宇　杨小鑫
（天津市地下铁道运营有限公司）

摘　要：天津地铁6号线地铁车辆采用TSG18G（04）型受电弓，该受电弓设有ADD自动降弓系统，当碳滑板破裂或磨损到极限而引起受电弓泄漏时，能有效避免受电弓与接触网之间的进一步破坏。快排阀作为ADD自动降弓系统的关键部件，保证车辆受电弓与接触网可靠接触，其质量关系到受电弓的升、降弓等性能指标。目前车辆上安装的进口ASCO快排阀在运用中出现快排口漏风导致受电弓无法升弓问题，严重影响车辆的运营质量。针对此问题，天津地铁6号线正在进行国产快排阀装车考核验证，本文重点介绍快排阀的工作原理以及进口与国产快排阀的对比。

关键词：城市轨道；受电弓；快排阀

1　城市轨道交通车辆受电弓的使用现状

天津6号线地铁车辆使用TSG18G（04）型受电弓主要应用于城轨车辆，是一种通过空气回路控制升、降动作的铰接式机械构件。受电弓是车辆的受流部件，通过支持绝缘子安装于车顶，受电弓升起后与接触网接触，从接触网上集取电流，并传到车辆电气系统。接触网的电流首先由滑板流入受电弓弓头，然后依次经过上框架、下臂杆后流入底架，最后经连接在受电弓底架上的车顶母线导入车辆电气系统。在“工作”位置上，受电弓在车顶的部分都处于带电状态。

TSG18G（04）型受电弓为单臂式受电弓，由框架、气囊升弓装置和弓头等结构组成，具有占用车顶空间小，重量轻，弓头归算质量小的特点。其中，弓头归算质量小则有益于受流和适应更高的运行速度。TSG18G（04）型受电弓靠气动驱动，自重降弓。受电弓驱动机构由带有两个升弓气囊的气路组成，结构简单，工作稳定可靠。当升弓电磁阀得电，气路供风，升弓气囊充气膨胀，驱动受电弓升弓；当电磁阀失电时，压缩气体原路返回，经电磁阀排气，受电弓靠自身重量降弓。

2　快排阀工作原理

TSG18G（04）型受电弓设有ADD自动降弓系统，当受电弓滑板破裂或磨损到极限引起受电弓气路泄漏时，ADD自动降弓系统保证受电弓迅速有效的降下，避免受电弓与接触网之间的进一步破坏。ADD自动降弓系统主要由快排阀、带气道的滑板及相应的管路组成。快排阀作为该系统的重要部件，也是最容易出现故障的部件，直接影响受电弓与接触网的受流质量。TSG18G（04）型受电弓使用的快排阀为进口ASCO阀，安装在受电弓底架上，具体位置如图1所示。ASCO阀分为上、下两腔，上腔即出气口与受电弓自动降弓气路（滑板、弓头风管）相通，下腔即进气口与受电弓主气路的气囊相通，上、下腔间通过膜片隔开，膜片上有连通上、下腔的导流孔。

受电弓升弓过程：压缩气体进入受电弓主气路及快排阀下腔（P），此时由于上腔（K）尚未充气，下腔（P）压力则不断增加，膜片下表面受到的支持力大于膜片上表面受到下压力，膜片因而向上凸起，造成下腔与快排口（A）相连，从而进入快排阀的压缩空气一部分经由快排口排向大气。另一部分空气经过快排阀上腔经膜片上的导流孔得到补充，当补充的气压和弹簧的合力大于下腔对膜片的支撑力时，膜片将恢复原状，快排阀的快排口自动关闭，此时气囊将持续充气，受电弓升起，而由于不再有气流从快排口排出，排风停止。

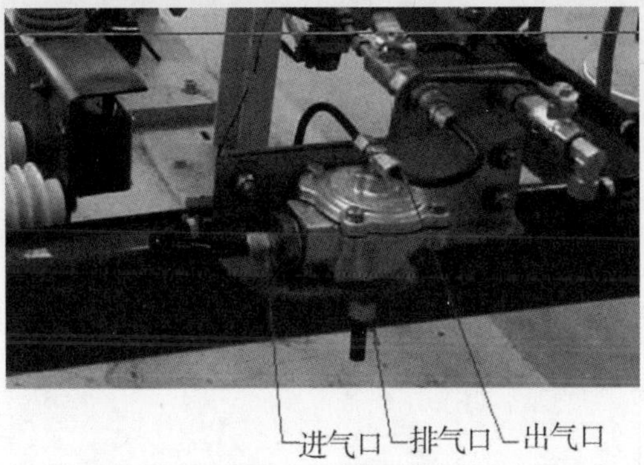

图1 快排阀

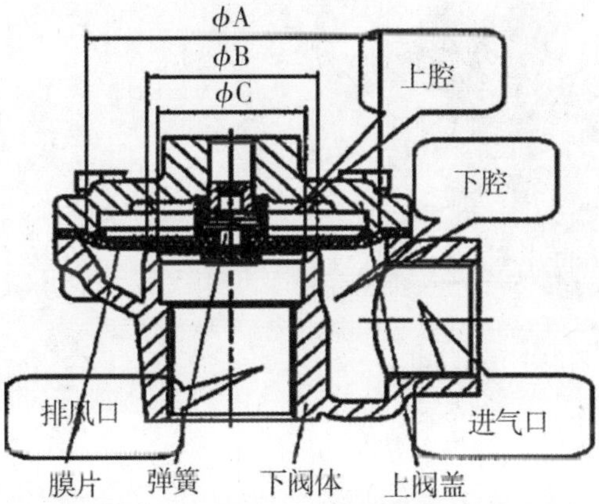

图2 快排阀剖面图

由于滑板中有气腔，同有压缩空气，当受电弓滑板破裂或者磨损到极限时，通向滑板的气路泄漏，自动降弓装置就会发生作用。进而快排阀出气口的压力下降，进气口的压力不变，进、出气口形成压力差。当压力差达到快排阀的开启压力（18MPa ±0.02MPa），则排气口打开，滑板和气囊的气路与大气连通，受电弓开始迅速自动地下降。

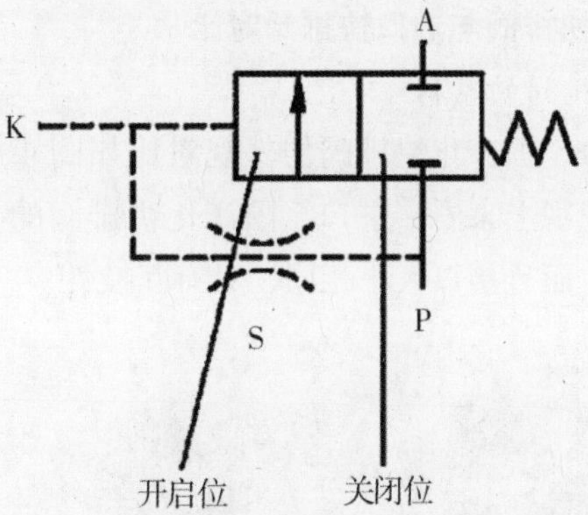

图3 快排阀原理简图

3 进口排阀快排口漏风原因分析

从受电弓升弓时快排阀的动作可以看出，快排阀的动作部件仅有膜片和弹簧，其中弹簧起辅助关闭作用，阀进口和出口密封主要是依靠压紧膜片来实现。受电弓正常升弓时，快排阀进气口的压力等于出气口的压力，进气口、出气口气压差为零。当阀体上、下腔压力不平衡时或者弹簧、膜片等原因导致密封失效时，管路中的气流将通过快排阀快排口处快速排气而导致无法升弓。

而进口快排阀在运营中出现漏风无法升弓现象，经分析为阀体上盖与下壳体之间所夹的膜片在上下动作当中脱离密封槽，导致进风口与排风口一直相通，在升弓过程中排风口一直处于排风状态，使得管路中的压力不能达到升弓所需的压力（435KPa）而无法升弓。在季节温度变化（温度变化比较剧烈的换季时期）时，快排阀漏风更加明显，因为进口快排阀的膜片性能与国内的气候变化和海拔高度相适应能力差，而且本身设计中的密封槽比较浅，当在动作中很容易脱离阀体的密封槽导致密封失效而出现漏风现象。

4 国产快排阀与进口快排阀对比

4.1 快排阀的结构

进口、国产化快排阀的外观对比如图4所示，从外观上来看，进口、国产化快排阀的外观相同，而且接口大小相同，具有互换性。

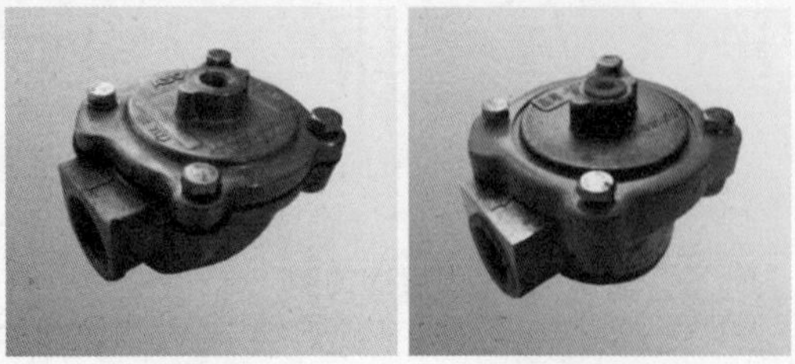

进口快排阀　　国产快排阀

图4 快排阀的外观

进口、国产化快排阀的结构对比如图5和图6所示，从具体结构分析：

图5 快排阀的结构

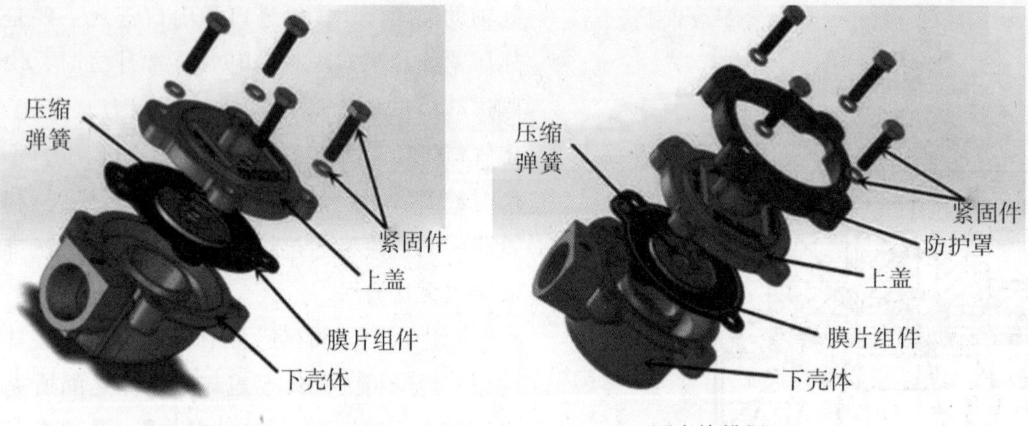

进口快排阀　　国产快排阀

图6 快排阀的分解结构

（1）国产快排阀同样由下壳体、膜片、压紧弹簧、上盖、螺栓组件组成，国产快排阀增加了防护罩，用于膜片的抗紫外线、老化防护。

（2）国产、进口快排阀的对外接口一致。

（3）国产快排阀的下壳体、上盖具有加强密封的凹槽，膜片具有加强密封的凸台，相互组装密封效果良好。

4.2 快排阀的技术性能

进口、国产化快排阀的技术参数对比见表1。

表1 快排阀的技术参数

序号	项目	进口快排阀	国产快排阀	备注
1	海拔	—	≤5000m	
2	工作温度	-20—85℃	-50—135℃	国产快排阀可以满足短时（10min）下200℃试验要求
3	工作压力范围	0.035—0.85MPa	0.20—0.85MPa	受电弓的工作气压一般在3.0—4.5bar

续表

序号	项目	进口快排阀	国产快排阀	备注
4	额定流量	233L/min	≥300L/min	
5	响应时间	≤1S	≤1S	响应时间是指进气腔与出气腔之间的压力差从达到开启压差时刻起，到排气口开始排气的时间

从进口、国产快排阀的性能分析：考虑运营环境、温度变化等因素，国产快排阀适应能力更强。使用于极端环境条件下使用的快排阀，可以在－50—135℃温度范围内使用，并且配有防紫外线的罩壳。

5 结语

综合考虑运营环境、温度变化及快排阀使用频次等因素：

（1）从密封性能分析，国产比进口快排阀更加可靠，经过考核阶段的验证也证实了国产快排阀密封良好。

（2）从环境适应能力分析，国产快排阀具有更强的适应性，突出特点为高寒型。

（3）国产快排阀可以更好地满足天津地铁6号线运营环境。

参考文献

[1] 陈珍宝，罗维，陈明国，等．高速受电弓导流板研究与改进［J］．电力机车与城轨车辆，2013，36（1）：38－40.

[2] 马果垒．受电弓系统研究［D］，西南交通大学，2009.

[3] 杨岗，李芾．高速受电弓滑模半主动控制［J］．西南交通大学学报，2013，48（1）：10－15.

基于地铁网络化运营车辆救援资源配置研究

刘东宇　冀祖卿　李文龙

（天津市地下铁道运营有限公司）

摘　要：基于目前国内几家地铁公司救援站点难选择、应急资源难配置的问题，本文重点针对网络化运营模式下的车辆救援站点及资源配置进行讨论分析，从网络化共享、救援资源互补、专/兼职结合三个方面，兼顾资源投入与使用相平衡，提出车辆救援资源配置原则。

关键词：网络化运营；车辆救援；救援资源配置

0　前言

近些年，随着我国社会经济的发展，城市轨道交通得到日益完善，国内各大城市地铁运营已经进入网络化、规模化运营的时代。同时，地铁运营具有客流大、空间相对封闭、人员疏散困难等特点，一旦发生突发事件可能造成较大的人员及财产损失，影响整个城市交通秩序。因此，事故发生后，高效的应急救援是快速恢复地铁运营、减小事故损失的关键环节，而救援站点和应急资源的合理设置是快速高效救援的前提保障。本文重点针对网络化运营模式下的车辆救援站点及资源配置进行讨论分析。

1　地铁车辆事故救援特点

地铁车辆救援主要针对列车突发的脱轨、倾翻、轮对卡死、大部件脱落、车辆碰撞受损等情况的应急处置工作[1]，确保事故车辆救援回段，恢复线路运营，主要有以下几个特点：

1.1　车辆救援事故发生概率较低，但影响较大

随着地铁技术的不断进步，地铁车辆运行可靠性不断提高，且随着检修体系的不断完善，车辆救援事故在各家地铁鲜有发生。但地铁车辆作为地铁系统直接承载乘客的设备，一旦发生救援事故，将对乘客的人身安全、地铁运营造成不可估量的损失。

1.2　救援环境苛刻，救援设备专业化

地铁列车体积庞大、质量较重，且多是在地下隧道内运行，运行空间相对狭小封闭，发生事故时无法用大型机械进行救援，所以只能使用特殊设计的成套起复救援设备进行救援。地铁车辆救援设备一般包括：复轨设备、扶正设备、牵引设备、卡死轮对走行设备、破拆设备、气垫顶升设备等，且会配备专用的存放、运输车辆。

1.3　事故救援需多人协作完成，且对救援人员能力要求高

车辆救援事故会根据导致的原因不同、发生的位置不同，导致事故后的表现不同，救援人员需根据现场情况及救援设备性能综合考虑制定可行救援方案，救援过程中需多人协作完成救援设备的安装及操作，同时对救援人员的配合及能力均有较高的要求。

2　车辆救援资源配置难点

合理配置车辆救援站点及资源，是有效缩短救援响应时间、快速实施有效救援的前提保障，但救援资源的配置存在诸多困难与矛盾，主要体现以下几点：

2.1　救援设备的配置与使用概率的矛盾

车辆救援站点需配备成套的专业救援设备，采购成本较高，且为了保证设备良好状态，发生事故时随时可投入使用，后期需投入大量人力、物力进行维护维修。但车辆救援事

故发生概率极低，如为了快速响应，过多设置救援站点，会导致大量设备冗余闲置。

2.2 救援队专业人员需求与工作量的矛盾

车辆救援过程需多名专业人员协作完成救援设备安装、操作，一般一个救援队主要的操作人员不少于6人。但车辆救援事故发生的概率极低，如为了快速响应，设置过多的专职救援人员，会导致大量的人力浪费。

2.3 救援站点设置场地要求苛刻

车辆救援设备由于数量较多，质量较重，一般配备存放和运输功能的救援车辆（货车改装车辆）。车辆救援站点的设置首先要满足救援车辆的存放条件，另外需考虑救援站点与被救援站点间道路的可达性[2]。

3 车辆救援资源配置原则

为了合理配置地铁网络化运营模式下的车辆救援资源，实现快速响应、有效救援的效果，兼顾资源投入与使用相平衡，车辆救援资源配置需遵循以下三点原则：

3.1 网络化共享原则

地铁网络化运营模式下如采用单线救援模式，必然导致救援站点与部分被救援站点间距离较大，可达性下降。各线地铁车辆结构基本相同，所配备的救援设备基本相同，为了有效利用有限的救援资源，可采用网络化共享原则，根据救援站点到达被救援站点时间最短对被救援站点进行区域划分，确定救援站点救援辐射范围。

3.2 资源互补原则

车辆救援设备一般包括：复轨设备、扶正设备、牵引设备、卡死轮对走行设备、破拆设备、气垫顶升设备等，且在实际配备时部分设备还需考虑备用冗余，对救援车的载货空间、质量均有较高要求。采用较大车辆后，车辆的通过性下降，不利于交通条件复杂的被救援站点的救援。地铁网络化运营模式下可考虑救援站点间的资源互补及备用冗余，即每个站点配备车辆救援使用频率较高的设备，不常用设备分别在不同的站点配备。在救援区域划分时，针对救援事件类型进行区分，且每个被救援站点除确定救援站点外还需明确第二救援站点，实现救援资源的备用冗余。

3.3 专职与兼职相结合的原则

由于车辆救援事故发生的概率极低，如救援队设置专职人员，必然造成大量的人力浪费，但车辆事故表现多样，救援工作需要技术、技能较高的专业人员完成。故网络化运营模式下车辆救援队应专职、兼职相结合，一般设置专职救援队一个，设置点位最好能够兼顾全线网，其他救援队均采用兼职形式，由车辆检修技术人员及技能人员兼职。事故救援时被救援站点对应的救援站点及专职救援队均第一时间赶赴现场，兼职救援队进行初期事故的处理及救援准备工作，专职救援队赶赴现场后接手救援工作。

4 结语

本文以地铁网络化运营为背景，以应急资源充分共享为理念，对网络化运营条件下的地铁应急救援点优化布局和应急资源合理配置进行深入研究，兼顾资源投入与使用相平衡，提出车辆救援资源配置的原则，即降低了人力、财力成本，又实现了快速响应、有效救援的效果，对于地铁公司救援站点选择，救援资源配置提供了思路。

参考文献

[1] 张金丽. 地铁车辆救援成套设备配置及其操作过程［J］. 铁道车辆，2013，51（5）：33－35.

[2] 孙彩红. 基于网络化的地铁应急资源配置优化方法研究［D］. 北京交通大学，2010.

基于单片机的地铁客室车门检测装置研究

周志辉　丁晓峰

（天津市地下铁道运营有限公司）

摘　要：本论文介绍了一种基于AT89S52单片机的地铁客室车门检测装置，对按键控制模块、AT24C08存储模块、LCD12864显示模块、继电器输出模块进行综合控制。实现地铁客室车门在不同工况需求下的自动开关门功能测试，节省工作人员数量并且降低作业强度。最终实现对客室车门运行参数的不断优化，提高车门系统可靠性，减少客室车门在正线的故障率。

关键词：地铁；AT89S52；车门；自动开关门

1　装置方案论证

1.1　主控芯片方案选择与论证

方案一：

采用DSP处理器。DSP是一种具有特殊结构的微处理器。DSP芯片的内部芯片结构采用的是哈佛结构，它的程序存储和数据存储是互相分开的，除此之外，DSP内部还自带专门的硬件乘法器。其优点：1）芯片内部大规模集成性；2）数据传输稳定性好；3）处理精度高，4）处理高速。缺点：1）生产成本较高；2）容易产生高频干扰；3）功率消耗较大等。

方案二：

采用单片机。单片机其优点：1）系统结构简单，使用方便；2）可靠性高；3）处理功能强，速度快；4）低电压、低功耗；5）控制功能强；6）价格便宜。缺点：1）内部集成度不够高；2）运行处理速度过慢。

方案比较：考虑到DSP的成本过高和功耗较大，本系统最终采用单片机作为本系统的中央处理器。

1.2　显示模块方案选择与论证

方案一：

采用LED数码管动态扫描，LED数码管价格适中，对于显示数字合适，采用动态扫描法与单片机连接时，虽然占用的单片机口线少，但使用有诸多不便，显示信息量少，程序麻烦。

方案二：

采用LCD液晶显示屏，液晶显示屏的显示功能强大，可显示大量文字，图形，显示多样，清晰可见，使用方便、简单。

综上所述，在此设计中采用LCD液晶显示屏。

1.3　存储芯片方案选择与论证

方案一：

直接采用单片机内部存储空间进行存储。采用此种方案虽然减少芯片的使用，节约成本，使用简单；但是实现的时间误差较大，且掉电无法保存。

方案二：

采用AT24C08存储芯片实现数据外部存储，AT24C08芯片是一种高性能的存储芯片，存储数据大，采用I2C通信设计，存储速度快，使用方便，掉电后时间不丢失。

综上所述，在此设计中采用AT24C08存储芯片。

1.4 键盘控制方案选择与论证

方案一：

采用直接式按键。硬件电路简单，程序简单，可以采用延时消抖满足要求。

方案二：

采用中断触发识别按键。电路相对复杂点，节约单片机资源。

综上所述，并考虑单片机设计需求，采用直接式按键。

1.5 最终方案选定

综上各方案所述，对本地铁客室车门检测装置方案选定：采用 AT89S52 作为主控制系统，AT24C08 作为外部数据存储，LCD12864 液晶显示屏作为显示模块，直接式按键进行选择控制，继电器作为输出控制。

2 装置硬件原理

地铁客室车门检测装置主要由中央处理器、按键输入模块、信号输出选择模块、电源模块、液晶显示模块、输出继电器模块和存储模块 7 个子系统模块构成，具体的系统框图如图 1 所示。

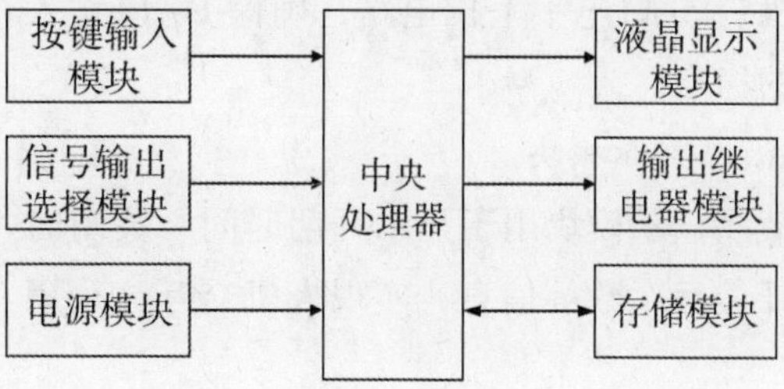

图 1 系统框图

2.1 中央处理器

中央处理器负责对整个装置的总体控制，采用的是 AT89S52 单片机。包括对按键输入模块信号、信号输出选择模块信号的采集；对液晶显示模块的人机交互界面的控制；对输出继电器模块的信号输出控制；对存储模块的数据的存储与调用。中央处理器模块原理图如图 2

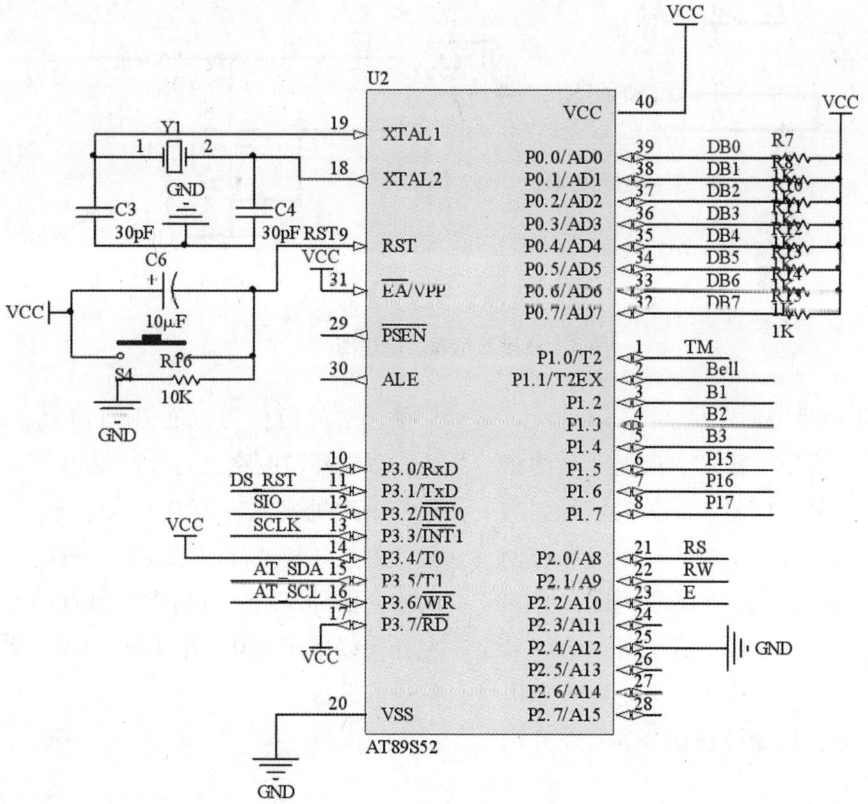

图 2 中央处理器模块原理图

所示，12MHZ 晶振时钟震荡电路，为单片机工作提供稳定可靠的时钟信号；系统自复位电路为单片机最小系统提供自复位操作，防止单片机死机；P0 口电平上拉电路，确保 P0 口输入电压的稳定。

2.2 液晶显示模块

液晶显示模块用于显示开门时间、关门时间、开关门次数等信息，实现人机交互，采用的是 LCD12864 液晶显示模块，液晶显示模块原理图如图 3 所示。

通过调节变阻器实现 LCD 屏幕显示亮度的调节，单片机与 LCD12864 数据传输采用并行通信方式，由单片机控制 RS 引脚和 RW 引脚的电平状态实现 LCD12864 液晶屏的写入及读取操作。

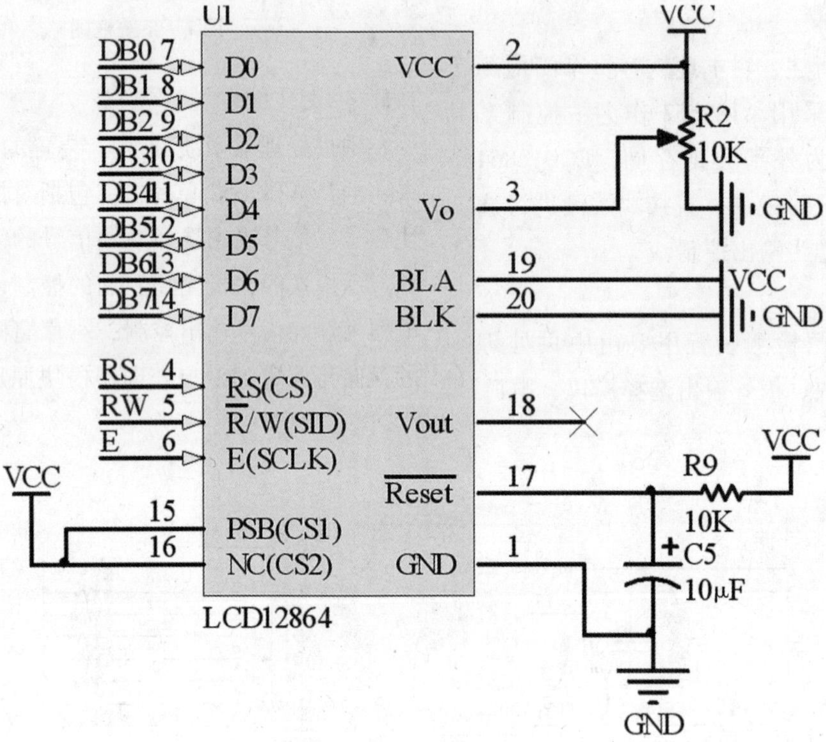

图 3　液晶显示模块原理图

2.3 输出继电器模块

输出继电器模块通过接受中央处理器的指令，输出正确的左开门信号、左关门信号、右开门信号、右关门信号，从而实现车门的自动开关门动作，输出继电器模块原理图如图 4 所示。

整个输出继电器模块由 4 组继电器控制电路组成，每一组电路功能分别划分为：左开门信号、左关门信号、右开门信号、右关门信号。以左开门电路进行介绍继电器控制电路原理，单片机发送左开门信号传输至三极管基极，由三极管进行信号放大，集电极输出放大的指令信号控制继电器常开触点的闭合，从而左开门线电压由 0V 升高至 110V，实现左开门信号的发送。

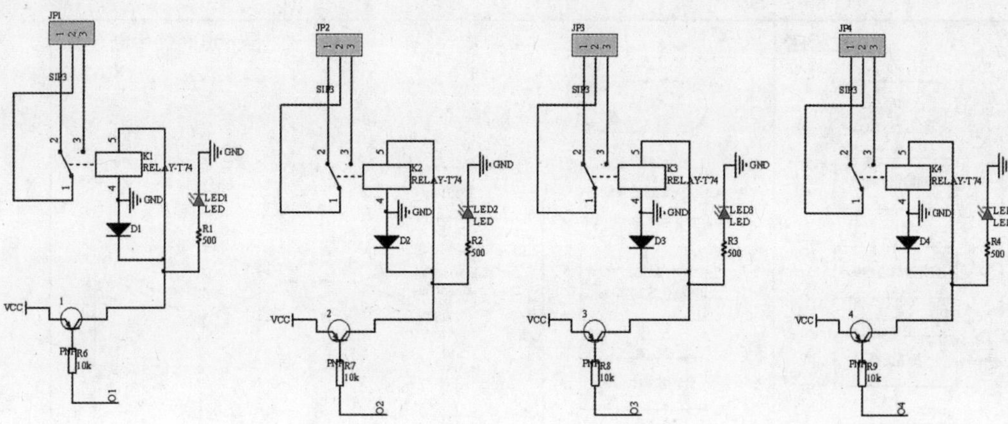

图 4　输出继电器模块原理图

2.4　存储模块

存储模块采用的是 AT24C08 存储芯片，该芯片拥有防掉电存储功能，用于对开关门次数的存储，防止偶发断电造成数据丢失，存储模块原理图如图 5 所示，单片机与 AT24C08 采用 I2C 总线通信方式。

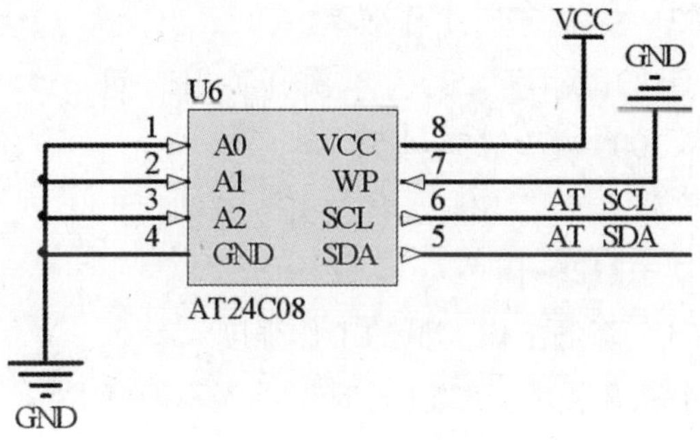

图 5　存储模块原理图

2.5　按键输入模块

按键输入模块主要由“开门时间 +”“开门时间 -”“关门时间 +”“关门时间 -”和“计数清零”5 个按键组成，与液晶显示模块配合使用，实现人机交互功能。根据现场调试需求对开门时间、关门时间、开关门次数进行调节，按键输入模块原理图如图 6 所示，通过按键的闭合、断开实现单片机对应输入口高低电平的变化。

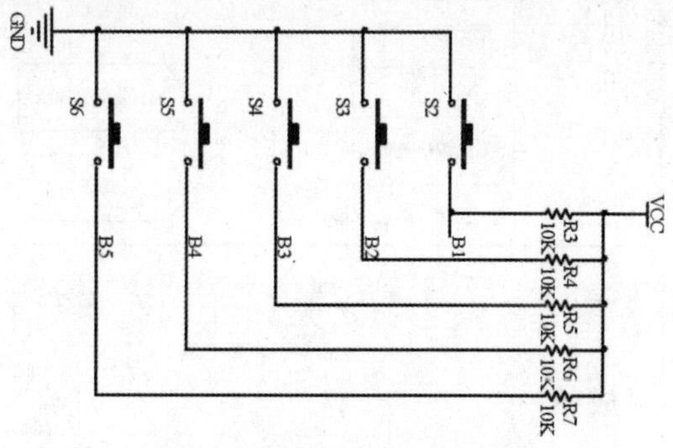

图 6　按键输入模块原理图

2.6　信号输出选择模块

信号输出选择模块主要用于对两组开关门信号的输出选择，实现两组开关门信号的组合控制。

2.7　电源模块

电源模块主要用于给装置提供直流 DC5V 工作电压，将直流 DC110V 降为直流 DC5V，其中直流 DC110V 由地铁车辆提供。内部采用 IGBT 降压整流模块和滤波电路，确保 DC5V 输出电压的稳定可靠。

3　装置软件控制原理

装置系统软件主要由主程序和定时器中断程序组成，其中主程序主要负责对按键的扫描和液晶界面的显示，定时器中断程序主要负责计时时间和执行开关门指令，具体的系统软件流程图如图 7 所示。

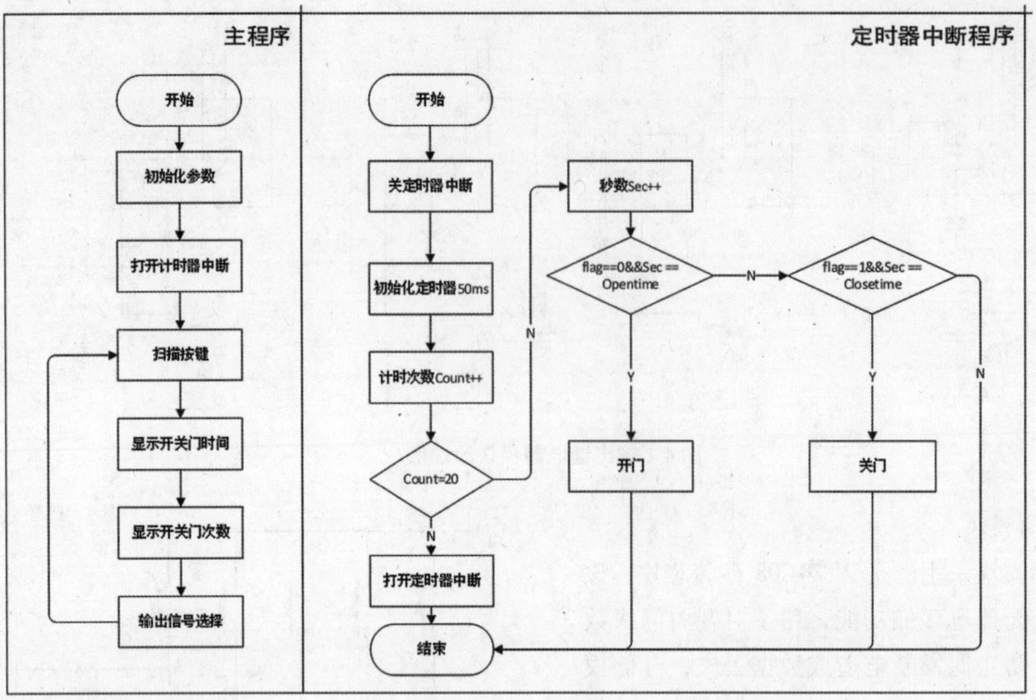

图7　软件流程图

4　产品成效

本地铁客室车门检测装置主要实现以下功能：对地铁客室车门单个门、单侧门、单节车门、整列车门的自动开关门功能测试，并记录存储当前开关门次数，帮助工作人员调试车门或者修复故障车门，相比于传统的手动开关门测试能够很大程度上节省工作人员数量及降低作业强度，减少客室车门在正线的故障率，提高车门系统可靠性。

以执行1000次开关门试验进行对比，相比于传统手动进行大量开关门测试，该检测装置能够达成以下成效：

（1）减少工作75%工作人员数量，节省人力成本。

手动开关门：3个人（两人轮流执行开关门动作，一人观察车门状态）

检测装置：1个人（一人观察车门状态）

（2）提高50%工作效率。

手动开关门：20s（单次开关门时间，疲劳）×1000次=5.56小时

检测装置：10s（单次开关门时间）×1000次=2.28小时

（3）降低工作人员的工作强度。

手动开关门：5.56小时（单人不停开关门操作）+5.56小时（观察车门状态）

检测装置：5.56小时（观察车门状态，无须执行高强度开关门动作）

5　装置外观设计

综合考虑地铁检修环境、使用过程中操作的合理性、美观性等外部因素，将整个装置设计成防水密封设计，确保装置的稳定可靠及安全性，整体装置结构示意图如图8所示，实物图展示如图9和图10所示。

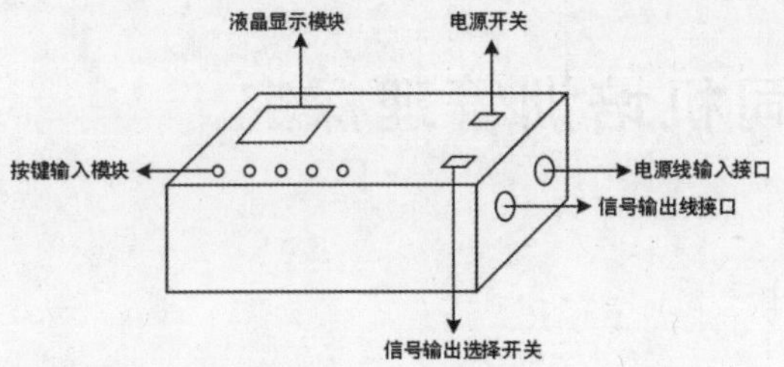

图 8　结构示意图

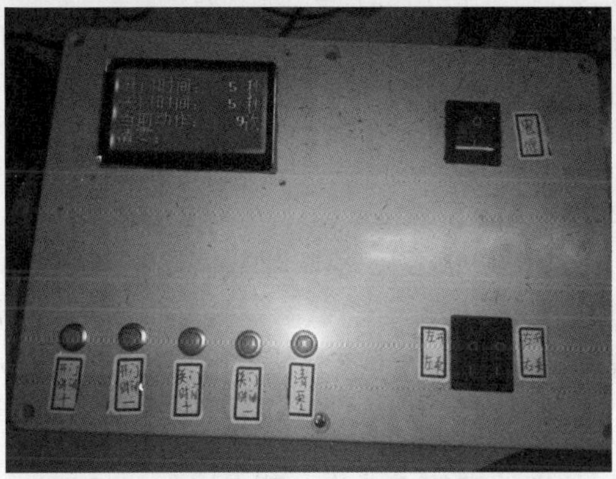

图 9　实物图

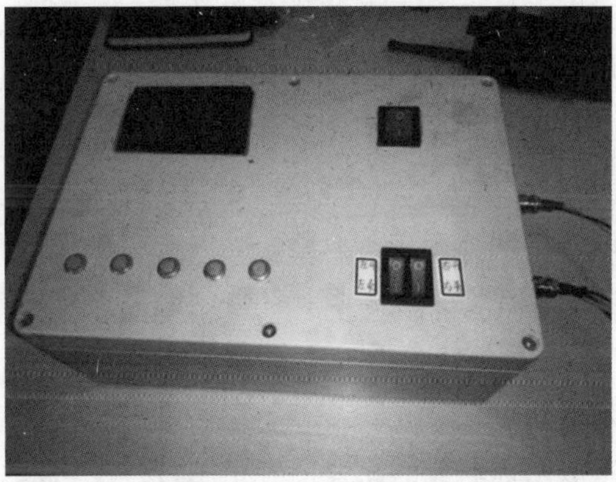

图 10　实物图

6　结语

本地铁客室车门检测装置的设计初衷是结合实际检修需求而进行设计制作的，在功能上不仅实现了传统手动开关门作业对单个门、单侧门的开关门测试，而且还增加了对单节车门、整列车门的控制，满足现场检修调试多种工况需求。相比于工作人员手动开关门测试节省了大量的人力成本和时间成本，具有很强的实际应用意义和前景。

参考文献

[1] 秦实宏．徐春辉．MCS　51 单片机原理及应用［M］．武汉：华中科技大学出版社，2010.

[2] 王静霞．单片机应用技术（C 语言版）［M］．北京：电子工业出版社，2009.

[3] 梁伟．采用 C51 编写智能设备的 Modbus 协议通信软件［J］．化工自动化及仪表，2004，31（1）：44－47.

[4] 高海生．模拟电子技术基础［M］．江西：江西科学技术出版社，2009.

[5] 马忠梅，等．单片机的 C 语言应用程序设计［M］．北京：北京航空航天大学出版社，2003.

[6] 谭浩强．C＋＋程序设计［M］．北京：清华大学出版社，2004.

试论地铁运营乘务电客车司机培训管理探究

只云翔　曹祥韬

（天津市地下铁道运营有限公司）

摘　要：城市交通日益紧张，要缓解城市的交通运行压力，中国的很多城市都已经开通地铁并对地铁的运行不断完善。要确保地铁安全稳定地运作，就要提高乘务电客车司机的职业素质，做好培训管理工作是非常必要的，可以确保乘务运作安全。本论文针对地铁运营乘务电客车司机培训管理进行探究。

关键词：地铁；乘务电客车司机；运营；培训管理

0　引言

随着地铁客流的日益增加，地铁运营乘务电客车司机承担工作强度不断增大，电客车司机的培训工作标准相应提高；要做好管理培训工作，首先要确定培训的流程，然后确定培训工作准则，以使培训工作特色化，管理工作个性化，符合地铁运行规范。

1　地铁运营乘务电客车司机的培训职能及培训形式

地铁运营乘务电客车司机的培训职能包括中心级培训职能、室级培训职能和班组级培训职能。

1.1　地铁运营乘务电客车司机的中心级培训职能

中心级培训职能是与地铁运营公司以及外部单位建立衔接，做好与培训相关的各项工作，包括预算、计划、培训活动的组织、检查、考核。同时，还要安排编写培训教材，做好课件开发工作、建立题库、对培训讲师进行评审，等等。定期组织所有人员参加培训，考核合格后才可以上岗[1]。其次，承担对司机技术能力的鉴定工作，不定期地对司机进行抽考，以提高司机的职业完善意识，不断地提高自身的工作技术能力，以提高地铁的运行质量。

1.2　地铁运营乘务电客车新司机的培训管理控制

地铁运营乘务电客车新司机到岗后，需要组织开展培训班，班组建立新员工培训台账，并做好培训档案管理工作。新上岗的司机培训期间，要制定相应考核制度，平均每个月都要组织一次考核。对于考核不合格的员工，需要加强培训，经过考试、考核合格之后才可以上岗[2]。公司要定期组织座谈会，对新司机的职业素质以及培训工作中需要完善之处进行了解，以对培训工作进行调整，确保新司机很快地适应工作环境，提高职业素质。

1.3　地铁运营乘务电客车司机需要履行的室级培训职能

室级培训职能的主要内容是制订月度培训计划，编写培训教材、开展培训工作、更新考试题库、组织员工考试等。同时，要做好员工考核工作及承担地铁运营乘务电客车司机的上岗证复审、考核和技术能力鉴定工作。

1.4　地铁运营乘务电客车司机的班组级培训职能

要确保培训工作顺利展开，就要制订合理的培训计划，定期对班组成员开展培训工作，并针对培训工作提出建议。在培训过程中，还要寻访调查，了解司机的培训效果，根据司机的工作需要调整培训内容，并制订考核计划，做到培训工作具有针对性，发挥时效性。

2 地铁运营乘务电客车新司机的培训管理

2.1 地铁运营乘务电客车新司机培训标准化[3]

乘务电客车新司机的培训工作是地铁培训工作的重点内容，制定完整而有效的培训体系（图1）对于乘务电客车新司机的培养和业务技能水平的提升非常重要；新司机入司报到后，均需参加新员工安全培训、技能理论、实操培训，并通过相应的笔试、口试及实操考试考核后方可上岗。

2.2 地铁运营乘务电客车新司机的上岗考核

地铁运营乘务电客车新司机接受培训之后，要在上岗证考核合格之后才可以上岗。公司要制定上岗资格证制度，即考核通过的新司机可以获得上岗资格证，持证上岗。考核工作划分为三个环节，即理论考试、实际操作考试、职业技能综合鉴定，对三项考核的成绩加权处理，符合上岗资格才可以上岗。如果考核不合格，就需要继续接受培训，并上报部门负责人，连续三次考核不合格者，就需要解除劳动合同。

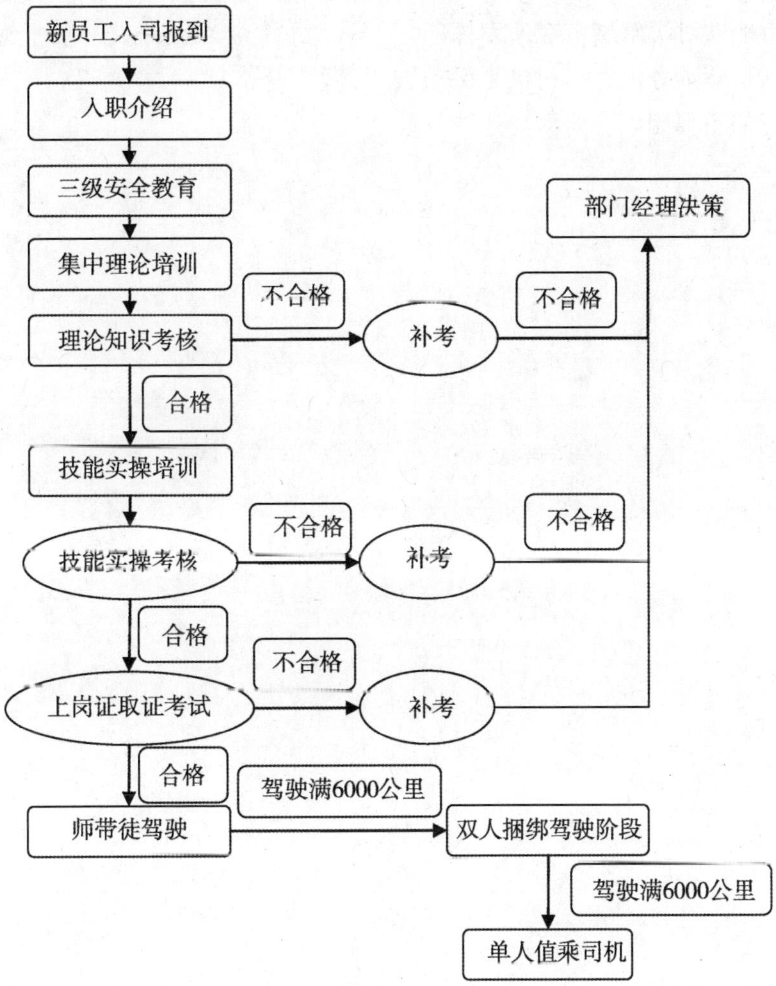

图1 天津地铁电客车司机上岗培训流程

3 地铁运营乘务电客车老司机的培训管理

地铁运营公司是以持上岗证的运营乘务电客车司机为基本单位的，每月按要求对全体电客车司机开展重温培训工作。重温培训的内容主要分为安全重温、技能重温和规章制度培训三大类，同时按照公司要求定期组织专项培训工作。培训范围要覆盖全员，并在月底组织开展考核工作，保证全员考试合格。定期组织职业拓展训练[4]，主要内容是接受心理教育，配合心理辅导教育，就是对司机进行个别化的心理辅导，以使辅导具有针对性。保证电客车司机在工作中具有良好的心理素质。

4 结语

综上所述，城市地铁对缓解城市交通发挥着重要的作用。地铁运营乘务电客车司机是保证地铁安全稳定运行的重要因素。要提高地铁运营乘务电客车司机的职业素质，就要做好培训管理工作。

参考文献

[1] 郭初光，王英，徐亮. 信息系统在地铁乘务管理中的应用［J］. 都市快轨交通，2012，25（5）：75－78.

[2] 肖碧辉. 司机标准化作业在地铁运营安全中的作用分析［J］. 中国高新技术企业，2013（4）：155－158.

[3] 吕江鹏，张洁. 浅谈乘务司机标准化作业对乘务安全管理的重要性［J］. 企业技术开发月刊，2016，35（4）：129－130.

[4] 张海丽，方卫宁，王洁，等. 地铁司机职业适应性测试管理实验系统设计［J］. 城市轨道交通研究，2014，14（4）：69－73.

关于钢轨打磨车燃油压力低问题的讨论

只云翔　刘　琦
（天津地下铁道运营有限公司）

摘　要： 地铁在长期运行中，对钢轨的磨损比较严重，钢轨易出现波磨、掉块等问题，对电客车车轮有很大的伤害，因此有国外公司设计制造了钢轨打磨车，专门用于打磨钢轨来延长钢轨的使用寿命，天津地铁使用的是Harsco公司生产的RGH10系列C1－38十头钢轨打磨车，钢轨打磨车出现燃油压力低故障报警，经过大量尝试性维修最终解决了故障，这里总结了易造成钢轨打磨车燃油压力低的几个方面。

关键词： 钢轨打磨车；燃油压力低；故障维修

城市环境逐渐恶劣，雾霾驱之不散，城市为解决雾霾将控制尾气排放作为基本措施进行实施，限行、限号等措施使得人们的出行更大程度上依靠公共交通。为解决交通给城市带来的压力，发展公共交通成为各大城市首要解决的问题，地铁方便快捷，运载能力高，受环境影响小，近些年来成为各大城市开发的首选。

随着地铁在各大城市逐步普及，地铁同样面临一些亟待解决的问题。地铁车辆的运行完全依靠两根钢轨，钢轨像我们走的路一样承载着地铁车辆行驶在城市之中，地铁在长期的运行中，电客车的车轮对钢轨的磨损比较严重，特别是在弯道，外侧钢轨的磨损更为严重，使得钢轨出现波磨、掉块等问题，因此有国外公司设计了钢轨打磨车，通过打磨钢轨来处理钢轨早期出现的问题，从而延长钢轨的使用寿命。

1　天津地铁使用的钢轨打磨车

天津地铁使用的是Harsco公司生产的RGH10系列C1－38十头钢轨打磨车，由于天津地铁1号线长时间运营，致使钢轨磨耗比较严重，当电客车经过时，造成震动不仅损害机车车轮，而且震动声音大扰民，不少乘客提出乘坐时震动大，乘坐不舒适度。起初公司采取更换钢轨的措施，但此方法成本过高，公司承受的负担较大。而钢轨打磨车主要用于处理钢轨前期出现的波磨、掉块等问题，在磨损初期就进行打磨，延长了钢轨的使用寿命，极大地减少了换轨带来的人力物力上的损失。

近期由于打磨任务比较多，机车使用过于频繁，导致机车出现故障，C1－38钢轨打磨车具有故障诊断功能，在左手控制台上有一块发动机诊断表显示发动机运行信息，在一次打磨工作进行中，发动机诊断表突然黄色警示灯报警，表上显示燃油压力低，时间不长随即灭车，之后我们将车运回车库进行维修，经过同厂家技术人员的维修，总结出几点处理钢轨打磨车燃油压力低的方法。

2　造成燃油压力低的几个方面

首选需要考虑的是管路拥堵问题，我们使用的钢轨打磨车燃油系统如图1所示，主要包括：燃油箱、柴油粗滤总成、燃油驱动泵、柴油细滤、发动机缸体（喷油器）。一般是柴油粗滤内滤芯和柴油细滤堵塞，导致供油不畅。管路中还存在单向阀，还可以通过检查并清洗单向阀尝试解决。

如果燃油管路密闭性不好也会使得燃油系统内够不成有效压力或起车困难，检查整个管路是否有接口松动或者老化等，最主要的是滤芯的松紧问题，一般我们更换金属滤芯时总是用手的力量拧紧就完事了，这样做经常会出现够不成有效燃油压力致使的起不来机，这里必须在手拧紧之后再用皮带扳手拧半扣，达到其应有的密闭性。

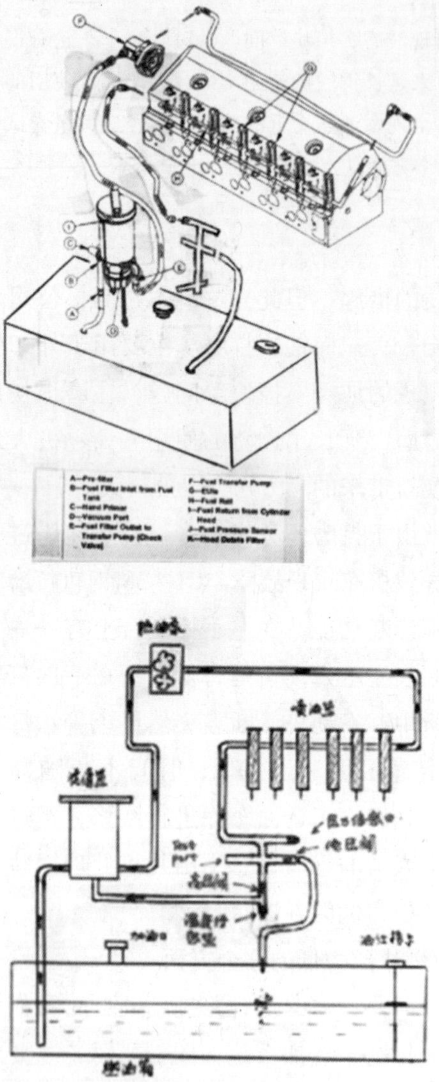

图1　燃油循环图

燃油压力低最不注意的问题是压力传感器的问题，我们使用的钢轨打磨车柴油粗滤总成里其中一个管路安装了压力传感器，用来检测管路中的压力，如果传感器故障，使得在着车后，传感器检测的燃油压力值不准确，低于正常值，其会将信息传达给发动机 ECU，导致错误的命令使得发动机停机。这里我们检测传感器故障的一个方法就是在管路中的测试口安装液压表，通过液压表的读数与传感器对比来排除传感器故障。

在柴油粗滤总成中还有一个高压阀，它的作用是保持管路中压力的平衡，它是个类似单向阀的东西，其内部有一颗高压力弹簧，在管路中压力高于弹簧的压力时，自行将其顶开实现回油过程。如果其故障，会使得燃油没有达到指定压力就回到油箱，压力检测肯定低，对于这种问题，只有更换新件。

燃油驱动泵是管路中压力的制造着，对于管路压力低，它的问题不容忽视。我们车上使用的驱动泵就是一个双齿轮泵，它的动力来源是发动机的曲轴，它跟随着发动机的转动，发动机快，驱动泵转速就快，管路压力就大，供油就充足。那么如果齿轮泵故障或者更恶劣的情况是发动机曲轴同泵的连接出现问题，那么维修起来就比较麻烦了，这里初步只可以通过更换齿轮泵来尝试解决（发动机机体上安装的齿轮泵一般不易损坏，如果在起车中一直够不成压力或者齿轮泵本身有异响，那么齿轮泵损坏的可能性就增大了）。

通过查阅相关技术资料，有学者指出柴油中杂质和自氧化生成胶质进入燃油箱造成过低油位运行时滤芯阻塞，也会造成燃油压力低。对于国外设计制造的钢轨打磨车使用中国的柴油是否会使得滤芯堵塞并频繁发生，这需要长时间的观察和进一步的研究才能证明。

3　问题的解决

经过长时间排除故障，为了避免管路中杂质堵塞滤芯，我们更换了柴油细滤，并将柴油泵更换了，检查了柴油箱，更换了柴油并清除了箱内杂质后，正常起机了。现代轨道机车虽然安装了很多传感器，用于检测机车整体的运行状态，但是个人感觉传感器更多的是起到保护机车的作用，在遇到某些特定故障时，经验还是处理现场问题的关键，这次通过处理燃油压力低故障问题中，总结了上述解决方法，虽然不是很全面，但有助于以后面对此类问题时，排除一些故障，少走些弯路。

参考文献

孙延文．黄栋梨．DF－（11）、DF－（4D）机车燃油压力低原因分析与对策［J］．铁道机车车辆，2012，32（3）：104－107.

地铁列车制动数字指令控制策略的对比分析

卿立勇　石鹏飞　刘　蔚
（天津市地下铁道运营有限公司）

摘　要：本文主要结合天津地铁 2、3 号线车辆因司控器行程开关故障导致的制动指令瞬时失效改造方案，对地铁列车制动指令冗余可靠性提升的控制策略进行分析论证，并将高电平双路信号源双路网络控制在天津地铁 2、3 号线所有列车推广应用，同时对地铁列车司控器制动硬线指令的控制策略进行对比分析，通过对高电平的各种控制策略和低电平策略的探讨，得出对于地铁列车故障导向安全原则的评估判断，对今后的新线车辆的制动控制设计和既有线车辆控制原则可行性进行对比，从而提高地铁列车正线运营的可靠性，降低车辆因行程开关等硬件设施造成的车辆无制动风险。

关键词：地铁列车；制动指令；司控器；行程开关

1　现状说明

1.1　行业现状

随着国民经济的发展，城市规模在不断扩大，城市人口急剧增加，城市轨道交通作为新的交通运输方式以其不可比拟的优势快速发展起来，在城市公共交通中发挥着越来越大的作用。

截至 2016 年年底全国各个城市轨道交通建设的有 30 个城市，投入运营的地铁线路是 134 条，运营里程是 4150 多千米。面对城市轨道交通高速的发展，安全高效是轨道交通的重中之重，是最基本的底线，其中车辆系统中的制动性能将成为列车安全的重要保障。

1.2　天津地铁现场使用情况分析

天津地铁 2、3 号线车辆在制动施加时，由于司控器数字制动指令行程开关短暂接触不良故障，导致制动失效，截至目前 2、3 号线正线共发生 8 起此类故障，司控器制动数字指令短暂消失（为低电平）。按照牵引系统的控制逻辑，当司控器制动数字指令与模拟指令不一致时，列车惰行。

在正常运营模式下，制动指令以网络指令优先，将按照网络指令的具体要求施加不同的制动力。在紧急牵引模式下，制动系统读取来自硬线的控制指令，此时，仅施加两级制动天津地铁车辆目前采用的网络控制硬线备份形式进行整车控制，即通过列车信息管理系统（以下简称 TCMS）控制和监视由串行传输线连接的主要车载设备的信息，TCMS 网络主要采用梯形网络形式，如图 1 所示，任何单个线路故障都不会影响车辆的正常运行，在网络故障时，列车还可以启用后备应急运行模式硬线控制进行运行，有效地提升了系统的可靠性和安全性。

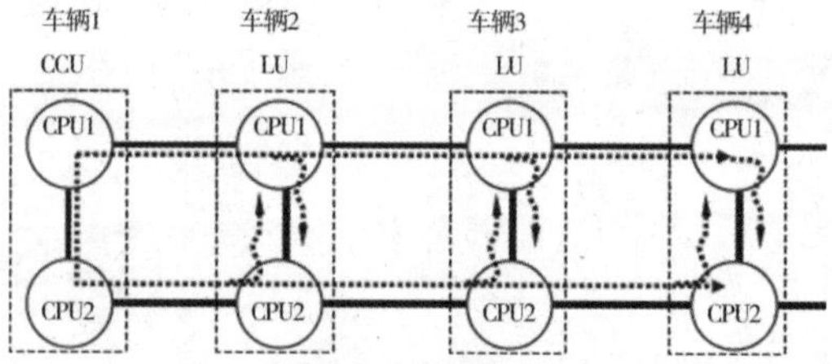

图 1　TCMS 梯形网络拓扑图

并且发生故障后通过 TCMS 显示屏通知驾驶员并将车辆故障履历记录下来，以便故障分析处理。TCMS 集成列车控制功能，包括动力控制，制动混合控制和延长电源控制，从而减少离散列车线，提高机车车辆的可靠性。

天津地铁2、3号线车辆制动指令有效的主要方式是通过数字指令和模拟指令共同作用进行判定的，数字指令主要通过司控器行程开关传递制动有效性，模拟指令如图2所示，通过司控器电位计输出电压值来传递制动级位的大小，即制动力的大小。

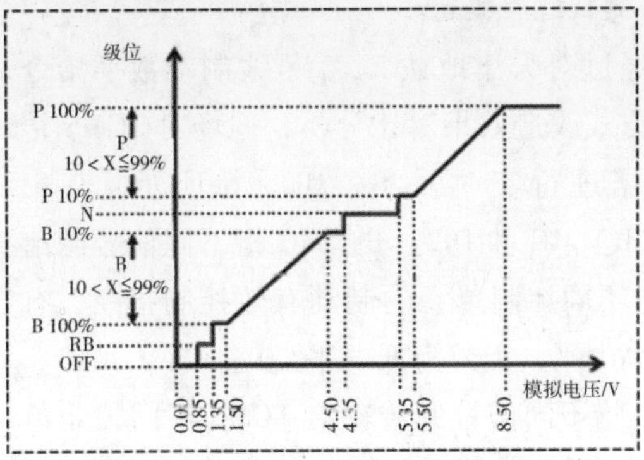

图2 司控器模拟指令分配图

但在天津地铁2、3号线车辆在制动施加时，由于司控器数字制动指令行程开关短暂接触不良故障，导致制动瞬时失效，截至目前2、3号线正线共发生多起制动瞬时失效故障，严重影响行车安全。

通过对以上车辆数据进行分析，发现此类故障均是在司控器常用制动指令和快速制动指令转换过程中发生（见附件图片），故障现象相同。三菱电机指出是行程开关故障，但行程开关故障具有偶然性，不会都在特定的常用制动指令和快速制动指令转换过程中发生。

2 高电平有效控制策略

2.1 单路信号源单路传输双路网络控制

目前天津地铁2、3号线车辆数字制动控制指令如图3所示，通过司控器一路行程开关进行传递，在端子排将信号线分别引出，传递给车辆硬线和TCMS的两个冗余控制单元CPU1、CPU2。按照这种控制逻辑TMS接收到的信号可以很好的保持一致性，但一路行程开关故障或者总接线故障将会按照现有的控制逻辑车辆采用惰行的形式执行，容易造成车辆无制动故障发生，由于前期运营经验的欠缺，单路信号源双路网络控制策略在不同车辆厂设计的控制理念中这种控制方式仍然较多，如图3所示，也是目前天津地铁2、3号线采用的控制方式，通过司控器一路行程开关传递制动数字指令分别传递给TCMS，但模拟指令是分别传递的。其中行程开关及其传输线路故障将会导致车辆制动丢失，故障概率较高。

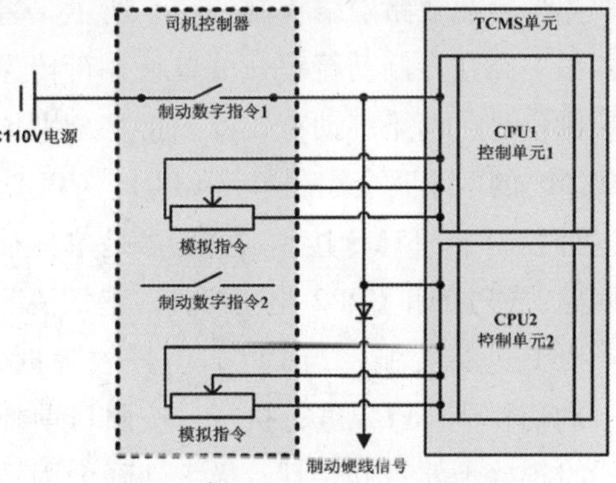

图3 单路信号源单路传输双路网络控制

2.2 双路信号源单路传输双路网络控制

通过对车辆故障的分析提升冗余效率，双路信号源单路传输双路网络控制如图4所示，将信号源进行内部并联通过单线传输到达TCMS然后给TCMS的CPU1和CPU2分别传输信号，可以消除一个行程开关触点不良时的常用制动不生效情况。但是，当行程开关故障时不易发现，因此需加强凸轮开关的日常检查，因为行程开关故障具有随机性，这种故障通过时间积累肯定会发生，同时单路线路故障的可能性也有可能成为制动失效的原因，所以可靠性较低。

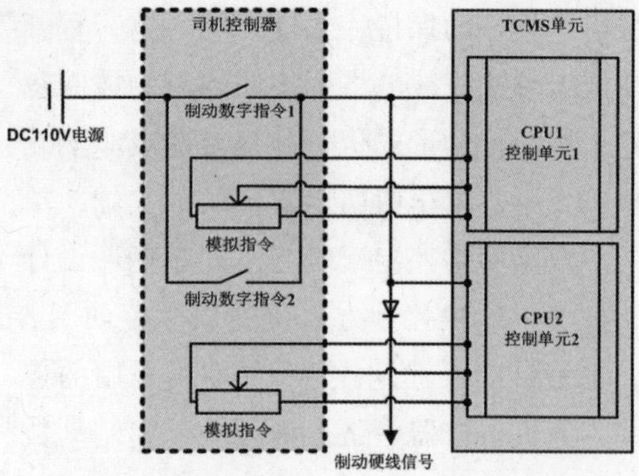

图4　双路信号源单路传输双路网络控制

2.3　双路信号源双路传输双路网络控制

双路信号源双路网络控制如图5所示，将司控器另一路空置制动行程开关单独并行传递网络控制信号，两路制动有效控制指令分别传递给TCMS的两个冗余控制单元CPU1、CPU2。按照这种控制逻辑TMS接收到的信号是单独独立的两路，CPU1和CPU2相互校验，正常情况下由CPU1进行控制，当CPU1信号故障时，将会自动切换到CPU2进行执行，按照目前控制逻辑将很好地实现冗余性，极大地降低因司控器数字指令丢失而导致的车辆无制动故障发生。

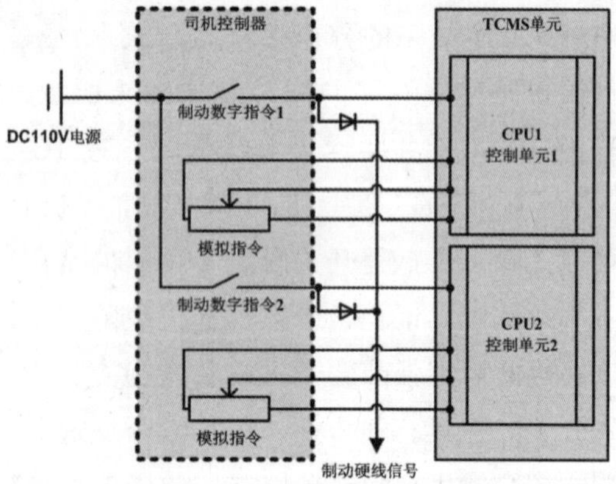

图5　双路信号源双路传输双路网络控制

3　低电平有效控制策略

制动低电平有效控制策略目前在天津地铁6号线、1号线东延线车辆中采用，这种控制方式将低电平有效的制动数字指令进行控制，即使车辆行程开关故障也将施加制动，故障导向安全，但是会对正线制动不缓解故障将会很难处理，会造成较大的行车影响，但不影响安全，将有效地提升车辆行程开关故障造成的影响。

4　改造测试对比分析

4.1　测试过程概述

通过对天津地铁2、3号线制动数字指令传输方式改造效果对比分析，现场对TCMS传输数据进行实时采集，如图6所示，其中DI1_ B_ MC和DI2_ B_ MC指不同信号源给TCMS不同控制单元的制动有效控制指令，有效为高电平，无效为低电平。1_ PBMC和2_ PBMC指不同信号源传输给TCMS不同控制单元的制动级位大小指令，采用模拟电压值，PR_ SPEED代表车辆速度，可以看出图中指令的传输一致性效果良好，模拟指令和数字指令保持关系完全匹配。

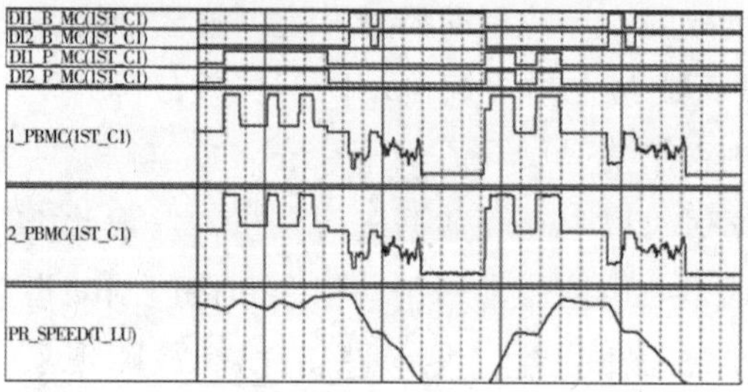

图6　改造后司控器制动指令一致性对比

4.2　测试结果分析

通过对天津地铁2、3号线车辆制动指令双路信号源双路传输双路网络控制策略的改造优化，测试后的性能可靠性提高主要体现在以下四个方面：

（1）通过对车辆制动信号采用双路信号源双路传输双路网络控制的改造，控制指令的一致性保持良好并未受到干扰。

（2）对模拟故障断开DI1_ B_ MC控制信号，TCMS报1级故障，DI2_ B_ MC控制指令立刻冗余，车辆无任何影响。

（3）断开 DI2_ B_ MC 控制指令，对车辆的控制无任何影响，检修时能及时发现。

（4）双路控制信号均断开后车辆软件检测司控器模拟指令施加最大常用制动停车，车辆故障导向安全的性能可以完全实现。

5 结论

通过对天津地铁 2、3 号线司控器通过此次控制回路的改造，将有效解决 2、3 号线车辆司控器牵引制动手柄在制动位置时，因行程开关和硬线故障导致的制动数字指令短暂消失造成的列车无制动隐患，提高了车辆手动驾驶可靠性，对轨道交通制动控制设计具有参考价值。

（1）车辆设计中制动控制指令采用低电平有效的控制方式将很好地解决车辆无制动的故障。

（2）采用高电平传输制动控制指令时，要采用双路信号源双路传输双路网络控制策略，单路故障时将进行提示，但因其冗余控制不会影响车辆性能。

（3）增加模拟指令备份判断方式，软件控制在双路数字信号均故障时，TCMS 采集模拟指令自动施加最大常用制动使车能够及时停止，防止闯红灯等其他运营事件的发生。

（4）车辆制动性能作为影响地铁运行安全性能的主要指标，要定期开展对其线路及其开关状态的检查，从预防性维修的角度提升车辆运营安全。

参考文献

［1］天津市地下铁道运营有限公司．天津地铁 3 号线车辆使用维护手册．2011.

［2］天津市地下铁道运营有限公司．天津地铁 3 号线车辆控制原理．2011.

［3］杨志强．城市轨道交通车辆总体［M］．中国铁道出版社，2007.

［4］GB 7928—2003 地铁车辆件通用技术条［S］．中华人民共和国国家质量监督检验检疫局，2003.

［5］中国交通运输协会．城市轨道交通车辆车载控制网络数据传输规范．2013.

加强学术研究推动智慧城市建设大有可为

罗　辉

（中铁第四勘察设计院集团有限公司）

摘　要：2017年1月20日，唐纳德·特朗普（Donald Trump）正式就任第45任美国总统。中美关系方面，存在大量的不确定性。与此同时，中欧关系也存在一定的困难，一方面欧洲面临分裂，中欧关系将更复杂，另一方面贸易保护的声音在欧洲各国正在抬头，欧洲有的国家拒绝按WTO约定承认中国市场经济地位；预计，在未来一段时间内中国经济的发展会面临巨大的外部压力。

很多国内外专家预测，中国将面对更加复杂的国际形势，面对更难的经济发展环境。

在这样的时刻，加强学术研究，因地制宜地发展城市轨道交通，在智慧城市的建设中，大力加强城市信息化、数字化、智能化建设，推动智慧城市建设大有可为。加强学术研究，推动市场经济发展，中国城市科学研究会大有可为。

关键词：城镇化；智慧城市；城市轨道交通；信息化；数字化；智能化；PPP模式

2017年1月20日，唐纳德·特朗普（Donald Trump）正式就任第45任美国总统。2月8日向中国领导人致信，声称希望与习近平主席一同致力于建设有利于两国的建设性关系，还祝中国人民元宵节快乐，并在鸡年里繁荣兴旺。但在此之前，也传出了许多不和谐之音，台湾问题、朝核问题、萨德导弹问题、南海问题、钓鱼岛问题、人民币汇率问题，中美关系方面，存在大量的不确定性。另外，中欧关系也存在一定的困难，一方面欧洲面临分裂，中欧关系将更复杂，另一方面贸易保护的声音在欧洲各国正在抬头，欧洲有的国家拒绝按WTO约定承认中国市场经济地位；预计，在未来一段时间内中国经济的发展会面临巨大的外部压力。

很多国内外专家预测，中国将面对更加复杂的国际形势，面对更难的经济发展环境。

实际上，早在2008年，国际政治经济形势就已经发生根本性的转变。2007年美国产生次贷危机，在2008年这一危机迅速波及美国金融系统，并引发了全球性的经济危机。中国面临着极为严峻的挑战。[5]

距2008年美国次贷危机发生已经有8年了，其对世界经济冲击，仍然可以随处可见，甚至还有所发展。在2016年，产生了许多重大事件，如“英国脱离欧共体”，叙利亚、乌克兰战事不断，中东难民潮，欧洲暴发难民危机，伊拉克、阿富汗、利比亚的社会动荡，这些或多或少都与2008年全球性的经济危机引发的后遗症相关。

与此同时，国内经济也正面临诸多困难。

（1）国内经济由于市场经济的体系不完善，市场之手还不能有效发挥作用，企业应对市场变化的能力有限，产生了大量问题。国内中小企业面临的竞争加剧（技术和人力成本），中小企业大批陷于经营困难，中小企业出现倒闭潮，中小企业融资困难、发展困难；银行业经营风险增高；对中国经济起重大影响的房地产市场，也是困难重重，一方面，一线城市房价飞涨，提高了一线城市的生活成本，另一方面，三、四线城市存在大量的空置房，房地产调控产生困难，严重困扰国内经济的发展；中国的国内民营投资大幅下滑；大量民营企业倒闭；在钢铁企业、煤炭采掘、水泥、玻璃生产领域，产能过剩，许多大型国有企业经营出现困境，如武钢正在进行结构调整，需要将大量产业工人转移安置。

（2）2008年以来，国际上美国、日本等将大量劳动密集型工厂迁往人力成本更低的东南亚；同时，由于美国国内形势的变化，美国关闭了在中国的许多研究机构，2016年实际利用外资额更出现罕见的下降，如甲骨文裁撤北京研发人员、硬盘巨头希捷关闭苏州工厂、麦当劳将其在中国大陆和香港的餐厅经营权以161亿港元卖给中信集团和凯雷、诺基亚宣布关闭位于上海金桥的工厂等，这显示了，未来可能将有更多外资企业将离开中国，虽然不能由此断言美、日、欧洲等西方发达国家已经开始对中国构筑沟槛，设置藩篱，形成对抗之势，但从贸易的本质来看，随着中国经济的发展，中国工业化进程的快速发展，中国对外贸易的形势已经发生巨变，中国企业必须迅速提高企业的竞争力以适应国际市场的变化。

预计，在未来一段时间内，由于中美关系、中欧关系、中日关系、台湾问题、中韩关系都面临困难，各城市的招商引资会计划遇到更大困难，沿习过去招商引资的办法发展经济的办法会显得跟不上时代的步伐。许多城市制订的发展计划可能难以落实。

预计未来几年，中国与美国、与欧洲的经济贸易将存在诸多摩擦，外贸不可能获得强有力的增长。

预计，由于经济外需目前难有起色，内需也没有充分发展起来，在一定时期内经济难有起色，经济仍将进一步进行调整。

应该说，相对于1978年的改革开放时期，中国目前的国际环境和国内形势已经发生了重大的改变。中国必须做出改变了。

中国将如何做？

目前，中国仍处在从农业国向工业化国转型过程中，城市化是我国改革开放以来中国经济发展的一条主线，中国的工业化道路是伴随着中国的城市建设而发展的。从某种程度上来说，中国的城镇化建设道路，就是中国经济的发展之路。

城镇化的快速推进推动了国民经济持续快速发展，带来了社会结构深刻变革，促进了城乡居民生活水平全面提升，取得的成就举世瞩目。但我国城镇化发展到现在也面临大量的问题。经济发展遇到了瓶颈。

一方面，我国城市化水平从2000年的36%提高到2010年的49.68%仅用10年，2013年中国城镇化率为53.73%，2016年中国城镇化率为57.35%，目前还远低于发达国家80%的平均水平，还有较大的发展空间。

另一方面，目前城市发展的现状令人忧虑。

目前，中国的基本国情是：中国人均拥有资源贫乏；中国的工业和基础设施过于集中于沿海；产能过剩、外汇资产过剩；中国国内经济体改革程度不一，地区不均衡，部门不均衡；中国安全形势不容乐观。

由于许多中国企业正在向市场经济体制转制，市场运作经验不足，企业自身调节能力有限。适应市场经济的社会调节机制、劳动力保障机制的建立还在摸索中，使改革不再是像1978年那样，有立竿见影的效果，改革的阻力有所加大。

根据现今的军事技术水平，中国的经济发达地区均处于直接攻击区，如果遇到外部打击，容易失去核心设施。中国的战争潜力受到空前制约。"台湾问题""萨德导弹问题""钓鱼岛问题""南海问题"所隐含的风险巨大。

对国内城市而言，各地区发展不均衡，受城市政策和人口流动的影响，城市之间的竞争加剧，经济好的城市发展越快，其城市管理越有利于企业发展，对劳动者的吸引力越大。经济落后的地区，城市管理越落后，跟不上城市企业发展的需要，经济发展越慢，城市的发展产生了分化。

中国经济面临结构性风险。[5]

除了大量增加的城市人口造成淡水、土地、能源、住房、交通设施极为紧张，造成了城市污染等问题外，认真观察 2014 年、2015 年乃至 2016 年中国经济的表现，依然可以看到美国次贷危机对中国经济的影响，中国社会矛盾存在激化的可能。

很多专家在研究中国经济目前发展状况后发出警告“延续过去传统粗放的城镇化模式，会带来产业升级缓慢、资源环境恶化、社会矛盾增多等诸多风险，可能落入‘中等收入陷阱’，进而影响现代化进程”。

如何搞好城市建设，是中国经济发展的核心问题。

实际上，中国政府对目前中国所处的形势十分清醒，也适时地出台了一些纲领性文件。

在 2014 年，国务院授权新化社发布了《国家新型城镇化规划（2014—2020 年）》；随后对外，2015 年 4 月，发改委、外交部和商务部联合发布了《推动共建丝绸之路经济带和 21 世纪海上丝绸之路的愿景与行动》，这标志着“一带一路”正式成为国家战略。对内，提出《中国制造 2025》十年的行动纲领；并在 2015 年，国务院又发布了《关于大力推进大众创业万众创新若干政策措施的意见》（国发〔2015〕32 号）。

首先，中国政府对中国目前所处形势有清醒的认识，认识到中国的发展遇到了大量问题，例如在《国家新型城镇化规划（2014—2020 年）》一文中指明：在城镇化快速发展过程中，也存在一些必须高度重视并着力解决的突出矛盾和问题。例如：大量农业转移人口难以融入城市社会，市民化进程滞后；“土地城镇化”快于人口城镇化，建设用地粗放低效；城镇空间分布和规模结构不合理，与资源环境承载能力不匹配；城市管理服务水平不高，“城市病”问题日益突出；自然历史文化遗产保护不力，城乡建设缺乏特色；体制机制不健全，阻碍了城镇化健康发展，等等。中国的城镇化是在人口多、资源相对短缺、生态环境比较脆弱、城乡区域发展不平衡的背景下推进的，这要求我国必须从社会主义初级阶段这个最大实际出发，遵循城镇化发展规律，走中国特色新型城镇化道路。

在未来发展的大方向把握上，中国政府纵览世界，站在全球经济发展的高度，提出“十三五”时期，中国国家建设的总体指导思想、主要目标和发展理念，“在全面建成小康社会决胜阶段。必须认真贯彻党中央战略决策和部署，准确把握国内外发展环境和条件的深刻变化，积极适应把握引领经济发展新常态，全面推进创新发展、协调发展、绿色发展、开放发展、共享发展，确保全面建成小康社会”。

其次，中国政府对未来的工作重点也有明确的说明。在具体实施方面，以德国为师，提出了《中国制造 2025》计划，并针对中国的实际情况，提出“双创”计划，计划分三个阶段逐步实现成为经济强国的战略目标。

在《中国制造 2025》计划中提出，坚持“创新驱动、质量为先、绿色发展、结构优化、人才为本”的基本方针，坚持“市场主导、政府引导，立足当前、着眼长远，整体推进、重点突破，自主发展、开放合作”的基本原则，通过“三步走”实现制造强国的战略目标。在《国家新型城镇化规划（2014—2020 年）》一文中，指出“推动新型城市建设，主要应从加快绿色城市建设，推进智慧城市建设，注重人文城市建设三方面着手，全面提升城市内在品质”。在国发〔2015〕32 号文中指出“推进大众创业、万众创新，是发展的动力之源，也是富民之道、公平之计、强国之策，对于推动经济结构调整、打造发展新引擎、增强发展新动力、走创新驱动发展道路具有重要意义，是稳增长、扩就业、激发亿万群众智慧和创造力，促进社会纵向流动、公平正义的重大举措”。

从2016年中国经济有些方面的表现来看，中国的经济基本稳定，但是，经济发展十分困难，问题不少，深层次的问题凸显。

一方面，中国经济全年增长6.7%左右，维持了稳定增长的态势。另一方面，各种矛盾也开始凸显。例如：

城镇农民工流入城市的统计表明，2015年开始没有增加了，农民工就不再进城了，同时，2016年城镇化率只有57.35%，相对2013年的53.73%，增长很少，这是什么现象？目前，国际上发达国家的城镇化率是80%在右，差距巨大，这说明，目前中国的城镇化遭遇了困难，中国经济发展遭遇了困难。

经济上，企业家对经济的看法差距巨大。一方面，传统行业的企业家们愁眉苦脸，很多国有企业靠借新还旧来维持生计，民营企业则僵死在债务链中；另一方面，新兴行业的企业家们意气风发，忙着接待一批又一批的PE、VC和二级市场的基金经理。冰火两重天。

一些国内企业家反映，目前实体经济发展十分困难，认为虚拟资本挟资金之优势收购实体经济企业，是在削弱中国的制造业，削弱中国的实体经济。

银行系统反映，目前银行业务拓展困难，特别是在向中小企业贷款方面，进展很小。金融系统面临的风险在增加。

在资本市场的管理上，“万科案”引起了经济界、法律界和企业界的关于“虚拟资本与实体经济”之大争论。

在房地产方面，房地产调控遭遇两难的局面，一方面，北京、上海、深圳等城市房价狂涨，另一方面，三、四线城市房产空置率奇高；房地产调控困难重重，在2016年一年内，有的城市房地产政策就发生二次改变。

在处理产能过剩方面，钢铁、煤炭、水泥、电解铝、船舶制造等仍面临重重困难，这些行业在2016年仍然处于严重产能过剩的状态；去产能进展缓慢，并引起了许多社会矛盾。

从中国的现实情况来看，如果找不到问题的解决办法，很多专家关于中国经济可能落入“中等收入陷阱，进而影响中国现代化进程”的警告，可能成为现实。

为什么会这样？

问题重重，值得深入研究。一个加强研究，推动中国经济健康发展的时代正在到来。

如何做？在这一方面，中国城市科学研究会大有可为。

首先，新中国成立以来，中国经济发展的主线是城镇化。在某种程度上解决好中国城镇化存在的问题，就是解决好了中国经济的发展的问题。

中国城市科学研究会的宗旨为适应我国健康城镇化和城市科学发展的需要，组织并推动会员对城市发展的规律，对城市社会、经济、文化、环境和城市规划建设管理中的重大问题进行综合性研究，繁荣和发展城市科学理论，促进城市科学的普及和推广，促进城市科学研究科技人才的成长和提高，促进城市的经济、社会和环境的协调发展。其中，中国城市科学研究会数字城市专业委员会当前主要工作是受部委委托负责全国智慧城市试点工作。中国城市科学研究会的工作方向就是解决中国城镇化存在的问题。

其次，中国经济发展的方向是市场化，实现中国经济由计划经济向市场经济转型。

自1949年新中国成立以来，中国实行计划经济已经有几十年的时间了，多年的实践，充分暴露了计划经济体制已经不能适应中国经济发展的需要。[8]

市场经济的发展目的只是让我们在一个国家的旗帜下相互依赖，发挥各自的特长，共同进步，共享美好生活。[5]

中国经济的未来处决于从计划经济顺利过渡到市场经济，完成重大社会变革。计划经济使经济僵化，生产力难以得到持续的发展，这已经为多年的经验所证明。[8]

市场化的结果是未来中国经济领域的资源配置将由市场主导，要发挥市场主体、发挥企业的能动性。

一方面，市场化必然使得中国的社会关系发生重大变化，市场上企业、社会团体、个人之间的利益关系将变得复杂。从改革的大方向来看，小政府，大市场是市场经济发展的基本方向，不能再什么事情都依赖中央政府来解决了。因此，发展经济、搞好城市建设的很多问题，需要通过中国城市科学研究会这样的全国性、公益性、综合性的学术团体从中引导，发挥综合性协调作用，帮助加强市场上企业、社会团体和民众对市场经济的适应性。在加强对城市建设的综合研究，发展市场经济方面，中国城市科学研究会的工作会越来越重要。

另一方面，中国地大域广，地理环境差异极大，自然资源分布不均，社会发展水平差异极大，各个城市面临的建设问题千差万别，市场经济是竞争的经济，一切都在变化之中。什么都依赖中央政府做决定，依靠中央政府和国家机关的审批，已经不适应目前中国经济发展的形势了。

为最大限度地发挥广大人民群众的力量，从充分利用各城市的自然资源资源的角度出发，必须充分依靠中国城市科学研究会这样的全国性、公益性、综合性的学术团体，因地制宜，发挥人民群众的智慧，灵活运用市场经济手段，针对城市发展的每一具体问题，快速地制定相适应的对策，才能真正地满足当地经济的发展需要。

例如：在通过市场之手，发展经济方面。在投资领域，政府鼓励民营资本参与政府建设、运营或管理公共基础设施，并向公众提供公共服务。为此，中央近几年不断加强政策引导，在公共建设投资领域，力推 PPP 投融资模式。目前，在城市轨道交通这一领域，已经有许多项目采用 PPP 模式，如北京地铁 4 号、南京地铁 5 号线等。

PPP 模式使政府部门和民营企业能够充分利用各自的优势，即把政府部门的社会责任、远景规划、协调能力与民营企业的创业精神、民间资金和管理效率结合到一起。这可以解决目前在政府公共交通运输系统建设中存在的“政绩工程”“形象工程”，工程缺乏有效的管理监督机制，工程管理激励机制不足等问题，和还存在运营管理不善，难以实现财务平衡，达到经济合理之目标，公共产品资金后继不足等问题[6]。

根据参与各方设想，采用 PPP 模式进行公共交通运输系统的建设可以有以下优点：提高建设项目的建设效率，节约工程投资，降低项目风险，而且，可以减小政府公共交通投资资金不足的问题，减轻政府财政负担，减轻政府负债，同时帮助政府职能转变。

目前，在轨道交通领域采用实施 PPP 模式才刚刚开始，项目实施投资各方的目标是否能达成还需要时间来证实。但是，从目前实际情况来说，在城市轨道交通建设领域，有效解决了政府对城市建设中公共交通投资的资金缺口问题，减轻了政府债务，同时，保证全社会投资，加快了经济的发展，扩大了就业，实现多方认可。在城市轨道交通建设领域，采用 PPP 模式，进行项目运作，正受到越来越多的城市管理者的欢迎。

在城市轨道交通建设中实施 PPP 模式进行项目动作，关键在于投资各方达成合理的 PPP

投资协议。轨道交通建设是一项投资巨大，建设工期长，投资回收极长的公益性项目，单纯以轨道交通项目的投资、建设和运营来说，民营资本难以实现其对投资效益的期望，故常常需要政府根据城市建设的需要，与民营社会资本投资各方谈成各方都满意的 PPP 协议。签订 PPP 协议是 PPP 项目成功的关键。如果，对 PPP 项目的民营投资方来说，如果项目的运作不能达成 PPP 项目民营资本方面的运作目标，收获预期的收益，这样民营投资方投资遭受损失，从长远来看，这种模式也难持久。

PPP 项目的成功，需要加强对 PPP 协议的研究，需要民营投资各方有强大资金能力，强大的项目研究能力和项目运作能力，才能取得真正的成功。在公共交通建设领域，采用 PPP 模式进行项目运作，仍值得项目参与各方对已经实施的 PPP 项目进行认真总结，进一步进行研究。

实际上在公共交通运输领域，目前更需要的是解决在公共交通建设领域中小企业参与的问题。采用 PPP 模式，只适合社会上强有力的投资集团操作，从解决国计民生的角度来讲，需要在城市建设领域，促进中小企业参与，促进就业，确保全社会成员的共同富裕。在城市轨道交通领域，在这方面，还需要进一步拓展。这需要全社会各行各业，共同努力，进行研究。

另外，目前，中国的城镇化率已经达到 57.35%，在后续的城镇化建设中，加强中小型城市建设，将会是未来中国城市发展面临的重要问题；在中小城市，继续沿用发展地铁这一模式，将面临极大问题。地铁投资极高，需要形成网络才能更好地发挥效益，并不一定适合中小城市的发展。在各中小城市，交通问题如何解决？是在后续城镇化面临的重要而关键的课题。

事实上，所有的计划都需要通过人的努力才能实现，在市场经济的环境下，城市的发展能不能按城市规划者的意愿实现是一个大大的问号。为什么美国“硅谷”（Silicon Valley）坐落于美国加州北部旧金山湾以南一片谷地中？为什么曾经的汽车之城，美国第四大城市底特律会破产？经济运行才是其中的奥秘。一座城市，只有城市管理者把握了城市发展的规律，抓住了城市建设的核心，掌握了城市建设的时机，发展了城市经济，改善了城市生活环境，满足了人民幸福生活的需要，才能兴旺。最近，国家发改委批复了“四个全球城市，十一个国家中心城市”，同时有媒体就指出，这仅仅是批复，实际上城市之间的竞争一刻也没有停止。昔日中国经济最发达之区域之一——东北目前经济形势十分困难，区域内城市发展速度缓慢。加强区域经济研究，促进区域内经济协调发展，将城市建设规划落到实处，也是城市发展应重点研究的课题。

因此，大力加强中国城市科学研究会的工作力量，开展学术研究，因地制宜地为各个城市建设提供信息咨询、技术咨询等科技服务，大有可为。

最重要的一点，面向未来，中国经济发展的关键是全面提高中国经济的竞争力。其根本在于提高市场主体——企业的“创新能力”。如何提高中国企业的“创新能力”？以企业为基点，全面改革中国的科研体制，运用市场之手，集众智，凝聚力量，提高科研水平，全面提高中国社会运用科学技术能力，进而全面提高中国企业“创新能力”是关键。

根据新中国成立以来的调查，中国是一个“地大物博”的国家，但又是一个人均资源“严重短缺”的国家，人均土地面积不到世界平均水平的 1/3，2/3 城市存在供水不足，森林覆盖率及人均量分别仅及世界人均值的 1/6 和 1/8，矿产资源虽然相对比较丰富，但人均占有量仅为世界平均水平的 58%，而且大型和超大型矿床比重很小，贫矿、难选矿和共伴生矿多，尤其是铁、铜、铝土、铅、锌、金等多为贫矿，工业的命脉——石油更是严重短缺，目前对外依存度很高。这决定了中国要实现伟大的民族复兴，必须走全球化发展的道路，必须提高技术水平，提高对自然资源的利用效率，才能满足未来中国人民提高生活水平，提升国家力量的需求。从中国人均自然资源严重低于世界平均水平这一角度出发，展望未来，只有不断提升人民对科学技术的应用能力，提高生产技术水平，勤俭节约，学习德国、日本、以色列等国，以技术立国，走节约资源之道路，提高全体民众的市场经济适应能力，才能使中国跨越“中等收入陷阱”，才能使中国完成中华民族伟大的复兴计划。成功的关键在于提高全社会的掌握科学技术的能力，系统地提高全社会的创新能力，全面提高全体民众的市场经济适应能力。

目前中国科研，已经严重跟不上形势发展的需要，中国科研体制需要改革。

根据有关报道，2015 年中国专利授权量约 35.9 万件，超过美国的 29.8 万件，成为全球授权量最大的国家。但也有数据显示，我国的创新力和竞争力并未同步提高。原因是多方面的，一个重要原因是科技成果转化体制机制还不顺，在科研体制中，权利的阴影、制度缺失，时常闪现，问题十分严重。例如：在科研领域，传出“2014 年辽宁省统计数据造假”“高校教授虚开发票：套取科研资金过百万”“张曙光院士梦”等新闻，2016 年又传出“韩春雨陷学术造假争议方舟子指其博士论文造假”等新闻……

自 1978 年，中国开始改革开放起，加强科学技术能力，提高中国各行各业的科技水平，一直是各项政策的重点。要解决这些问题，从目前的实际情况来看，单独从某一企业、某一科研单位甚至某一行业，进行政策调整，改革，收效甚微。究其根本，是“创新”的利益机制存在问题，是科研与市场脱节的问题。这一问题的解决，只有通过彻底的进行市场化改革才能解决。但要实现科研领域“彻底地进行市场化改革”，问题重重。因为，这一领域的改革是“牵一发而动全身的问题”，是改革的深水区。

虽然，科研体制改革是“牵一发而动全身的问题”，困难巨大，在中国走向伟大的民族复兴的道路上，这一步却不得不走。因为“牵一发而动全身”，先在学术界进行充分研究，必不可少。

加强研究，推动中国科研体制改革，帮助提高中国企业的“创新能力”，中国城市科学研究会大有可为。

最后，中国必须抓住目前的战略机遇，迅速完成市场经济改革，实现中国经济的腾飞。

中国是一个自然资源相对贫瘠的国家，只有依靠大力提高人民的科学技术运用能力，提高企业的创新能力，提升国家的整体竞争力，通过全球化战略，有效地拓展中国的生存空间，最终才能实现中华民族的伟大复兴。

在发展经济过程中，提高自然资源利用率不是一件容易的事，为此，在 2015 年 4 月，中国政府提出“一带一路”发展战略。

这一战略实施的前提是“我国通过 30 多年的改革开放，对一些‘一带一路’的国家暂时形成了一定优势生产能力，有一定的技术优势，同时我国还有庞大的外币储备，可以通过与‘一带一路’的国家发展贸易，实现互惠互利，以缓解 2008 年以来，美国、欧洲政策和经济转向造成的影响，保证中国经济发展走上全球化发展的道路，最终实现中华民族的伟大复兴”。

从 2016 年至 2017 年国际形势的发展来看，中国未来面对形势将比以往任何一年都困难。

抓住时机，完成市场经济改革，利用市场竞争，获得持续的经济发展动力，在国际市场上，赢得市场竞争力，中华民族的伟大复兴这一目标才能实现。

加强学术研究，大力推进市场经济改革，中国城市科学研究会大力可为。

加强中国城市科学研究会的工作，大力开展学术研究，可以促成下列目标的实现：

■ 对城市发展和城市规划、建设、管理中的重大理论和实际问题，开展学术研究，提出政策建议，为政府部门在城市发展中的决策提供科学依据；

■ 为科研人员提供高水平的科技交流，促进市场经济条件下的科技合作与创新；

■ 介绍国内外城市科学研究成果和动态，推动城市科学的普及，促进科技成果的推广和应用；

■ 在城市建设中吸收民众意见，为国家经济发展提供理性意见征集渠道；

■ 可以有效推进国家治理科学化，加快中国经济向市场经济转型；

■ 可以在市场上作为各方良好的沟通平台，促进技术交流，促进经济发展；

■ 满足市场经济发展需要，构建良好的沟通渠道，促进科研机构、大学、企业合作；

■ 帮助提高企业的创新能力，提高国家经济竞争力；

■ 加强国家政策的宣传，提高民众对国家政策的理解，促进城市建设水平提高；

■ 加强学术研究，促进中国科研体制转型；

■ 在城市建设中，大力推广新技术、新设备、新工艺的应用，提高城市建设水平；

■ 促进成员掌握先进科学技术，提高成员的科研能力，培养优秀科技人才；

■ 加强同国外有关学术团体和专业人员的友好往来，开展国际性的学术交流与合作，开阔成员的国际视野；

■ 因地制宜地为各个城市建设提供信息咨询、技术咨询等科技服务，促进城市建设水平提高；

■ 帮助提高全社会应用科学技术的能力，促进国民素质提高。

总之，大力加强学术研究，中国城市科学研究会大有可为。

智慧城市的建设，是中国目前城市建设的发展方向。在智慧城市的建设中，大力发展轨道交通，推进城市轨道交通系统信息化、数字化、智能化建设，与中国的国家发展战略方向是一致的。[6]

在未来的中国城市建设中，加强学术研究，发展城市轨道交通，大力加强城市轨道交通系统信息化、数字化、智能化建设，推进智慧城市建设，中国城市科学研究会数字城市专业委员会轨道交通学组大有可为。

参考文献

［1］白思俊．现代项目管理［M］．北京：机械工业出版社，2002.

［2］李德华．城市规划原理（第三版）［M］．北京：中国建筑工业出版社，2001.

［3］Hartmut Freystein，Martin Muncke，Peter Schollmeier. 德国铁路基础设施设计手册［M］．北京中国铁道出版，2007. 4.

［4］罗辉．城市轨道交通网络化发展的前景［C］//. 两岸四地轨道交通发展研讨会论文集 化学工业出版社，2014. 10，16 – 19.

［5］罗辉．提升国家经济的稳定性与加强对项目管理决策的控制［C］//. 第八届中国项目管理大会论文集．2009：73 – 78.

［6］罗辉．智慧城市与轨道交通［A］//. 中国城市科学研究会数字城市专业委员会．《智慧城市与轨道交通》2015 年智慧城市与轨道交通学术会议暨轨道交通学组年会会议论文集［C］．2015：4.

［7］石柏铭．计算机通信网与开放系统互连技术（第一版）［M］．北京：人民邮电出版社，1993.

［8］罗辉．和谐社会与项目管理［C］．//第六届中国项目管理大会论文汇编．2007：70 – 73.

地铁车辆车厢内标识应用研究

张 丽 李 熙

（北京市地铁运营有限公司地铁运营技术研发中心）

摘　要：本文针对北京地铁车厢内标识在运营服务及管理现状对不同线路不同车型的车厢内标识进行了全面的调研分析，分析总结了车厢内常见的标识不规范问题，依据分析结果，对未来车辆用标识体系的规范设计提出了一些建设性的改进意见，以便提高地铁的运营服务效果，降低运营管理成本，同时也将有利于增强北京地铁专业系统化的良好形象。

关键词：地铁车辆；公众标识；规范化；运营服务；运营管理成本

1　引言

公共标识是由图形、色彩和简洁必要的文字、字母等组合而成的，在公共区域表明公共设施的用途和方位，用来指示和指导人们行为的标志性识别物。设置地铁车辆用公共标识的主要目的是简捷、迅速而又准确地为人们提供各种信息，以满足人们在车厢环境中基本行为的需要。北京地铁运营线路、车型及配属车辆数量诸多，日均客流量近千万人次，但各线路运营车辆的公众标识种类繁多且张贴位置不完全统一，公众标识不一致、视觉老化，乘客体验性差，使乘客无法形成直观统一的认知，降低了运营服务效果；此外，北京地铁车辆用标识整体上没有形成一套完整的规范化标识体系，现有车辆标识体系混乱，运营车辆型号多，增加新开线路及车型没有统一的标识规范标准，无法形成系统的指导意见，这在一定程度上增加了运营开通的管理成本。

因此，开展地铁车辆用标识的应用研究对规范北京地铁车辆标识体系具有重要意义。这不仅能够提升北京地铁与乘客在安全预警、搭乘服务等方面的视觉沟通能力；一定程度上促进北京地铁在运营安全、运输效率、乘客服务与管理以及降低运营成本、降低设备故障率等方面的整体能力，同时，统一地铁车辆内部的公众标识将有利于增强北京地铁专业系统化的良好形象。

2　调研分析

本文重点调研了地铁车辆头车和中间车车厢中的车辆标识。调研内容包括禁止类标识、提示类标识、功能性标识、电子地图。下面主要对一些现场调研过程中较常见的问题进行简单介绍。

2.1　典型禁止类标识调研分析

此类标识存在的问题主要有同类标识英文对照不统一、表现形式不一致（图1、图2），此外较常见的问题有标识遮挡、使用一段时间后褪色、标识表面划痕磨损严重，由于标识材质胶性不足出现翘脚翘边现象、有箭头指示的标志箭头指向有误或是未参照有关标志中箭头指向设计的规定等。

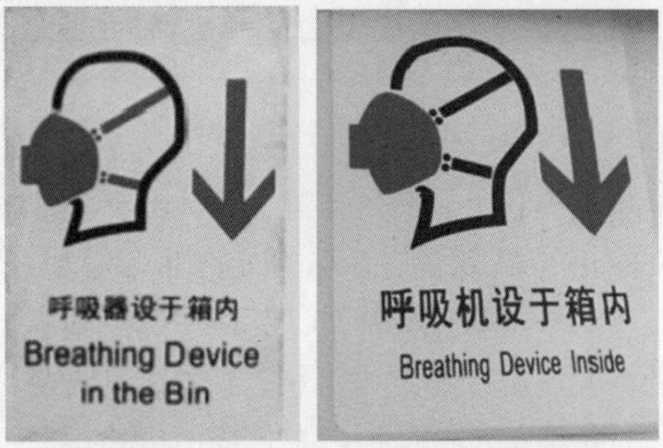

（a）　　（b）

图 1　英文对照及表现形式不统一

（a）　　（b）

（c）

图 2　同类标识表现形式和材质不统一

2.2　典型提示类标识调研分析

同类标识存在多种呈现形式，材质（荧光、背胶纸）、颜色不同，如图 3 和图 4 所示。

（a）　　（b）

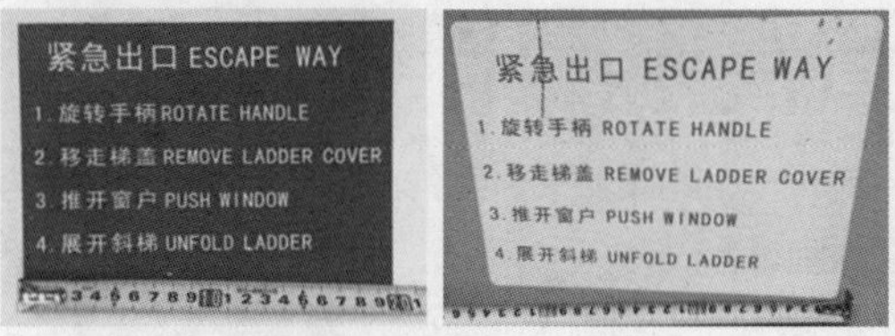

（c）　　（d）

（e）

图 3　同类标识呈现形式不统一

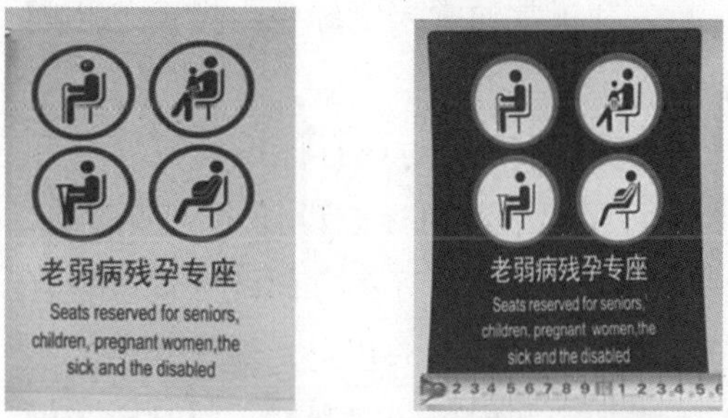

（a）　　（b）

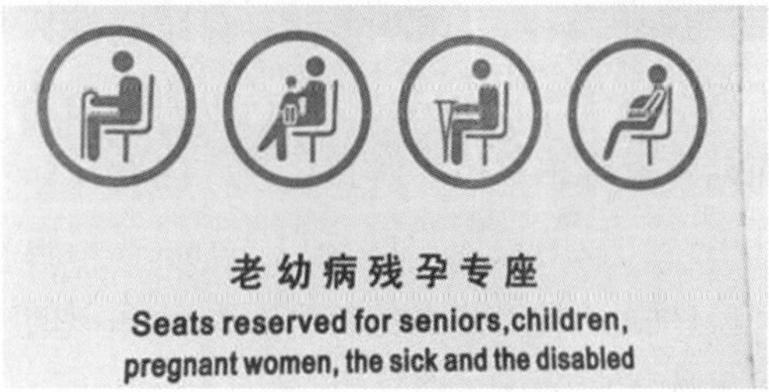

（c）

图 4　同类标识呈现形式不统一

2.3　无障碍标识观念整体薄弱

调研过程中只有个别线路车辆上设有盲文标识，如图 5 所示，说明无障碍标识体系的设置有待完善。

（a）　　　　　　（b）

图5　盲文标识

通过调研分析，对车辆用标识的设计初步形成以下建议：

1）对现有车辆的所需标识进行分类，按照安全标识国家标准 GB 2894—1996 安全标识的要求，所有的安全标识必须符合标准，用正确的颜色来表示，使标识信息清晰易懂。如紧急情况和禁止、防火、停止等通常采用红色，表达注意和警示通常采用黄色，提示类信息、安全、行进和正常通常采用绿色、黑黄色相间条纹表示警示[1]。

2）针对调研发现的现有标识的差异性和不一致性问题，车辆用标志设计中应从形状、颜色、材质、张贴位置等多方面统一规范，且必须符合现有最新标准的规定，保证其功能性的同时，增加车厢内部的美观性。同时应当做到与车站标识风格协调统一。

3）车厢内标识毁坏严重，现有标识可替换性不强，粘贴类的标识在破旧后更换时会导致背面黏胶附着于车体，难以清理。因此，标识设计中建议采用较环保的进口 3M 品牌贴膜和可替换性强、耐久性强的材料，部分标识的材质尽量选择金属永久性材质。

3　车辆标识系统不规范问题分析

在地铁这种相对封闭狭小的空间里，乘客需要在较短的时间内做出信息筛选，完成出行需求。在这个过程中往往会出现迷失方向、上错车、坐过站、残障人士得不到适当照顾、应急逃生指导系统不到位等问题[2]，这些问题都会对地铁的运营效率产生影响。而车辆标识系统的不规范在一定程度上会导致上述问题的出现。

3.1　英文标识缺乏或不够规范

随着世界各个方面的交流，公共场所设置中英文双语标识或多语种标识显得非常必要。北京作为一个国际化大都市，类似于北京地铁这样的公共场所设置中英文双语标识已是大势所趋，对于缺少英文标识的车辆标识应当引起运营管理方的重视。此外，很多公众标志的翻译都是“中国式”的翻译，很多外国游客基本上很难根据翻译迅速获得准确、直观的信息，有些时候还会产生歧义，对乘客形成误导。因此，标识文字内容的翻译应当做到准确简明，统一规范。

3.2　标识导视系统设计不合理

标识导视系统设置不合理主要体现在标识的设置位置、大小、材料等。标识在呈现形式上应严格遵循相关标准或管理，制作工艺讲究且美观醒目。标识设置的高度、间距、视距和字体大小等都应当根据人们的行为习惯和人体工程学的原理[3-4]。如标识设计时，通常采用能够迅速准确传达视觉信息的黑体字体作为标准字体，而字体的大小因受诸多因素影响，应依据视距、光照等实际测试情况进行确定[5]。标识材料应当具有高光亮度、耐久性、柔韧性及即贴的特性，更换时易于清理，北京地铁标识系统较常采用的材质有亚克力和铝，应用数字化色彩喷绘和丝网印刷工艺制作。值得注意的是，有些标识上的图示符号不规范且版面编排的美观性不佳，不能满足人们的审美要求。

3.3　对于残障人士及老龄化人士考虑不足

现有地铁车辆标识的设计对于残障人士和老龄化人士的考虑不足，国外的标识导视系统在这方面做得比较好，他们会在标识体系中专门增加适用于残障人士或者老龄人的标识符号，但在国内标识基本上都是以视觉为基础获取信息的来源，这显然不利于那些身体有缺陷的人获取信息和享有社会设施。考虑残障人士和老龄化人士进行车辆标识设计时应当从生理、心理、情感层次出发[6]，最大限度地满足他们的出行需求。

3.4 标识信息设置连续性差

标识信息设置的连续性差会对乘客出行造成极大的不便，会使乘客在去往目的地的过程中将大量时间耗费在信息点的筛选确认上。信息内容安排过少不利于乘客寻找真正所需信息内容，过于繁杂则会使车厢内标识显得过于突兀，与整个车厢环境不协调，应当遵循信息适量和一般信息、详细信息逐级给出的原则。地铁车厢内、车站站台标识信息设置的连续性、规律性，内容的一致性在一定程度上能够提高乘客的乘坐体验，地铁车辆标识系统的设计应当提高信息设置的连续性和整体规划性。

4 结论

地铁车辆用标识的设计应当在充分调研分析现有标识存在问题（标识的观念薄弱、城市文化展示不够、对标识细节的关注和人性化设计不够等）的基础上有针对性地改进和统一规范。国家标准在设计中起指导作用，设计应当在遵循国家标准的基础上结合实际进行。

地铁标识系统应有统一的标准：标志、色彩、文字、材料、制作工艺。标准化的地铁标识系统应能够打破地域、民族、年龄层次的限制，注重与国际通行的标识符号接轨，最大功能地发挥它的视觉传播作用，最大限度地减少乘客无效停留时间，对轨道交通功能的发挥具有重要的作用，同时它也是城市文化的重要组成部分。

参考文献

[1] 王庆斌. 标识导向系统的色彩规划与设计 [J]. 广告大观，标识版，2008 (11)：53 - 56.

[2] 杜学蕊，陈静勇. 北京地铁列车空间环境导识系统设计研究 [D]. 北京建筑工程学院，2011.

[3] 丁玉兰. 人机工程学 [M]. 北京：北京理工大学出版社，2000.

[4] 何灿群. 人体工学与艺术设计 [M]. 长沙：湖南大学出版社，2007.

[5] 彭菁菁. 北京地铁标识系统研究 [D]. 上海：同济大学，2007：1 - 109.

[6] 汤雅莉，杨豪中，张硕. 地铁空间中导向标识系统的无障碍设计研究 [J]. 西安建筑科技大学学报自然科学版，2011，43 (5)：683 - 688.

浅谈轨道交通行业人员培训的管理与实施

李 涛

（天津市地下铁道运营有限公司）

摘 要：本文首先介绍了轨道交通行业的发展特点，并结合行业特点指出企业员工培训的不足之处，带着这些问题再从城市轨道交通行业企业员工培训的角度出发，提出了针对轨道交通从业人员特点的针对性培训管理思路。

关键字：培训机制；培训理念；考核方式；培训方案

1 轨道交通行业简介

城市轨道交通是指城市铁路、地铁、电车、轻轨铁路、独轨铁路及新交通系统，它是在有轨电车基础上发展起来的现代化技术水平很高的客运系统。由于历史原因，我国的城市交通还跟不上现代经济发展的需要。自1980年以来，国家用于城市道路交通建设的资金比例有了明显的提高，城市道路交通设施建设的速度也明显加快。但随着我国国民经济的持续高速发展和城市化进程的加速，我国城市交通仍面临着严峻局面，城市交通的拥挤、堵塞、交通环境和交通状况都已达到相当严重的地步。根据城市经济与社会发展客观需求及国外城市交通发展的经验，在我国大中城市大力发展大、中客运量的轨道交通系统已是刻不容缓的举措。而目前，天津已运营的轨道交通线路已经有5条，其中包括地铁1号线，地铁2号线，地铁3号线，地铁6号线及滨海9号线；在建线路还包括地铁4号线和地铁5号线。轨道交通行业已经成为国家重点发展的新兴行业之一。

2 轨道交通行业人员特点

首先，现代化城市轨道交通，因其是一种集多专业先进技术于一身的系统工程，无论从管理者还是技术人员角度来说，它涉及多学科多领域的专业知识和技能，这就决定了对人才需求的多样化和复杂化。

其次，轨道交通运营是一个具有规律性的动态过程，在这个动态过程中要避免各种不利因素对行车工作的影响（人为因素、设备因素、环境因素等）。而这种影响造成的后果将辐射到安全、服务、运营乃至社会的各个方面。

最后，从行业人员的工作特点来看，由于运营的需要，行业中一线员工绝大多数均采用综合计算工时工作制，工作时间相对不够集中。并且由于轨道交通线路通常较长，人员工作地点具有分散性。所以人员集中管理在轨道交通行业中具有非常大的难度。

综合以上情况，为了减少和消除由于各类因素造成的不良影响，必须通过企业培训来提高企业的运营质量以及员工的素质和能力，这样才能为企业注入最富活力的资本。从而保证城市轨道交通行业“安全、准确、高效、服务”的运营宗旨。

3 行业人员培训现状及需要解决的问题

在日益激烈的市场竞争环境下，企业的生存和发展必须要拥有一支能不断适应社会变化、掌握前沿科学技术、顺应时代主流发展的管理科研队伍。因此在知识经济时代下，企业要不断地提高员工的知识水平，才能在发展中处于优势地位。所以需要通过培训提高企业员工的综合实力，为企业的持续发展提供动力源泉。其实培训并不是人力资本再生产的一种消费，而应该作为一项有效的人力资源投资，它与物质投资最大的区别在于，它服从的是“边际收益递增”，并且这种投资比物质投资带来的经济效益大的多。所以加强企业员工培训工作，能大幅度地提高人力资本，从而为企业创造更具价值的战略规划。

4　适合行业特点的教学管理组织实施方法

城市轨道交通行业人力资源需求是有层次和梯度的。对于管理人员可以说属于复合型人才，不仅要掌握扎实的专业基础知识，也需要熟悉国内外相关行业的法规和技术指标，同时具有良好的管理水平和管理意识。技术人员必须具备多学科专业知识、熟练掌握前沿技术和科研能力。这些都决定了一般性的常规培训并不能很好地满足于该行业需要。所以接下来就工作经验提出了几点员工创新培训的构想。

4.1　建立整体性培训机制

企业的发展必须要有良好的层次化服务，无论是中高层管理者、基层管理者还是一线工作人员都不能忽视。现在大多企业培训仅仅是一种功能性培训，只针对高级管理者和资深技术人员，而并没有考虑到所有的工作人员，所以必须在整体性机制上进行创新。针对轨道交通行业的特点，面对不同层次的企业人员，根据岗位的需求，将培训分为专业、安全、管理、综合四种类别，以月度为单位，制订有针对性的培训实施计划。同时以员工月度参加培训的总课时为基准，参照每月员工总工时，保证每月培训率应在2%左右。

4.2　建立综合性培训理念

考虑到城市轨道交通行业中部门内部员工职位调换频繁，对员工的培训，不仅仅对现有职位工作内容进行培训，还需要通过培训对相关领域的知识进行补充和扩展。现在企业讲究的是综合能力，对工作不能保持“从一而终”的态度。遇到提升或其他情况，如果没有掌握相关领域知识，这无疑在之后的工作中产生较大负担和压力，对企业的发展也造成一定影响。所以在培训课程安排上，应考虑开展更高一级的素质提升培训。

4.3　建立完整的培训制度

良好的企业文化和制度不仅影响着企业经济效益，也是约束和激励员工的有效措施。合理的制度必须去执行，即使拥有过高的管理水平和超高的技术能力，不能遵守企业文化制度，这显然并不是一个好员工所具备的素质，所以在培训时制度机制的约束效力不能忽略。结合轨道交通一线人员工作场所较为分散，难于集中培训的特点，可以针对岗位，至少建立三级培训管理体系，第一级为室级负责人，主要负责对培训项目和过程进行审核及监督；第二级为该岗位专职培训人员，主要负责培训项目和培训计划的制订、培训课件及培训材料的编制、培训组织和实施、培训效果的评估、培训监督、检查等工作；第三级为该岗位班组长，主要负责征求班组内员工提出的培训需求、按照培训计划进行具体实施和落实。各级培训人员分工明确，责任突出，从监督、落实和检查各个环节形成了闭环管理。另外这种培训体系的建立既可以更贴近一线岗位作业的实际情况，也可以在工作场所较分散的情况下更有效地进行培训工作的组织和实施。

4.4　创新培训方式

传统的你说我听、课后考试的培训模式并不能很好地提高员工的管理水平和技能水平。尤其面对成人培训特点，传统的培训形式在效果上收效甚微。应该打破传统培训方式，针对不同层次的培训者，采取不同的培训方式。比如说对工程技术人员和中高层管理人员，培训方式应该比较灵活，且具有挑战性，才能培养他们的创新能力和团队合作精神；对基层工作人员，多注重实用性和互动性培养，并且在培训过程中，提供更多的实践机会，通过实践来掌握培训知识和技能。同时，可采用内外结合的培训模式，比如说除企业内部培训外，还可以组织进行同行业的交流学习，开阔员工的眼界，了解优秀的作业和管理方法。

4.5 改变传统的培训考核方式

员工培训后所获知识是需要潜移默化慢慢体现出来的，并不能用现在大多数企业所采用的考试方式来衡量其培训效果。对有些培训者来说，认为这种考核方式没有实质性，仅仅是走过场而已，不能以很好的心态去对待，从而从本质上忽略了培训的意义。所以对员工进行培训，在考核方式上也需要创新，以短、长期考核相结合，以岗位作业标准为考核原则来作为考核方式，这虽然增加了考核难度，但用这种更深层次的考核原则来衡量培训效果将更加具体和完善。

4.6 培训措施和方案

作为一种新兴行业，城市轨道交通行业的超常规发展、技术的先进性导致该行业对管理人员和技术人员的需求越来越大，这就决定了管理人员和技术人员的培训必须加以重视。因此下面主要从管理人员和工程技术人员培训两个方面来谈谈具体如何进行培训。

4.6.1 管理人员培训

在城市轨道交通行业中，不同层次的管理人员在工作中其侧重点有所不同，所以对管理人员进行能力培训，也需要有针对性、分层次地进行。可以把管理人员分为三个等级：高层管理人员、中层管理人员以及基层管理人员，再分别叙述其培养思路。

基层管理人员：作为一线员工的管理者，首先必须掌握过硬的专业技能和权威的专业技术。因此对基层管理人员的培训必须从基础理论和实际应用相结合的角度出发，来提高他们的专业能力、理解能力、沟通能力以及指导能力，通过提升管理技能和专业技能，来引导基层员工的工作合理有效地进行。

4.6.2 工程技术人员培训

对于高技能人员，在熟练掌握现有知识的基础上，通过参加城市轨道交通行业的一些顶端专题科技讲座、专业人士的培训讲座来提高专业技能。对于掌握一定技术的员工，可以开展一些有计划、有目的的专项技能训练。比如说要求相关部门的高级技术人员每人带领指导和培训 2—3 名普通技术人员，通过长时间指导和培训，他们的技术水平一定会有很大提高。同时，对于一些新员工而言，他们的相关技能还不太成熟和熟练，结合实际情况可以采用以下两种培训方式：由企业统一安排技术骨干或高技能人才对其进行培训；采用该部门的技术人员进行“师带徒”的培训模式。

5 总结

随着企业的发展和进步，无论是企业的内部培训还是外部培训都是一项长期且艰巨的任务。现在我国轨道交通行业由原有的计划体制到市场体制的转向还不够成熟，所以需要对该行业的员工能力进行培训提高自身发展水平来应对国际和国内的市场压力。然而员工能力的培训需要在实践中不断地摸索积累从而提出创新的培训模式，为企业拓宽发展新思路。使人才结构更加优化、人才层次水平不断提高，从而更好地发展城市轨道交通的服务性、公益性以及社会性理念，使得该行业具有更好的发展机会。

参考文献

[1] 住房和城乡建设部．城市轨道交通运营管理规范［S］．中国建筑工业出版社，2009.

[2] 王庆云．我国轨道交通发展的战略思考［J］．交通运输系统工程与信息，2010，10（2）：12－16.

[3] 杨培宏．注重过程控制提高员工培训质量［J］．人力资源管理，2010（4）：55－56.

机场线 QKZ5 型车辆国产化基础制动装置制动能力分析

张 骄 李 熙

（北京市地铁运营有限公司地铁运营技术研发中心 车辆设备技术研究室）

摘　要：机场线 QKZ5 车辆国产化基础制动装置中的盘式液压制动器是该轨道车辆上除电控制动方式以外的补充摩擦制动，在紧急情况时是列车安全运行的最后一道防线，属于关键部件之一，对其制动能力进行分析具有重要意义。本文从制动距离、制动减速度、紧急制动时的制动力与制动缸压力，以及停放制动能力这几个方面对该基础制动装置进行详细分析，最终得出该制动装置满足运营各工况下的要求，为之后的试验提供了有力的理论数据支持。

0 引言

当前我国城市轨道交通正处在快速发展时期，并且呈现多元化发展的新趋势。除了大运量的地铁外，一些中小运量的轨道交通也正在受到关注，如单轨交通系统、采用直线电机的小断面地铁、常导磁悬浮交通系统以及轻轨低地板交通系统等[1-5]。

北京地铁机场线是北京市第一条快轨线路，连接北京市区与北京首都国际机场。机场线是北京奥运会的重要配套设施之一。盘式液压制动器是该轨道车辆上除电控制动方式以外的补充摩擦制动，在紧急情况时是列车安全运行的最后一道防线，属于关键部件之一，对其制动能力进行分析具有重要意义。

本文对该国产化基础制动装置的制动能力进行了详细的分析，对各种工况下的制动能力进行了计算和校核。

1 基本参数

1.1 样件技术指标及相关参数

摩擦制动工作制式：液压盘式制动

工作介质：液压/弹簧机械力

液压制动最大输出夹紧力：30kN

弹簧制动最大输出夹紧力：32kN

制动器效率：≥98%（经验值）

摩擦因数——动态常用：0.25

——动态紧急：0.305

——静态：0.278

有效摩擦半径：174mm

闸片回位量：1.5—2.5mm

行车制动工作液压：0—100bar

强制缓解工作液压：155bar

设计寿命：30 年

重检预防维护期：6 年或 240 万千米

车轮直径（新/旧）：660mm/632mm

列车最高运行时速：110km/h

1.2 车辆基本要求

车辆制动应用要求（摩擦制动）

工况一：正常制动时，人工驾驶模式，列车先全部投入电制动进行降速，速度降至 3—5km/h 时，全部投入液压制动进行定点停车；

工况二：正常制动时，自动驾驶模式，列车先全部投入电制动进行降速，速度降至 11km/h 时，全部投入液压制动进行定点停车；

工况三：二级紧急制动时，弹簧制动加全部磁轨制动；

工况四：超员列车在风速为 23.7m/s 的情况下在 40‰坡道上停放。

2 制动能力分析

为验证该盘式基础制动装置的制动能力，须在纯液压制动工况下对其制动距离、制动减速度、紧急制动时的制动力与制动缸压力以及停放制动能力进行以下计算，制动计算基本参数见表1。

表1 制动计算基本参数

制动形式	盘形制动	备注
制动器数量 n（套）	4/车	
制动效率 ξ（%）	98%	经验值
停放制动 F（kN）	32	
摩擦半径 Rm（m）	0.174	
摩擦因数 μ	0.25（动态）	
	0.305（动态紧急）	
	0.278（静态）	
主动制动液压 P（bar）	0—100	
车轮直径 D（m）新/旧	0.660/0.632	
车辆惯性系数	动车 φ=0.1	经验值

2.1 不考虑制动响应时间制动距离计算

在不考虑制动响应时间的情况下，制动距离按以下公式计算：

$$S=(V_0)^2/(2a_j) \tag{1}$$

式中 S——制动距离，m；

V_0——制动时初始车速，m/s；

a_j——减速度，m/s^2。

1）在工况为最高车速：110km/h，线路：平直，紧急制动减速度：1.3m/s^2 时的制动距离：

$S=(V_0/3.6)^2/(2\times a_j)=(110/3.6)^2/(2\times1.3)=359m$

2）在工况为最高车速：110km/h，线路：平直，最大常用减速度：1.0m/s^2 时的制动距离：

$S=(V_0/3.6)^2/(2\times a_j)=(110/3.6)^2/(2\times1)=466.8m$

3）在工况为最高车速：80km/h，线路：30‰坡道，最大常用减速度：1.0m/s^2 时的制动距离：

$S=(V_0/3.6)^2/(2\times a_j)=(80/3.6)^2/(2\times1)=246.9m$

4）在工况为最高车速：110km/h，线路：30‰坡道，最大常用减速度：0.65m/s^2 时的制动距离：

$S=(V_0/3.6)^2/(2\times a_j)=(110/3.6)^2/(2\times0.65)=718.2m$

2.2 对应所需减速度计算

①常用制动响应时间（即纯空走时间加制动缸升压时间）（t_0）：1.7s（考虑冲动限制），设定其中纯空走时间 $t_1=0.3s$，制动缸升压时间 $t_2=1.4s$；

②紧急制动空走时间（即纯空走时间加制动缸升压时间）（t_0）：1.3s，设定其中纯空走时间 $t_1=0.3s$，制动缸升压时间 $t_2=1.0s$

减速度按以下公式计算：

$$a_j=(V_0/3.6)^2/\{2\times[S-(V_0/3.6)\times t_1-(V_0/3.6)\times t_2/2]\} \tag{2}$$

式中 a_j——计算的减速度；

V_0、S 与式（1）相应符号含义相同；

t_1——纯空走时间；

t_2——制动缸升压时间。

根据1）、2）、3）、4）对应的四种工况，分别计算出各自的减速度，见表2。

表 2　考虑制动响应时间时对应的减速度

制动类别	制动距离（m）	计算减速度（m/s^2）
1 制动	359	1.40
2 制动	466.8	1.07
3 制动	246.9	1.10
4 制动	718.2	0.68

2.3　对应所需制动力计算

在平直线路上所需目标制动力由以下公式计算：

$$F = (W_{AWO} \times (1+\varphi) + L \times a_j) \quad (3)$$

式中　F——目标制动力；

W_{AW0}——空车时车辆重量；

L——载客重量；

φ——车辆惯性系数；

a_j——计算所需减速度。

在坡道上所需目标制动力由以下公式计算：

$$F = (W_{AWO} \times (1+\varphi) + L) \times (1+\sin\alpha) \times a_j \quad (4)$$

式中　F、W_{AW0}、L、φ、a_j 与式（3）相应符号含义相同；

α——坡道角度。

与所需目标制动力相对应的列车粘着力按以下公式计算：

$$Q = W_{总} \times g \times \mu \quad (5)$$

式中　Q——列车粘着力；

$W_{总}$——列车重量；

g——重力加速度，$9.81m/s^2$；

μ——粘着系数，取0.15。

列车粘着力公式（5）可简化为：$Q = W_{总} \times 9.81 \times 0.15 = 1.4715W_{总}$　(6)

根据上述条件对该基础制动装置进行制动力计算与校核，结果如下：

2.3.1　条件下的紧急制动

各车的制动力及占列车全部制动力的分配比例计算结果见表3；

紧急制动粘着力校核情况见表4。

2.3.2　条件下的最大常用制动

各车的制动力及占列车全部制动力的分配比例计算结果见表5；

最大常用制动粘着力校核情况见表6。

2.3.3　条件下的坡道最大常用制动

各车的制动力及占列车全部制动力的分配比例计算结果见表7；

最大常用制动粘着力校核情况见表8。

2.3.4　条件下的坡道制动

各车的制动力及占列车全部制动力的比例（分配比例）计算结果见表9；

制动粘着力校核情况见表10。

表 3　1）条件下平直路线紧急制动力分配表

		车型			
		M_C	M	M	M_C
AW0	制动力（kN）	37.422	36.344	36.344	37.422
	分配比例	25.365	24.635	24.635	25.365
AW1	制动力（kN）	42.686	41.72	41.72	42.686
	分配比例	25.286	24.714	24.714	25.286
AW2	制动力（kN）	49.966	48.888	48.888	49.966
	分配比例	25.273	24.727	24.727	25.273
AW3	制动力（kN）	57.47	56.056	56.056	57.47
	分配比例	25.311	24.689	24.689	24.687

表 4　1）条件下平直路线紧急制动粘着力校核

列车载荷	列车总制动力（kN）	粘着力（kN）	粘着力是否满足动力要求
AW0	147.53	140.97	不满足
AW1	168.81	163.34	不满足
AW2	197.71	193.71	不满足
AW3	227.05	224.55	不满足

表5　2）条件下平直路线最大常用制动力分配表

		车型			
		M_C	M	M	M_C
AW0	制动力（kN）	28.601	27.777	27.777	28.601
	分配比例	25.365	24.635	24.635	25.365
AW1	制动力（kN）	32.624	31.886	31.886	32.624
	分配比例	25.286	24.714	24.714	25.286
AW2	制动力（kN）	38.188	31.886	31.886	38.188
	分配比例	25.273	24.727	24.727	25.273
AW3	制动力（kN）	43.924	42.843	42.843	43.924
	分配比例	25.311	24.689	24.689	25.311

表6　2）条件下平直路线最大常用制动粘着力校核

列车载荷	列车总制动力（kN）	粘着力（kN）	粘着力是否满足动力要求
AW0	112.76	140.97	满足
AW1	129.02	163.34	满足
AW2	151.11	193.71	满足
AW3	173.53	224.55	满足

表7　3）条件下30‰坡道最大常用制动力分配表

		车型			
		M_C	M	M	M_C
AW0	制动力（kN）	30.285	29.412	29.412	30.285
	分配比例	25.365	24.635	24.635	25.365
AW1	制动力（kN）	34.545	33.763	33.763	34.545
	分配比例	25.286	24.714	24.714	25.286
AW2	制动力（kN）	40.436	39.564	39.564	40.436
	分配比例	25.273	24.727	24.727	25.273
AW3	制动力（kN）	46.509	45.365	45.365	46.509
	分配比例	25.311	24.689	24.689	24.687

表8　3）条件下30‰坡道最大常用制动粘着力校核

列车载荷	列车总制动力（kN）	粘着力（kN）	粘着力是否满足动力要求
AW0	119.39	140.97	满足
AW1	136.62	163.34	满足
AW2	160.00	193.71	满足
AW3	183.75	224.55	满足

表9　4）条件下30‰坡道制动力分配表

		车型			
		M_C	M	M	M_C
AW0	制动力（kN）	18.721	18.182	18.182	18.721
	分配比例	25.365	24.635	24.635	25.365
AW1	制动力（kN）	21.355	20.872	20.872	21.355
	分配比例	25.286	24.714	24.714	25.286
AW2	制动力（kN）	24.997	24.458	24.458	24.997
	分配比例	25.273	24.727	24.727	25.273
AW3	制动力（kN）	28.751	28.044	28.044	28.751
	分配比例	25.311	24.689	24.689	25.311

表10　4）条件下30‰坡道制动粘着力校核

列车载荷	列车总制动力（kN）	粘着力（kN）	粘着力是否满足动力要求
AW0	73.81	140.97	满足
AW1	84.45	163.34	满足
AW2	98.91	193.71	满足
AW3	113.59	224.55	满足

3　结论

通过对该国产化基础制动装置的制动能力进行详细的分析，对各种工况下的制动能力进行的计算和校核，得出该国产化制动装置满足各种运营工况下的要求，满足运营要求，为后续的试验提供了有力的理论支撑。

参考文献

[1] 应云飞，秦娟兰．城市轨道交通车辆制动系统［M］．成都：西南交通大学出版社，2011.

[2] 王伟波，胡跃文，蒋廉华．Nabtesco 地铁车辆制动系统概述［J］．电力机车与城轨车辆，2009，32（3）：40－42.

[3] 崔红光．浅谈国内地铁车辆制动系统［J］．四机科技，2007（1）：7－10.

[4] 张振森．城市轨道交通车辆［M］．北京：中国铁道出版社，1998.

[5] 马喜成，龙倩倩．地铁车辆用 EP2002 制动控制系统［J］．机车电传动，2007（4）：38－42.

某线列车齿轮箱漏油问题分析和研究

刘永旭

(天津市地下铁道运营有限公司)

摘　要：针对某线列车齿轮箱漏油问题，对漏油齿轮箱展开调查，并对开裂部位取样进行断口分析，采用金相检查、化学成分及力学性能检测等工作，对齿轮箱漏油原因进行分析和研究。

关键词：地铁车辆；齿轮箱；漏油；开裂；断口分析

1　引言

随着我国交通运输行业的大力发展，城市轨道交通进入到一个快速发展的阶段，齿轮箱作为城市地铁车辆动力系统的关键部件，性能好坏直接影响地铁车辆的正常运用，漏油是齿轮箱传动系统中常见故障，漏油会影响齿轮、轴承等箱的润滑效果，加剧齿轮箱各部件之间的摩擦，减少齿轮箱的寿命，严重的漏油情况会使得齿轮箱无法正常工作。[2] 本文主要针对某线地铁列车齿轮箱漏油问题的原因进行分析。

2　齿轮箱漏油存在箱体渗油和零部件漏油等情况

齿轮箱箱体渗油主要表现为新车运行一段时间后，随着运行过程中箱体的震动和承载的压力作用，箱体本身的铸造缺陷会逐渐地显现，沙眼和疏松会逐渐变大最终在箱体上形成细小的裂纹，齿轮润滑油会由于负压的作用沿着裂纹渗出引发渗油。

齿轮箱零部件漏油一般为齿轮箱放油堵、注油堵、回油孔等位置漏油，主要是齿轮箱的密封垫发生变形或者螺堵松动导致与箱体的结合处不再密封造成的漏油。[1]

2013 年在日常检修中发现一套齿轮箱下箱体放油口处有裂纹，并存在渗油现象，经观察发现该处裂纹与之前发现的裂纹情况完全相同，为确认是否还有同样的情况随后对该线全部列车进行普查，280 套齿轮箱中共发现 9 套齿轮箱有裂纹情况。

3　原因分析

针对该型号齿轮箱漏油情况对漏油齿轮箱铸件展开调查，并对开裂部位取样进行了断口分析，做了金相检查、化学成分及力学性能检测，找出了开裂的原因，具体情况如下：

3.1　宏观检查

该线齿轮箱下箱体裂纹位于箱体排油口附近，裂纹笔直长约 25mm，裂纹已穿透整个壁厚，经探伤后未在其他部位发现裂纹。将裂纹打开后，其断口形貌如图 1 所示，断口具有金属光泽，断口上面局部存在锈斑，为探伤过程中清洗后未及时清理干净所致。裂纹中第一牙螺纹处产生并向基体扩展，裂纹扩展方向如图 1 所示中红色箭头所指方向，在断口上未见疲劳形貌，该裂纹属于一次性脆性开裂所形成。

图1　端口清洗后形貌

3.2　微观检查

将清洗后的断口放入扫描电子显微镜中检查其断口形貌，其形貌表现为解理断裂。图2为裂源处微观形貌；图3为裂纹扩展区域微观形貌，裂纹扩展区域形貌表现为解理断裂；图4为瞬断区域微观形貌，在裂纹扩展终端的瞬断区域形貌呈现解理断裂+剪切唇。

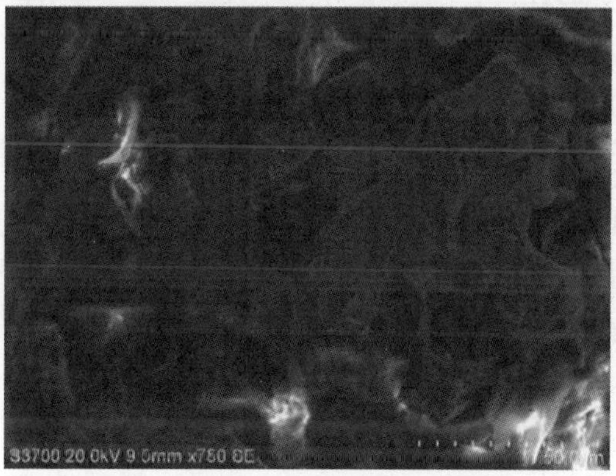

图2　裂源处微观形貌（750×）

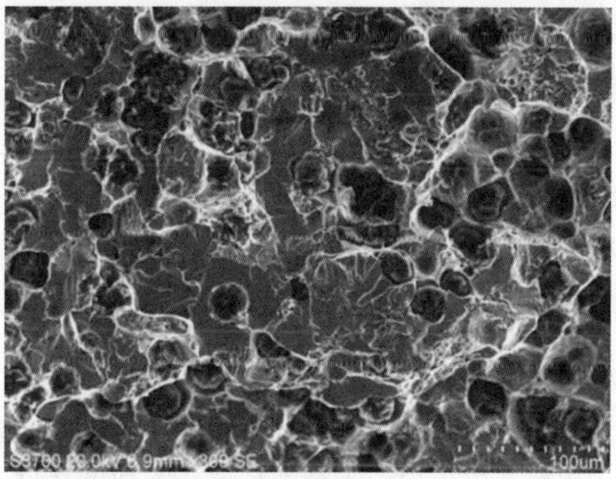

图3　裂纹扩展区域微观形貌（300×）

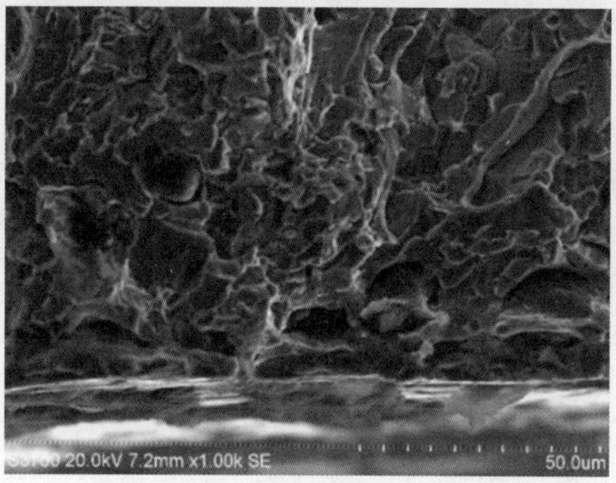

图4　瞬断区域微观形貌（1000×）

3.3　化学成分检查

在该开裂的齿轮箱上取样进行化学成分检查，其结果见表1。

表1

	C（%）	Si（%）	Mn（%）	P（%）	S（%）	Cr（%）	Mg（%）
取样	3.63	2.76	0.27	0.033	0.019	0.02	0.033
相关技术要求	2.5以上	3.1以下	0.6以下	0.08以下	0.025以下	0.08以下	0.09以下

从表1结果可知，该开裂的齿轮箱化学成分满足相关技术要求。

3.4　力学性能检查

在该开裂的齿轮箱裂纹附近取样，进行力学性能检测，其结果见表2，满足技术要求。

表2

	抗拉强度Rm（MPa）	非定向比延伸率Rp 0.2（MPa）	断后延伸率A（%）
取样	460	345	14.0
相关技术要求	390以上	250以上	10以上

3.5　金相检查

在该开裂齿轮箱的裂纹附近取样进行金相检查，其结果见表3，从表3结果可知所取试样的球化级别和球径大小级别满足相关技术要求。在螺牙部位未见裂纹及相关的铸造缺陷，石墨球化级别为2级，球径大小级别为h级，腐蚀后在螺纹孔近表面区域存在定向分布的碳化物，且分布的深度约4.4mm，在表面附近碳化物积聚程度尤为密集，有白口倾向；离表面较深处的基体组织铁素体+约10%的成网状分布的碳化铁+少量珠光体；螺牙的组织形态与上述情况类似，第一位螺牙组织为铁素体+约40%成定向分布的碳化物，第二位螺牙二与第三位螺牙的组织类似为铁索体+约30%成定向分布的碳化物，第四位螺牙及后面的几扣螺牙组织类似为铁素体+约20%成网状分布的碳化物+少量珠光体。

表3

试样编号	球化级别	球径大小级别	基体组织
无号	2级（图5）	6级（图5）	铁素体+10%—15%的珠光体（图6）
相关技术要求	球化率80%以上	5级以上	—

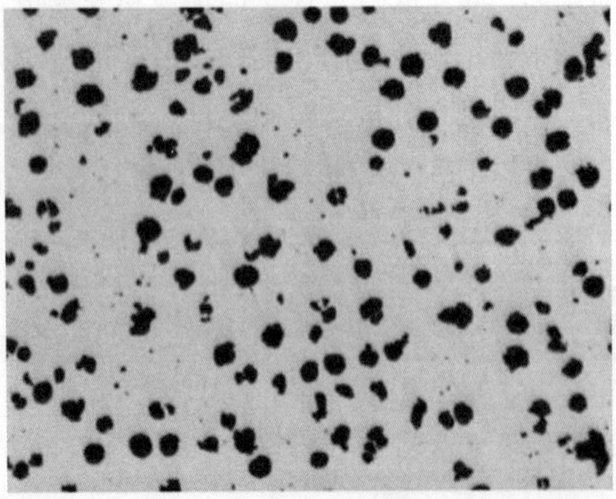

图5　石墨形态（100×）

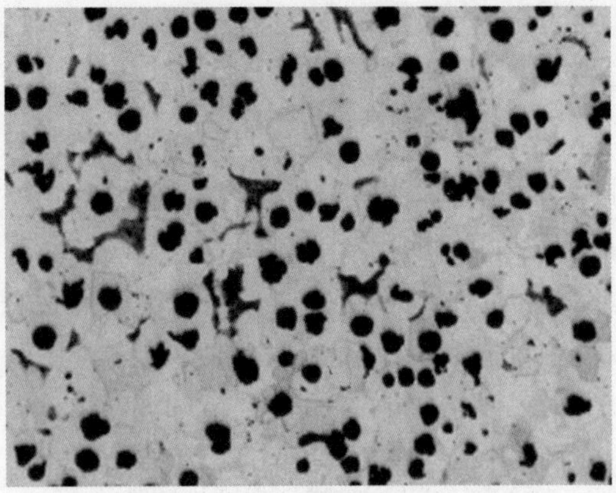

图6　基体组织（100×）

3.6　分析意见

经宏观检查发现，该齿轮箱裂纹位于排油口附近，裂纹笔直长约25mm，裂纹已穿透整个壁厚，经探伤后未在其他部位发现裂纹，在端口上未见疲劳形貌，该裂纹属于一次性脆性开裂所形成，裂源位于第一牙螺纹处并向基体扩展。经对断口微观察检查后发现，该端口基本呈现解理断裂。经化学成分检查发现该开裂的齿轮箱的化学成分满足相关技术要求，取样测得的力学性能满足相关技术要求。

该开裂的齿轮箱的取样金相检查发现，齿轮箱的球化级别和球径大小级别满足相关技术要求。开裂的螺纹孔附近未见裂纹及相关的铸造缺陷且球化级别和球径大小级别满足相关技术要求；腐蚀后在螺纹孔近表面区域存在定向分布的碳化物，定向分布的碳化物方向与放油孔附近的裂纹扩散方向一致，分布的深度约4.4mm。在表面附近碳化物集聚程度较为密集，有白口倾向；离表面较深处的基体组织铁素体+约10%的成网状分布的炭化铁+少量珠光体；螺牙的组织形态与上述情况类似，第一位螺牙组织为铁素体+40%成定向分布的碳化物；第二位螺牙和第三位螺牙的组织类似为铁素体+30%城定向分布的碳化物；第四位螺牙及后面的几扣螺牙组织类似为铁素体+20%成网状分布的碳化物+少量珠光体。表面密集集聚的碳化物和近4.4mm厚度的定向分布的碳化物将极大地降低其力学性能，增大其脆性，裂纹的产生及扩展与此有关。

综上所述，造成齿轮箱下箱体排油口处出现裂纹的原因与组织中存在较多的碳化物有关。针对齿轮箱开裂问题，对出现裂纹的齿轮箱进行应急处理，使用铸件专用修补剂进行修补，随后逐一进行更换，并对未出现裂纹的齿轮箱进行探伤。该修补方式为应急处理方式，应急处理后可以投入使用，不会影响车辆正常上线运营，按照车辆安排随后逐一进行齿轮箱更换，保证车辆正常安全运用。

参考文献

[1] 封宇.HXD1C型机车齿轮箱漏油问题分析及维护方法［J］.电力机车与城轨车辆，2011，34(3)：83-84.

[2] 陈文涛.齿轮箱漏油故障分析及排除［J］.液压气动与密封，2010，30(6)：52-53.

地铁乘务管理标准化研究与分析

滕文光
（天津市地下铁道运营有限公司）

摘　要：乘务是轨道交通运营单位的关键生产专业，是地铁运营的核心环节，在天津地铁处于大发展的关键时期，乘务工作必须与企业的发展相适应。通过对天津地铁未来发展的分析，结合现阶段乘务工作的实际情况，从创新工作思路、规范培训体系、优化应急处置及建立新线筹备体系等方面对乘务管理标准化进行探讨与分析。

关键词：轨道交通；乘务管理；标准化

当前我国城市轨道交通的发展已经迈入新时期，天津地铁随着路网中新线的不断投入运营，也进入全面网络化运营时代，对轨道交通各个专业也提出了更高的要求，乘务也由单线管理逐渐过渡到多线协同管理，在保障高效运营的同时要全面参与到新线筹备工作中。但网络化环境中乘务管理标准化水平仍显示不足，文章以推进地铁乘务管理标准化为根本目标，以培训、应急处置及新线筹备为切入点展开相关研究与分析，以期提升城市轨道交通网络化下的乘务管理水平。

1　地铁乘务管理标准化的重要性

标准化管理在企业的发展中已经体现得越来越重要，在乘务的管理工作中文本制度标准化、作业程序标准化、作业环境标准化等管理方法必须得到充分运用，达到规范员工行为、优化作业程序、提高管理效率、实现企业目标的效果，并能够有效地减少安全事故、意外事件和责任性事件的发生，使安全风险得到有效控制，降低管理难度，提高管理效率，有效保障运营指标的实现。乘务管理标准化是发展的基石，只有实现了才能促进创新与发展。

2　规范培训体系

培训应该是成体系的，从员工入职开始就必须通过系统的培训以达到上岗的标准，上岗后同样需要系统地重温培训体系，确保职工的业务技能保持常新。

（1）规范培训体系。按照乘务岗位需求，明确各项培训内容、课时、周期、考核达标条件和培训师标准等要求，形成具体量化的内容、流程，对每一项进行标准化管理。

（2）规范培训师队伍。明确培训师选拔条件，培训师上岗标准，培训师职责义务，培训师应发挥的作用等，由公司统一组织选拔，定期进行资格复验。

（3）规范培训教材、课件。培训教材应该是各个专业版块的提炼，内容既全面又精练，又能够通俗易懂；课件应该生动灵活，能够以案例为依托，制作制度、流程、安全控制点、应急处置等相关视频，规避人为传达的误差和现场条件不具备所产生的遗漏。

（4）规范培训形式。一是改变传统的大批次集中培训，采取小班轮训，在人员备用率充足的前提下，以4—5人为一小班，开展每年一到两周的脱产培训，实现培训效果。二是采取一对一或一对二的点对点培训，执行奖罚连带机制，可提升培训效率和效果。三是对重点人员在常规培训的基础上，增加培训强度和频次，以及针对性的内容。

（5）统一考核标准。对每一项和每一阶段

的培训必须统一考核标准，并减少主观判断的因素，以量化的客观实际进行评判。

3 优化应急处置标准

为避免在处理突发事件过程中出现手忙脚乱、程序混乱、分工模糊的情况，针对各类突发事件进行严格的处置程序设计，通过长时间的工作经验积累，对突发事件情况进行分类管理，对采取的程序进行合理设计，确保处置程序符合快速响应要求，满足运营管理需要。只有加强对突发事件的处置程序管理，才能有效管控安全隐患，避免出现由于经验不足、判断错误等主观因素引起的安全事故发生，促使突发事件的处置程序更加高效、实用。

（1）优化应急处置程序。对应急处置程序进行深入探讨分析，形成系统严密的应急处置程序，实现各岗位处置标准以及岗位之间联动处置规范，实现应急处置的高效。

（2）开展实操练习和模拟联动实战演练，规避纸上谈兵，通过实操实战提升业务技能水平、动手能力和处理事件时的心理素质，并不断通过模拟总结完善处置程序。

4 建立新线筹备体系

全国各城市均在大力发展轨道交通，随着轨道交通的快速发展，运营新线筹备就成为发展过程中的一项重要环节，所以乘务必须建立完善的新线筹备体系，重点从设计参与、团队组建、制度建立、人员培养、现场跟进及调试、专家评审以及开通试运营等方面形成标准化体系。

（1）设计参与。设备系统、现场环境建设的好坏，对试运营后运营单位的影响相对较大，因此乘务必须从车辆设计、信号系统设计、线路及附属设备设计和段场、正线办公区域设计进行全程跟进，跟进须指定专人进行，确保整体的连贯性。

（2）团队组建。团队组建对乘务标准化管理起着重要作用，首先必须确定团队负责人，并提前按照组织结构做好团队人员规划，并充分利用既有线和新线建设进度开展人员相应的培养。在人员成分上，必须实现新老充分的结合，原则上有经验人员不应少于50%，具体可根据运营的线路的多少合理分配线路间人员比例，达到新线筹备及运营的人员保障。另外，前期全程参与相关设计联络的人员，必须是新线团队的一员。

（3）制度建立。规章制度是管理工作的基础，建立科学的、完善的、全面的管理制度，才能使新线筹备有章可循。在新线筹备期间，既有的一些制度流程不能够完全满足现场需求，因此要进行一些特殊时间段的制度建立，确保在进行新线进场、冷滑、热滑、车辆及信号等设备系统单调、整体联调联试、专家评审和开通试运营等关键工作上有指导，用规章制度约束员工的工作行为，实现过程的标准化。

（4）人员培养。新线人员培养会与正常的培训有所区别，既要完成正常培训体系内的全部内容，又要实现对新线新内容的掌握，要形成专项培训计划和教材，确保新线的所有设备系统、线路均能熟练掌握。

（5）现场跟进及调试。在筹备过程中，应提前在建设阶段介入，掌握与乘务相关建设进度及是否能够满足乘务需求，建立定期跟踪反馈机制，为后期使用提供良好的基础。在调试阶段尽量能够实现人员全部参与，采取老带新的模式，调试节点会很大程度增强司机对设备系统的掌握深度及广度，能够在开通试运营后很好地运用，保障地铁运营质量。

（6）专家评审。专家评审是对新线建设与运营筹备的重要验证，现场测试的效果关系到能否顺利通过评审，乘务仍要担任一些评审测试工作，以及准备相关的迎评材料，组建乘务迎评小组，做好一切迎评准备。

（7）开通试运营。开通试运营作为运营筹备的最终成果展现，是否高水平开通也验证了筹备的过程，因此在开通试运营前一定将人员等方面筹备到位，以不至于给试运营带来影响。开通试运营后必须整理开通过程所有资料，并整理出一套完整的指导性材料，为后期开通新线作出指导。

5 结语

综上所述，乘务工作一直处于地铁运营的最前沿，作为严把地铁运营安全最后一道防线的守护者，建立和完善乘务管理标准化，创新管理思维和模式，才能满足地铁不断发展的需要，打造出一流地铁。

参考文献

[1] 王英，辛继伟，等. 地铁乘务管理体系标准化探讨［J］. 都市快轨交通，2013，26（3）：62－65.

[2] 王英，郭初光，徐亮. 地铁乘务管理系统初探［J］. 世界轨道交通，2011（12）：54－56.

智慧城市 PPP 项目全过程运营风险管控实践

林必毅[1]　赵　瑜[2]　王飞翔[3]

（1. 深圳市赛为智能股份有限公司；2. 合肥赛为智能有限公司；
3. 上海市隧道工程轨道交通设计研究院合肥项目部）

摘　要： 本文先介绍了 PPP 定义、PPP 项目市场分析和中国学术界 PPP 项目三级结构分类法，接着从智慧城市中 PPP 内涵与外延，以及 PPP 助力智慧城市项目落地两个方面描述了智慧城市 PPP 项目，最后从社会资本方角度，对智慧城市 PPP 项目全过程（识别、准备、采购、执行、移交五个阶段）的风险管控进行实践探讨及总结。

关键字： 智慧城市；PPP；全过程；风险管控

1　PPP 概述

1.1　PPP 定义

广义 PPP 是一个非常宽泛的概念，关于其定义和形式国内外没有一个完全统一的说法。国际上认为 PPP 是"公私合作"，即公共部门和私人部门为提供公共产品或服务而建立的一种合作关系。国内认为 PPP 是"政府和社会资本合作"，即政府和社会资本在基础设施及公共服务领域建立的一种长期合作关系。财务部在 1800 亿 PPP 基金政企合作投资基金中，还用了"政企合作"一词。

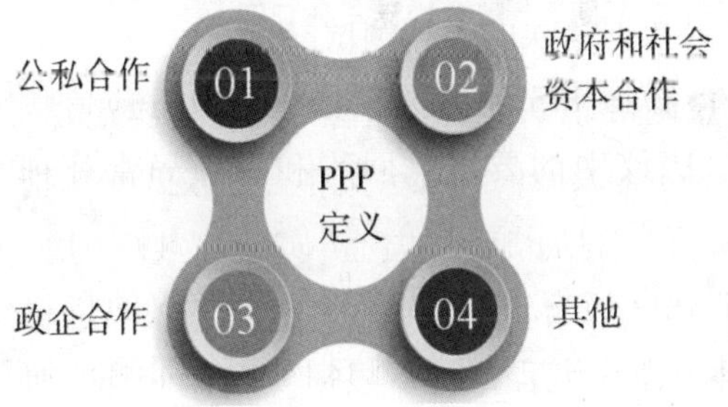

图 1　PPP 几种定义或说法

1.2　PPP 项目市场分析

根据财务部政府和社会资本合作中心的数据，截至 2016 年 11 月 30 日，全国 PPP 综合信息平台入库项目已达 10828 个，总投资额为 129513.20 亿元。传统工程项目正在急剧减少，PPP 是未来新建工程项目的唯一主要来源，中国式 PPP 迎来了跨越式发展，预计未来 10 年整体规模将达 20 万亿元。

PPP 项目，原来社会资本持观望态度，尤其是民间资本参与 PPP 项目顾虑重重。背后深层次原因包括 PPP 顶层立法缺失、政策配套不足、项目质量不高、审批较长、政企双方契约意识不足、项目长期融资渠道不畅等。考虑到许多风险，行业内甚至建议先让子弹飞 20 年，国企先冲上去挡挡子弹，民企先闪一边观望。

当前，在国务院法制办主导下，PPP 立法迈入快车道，意在改善发改委主导的特许经营特例和财政部主导的 PPP 法二者的争议和冲突，统一 PPP 立法，另外在地方政府如饥似渴、金融机构虎视眈眈的背景下，以及 PPP 项目资产证券化、商业性银行参与 PPP 项目积极性转高的东风下，未来 10 年的 PPP 额度，有可能一两年内用完。民企再不及时介入，参与"跑马圈地"，未来真的会面临无项目可做或市场/利润极度萎缩。

图 2　PPP 项目市场状况

1.3　PPP 项目三级结构分类法（中国，学术界）

广义 PPP 可以分为三大类：外包类、特许经营类和私有化类。

中国国情决定了私有化类的不适用，即不包括广义 PPP 中私有化类方式。我们理解，单纯的外包类和最终私有化类，即社会资本承担责任过小或过大的形式，可能都不是国内主推的 PPP 模式。当前中国 PPP 项目，超过90%都是特许经营。

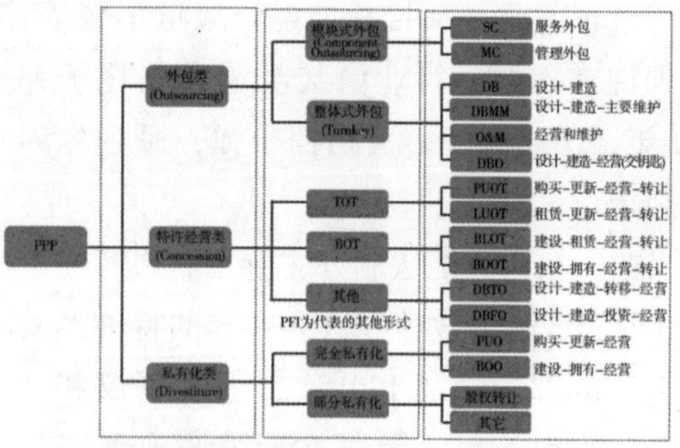

图 3　PPP 项目三级结构分类法(中国,学术界)

2　智慧城市 PPP 项目

2.1　智慧城市项目通过 PPP 模式落地

智慧城市是运用物联网、云计算、大数据、空间地理信息集成等新一代信息技术，促进城市规划、建设、管理和服务智慧化的新理念和新模式。建设智慧城市，对加快工业化、信息化、城镇化、农业现代化融合，提升城市可持续发展能力具有重要意义。市场规模为万亿级，当前主要通过 PPP 项目落地。

2.2　智慧城市中 PPP 内涵与外延（3P、5P、10P 的由来）

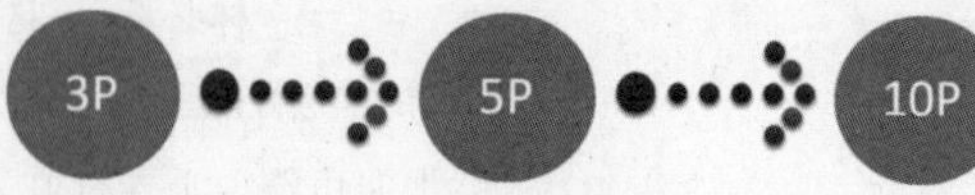

图 4　PPP 延伸图

PPP 定义中，已基本明确了每个 P 的含义。然而，智慧城市 PPP 项目中，因涉及公共产品或服务、公共利益等，故牵涉了另外两个 P：People（用户或市民）和 Politics（政治），这也是5P 的由来，处理不好直接影响智慧城市 PPP 项目的成败。另外，智慧城市 PPP 项目投资大、周期长、参与者众、合同多且复杂、涉及面广、制约条件多等，具有复杂性、长期性等，故涉及其他多个 P：Professional（专业）、Permanent（长期；长久）等。

序号	英文	中文	解释	目的
P1	Public	公共部门 政府	承担基础设施和公共服务提供责任的公共部门 中央/地方政府（规划/财政/建设主管等）	引进先进技术和管理经验降低项目全生命周期的综合成本； 落实基础设施项目的建设与运营维护资金； 有效盘活存量资产解决历史债务问题。
P2	Private	商业机构 私人部门 社会资本	按照市场化机制运作的商业机构 土地所有者/投资者/放贷方/建造商/咨询方等 社会资本是指已建立现代企业制度的境内外企业法人，但不包括本级政府所属融资平台公司及其他控股国有企业。——财金（2014）113号	获取稳定的长期合理回报
P3	Partnership	合作伙伴关系	物有所值；风险分担；全生命周期长期合作关系；多方利益统筹	各方利益的合理分配和平衡
P4	People	用户或市民	用户/原居民/受影响人群/关联方/一般公众等	享有价格合理品质合格的公共产品与服务
P5	Politics	政治	政出多门；政策繁多；政策冲突；政策不严肃；国有企业民营企业区别对待。	不触碰两条底线（1）老百姓不能上街游行；（2）官员不能坐牢。
P6	Professional	专业	融资、投资、咨询、设计、建设、运营、维护、保险…	专业的人干专业的事
P7	Permanent	长期；长久	PPP是一段婚姻，而不是婚礼	长期性
P8	Pressing	紧急的；迫切的	PPP是解决"子欲养而亲不待"的问题	时不我待，及时发展经济
P9	Productiveness	生产效率	花别人的钱办别人的事→花自己的钱办自己的事	机制转变，提高效率+效果
P10	…	…	…	…

图 5　PPP 内涵与外延图

3　智慧城市 PPP 项目全过程风险管控实践

《关于印发政府和社会资本合作模式操作指南（试行）的通知》（财金〔2014〕113 号），规范了 PPP 项目识别、准备、采购、执行、移交各环节操作流程，以下根据实践经验等，对各个环节的风险进行探讨。

3.1　项目准备阶段风险管控

根据《政府和社会资本合作模式操作指南（试行）》，项目识别中提到"投资规模较大、需求长期稳定、价格调整机制灵活、市场化程度较高的基础设施及公共服务类项目，适宜采用政府和社会资本合作模式"。智慧城市建设内容中有一些需求是不稳定的！故智慧应用的选择和设计，极其关键。另外，关注下物有所值评价和财政承受能力论证。财政部发布 PPP 财政承受能力指引，要求每年全部 PPP 项目从预算安排的支出责任占一般公共预算支出比例不超过 10%，为了上项目，政府可能会调整经济增长速度（比如 17% ↑，40% ↑，等等），这会为未来带来风险。

3.2 项目准备阶段风险管控

项目准备阶段，项目实施机构组织编制项目实施方案。项目实施方案包括项目概况、风险分配基本框架、项目运作方式、交易结构、合同体系、监管架构、采购方式选择。

此阶段，需要沟通智慧城市 PPP 项目风险分配原则，避免风险一下子转移不少给社会资本；需要关注项目实施方案中，是否有意或无意漏了税和保险，是否维保费用极低，是否遵循了财政部《政府和社会资本合作项目财政承受能力论证指引》（财金〔2015〕21 号）内的计算运营期内各年政府运营补贴支出数额的公式，综合回报率或者合理利润率/年度折现率是否过低，等等。

3.3 项目采购阶段风险管控

项目采购方式，包括公开招标、邀请招标、竞争性谈判、竞争性磋商和单一来源采购。竞争性谈判以最低价中标，社会资本方谁都不喜欢，毕竟资本是逐利的，而竞争性磋商，考虑了丰富的运营经验，较强的综合能力，社会资本方一般都喜欢。但前能解决就不用后，别一下子用竞争性磋商。

3.4 项目执行阶段风险管控

项目执行阶段，包括设立项目公司、项目融资、项目建设、项目运营、监督、绩效。

监督（审计），绩效考核（评价），是政府的两把刀，可以根本性、长期性收割社会资本的"奶酪"（可能是少得可怜的利润）。故社会资本方，在前期应该深入了解绩效考核办法等，以免影响预期收益。智慧城市 PPP 项目，本身兼顾公众利益与企业财务可持续性，平衡局部与整体利益，协调短期与长期利益，且充分竞争，本身不可能有高的回报，只要在绩效上出现打折，对社会资本方影响还是很大的。

另外，社会资本方应在理解项目资本金、项目公司注册资本金的基础上，与政府深入沟通，尽量减少项目公司注册资本金，这需要前期介入项目时就开始沟通协调。

3.5 项目移交阶段风险管控

项目移交阶段，包括移交形式、补偿方式、移交内容和移交标准。

因智慧城市 PPP 项目，建设期和运营期，累计起来比较长，当前还未到达此阶段，故社会资本方，往往忽视了本阶段的风险管控。建议明确移交的细节，包括移交的方式、方法、人员组成和结构等，以及期限届满或提前移交（不可抗力、政府严重违约、根本性违约）等作详细约定。

4 总结

《国家新型城镇化规划（2014—2020 年）》，明确"推进智慧城市建设"，同时国家也鼓励政府和社会资本合作，故智慧城市 PPP 项目，是大势所趋。社会资本方在积极介入的同时，注意全过程运营风险管控。

参考文献

[1] 关于印发政府和社会资本合作模式操作指南（试行）的通知.（财金〔2014〕113 号）.

[2] 政府和社会资本合作项目财政承受能力论证指引（财金〔2015〕21 号）.

[3] 王守清. 公私合作（PPP）的风险管理. 2016.

[4] 曹珊. PPP 法律风险管控. 2016.

合肥1号线综合后备控制盘及车控室一体化改进研究

孙阳松　林必毅　余承英　赵　健

（深圳市赛为智能股份有限公司）

摘　要：合肥轨道交通1号线作为安徽省首条开通的地铁线路，也是2016年年底新近开通的国内线路，其采用的一系列先进理念和思想，仍然可以为后续的地铁线路建设提供借鉴。笔者作为合肥轨道1号线综合监控系统的参建人员，有幸参与了综合后备控制盘（IBP）及车控室一体化方案的改进和实施工作，现将有关经验总结出来，希望能够为同类的地铁建设实践提供有益的借鉴。

关键词：综合后备控制盘；一体化车控室

1　项目概况

合肥轨道交通1号线一、二期（合肥火车站—九联圩）北起合肥火车站，南至九联圩，线路全长24.58km，全地下线，设23座车站。作为合肥第一条建成运营的线路，也是安徽省的首条地铁线路，全部为地下站。合肥1号线设滨湖车辆段及综合维修基地1座和大连路停车场1座，在大东门站附近设置控制中心，为1、2号线共用控制中心，全线设胜利路和庐州大道2座主变电站。

2　综合后备控制盘及车控室一体化概述

2.1　综合后备控制盘

IBP（Integrated Backup Panel），为综合后备控制盘，，放置在地铁车站综合控制室内，IBP盘由IBP面板、PLC（BAS专业提供）、人机界面终端（其他专业提供并安装）、监控工作台构成。当出现车站值班操作员在车站设备服务器或者人机界面出现故障时，通过IBP盘对本车站进行应急管理；或在紧急情况下直接操作IBP盘上按钮、钥匙开关等，采用人工介入方式进行运行模式操作和某些设备的远程单动操作。发出的控制信号输入IBP盘PLC。由PLC发出联动控制指令和某些设备的远程控制指令。另外，PLC通过通信接口和FAS报警控制器连接，接收FAS报警控制器直接传来的火灾模式指令，并将火灾模式信息转送到现场冗余PLC和BAS工作站。IBP盘上设置紧急控制按钮，状态指示灯等，对重要设备进行应急监控。其控制级别高于各系统操作站。

2.2　一体化车控室

现如今，车控室作为地铁运营管理过程中的重要组成部分，和传统的无人值守机房相比，其人机的自然和谐可直接影响安全管理的效能。为有效解决车控室的功能性缺失、整体布局凌乱、设备与设施风格功能的协调性等不足，最终实现空间有效利用、功能便利高效、人机自然和谐的同时又能充分展现车站级形象窗口的目的，才引入了综合后备控制盘（IBP）及车控室一体化的设计和施工建设方案。合肥1号线在比对了国内多条地铁线车控室存在的问题与不足的基础上，考虑了如何在高成本的地下空间，怎样把有限的车控室打造成高效、便利、美观、时尚的地铁运营监控场所，同时汲取了国外地铁的先进做法，将该先进概念引入到了合肥1号线的车控室建设之中。

3 综合后备控制盘及车控室一体化发展史

根据国内外地铁线路综合后备控制盘及车控室一体化的发展历史，可以将其分为第一代信号控制台、第二代信号控制台、第三代综合后备盘（IBP）以及当前的一体化车控室。其中早期的信号控制台如图1所示。

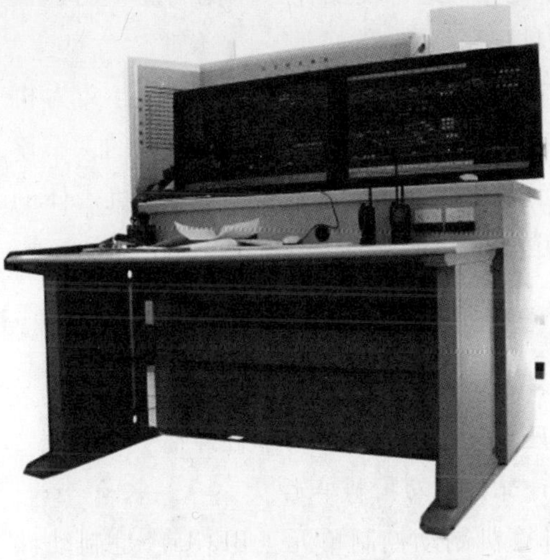

图1 早期的信号控制台

可见，早期的国内地铁信号控制台主要采用控制台、监控台以及其他各专业系统控制箱单独布置，以作为发生运营紧急情况时的备用控制系统。虽然布置简便，操作简单，但是一旦发生了紧急情况时，该种方式仍然不利于快速实施后备控制。

随着对地铁安全运行要求的越来越高，综合监控系统在业内得到普及应用，之前各专业采用单独分散控制的模式无法满足综合监控要求。而国外新加坡等国家已经将传统的信号控制台进行了升级和改进，在考察了它们做法之后，国内又出现了综合后备控制盘（IBP）的设备，同时逐步在国内很多地铁线路中得到了使用，并且成为一种常用形式。

图2 改进后的综合后备控制盘（IBP）

而近几年，如何才能将高成本的地下空间中有限的车控室打造成高效、便利、美观、时尚的地铁运营监控场所，又开始成为业内共同探讨和解决的热点话题。在这种背景下，就出现了“一体化车控室”的概念，随后该种模式逐步在南京地铁、长沙地铁等线路中得到了应用。而从后续的运营效果来看，获得了业主等各方的高度评价。

图3 一体化车控室效果图

4 当前国内IBP及车控室建设经验与总结

4.1 车控室的现状

车控室作为地铁线路运营管理的重要场所，常常伴随着“三多”的现象，也即是日常工作用品多、室内管线多、防护用具多，如图4—图6所示。

图4　日常工作用品多

图5　室内管线多

图6　防护用具多

正是由于当前车控室在营运中存在的这“三多”现象，才使得打造高效、便利、美观、时尚的一体化车控室成为必要。

4.2　传统车控室设计的不足

笔者通过对国内多个车控室的设计和施工现状进行分析后发现，主要存在着以下几个方面的不足，而这都需要在一体化车控室的建设中予以规避。

首先，有些地铁线路的车控室定义为机房，而整体风格也是基于机房来定位的，不仅通俗而且简单，当然，更没有融入人机一体的思想和概念，如图7为某线路的车控室。

图7　定位简单的车控室

其次，地下空间往往比较宝贵，而某些地铁线路却没有对有限的地下空间做到合理的利用，也更没有进行适当的整合，相关的设备和设施都摆放比较凌乱，如图8所示。

图8　设备、设施摆放凌乱的车控室

此外，最为突出的现象便是车控室的装修设计与综合后备控制盘（IBP）分开实施，在装修设计时无法考虑IBP外观、风格，统筹性差，存在诸多协调搭配问题，影响车控室美观，最为典型的如图9所示。

图9　IBP与车控室装修设计分开实施

再有，功能性缺失也是很多车控室设计不到位的突出问题，通常来说，车控室存在着办公用品柜、资料柜、储物柜、布告栏等一些常用功能缺失，以及通风系统设施相对简陋、照明系统效果差等突出的问题。

图10　车控室功能性缺失

5　合肥1号线IBP及车控室一体化建设方案分析

5.1　合肥1号线IBP及车控室一体化建设原则

在总结了国内多条线路车控室在装修的总体风格、装修与设备的配合、整体功能的实用性、方便性等方面存在的一些问题与不足的基础上，同时以国外地铁车控室先进做法为指引、整体设计概念为参照，本文提出了合肥轨道交通1号线IBP及车控室一体化的建设原则，也即是“风格兼容”“实用性”“方便性”等。

图11　合肥1号线车控室建设原则

5.2　合肥1号线IBP及车控室一体化方案构成

合肥1号线IBP及车控室一体化方案主要由综合后备控制盘（IBP）、临窗操作台及打印台、隔断墙及多功能组合柜、LED信息屏等关键部分组成。

其中综合后备控制盘（IBP）作为车控室的重要组成部分，其面板采用优质马赛克材料制作，马赛克单元采用阻燃工程塑材料压制，规格为25mm×25mm，能满足现行国家标准，具有阻燃、高强度、耐老化及尺寸稳定性。并设置镶嵌各种切换开关、紧急控制按钮和指示灯、声光报警器等专用模块。IBP盘台设计方便操作和维修，具有安全性、可靠性，防护能力、散热能力、防火能力和屏蔽功能。IBP盘台能被拆分，便于运输和安装。同时，IBP在整体设计上在其后留出维修通道，为方便维护且节约空间IBP盘采用上翻式气杆门，检修时向上提拉即可垂直定位，不会占用屏后活动空间。

图12　合肥1号线IBP盘示意图

IBP盘下面为设备操作台，操作台面上放置显示器、PA和CCTV后备键盘和各类电话等设备，各系统工作站主机和BAS远程I/O及其附属设备放置在操作台内，操作台满足车控室各系统的工作站等计算机的放置，还考虑BAS远程I/O及其附属设备、PA后备控制键盘、CCTV后备控制键盘、各类电话的安放位置。

除此之外，车控室观察窗前设临窗工作台，临窗工作台采用落地式设计，采用拼接安装，与IBP盘操作台连接处采用圆弧型转角台面过渡。尺寸根据实际车站工艺需要及IBP布置情况确定。

隔断墙采用优质冷轧钢板，采用弧形造型需与IBP盘外观相吻合，隔断墙设置检修门，由于隔断的检修区域，作为相对封闭的空间，采用自然通风与机械散热相结合的方式实现IBP盘内部工作站和通信设备的通风散热。

多功能组合柜主要包括文件夹、钥匙盘、垃圾桶、充电台、茶水台、遗失物品存放、防爆柜、FAS柜、集控终端盒、员工储物柜等设施。多功能组合柜采用钢木结构，铝型材为骨架，铝板为内衬外做PVC贴面，每个多功能组合柜均考虑模块化并能互换。此外，合肥1号线还配置了LED信息屏，其主要用于显示欢迎标语或工作警示标语。

5.3 合肥1号线IBP及车控室一体化环境设计

在车控室空间的环境设计中，空间的色彩环境表情是该设计的重要环节。而每个空间都有其独特的色彩寓意，如何运用色彩情感、冷暖对比、面积配置以及各种配色手法，有计划、有目的地将车控室空间色彩环境寓意展现给使用者，并让使用者接受色彩所传达的信息，创造出具有亲切感的色彩环境，体现其个性和商业经营的共性，营造出宜人舒适的车控室空间。而在合肥1号线的设计中便是考虑了本地的人文、自然特色，选择了更为贴切的配色方案。

5.4 合肥1号线IBP及一体化车控室的效果分析

合肥1号线的IBP及一体化车控室通过以上设计原则和方案确定，设计的效果如图13所示。

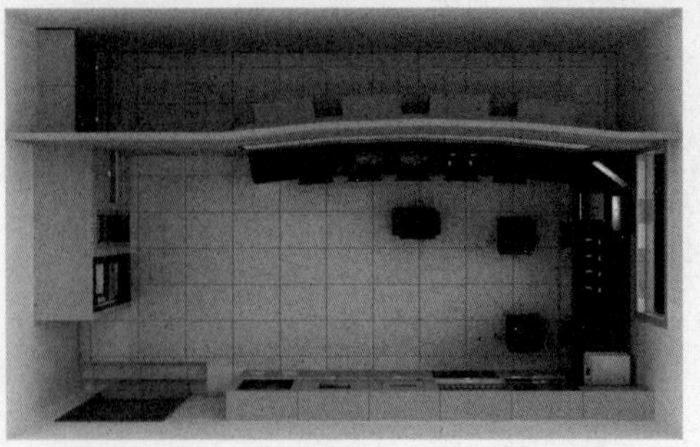

图13 合肥1号线典型站IBP及车控室一体化效果图

通过合肥1号线IBP及一体化车控室的改进和建设效果来看，能够明显具有以下的优势：

- 空间高效利用；
- 整体时尚新颖；
- 人机自然和谐；
- 功能便利全面；
- 展示窗口形象；
- 模块化设计、菜单式选择、专业性布置。

6 结束语

总之，地铁车站控制室作为各地铁的形象窗口及车站级控制平台，其整体的美观性、功能的实用性一直备受地铁公司各级领导及运营单位的高度重视。合肥1号线也是本着风格兼容、实用性与方便性等设计原则，对综合后备控制盘及车控室一体化的改进和建设提出了新的思路，目前，合肥1号线的车控室整洁、美观、简便，获得了各方的一致好评，同时也为地铁运营管理水平的提升发挥了重要的作用。

参考文献

[1] 城市轨道交通技术规范（GB 50490—2009）.

[2] 魏晓东．城市轨道交通自动化系统与技术［M］．北京：电子工业出版社，2011.

[3] 洪群利．基于人机工程学的地铁综合后备盘（IBP）结构设计［J］．价值工程，2016，35（23）：182－185.

[4] 肖猷烈，罗庆林，植成海．浅谈地铁IBP盘环控系统手自动开关设计缺陷及优化方案［J］．科技展望，2016，25（12）：187.

[5] 朱丽娟．地铁车控室综合后备控制盘（IBP）功能需求分析［J］．现代城市轨道交通，2013，（3）：34－37.

天津地铁车辆数据智能采集与分析研究

冯 跃 叶鹏君 刘 峥

（天津市地下铁道运营有限公司）

摘 要：地铁车辆数据智能采集与分析以全息化列车状态感知和动态数字化运行环境为基础，以信息智能处理与交互为支撑，具有自检测、自诊断、自决策能力，通过对走行部、车门、牵引/辅助、网络等直接影响行车安全的关键系统与部件进行动态监控，根据所获得的列车及主要部件数据，对列车自身状态进行评估，并通过“车—地”无线传输网络将数据传输到地面数据中心，给出预警和报警信息，为地面管理人员提供对列车运行状态进行综合评估，以及对地铁车辆维修维护提出指导意见，以保证地铁车辆安全运行。本文主要介绍该方案的设计与应用。

关键词：地铁车辆；智能；无线传输；维修维护；安全运行

1 研究的意义和目的

随着城市轨道交通的快速发展，地铁日趋成为人们出行不可或缺的交通工具，但是，由于地铁同时具有封闭性强、起停频繁、客流量大且来源复杂、乘客自助乘车、应急疏散难度大等固有特点，地铁车辆作为运送乘客的主要载体，对其自身的可靠性及维修保障工作提出了非常高的要求。

目前，列车故障信息和运行数据是单独存储在列车监控系统（TCMS）中，正线实时故障信息只能由司机进行查看处理，运行期间的行车数据只能在列车回库后人工下载，由检修人员通过故障现象及行车数据进行故障分析处理。

智能化列车通过建立车地通信通道，可将正线发生的故障信息和关键行车数据等实时传输至地面数据中心，供地面运转、调度、维修人员查看以指导司机处理故障；智能化列车通过增加车门、走行部等系统的监测点，将监测数据实时传送至地面数据中心专家分析系统，对相应系统的异常状态提出预警的维修指导，降低系统故障率；智能化列车通过库内局域网在每日运营结束后，自动将列车全部运行数据发送至地面数据中心，大大节省人力成本。

通过智能化系统，能更加全面、更加系统地掌控车辆运行状态，达到在故障预警和及时维护指导，合理采取应急措施的目的。

2 总体方案

系统主要由新增的车载网络和地面网络两部分组成，列车将搜集的列车数据（TMS 数据、事件记录仪数据、新增车门诊断数据、新增走行部诊断数据等）通过车载无线数据发送到地面，实现列车与地面之间的“车—地”无线数传，并将列车信息至地面管理服务器，并由车辆故障信息管理服务器完成故障的分类、统计和评估。

3 车载数据采集项点

3.1 既有 TCMS 采集的故障信息及事件记录仪记录

对 TCMS 对列车各子系统的故障信息及事件记录进行采集上传。

3.2 车门智能诊断系统

目前地铁车辆门控器只能输出已产生的显性故障结果，缺乏故障发生前的异常工作状态的分析判断。门控器的输出故障通过车辆总线网络上传给车辆 TCMS 在司机室的屏幕上显示，也可以通过门控器的 LED 指示灯显示。故障数据只能在列车入库后人工下载，维护人员依据经验逐个门进行日常检查和简单故障判断。

车门智能诊断系统通过更换智能门控器实时监测电机、门控器（电信号采集）以及锁闭机构的动作情况和工作参数，并通过车载以太网实时上传地面服务器，通过系统的故障规则知识库智能化判断当前的车门是否产生了故障或进入亚健康状态。在门系统没有进入故障时就提前检修和排除亚健康问题，大大降低故障的发生率，尤其是大大减少无法电动关门、开不到位、三秒不解锁等常见故障，有效地提高了门系统的运行可靠性。一旦判断该门系统存在故障或进入亚健康状态，系统会及时推送信息（包含问题现象、原因和解决方案）给对应的维修人员，通知该人员及时处理问题，降低了地铁运营过程中突发故障产生的运营成本。

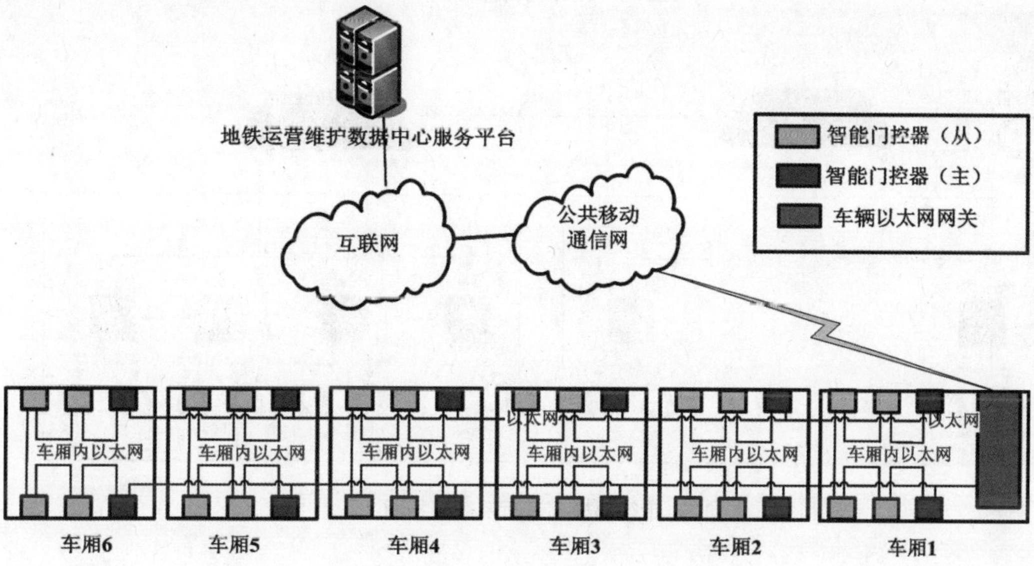

图 1　车门智能诊断系统拓扑图

3.3　走行部检测诊断系统

走行部检测诊断系统是一种走行部安全监测装备，通过安装在走行部关键部件上的复合传感器，同时监测冲击、振动、温度 3 个物理量，并通过基于广义共振与共振解调的故障诊断技术，实现走行部关键部件（轴箱轴承、齿轮箱轴承、齿轮、车辆踏面、钢轨）的车载在线实时诊断，对于故障实现早期预警和分级报警，准确指导车辆的运用和维修。另外还能对轨道波磨区段进行分析及精确定位，为轨道的及时打磨提供依据，且能实现分级报警。

图2　传感器安装位置

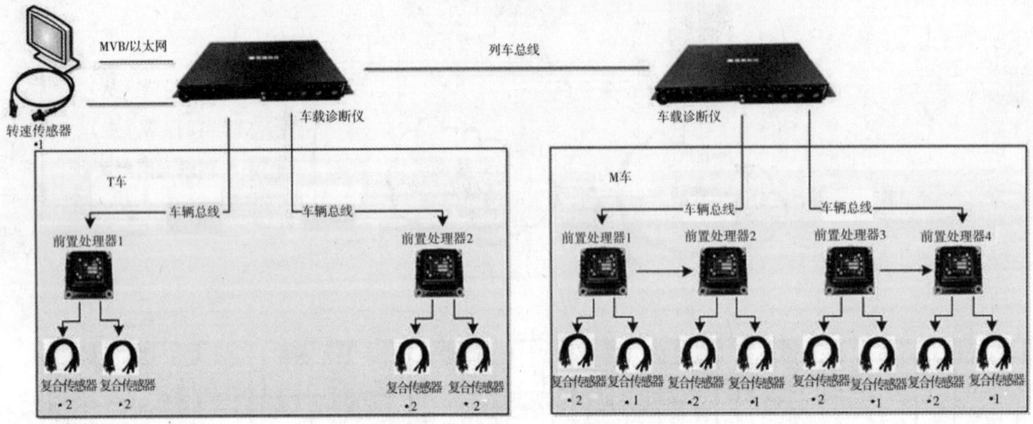

图3　走行部检测诊断系统拓扑图

3.4　关键继电器动作次数

继电器动作次数通过TMS进行记录，结合继电器产品说明中的使用寿命，为继电器的预防性维修提供指导。

3.5　司机驾驶状态监测

通过视频采集技术，在列车运行时，对司机视线转移、司机离开驾驶座位等行为进行监测，同时进行报警和上传至地面，提高列车运行安全性能。

3.6　PIDS系统摄像头状态监测

对摄像头数据进行采集分析，对摄像头故障、遮挡等异常状态进行监测，并将异常状态实时上传至地面，保证列车安全运行。

4　车载网络系统

车载数据通过列车新增的一套以太网进行采集，主要由列车各子系统智能化检测设备、以太网交换机、数据记录仪、网络智能控制单元、认证智能控制器、车载无线数据传输模块及车载天线组成，列车级骨干网为千兆以太网，各车厢为百兆以太网。车载以太网拓扑图如图4所示。

车各车厢的子系统智能化设备与本车以太网交换机相连，并按照协议传送本系统相关状态信息和故障信息等，再通过各车厢的以太网交换机将整列车的信息数据由认证智能控制单元，经车载无线数据传输模块和天线传输到地面服务器。

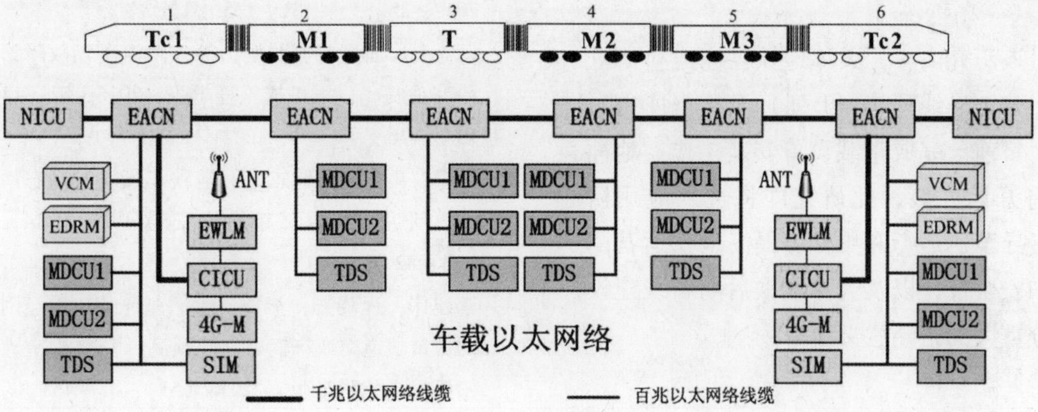

图 4　车载以太网拓扑图

5　车载数据无线传输系统

列车在正线主要对 TMS 故障记录、新增车门诊断数据、新增走行部诊断数据等进行传输，此数据量较小加之天津地铁 1 号线正线暂无无线通信传输通道，故采用 3G/4G 网络进行车地无线数据传输。列车将搜集的数据通过车载无线数据发送模块与地面的以太网交换机相连接，实现列车与地面之间的车地无线数传，将列车信息传至指定地面管理服务器，并由车辆故障信息管理服务器完成故障的分类、统计和评估。

列车在库内要传输事件记录仪数据，事件记录仪数据量较大，故采用稳定可靠性强、抗干扰能力强、传输速度快的波导无线局域网络进行数据传输，如图 5 所示。

图 5　库内波导局域网轨旁接收装置

6　地面网络系统

地面网络主要由地面服务器、地面接收装置和客户端组成，具体如图 6 所示。地面服务器可以获取地面接收天线收到的列车数据信息，并通过数据服务器中服务程序对列车车载无线数据发送模块发出的数据进行接收、存储。客户端计算机通过安装好的应用软件可对地面服务器存储的列车数据进行查询并分析数据，具体如图 7 所示。

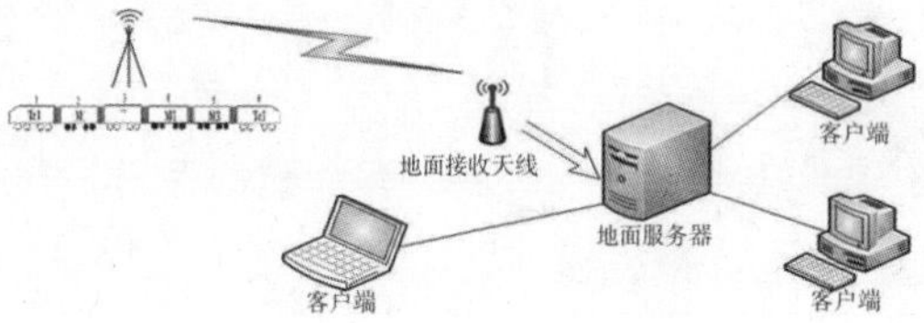

图 6　地面网络示意图

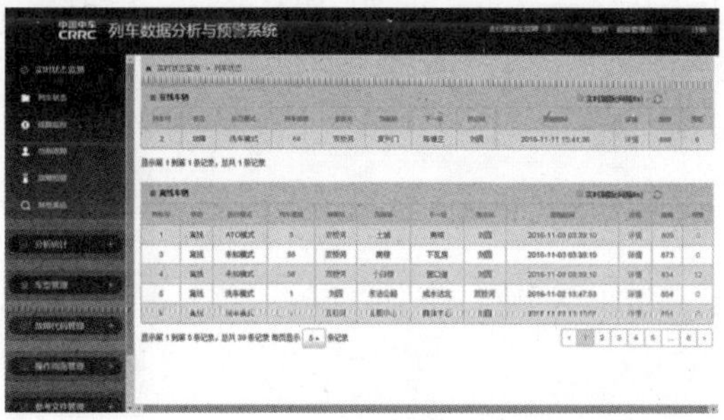

图 7　分析软件界面示意图

7 结语

针对该研究内容，天津地铁已完成科研立项工作，在1号线列车（1列）及检修库内试验应用，目前已完成车载设备安装工作，地面设备即将开始安装，此研究即将进入应用阶段，对指导车辆运行和维修、提高地铁运营的可靠性和安全性，以及天津地铁后期新线建设有着十分重大的指导意义。

参考文献

[1] 许艳华，黄贵发，唐德尧．城轨交通车辆走行部故障自动诊断技术应用［J］．都市快轨交通，2012，25（5）：131－135.

[2] 刘志亮，潘登，左明健，等．轨道车辆故障诊断研究进展［J］．机械工程学报，2016，52（14）：134－146.

[3] 陈静，禹建伟，谭志忠．地铁车辆轮对动态检测系统研究［J］．城市轨道交通研究，2014，17（7）：82－84.

[4] 李建伟，程晓卿，秦勇，等．基于BP神经网络的城市轨道交通车辆可靠性预测［J］．中南大学学报（自然科学版），2013（51）：42－46.

[5] 刘海波．轨道车辆转向架电机轴承在线故障诊断系统开发［D］．太原：太原科技大学，2010.

南京地铁3号线PIS－ISCS接口测试及PIS技术改进研究

余承英　林必毅　赵　健　孙阳松
（深圳市赛为智能股份有限公司）

摘　要：南京地铁3号线是南京地铁第二条开通的过江线路，于2015年4月1日正式运营，标志色为绿色。PIS是当前地铁运营中不可或缺的重要组成部分。而笔者作为该条线路PIS项目的现场项目经理，在与ISCS的接口配合中，总结出了一些重点和难点所在，最后对PIS进行了一系列技术改进，希望能够为未来地铁线路的建设提供有益的参考。

关键词：南京地铁3号线；PIS；ISCS；接口

1　项目概况

南京地铁3号线工程起自林场站，线路全长44.882km，其中高架线约2.095km，地面线0.392km，地下线约42.395km。共设车站29座（其中高架车站1座，地下车站28座），控制中心1座，车辆段1座，停车场1座。南京地铁3号线PIS系统工程涵盖3号线全线，通过该系统，乘客可以在正常和非正常两种情况下获取相应的信息，从而更加方便、快捷以及安全地乘坐轨道交通。南京地铁3号线PIS（Passenger Information System，乘客信息系统）与ISCS（Integrated Supervisory Control System，综合监控系统）在建设中存在着接口，PIS通过ISCS获取信息反馈和供电，而ISCS则向PIS获取相应信息并提供供电，本文主要针对二者接口中的重点和难点问题展开探讨，最后提出了PIS的技术改进措施。

2　南京地铁3号线PIS系统构成

2.1　南京地铁3号线PIS系统概述

PIS是南京地铁3号线中一个非常重要的系统，而在南京地铁3号线PIS系统建设中，充分体现了可视性、实时性、经济性和可扩展性等特性，从而在地铁的正常运营管理中发挥了巨大的作用。而综合监控系统则有效集成了地铁中的多个机电系统，满足运营“安全、可靠、经济、适用”的目标，继而体现出“以人为本”的思想，保证与各相关机电系统间信息迅速、准确、可靠地传送，全方位、全天候地服务于控制中心行调、电调、环调、总调、维调及车站值班站长、值班员。

2.2　南京3号线PIS系统构成

南京地铁3号线PIS在正常情况下，提供乘车须知、服务时间、列车到发时间、列车时刻表、管理者公告、政府公告、出行参考、股票信息、媒体新闻、赛事直播、广告等实时动态的多媒体信息；在火灾、阻塞及恐怖袭击等非正常情况下，提供动态紧急疏散提示。车载设备通过接收无线传输的信息经处理后实时在列车车厢显示屏进行音视频播放。使旅客通过正确的服务信息引导，安全、便捷地乘坐轨道交通。

南京地铁3号线乘客信息系统（PIS）主要包括控制中心子系统、车站子系统、车载播控子系统、编播中心子系统、电源子系统和网络子系统六个子系统。其中，网络子系统为PIS系统提供基础通信平台，除电源子系统外，各子系统都通过网络子系统互联互通。控制中心位于南京南总控制中心内。

控制中心子系统通过接口采集外部信息流，经编辑、处理手段，生成内部信息，按既定规则或版式播出，以达到向乘客传递信息的目的。系统接受编播中心视频，另外能够同时输出2路高清（兼容标清）。

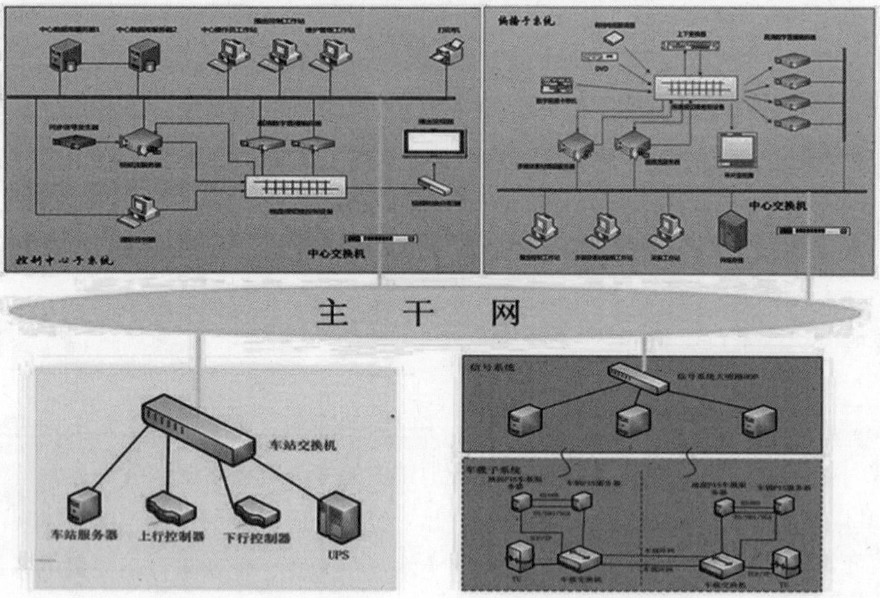

图1　南京地铁3号线乘客信息系统PIS系统构成图

车站子系统能收发信息、具有播放控制及监视功能、同步显示网络时间。

网络子系统负责中心、车站内部组网，利用通信传输子系统提供传输通道来传输中心与各车站网络之间的各种数据信息、音视频信息和控制信息。接口类型采用1000Mbps以太网接口，以太网带宽不低于400Mb/s。

车载播控子系统能收发信息、具有播放控制及监视功能，能够实现视频叠加与重新编码。

编播中心子系统通过互联网及局域网络方式实现广告内容管理统一中心管理平台，建立支持可扩充的一体化内容发布平台。

图2—图4为南京地铁3号线PIS的项目实施效果图：

图2　南京地铁3号线车载PIS显示效果图

图3　南京地铁3号线站台PIS显示效果图

图4　南京地铁3号线站台PIS显示效果图

3　南京地铁3号线PIS与ISCS的接口功能

南京地铁3号线PIS与ISCS、车辆、信号、动力照明等多个系统存在着接口，而本文则主要结合PIS与ISCS的接口功能与接口测试为例，对接口测试的相关内容进行探讨。

3.1　PIS与ISCS的物理接口

南京地铁3号线PIS与ISCS两个系统之间的接口主要为信号接口，在中心和车站均具有接口，其中信号物理接口主要采用基于Modbus TCP协议的百兆以太网TCP/IP接口。PIS中心子系统与综合监控系统中心子系统在控制中心互联，接口位置在综合监控系统中心通信控制器输出端。

接口示意图如图5所示。

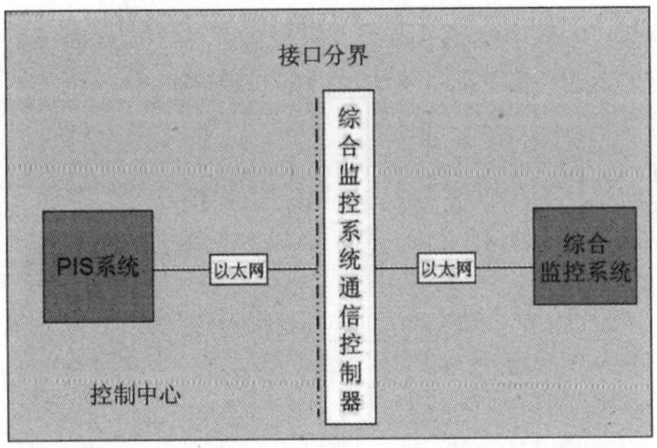

图5　PIS与ISCS中心信号接口示意图

PIS车站子系统与综合监控系统车站子系统在车站互联，接口位置在综合监控系统车站通信控制器输出端。接口示意图如图6所示。

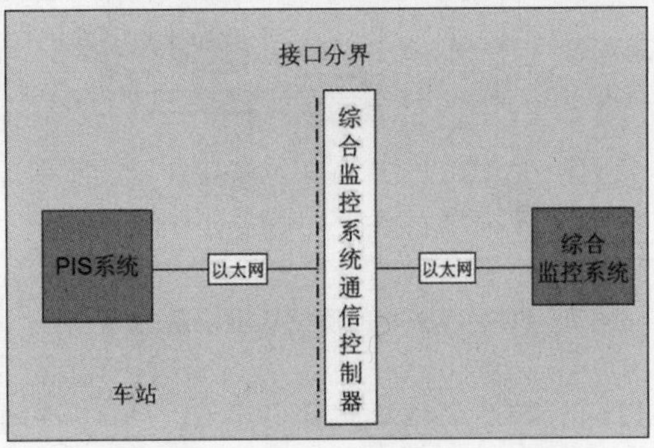

图6　PIS与ISCS车站接口示意图

3.2　PIS与ISCS的接口功能

南京地铁3号线PIS与ISCS之间的数据传输为双向传输，PIS不仅能够向ISCS传送所有车站设备的工作状态、故障报警信息等以外，还能够接受ISCS对PIS设备的管理和控制，甚至触发车站播出设备进行紧急信息的显示。

在该信号接口下，通过预先定义好命令帧格式，PIS可以检测接收ISCS发送过来的模式控制命令，显示播放指定的信息。

由ISCS发送给PIS的信息包括：

1）预设信息；

2）人工即时文本信息。

而由PIS反馈给ISCS的信息则包括：

1）PIS系统的设备状态信息；

2）PIS系统的工作状态信息。

4　南京地铁3号线PIS与ISCS的接口测试与调试

4.1　PIS与ISCS测试环境搭建

南京地铁3号线PIS与ISCS的接口测试与调试也是两个系统配合工作中的重要组成部分。而在前期接口测试工作中，ISCS主要提供两台FEP（通信前置机），而PIS则主要提供两台PIS中心服务器或者模拟设备、接口软件，然后按照系统原理图，搭建相应的接口测试平台。

测试环境示意图主要如图7所示。

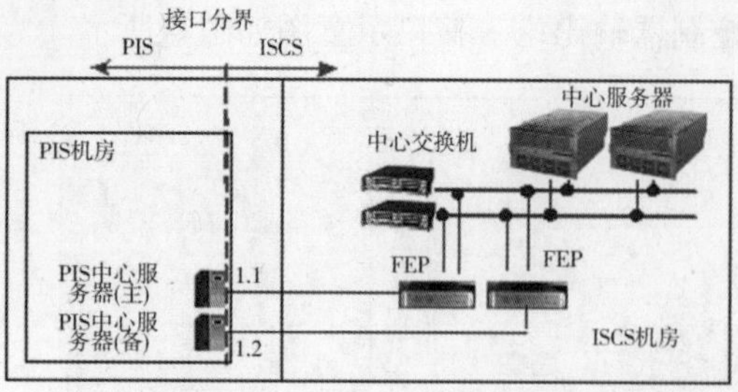

图 7　PIS 与 ISCS 的测试环境示意图

4.2　PIS 与 ISCS 的接口测试内容

南京地铁 3 号线 PIS 与 ISCS 的接口测试内容则主要包括网络联通测试、查询数据测试、写控制命令数据测试、单一 TCP/IP 连接失败/恢复测试、主通信链路故障/恢复测试以及数据错误的模拟测试等。

1）网络联通测试

ISCS 为 PIS 设备分配 IP 地址，使 PIS 与 ISCS 能够互相 Ping 通。

2）查询数据测试

由客户端发起传送查询 PIS 信息数据测试，ISCS 发送查询报文给 PIS，PIS 按要求组织报文传送给 ISCS，ISCS 分析确认，当然，查询和回答的格式必须符合双方的接口协议中所规定的格式。

3）写控制命令数据测试

由客户端发起发送写控制命令数据测试，ISCS 系统按要求组织报文传送给 PIS 系统，PIS 系统在收到后予以确认，同时，双方格式也必须符合双方的接口协议中所规定的格式。

4）单一 TCP/IP 连接失败/恢复测试

单一 TCP/IP 连接失败/恢复测试目的是确保 TCP/IP 连接失败/恢复测试能正常工作。主要包括以下两个步骤：

关闭 FEP 电源后，再重新合上电源：

- FEP 和 PIS 的 TCP/IP 链接断开。
- TCP/IP 链接重新连接。
- 检查 ISCS 是否进行对时。
- 2）和 3）测试再次执行。

拔掉 FEP 以太网电缆，2 分钟后，再重新合上电源：

- FEP 和 PIS 的 TCP/IP 链接断开。
- TCP/IP 链接重新连接。
- 检查 ISCS 是否进行对时。
- 2）和 3）测试再次执行。

5）主通信链路故障/恢复测试

主通信链路故障/恢复测试目的是确保主通信链路故障/恢复后系统能正常工作：（以下测试建立于双网连接）：

拔掉 ISCS 实时服务器 A 接入网接口的以太网电缆：

- 检查 ISCS 实时服务器 A 和 PIS 通信主机 A 之间的 TCP/IP 链接是否断开。
- 检查 ISCS 实时服务器 A 和 PIS 通信主机 A 上是否显示通信中断。
- 2）和 3）的测试再次执行。

插上以太网电缆，恢复连接：

- 检查 ISCS 实时服务器 A 和 PIS 通信主机 A 的 TCP/IP 链接是否重新连接。
- 检查 ISCS 实时服务器 A 是否正常收到数据。
- 检查 PIS 通信主机 A 是否正常响应。
- 2）和 3）的测试再次执行。

6）数据错误的模拟测试

PIS 模拟 PIS 侧的数据错误，双方应该按照接口协议中的要求，回答和解释异常处理报文。

而在南京地铁 3 号线 PIS 与 ISCS 的接口测试工作中，所罗列的测试内容全部测试通过，从而为下一步的工程实施奠定了良好的基础。

4.3　PIS 与 ISCS 的完工测试

接下来，完工之后需要对两个系统进行完工测试，完工测试主要包括单机测试与系统测试（功能测试是主要组成部分）两个部分，使其可以达到合同规定的要求。完工测试通过之后便是大联调，大联调是在双方接口配合工作完成之后的重要工作，也是保证后期 PIS 与 ISCS 两个系统正常工作的重要前提。ISCS 作为一个总的监控系统，PIS 的接口调试系统主要配合综合监控系统进行。ISCS 包含若干张 PIS 的 HMI 界面，双方在接口调试中需要保证 HMI 界面上显示的相应状态正常为标准。

5　南京地铁 3 号线 PIS 的技术改进与建议

笔者在从事南京地铁 3 号线 PIS 项目经理期间，结合项目实际情况对 PIS 也进行了一系列技术改进，主要体现在以下几个方面：

5.1　构建统一的设备智能化集成管理平台

将网络类设备（交换机等）、UPS 电源设备以及播控类设备纳入到了统一平台进行管理，打破了传统 PIS 各子系统设备使用单独网管系统进行并立管理的烦琐问题，有效地提升了管理水平。通过该系统平台能够实现登录及权限管理功能、子系统管理功能以及报警和事件功能等。

图 8　南京 3 号线 PIS 设备集成管理平台

5.2　建立 PCC 编播中心

南京 3 号线建立了 PCC 编播子系统，其不仅连接三号线控制中心子系统，还通过网络与十号线等其他线路控制中心子系统相连，以实现广告内容管理的统一中心管理。PCC 能够支持一体化内容发布，能够提供应急预案服务分地域、分区域、分时段进行精准投放，并通过集中管理平台实现分布式广告分发与播放，满足三号线及后续线路的 PIS 系统的调度播放。

PCC 系统与各线路控制中心连接，并通过线路控制中心与各车站通信。其构成结构如图 9 所示。

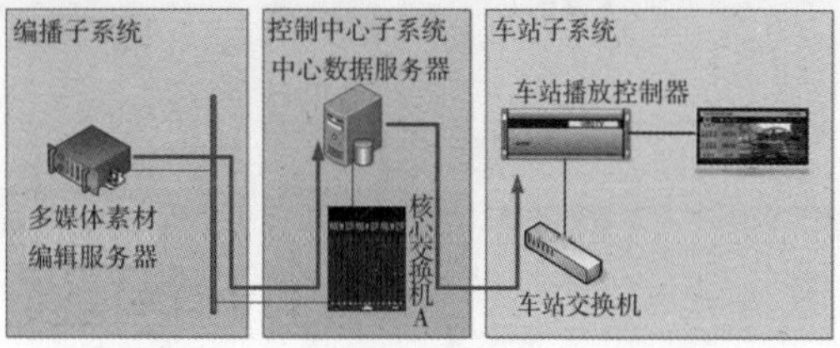

图 9　南京 3 号线 PIS PCC 子系统数据流向图

5.3　采用 HDMI 高清输出

在地铁 PIS 中，车站视频分配转换器主要负责将播放控制器输出的视/音频信息分别输出至乘客显示终端上，以往的 PIS 往往采用的都是标清信息传输，而在南京地铁 3 号线 PIS 中，从车站视频分配转换器至乘客显示终端改为采用高清 HDMI 信息传输。

6　结语

总之，本文主要对南京地铁 3 号线 PIS - ISCS 系统的接口测试及 PIS 系统技术改进进行了详细的分析，相信通过南京地铁 3 号线 PIS 与 ISCS 的良好配合，能够为二者有效结合在一起工作奠定良好的基础，同时也能够保证轨道交通正常的运营，值得在国内同类的地铁弱电系统的建设中参考。

参考文献

［1］唐霈．城市轨道交通 PIS 车地无线传输方案研究［J］．信息通信，2014（12）：177 - 178.

［2］刘增祥．城市轨道交通线网 PIS 编播中心构建与实现［J］．现代城市轨道交通，2014（6）：13 - 16.

［3］汪晓臣，于鑫，李明，等．PIS 设备管理系统设计与实现［J］．铁路计算机应用，2015（5）：

57 - 60.
[4] 谢卫华. 地铁 PIS 系统中无线局域网技术的应用分析 [J]. 中国新通信，2015，17 (20)：52 - 53.
[5] 丁祎. 地铁 PIS 系统的功能分析及其实现 [J]. 住宅与房地产，2015 (22).

机场线 QKZ5 型车辆制动系统可靠性分析

张 骄 李 熙

（北京市地铁运营有限公司地铁运营技术研发中心　车辆设备技术研究室）

摘　要：机场线 QKZ5 车辆由长客—庞巴迪公司生产，列车由 4 辆编组的直线电机车辆组成，全动车，其制动系统全部采用从国外进口液压制动产品。制动系统属于车辆关键部件之一，其可靠程度直接关乎乘客的安全与舒适性。本文建立了该车辆制动系统的可靠性模型，并将该制动系统分解为微机制动控制单元、液压制动控制单元、制动盘、磁轨装置四个模块来进行可靠性分析，最后整体对液压制动系统可靠性、液压制动系统可用性进行评估，得出该系统可靠的结论，为之后的试验提供了有力的理论数据支持。

0　引言

北京地铁机场线是北京市第一条快轨线路，连接北京市区与北京首都国际机场。机场线是北京奥运会的重要配套设施之一。全线设 4 座车站和天竺车辆段。北京机场线现拥有 10 列车，列车由 4 辆编组的直线电机车辆组成，全动车，由长客—庞巴迪公司生产。

由于地铁具有运行站间距短，调速及停车频繁，而车辆启动加速度和制动减速度又大，运行速度高且保证安全运行的特点，故要求制动系统性能稳定、可靠，制动系统的可靠与否直接关系到乘客的安全与舒适性，故对制动系统进行可靠性分析是非常有意义的，本文建立了该制动系统的可靠性分析模型，分别对微机制动控制单元、液压制动控制单元、制动盘、磁轨装置四个模块进行了可靠性分析，最后对该液压制动系统可靠性、液压制动系统可用性进行了评估，得出该系统可靠的结论，为之后的试验提供了有力的理论数据支持。

1　参数定义

可靠性是指产品在规定条件下和规定的时间内，完成规定功能的能力。描述产品可靠性的特征量称为可靠性参数，常用的可靠性参数有故障率、可靠度、平均故障间隔时间等[1-2]。

参数定义：

平均故障间隔时间 MTBF：研究对象两次故障之间的平均间隔时间[3-4]。

故障率 λ（t）：工作到某时刻尚未发生故障的产品，在该时刻后单位时间内发生故障的概率[5]。当故障次数是常量时，故障率 λ 等于 MTBF 的倒数。这里说的故障率是指运行时间为 10^9 小时的情况。(用 FIT 表示)

可靠度 R（t）：产品在规定的条件下和规定的时间内，完成规定功能的概率。

2　假设条件

建立产品可靠性模型的假设条件如下：

（1）各元器件的失效率认为都是常数，即它们的寿命特征服从指数分布。

（2）产品只有正常和故障两种状态。

（3）产品中各模块均是相互独立的，即某一模块正常或故障不会对别的模块的正常或故障产生影响。

（4）故障率 λ（t）是指工作到某时刻尚未发生故障的产品，在该时刻后单位时间内发生故障的概率。产品寿命周期内典型的故障率变化曲线如图 1 所示，因为其形似浴盆，故称之为浴盆曲线。

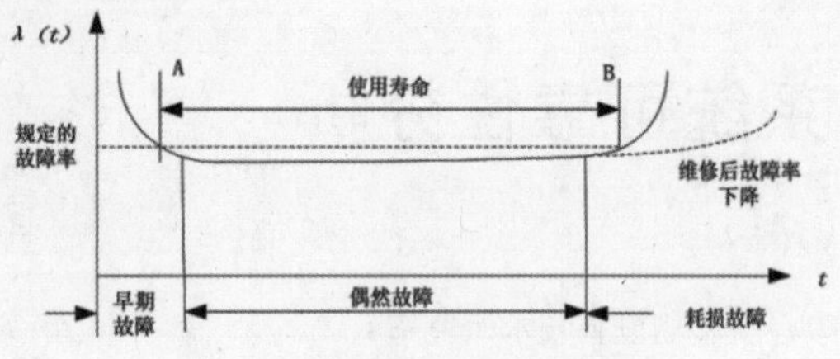

图1　产品典型的故障率曲线

从图1可以看出，在早期故障阶段，产品的故障主要是设计和制造中的缺陷导致，这一时期故障率较高，且迅速下降，可以通过加强质量管理或老化筛选来消灭早期故障；在偶然故障阶段，产品的故障率降低至一个较低的水平，可以近似认为故障率为常数，故障主要由偶然因素引起；在耗损故障阶段，产品的故障主要由老化、疲劳、磨损、腐蚀等耗损性因素引起，故障率迅速上升。

本文在进行制动系统可靠性分析时，均认为制动系统的零部件在出厂前进行过老化试验，已将早期故障消除；同时，认为可靠性研究的时间历程为制动系统部件的使用寿命期。因此，可以认为制动系统零部件的故障服从指数分布，故障率为常数 λ。

可靠度 R（t）是指产品在规定的条件下和规定的时间内，完成规定功能的概率。根据可靠性理论，可靠度与故障率存在以下关系：

$$R(\mathrm{t}) = \mathrm{e}^{-\int_0^t \lambda(t)dt} \tag{1}$$

对于指数分布 λ（t）$=\lambda$，代入式（1）得：

$$R(\mathrm{t}) = \mathrm{e}^{-\lambda t} \tag{2}$$

平均故障间隔时间 MTBF 是指在规定的条件下和规定的时间内，产品的寿命单位总数与故障总次数之比。在故障服从指数分布时，平均故障间隔时间与故障率有以下关系：

$$MTBF = 1/\lambda \tag{3}$$

从式（2）和式（3）可以看出，指数分布的可靠度与平均故障间隔时间都是故障率 λ 的函数。因此，根据部件的故障率，就可以得到其他可靠性参数。

3　基本可靠性模型

根据制动工况，将液压制动系统的可靠性 RBD 框图建立如图2和图3所示。

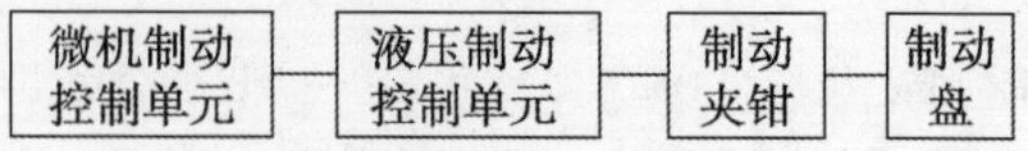

图2　常用制动的 RBD 框图

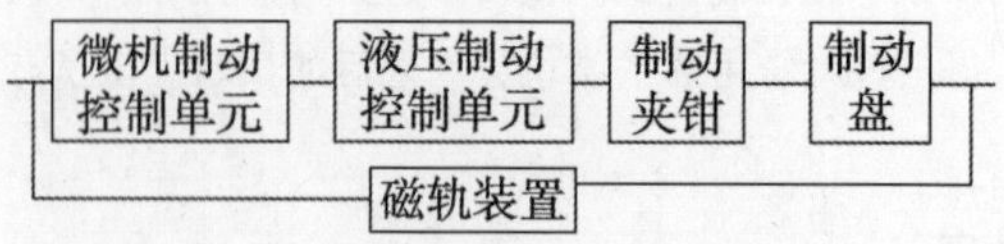

图3　紧急制动的 RBD 框图

4　液压制动系统各模块可靠性评估

4.1　计算机制动控制单元

计算机制动控制单元（BECU）是制动计算的中枢，是制动系统的“大脑”，计算出计算机制动控制单元的故障率。

表1　BECU 各部件故障率

部件	数量	单个零部件的失效率 λ（$10^{-6}/h$）
λ_{BECU}	2	59.5439

$$MTBF_{\mathrm{S}} = \frac{1}{\lambda_{\mathrm{BECU}}} = 16682.2h$$

4.2　液压制动控制单元

由液压制动控制单元（HCU）的比例阀控制油量并打入外部蓄能器。蓄能器加载由压力开关和相应的电子控制单元控制，当压力降到某个最小值之下时，泵电机接通；当（蓄能器补充压力回路）达到最大压力时，泵电机断开。制动器的电子控制单元发出电气控制信号，比例压力控制阀依据这个信号的值连续控制制动器驱动装置。

表 2　HCU 各部件故障率

部件	数量	单个零部件的失效率 λ（$10^{-6}/h$）
比例阀	2	1.586
齿轮泵	1	3.172
电机	1	42.6338
溢流阀	1	10.0288
压力传感器	2	19.1454
压力开关	1	19.1454

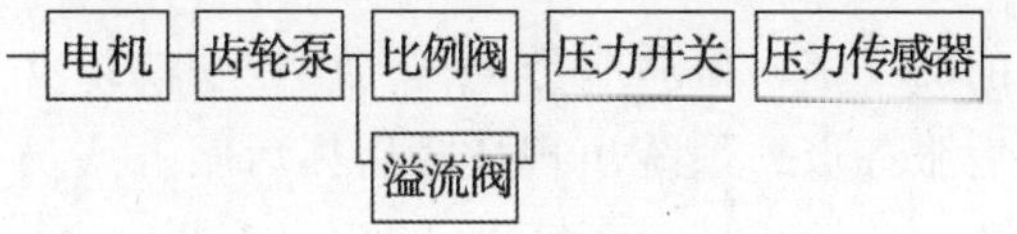

图 4　可靠性框图

$$MTBF_S = \frac{1}{\lambda_S}$$

$$\lambda_S = \lambda_1 + \lambda_2 + \lambda t + \lambda_4 + \lambda_5$$

$$\lambda t = 1/\left[1/\lambda_{a1} + 1/\lambda_{b1} + 1/(\lambda_{a1} + \lambda_{b1})\right]$$

$$R_a(t) = \prod_{i=1}^{5} R_{ai} = e^{\int_0^t \lambda_a(t)dt} = e^{\lambda_a t}$$

$$MTBF_S = \frac{1}{\lambda_S} = \frac{1}{116.44} = 8588h$$

4.3　制动盘

每个转向架上安装有 2 副制动盘，主要由摩擦盘、压盖及连接螺栓组成。

表 3　动车制动盘各部件故障率

部件	数量	单个零部件的失效率 λ（$10^{-6}/h$）
螺栓	12	0.0778
压盖	1	1.12
摩擦盘	1	3.6

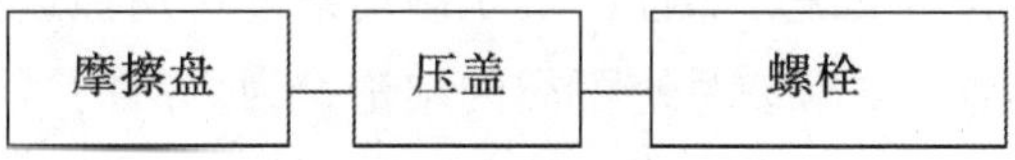

图 5　可靠性框图

$$MTBF_S = \frac{1}{\lambda_S}$$

$$\lambda_S = \lambda_1 + \lambda_2 + \lambda_3$$

可靠性为：$R_S(t) = \prod_{i=1}^{3} R_i = e^{\int_0^t \lambda_S(t)dt} = e^{\lambda_S t}$

$$MTBF_S = \frac{1}{\lambda_S} = \frac{1}{5.65} = 176991h$$

4.4　磁轨装置

磁轨制动器借助悬挂装置以自由震荡方向与车体转向架相连接。当给磁轨制动器供电时，由于吸力作用，磁轨完全吸合与钢轨上将进行摩擦制动，制动力通过传力装置传向车体。

表 4　磁轨装置各部件故障率

部件	数量	单个零部件的失效率 λ（$10^{-6}/h$）
电磁铁本体	1	0.016
悬挂弹簧	2	0.9436
平垫片	2	4.8832
悬挂托盘	2	11.2435
丝杆组件	2	1.5954
弹性关节	2	2.4416

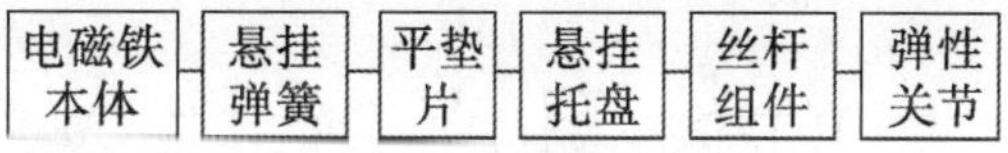

图 6　可靠性框图

$$MTBF_S = \frac{1}{\lambda_S}$$

$$\lambda_S = \lambda_1 + \lambda_2 + \lambda_3 + \lambda_4 + \lambda_5 + \lambda_6$$

$$R_b(t) = \prod_{i=1}^{6} R_{bi} = e^{\int_0^t \lambda_b(t)dt} = e^{\lambda_b t}$$

$$MTBF_S = \frac{1}{\lambda_S} = \frac{1}{42.2} = 23696h$$

5 液压制动系统可靠性评估

（1）常用制动的可靠性评估：

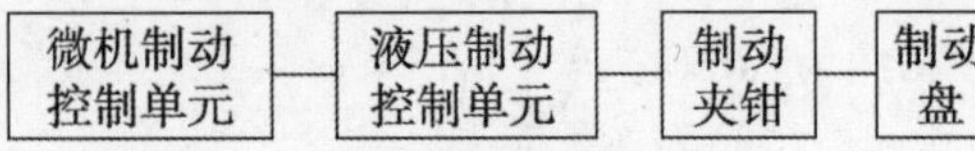

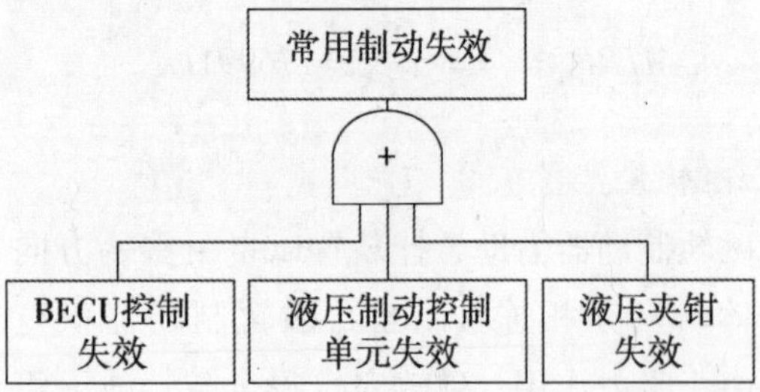

常用制动失效故障树

$$MTBF_S = \frac{1}{\lambda_S}$$

$$\lambda_S = \lambda_1 + \lambda_2 + \lambda_3 + \lambda_4$$

$$MTBF_S = \frac{1}{\lambda_S} = 6323.5h$$

（2）紧急制动的可靠性评估：

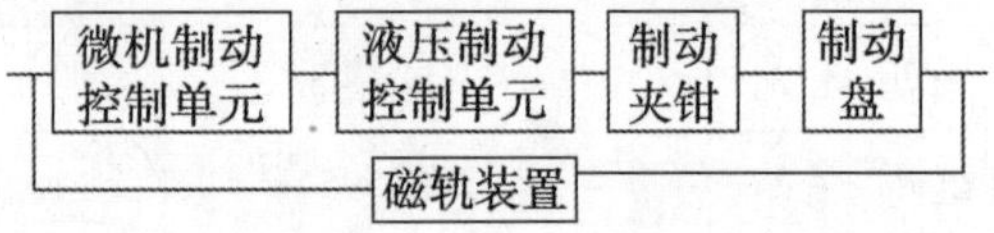

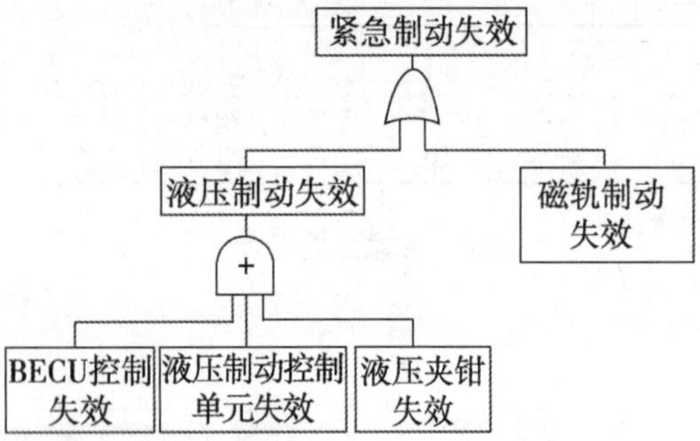

紧急制动失效故障树

$$MTBF_S = \frac{1}{\lambda_S}$$

$$\lambda_a = \lambda_1 + \lambda_2 + \lambda_3 + \lambda_4$$

$$\lambda_S = 1/\ [1/\lambda_a + 1/\lambda_b + 1/\ (\lambda_a + \lambda_b)]$$

（3）液压制动系统总体可靠性评估：

事件中紧急制动包含了所有制动部件，因此系统可靠性等同紧急制动。

$$MTBF_S = 14048.8h$$

6 液压制动系统可用性评估

液压制动系统可用性：

$$A = \frac{MTBF}{MTBF + MTTR}$$

平均恢复前时间（MTTR）包含获得配件的时间、维修团队的响应时间、记录所有任务的时间和将设备重新投入使用的时间。针对公司目前的要求，售后服务部都在用户现场设立了售后服务点，系统出现故障后售后服务人员会在第一时间响应，一小时内抵达现场。由于制动系统的特殊性，对制动系统部件进行维护或更换活动后，除了例行检查外还要进行整车夜间空载试跑，确认无故障后再于第二天投入运营。因此制动系统的平均恢复前时间（MTTR）一般为8—20小时，取平均为16小时。

液压制动系统常用制动可用性：

$$A_1 = \frac{MTBF}{MTBF + MTTR} = \frac{6323.5}{6323.5 + 16} = 99.75\%$$

液压制动系统紧急制动可用性：

$$A_1 = \frac{MTBF}{MTBF + MTTR} = \frac{14048.8}{14048.8 + 16} = 99.89\%$$

液压制动系统总体制动可用性：

$$A_1 = \frac{MTBF}{MTBF + MTTR} = \frac{14048.8}{14048.8 + 16} = 99.89\%$$

7 结论

通过将将该制动系统分解为计算机制动控制单元、液压制动控制单元、制动盘及磁轨装置四个模块来进行可靠性分析，并最后整体对液压制动系统可靠性、液压制动系统可用性进行评估，得出该系统可靠的结论，为之后的试验提供了有力的理论数据支持。

参考文献

[1] 应云飞，秦娟兰．城市轨道交通车辆制动系

统［M］. 成都：西南交通大学出版社，2011.
［2］李勤，周立新. 轨道车辆部件运用可靠性分析方法研究［J］. 城市轨道交通研究，2010，13（1）：63－65.
［3］王少萍. 工程可靠性［M］. 北京：北京航空航天大学出版社，2000.
［4］程五一，王贵和，吕建国. 系统可靠性理论［M］. 北京：中国建筑工业出版社，2010.
［5］金星. 可靠性数据计算及应用［M］. 北京：国防工业出版社，2003.

地铁车辆接地技术分析

李绍国　于　君　马永超

（天津市地下铁道运营有限公司）

摘　要：文章主要以天津地铁2号线为例，介绍了地铁车辆接地的特点，对地铁车辆的接地原则进行分析，以及接地设计不合理造成的危害。

关键词：地铁车辆；工作接；保护接地

1　概述

地铁车辆采用直流供电系统，并把钢轨作为回流排，直接连接至牵引变电站。地铁运营时供电系统按照：牵引变电所正极—接触轨—受流器—列车负载—轮对轨道—地下回流线—牵引变电所负极的方向进行回流。

接地系统设计就是合理地布置回流接地、保护接地及屏蔽接地等，并采取有效的EMC（电磁兼容性）和EMI（电磁干扰）预防措施，来避免相互之间的电磁干扰，保证接地回路的可靠、安全和设备的正常工作。

广义地说，“地”可以是等电位点或等位面，它为电路系统提供一个参考电位，其数值可以与大地电位相同，也可以不同。地铁车辆是一个与地面有相对运动的系统，因此不能以大地电位作为基准电位，而应以车体作为零电位基准。

2　接地系统的组成

地铁车辆接地系统按照功能可划分为工作接地和保护接地两种。

2.1　工作接地

2.1.1　回流

地铁车辆采用直流供电系统，地铁运营时，供电系统回流路径为牵引变电所正极→接触轨→受流器→车辆负载→轮对轨道→地下回流线→牵引变电所负极。故在实际运用中工作接地最主要的作用是作为电源的回流线。

天津地铁2号线列车为六节编组，DC750V供电由碳滑靴引入，向牵引系统供电，并向各辅助逆变器供电。

2号线动车高压回路负端通过绝缘电缆，流向齿轮箱旁边的四个接地碳刷，再到钢轨；拖车高压回路负端通过绝缘电缆，经接地开关箱，与整个地铁车辆的750V高压电路通过钢轨进行负极回流。

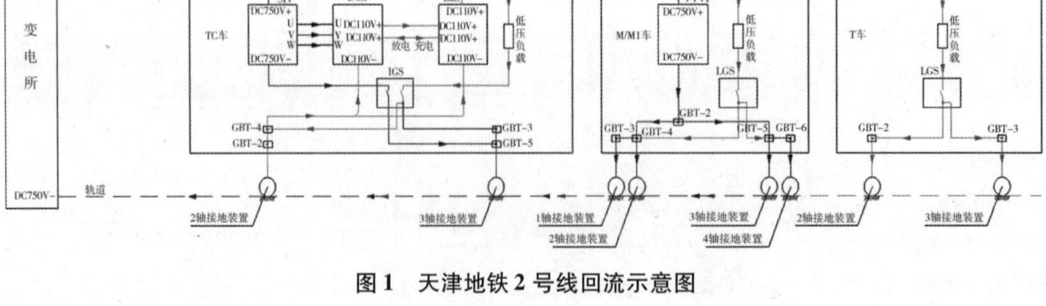

图1　天津地铁2号线回流示意图

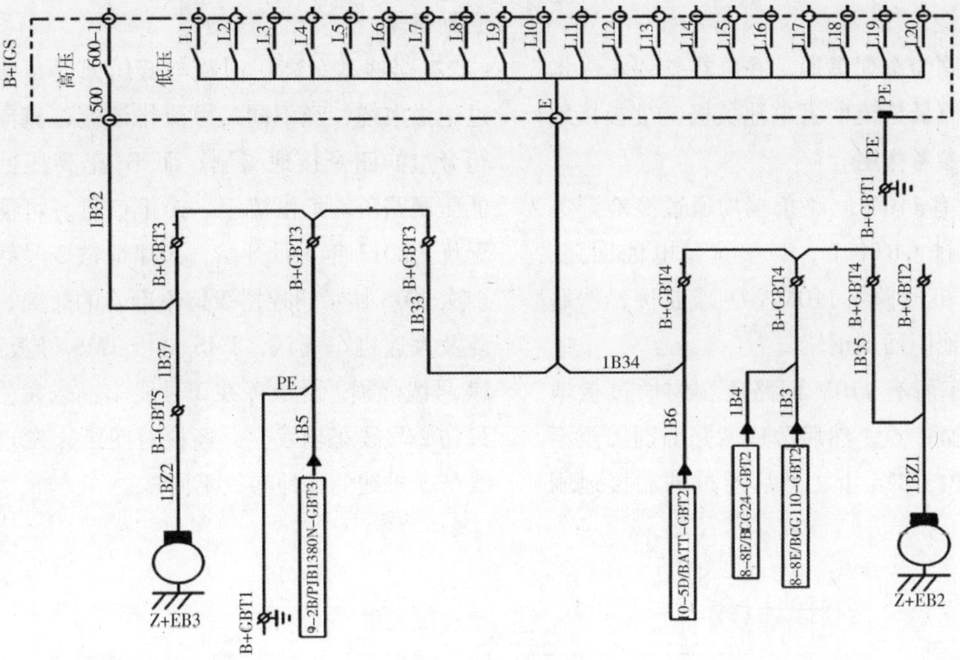

图 2　Tc 车回流接线图

Tc 车回流分析

DC750V 高压回路（玫红）：地面变电所（DC750V +）→第三轨→Tc 车受流器→各开关→SIV（DC750V +）→SIV（DC750V -）→IGS（高压开关）→GBT—5→3 轴接地装置→轨道→地面变电所（DC750V -）

DC110V 低压回路（绿色）：蓄电池充电机和蓄电池（DC110V +）→DC110V + 列车线→Tc 车 DC110V 负载→IGS（低压开关）→GBT—4→蓄电池充电机和蓄电池（DC110V -）

M/M1 车回流分析

DC750V 高压回路（玫红）：地面变电所（DC750V +）→第三轨→M/M1 车受流器→各开关箱→VVVF（DC750V +）→VVVF(DC750V -）→GBT—2→GBT—3/GBT—4/GBT—5/GBT—6→1/2/3/4 轴接地装置→轨道→地面变电所（DC750 V -）

DC110V 低压回路（绿色）：DC110V + 列车线→M/M1 车 DC110V 负载→LGS→GBT—3/GBT—4/GBT—5/GBT—6→M/M1 车 1/2/3/4 轴接地装置→轨道→Tc 车 2 轴接地装置→GBT—2→GBT—4→蓄电池充电机和蓄电池（DC110V -）

T 车回流分析

DC110V 低压回路（绿色）：DC110V + 列车线→T 车 DC110V 负载→LGS→GBT—2/GBT—3→T 车 2/3 轴接地装置→轨道→Tc 车 2 轴接地装置→GBT—2→GBT—4→蓄电池充电机和蓄电池（DC110V -）

2.1.2　电位参考

天津地铁 2 号线列车的 AC380V 由通过辅助逆变器 SIV 逆变产生，采用的是三相四线制，中线通过分线箱接至汇流排 GBT3 上，最终通过轴端接地碳刷回到钢轨。从而使运行中辅助逆变器三相系统中线对地电压不变，且能方便地引出 380V/220V 电源。

DC110V 和 DC24V 由 BCG 箱逆变整流产生，负端接至汇流排 GBT2 上，最终通过轴端接地碳刷回到钢轨（正常情况，BCG 箱存在自身一个完整的回路，不必通过轴端接地形成回路）。

母线电路为全列贯通，并已在整列车内构成回路，电流最终流回蓄电池负极，负极接地只起到电位参考作用。

Tc 车所有 110V 回路负端均通过接地开关箱接至汇流排 GBT4 上，与整车蓄电池回路、蓄电池充电机回路（110V/24V）连接，然后通过轴端接地刷回到钢轨。

M/M1 车所有 110V 回路负端均通过接地开关箱汇流至一点，然后分成两路分别接至汇流排 GBT4 和 GBT5 上，然后通过轴端接地刷回到钢轨。

2 号线动车高压回路与低压回路负端均通过绝缘电缆，经不同的汇流排汇流，流向齿轮箱旁边的四个接地碳刷。而 Tc 车高压回路与低压回路负端均汇流至一个汇流排，可能导致干扰。2013 年 3 月开始，天津地铁 2 号线出现多次 TMS 显示司控器级位不准确的故障，经三菱及大连机车确认，TMS 母板 TMS 母板 M1 - 17 号线烧损。此故障在 3 号线车辆未发生，而只在 2 号线车辆发生，经核对图纸，发现 2 号线与 3 号线的接地布线不同。

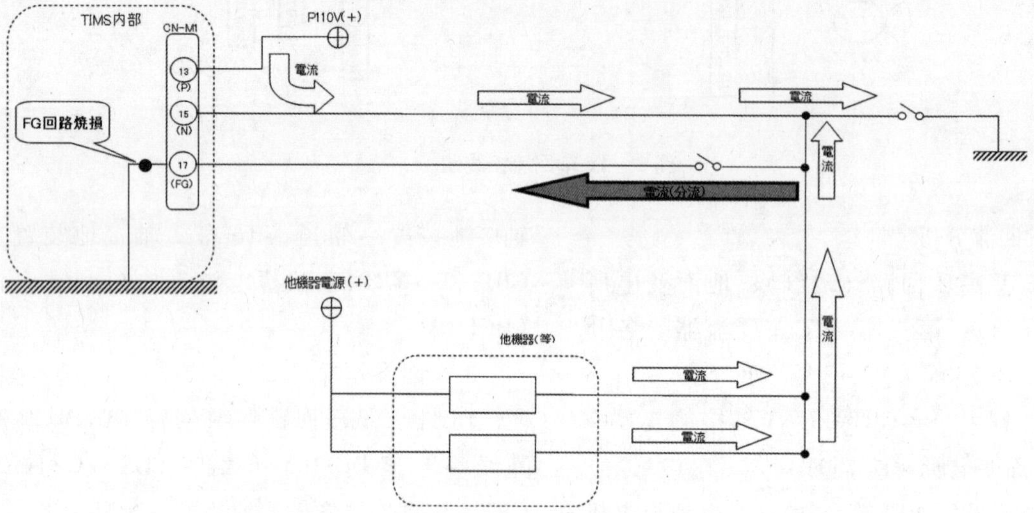

图 3　天津 2 号线车体布线

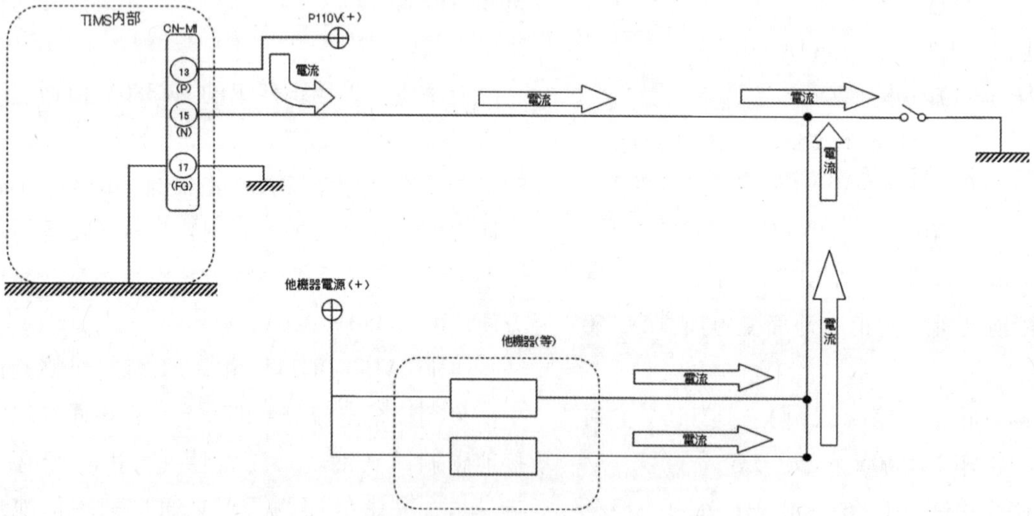

图 4　天津 3 号线车体布线

CN－M1 连接器 17 针为 TIMS 的 FG，其 FG 插针与车体接地，将进入 TIMS 内的干扰流到车体上。但是因 FG 电路烧损，考虑由此受到干扰的影响，司控器的电压显示为不正确的值。

3 结论

地铁车辆的接地系统直接关系到车辆人身安全和车上设备的正常运转，车辆的高压接地和低压接地应当分别进行，直流系统和交流系统要分别布线，不可共用回路。这对我们今后设计地铁车辆和增购新车有一定的借鉴意义。

参考文献

钟碧羿．地铁车辆接地技术分析［J］．电力机车与城轨车辆，2008，31（4）：55－57.

浅谈企业人员激励机制的必要性

欧阳俊　刘　哲

（天津市地下铁道运营有限公司）

摘　要：基于目前城轨行业人员管理现状，以激励机制的制定原则、制定形式及后期执行过程中的注意事项为出发点，逐层阐述了人员激励机制在现今管理制度中的重要性。

关键词：激励机制；人员管理；最优化；鼓励

0　引言

激励对于企业经营至关重要。员工的能力并不能直接决定其对企业的价值，其能力和天赋的发挥在很大程度上取决于动机水平的高低。无论一个企业拥有多少技术、设备，除非由被激励起工作动机的员工所掌握，否则这些资源不可能被付诸使用。哈佛大学的威廉·詹姆斯教授在一次员工激励的调查研究中发现，在缺乏激励的环境中，一个人的能力仅能发挥20%—30%，如果给予充分激励，他们的能力则可发挥到80%—90%。所以说，“管理深处是激励”。

虽然有些企业在多年的市场实践中，已不断完善内部分配制度，改革用人机制，逐步建立起了一套适合本企业特点的激励机制，并且取得了不错的成效，但是我们也应该看到，许多企业也留下了一些“后遗症”。用人制度缺乏灵活性，人才结构存在“余缺并存”的局面；分配政策相对滞后，“不患寡、患不均”的思想仍然影响着一些职工。

1　合理激励原则

1.1　因人而异，结合员工需求有针对性地制定激励形式

管理者要了解每一层次员工的需求。并为每一层次的需求设计相应的激侧励措施。例如，联想集团对不同的群体就采取了不同的激励方式，这也是联想集团对员工的激励秘诀。管理者还要考虑每个员工特殊的需求，要了解员工现在哪一层次的需求占主导地，从而相应地为该层次需求的满足提供条价，不同层次的员工处于不同的需求状态，对于同等层次的员工，由于他们的个性和生活环境不同，他们的需求侧重也有不同。所以，企业的激励方式应该因时而变，因人而异，更有针对性，才能更具成效。

1.2　推进全面薪酬激励机制，物资与精神双管齐下

“全面薪酬战略”是目前发达国家普遍推行的一种薪酬支付方式，也是基于员工各方面需求而制定的一种比较科学的激励机制。物资层面和精神层面的激励相辅相成，不可相互替代：单一的物资激励易使人忘记职业规划目标，而跳过物资层面的精神奖励又易造成不务实的现象，不易被员工接受。故在制定激励策略时应兼顾两个方面的需求，尽可能地保证在满足物资需求的基础上不断提高精神需求，这样方可实现激励制度最优化。

2　激励形式的确定

企业合理有效的员工激励措施体现最为明显处即为对人力资本的开发，在经济中具有特殊的价值。

2.1　按劳分配，多劳多得

所谓一分耕耘一分收获，多劳者多得，按

照实际工作承担的类型和任务量分配所得，主要包括工资、奖金级特殊津贴，当然罚金也作为其中的一个衡量指标。

工资是个人劳动报酬最基本的部分，必须贯彻劳绩挂钩、奖勤罚懒的原则。奖金是员工在约定期限内工作表现的整体评价的反馈，设立奖励是为激励员工的积极性，只有将日常工作和企业发展与奖金间建立紧密的联系，让员工意识到认真工作后企业整体发展好了才能实现奖金的再次提高。主管部门有对奖金进行二次分配的权利，奖金更不能搞平均主义，把奖金变成一种变相的福利，那就失去了奖金的激励作用。津贴是为了补偿和鼓励员工在特殊岗位和特殊工作环境下从事特殊劳动或额外劳动而给予员工的一种补偿性的劳动报酬。罚款是对职工违反规章制度，给企业造成危害的行为，给予的经济惩罚。它刺激被处罚者吸取教训，从另一个方面激励人们更好地为企业创造财富服务。

2.2 鼓励为主，批评为辅

对职工采取鼓励为主，批评为辅的管理方式，创建一个相对宽松的环境，对于工作成绩表现突出者就当毫不犹豫地给予鼓励或表扬，有做的不到位的地方就批评。

而不管是表扬还是批评都应当把握住度，不然均将产生负面影响。所以在实践中，应采用鼓励与批评相结合，不可同等对待，平分秋色。

2.3 提供平台，挖掘潜能

对于工作中展现出较强能力的员工，需要为他提供一个发展空间，让他/她将所有的潜能发挥出来，这样才能达到最大限度的激励作用。一般来说，每个人都是有一定潜能的，关键在于领导是否能够发现它，充分利用它，让职工的潜能充分为企业服务。一个明智的领导是最善于发挥职工潜能的领导。而且，大胆提拔有能力的年轻人，有时比多给他发奖金，更有激励作用。

3 人员激励机制误区

建立合理有效的激励机制是所有企业管理的重点项目，不断地完善并取得了一定成效，但仍有几点理解误区需引起领导人的注意和避免：

第一，激励不能等同于奖励；奖励作为一种重要的激励机制，能调动员工的积极性。然而不能简单地将激励与奖励之间画上等号，若片面地只考虑正面措施，而忽视了制度的约束及相应的惩罚措施，那这种激励机制最终将无疾而终，结果难以达到预期目的。第二，激励机制需因人而异；由于员工自身的需求不同，导致在接受到相同激励时反应迥异，即便是同一员工，在外界因素（时间、地点及需求）改变时，也不尽相同。故实际操作时应有针对性地制定激励制度，在条件允许的前提下尽量保证激励最优化。

4 重视员工的个人成长及职业规划

日前我国的科技型中小企业在人才开发问题上存在一定程度短视，“只使用、不培训”“只管理、不开发”是其共同的特点。没有以企业为主导的培训与开发，将使研究人员的知识迅速老化，智力储备很快枯竭。而在研究人员从优秀走向平庸的同时，企业也丧失了发展后劲，最终无法摆脱被市场淘汰的命运。高新技术的动态性也决定了科技型企业应该特别重视对现有人才的培训和开发，使他们的技术与知识的更新速度走在行业前列，以长期保持企业的人才优势，进而形成并保持企业的整体竞争优势。若企业能重视员工职业规划，充分了解员工的个人需求和职业发展意愿，为其提供适合其要求的上升道路，使员工的个人发展与企业的可持续发展得到最佳的结合，员工才有动力为企业尽心尽力地贡献自己的力量，与组织结成长期合作、荣辱与共的伙伴关系。因此，企业应注重对员工的人力资本投资，健全人才培养机制，为员工提供受教育和不断提高自身技能的学习机会，从而具备一种终身就业的能力。

5 结论

通过对企业人员激励机制的综合分析，明显看出激励机制在企业人员管理中有着无可替代的作用。员工作为企业的血液，有合适的平台，为更好地完成手头工作积极挖掘自己的潜能才是激励机制应该发挥的最大作用。

城轨司机培训管理分析

张　猛
（天津市地下铁道运营有限公司）

摘　要：作为轨道交通运营的重要岗位，城规司机肩负着保障车厢内乘客安全、做好乘客乘降的职责。做好司机培训工作是轨道交通安全平稳运营的重要保证。

关键词：城轨司机；培训管理体制；培训手段；考核激励

1　培训的目的、意义

城轨司机是地铁列车的大脑，乘客的第一现场负责人，作为车地转换的中枢和按钮，担负责任重大。通过严格的培训，可以使其提高业务水平，强化责任意识、行车意识及安全意识，及时有效地处理突发事件，保证乘客生命财产安全。当前科技发展日新月异，设备设施也在不断更新换代，不断给司机培训新的知识与技能，使他们能够灵活地运用到工作中，可以进一步规避安全风险点，加强行车安全管控，让司机充分发挥第一责任人作用，确保正点、安全将乘客送达目的地。

2　地铁司机培训特性

（1）分散性。与常规岗位具有固定工作场所不同，城规司机工作场所在司机室内，处于流动状态，呈点式分布，难以进行集中培训。

（2）多元性。地铁列车除了正线载客运营，还需要根据需求进行调试作业。因此不同工作类型对司机业务要求有所差异。司机的业务培训往往不拘泥于一个版块，而是遍地开花，包括车辆、信号、线路、安全等一系列知识。这些知识版块的综合运用指导司机开展值乘、调试等各项工作。

（3）长期性。由于司机需要掌握的基本技能知识类型多，驾驶技能要求高，培训场所及时间有所限制，导致培养一个合格的城轨司机需要花费大力气，耗时也较长[1]。

3　培训主体及原则

城轨司机培训主体主要包括以下几种：

（1）新司机培训：对于刚入司的新司机，从零开始，经历理论培训、熟悉流程、驾驶练习、正线值乘等阶段，方能成长为一名合格的司机。

（2）转线司机培训：从既有线调入新线的城轨司机，由于该类司机已成长为合格司机，业务技能达标，因此重点培训与既有线的各种区别。

（3）日常重温培训：员工日常培训尤为重要，通过编制年度计划，组织周中落实，开展月度考核来进一步巩固员工业务水平，发现员工业务薄弱点，查缺补漏，提升培训质量。

4　建设培训管理体制

合格的城规司机需要经过包括理论培训、实操培训、试车线练习、夜间驾驶练习、师带徒、双人捆绑等培训内容。因此建立城轨司机培训管理体制尤为重要，通过管理体制明确司机培训要求（比如驾驶里程数达到5000km以上[2]），约束培训内容，限定考核标准等，培训体制建设需要涵盖以下几个方面：

（1）培训课程：根据培训需求列出大纲，规范培训资料，规定培训课时，明确司机培训重点内容。

（2）培训师：对于具体培训课程落实还需

要专业培训师进行讲解和分析。根据需求建立培训师选拔机制，充分挖掘员工潜力，积极发挥员工的主观能动性，从而形成一支优秀的培训师队伍，通过培训师业务优势自主选择培训课程，保证培训内容能够更多地呈现给受训人员，使其掌握更加深刻与透彻。

（3）培养阶段：在培训管理体制中制定相关标准和时间节点，以划定司机培训阶段，明确司机师带徒、双人捆绑等阶段开展有数据支持，有制度支撑。保证城轨司机在掌握基本理论知识情况下做好司机驾驶技能的培训工作。

5 培训内容

司机需要掌握的内容主要分为两大类，一是作业流程，二是应急处置。作业流程作为司机日常性业务，必须要学习到位。而应急处置则是体现司机随机应变的能力。当前的安全形势要求司机在做好本职工作的同时必须能够及时有效地处理突发事件，比如列车发生火情等。这就需要培训师结合实际案例及行车经验对司机进行指导，特别是紧急情况下司机的注意事项及处置流程。

6 培训手段

城规司机培训在不同阶段采用方式不一样，岗前主要以集中培训为主，重点讲解理论知识。必要时可录制形成培训标准化视频库，通过向司机播放视频更加直观展现作业流程。完成基本知识培训后，组织安排司机进行师带徒一帮一的培训。在传帮带期间，带教师傅负责教授司机相关知识，并分享行车经验，让新司机少走弯路。完全履行司机职责后，培训多以微讲堂的形式开展，即对司机分批次小范围聚集讲解行车安全知识，解决司机培训分散性的问题。同时司机做好学习笔记的记录，以保证培训的痕迹化管理。

7 考核激励机制

培训工作要能够充分调动员工积极性。要想达到从要我学向我要学转变，首先，必须向全体城轨司机灌输培训的重要性，形成主动学习意识。通过理论试卷、驾驶实操、设故排除等方式的考核来检验司机学习情况。考核结果应区别对待，对表现优秀的员工进行绩效奖励，考核不合格员工加重处罚。采取奖惩的方式使司机进一步提高认识，增强责任心，摒弃厌学心理，主动接受培训教育。

8 结论

落实好司机培训是轨道交通安全平稳运营的重要保证，也是维护乘客出行安全的重要保证，面对当前轨道交通的飞速发展，人才需求迫在眉睫。因此，通过健全的培训管理制度规范司机培训流程，借助合理的培训手段，保质保量完成司机培训，让司机养成良好的学习习惯。同时以考核激励为标杆，树立典型，坚持正向引导，形成学比赶超的良好氛围，弘扬企业精神，做好传帮带。

参考文献

［1］郭振武．地铁司机培训分析［A］．中国土木工程学会交通技术工作委员会、世界轨道交通发展研究会、青岛地铁产业协会、《世界轨道交通杂志》.2014 中国青岛城市轨道交通管理和技术创新研讨会论文集［C］．中国土木工程学会城市轨道交通技术工作委员会、世界轨道交通发展研究会、青岛地铁产业协会．《世界轨道交通》杂志，2014：3.

［2］中华人民共和国国家质量监督检验检疫总局．城市轨道交通运营基本条件［S］．北京：中国标准出版社，2013.

地铁司机工作标准与安全行车问题的探索研究

王志超　王英男　康　策
（天津市地下铁道运营有限公司）

摘　要：伴随着地铁线网的交织与延展，乘务专业中司机的习惯性违章管理及可预见性事故管理对于行车安全事件的预防，则体现得愈发重要。具有良好的作业习惯加上稳定的思想状态是地铁行车安全的保障。本文主要对地铁司机工作标准与安全行车问题进行了分析研究。

关键词：地铁司机；行车安全；影响因素；消除方法

引言

地铁司机作为城市化轨道交通运营中行车安全的关键点，是安全运营的基础条件，如果管理疏漏，就会造成无法估计的损失和难以估量的影响。这就要求加大对于地铁司机队伍的安全管理，结合实际中地铁司机的工作性质，分析地铁司机的工作特性，进一步地对其安全性作出合理的措施并进行有效的保护。

1　加强地铁列车运行安全管理的必要性

造成地铁运营安全事故的因素包含多个方面，其中人为因素造成的事故占据相当比重。城市地铁轨道交通不仅能为市民提供安全便捷的交通服务，也为社会经济的建设发展带来重要动力。地铁列车运行安全水平的高低，标志着城市轨道交通质量管理指数的高低。地铁列车运行的安全还关系着人民的生命财产安全、企业形象。树立地铁列车运行安全意识，是构建地铁运行安全网络的前提。随着社会经济和人民生活水平的提升，地铁已成为城市市民的重要交通工具。随着城市人员密集程度的逐渐加大，地铁自然成为城市交通的重要枢纽，确保地铁列车运行安全的责任自然也会相应增强。地铁公司只有树立良好安全意识，真诚为市民提供贴心服务，才能增强企业竞争力。在企业获得较高社会评价的同时，也能够保持地铁企业的可持续发展。

2　影响地铁列车运行安全的人为因素

影响地铁列车运行安全的因素主要涉及人、设备和环境，而人是关键。特别是列车司机，提升安全工作责任心已经成为地铁列车运行安全管理的重中之重。

2.1　司机安全意识欠缺，维修人员责任心不足

地铁列车司机自身安全意识不强，已经成为地铁列车运行中的重大安全隐患。有些司机工作时不能集中精力、开车打盹、驾驶中玩手机、中断瞭望，都会带来严重安全后果。有些维修人员责任心不强，对相关设备检查不到位，也很容易出现设备事故，进而造成列车运行安全事故。

2.2　防备人为破坏，灾害救助措施增强

地铁列车处于封闭状态，一旦发生火灾爆炸等人为原因造成的安全事故，其危害性巨大。由于一些乘客安全意识不够，随身携带大量易燃易爆物品，很容易形成安全隐患。一些反社会的亡命之徒，也会故意制造恐怖袭击，给广大乘客带来生命财产威胁。一旦安全事故发生，灾害救助又是一个关键环节。地铁工作人员对应急预案不熟悉，救援工作效率低下，也会造成不必要的损失。司机在事件发生过程

中则需要具备极强的应急处置能力，在事故发生过程中要及时向行车调度人员报告事件发生的时间、地点、事件现状及是否需要救援等。因此，对司机的应急处置能力训练要常态化和实战化。

3 消除地铁列车运行中人为因素导致安全隐患的措施与方法

消除地铁列车运行中人为因素造成的安全隐患，需要加强司机调度和地铁其他工作人员安全意识和避险处险技能的培养，建立健全安全管理制度，严格执行相关规范操作标准，强化内部监控，确保列车运行安全万无一失。

3.1 完善安全运行制度，及时消除安全隐患

建立健全地铁列车运行安全管理制度，这是地铁列车运行安全的最大保障。

（1）建立健全地铁列车安全运行管理制度，司机和调度人员岗位责任制，要形成安全工作人人有责的工作氛围。

（2）要建立严格的安全检查制度。相关管理人员，要针对关键环节、关键地段、关键人员进行安全检查和监督，将安全检查和安全教育有机结合。

（3）建立司机、调度和车站三者联控制度，通过自控互控实现三者有机结合，提升安全事故预防处置能力。

3.2 加大司机培训力度，提升司机综合素质

地铁列车司机是一个特殊的岗位，不仅需要具备极强的安全意识，还需要有精湛的操作技术和稳定的心理素质。加强地铁列车司机培训力度，提升司机综合素质，减少和避免列车运行安全事故的发生。2012 年4 月30 日8：30 左右，南京地铁2 号线一列由油坊桥开往经天路的列车，在南大仙林站正常上下客后，司机启动了发车按钮，同时由于该站站台门有被挤开的信号，出于安全设计，系统未输出动力。司机随即下车检查异常，但瞬间站台门又迅速复位，列车启动。司机发现列车启动后，立即上车，但在上车过程中，未能站稳，跌落轨行区，头部等部位摔伤。由此可见，司机安全意识及专业技能培训至关重要。

3.3 加强司机操作技防，消除不良因素制约

加强司机操作技防，有效消除地铁列车运行安全隐患。首先，要对司机进行系统监控，利用地铁系统内部监控设备，对司机操作过程进行实时监控，利用地铁无线通信监听司机与调度联系内容，监听监视中心实时反映司机和列车动态。对重点环节要提高监控力度，实时发出警示提醒，对重点人员的不良因素，及时给予通报和纠正，对提升司机综合素质有一定帮助。其次，对调度中心相关管理人员的监控，地铁部门领导要通过视察暗访等方式，对调度中心相关工作人员进行监督管理，发现问题及时解决，确保调度中心不出现人为责任事故。地铁公司要制定操作性极强的安全事故应急预案，并对地铁工作人员进行专业救援培训。在事故发生时，能够以最快的速度启动应急预案，迅速展开救援，疏通乘客安全撤离通道，稳妥安置伤员。要与公安、武警等部门形成联动，事故发生时，能够获得最快捷有效的援助。

4 结语

随着城市化的进程加快，地铁越来越适应现代化社会的发展需求，地铁司机岗位在社会发展中具有重要的地位。司机岗位的社会责任较为重大，培训的时间较长，岗位人员的配置成了目前的工作重点，因此更应该正确地分析地铁司机的人员在社会发展中的意义。对其人员的配置提出更为合理的模式，以适应社会发展的需求。

参考文献

［1］刘勤．浅析影响地铁列车运行安全的人的因素及对策［J］．交通企业管理，2010，25（8）：66－67.

[2] 贺明. 地铁运营安全风险评价体系的研究 [D]. 沈阳：沈阳航空航天大学，2013.
[3] 何理，史聪灵，石杰红. 地铁安全评价是安全运营的保障 [J]. 劳动保护，2011 (3)：102-104.
[4] 张蓓. 基于 G1 法的地铁司机驾驶疲劳因子分析 [J]. 中国科技纵横，2013 (13)：169.
[5] 方卫宁，张嫱，鄂明成，等. 轮班制度对于地铁司机疲劳的影响 [J]. 中国安全科学学报，2010，20 (2)：17-22.

地铁车辆整体式和分体式齿轮传动装置的探讨

杨延鹏　罗　新

（天津市地下铁道运营有限公司）

摘　要：随着我国城市轨道交通事业的不断发展，地下轨道交通行业受到了社会群体的高度关注和重视，乘坐地铁出行成为越来越多市民的选择，为了确保地铁车辆这一交通工具在运营时的安全可靠，和地铁车辆在检修时的便捷、高效，交通技术研究人员针对地铁车辆开展了实践技术研究，在研究的过程中我们发现，地铁车辆的齿轮传动装置有整体式和分体式两种形式，从两种形式的齿轮箱的结构、装配方式、检修方式进行对比分析，以便对整体式齿轮箱和分体式齿轮箱进行更加充分的了解。

关键词：地铁车辆；齿轮箱；整体式、分体式；探讨

1　地铁车辆齿轮传动装置概述

地铁车辆传动装置一般都是由一级斜齿轮减速系统组成，小齿轮轴和齿轮箱由相应的圆锥滚子轴承支承。齿轮和轴承所用润滑油是相同的牌号。小齿轮轴承的润滑方式采用了由齿轮产生飞溅油雾的润滑系统。齿轮箱下部有一个带永久磁性的螺塞以吸附油液中的铁屑杂质。齿轮箱下部还有一个油标，其上面有两条水平线，分别代表油位的高、低限位置。为防止轴承、齿面等的电腐蚀，在齿轮箱的一侧设有接地装置，其结构是固定在齿轮箱体的轴承密封盖上，通过螺旋弹簧使金属电刷与齿轮装置的滑动环接触，由螺旋弹簧提供接触压力，当然，齿轮传动装置也有通过轴端接地的方式来防止电流对轴承、齿轮造成的腐蚀。

2　制造结构

整体式齿轮传动装置和分体式齿轮传动装置均由悬挂装置、注油和排油螺塞、油标、主动齿轮、主动齿轮轴承、被动齿轮、被动齿轮轴承、轴承密封环和齿轮箱体组成，整体式齿轮传动装置的齿轮箱体由一个箱体和箱盖组成，被动齿轮在整个箱体内（图1），而分体式齿轮传动装置由上下箱体组成，被动齿轮在上下箱体各有一半（图2）。

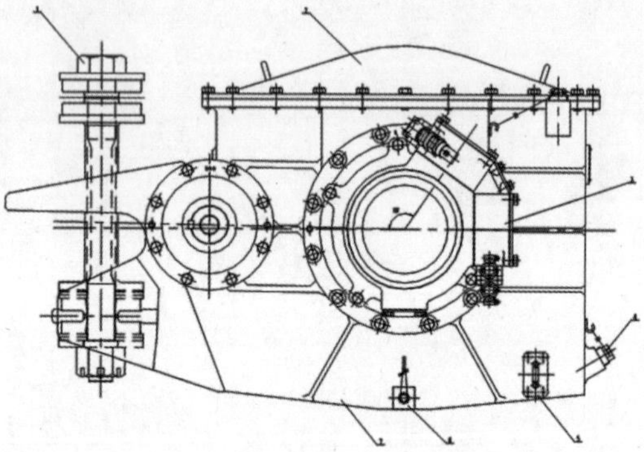

图1　整体式齿轮传动装置

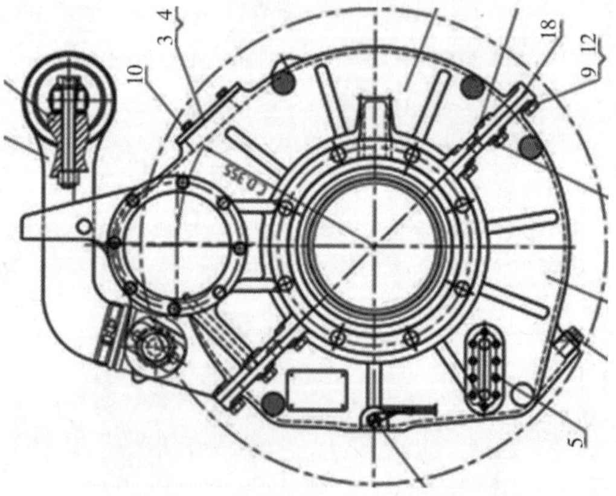

图2　分体式齿轮传动装置

当齿轮传动装置安装在转向架上时，如果

想要检查大小齿轮齿面的状态，整体式齿轮传动装置需要将齿轮箱盖分解拆下，然后进行检查；分体式齿轮传动装置在上箱体上有一个观察窗，从观察窗可以看到大小齿轮的啮合部位，因此可以通过旋转来检查大小齿轮齿面状态。

3 装配方式

3.1 整体式齿轮传动装置装配

整体式齿轮传动装置由于被动齿轮整体在齿轮箱体内，所以装配过程比较麻烦，首先要对安装的齿轮与车轴进行数据测量，然后选配；其次要将被动齿轮垂直防止在组装台上，然后用齿轮箱慢慢将被动齿轮扣上，留出被动齿轮与车轴的装配孔；然后将带有齿轮箱和被动齿轮的安装台移至卧室车床处，将车轴和齿轮的嵌合部位放置一个水平仪，使其达到水平位置；下一步将车轮侧的齿轮压装垫座伸出，并将其前后来回移动，确保其能够达到垂直；下一步将车轴压入齿轮。然后通过热装的方法将轴承安装到车轴上，并且在热装完成后，对轴承进行脱磁处理，用同样热装的方法将轴承密封环和接地环加热安装到车轴上，并进行脱磁处理，然后安装轴承外环、O 型圈和轴承盖。用同样的方法进行主动齿轮及其轴承的安装，就可以完成齿轮传动装置的装配。

3.2 分体式齿轮传动装置装配

相对于整体式齿轮传动装置，分体式齿轮传动装置的装配就相对简单很多，先将被动齿轮跟车轴选配好后，将被动齿轮水平放置于工装上，然后将车轴垂直压入齿轮内孔，下一步用顶尖支撑车轴两端，测量与轴承配合面的跳动量和齿根面的跳动量，满足要求后热装被动齿轮轴承内圈，紧接着热装密封环，之后装配轴承外圈。通过冷压的方式将主动齿轮的轴承压装到主动齿轮轴上，下一步冷压密封环主动轴承外圈，并将小齿轮轴装配到上箱体上，下一步先将上箱体与被动齿轮进行装配，最后将下箱体与下箱体进行装配密封。

3.3 整体式和分体式齿轮传动装置的对比

整体式齿轮传动装置的密封性好，因为齿轮箱体和齿轮箱盖的贴合面在上部，因此不会出现贴合面漏油或者渗油的情况，而分体式齿轮传动装置在实际运用过程中就会出现渗油的情况，但是如果贴合面密封良好，分体式齿轮传动装置渗油情况基本可以忽略。但是相对于整体式齿轮传动装置，分体式齿轮传动装置组装与拆卸方便许多，能够减少很大部分的工作量；并且分体式齿轮传动装置观察齿轮啮合面比较容易，只需要将观察窗打开即可，而整体式齿轮传动装置需要将上盖与箱体进行拆解，在组装时还需要涂抹平面密封胶，比较费时费力，这个优势也体现在更换齿轮箱油的时候；最后，在检修齿轮或者是齿轮出现故障，需要仔细检查齿轮时，分体式齿轮传动装置只需将上下箱体分开即可，而整体式齿轮传动装置需要将齿轮箱和齿轮整体从车轴上退卸，然后进行检查，这是分体式齿轮传动装置优于整体式齿轮传动装置的原因。

4 检修方式

在检修方面，两者检修内容均能保持一致，就是对齿轮箱箱体进行清洁，悬挂装置进行清洁，然后对外观进行检查，查看其是否有裂纹，并对油位指示器进行检查，然后清洗齿轮箱的内部，检查主动齿轮和被动齿轮，更换齿轮箱油，再对齿轮传动装置进行跑合试验，通过监听跑合过程中有无异音、有无漏油和温升范围来判断齿轮传动装置有无异常。按照要求对主动轴承和被动轴承的齿轮进行更换。

5 总结

齿轮传动装置在地铁列车中属于非常重要的部件，列车的牵引需要通过它来实现，因此它的质量也至关重要，尤其是轴承，在长时间运用过程中会出现烧伤，滚道磨损或者保持架破裂等问题，出现这些问题时就需要对其进行更换，但是对于更换被动齿轮轴承，还涉及车轮轮饼的退卸以及车轴轴端轴箱轴承的退卸，如果轮饼和轴箱轴承退卸与齿轮传动装置被动齿轮轴承退卸周期不重合，那么会增加轮饼和轴箱轴承的退卸次数，进而增加维修成本，还会缩短轴箱轴承的报废周期。因此在新车采购的时候，要结合以往的运营经验，计算出车轮和轴承的使用周期，然后对车辆厂提出要求，要求齿轮传动装置轴承，尤其是被动齿轮轴承要与车轮和轴箱轴承检修周期保持一致，以免多次拆卸，造成人力成本和维修成本的浪费。

参考文献

[1] 谭复兴，高伟君．城市轨道交通系统概论［M］．中国水利水电出版社，2007.

[2] 天津一号线工程车辆运营、维护和修理手册，第二分册牵引及辅助系统使用、检修、维护说明［R］.

浅谈地铁新线设备总联调工作

于 君
（天津市地下铁道运营有限公司）

摘 要：随着国内城镇人口的不断增加，城市规模的不断加大，现在各大中型城市的交通日益拥堵，不仅对市民出行造成了困难，更使得城市环境变得恶化。于是城市轨道交通以其准时、快捷、运量大、污染小等优势，在各大中型城市蓬勃发展起来。目前，国内各城市城市轨道交通建设正蓬勃发展。地铁作为城市轨道交通的重要组成部分，占据着轨道交通行业的主导地位。而地铁建设工程中的很多课题成为行业内重点研究、攻关的对象，地铁设备系统总联调在众多课题中备受关注。地铁设备系统总联调涉及设备系统繁多综合性强，并且直接关系到行车的可靠性和安全性，对地铁线路将来能否为市民提供安全、可靠、快捷、舒适的乘车服务起着关键性作用。

关键词：城轨；新线；设备；联调

1 总联调目的、意义

系统总联调即指各设备子系统及设备系统间的联合调试，它是在调试好所有设备子系统的基础上，启动设备系统在类似运营的条件下带负荷运行，以检验各设备系统的接口运行是否正确、性能是否达到设计要求、各设备系统内部及系统之间运行是否匹配、协调，最终整个地铁设备系统是否满足各种可能出现的设计预定情况和运营要求，并从整体上检验地铁系统运作的安全、稳定、可靠性。设备系统总联调是地铁工程建设阶段和运营阶段的关键环节，其成功与否直接决定了地铁线路能否顺利高质量开通运营的总目标。

地铁设备系统总联调是对车辆及段场工艺设备、供电系统、通信系统（含门禁、安防）、信号系统、轨道系统、给排水系统（含水消）、AFC及清分中心、屏蔽门及电梯、综合监控系统（含BAS、环控、空调、FAS）等设备系统之间的综合联调和整体铁地系统的试运行。在过程中将对各个设备系统的调试介入条件进行验收评估，对各子系统内部和相关子系统之间的各个接口进行调试，并进行验证评估，在实现各设备系统正常运转后，通过冷滑、热滑、试运行等环节对整体地铁设备系统进行综合调试，验证评估整个系统是否满足试运营条件（图1）。在通过各阶段的反复“验证评估、整改调试、再验证评估……”通过后，按照国家相关规范要求履行验收程序，在完成3个月的试运行后，最终投入试运营。

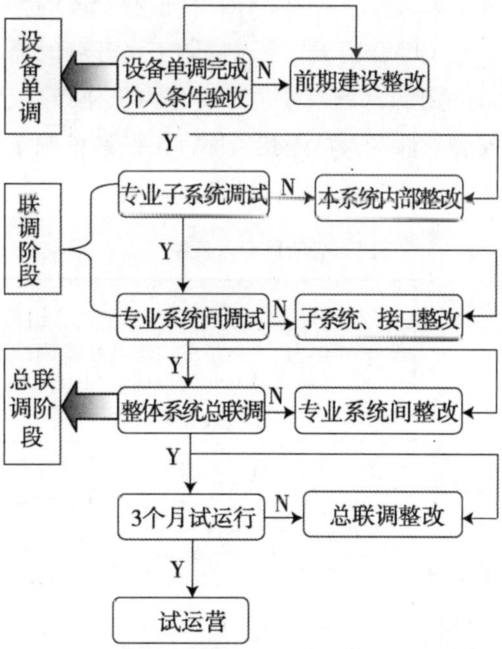

图1 总联调流程示意图

通过设备单调、联调、总联调三个关键的环节，为地铁线路的建设和后期运营起到了以下作用：

（1）实现各专业设备系统以及各专业子系统之间的最佳匹配，从而实现地铁系统的整体协调性。过程中的整改和查漏补缺，从技术上对设备系统进行修正和完善，提高了工程整体质量。

（2）通过对过程的反复验证、评估、整改，保证了提交运营后列车运行的安全可靠性。

（3）通过技术人员的介入调试，为将来运营后的设备维护保障工作提供基础数据，同时达到培养技术人才的目的。

2 总联调的条件和内容

总联调涉及设备系统繁多、专业技术难度大、工作流程复杂，所以需要具备完备的介入条件、清晰的工作思路和明确的工作计划安排，进而把控好联调工作的各个主要环节。

2.1 介入条件

设备联调工作从各系统设备单调完成后开始，直到完成试运行并交付试运营，联调工作才正式结束，而总联调工作是指最后阶段的整体设备系统综合调试。由于联调工作开展时需要具备一定的现场条件，主要分为土建条件、设备安装条件、人员进驻条件，在设备单调至总联调各阶段的介入条件见表。

表1 各阶段介入条件

工作内容	介入条件
设备单调	设备安装完成，土建条件满足设备调试要求，装修完成公共区地面、侧墙、吊顶设备，安装完成接线并通电
专业内设备子系统调试	根据合同技术规格书要求，完成设备单体调试，个别系统需要完成其专业设备系统内部子系统调试
专业系统间设备调试	相关专业设备系统完成系统内子系统调试
总联调	各设备系统接口调试完成；相关岗位人员到位；由行车组织牵头，组织车辆、设备、司机、车站、段场完成联动试验

2.2 联调内容

设备系统联调主要工作内容可分为四个大方面：一是行车类系统联调；二是车站服务类系统联调；三是传输信道联调；四是中心控制联调。

行车类系统联调

行车类系统联调主要涉及车辆及车载设备、供电系统、信号系统、通信系统和部分车站设备系统。行车类系统联调主要以车辆为核心，联动其他设备系统共同完成，一般可分为三阶段。

第一阶段：车辆与供电系统的联调测试，主要是列车与接触轨或接触网的限界测试，列车受流器受电性能测试。

第二阶段：车辆与信号系统的联调测试，包括列车与信号系统的列车自动监控系统（ATS）、列车自动防护系统（ATP）、自动驾驶系统（ATO）的功能测试。

第三阶段：行车类设备的整体测试，包括行车功能测试和其他设备系统联调，包括车辆、信号系统、无线通信、站台屏蔽门、列车广播和站台显示屏等各设备总体协调性的联调。

车站服务类系统联调

车站服务类系统联调主要包括综合监控系统、环控系统、屏蔽门系统、自动售检票系统、车站导向系统等，主要是进行就地级测试、车站级测试、中心级测试。

1）就地级测试：综合监控系统与屏蔽门、环控、给排水（水消）、门禁、自动扶梯和电梯、照明等车站设备进行接口基本功能测试。

2）车站级测试：主要是在车站控制室通过综合监控系统对车站设备进行功能测试。

3）中心级测试：最后阶段就是中央级测试，就是在中央控制中心对整个车站设备系统进行功能测试。

传输信道联调

传输信道的联调主要涉及通信专业内传输系统、无线系统、电视监视系统、广播系统、公专合一系统、综合管理系统、WLAN 系统、PIS 系统、门禁系统等相关子系统。传输信道测试主要是通信传输子系统为其他系统提供传输信道的测试，其专业接口又涉及车辆、供电、信号、综合监控等专业。

中心控制联调

通过控制中心制订总体设备联调计划，开展行车组织工作，对车辆、供电、信号、通信等各设备系统进行总联调，测试各个设备系统的联动配合性能，当设备系统联调测试完成后，表示各设备系统已结合成一个有机的整体就可以进行运营演练，验证各设备系统能满足运营的要求。

3 总联调的基本工作机制

总联调工作的基本工作机制在各个城市的地铁建设中都有所不同，但基本工作机制又都大相径庭，这里我们以某地铁的总联调基本工作机制为例为大家进行简单介绍。其管埋组织架构设联调领导组、联调工作组、联调专业组三级管理层级，每层组织各司其职，管理新线联调的各项工作（图 2）。

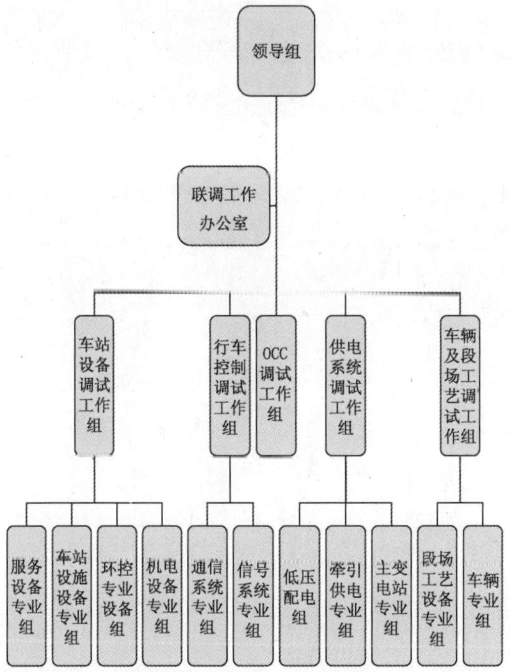

图 2 联调工作组织架构图

联调领导组：由经验丰富并具有协调管理能力的建设方、运营方项目负责人和相关专家组成。负责组织管理各自负责的调试工作组成员（包括所有安装承包商和供货商）完成所负责的调试工作；制订或批准调试计划；组织制定相关制度和标准；审查试验条件是否具备，批准（或授权调试工作组批准）开始调试工作；审批联调方案，审查联调条件是否具备，批准开始并组织实施联调工作；协调及处理调试与联调中的重大问题；审查确认最终调试与联调成果等。

联调工作组：由地铁项目甲方现场管理负责人组成（包括建设、运营相关负责人），设置车辆及段场丁艺调试组、供电系统调试工作组、行车控制调试工作组、车站设备调试工作组、OCC 调试工作组。联调工作组负责管理本工作组各专业所有由安装承包商及供货商所负责的调试工作，审查并确认调试人员名单；制订和审核本工作组各专业的调试计划，组织制定各种检验表格；审批各承包商和供货商呈报的调试大纲和调试方案；检查并落实调试条件，上报领导小组批准或被授权批准开始调试工作；协调和处理本工作组各系统调试、联调中遇到的重要问题；审查确认本工作组各系统最终调试结果；组织审核联调方案中与本工作组相关部分；检查本上作组各系统联调条件是否具备，并协调实施。除上述通用职责外，各工作组还需根据安装承包商和供货商合同的不同特点及规定，制定各自相应的职责。

联调专业组：由相应专业的技术人员组成，主要是参与调试工作，了解和掌握相关系统的性能、调试方法、故障判断与排除技术，以及监督、证明调试原始记录的完整性、正确性。

在总联调工作开展过程中基本的工作机制有：

（1）例会制度

在新线设备调试期间建立例会制度及专项会议制度，例会分为联调领导组例会、联调工作组例会，每周定期召开。专项工作会分为验收工作会、安全工作会，根据项目开展不定期召开，由领导组或联调工作组组织召开。

联调领导组例会：由领导组组长召集，每周定期召开，由领导组组织各方负责人汇报一周调试进度、主要成果、需要领导组决策的问题，建设、设计、监理、运营各方负责人及相关人员需参加会议。

联调工作组例会：由专项组运营及建设负责人分别召集，根据需要合并召开，每周定期召开。由各专业负责人向负责人汇报调试进度、计划落实情况、遇到的问题。

验收工作会：由联调领导组发起，会议根据设备调试进度择机召开。

安全工作会：由联调领导组发起，集中讨论建设及运营筹备期间的安全问题。

（2）现场监管和问题整改

根据联调工作组计划安排，监理方需要配合运营方、建设方进行现场检查和整改后的复查工作，监理方要做好现场问题的确认和后续问题整改落实监督工作。对现场检查出的问题，监理方要及时协调联系设计方和施工方进行沟通并进行整改。运营单位要对问题整改落实情况进行重点跟踪，重点关注运营后整改难度较大、涉及行车安全关键环节、现场使用频率较高、涉及乘客出行安全、涉及一线员工工作环境等方面的问题，建立问题履历和跟踪台账，确保满足运营条件要求，也便于指导后续运营管理工作。

关于 1 号线受流器回退机构改造的探究

李思睿　王为辉

（天津市地下铁道运营有限公司　车辆中心　双林车辆维修基地　300000）

摘　要： 本文结合天津地铁 1 号线电客车运行现状，考虑到既有列车受流器隔离时需要在车下进行操作，严重影响了正线应急情况下快速排除故障和救援工作的开展。为此，双林基地工程师结合厂家对受流器的回退机构进行改造，针对改造中出现的问题进行分析，并提出解决方案，从而顺利实现车上进行受流器隔离的操作，提高正线应急工作的效率。

关键词： 天津地铁；受流器；隔离；回退机构；改造

1　运行现状及改造原因

受流器与三轨直接接触，关系到车辆的牵引、供电、安全运行，是车体中的特别重要的部件。为了保证地铁车辆的安全运行，在车辆正线发生应急情况下，需要对受流器进行隔离操作时，方便快速地完成受流器的隔离操作，是处理正线应急故障最有效、最直接的方式。然而，目前天津地铁 1 号线既有电客车的受流器安装有回退机构，在紧急情况下需碳滑靴与第三轨脱离时，可使用绝缘手柄扳动回退控制杆，使碳滑靴与第三轨脱离。但此结构需到车下操作，并且正线中有三轨罩的存在，操作不便，用时较长，给该项工作造成了一定的难度和不便，严重影响正线的快速排故。考虑到该实际情况，1 号线双林技术室的工程师们协同受流器生产厂家技术人员，想出在车上进行受流器隔离操作的方法。

2　整改措施

2.1　改造简介

经过前期研讨，厂家设计试验，2015 年 5 月 22 日厂家技术人员在双林基地技术工程师的配合下，组织开展了受流器回退装置改造项目试验。本次改造将 104 车作为试验列车，对整车 18 个受流器进行了回退装置改造。改造工序主要为组装新型回退控制杆总成（包括：回退控制杆、小扭簧、2 个开口销，增加滚轮、增加销轴）、拆卸元回退机构、安装新型回退臂和新型回退控制杆，退压板无须更换。改造前后的效果对比如图 1 和图 2 所示。

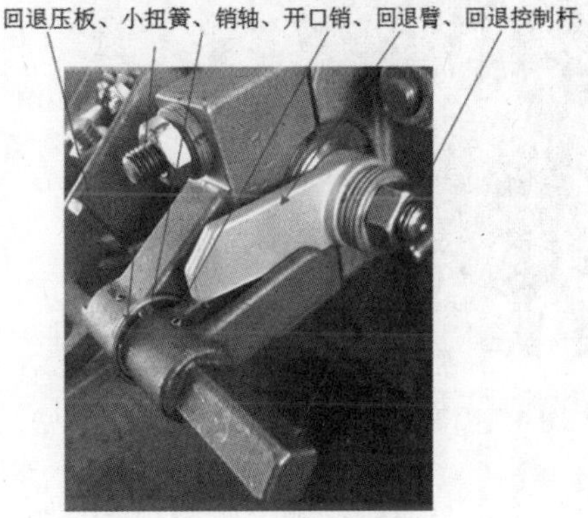

图 1　既有回退机构

图 2　新型回退机构

2.2 操作方法

（1）碳滑板需要与带电第三轨脱离：当碳滑板需要与带电第三轨脱离时，只需要用绝缘钩子勾住启复装置向上抬起，如图3所示，启复装置锁住，碳滑板与第三轨脱离，隔离到位的回退装置状态如图4所示。

图3 受流器隔离操作

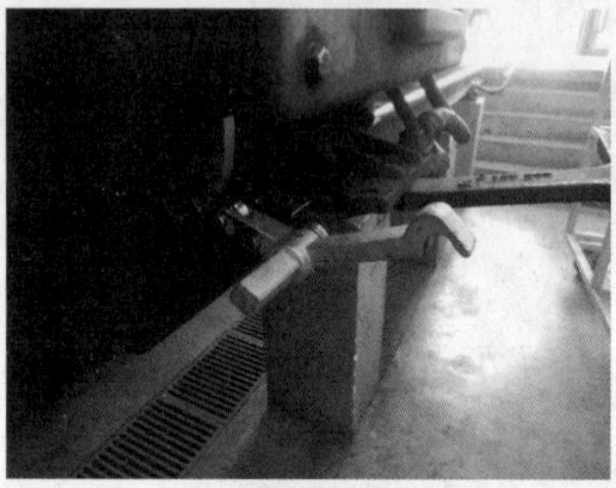

图4 隔离到位后回退装置状态

（2）碳滑板与三轨接触：碳滑板需要恢复工作时，用绝缘扳手搬动启复装置的回退控制杆，使碳滑靴与三轨接触，如图5所示。

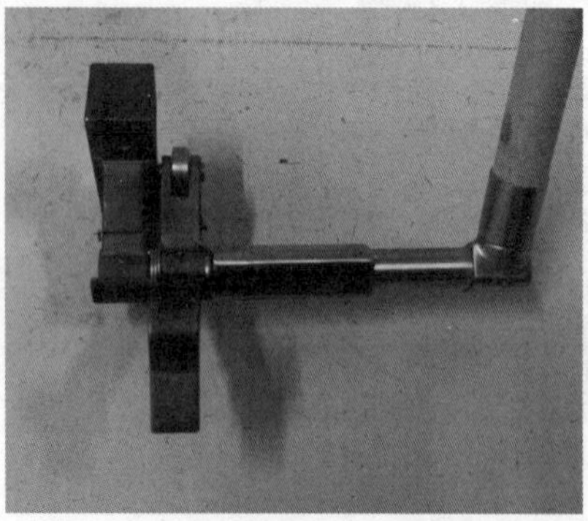

图5 受流器恢复操作

2.3 正线调试

为了测试改造列车正线运用情况，于6月1日车辆中心双林维修基地技术室人员，在夜间停运后对改造列车104进行了正线测试。试验列车分别在1号线上下行选定两个站、两区间停车，车上工作人员在车上分头观察回退装置有无异常。试验列车回库后，再次检查车下回退装置，对试验结果进行了记录。经检查，受流器新型回退装置状态良好。

3 改造中的问题

在改造中，发现厂家提供的新型回退装置存在一些问题，现总结如下：

（1）回退控制杆下端距轨面较近，经实际测量，其距离为70—81.5mm各个受流器存在误差，测量图纸尺寸为96mm，与安装实物的距离相差较大，已经比车辆设备最低点低了很多，超出了车辆限界的设计原则，存在一些安全隐患，如图6所示。目前已经和厂家联系对回退机构进一步改造，建议其距离均控制在96mm以上，经装车试验后发现效果良好，如图7所示。

图6 改进前的回退机构

图7 改进后的回退机构

（2）回退臂与滚轮之间间隙过大，经实际测量，其距离为 8—20mm 各个受流器存在误差，如图 6 所示。理想距离为 5—10mm，经与厂家联系对回退机构进一步改造，回退臂的改进如图 8 所示，改进后经装车试验后发现效果良好，如图 7 所示。

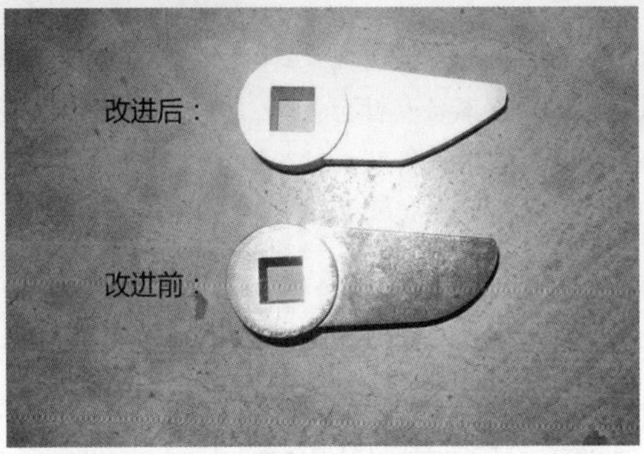

图 8　回退臂改进对比

（3）回退控制杆摆动问题，弹簧材质较软起不到固定滚轮的作用，正线运行中持续撞击回退臂发出声响，建议增大弹簧阻力，避免异常碰撞，经更换弹簧后效果良好。

（4）车上操作勾起回退控制杆力太大，普通人双手很难完成隔离操作，建议优化机构，现将绝缘长手柄钩子由空心变为实心，经试验操作力减小，满足预期要求。

（5）隔离后车下恢复问题，回退装置改造后，原方轴角度发生变化。原长、短组合手柄，车下三轨防护罩侧无法继续使用，经改造回退装置方轴角度对应调整，保证原操作手柄的使用空间，正在改进中，尚待解决。

（6）原长、短组合手柄中的长手柄不好用，此为遗留问题，在进行隔离或恢复操作时，力臂较常导致用力时费劲以及杆受力不均，长时间使用容易变形，正在改进中，尚待解决。

4　后期维护

鉴于此次新技术改造尚不成熟，需要进一步的实际运用来验证。为确保技术改造的实用性，需定期检查启复装置进行维护，计划日检、月修规程需增加对回退机构的目视检查，定修规程需增加对回退机构的测试项目，确保受流器在长期恶劣的环境下启复装置运动的灵活性。

5　结论

通过本次改造试验，双林基地工程师对改造工艺流程有了清晰的掌握。同时根据试验结果，也对厂家设计产品性能优化提出了新的要求。相信通过试验一次次的推进，1 号线列车受流器回退装置改造将会逐步展开，成功完成受流器回退机构改造的工作，最终满足司机在车上对受流器紧急隔离操作要求，增强正线应急响应能力。

参考文献

［1］沙梦麟．我国城市轻轨交通的发展策略［J］．城市轨道交通研究，1999（3）：8－10.

［2］苗彦英．城市轨道交通的分类及定义研究［J］．铁道车辆，1999（9）：11－14.

［3］夏国建，潘焕梁．道路运输安全管理［M］．人民交通出版社，2003.

铝合金地铁车体性能可靠性研究

王为辉　孙　兵

（天津市地下铁道运营有限公司）

摘　要：随着轨道交通行业的快速发展，地铁和轻轨列车将成为人们出行的主要交通工具。铝合金车体具有重量轻、运量大、速度快等优点。车辆运行的安全性、舒适性、可靠性等也逐渐备受社会关注。为此，本文以某铝合金地铁车体为研究对象，对车体进行刚度和静强度性能仿真分析，同时基于分析结果对车体强度不足的位置进行优化设计，以满足车体刚度、静强度性能可靠性要求。

关键词：铝合金地铁；刚度和静强度；仿真分析；优化设计

1　引言

城市轨道交通有着运输能力较大、准时性较好、舒适性与安全性较高、对环境污染低以及能节省城市用地等优点，在解决城市交通问题上发挥着更为重要的作用。地铁作为城市轨道交通的先导，由于其安全、准时、节能环保、舒适度高等特点备受国人瞩目，现在很多大、中等城市掀起了地铁潮，这也推动了我国轨道车辆相关行业的发展。同时，随着轨道车辆轻量化和高速化的需求，铝合金材料以密度小、耐腐蚀、易于挤压成型和密封性好等优点，成为国内外客车车辆的理想材料[1]。另外，由于铝型材加工技术的不断提升，加工成本日益降低，铝合金车体也被地铁车辆越来越广泛地应用。因而，产品的综合性能以及设计水平备受社会关注。

铝合金车体在地铁车辆上的广泛应用，不仅促进了城市轨道交通行业的发展，同时也对提高铝合金地铁车体性能的研究方法起到很重要的作用。基于这种背景下，以某铝合金地铁车体作为研究对象，应用有限元法，建立精确的有限元模型，对车体刚度和静强度、结构模态、疲劳强度和耐撞性等性能进行研究，已经成为大多数人研究的重要课题和方向，对地铁车体的可靠性研究与设计具有指导性意义。

2　铝合金地铁车辆国内外研究

随着科学技术水平的不断提升和新工艺、新材料的研发与推广应用，这大大促进了轨道车辆等运输装备的迅速发展。为应对市场的激烈竞争和满足节能减排的战略要求，开发高速、轻量化的轨道车辆已成为各国的城市交通发展战略的重中之重，在世界范围内，生产与制造铝合金车体也成为城市轨道车辆和铁道运输业发展的必然趋势。因此，总结国内外铝合金地铁发展现状、铝合金车体性能研究现状以及车体性能评价标准，为我国轨道车辆的安全可靠性研究提供了宝贵经验和理论依据。

铝合金材质的弹性模量只有普通钢的 1/3，比重也相当于一般钢的 1/3，同时在保证车体同等强度的条件下，车体重量相对于钢材质能够降低 50%，并且铝合金材质有着良好的耐腐蚀性，这可以延长轨道车辆的使用寿命[2]。与此同时，因铝合金车体重量轻、外观平整度好、耐腐蚀和复杂美观曲面车体易于制造等优点，备受世界各国城市交通和铁道运输的青睐。因此，许多国家都投入很大的精力与资金，开发和生产铝合金轨道车辆。

2.1　铝合金地铁国外发展现状

铝合金材质在铁道车辆的应用，已经有了

很长的历史。1896年，法国北部铁路最早把铝合金材质应用于铁道车辆客车车窗上；1905年，英国铁路电气化时代，兰可夏和约克夏铁路上电动车车体的外墙板使用了铝合金材质；在20世纪30年代左右，美国有700多辆铁道客车以及电动车的车顶及外墙板等部位使用了铝合金材质。第二次世界大战之后，各国为了实现减轻车体自重的目的，铁道车辆铝合金化开始实施。铝合金车辆最早出现在1952年英国的伦敦地铁；在亚洲，1962年日本开始研制成产铝合金车辆，当时在山阳电气化铁路上运行着2000型全铝合金铁道车辆；20世纪80年代中后期，随着高速铁路的迅速发展，大断面的铝型材出现了，同时由于焊接技术的显著提高，高速铝合金车体客车的数量不断增加[3]。

2.2　铝合金地铁国内发展现状

我国在铝合金车体的研发上起步比较晚。1989年，长春轨道客车股份有限公司（以下简称长客厂）参照日本模式开发了第一辆铝合金车体，现在还在北京运行。1996年，铁道部为了更好地促进铝合金材质在轨道车辆的应用，投入大量资金、组织人力成功研发了ICE2型铝合金车体，长客厂使用德国进口的材料，在简易的自动焊设备与机械加工设备条件下生产出我国第一辆闭式和开式型材相混合的铝合金车体，这客观上也促进了国内企业对铝合金车体的研究和开发。之后经过多年铝合金型材等基础产业的发展，现在铝合金车体上关键材料的配套生产基本上已经实现了国产化，这为铝合金车体生产减低了成本，也为铝合金车体市场化提供了基本条件[4]。2001年，我国首条铝合金车体自动化焊接生产线在长客厂建成，并使用了国产铝合金材质，研发制造了国内第一辆磁悬浮列车、高速列车（试验）、电动铝合金车体列车组，以及武汉、深圳和上海地铁铝合金车体。因此，按照"世代"来区分铝合金车体结构的发展的话，发展至今大体概括可分为三代，见表1[5]。

表1　铝合金车体的发展过程

世代	特征
第一代（板梁结构）	铝合金车体焊缝变形大，通过增加板厚来获得刚度，减重效果不明显，车体平整度不理想
第二代（板梁和型材混合结构）	板梁部分采用电阻焊工艺，型材连接采用MIG焊工艺，节约了型材开模费，降低了车体制造成本，但是工艺相对繁琐，刚度较差
第三代（完全封闭型材结构）	制造工艺简单，刚度较高，车体平整度好

目前，南京蒲镇车辆厂、青岛四方机车车辆股份、唐山车辆厂和株洲电力车辆厂等也相继建立了铝合金车体批量生产线，国内各车辆厂研发、制造铝合金车体的技术也越来越完善。随着铝合金车体逐渐成为我国轨道车辆产业发的必然趋势，对铝合金车辆车体性能的深入研究也越来越受设计人员的重视。

2.3　铝合金车体性能研究现状

目前，承担城市轨道运输的轨道车辆主要包括了铝合金地铁车体和不锈钢点焊地铁车体两种，车体性能的研究内容是多方面的，主要包括了车体刚度、静强度、稳定性、模态、疲劳强度以及碰撞等性能仿真分析[6]。

车体刚度与静强度作为车体性能分析中最基本的内容，是车体其他性能分析的前提。目前国内外关于铁道车辆车体刚度和静强度的研究方法及内容日臻成熟，其研究方法主要有仿真分析法和试验分析法两种，现在两种研究方法相辅相成、结合紧密。孙彰利用有限元法，根据实际运营状态以及借鉴国外地铁车辆的技术指标确定的计算工况，对B型地铁不锈钢中间车体进行了强度分析。张志华利用有限元法对CRH5型动车编组中铝合金车体的结构进行了强度分析，阐述了约束方程以及表面效应单元对计算结果的影响。耿峰详细介绍了某厂设计的铝合金A型地铁轻量化的结构特点，利用有限元法分析了车体不同工况作用下的强度以及一阶模态。高阳以不锈钢地铁车体为研究对象，利用有限元法和试验法对车体静强度、模态进行分析，总结了静强度与模态数值分析与试验分析的相关性和误差产生原因。综上所述，基于有限元数值分析法，对铝合金地铁车体进行刚度和静强度计算分析，以保证该车体刚度和强度符合使用要求。

3　车体刚度和静强度有限元分析

3.1　车体刚度评价标准

从工程力学的角度上来讲，刚度是指某种构件或结构有足够的抵抗变形的能力，其常用引起单位变形时所需要的力或力矩表示。刚度的大小不仅与材料本身的性质（如弹性模量）有关，而且与结构或构件的几何形状（如截面形状）有关。

在GB/T 7928—2003标准中对刚度的评定规定为：车辆采用整体承载结构时，在车辆使用期限范围内能承受正常载荷的作用，但不产生永久性变形与疲劳损伤，并且有足够的刚度要求，即在最大垂直载荷作用下的静挠度不超过两转向架支撑点之间距离的1‰[7]。

3.2　车体强度评价标准

强度是指某种构件或结构有足够抵抗破坏的能力，也是指材料破坏时所需的应力。强度是衡量构件或结构本身承受载荷能力的重要指标，其大小与构件的材料本身的性质及受力形式有关，但是与构件的形状无关。

不同材料有不同的许用应力，同种材料的许用应力也不相同。《地铁车辆通用技术条件》（GB/T 7928—2003）规定“所使用材料的许用应力值应该取决于用户和制造商均认可的国家或者国际标准”；在《铁道车辆　强度计算及试验鉴定规范》（TB/T 1335—1996）中有关标准规定“客车车辆许用应力的安全系数为1.5”；欧洲EN 12663—2010规范中确定“许用应力安全系数为1.15”；而日本规范《铁道车辆强度试验方法》（JIS E7105—4989）中，规定“许用应力的安全系数为1.0”。

根据GB/T 7928—2003规定：所使用材料的许用应力值应该取决于用户和制造商均认可的国家或者国际标准。根据该地铁车体的结构特点及计算任务书的要求，大多数车体所有材料的安全系数均为1.0，即$\sigma \leqslant [\sigma]$。

3.3　车体刚度和静强度分析

目前很多科研人员以铝合金地铁车作为研究对象，利用有限元法，应用Hypermesh仿真软件，建立车体有限元模型如图1所示，并通过有限元分析软件ANSYS13.0，对车体进行刚度、静强度仿真分析，并根据计算结果对车体薄弱部位进行结构改进，使最终设计方案满足车体刚度、静强度要求。

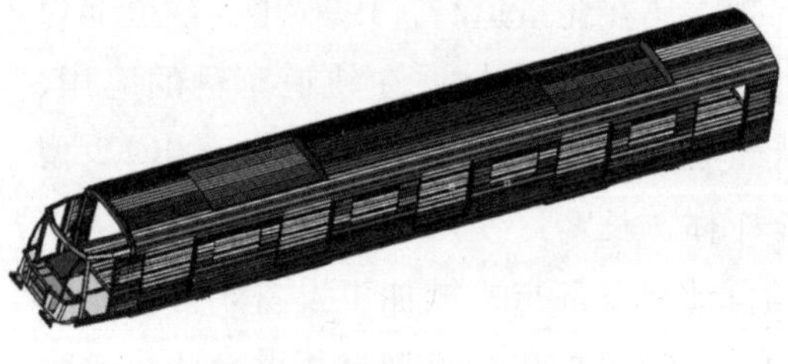

图1　车体有限元模型

3.3.1　有限元法的基本原理与分析

有限单元法是以位移为基本未知参数，根据变分原理中的最小势能原理建立有限元求解方程。有限元法基本求解思路是：首先离散计算对象；其次研究结点的平衡；最后利用插值函数法获得求解域内的解。

综上所述，有限元法分析的一般流程如图2所示。

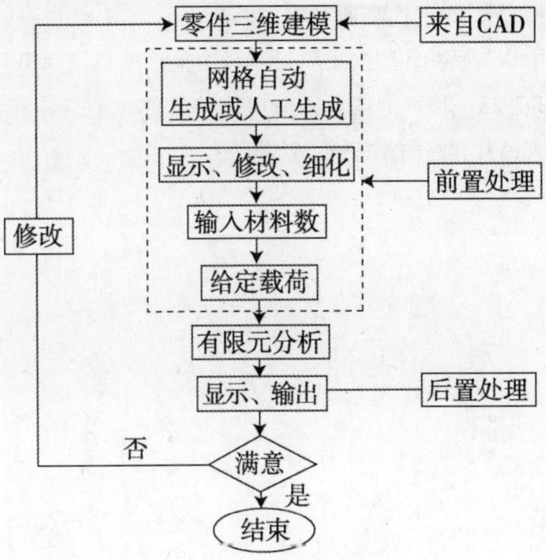

图2　有限元分析的流程

3.3.2　车体刚度和静强度分析结果

通过对铝合金地铁车体进行多种工况的刚度、静强度计算，可知：

（1）根据有限元分析结果，并结合GB/T 7928—2003标准，车体的刚度一般都满足设计要求；

（2）根据有限元分析结果，并结合车体静强度评价标准，车体的牵引梁和枕梁连接处、一位端车钩处、客室门上角处、二位端枕梁处等部位一般会出现局部应力集中问题，强度不足，不能满足设计要求。为此，需要对车体薄弱部位进行结构优化设计，使最终设计方案满足静强度要求，并基于工厂静强度试验数据和仿真分析结果进行对比研究，证明仿真计算的可行性和可靠性，这也为车体进行其他性能可靠性的分析奠定了基础。

3.3.3　车体结构优化改进

通过分析原方案中车体薄弱部位应力大的原因，主要是：铆钉的分布不够合理、一位端车钩处结构纵向载荷不能经过牵引梁传递到车体后部，而引起车钩座附近应力集中，导致应力过大；客室门上角处型材由于板的厚度太薄，而导致了应力过大；二位端枕梁处地板型材，由于枕梁与底架边梁连接处过度不够平滑而导致了应力集中。根据应力大的原因以及车体制造工艺的要求，为满足车体强度要求，应制定如下修改方案：

（1）针对牵引梁和枕梁连接处铆钉的数量和具体的铆接位置进行优化分布。

（2）一位端车钩处焊接筋板，保证纵向载荷的传递，增加的筋板的厚度。

（3）客室上门角处型材，进行补厚处理。

（4）二位端枕梁，首先在枕梁内侧进行补厚处理；其次在枕梁与底架边梁处焊接一定板厚的过渡筋板，数量为若干；最后在枕梁内侧增加结构。

4　结论

在对国内外关于铝合金地铁车体及性能研究现状综述的基础上，介绍铝合金车体性能评价标准，基于有限元仿真分析方法，以铝合金地铁车体为研究对象，建立精确的仿真模型，并依据EN 12663—2010标准对车体进行多种工况的刚度、静强度仿真分析，根据车体刚度和静强度的评价标准，进行评价分析。从结果得知，车体的牵引梁和枕梁连接处、一位端车钩、客室门上角、二位端枕梁等处出现应力集中，强度不足的问题。为此，对车体薄弱部位进行结构改进，经过重新计算后，车体满足刚度和强度设计要求，为车体有限元仿真分析及可靠性设计提供技术支持。

参考文献

［1］雷成，肖守讷．地铁铝合金车体的结构设计和强度分析［J］．机车电传动，2006，2006（1）：54－56.

［2］曾妮．城轨车辆车体材料的发展与选择［J］．黑龙江科技信息，2012（29）：282－282.

［3］里田启，张洪恩．铝合金车体［J］．国外铁道车辆，1986（3）：17－21.

［4］王炎金，丁国华，王俊玖．铝合金车体制造技术在中国的发展现状和展望［J］．焊接，2004

(10)：5－7.
[5] 牛得田．铝合金车体在轨道车辆上的应用及展望［J］.机车车辆工艺，2003，(3)：1－2.
[6] 马巧艳．B型地铁不锈钢点焊车车体性能仿真分析［D］．大连交通大学．2012.
[7] 中华人民共和国国家质量监督检验检疫总局．GB/T 7928—2003 地铁车辆通用技术条件［S］．中华人民共和国国家标准，2003.

天津轨道交通网络化运营下应急资源优化配置的构想

解晓东　左　佳
（天津市地下铁道运营有限公司）

摘　要：对地铁的救援能力进行说明，针对城市轨道交通应急抢险的要求，分析目前应急救援点配置的影响，探讨增加应急救援站点，将应急资源优化配置，进行提高应急救援抢险的能力。

关键词：轨道交通；网络化；应急抢险；资源优化配置

1　引言

随着国内城市轨道交通行业的高速发展，很多城市都在建设城市轨道交通，天津轨道交通从1号线和9号线两条互不接驳的地铁线路，在2012年陆续开通了地铁2、3号线，并限期开展地铁5、6号线的建设工作，6号线北段也丁2016年开通试运营，已初步形成了覆盖天津市的轨道交通网络。随着天津轨道交通网络化的发展，多线路、多制式运行的网络化运营局面将迅速形成。过去单线路运营在应急救援时，每条线自成体系，资源重复配置，做不到资源共享，没有对各线路应急资源配置按照全网络中易发生事故的薄弱环节进行分布。因此，轨道交通网络化应急资源优化配置是必不可少的，这将大大提升网络化下应急救援的能力。

2　车辆应急资源配置情况

2.1　救援人员和救援设备

每条线路配备2组车辆救援队及1套起复救援设备，其中每只救援队包括1名救援队长、3名救援组长和6名救援队员，共计10人。每个基地两只救援队轮流救援待命，接到救援命令后，网络化站点救援队及本线救援队同时出动，保证两支救援队到达现场。救援设备包括机车复轨顶复系统、液压破拆系统、气囊顶升系统、牵引装置及轮对故障走行器、便携式复轨器等设备，可满足简单的车辆脱轨后顶复、拉复救援作业。

2.2　救援队到网络化站点时间分布

以1、2、3号线为例，共有65个车站、3个车辆段、3个停车场。目前救援队及救援设备设置在各车辆段内，根据各救援队到达站点救援时间最短对正线车站进行划分，并依据网络地图提供时间和里程，结合天津城区近外环、中环、内环选点测试进行到达各车站时间统计，按照车辆段到达正线站点时间最短为原则，确定了救援队及救援设备到达各站点的时间在10分钟内的站点有5个，15分钟内的站点有9个，20分钟内的站点有20个，30分钟内的站点有44个，40分钟以内的站点有61个。有5个站点需要40分钟以上，主要分布在市区中心和市区北部偏远站点。

3　应急资源优化配置构想

按照目前网络化救援资源分布，市区中心和市区北部偏远站点，救援响应时间较长。市区内站点客流量均较大，一旦出现事故对运营网络影响较大。市区北侧主要是停车场，属于事故高发区，急需加强救援力量，优化应急资源的配置。

在市区中心偏北侧站点选址作为应急救援点，需配置救援人员及救援设备来增强对市区中心及北侧的救援响应速度，提高救援效率。

3.1 新增应急救援点设置

应急救援点设置需考虑的因素如下：

（1）便于救援设备存放和出车；

（2）便于救援人员留守值班、日常检查车辆及设备；

（3）尽最大化地缩短各救援点到重新分布的网络化站点的时间。

根据上述因素，新增的应急救援点可以考虑设置在车辆段、停车场、救援力量响应时间长且较集中的车站。将新增救援点设置在车辆段、停车场，便于应急车辆及设备的存放、救援人员的安置，同时停车场也是事故的高发区。将新增救援点设置在响应时间长且较集中的车站，有利于提高整个救援响应效率，更有利于救援区域的网络化分布。

3.2 可行性分析

新增救援点设置在停车场，方便安设救援人员值班办公室，救援车辆的停放位置有棚顶，保证车辆有良好的存放环境。但若增设的救援点位于停车场，则救援点位较增设在车站上的多。

新增救援点设置在既有线路上的车站，需要提供救援人员值班办公室，实现救援车辆停放在带棚顶的地点比较困难。从救援率上说，在车站设置救援点比在停车场设置救援点要好很多，在多线路的条件下，优势将更加明显，远期在车站增设救援点位也将是大势所趋。

根据以上的比较，以提高应急效率优先的原则，建议在市区中心设置应急救援点。应急救援点分布如下：保留目前双林车辆段、李明庄车辆段、华苑车辆段的应急救援点，取消大毕庄车辆段救援点，新增西南角站、北站站应急救援点，以期提高市区中心及市区北侧站点的救援效率。这样，将原来三个网络化区域分为五个网络化区域，根据网络地图提高的里程及时间，到达各站点的应急响应时间将控制在30min内。

后期网络化运行线路逐渐增多时，需在市区外围增设救援点位，以减轻市区中心的应急救援点位的压力，提高各救援点位的专项处置能力。

4 结语

随着天津轨道交通网络化运营，目前的应急资源配置将逐渐不适应运营发展的趋势，通过实践去检验，进行运营系统的脆弱性综合分析、运营风险的评估，增设市区中心站点及外围偏远站点作为应急救援点，综合进行全网络的应急资源优化配置，最大化提高应急抢险能力。

参考文献

［1］俞辉．地铁车辆系统应急预案探究［J］．现代城市轨道交通，2009（3）：8－9.

［2］孙晓临．城市轨道交通网络应急救援站设置与资源配备优化研究．北京交通大学，2012.

［3］闻千．网络化运营条件下城市轨道交通应急指挥管理评价方法研究．西南交通大学，2013.

浅谈段场设备目视化管理

郭城浩　武　乡
（天津市地下铁道运营有限公司）

摘　要：地铁车辆段场的主要任务是开展地铁车辆的检修工作，但辅助检修设备同样重要。检修设备的现场目视化管理室是通过视觉化的工具，直接、醒目地传达设备操作、检修时注意事项，降低检修设备运行风险，提升员工安全意识，保证车辆检修工作安全地开展。

1　前言

近几年来，天津地下轨道交通蓬勃发展，尤其是2012年以来，2、3、6号线相继开通，逐渐行成网络化运营态势。为不断给乘客提供安全、优质的服务，人们对地铁车辆的运行状态提出了更高的要求。地铁车辆的运行状态要通过日、月、定、架各修程实现，此过程中除了人员技术能力外，检修设备同样发挥重要的作用。随着科技不断发展，新技术在检修设备设计、制造过程中应用越来越广泛，然而在日常设备管理过程中还存在一些问题，影响检修设备管理质量。

2　段场设备目视化管理现状

段场设备目视化管理是利用形象直观、色彩多样、生动灵活的各种视觉感知的现场信息，提高人员工作效率和劳动生产率的一种管理方式。现场的信息传达的手段主要包含信息卡片、提示标识、醒目符号、宣传展板、信号等。随着车辆修程的变化，辅助检修的设备呈现出种类多、数量大的特点，检修设备集中安装完成后，设备现场管理方面存在以下不足之处：（1）各检修流水线设备安装完成后，无分界线；（2）同一种设备数量较多，现场未对其进行编号管理；（3）检修设备操作安全关键点没有在现场张贴提示；（4）检修设备现场没有安全提示语。

3　加强检修设备目视化管理

针对段场检修设备目视化管理的现状，结合各种检修设备的特点，将采取以下几种措施，加强检修设备现场目视化管理。（1）根据检修工艺不同，使用黄色线对组合库进行分区，避免作业人员勿入检修区，如图1所示；（2）针对同种检修设备数量较多，对设备本体进行喷涂编号，方便现场管理，如图2所示；（3）检修设备使用过程中，增加醒目的安全提示语，如图3所示；（4）由于设备本体未张贴安全操作关键点，采用放置展示牌的方式，将提示内容放到醒目位置，供操作人员随时阅读，如图4所示。

图1　分区示意图

图 2　设备编号示意图

图 3　安全提示语示意图

图 4　展示牌示意图

4　结论

段场检修设备目视化管理是一种有效的现场管理办法，通过目视的方法实现人与人之间、人与设备之间交互，能够将设备操作方法、安全操作关键点等信息及时、有效地传递给使用者，大大降低因操作失误引发事故的概率，提高使用者的工作效率和安全性。尽管在李明庄车辆段的检修设备目视化管理中已取得一定成效，但还有很大的提升空间：

（1）认真分析现场目视化的形式和内容，避免出现形式主义；（2）开展设备目视化管理过程中，不断总结经验，继续学习创新，逐渐形成一套针对段场设备目视化管理的标准。

列车广播系统损耗失效期维护方法

武星宇　刘素梅　段开锋
（天津市地下铁道运营有限公司）

摘　要：本文依据天津地铁网络化运营实践经验，对运营过程中地铁列车广播系统出现的故障进行总结分析，着重对列车广播系统进入损耗失效期而故障率急剧增加时，如何避免对列车运营产生影响进行研究。利用制作专用测试设备和预防性维修等手段，提出可行的自主维修方案，保证列车广播系统的安全稳定运营。

关键词：地铁车辆；电子元器件；老化

1　前言

车辆上的电子设备在调试完成后，会进入平稳期，故障率降低，但随着使用时间、使用频率的增加，设备逐渐老化，到达一定阶段后故障率会逐渐增加，列车广播系统进入损耗失效期，严重时会出现故障集中爆发的情况[1]。天津地铁1号线车辆截至2016年已运行10年时间，但还未进入大修修程，就已出现故障率显著升高的情况（图1），并多次遭到乘客的投诉。厂家也进行了相应的专项维修，但由于故障判断时间长、维修周期长、新故障点频发等很多因素，造成设备的故障率居高不下，甚至有愈演愈烈的趋势，还造成维修成本增大，返厂维修时间周期长，出现备件不足的情况，对现场维修带来很大困扰，严重时会影响第二天的车辆发车。

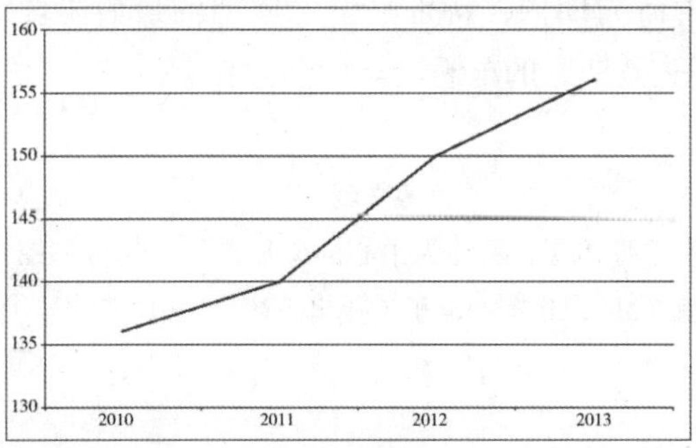

图1　列车广播系统故障趋势

2、3、6号线车辆上电子设备的原理与制造工艺与1号线是相似的，其中2、3号线车辆已运行迈5年的时间，6号线也已投入运营。随着车辆运行时间的增加，车辆上的电子设备也会出现老化后故障概率显著升高的情况。

因此，解决因电子设备老化带来故障率升高的问题，为2、3、6号线今后的安全运营奠定基础，显得尤为重要。

2　解决方案

列车广播系统进入损耗失效期，故障主要由电子元器件老化造成。因此，解决电子元器件老化问题是解决损耗失效期故障率剧增的根本。

电子元器件老化问题需通过更换老化元器件解决，技术难点主要表现在如何全面、准确地找到老化元器件。厂家在维修时，因维修人员与运营现场分离，不能深入地理解故障现象，特别是在时好时坏的故障处理上，存在严重的缺陷，导致返修率升高。因此，组织一批拥有丰富现场经验的地铁车辆维修人员，进行列车广播系统的芯片级自主维修，可以有效解决此类问题。

通过芯片级自主维修，在故障现场进行测试，可以直接观察故障现象，准确掌握故障信息，维修后还可以在现场比较恶劣的工况下进行测试，保证维修质量，避免维修不充分的问题。此外，还可以缩短维修设备运输周期，以保证备件数量，节约成本。

为了解决列车广播系统电子元器件老化带来的问题，消除厂家技术壁垒，降低维修成本，成立芯片级维修小组，研究全面、准确地查找故障点的方法，并应用预防性维修等手段进行列车广播系统自主维修是可行的解决方案。

3 方案实施与技术原理

列车广播系统芯片级自主维修主要以电路原理图为理论依据，以测试试验台为工具，应用预防性维修等手段，解决列车广播系统元器件老化对正线运营造成的影响。

首先，利用备品、备件组装调试完成1台列车广播试验台。应用此试验台可以避免故障件对车辆造成的2次伤害，还能缩短维修周期，确保维修后设备的安全、可靠，并实现了两块电路板信号对比等功能。

之后，通过电路板反推出电路板原理图，根据绘制的列车广播系统电路原理，利用组建的测试试验台对电路板上的任何焊点进行测量，对比故障电路板与功能良好的电路板，分析其电压值、电流值、电阻值的差异判断故障点，并对故障点相邻元器件进行检查，全面准确地查找老化元器件和隐性故障点，以保证维修到位。

在积累了一定的维修经验后，模拟各个元器件因故障或老化而产生的问题，分析总结出共性问题，并针对此共性问题研究故障处理方法，进而对所有列车广播系统设备进行预防性维修，降低故障率。

4 成效

从图2中可以看出，2014年，列车广播系统的故障率开始趋于稳定，2015年进入芯片级自主维修以来故障率大幅度下降，确保了列车广播系统的稳定性与可靠性。通过正线跟踪，维修电子设备状态良好，运行稳定，已达到预期目标。此外，2015年共节约成本114220元，并将维修花费时间由20天缩短到10天以内。

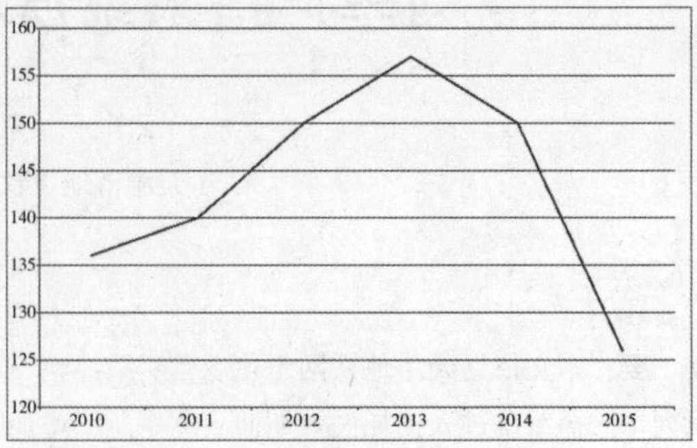

图2 列车广播系统故障趋势

5 结论

通过自主维修列车广播系统，有效解决了列车广播系统电子元器件老化带来的问题，消除了厂家技术壁垒，降低了维修成本，取得的成果如下所示：

（1）有效解决问题——解决了故障率升高、死机频繁等问题。

（2）降低现场故障——通过预防性维修降低了故障率。

（3）缩短维修周期——将维修所用时间由20天缩短到10天以内。

（4）维修能力升级——员工掌握原理图绘制方法，从模块级扩展到板卡级。

在现有芯片级深度维修的基础上，还可推广到车辆的网关、显示屏、电源板等不影响运营安全的电路板，并收集、分析电子设备在全寿命周期内的故障情况，解决各个阶段的质量问题，保证全寿命周期内，特别是全寿周期的最后阶段“损耗失效期”的车辆安全平稳运行。

参考文献

［1］张增照．以可靠性为中心的质量设计、分析和控制［M］．北京：电子工业出版社，2010.

地铁网络化运营下换乘车站客运组织分析

顾鉴超

（天津市地下铁道运营有限公司）

摘　要：随着城市轨道交通的快速发展，城市地铁网络化运营模式也在迅速形成和扩张，线路之间换乘站的数量和规模都在不断地增加。换乘站作为地铁网络中的枢纽节点，具有结构复杂、客流量大、流向较多等特点，换乘站的客运组织能力是影响城市轨道交通服务水平的关键因素之一，也成为城市轨道交通运营管理中的重要课题之一。本文以天津地铁客运组织实际情况为例，通过分析地铁网络化运营模式下换乘站的运营特点，研究影响换乘站客运组织的关键因素，提出优化换乘车站客运组织的有效方法。

关键词：地铁；网络化运营；换乘站；客运组织

1　地铁网络化运营换乘站特点概述

换乘站是地铁网络化运营的重要节点，连通着两条以上的轨道交通线路。由于换乘站规模较大且换乘线路之间，一般存在设备制式和布局等设计不同，客流组成复杂，客流流向纵横交错等特点，具体表现如下：

（1）客流总量大。地铁作为城市轨道交通的公共交通方式，承担着城市内部大量的乘客运输功能，而换乘站作为交通网上的一个重要节点，除了有普通车站的进出站客流外，还汇集有相交线路甚至全网多座车站之间的交换客流，由此造成换乘站客流集中，往往是普通车站客流量的数倍，因此换乘站相对于一般车站，客流总量会有明显增加[1]。

（2）车站规模大。换乘车站占地面积较大，承担两条以上地铁线路的运营任务，除了包括各条线路的站台、站厅外，还有多个地面出入口及通道、广场等；车站内设置两套及以上的行车设备、客运设施、机电和消防设备等。总之，从空间、设备和人员配置上来看，换乘站规模大、设备数量和制式复杂、车站人员组成多。

（3）客流结构复杂。地铁换乘站在大客流情况下，客流结构较为复杂，尤其对于与铁路等交通枢纽连接或距离较近的换乘站，汇集了不同性别、年龄、文化程度、乘车习惯和对车站不同熟悉程度的各种乘客，复杂的客流结构直接影响其在换乘站的活动，进而影响车站客运组织工作[2]。

（4）换乘流线多样。换乘站作为交通枢纽，可选择的走行路径多，包括出站客流与道路公交的换乘路径，换乘客流在换乘站不同的出入口、通道内形成了复杂的客流流线，站内不同出入口的开启和关闭直接影响换乘客流的路径选择，车站内隔离设施的不同设置，也对车站客流流向有重要的引导作用。复杂的客流流线，容易产生进站客流、出站客流和换乘客流交叉，导致客流冲突点较多，客流具有多向性特征。

（5）客流潮汐性。根据换乘站不同的区位特点和布局特点，每逢大型活动期间、传统节假日、“黄金周”等，都会使换乘站出现大客流现象，根据车站类型、时间特点以及具体地理位置的差异，不同车站的大客流具有各自的特点。对于早晚高峰较明显的换乘站，由于乘客的出行目的相对一致、出行时间较为集中，因此换乘站客流有明显的潮汐现象。根据列车的运行图行车安排，不同路线乘客的到达情况也会呈现脉冲式的分布规律，在短时间内对换乘设施会产生较大的冲击。

2 换乘站大客流组织的关键因素

（1）明确车站关键客流。根据换乘站的不同区位、周边环境、上盖结建、枢纽结合、不同季节月份等特点，确定换乘站具备的不同客流特征。对于交通枢纽结合的换乘站，非本地乘客的客流会有较明显特征，该类型车站乘客对车站环境、布局较为陌生；对于有上盖商场结建的换乘站，客流会集中在节假日期间；对于周边居民区较多的换乘站，客流会集中在平日早晚高峰期间；对于周边有大型活动场所的换乘站，客流会集中在举办大型活动期间。不同类型客流各自在站的运动过程差异较大，因此明确不同车站的关键客流是有效组织换乘站客运工作的重要关键因素之一。

例如，天津地铁为应对春运期间客流变化，对前一年客流走势进行分析，如图 1 所示。通过对近几年来春节期间每日平均客运量与全年每日平均客运量分析，反映出天津地铁春节期间客流量为全年客流最小值。

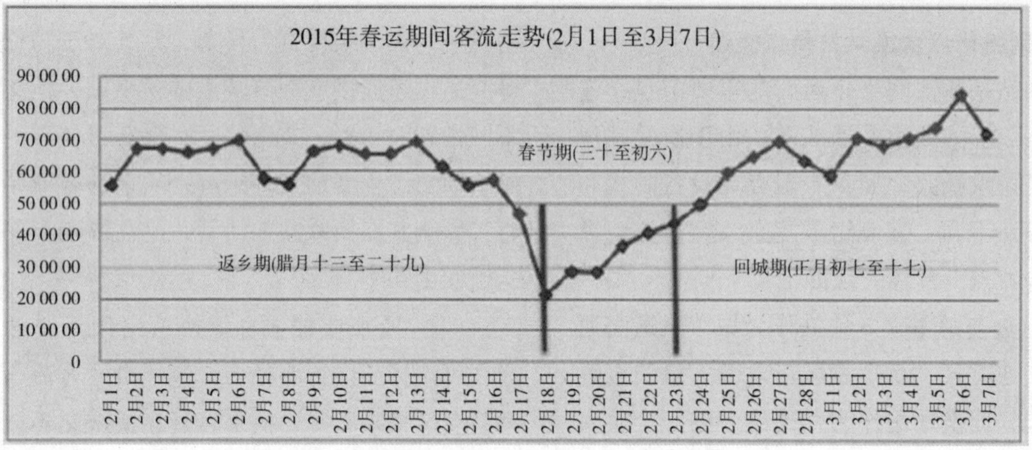

图 1 天津地铁 2015 年春运期间客流走势

通过客流走势可将春节前后分为三个阶段，即返乡期、春节期、回城期。通过此类分析可以确定当年客运组织重点时期和提前制定针对性措施，有利于对客流的预判和应急处理。

（2）明确定位车站能力瓶颈。车站能力瓶颈包括设备设施的服务极值和车站空间分布限制的客运承载能力，车站设备主要包括售票机设备、闸机设备以及电扶梯设备等，换乘站在已有设备设施情况下，车站的能力瓶颈一般为车站通行能力最小的设备设施，需要根据车站设备设施的布局和各设备设施的通行极值确定哪个区域或点位是造成客流停滞的关键点位，进行设备设施的改进和提升。表 1 为天津地铁西南角车站分时断面客流统计。此外，车站的空间布局是造成车站乘客滞留的一个重要因素，一般情况下换乘站乘客滞留较多的区域是换乘通道的楼扶梯处以及出现列车同时到站情况时的站台上下车区域，交叉客流或客流冲突点是换乘站客运组织的难点。

表 1　天津地铁西南角车站分时断面客流统计

时间	路段	上行最大断面	时间段	下行最大断面	时间段
4 月 1 日	2 号线—1 号线	4119	7：00—8：00	4093	18：00—19：00
4 月 1 日	西安南—二纬路	11183	7：00—8：00	9624	18：00—19：00
4 月 2 日	2 号线—1 号线	4234	7：00—8：00	4132	18：00—19：00
4 月 2 日	西安南—二纬路	11187	7：00—8：00	9686	18：00—19：00
4 月 3 日	2 号线—1 号线	10860	7：00—8：00	4412	18：00—19：00
4 月 3 日	西安南—二纬路	10860	7：00—8：00	10080	18：00—19：00
4 月 4 日	2 号线—1 号线	4100	7：00—8：00	4683	18：00—19：00
4 月 4 日	西安南—二纬路	10948	7：00—8：00	11702	18：00—19：00

（3）明确车站信息告知渠道。对乘客的信息告知渠道按照空间特性可分为进站前、进站后和出站后三个方面。进站前的信息告知主要包括对列车运行时刻和车次、地铁周边情况和临时突发性情况的告知，该类信息有利于乘客合理安排出行时间和出行计划，减少因信息缺失造成的出行影响和减小车站客运组织难度；进站后的信息告知主要包括站内标识提醒、PIS 信息告知、车站通告以及站内工作人员提醒等方面，该类信息对乘客进站乘车有直接的影响，告知的信息是否全面、易懂和及时直接影响乘客在站内的行走速度和车站整体客运组织效率；出站后的信息告知主要是乘客满意度调查以及乘坐感受的定期回访和统计，有利于从乘客角度优化客运组织模式。

（4）明确车站客运组织方案。车站客运组织方案是车站客运组织的基础，客运组织方案中需对车站的客流特征、人员安排、设备安排以及突发情况下的应急组织做出明确要求，其中不同客流级别情况下的分级方案和在节假日等可预测大客流的前期客运组织方案尤为重要。以天津地铁圣诞平安夜运营组织方案为例，在圣诞平安夜前夕，根据以往客流组织经验和对客流的提前预测，从运营指挥领导的小组设置、节日客流分析基础、平安夜运营组织计划、安全运营保障、信息沟通等多个方面进行客运组织方案的编制，尤其针对客流量最大的营口道车站，在圣诞节当天客运组织采用了出入口分时段单向进出模式，见表 2，平安夜当天可根据实际客流状况、设备设施状态等相关因素，灵活调整出入口开放模式。

表 2　天津地铁营口道站出入口分时客流统计

<table>
<tr><th>时段</th><th>第一时段
6：00—10：00</th><th>第二时段
10：00—14：00</th><th>第三时段
14：00—18：00</th><th>第四时段
18：00—20：00</th><th>第五时段
20：00—22：00</th><th>第六时段
22：00—停运</th></tr>
<tr><td>A</td><td rowspan="6">正常</td><td rowspan="6">正常</td><td rowspan="6">只出不进</td><td>只出不进</td><td>只进不出</td><td>正常</td></tr>
<tr><td>B1</td><td colspan="3">正常</td></tr>
<tr><td>B3</td><td>正常</td><td>只进不出</td><td>正常</td></tr>
<tr><td>C1</td><td colspan="3">只出不进</td></tr>
<tr><td>C3</td><td colspan="3">正常</td></tr>
<tr><td>D</td><td>正常</td><td>只出不进</td><td>正常</td></tr>
</table>

同时，从警力保障、安检保障、维修保障、秩序保障等多方面提前部署，编制有针对性的、预防性的客运组织方案。客运组织方案应充分考虑车站的实际布局和人员情况，合理安排，并根据实际情况对车站客流组织方案进行优化改善，尤其强调实用性。

3 换乘站客运组织原则

（1）减少站内客流冲突点：合理的客运组织安排需要从车站的实际客流情况出发，综合考虑车站布局、行车间隔和车站设备设施通行能力，乘客走行的流线安排必须使整个站内的客流冲突点最小化，减少客流的交叉冲突，从而达到进出站和换乘的高效性，但是冲突点的最小化需要综合考虑站内硬件条件以及乘客的心理，不能为了使冲突点消失让乘客花费大量的时间换乘，客运组织需综合考虑冲突点和换乘效率。

（2）优化站内导向和信息告知：客运组织的高效与标识设计和安排的合理性密切相关，标识的设计应遵循表述简单、位置明显、颜色突出等特点，复杂烦琐的指引标识会使旅客眼花缭乱，影响乘客出行心情，同时也加大了公司的投资。对乘客的告知除了合理的标识设计外，还应充分考虑站内的广播和人员的合理指引，通过人员和导向的双重结合达到站内指引高效的目的。

（3）合理调整站内的客流分布：在大客流情况下，为了降低客流拥挤度，除了合理安排站内客流组织外，还应充分考虑从线网和车站限流等角度控制进站和断面客流对换乘站的客流冲击。

4 换乘站大客流组织优化方法

换乘站大客流的组织优化方法关键点是客流的引导和控制，客流控制是客运安全管理的重要工作，也是保证运营秩序和行车效率的重要手段。从网络运营角度分析，客流的控制总体可以分为三个维度，分别是车站级客流控制（站控）、线路级客流控制（线控）和线网客流控制（网控）。在实际运营中，往往需要同时采取多种或越级使用客流控制措施，客流组织管理以优先满足换乘站的客流疏导为原则[3]。

4.1 站控客流组织优化

（1）客流分离法：客流分离法的原则是将不同客流进行有效分割，以减少冲突点为目的，通过设置必要的隔离设施，借助移动护栏或其他设施将客流在平面上进行空间隔离，达到延长乘客客流的走行距离，使换乘站内客流秩序得到有效规范，解决乘客行走习惯与车站布局的矛盾，通过有效的隔离措施引导客流从空间上较少冲突。

（2）速率提升法：研究乘客在换乘站内的路径选择，通过引导乘客选择最优路径或最短路径，提高乘客整体移动速率，降低乘客对车站设施、设备的占用时间，从而提高设备利用率和流线的流动速度。在引导乘客的过程中，需要同时运用车站值班员、站务员、警察、辅警等岗位共同维持车站各主要区域的乘客秩序，减少其逗留时间，从而保持各区域的畅通无阻。

（3）分级控制法：客运组织方案可根据客流程度分为三个级别，依据客流级别由小至大依次为一级、二级和三级。当站台客流达到一定人数后启动一级客流控制，一级情况下主要是控制进入站台的人数，主要控制区域是站厅、站台扶梯与站台，通过站内人员的疏导保证客流上下扶梯、上下列车速度。当付费区达到一定的人数后启动二级客流控制，主要控制区域在闸机，可通过延缓售票速度、提高安检级别，限制乘客进入车站，延长大客流进站时间，缓解站台客运组织压力。当非付费区达到一定的人数后启动三级客流控制，控制点在车站出入口，主要是根据临时售、检票的位置，设置站外/通道拦截，分批放行限制客流方向，以保持出入口、站厅客流的秩序和通道的通畅。

4.2 线控客流组织优化

线控客流组织的启动依据是当车站已经开始实施第三级客流控制的情况下，站台的候车乘客仍然持续增加，且多趟列车乘客无法上车，站台已无法通过本站增设人员等方式缓解客流的积压，该情况下受影响车站可逐级上报控制公司调度指挥中心，由调度指挥中心启动大客流的线控联动控制机制。线控方式有两种具体模式：一是根据车站以往经验，预判大客流情况，主要是早晚高峰和节假日情况下，通过调整列车运行图，在主要客流集中的时间节点加开列车以提高运能，缓解乘客积压；二是大客流车站本线路的相邻车站，启动线控联动机制，通过限制临站的进站乘客速度，减少临站进站乘客数量，从而减小大客流车站的断面客流，为大客流车站预留运力，通过本线路的客运组合调整运能，有效分配线路的运输能力。

4.3 网控客流组织优化

网控客流组织的启动依据是经采取线控后，客流依然无法得到有效缓解且有增大趋势时，需由调度指挥中心统一指挥启动换乘站相关线路的客流控制措施限制换乘站断面客流和进站乘客人数，在全网络状态下的统一客运组织。

5 结语

地铁网络化运营下换乘站的客运组织效率提升不是一个车站独立的组织模式研究，而是从行车组织、车站布局、客流分析和线网配合等多方面综合考虑的复杂的系统工程。天津地铁目前已开通1、2、3、6、9号线5条线路，网络化运营格局已基本形成，“十三五”规划期间还将相继开通1号线延长线、5号线，以及6号线二期工程，并启动8号线等多条线路建设，运营线路的剧增也带来了客运组织模式的压力和挑战，结合新线路、新线网的特点，不断深化行车组织和客运组织效率研究是一个重要课题，为乘客提供高效组织水平的运营方式提供针对性的理论体系支撑。

参考文献

[1] 季令，张国宝．城市轨道交通运营组织［M］．北京：中国铁道出版社，1998.

[2] 韩乾．地铁应急事件中运营组织方法探讨［J］．现代城市轨道交通，2011（1）：60－62.

[3] 彭进，陈三明．城市轨道交通大型换乘站客流组织优化方案设计［J］．桂林理工大学学报，2011，31（2）：296－302.

[4] 张伦．陈扶崑．地铁车站大客流运营组织探讨［J］．城市轨道交通研究，2011，14（5）：87－90.

[5] 史小俊．地铁车站应对大客流的组织措施［J］．城市轨道交通研究，2009，12（10）：70－72.

天津地铁安检现状及可行性提升分析

雷方舟

（天津市地下铁道运营有限公司）

摘　要：按照市委市政府的统一部署和要求，天津地铁于2014年9月8日正式启动安检。截至2016年12月31日，天津地铁1、2、3、6、9号线112座车站，共计部署安检点位219个，配置安检人员2190人。截至2016年年底，受检人数已达4.7亿余人次，检包数3.5亿余件，查处禁限带品3万余件；因违规携带违禁品，被公安机关拘留处理人数50人。安全检查作为我市轨道交通车站反恐防范的第一道屏障，正在随着地铁运营里程的不断延伸，客运量的不断增大而日益发挥着更加重要的作用，为保障乘客乘车安全，维护天津市轨道交通正常运营秩序做出了突出贡献。然而，随着安检工作逐步深入开展，暴露出以下几点矛盾，制约着安检服务质量的不断提升：一是安检资源配置与既定高标准之间的矛盾；二是安检通行能力与乘客进站需求之间的矛盾；三是乘客配合理解与执法部门后援支持的矛盾；四是车站设计先天不足与安检工作后期部署间的矛盾；五是现行制度规范与现场执行操作的矛盾。在当今社会矛盾愈加突出，安全形势日益严峻的背景下，在地铁范围内实施安检是保障人民生命财产安全的一项必然举措。作为未来天津地铁安检发展方向，全面提升轨道交通安检工作实效，应结合以下几项举措，打破既有客观条件对地铁安检的制约：一是整合补充现有资源配置，平衡资源与标准的矛盾关系；二是制定安检分级标准，对不同时段客流状况进行灵活匹配；三是加强对外宣传，推进警企一体化车站建设工作；四是加速既有线路改造，并在新线设计中为安检工作留好接口；五是进一步细化法律规章，更好地实现对一线工作规范指导的职能。

关键词：地铁；安检；矛盾；提升

1　天津轨道交通运营现状

天津地铁第一条地铁线路于1970年6月5日开始动工建设，1984年12月28日正式通车运营，是继北京之后第二个拥有地铁的城市。目前，天津地铁运营线路5条，运营里程166千米，车站112座，其中换乘站7座，日均客流量达85万人次，最高日客运量111.6万人次（发生日期2015年5月1日）。天津轨道交通线网图如图1所示。

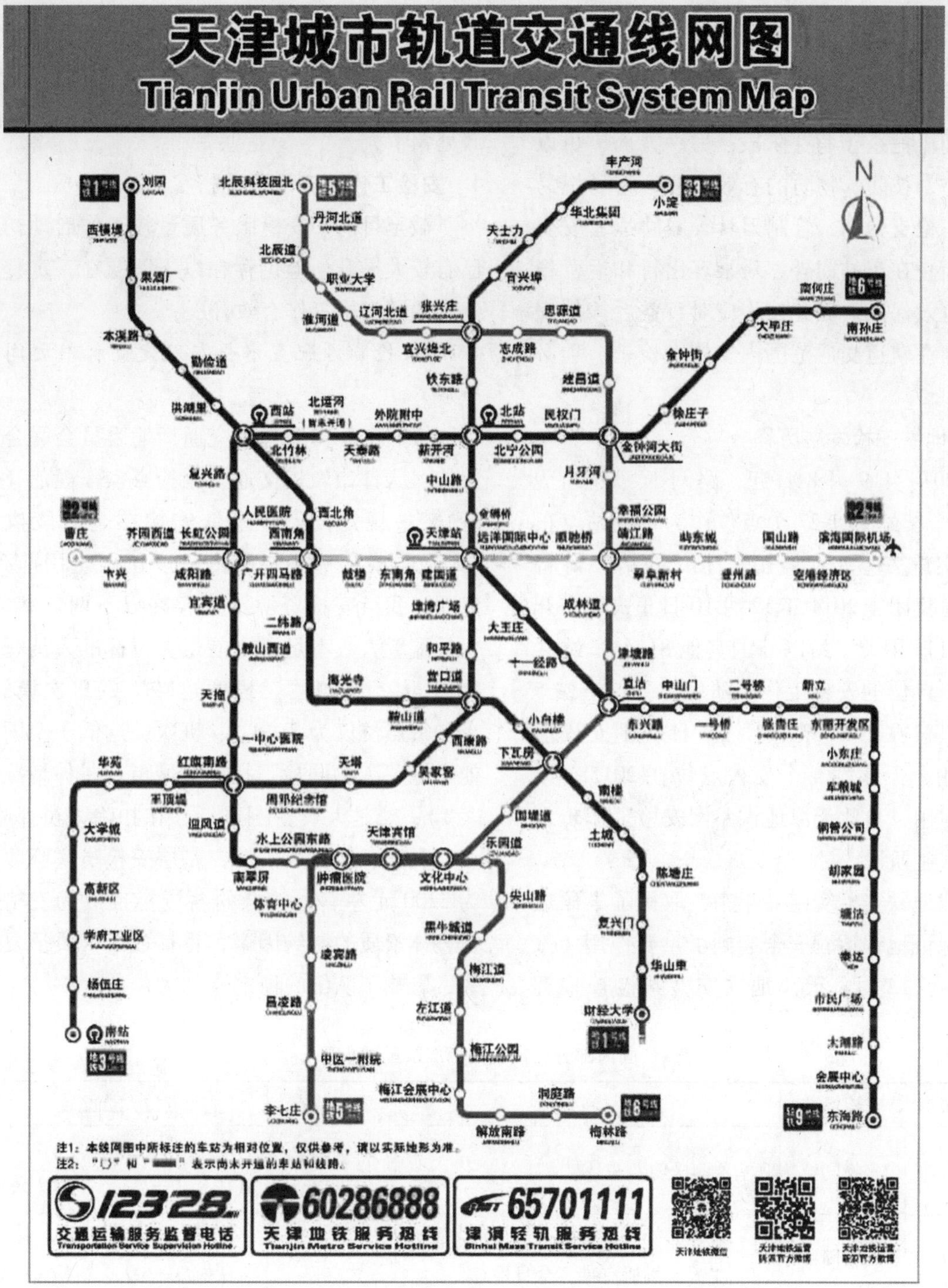

图1　天津城市轨道交通线网图

2　实施安检的必要性

轨道交通具有人流密度大、空间密闭性强、列车运行位置特殊等特点，极易成为恐怖分子的袭击目标。2003年韩国大邱地铁火灾，2007年伦敦地铁袭击，2010年俄罗斯地铁人体炸弹事件，都给国内的轨道交通运营敲响警钟。2017年2月10日晚，香港地铁发生车辆行驶中车厢内燃烧起火情况，造成人员受伤，经查属人为纵火，这更体现出安检这一防患于未然措施的必要性。实施安检，一方面能够在心理层面上对恐怖分子进行威慑，将发动恐怖袭击的动机扼杀于萌芽阶段；另一方面，可以通过人防、技防、物防的有效串联，将易燃易爆物品、枪支弹药、管制刀具等威胁运营安全的物品拒止在车站门外，对乘客出行和运营稳定进行有效保障。因此，为应对日益严峻的安全形势，在轨道交通范围内实施安检是一项必然举措。

3　天津地铁安检发展历程

自2014年9月8日起，路网1、2、3、9号线12个车站共计27个点位作为首批站点正式对外实施安检。在经历三个月的精心筹备后，轨道集团于2014年12月10日正式宣布开启除营口道和天津站以外的其他81个车站共计154个点位的安检工作。随后，营口道站5个安检点位在2014年12月23日（平安夜前夕）启用，天津站4个安检点位在2015年2月1日启用，自此天津地铁路网安检工作步入常态化实施阶段。

天津地铁安检实施一年来，取得了丰硕成果，对保证地铁运营安全起到了重要作用。截至2016年12月，天津地铁安检共检查乘客4.7亿余人，检查物品4.5亿余件，查获违禁品3万件，因违规携带禁、限带物品、抗拒安检等原因转交公安处理或刑事拘留50人，行政处罚1人。

4　安检工作现实矛盾分析

截至目前，安检服务质量较工作启动初期已有较大提升，但仍存在以下问题在一定程度上制约了安检工作有效开展：

4.1　安检资源配置水平与既定高标准之间的矛盾

按照市公安局与市交通运输委员会联合下发的《天津市轨道交通安全检查操作规范（试行）》中规定，天津地铁安检在全时段执行“人物同检”标准，严格程度位居全国前列。然而，我市安检资源配置存在以下两点缺陷：一是配置人数不足，目前每点位标准人员配置为10人，按照“三班两运转”的班次模式，平均每点位仅为3—4人/班次，远低于全国其他实施“人物同检”标准的城市（具体情况见表1）；二是人员薪酬过低，在扣除人员保险、企业利润、运营成本后，基层安检员实际收入为2200元左右，较低的薪资标准成为安检人员整体素质的制约因素，也造成了人员反复流失，影响了队伍的稳定性。

表1　国内部分城市安检标准及配置水平

序号	城市	安检标准	手检特点	机检特点	点位人员配置
1	天津	人物同检	所有乘客全身检查	所有物品过机检查	3—4人（手检1—2人，机检2人）
2	北京	人物同检	（1）高峰时刻所有乘客重点部位检查 （2）平峰时刻所有乘客全身检查	逢包必检	7—10人（手检3—6人，机检4人）
		检物不检人	无		4人（全部为机检人员）
3	成都	人物同检	（1）最高级：在民警配合下每个人全身检 （2）加强级：60人/小时 （3）日常级：可检可不检		4—6人

续表

序号	城市	安检标准	手检特点	机检特点	点位人员配置
4	广州	只检物	无	大包过机 小包手检	3—6 人
5	南京	只检物	无		2—3 人
6	武汉	只检物	无	逢包必检	2—3 人
7	深圳	只检物	无		3 人
8	重庆	只检物	无		2—3 人
9	郑州	只检物	重点时期抽检		2.5 人
10	沈阳	只检物	无		2 人

4.2 安检通行能力与乘客进站需求之间的矛盾

随着天津地铁线网运营里程的逐步延伸，客运量也日益增加。目前，天津地铁日均客运量达到 85 万人次，其中 1 号线日均客运量 25 万人次，2 号线日均客运量 15 万人次，3 号线日均客运量 27 万人次，6 号线日均客运量 3 万人次，9 号线日均客运量 15 万人次。且天津地铁每日潮汐客流明显，每日早晚高峰时段乘坐地铁乘客量集中。按照目前人物同检的安检标准，每点位依照人员配置不同通行能力介于 277 人/小时—450 人/小时之间，在大客流冲击下，部分车站安检点位的通行能力成为运营组织的薄弱环节，在高峰时段容易导致安检点乘客的滞留和拥挤，容易造成安全隐患。同时，安检点位通行能力不足也在一定程度上造成运力浪费，影响乘客出行快速、准时的便捷性。

表 2　部分车站客运组织与安检通行能力情况分析

序号	车站	小白楼	天津站	营口道
1	安检点位数量	4	4	5
2	安检点位理论通行能力	1800 人/小时	1800 人/小时	2250 人/小时
3	车站平均小时进站客流	1403 人/小时	2428 人/小时	3006 人/小时
4	车站高峰小时进站客流	5552 人/小时	2937 人/小时	7369 人/小时

4.3 是乘客配合理解与执法部门后援支持的矛盾

安全检查在我市尚属新兴事物。天津地铁覆盖中心城区与城郊结合区域，乘客素质参差不齐。我市地铁运营公司曾针对此类情况开展专项调研，选取小白楼、鼓楼、张兴庄等 13 座车站作为样本，截取 2015 年 3 月 16 日—3 月 22 日共计 7 天的数据，统计结果显示，13 个试点车站总计出现 963 起乘客拒绝接受安检的案例，约占进站乘客总数的 0.21%。拒检比例呈现地区化差异，多发车站主要集中在城郊结合地区。随着安检工作持续开展，乘客不配合安检的比例较启动初期已有明显改善。但个别车站仍会出现乘客强行拒检，冲击安检人员等现象，对车站正常运营秩序与安检人员人身安全造成威胁。在此背景下，目前，1、2、3 号线驻站民警按照“1 站 1 警”标准配置，虽能保证站站有警，但驻站时间尚不能覆盖全运营时段，而 6 号线采取站区巡视标准配置民警，因此运营线路各车站均存在警力真空的时段。同时，虽公交分局为每座车站配备两名辅警，但因辅警不具备执法权，因此在发生安检纠纷或乘客闯检、查获携带危险物品时，不能第一时间介入处置，仅起到震慑和联络民警的作用，配置辅警资源的目的和实效仍有待更进一步发掘。目前现状下，乘客的安检习惯仍在培养过程中，若公安人员不能为安检工作提供后援保障，将导致安检人员滋生畏难情绪，给安检标准的规范执行和队伍整体稳定性带来负面影响。

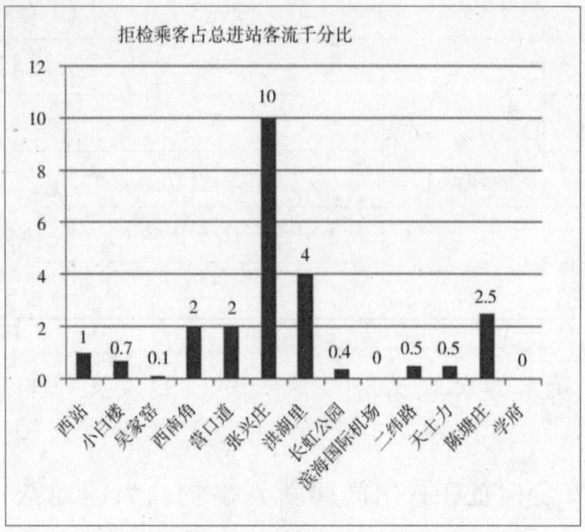

图2　拒检乘客占总进站客流情况

4.4　车站设计先天不足与安检工作后期部署间的矛盾

天津地铁1、2、3号线陆续于2006—2012年对外正式开通运营，由于设计初期设计人员并未考虑安检因素，为了将安检点位布设与车站客运组织的平衡作为第一要素，只能在此基础上最大限度地利用现有车站内部空间，因此难免出现安检点位占压盲道、乘客候检区域过小、未预留安检专用休息房间等问题，并由此带来消防疏散通道过窄、部分车站乘客站外排队，安检人员通勤困难等次生问题。地铁6号线于2016年7月正式对外开通运营，在车站站厅主体设计和建造工作完成后才考虑安检因素，因此安检点位同样设置在车站内部，相较1、2、3号线虽在站厅空间、客运组织等方面有一定程度优化，但仍存在安检关口靠后的问题，导致侯检区域存在安全隐患，未能实现将危险真正拒止在车站范围外。

4.5　现行制度规范与现场执行操作的矛盾

2014年，我市交通运输委与市公安局联合制定出台《天津市轨道交通安全检查操作规范（试行）》（以下简称规范），从而在法律法规层面对我市安全检查工作进行规范指导。该规范总体参考了北京同类文件内容，但忽视了北京与天津安检工作实施环境的不同（北京仅部分车站实行“人物同检”的安检标准，我市为全路网）。随着我市安检工作深入开展，在实际执行中逐渐暴露出以下问题：一是实行“人物同检”的具体标准未予以明确规范，致使我市人身安检环节自我度量空间较大，易造成安检标准不统一的局面。二是对违禁、限带物品的明细归类过于宽泛粗犷，例如榔头、斧子、电钻等杀伤力巨大的物品未有明确禁带规定。同时，限带品携带规定中存在自相矛盾之处，以白酒类物品规定为例：需封装完好，重量不多余2千克，且件数不超过2件方能携带，然而，世面销售白酒多以500毫升（0.5千克）包装为主。因此，与规范中携带件数和重量的要求存在明显矛盾。规范与实际现场操作存在矛盾，致使实际上具有威胁的物品因不在禁限带物品名录中而流入轨道交通运营范围，同时也易在安检现场滋生乘客纠纷矛盾，给安检工作带来负面影响。

5　现行矛盾下的解决方案

综上所述，3年来我市轨道交通安检工作运行情况总体良好，但在具体执行层面，仍存在资源配置不足、通行速度不畅、后援保障不力、车站设计不规范、标准不细等问题。因此，为进一步深化落实安检工作开展实效，充分发挥安检反恐防范的拒止功能，建议应从以下几个方面入手，解决矛盾，畅通管理，全方位提升安检工作服务水平。

5.1　整合补充现有资源配置，平衡资源与标准的矛盾关系

现阶段安检人员只有高3平2及高4平3/班次两种配置方式，而车站每小时进站客流从30人次到7000人次不等，单一的人员配置方式不符合各站实际需求。因此，应根据日平均进站客流，对不同车站进行差异化的资源配

置。一是整合现有资源，将每安检点位 10 人标配的现有资源进行优化整合，对重点车站、重点点位、重点时段进行人员数量倾斜配置，有效缓解客运组织压力。二是对现有人员进行补充，对于日均进站客流小于 5000 人次的车站增配至每点位 4—5 人/班次，进站客流 5000—10000 人次的车站增配至每点位 6—7 人/班次，实行双手检，进站客流大于 10000 人次的车站增配至每点位 8—10 人/班次，实行三手检和双值机。如车站发生突发性大客流，再由站区内部进行安检人员的机动部署和灵活调配，以此来最大限度地解决安检标准与资源配置间的矛盾关系。

5.2 制定安检分级标准，对不同时段客流状况进行灵活匹配

天津地铁每日潮汐客流明显，每日早晚高峰与平峰时段进站客流差异明显，一统化的安检标准易造成早晚高峰乘客大规模排队拥堵现象与平峰时段的安检资源浪费。因此，应根据不同时段的分时客流对标制定分级的安检标准，保障车站客运组织畅通。天津地下铁道运营有限公司曾于 2015 年 3 月分阶段开展两次专项调研，将不同的安检等级与人员配置进行组合，并结合实测通行数据，形成三级安检标准。

表 3　安检分级方案

<table>
<tr><th rowspan="3">序号</th><th rowspan="3" colspan="2">安检分级</th><th colspan="2">人员配置</th><th rowspan="3">安检整体流程</th><th rowspan="3">乘客通行时间</th><th rowspan="3">点位小时最大通行客流</th></tr>
<tr><th>手检组</th><th>机检组</th></tr>
<tr><th>人员配置</th><th>人员配置</th></tr>
<tr><td rowspan="2">1</td><td rowspan="2">AA</td><td>AA</td><td>手检组：手检员 1</td><td rowspan="4">执机员 1（负责识别 X 光机图像）后传员 1（负责对乘客进行液体检查和开包检查）</td><td rowspan="2">乘客进入安检区域，主动将携带的所有物品放入 X 光机接受机检；同时乘客接受全身范围人工手检，手检结束后拾取从 X 光机通过的物品离开安检点位</td><td>13 秒/人</td><td>277 人/小时</td></tr>
<tr><td>A2A</td><td>手检组：手检员 2</td><td>16 秒/2 人</td><td>450 人/小时</td></tr>
<tr><td>2</td><td>CA</td><td>重点人群抽检标准为 40 人/小时</td><td>手检组：手检员 1（负责对乘客进行手检）</td><td>乘客进入安检区域，主动将携带的所有物品放入 X 光机接受机检（被抽检的乘客增加手检环节）</td><td>13 秒/人（被抽检乘客）5 秒/人（未被抽检乘客）</td><td>1067 人/小时</td></tr>
<tr><td>3</td><td colspan="2">OA/OB</td><td>—</td><td>乘客进入安检区域，主动将随身物品放入 X 光机接受机检</td><td>3 秒/人</td><td>1200 人/小时</td></tr>
</table>

注：1. 乘客通行时间指乘客将物品放在设备上并接受手检，到手检过后将物品从设备传送带上拿走的整体流程时间。
2. 前三种模式均设立前引导员来控制客流速度，保证标准执行。
3. 所有数据均为以严格执行标准为基础的现场实测数据。
4. 安检分级是手检分级、机检分级和纯液检排列组合的分级模式。

5.3 加强对外宣传，推进警企一体化车站建设工作

针对乘客不配合安检等情况，天津地铁应最大限度地利用好电视、网络等媒体公关类平台，加大宣传力度，引导乘客树立正确的安检习惯，通过提前出行、错峰出行等方式，减缓或抵消安检增加的等候时间。同时强化与轨道交通公安机关之间的相互沟通和协作，以“车站安全一体化”为主要载体，积极拓展警企互动形式，通过“警企联巡、定期演练、信息互通与快速上报”等举措，切实保障车站安全管控，有效挖掘车站辅警的职能和作用，对拒检、冲击安检点位和人员等违法行为进行震慑和严厉打击，为地铁安检创造安全、优质、高

效、便捷的环境，保障安检工作依法依规实效开展。

5.4 加速既有线路改造，并在新线设计中为安检工作留好接口

现阶段，既有线安检点位普遍设计在车站地下站厅非付费区位置。一旦进站客流加剧，站厅层人员密集程度将显著增加，如此时发生恐怖袭击，其造成危害将不亚于在地铁车厢内发生类似事件。因此，为彻底杜绝该类风险，应统一将“站内安检”的模式向“站外安检”模式转变，由市委市政府统一就红线用地问题向轨道交通集团与各区政府进行协调，扩大各车站站外用地面积，搭建安检专用户篷或房间，从而将隐患和危险彻底拒止在地铁车站外。

同时在新线设计中，应归纳总结既有线路存在问题，特别针对安检工作预留接口，将安检人员用房、电源预留、结合安检的客流导向等问题统筹考虑，确保安检工作能够在不受外界客观因素影响下高效开展。

5.5 进一步细化法律规章，更好地实现对一线工作规范指导的职能

建议应由市公安局、市交委牵头，轨道交通集团及各运营单位配合，结合3年实践以来的安检现场问题，联合对《天津市轨道交通安全检查操作规范（试行）》进行修编，针对诸如安检标准（尤其是人身检查标准）、各相关单位责权利划分、安检禁限带品分类等问题进行定规、定性、定量的约束和规范。各安检管理相关的单位和部门以“新规”为指导，针对现有规范制度进行逐级更新和完善，凭借制度化管理的思路，更好地让规范为一线服务，实现指导职能。

浅谈地铁车站防汛应急措施

聂景东
（天津市地下铁道运营有限公司）

摘　要：伴随着轨道交通的快速发展，地铁已逐步成为市民出行的首选交通工具，每年雨季防汛工作对地铁车站越来越重要。本文通过对车站出入口地势、出入口结构、排水设施、防汛物资等情况进行分析，对地铁车站在防汛工作过程中的重点、难点进行探讨，并提出相应的防汛准备和应急处置措施。

关键词：地铁；车站；汛期；防汛；应急准备；应急处置

1　研究背景

近年来，广州、南京、武汉、北京、上海等多个城市因暴雨发生严重内涝后，致使部分地区出现积水严重，路面交通受阻，部分地铁车站或线路受影响等情况。例如 2012 年 7 月 21 日北京特大暴雨，造成人员死亡 79 人，房屋倒塌 10660 间，160. 2 万人受灾，经济损失 116. 4 亿元。其中，地铁 5 条运营线路的 12 个站口因漏雨或进水等临时关闭，机场线东直门至 T3 航站楼段停运等，严重影响了广大市民的生活和日常出行。随着地铁线网不断发展，地铁开通里程不断增加，乘客出行对地铁的依赖程度与日俱增，尤其是在下雨天等恶劣天气时，由于路面交通不畅，私家车、公共汽车等均受到影响，面对城市排水系统不堪重负的情况下，地铁的安全准点运行变得至关重要。本文研究探讨地铁车站在雨季防汛的应急处置工作，以期达到防汛工作有条不紊地进行，车站客运组织工作的平稳有序。

2　造成险情的原因分析及防汛关键控制点

2. 1　造成地铁被水淹的原因分析

一是城市排水系统的规划设计、建设、管理、维护与高速发展的城市现代化不配套，城市排水管网不能够满足暴雨或持续降雨天气的排水需求。

二是地铁车站设计、建设不够完善，在国内缺乏对轨道交通行业防汛工作要求的标准和规范，防汛工作的意识不高，防汛准备不够充分。

三是地铁防汛预案不完善，应急处置现场组织不到位，不能及时控制险情的进一步恶化，也是造成地铁被淹的原因之一。

2. 2　车站防汛工作关键控制点

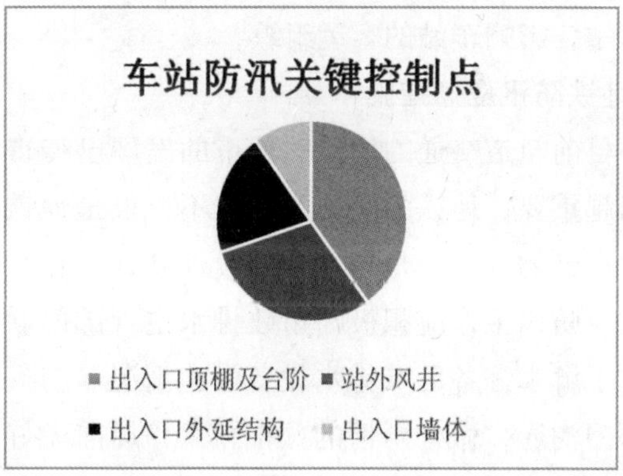

（1）出入口顶棚及台阶：出入口是防汛工作的重中之重，不仅要防止无顶棚或顶棚漏水的出入口，也要防止站外积水较多没过出入口台阶后即出现雨水倒灌进入车站的情况，如天津地铁广开四马路站 A 口站外地势较低，广开五马路及黄河道的雨水均会向广开 A 口站外进行汇聚，在暴雨及持续降雨时，由于站外市政排水能力的不足，导致站外积

水，由于出入高度有限，水位持续上涨后容易出现雨水倒灌。

（2）站外风井：风井是连接地下车站和风亭的通风道，用于车站通风使用。风井一般设置在车站出入口附近，部分风井设置在结建建筑内。设置在站外的风井一般有设置一定高度，在地势低洼处，因积水过多，存在雨水通过风井倒灌进入车站的可能性。

（3）出入口外延结构：车站出入口外积水长时间存留无法排除时，伴随积水逐步上涨，出入口外延结构由于长时间浸泡可能出现渗水点，通过外延结构将雨水渗入车站，如在 2016 年 7 月 20 日，广开四马路站 A 口站外出现站外雨水积水未没过出入口台阶，但由于出入口外延结构长时间浸泡在水中，且积水持续上涨，导致雨水通过出入口外延渗入车站。

（4）出入口墙体：车站出入口内部瓷砖内墙体有孔洞，当下雨持续时间较长，地面雨水渗入到地下后，可通过墙体的孔洞透过瓷砖渗入车站，影响车站的客运组织。

3 地铁防汛应急措施

目前轨道交通的发展对城市的发展已变得越来越重要，地铁的防汛工作也不仅仅是地铁公司自己的工作，是与城市的设计规划息息相关的。防汛工作应积极与市政排水主管部门联系，了解掌握各区域排水设备设施情况。与气象部门沟通，做好雨情的预报预警，提前做好防汛相关准备。

车站防汛应急工作可以通过“防汛前积极准备、防汛中应急处置、防汛后总结分析”三个方面来开展。

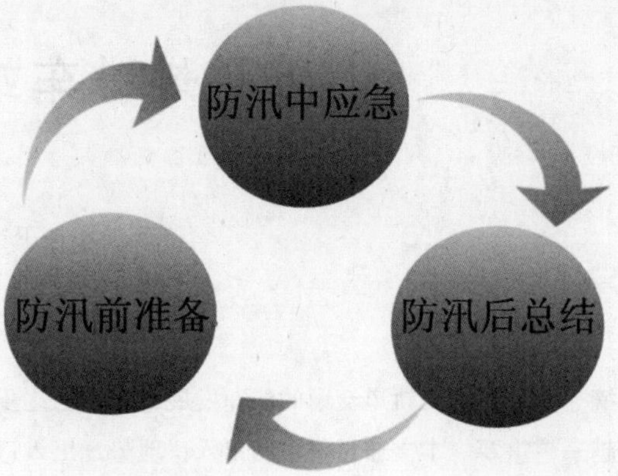

3.1 防汛前积极准备

将应急关口前移，从制度、预案、流程标准等入手，完善规范、梳理隐患，提高预案及制度的合理性、实用性，强化风险预控。

防汛应急应急准备包括：

（1）应急物资储备。地铁车站可根据出入口宽度、出入口标高情况、风亭风井标高、防淹挡板设置等情况，合理配备彩条布、沙袋、水桶、防滑毯、防滑垫、铁锹、雨鞋、雨衣、移动水泵等。

以天津地铁为例，一般车站防汛应急物资配备数量，见表 1。

表 1 一般车站防汛应急物资配备数量

序号	物资名称	单位	数量	说明
1	沙袋	20 千克/每袋	16 袋/米	以出入口宽度之和为总米数
2	彩条布	卷	3 卷/口	根据车站出入口数量
3	移动水泵	台	1 台/站	以站区为单位配备可调整
4	工具箱	个	1	存放钳子、铁丝等
5	水桶	个	10	承重 10 千米
6	编织袋	个	400	0.6 米 ×1 米以上
7	防滑地垫	卷	4	1.5 米 ×20 米以上
8	防滑地毯	卷	4	1.5 米 ×20 米以上

续表

序号	物资名称	单位	数量	说明
9	麻袋片	片	20	2米宽以上
10	铁锹	把	4	平铲
11	雨鞋	双	6	塑胶，中筒
12	雨衣	件	6	防雨，分体

其他说明：

沙袋配备标准为每个出入口放置防淹挡板时，可以里外摆设两层沙袋为准，摆设一层沙袋每米需要4袋；换乘车站及防汛重点车站可根据以往汛情经验进行增配。

移动水泵的排水量应不低于15立方米/小时，扬程不低于15米，同时根据出入口附近电源距离，配备线轴。

出入口应根据情况设置防淹挡板，防淹挡板建议设置为分体式，即可将高度进行叠加升高。

（2）防汛数据积累。地铁车站应掌握车站防汛数据，包括车站周边情况、站外地形、地势、出入口标高、风井风亭高度、出入口宽度、防淹挡板数量高度、沙袋配备数量、市政排水能力等，以便预估防汛险情，在应急情况下的使用和合理调配。地铁车站应建立防汛物资及基础数据台账，以便更好地开展防汛工作。

（3）排水设备设施的排查。提前排查排水沟、积水池、排水泵等设施情况，保证排水沟畅通、积水池内无杂物淤泥，无渗漏情况，排水泵能够正常使用。

（4）应急预案的梳理及人员应急演练。车站应根据车站实际情况建立防汛的现场处置方案，并制订演练方案计划，提前组织全员开展防汛相关应急演练，确保人员掌握防汛应急物资的使用，知晓应急处置流程。

（5）应急网络小组的建立。根据车站现有人员情况及防汛应急情况需求人员数量，设置不同层级的应急响应队伍，以便合理调配人员。应急队伍可设置为不同层级，如车站级、站区级、部门级、公司级以及各专业的应急抢险队伍。

地铁车站可根据天气的暴雨预警的不同级别，进行不同的应急准备。

表2　暴雨预警不同级别进行的应急准备

序号	暴雨预警级别	应急小组
1	蓝色预警（12小时内降雨量50毫米以上或者已到达50毫米以上且降雨可能持续）	车站级准备支援
2	黄色预警（6小时内降雨量50毫米以上或者已到达50毫米以上且降雨可能持续）	车站级、站区级准备支援
3	橙色预警（3小时内降雨量50毫米以上或者已到达50毫米以上且降雨可能持续）	车站级值守，站区级、部门级准备支援
4	红色预警（3小时内降雨量100毫米以上或者已到达100毫米以上且降雨可能持续）	车站级、站区级值守，部门级、公司级准备支援

3.2　防汛中应急处置

在防汛过程中，人员应急处置应严格按照预案的标准执行，各岗各司其职，规范处置的过程，确保制度及预案的落实，保障突发事件处置能力和效率。

3.2.1　行车组织配合

当个别车站或区段出现雨水倒灌进入车站，行车组织调整配合，可适时在受影响区段或车站进行跳停、扣车、交路跑车等。如雨水进入轨道行车区域影响行车，可根据积水高度进行区间限速或暂停通过，组织进行抢险等。

3.2.2　客运组织调整

（1）配合行车组织调整进行相应的清客、变更乘降站台等。

（2）针对站内漏雨点分布情况，对漏雨点进行有效防护，搭建乘客临时走行路径进出车站。

（3）加快乘降组织，快速疏散站内乘客，避免乘客堆积，可通过免费借用雨伞、免费赠送一次性雨衣等方式辅助乘客疏散。

（4）车站某个出入口出入受影响时，应增加人员疏导，站内外张贴公告、发布广播，并通过微博、微信等渠道对外发布信息。

（5）某个车站或区段出入受到影响时，应在地铁线网各站配合张贴公告、发布广播，并通过微博、微信等渠道对外发布信息；线网、列车等进行有效联动配合。

3.2.3　应急处置措施

（1）当出现强降雨或持续降雨时，要密切观察出入口、风井周围积水情况，定时测量记录水位高度，预测水位上涨趋势，准备防淹挡板、沙袋、彩条布等防汛器材，出入口或风井外积水高度接近出入口平台时，提前铺设防淹挡板（可与彩条布、沙袋配合使用）；抬高出入口或风井的入水口挡水高度，避免积水没过平台后直接进入车站或风井。

（2）对已经渗入车站的雨水应及时进行清理，将雨水排到排水沟和积水坑内，并适时启动排水泵将站内积水排到站外市政排水管网中，保证车站适度的蓄排水能力。

（3）如排水沟和积水坑排水能力不足时，可在站内排水沟附近设置堤坝避免雨水漫延至站厅，同时可通过移动水泵、水桶等工具将积水排至其它排水沟；同时，可联系抢险人员调配大功率排水泵将站内积水排至站外。

（4）在排除清理站内积水时，应同时堵住积水进行站内的渗水点，对渗水点进行封堵或拦截，减少进行车站的水量。

3.3　防汛后分析总结

在防汛工作结束后，对防汛前准备情况、防汛应急处置情况进行分析总结，根据实际工作的开展情况优化完善现场处置方案，总结经验。

（1）防汛数据积累：总结汛期水位、应急物资使用数量等数据，并对数据进行分析，为后期防汛工作积累经验。

（2）防汛物资梳理：根据应急物资使用、消耗情况，合理申请补配防汛物资。

（3）人员应急处置能力梳理：分析车站现场人员的应急操作技能掌握情况，应急处置的薄弱环节，加强人员培训，有针对性有重点地进行培训和提升。

（4）分析总结应急处置流程，对处置流程进行优化改进。

4　结语

地铁作为城市公共交通的一种，在人们出行中变得越来越重要，地铁的安全准点运营也是广大市民和媒体关注的焦点。伴随着轨道交通的快速发展以及近年来防汛工作的严峻形势，对防汛工作中的重点、难点进行分析，有针对性地制定防汛应急措施，有利于地铁防汛工作的应急处置，提高车站防汛的应急处置效率和水平，能够最大限度地减少水患对车站客运组织工作带来的影响。

参考文献

雷晓康，陶绍卿．应急质量管理［M］．北京：北京大学出版社，2013.

浅析城市轨道交通的现状与管理

王 轩

（天津市地下铁道运营有限公司）

摘 要： 国内城市轨道交通发展迎来了黄金期。现阶段城市轨道交通的智能运输系统包括：综合运输系统、智能化用户导航系统、智能化城市轨道运输资源管理系统、智能化轨道运营管理系统、智能化行车控制与调度系统、智能化综合监控系统。订单化定向培养人才。公共交通的互补与综合化。落实安全管理，保障安全运营。

关键词： 城市轨道交通；人才的培养；公共交通综合化；安全管理

城市轨道交通（Urban Rapid Rail Transit，URRT）是地铁、轻轨、有轨电车等轨道交通的统称。目前，全世界已投入使用的地铁系统已超过百个，当然，其他的包括轻轨、中心或侧导式新交通系统以及磁浮列车等轨道交通形式也不断出现，并在一些国家投入使用。而中国也迎来了城市轨道交通发展的黄金期。

1 城市轨道交通的智能化

城市轨道交通的现阶段智能运输系统包括：

1.1 综合运输系统

该系统提供数据共享及多式联运决策服务，为乘客提供点到点的运输服务，用于实现城市轨道与公路、铁路、航空、水运等其他交通工具的互补。

1.2 用户智能化导航系统

该系统用于为乘客提供从进入轨道交通系统直至推出系统的全程运输信息服务及支持，包括车站导航、车上信息提供相关辅助服务。

1.3 城市轨道运输资源智能化管理系统

该系统目的在于通过先进技术建立统一的数据库，包括移动设备、固定设备灯运输资源的管理、运输资源的维修等。实现对城市轨道运输资源的统一管理，建立知识库，实现运输资源的及时修正，保障列车运营安全。

1.4 轨道运营管理智能化系统

该系统实现面向用户需求的城轨列车开行计划，综合考虑乘客的交通需求特点及城轨的运输资源，以优化的方式配置移动及固定设备，最终提供优质的服务并达到运输资源的高效作用。

1.5 行车控制与调度智能化系统

该系统采用先进技术来实现列车的定位，对列车的运行及在车站的作业进行智能化的控制，包括综合调度控制、智能列车控制、车站自动控制等，是一种无人干预或较少干预的列车自动运行模式。同时，该系统采用了智能技术对城轨各类运输资源进行综合调度。

1.6 综合监控智能化系统

该系统通过数据共享平台对上述监控信息进行统一管理，实现数据共享基础上的割裂紧急救援决策，用于对城市轨道的通信信号设备、电力设备、环境、车站设备、车辆状态、线路状态等进行综合监控，以便充分保障城轨运营的安全。

运营期的服务、管理高效化，对于信息设备的投入是必不可少的。信息设备是一个需要不断更新的产品不断完善升级的设备，需要城市轨道交通相关部门在后续的运营期提供专门的技术人员进行维护和维修，以保障城市轨道交通智能化的通畅。

2 城市轨道交通的人才库

目前，城市轨道交通专业人才的培养工作严重滞后于现实的需要。城市轨道交通事业的发展必然要吸纳大量相关的人才特别是运营服务和管理一线的应用型人才，而大力开展城市轨道交通类专业技能人才培养工作，为其发展提供大量合格人才已成当务之急。以地铁为例，目前的从业人员相当一部分来自原国铁的从业人员和普通院校交通运输类专业毕业生，很多人员在进入地铁前对地铁运营知之甚少，这就给地铁企业内部的员工培训工作带来很大压力。目前，地铁建设和运营的软件和硬件设备设施的技术含量越来越高，同时拥有地铁的城市都是经济比较发达、人口素质较高的城市，乘客对地铁服务的要求比较高，即使是普通的站务人员，也应具备比较高的综合素质才能适应这种要求。

近年来，“订单式培养”模式在职业高等院校的人才培养中得到了有益的探索。一般来讲，“订单式培养”是指学校与企业进行合作，企业作为市场主体，提供人才培养的具体目标，并参与到教学的全过程。学校和企业共同制定培养方案，这是一种非常紧密的校企合作关系。结合岗位需求组织教学，学生毕业后到企业直接上岗工作，对企业的要求比较高，其潜在的不足是毕业生今后的职业发展面比较窄，工作转换风险比较高。广义上讲，凡是以某一行业的特定岗位的需要来定向培养人才的模式都可以被纳入“订单式培养”的范畴，在此情况下，校方是按某一类岗位的共性需求而不是某一具体企业的个性需求来培养人才的，学校和企业的自由度都比较大，毕业生的择业余地和个人发展空间较大。总之，加强学校和企业、行业之间的沟通与合作，通过有效的课程设计来切实增强人才培养的针对性，那么这种“订单式培养”的模式就一定能达到学生、学校、用人企业和地方政府多方共赢的结果，这种模式也将逐步完善成为职业教育的一种理想的人才培养模式。

3 城市轨道交通的综合化

综合交通表现为城市轨道交通、公共交通、航空、铁路等运输方式间换乘的便捷。为了解决城市交通拥堵问题，不仅需要大量的建设城市轨道交通的基础设施，还需要原来常规公共交通的协调与配合，因此综合公共交通便应运而生，使居民在出行过程中，各种运输方式之间实现无缝对接，优化出行路线，保证出行的安全、舒适、便捷。城市轨道交通的线路毕竟有限，在城市范围内不可能完美深入到每一处地方，因此，需要常规公共交通的协调发展，从而完善城市公共交通系统。另外，合理地布局城市轨道交通与铁路、航空相连接的枢纽，有效地利用空间和资源，保证居民的出行便利。

从系统最优的角度出发，城市轨道交通系统的布局与常规公共交通系统布局必须服从公共交通系统的资源最优配置。随着城市轨道交通的基础设施建设扩大，城市轨道之间以及城市轨道与常规公共交通之间将形成一个互相协调的公共交通网络系统，此时，城市轨道交通的子系统与常规公共交通子系统间是分工协作的，从而形成一个以城市轨道交通为主，以常规公共交通为辅的公共交通大系统。

4 城市轨道交通的安全运营与管理

安全运营管理，应包括安全运营生产责任、安全培训教育、安全管理机构、安全信息管理和事故管理的合理设置。城市轨道交通是多专业组合的综合性系统工程项目，技术设备复杂、客流量大、专业性强、时效性强加之空间狭小，事故救援难度较大，一旦发生重大事故，就关系到人民群众的生命财产安全，后果极为严重。对社会也将造成巨大影响。为确保运营安全，应建立运营安全的保障措施，建立周密计划和应对预案，确保突发事件的预防性措施、列车驾驶安全运行措施等。特别强调的是，运营安全管理机制不可忽视的规范性问题。运营安全风险管理还应考虑人、物、环境和管理体制等因素，建立运营安全风险管理机制，实施运营安全评价体系等。应急管理，运营单位应针对可能发生的灾害类型，建立事故应急救援体系，以及因设备故障、突发客流、恐怖袭击等异常原因造成的非正常运营情况，制定相应的应急处置方案，并应定期对不同事故的应急救援进行演练。

5 结语

随着现代技术的不断更新与发展，运营管理的需求将不会停留在一个水平线上。各个城市轨道交通运营管理部门都在国家标准的基础上，结合本地的实际情况不断创新和发展，推动我国城市轨道交通管理的标准化、规范化和科学智慧的发展。

参考文献

[1] 王栋．城市轨道交通运营模式及运营方案评价研究［D］．西南交通大学，2010（6）．

[2] 郭翔，佘廉，张艾荣．我国城市地下空间运营管理问题的分析与探讨［J］．城市轨道交通研究，2009（5）．

[3] 李建艺，李亚军．职业教育人才培养模式探析——以城市轨道交通运营管理专业为例［N］．辽宁教育行政学院学报，2007，24（10）：63－64.

基于可靠度的轨道交通调度双层规划模型研究

张光明

（天津市地下铁道运营有限公司）

摘　要：本文基于 AFC 数据分析客流特点，从乘客角度出发，提出了一个双层规划模型来描述列车运行调度方法及其可靠度控制的问题。在双层规划模型中，上层模型为一个基于乘客出行时间可靠度的列车调度模型，下层模型是一个成本最小的控制发车优化模型。针对所提出的模型，设计了基于遗传算法的求解算法，并给出了实例来验证模型及算法。

关键词：列车调度；可靠度；双层规划；启发式算法；运能提升

1　引言

目前列车运行图编制主要从列车的角度出发，在整个过程中较少考虑乘客流的状况。而实际上轨道交通的服务对象是乘客，车流是为客流服务的。对列车的运行调整效果需要考虑乘客的利益，适当地从乘客的角度出发。在降低乘客出行时间成本的同时，提高轨道交通运能。本文在城市轨道交通列车调度设计过程中，考虑系统可靠度和系统成本两个目标，它们是相互作用、相互影响的，而且是以一种分层的形式存在。上层以可靠度最大为目标，为下层提供适当的发车间隔，而下层则调整列车发车时刻与给定的发车间隔相适应，其选择的结果反过来又影响上层决策行为。可靠度与系统成本两个目标相互作用得到列车调度设计方法，双层规划上层与下层的关系如图 1 所示。与传统的单层规划方法相比，双层规划方法在这方面具有不可比拟的优势，具体表现为：（1）可以同时分析决策过程中两个不同的，相互矛盾的目标；（2）双层规划方法的多价值决策方法更接近实际情况；（3）可以明确表示上下层的相互作用。本文就是采用双层规划模型来描述城市轨道交通调度设计问题。

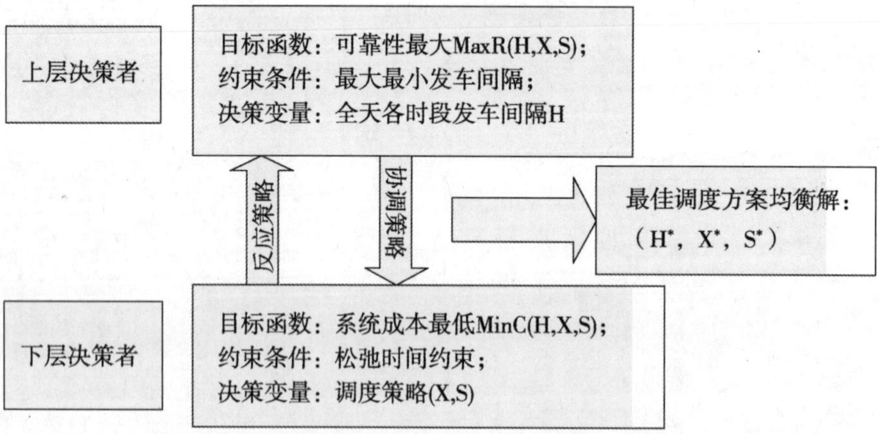

图 1　调度设计双层决策模型

2 双层规划模型的建立

2.1 上层模型

上层模型为系统时间可靠度模型，用下层模型的优化结果即调度方案为参数代入上层模型，通过优化算法得出优化后的发车间隔。系统时间可靠度模型以系统时间可靠度最大为目标，满足轨道交通系统或地方政策发车间隔限制：

$$maxR(H_j)=\frac{1}{m}\sum_{j=1}^{m}\frac{1}{K}\sum_{k=1}^{K}\omega_{j,k}\cdot\prod_{l=1}^{L_k}[T_\omega\cdot TR_{j,k}^{l}(S_k,H_j)+H\omega\cdot HR_{j,k}^{l}(H_j)] \quad (1)$$

约束条件为：

$$H_{min}\leqslant H_j\leqslant H_{max},\ j=1,\ 2,\ \cdots,\ m \quad (2)$$

$$\sum_{k=1}^{K}L_k=n \quad (3)$$

式中 H_j——第 j 个车次的发车间隔，是上层模型的决策变量；

K——研究时段内控制站点数量，由下层模型确定；

L_k——研究时段内控制单元 k 的站点数量，由下层模型确定；

s_k——研究时段内控制单元 k 的松弛时间，由下层模型确定；

$\omega_{j,k}$——车次 j 在控制单元 k 的可靠度权重；

$TR_{j,k}^{l}$（s_k，H_j）——车次 j 在控制单元 k 的第 l 个站点的准点可靠度，是发车间隔与松弛时间的函数；

$HR_{j,k}^{l}$（H_j）——车次 j 在控制单元 k 的第 l 个站点的候车时间可靠度，是发车间隔的函数；

$T\omega$、$H\omega$——分别为准点可靠度、候车时间可靠度的权重，$T\omega+H\omega=1$；

H_{min}——发车间隔下限值，一般根据企业的运营能力确定；

H_{max}——发车间隔上限值，根据服务水平等级确定。

公式中 $TR_{j,k}^{l}$（$s_{k,l}$，H_j）和 $HR_{j,k}^{l}$（H_j）的具体形式计算如下：

控制站点准点可靠度：

$$\begin{aligned}TR_{j,k}^{l}&=P\ (A_{j,k}^{l}-E\ (A_{j,k}^{l})\ \leqslant s_{j,k})\\&=P\left(\frac{A_{j,k}^{l}-E\ (A_{j,k}^{l})}{\sigma^2\ (A_{j,k}^{l})}\leqslant\frac{s_{j,k}}{\sigma^2\ (A_{j,k}^{l})}\right)\\&=\Phi\left(\frac{s_{j,k}}{\sigma^2\ (A_{j,k}^{l})}\right)\end{aligned}$$

$$(l=1;\ j=1,\ 2,\ \cdots,\ m;\ k=1,\ 2,\ \cdots K) \quad (4)$$

非控制站点准点可靠度 $TR_{j,k}^{l}$：

$$\begin{aligned}TR_{j,k}^{l}&=P(|A_{j,k}^{l}-E(A_{j,k}^{l})|\leqslant\delta)\\&=P\left(-\frac{\delta}{\sigma^2(A_{j,k}^{l})}\leqslant\frac{A_{j,k}^{l}-E(A_{j,k}^{l})}{\sigma^2(A_{j,k}^{l})}\leqslant\frac{\delta}{\sigma^2(A_{j,k}^{l})}\right)\\&=\Phi\left(\frac{\delta}{\sigma^2(A_{j,k}^{l})}\right)-\Phi\left(-\frac{\delta}{\sigma^2(A_{j,k}^{l})}\right)\\&(l=2,\cdots L_k;j=1,2,\cdots,m;k=1,2,\cdots K)\end{aligned} \quad (5)$$

候车时间可靠度计算

候车时间可靠度是乘客候车时间低于乘客能够容忍最大候车时间的概率，其计算公式为候车时间概率密度函数在0到乘客最大容忍值 T_{max} 上的积分：

$$HR_{j,k}^{l}=P(t_{j,k}^{l}\leqslant T_{max})=\int_0^{T_{max}}f_{j,k}^{l}(t)dt \quad (6)$$

其中 $f_{j,k}^{l}(t)$ 为第 j 个车次第 k 个控制单元站点 l 的候车时间 t 的概率密度函数：

$$f_{j,k}^{l}(t)=\frac{\int_t^{\infty}g_{j,k}^{l}\ (u)\ du}{E\ (H_{j,k})}=\frac{\overline{F}_{j,k}^{l}(t)}{E\ (H_{j,k})} \quad (7)$$

其中 $g_{j,k}^{l}$（u）为发车间隔 H 的概率密度函数，$\overline{F}_{j,k}^{l}$（t）为发车间隔 H 的累计分布函数，$\overline{F}_{j,k}^{l}$（t）$=1-F_{j,k}^{l}$（t），$F_{j,k}^{l}$（t）为发车间隔

H 的概率分布函数。

该模型的输出变量为 H_j，模型中的参数为列车调度策略，包括控制站点的数量和位置，以及控制站点对应的松弛时间，是下层模型的输出变量。结合下层模型输出变量即可计算出研究时段内任一车次列车车在各站点的调度发车时间，从而形成一个完整的线路行车计划。

2.2 下层模型

下层模型以系统成本最小为目标，H_j 为上层模型的决策变量，而且是下层模型的输入参数，调度策略为变量，线路松弛时间总和不超过企业设定的松弛时间上限为约束：

$$minC(x_i,s_i)=\sum_{j=1}^{m}\sum_{i=1}^{n}\{x_iC_{i,j}^{C}(s_i,H_j)+(1-x_i)C_{i,j}^{N}(H_j)\} \quad (8)$$

约束条件为：

$$\sum_{i=1}^{n}s_ix_i\leqslant S \quad (9)$$

$$s_i\geqslant 0,\ \forall i=1,\ 2,\ \cdots,\ n \quad (10)$$

$$x_i=\{0,\ 1\},\ \forall i=1,\ 2,\ \cdots,\ n \quad (11)$$

式中 m——研究时段内车次总数；

n——列车线路总的站点数；

j——车次编号，$j=1,\ 2,\ \cdots,\ m$；

i——站点编号，$i=1,\ 2,\ \cdots,\ n$；

x_i——在站点 i 是否应用控制发车策略，如果应用，则 $x_i=1$，否则 $x_i=0$，是下层模型的决策变量；

s_i——当在站点 i 作为控制站点时的松弛时间，是下层模型的决策变量；

H_j——第 j 个车次的发车间隔，是上层模型的决策变量；

$C_{i,j}^{C}$（s_i，H_j）——第 j 车次在站点 i 为控制站点时的总成本，是松弛时间和发车间隔的函数；

$C_{i,j}^{N}$（H_j）——第 j 车次在站点 i 为非控制站点时的总成本，是发车间隔的函数；

S——列车运营企业指定的松弛时间总和的上限值，约束条件（9）保证了整条线路上使用松弛时间的总和不超过限定值 S；由列车企业根据自身运营条件所制定，高峰时段可给予较高的限定值，平峰时段可给予较低的限定值。

3 模型求解

双层规划问题的求解是较为困难的，因为它不仅是一个 NP－hard 问题，还具有非凸性，很难找到全局最优解。即使目前已经有十多种求解这类问题的算法，但一般都用启发式算法求出上下层能够协调满足的较好的可行解。本文求解上下层模型都分别利用遗传算法来实现，特殊地方在于求解下层模型的遗传算法嵌入在上层模型的遗传算法当中，由此形成求解本文双层规划问题的启发式算法。

整个双层规划模型的求解算法流程图如图 2 所示。

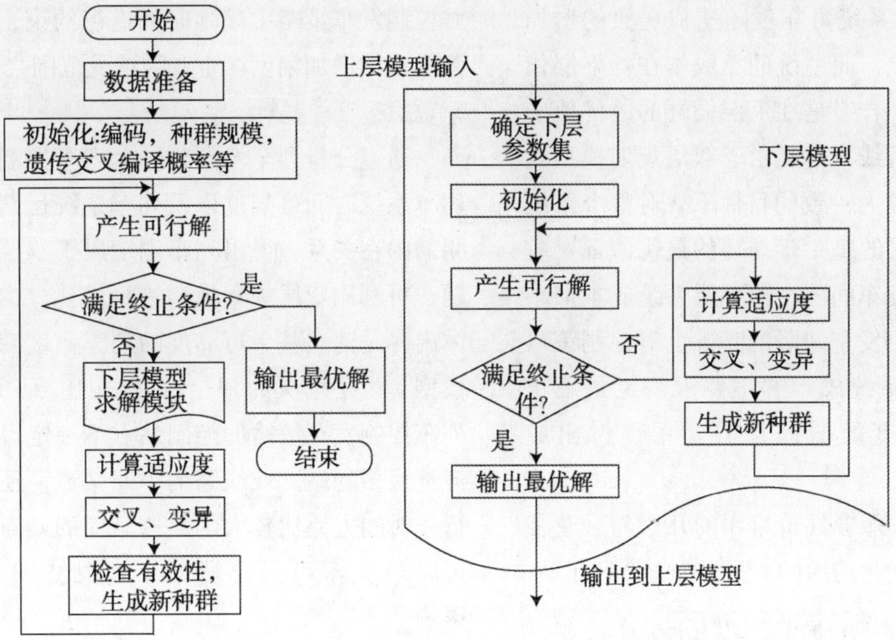

图 2　双层规划模型的求解算法流程图

4　案例分析

根据某地铁线路客流情况，绘制全天运营的客流汇总图。根据客流规律划分调度时段，对于同一时段采用均等发车间隔和相同的控制策略，包括控制站点的位置数量和松弛时间。线路全天各时段的客流情况如图 3 所示。

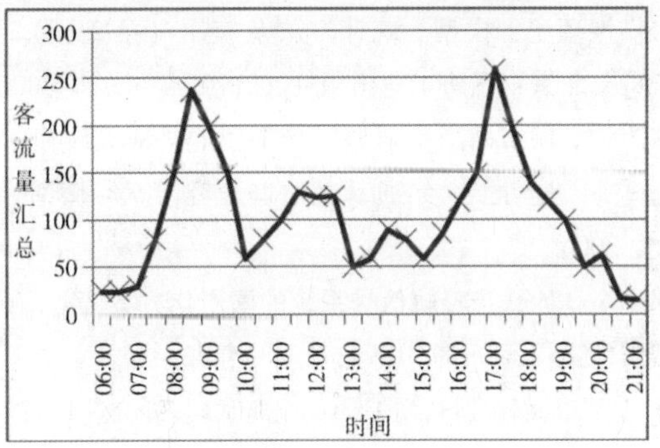

图 3　全天各时段的客流数据汇总图

根据上层模型的最优解，下层模型的最优解以及各站点间的平均行驶时间，得出研究时段始发站与各控制站点的发车时刻表，如表 1 所示。

表 1　始发站和控制站点的发车时刻表

班次	始发站	控制站点 1	控制站点 2	控制站点 3
1	7：38	7：49	7：57	8：09
2	7：46	7：57	8：05	8：17
3	7：53	8：04	8：12	8：24
4	7：59	8：10	8：18	8：30
5	8：04	8：15	8：23	8：35
6	8：11	8：22	8：30	8：42
7	8：19	8：30	8：38	8：50
8	8：28	8：39	8：47	8：59

将上下层的目标函数放在一个图中进行比较分析，如图 4 所示。

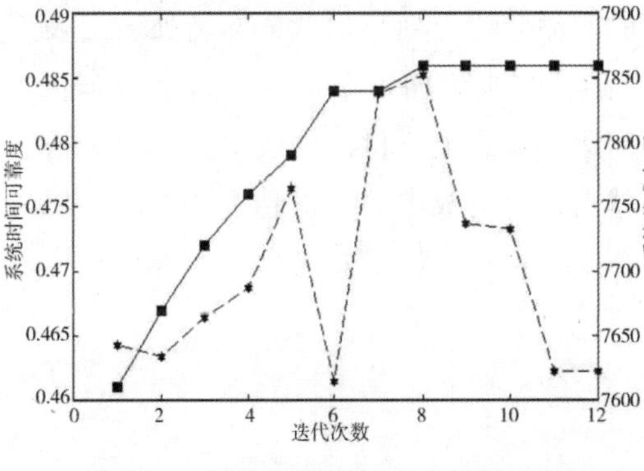

图 4　上层和下层的最优化迭代过程

分析图4，系统可靠度随迭代次数的增加而逐渐得到优化，而系统的总成本在各下层代过程中逐渐减小，但是在上层循环的最优值确是一条波动的折线。这是由于双层规划模型是在上层可靠度最大一致的目标下，对整个系统进行优化，上层的每一步循环的最优值都对应着一组最优的发车间隔，而下层系统成本最小模型则是在这个发车间隔的基础上对控制策略的优化。所以系统成本并不要求一定是最优的。系统可靠度的增加是需要系统付出成本的。

下面对列车服务评价常用的几个与运营相关的标准进行优化前后的对比，如表2所示。

表2　优化周期内优化前后优化指标对比

优化指标	优化前	优化后	变化率
平均等待时间（min）	5.5	4.8	-12.73%
平均出行时间（min）	40.5	37.2	-8.15%
出行时间标准差（min）	10.0	7.2	-28.00%
准点车辆百分百（%）	98.9	99.6	0.71%
企业成本（yuan）	36787	37984	3.25%

早高峰时段，系统可靠度提高16%，乘客的平均出行时间减少了8.15%，平均等待时间减少了12.73%，出行时间标准差减少了28.00%。平均等待时间和出行时间方差较平均出行时间优化幅度较大。控制发车增加乘客的在车成本，乘客的平均出行时间相对于平均等待时间的变化较小。对于企业来说，线路行驶时间的增加会使得列车运营成本增加。由表2可知，运营成本增加了3.25%，这是列车企业为提高运营可靠度所付出的成本，线路总松弛时间越大，运营成本的增加越多。因此，要对控制发车策略中松弛时间进行约束，使得运营成本的增加幅度在企业的承受范围之内。

5　总结

通过分析列车发车间隔，列车控制方法与列车系统时间可靠度以及列车系统运营成本之间的内在关系，得出列车调度属于双层决策问题，可利用双层规划模型进行优化。本章的主体内容是建立基于可靠度的列车调度双层规划模型，也是全文的理论升华之处。研究发现，列车控制发车策略的控制站点不一定设置在客流量最多的站点或线路的中间站点，还需考虑行驶时间方差比较大的路段后面的站点，这样可以减少不可靠路段对下游站点可靠度的影响。

参考文献

[1] Carey M. Ex - ante heuristic measures of schedule reliability [J]. Transportation Research, 1999, 33B: 473 - 494.

[2] Henderson G, Adkins H and Kwong P. Subway reliability and the odds of getting there on time [J]. Transportation Research Record, 1991, 1297: 10 - 13.

[3] Marvin Rausand. 郭强，王秋芳，刘树林译. 系统可靠性理论：模型、统计方法及应用（第2版）[M]. 北京：国防工业出版社，2010.

[4] 李为为. 城市轨道交通调度指挥智能集成系统研究 [D]. 北京交通大学博士究生学术论文，2006.

[5] 郑生全. 地铁与轻轨信号系统的国产化方案[J]. 城市轨道交通研究，1998，1（3）：42 - 46.

[6] 徐飞. 如何解决运行列午严重偏离时刻表问题[J]. 都市快轨交通，2004，17（S1）：37 - 39.

地铁网络化运营下标识系统优化研究

张胜鑫

（天津市地下铁道运营有线公司）

摘　要：自2006年以来，天津地铁由单一线路已发展到1、2、3、6、9五条线路。标识已由一项简单的工作发展成一个系统化，流程化的标识管理体系。现如今，网络化运营为地铁系统带来的不仅仅是人员管理、信号系统的考验，乘客更能够切身体会到的是标识的有效性。对于车站来说，标识的设置、设计、维护等更是车站的一项系统而又复杂的工作。如何规范化、合理化管理和利用标识，使标识能够保持有效、醒目，真正能够替代工作人员为乘客或工作人员提供最高效的信息，是每一名工作者都要思考的问题。本文分析网络化运营中，标识存在的问题以及解决方法，以期为地铁车站标识优化设置提供参考。

关键词：天津地铁；网络化；标识；优化

地铁导向标识系统是引导人们在城市的地下交通“大动脉”进行活动的信息系统，其导向标识需要系统、直观、高效，充分发挥交通设施效能，使乘客能够迅速认清自己所处位置及目的地方向，对环境能有更清晰的认知。一个系统的规范的地铁导向标识系统在给人们生活带来便利的同时，也将推动经济和社会等多领域的发展，提升城市形象。地铁标识设置必须具有可识别性和规律性，否则会大大降低乘客出行效率，影响地铁运能的发挥，甚至导致地铁站内人群拥堵和混乱，乘客滞留时间过长，引发不满和焦躁情绪，最终影响地铁的正常运营和社会秩序。

在生活水平日益提高的今天，消费者消费意识及维权意识也日渐提高。而地铁行业提供的是位移的服务，服务水平及服务质量直接影响着乘客对地铁行业的满意度。天津地铁自2012年以来，以平均每年开通一条新线的速度增长，运营千米已由2006年的26千米发展到2016年的166千米。在此期间，地铁的服务水平不断提升，而作为服务中的一个重要组成部分——标识的种类与数量也与日俱增。目前，车站标识达百余种，日常管理与使用也存在着诸多问题。

本文分析地铁在从单一线路向网络化线路发展的过程中，标识从管理上存在的难点与解决办法，从而更高效地管理标识，为乘客提供便利，提升服务质量。

1　车站标识现状分析

1.1　地铁标识种类分析

根据国家标准《公共信息导向系统设置原则与要求第1部分：总则》，地铁标识可以分为悬挂式导向标识、位置标识，如出入口信息，客服中心，出站、进站、安检通道；嵌入式灯箱位置标识、广告标识、疏散标识；平面附着式安全标识、客运服务标识，如特种设备的安全使用标识，应急设备警告信息，线路图，卫生间等设备设施使用标识等；动态显示屏式综合信息标识，如乘客信息系统（PIS）等。

以天津地铁为例，目前标识多达百余种。其中，1、2、3、6、9号线以红色、黄色、蓝色、粉紫色、深蓝色为主色调，同其车身及线路颜色一致。材质方面多以强力不干胶为主，还包括合成纸覆膜、亚克力板、广告灯箱等多种形式。每个车站标识种类基本相同，而换乘站种类更多。

1.2 车站管理流程分析

车站主要负责简单标识的更换及管理，其中附着标识占绝大多数。一般统一由职能部门提供固定模板，联系外单位厂家申领，印刷，到货后发至客运站区，客运站区再分发给所辖4—6个车站。车站每2小时巡视一次，发现标识破损后及时向站区申领更换。而其他标识出现损坏后难以更换，由车站负责反馈给职能部门，由职能部门联系厂家上门更换、维修。

2 车站标识管理存在的问题与分析

通过研究发现，网络化运营后，地铁车站导向标识系统总体情况来看，普遍存在以下问题：

（1）标识平面设计、造型设计凌乱，信息指引性不强。如站台等候区上下车标识中，仅提供了上下车箭头或文字组合，提醒乘客按箭头所示在屏蔽门两侧排队上车，在中间下车。而对于乘客来说并不确定排队的方向及队伍范围。例如网络化造成客流大幅度增加，而站台宽度仅能容下5—6人排队，形成队伍积压，甚至挡住过往乘客，形成咽喉地带，乘客难以从站台中部向首位分散排队候车，造成队尾乘客来不及上车，影响列车运能。

（2）导向标识可持续性差。同样以换乘站为例，乘客在下车换乘另外一条线路时，第一时间往往寻找目标方向的标识，特别是换乘站均是侧式站台，乘客下车需要换乘时，通过不同的通道到达两个方向的站台，而站台上的PIS屏及垂直电梯、洗手间标识占据了大部分视线，难以迅速识别方向。部分乘客由于不确定该出口的目的地，驻足自动扶梯前询问或观察，影响整站乘客出站通行效率，容易造成拥堵，甚至造成踩踏事件。

（3）导向标识的设置位置及数量不够科学。国内地铁网络化运营后，为避免客流交叉，一般都会采取闸机“单进单出”方式，个别车站同一排通道采取部分进站，部分出站的模式。造成进出站闸机处，除闸机本身的进出站标识在闸机下方外，没有明显的标识指出闸机进出站方向，不熟悉的进站乘车乘客容易走向出站闸机，而出站乘客遇到故障闸机时又无法及时发现，在乘客较多时，严重影响后面乘客排队，导致一部分乘客无效排队或插队，影响通行效率。

3 地铁车站导向标识优化

地铁车站因其空间制约，在网络化运营中应充分考虑线路主色调、激增换乘客流所带来的影响，使用同一的样式，考虑乘客需求与车站管理要求，合理分布标识位置，合理设计标识样式，为车站客运服务提供有效帮助。

3.1 优化原则与目标

标识应以直观，明确，快捷的视觉信息，对人流、物流进行分割，引导。地铁标识系统设计就是针对地铁交通系统设计的标识设计，根本任务在于建立一套合理的视觉导向系统，并且提供统一的视觉形象和视觉符号，方便乘客出行。

针对上述问题，标识问题主要集中在信息量小，未能体现车站自身管理要求；标识设计未能分出层次感，乘客无法第一时间抓住所需信息；标识安装未能充分考虑乘客需求，以传递方、接受方和环境三个方面考虑安装位置。

3.2 优化方案

（1）参考城市地面交通地面导流线，在站台、站厅客流交叉处地面设置行走区、等候区。站台狭窄处，如乘客按照上下车地面标识排队，候车乘客将完全封死站台一侧，行走或下车乘客堆积在车门处，候车乘客阻挡乘客上车，而候车乘客又阻碍下车乘客迅速有效离开，造成大面积积压。可以考虑在站台候车区域划出排队区域，使前方排队乘客明确队伍走向，为身后穿行乘客留出通道，如图1所示。

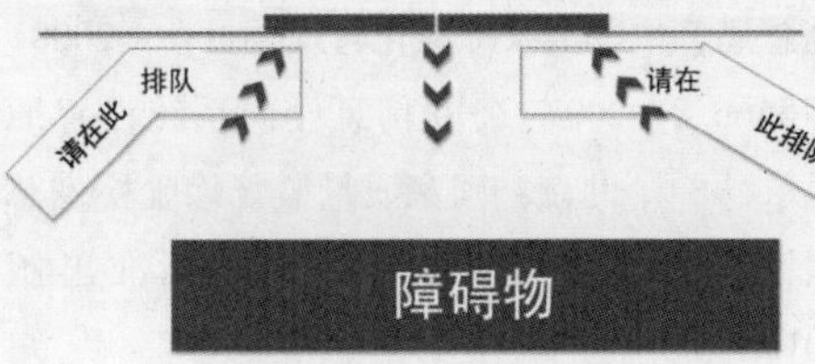

图 1　站台候车区示意图

（2）根据乘客的寻路行为，将引导标识主要设置在乘客行动路线的决策点上，即乘客在寻路过程中需要作出选择的参考点。决策点的位置和数量受地铁内部环境和客流量等因素的影响，如果地铁内部建筑空间平面复杂程度高、流线交叉点多，乘客寻路的决策点数量就需要相应地增加。在下车乘客中，乘客选择方向的参考点为换乘扶梯处，因此应根据站台换乘扶梯位置，在扶梯三面侧墙、站厅两端及中央增设换乘方向提示标识，再配合扶梯入口处标识连续引导乘客到达换乘所需方向站台。

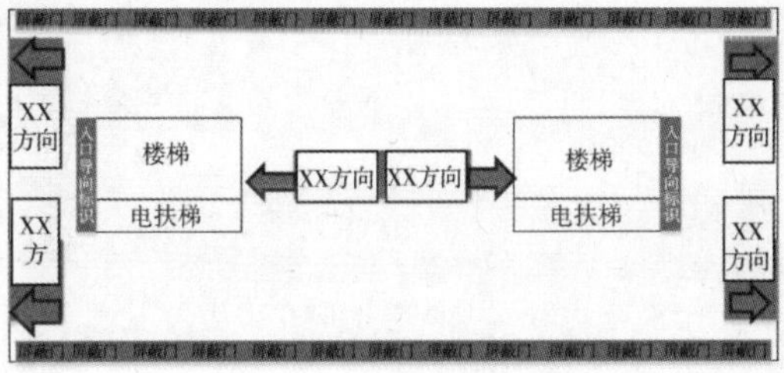

图 2　站台换乘方向示意图

（3）进出站闸机口处设置引导线及等候线，引导线之间明确闸机开通方向。如图 3 所示，设置引导线后，乘客可以更加明显确认闸机开通方向，能够迅速逐次出站，而等候线上可以标注“站在线外刷卡或投票”等字样，避免乘客闯进闸机，使闸机无法打开的情况。

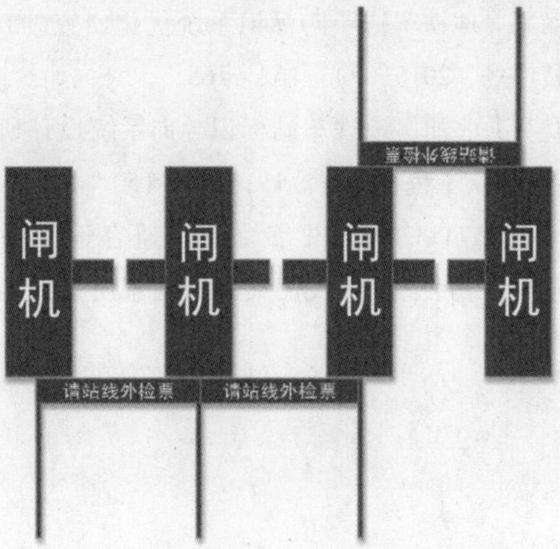

图 3　闸机导向标识优化

4　结语

地铁系统处于一个狭小的空间内聚集大量人群的地方，人群拥挤，流动量大。工作人员无法时时提供有效的帮助的情况下，导向标识起着至关重要的作用。然而，在设计及安装过程中，设计单位与施工单位及运营管理单位存在信息沟通不畅、更新不及时的情况，而后期运营过程中，运营单位无法再大范围地统一加装、更换标识。庞大的标识系统繁杂又复杂，在运营过程中，只有因地制宜地大胆创新，才能够做好标识管理，根据乘客行为及反馈情况，不断完善车站的标识，才能够提升服务质量，为乘客提供优质的服务。

参考文献

[1] 刘丹．探析地铁标识导向系统中色彩设计的应用［J］．现代装饰：理论，2015（2），82－83．

[2] 程晏，林枫，张在龙，等．基于寻路行为的地铁换乘站导向标识设置研究［J］．科技与创新，2016（1）：3－4．

[3] 张钰婉，丁密金．“有之以为利，无之以为用”——北京地铁 2 号线导向设计分析［J］．设计，2017（1）．

[4] 王丽娟．地铁车站导向标识系统优化研究［J］．科技广场，2016（9）：162-165.
[5] 靳晓亮，张旭．地铁车站标识导向系统设计研究［J］．建筑工程技术与设计，2016（5）．
[6] GB/T 18574—2008．城市轨道交通客运服务标志［S］．北京：中华人民共和国国家质量监督检验检疫总局，中国国家标准化管理委员会，2008.
[7] GB/T 15566.8—2007．公共信息导向系统设置原则与要求［S］．北京：国家质量监督检验检疫总局，国家标准化管理委员会，中国标准出版社，2015.

天津地铁1号线闸瓦国产化试验对比分析

郑传海　王景振

（天津市地下铁道运营有限公司）

摘　要： 基于改善天津地铁1号线地铁闸瓦和车轮的使用现状，寻求性能更好、经济性更强的制动闸瓦，对国内闸瓦进行试验对比分析。试验对比分析表明：国内闸瓦具有满足现场使用需求的闸瓦，对后期闸瓦的选型具有实际指导意义。

关键词： 闸瓦；国产化；经济性；磨耗率

天津地铁1号线制动系统一直采用闸瓦，存在进站制动时异响的现象，1号线车辆进站制动噪音平均值为73分贝，2号线噪音平均值为67分贝，3号线噪音平均值为66分贝，1号线噪音分贝明显高于2、3号线并伴有刺耳的声音。天津地铁联网运营以后，1号线闸瓦的磨耗率由7.59mm/万千米增加到8.75mm/万千米，车轮踏面的磨耗率也由0.77mm/万千米增加到1.04mm/万千米。为性能更好地制动闸瓦，改善闸瓦和车轮的使用现状，对国内闸瓦进行对比试验，寻求满足现场需求的闸瓦。

1　国产化闸瓦对比试验方案

1.1　闸瓦性能参数对比

根据TB/T 2403—2010标准，对比分析四个品牌的国产闸瓦的性能参数及价格。

1.2　国产化闸瓦试验车辆选择

1号线选取车轮状态较好（或镟修后）的车辆作为试验车辆进行试验。

102车安装P品牌的试验闸瓦；

106车安装R品牌的试验闸瓦；

112车安装L品牌的试验闸瓦；

117车安装RF品牌的试验闸瓦。

1.3　闸瓦装车试验阶段

闸瓦装车试验分三个阶段，每阶段试验内容见表1。

表1　闸瓦装车试验阶段

阶段	装车位置及数量	试验地点	内容	时间（月）	备注
1	1节拖车共8块	试车线	选1节Tc车安装试验闸瓦进行磨合试验/制动运行试验	1天	第一、第二阶段选取4列车轮状态较好的（或镟修后）车辆进行试验，同车进行对比；第三阶段另选取第三列状态较好的车对比试验
		正线	完成试车线试验后进行，按照正常运营标准执行	2	
2	1个单元共16块	正线	按照正常运营标准进行	6	
3	1列车共48块	正线	按照正常运营标准进行	6	

2 装车闸瓦试验情况

2014年7月份开始对试验闸瓦进行装车试验，各阶段试验时间见表2。

表2 各阶段试验时间

闸瓦品牌	第一阶段		第二阶段		第三阶段	
	安装列车	运行千米数	安装列车	运行千米数	安装列车	运行千米数
P	1026	14912	1025/6	51419	整列	23676
RF	1176	25183	1175/6	31455	整列	63537
L	1121	36366	1121/2	14272	整列	48121
R	1063	37943	1063/4	32379	整列	36707

3 闸瓦试验对比分析

3.1 各试验闸瓦装车对比

表3 各试验闸瓦装车对比

	L（112）	P（102）	RF（117）	R（106）
新闸瓦装车时对比	各试验厂家生产的闸瓦均可正确安装到试验车辆上			
轮对磨耗情况对比	 1176车3、5、8轮对踏面产生沟槽			
闸瓦到限后对比	 102车闸瓦到限后有掉块现象，117车闸瓦有明显的凸起棱角，这也是轮对踏面产生沟槽的原因			

3.2 各试验闸瓦磨耗率对比

表4 各试验闸瓦磨耗率对比

试验厂家	各阶段磨耗率（mm/万千米）		
	第一阶段	第二阶段	第三阶段
P（102）	11.62	11.62	14.12
RF（117）	5.42	5.42	5.67
L（112）	5.06	5.06	5.07
R（106）	1063车—15.5	1063车—16.07 1066车—6.7	5.31

注：第一阶段和第二阶段，因试验闸瓦与既有闸瓦同时安装在同一列车上，而各类闸瓦的摩擦因数不同，所以可能会导致闸瓦的磨耗率引起偏差，为避免同一列车不同闸瓦摩擦因数给试验闸瓦带来的磨耗影响，主要分析第三阶段即整列车安装试验闸瓦的磨耗，P的试验产品（102车）闸瓦磨耗率始终高于验收标准，与厂家开会并通报了该试验结果为不合格。

3.3 各试验车轮径磨耗率对比

表5 各试验车轮径磨耗率对比

	磨耗率（mm/万千米）	备注
P（102）	0.64	1023车轮径到限，磨耗快
RF（117）	0.34	无
L（112）	0.51	无
R（106）	0.37	无

上述分析主要对第三阶段拖车轮径磨耗率进行了分析。试验期间使用RF试验闸瓦的列车轮径磨耗率相对来说最低。

3.4 各试验车制动噪音值对比

表6 各试验车制动噪音值对比

	闸瓦试验期间制动噪音值（分贝）
既有闸瓦	93.29
P（102）	84.8
RF（117）	83.43
L（112）	83.35
R（106）	86

试验期间浙江乐清的试验闸瓦噪音值相对最低。

3.5 经济性分析

表7 经济性分析

闸瓦品牌	年消耗总量(块)	闸瓦单价(元)	费用(万元/年)	备注
现用闸瓦	2570	115	30	根据各试验闸瓦第三阶段磨耗率进行计算
P	4558	120	55	
RF	1830	368	67	
L	1637	290	48	
R	1714	280	50	

以上闸瓦价格为2015年咨询的最新价格。使用试验闸瓦相对于试验前T既有闸瓦，价格均有所上涨，原因是虽然闸瓦磨耗率相对试验前的磨耗降低，但是闸瓦的价格没有与磨耗率成相对应的反比。通过对比，使用L试验闸瓦经济型最高。

4 试验结论

RF试验闸瓦在试验期间1176车的3、5、8轮踏面产生沟槽，但都是在标准范围内（宽20mm，深度1mm）；其余各项指标均正常，闸瓦性能一般；

P试验闸瓦磨耗率为14.12mm/万千米，超出既有闸瓦的磨耗率，闸瓦性能差；

L试验闸瓦各项指标均合格，闸瓦性能优良；

R试验闸瓦各项指标均合格，闸瓦性能优良。

1号线与2、3号线制动缸闸瓦托尺寸有偏差，所以同一型号的闸瓦不能互换，本次闸瓦替代试验为1年左右，后期若采购试验成功的任意厂家的产品作为备件，还需继续使用跟踪。

参考文献

[1] 严隽耄. 车辆工程（第三版）[M]. 北京：中国铁道出版社，2007.

[2] TB/T 2403—2010 铁路货车用合成闸瓦标准.

国内外轨道交通杂散电流防护标准对比分析

周伟志
（中铁第四勘察设计院集团有限公司）

摘　要：国内外都制定有轨道交通杂散电流防护的相关标准，如欧洲标准 EN 50122—2，国际标准 IEC 62128—2，以及国家标准 GB/T 28026—2，行业标准 CJJ49 等。相比于欧洲，我国轨道交通杂散电流防护标准形成较晚，也较长时间未修订。本文对目前国内外现行的轨道交通杂散电流防护标准，进行了系统的比较分析。通过对比国内外标准对杂散电流干扰的判定的差异，探讨分析我国现行轨道交通杂散电流防护需要补充或改进的内容。

关键词：轨道交通；杂散电流防护；标准；对比分析

1　引言

近年来我国轨道交通发展迅速，城市轨道交通方面：截至 2015 年年末，我国城市轨道交通累计通车里程达 3286 千米，累计已有 25 座城市的 112 条线路通车运行。根据已经批复的城市轨道交通项目，以及各地的城市轨道交通建设规划，预计到 2020 年，我国城市轨道交通通车里程有望达到 8500 千米。

我国城市轨道交通除了少数城市采用了“四轨”回流供电制式，多采用直流牵引供电、走行轨（钢轨）回流的供电制式，不可避免地会产生杂散电流和电腐蚀[1]。为适应城市轨道交通行业的发展，相应的杂散电流防护标准也相应制定和修订，以适应轨道交通快速发展需求，保证其安全有效运行。如：

EN 50162—2004 *Protection against corrosion by stray current from direct current systems*[2]

EN 50122—2—2011 *Railway applications—Fixed installations Part 2：Protective provisions against the effects of stray currents caused by d. c. traction systems*[3]

IEC 62128—2—2013 *Railway application-s - Fixed installations - Electrical safety，earthing and the return circuit - Part 2：Provisions against the effects of stray currents caused by d. c. traction systems*[4]

GB/T 28026. 2—2011《轨道交通　地面装置第 2 部分：直流牵引系统杂散电流的防护措施》[5]

CJJ 49—1992《地铁杂散电流腐蚀防护技术规程》[5]

GB 50157—2003《地铁设计规范》[7]

GB/T 10411—2005《城市轨道交通直流牵引供电系统》[8]

GB/T 28026. 2—2011 与国外现行轨道交通杂散电流防护标准及我国原来实行的行业标准 CJJ 49—1992 相比，均存在一定的差异。对这些标准进行比较分析，探讨产生这些差异，有利于更好地使用标准，把握标准变化动态，可以为我国轨道交通杂散电流防护标准的修订和补充提供思路。

2　相关标准的介绍

2. 1　EN 50162—2004

EN 50162—2004 标准给出了直流系统中杂散电流引起腐蚀的防护，包括：工业区的直流系统、港口处的直流系统、直流通信系统、直流牵引系统、高压直流输电系统、阴极保护系统和排流系统，等等。详细规定杂散电流检测标准，以及各类干扰源所能采取的减少杂散电流的方法。

2.2 EN 50122—2—2011

EN50122—2—2011 标准针对由直流铁路系统引发的杂散电流干扰，给出了测试方法、干扰的判定和评价，以及干扰的防护措施。其包括铁路供电系统、轨道系统以及被干扰结构应采取的措施，其中被干扰结构包括隧道、桥梁、高架桥、加强轨道路基、停车场和工厂、电缆和管道系统等。

2.3 IEC 62128—2—2013

国际电工委员会颁布杂散电流防护标准 IEC 62128—2 通常基于当时现行的 EN 50122—2 标准。目前 IEC 62128—2—2013 和 EN 50122—2—2011 两者技术内容要求一致。

2.4 GB/T 28026.2—2011

国家标准化委员会颁布的杂散电流防护标准 GB/T 28026.2—2011 是等同翻译对应的 IEC 62128—2—2003，因此与现行的 IEC 62128—2—2013 或者 EN 50122—2—2011 技术要求存在较多差异。

2.5 CJJ 49—1992

CJJ 49—1992《地铁杂散电流腐蚀防护技术规程》是我国地铁杂散电流腐蚀防护专业的第一个行业标准。早期结合国外地铁防治杂散电流的理论和经验，结合北京地铁的实际情况，制定的一套治理措施。包括杂散电流腐蚀的指标、杂散电流限制的措施，沿线金属构筑物及管线的防护措施，以及其检测方法。

2.6 GB 50157—2003

GB 50157—2003 是轨道交通行业中的综合性规范，其中“15.7 杂散电流防护与接地”章节除了对杂散电流防护原则进行了规定，还明确了杂散电流防护的其他要求应符合现行行业标准 CJJ 49。但个别条款与 CJJ 49—1992 存在差异。

2.7 GB/T 10411—2005

GB/T 10411—2005《城市轨道交通直流牵引供电系统》规定了城市轨道交通直流牵引供电系统中供电方式、牵引变电所、电缆、接触网、牵引供电保护装置及电力调度的主要性能指标和设备运行指标等，杂散电流防护直接引用了行业标准 CJJ 49，因此与现行的 CJJ 49 技术内容要求一致。

3 GB/T 28026.2—2011 与其他标准的差异

由于 EN 50122—2—2011 与 IEC 62128—2—2013 两者技术要求一致；同时 GB 50157—2003 和 GB/T 10411—2005 标准均主要原则均基于 CJJ 49—1992，因此该部分重点分析我国现行的 GB/T 28026.2—2011 与国际电工委员会 IEC 62128—2—2013 以及我国现行行业标准 CJJ49—1992 之间的差异。

3.1 GB/T 28026.2—2011 与 IEC 62128—2—2013 的差异

由于 GB/T 28026.2—2011 是等同翻译对应的 IEC 62128—2—2003，因此与现行的 IEC 62128—2—2013 或者 EN 50122—2—2011 技术要求存在较多差异。主要表现在两个方面：

3.1.1 轨道防护的标准值

GB/T 28026.2—2011 提及受杂散电流的影响的系统仅包括金属管道、金属铠装或屏蔽的电缆、金属箱体和器具，接地系统等 8 类，未将走行钢轨纳入到受影响需要防护之中。因此在轨道系统条款中，仅给出了轨—地间绝缘的单位电导的推荐数值，单位电导满足表 1 所示数值即可。

表1　单线区段单位电导建议值（单位：S/km）

牵引系统	露天时	隧道时
铁路	0.5	0.5
开式路基大宗运输系统	0.5	0.1
闭式路基大宗运输系统	2.5	—

IEC 62128—2—2013标准中，将走行钢轨纳入到杂散电流防护的对象，并引入单线单位长度的平均杂散电流概念，其值I≤2.5mA/m，钢轨可满足杂散电流防护的要求。由于杂散电流不易直接测量，则借用单位电导和平均钢轨电位两个评价指标。当单位电导与钢轨电位同时满足表2限值时，钢轨可满足杂散电流防护的要求。

表2　单线区段单位电导及钢轨单位限值

牵引供电系统	电导（S/km）	钢轨电位（V）
开式路基	0.5	+5
闭式路基	2.5	+1

若不满足表2中要求，则设计中G'_{RE}的允许值应按下式计算。

$$G'_{RE}=I'/U_{RE}\cdots$$

式中　I′——2.5mA/m（每股道）

从对钢轨的防护角度出发，IEC 62128—2—2013比GB/T 28026.2—2011要求更为严格，在单位电导限值不变的情况下，还须同时满足钢轨电位的限值。以允许的杂散电流泄漏量作为评价指标，因为钢轨是杂散电流泄漏的源头，故控制杂散电流的泄漏总量，相对更为合理。

3.1.2　金属结构对地的电位偏移

GB/T 28026.2—2011与IEC 62128—2—2013对于直流干扰的判定和评价，均采用了电位偏移的指标，但是在限值上有区别。

GB/T 28026.2—2011在条文注中给出说明：经验表明，如果在运输高峰期间该电位平均值不超过+100mV，其影响应是安全的。电位偏移值+100mV并未作为强制指标实施。

IEC 62128—2—2013引用了EN50162—2004标准，规定了未实施阴极保护的构筑物允许的电位正向偏移量指标，见表3。

表3　埋地或浸没水中未实施阴极保护的构筑物允许的正电位偏移△U

构筑物金属	电解质电阻率ρ(Ω·m)	最大正电位偏移△U(mV)	
		包含IR降	排除IR降
钢，铸铁	≥200	300	20
	15—200	1.5*ρ	20
	<15	20	20
铅		1*ρ	
埋地混凝土构筑物中的钢		200	

因此为了防止杂散电流对土建结构产生不可接受的影响，应计算隧道任意两点间的纵向电位，其值不应超过+200mV。

IEC 62128—2—2013在金属结构对地的电位偏移的限值较GB/T 28026.2—2011宽松，但写入正式条文，作为金属结构防护的指标。

3.2　GB/T 28026.2—2011与CJJ49—1992的差异

在GB/T 28026.2—2011颁布之前，我国城市轨道交通的杂散电流防护并没有国家标准，只有以CJJ 49—1992为代表的行业标准。这个标准借鉴了国外地铁杂散电流防护的一些标准如德国标准VDE0150，但在制定过程中，结合了北京地铁的实际情况，充分考虑了我国的国情，形成了一套便于杂散电流防护的措施规程。与现行的国标GB/T 28026.2—2011的主要差异有：

3.2.1　轨道防护的标准值

CJJ 49—1992规定：兼用作回流的地铁走行轨与隧道主体结构之前的过渡电阻值，对于新线不应小于15Ω · km，对于运行线路不应小于3Ω · km。

对于新建线路设计来说，过渡电阻值限值15Ω · km，折算电导0.067S/km，远低于GB/T 28026.2—2011要求值；而运行线路过渡电阻值限值3Ω · km，折算电导0.33S/km，则大于GB/T 28026.2—2011隧道内要求值。因此，从设计的角度而言，CJJ 49—1992对过渡电阻的要求较现行GB/T 28026.2—2011高。

3.2.2 金属结构对地的电位偏移

CJJ 49—1992规定了：地铁结构受杂散电流腐蚀的危险指标，应由结构表面向周围电解质漏泄的电流密度和由此引起的电位计划偏移来确定，并规定正向偏移不应超过0.5V。

其值大于GB/T 28026.2—2011标准中给出+100mV经验数值。

根据前述分析，GB/T 28026.2—2011、IEC 62128—2：2013和CJJ 49—1992标准在干扰的判定和评价的差异汇总见表4。

表4 各标准差异对照表

序号	标准名称	轨道防护的标准值	电位偏移值
1	GB/T 28026.2—2011	1. 钢轨未纳入防护范围 2. 根据开式和闭式路基给定电导限值	100mV（条文注释）
2	IEC 62128—2—2013	1. 钢轨纳入防护范围，以单位泄露电流为评价指标（2.5mA/m） 2. 根据开式和闭式路基给定过渡电导限值及钢轨电位限值 3. 设计中应根据钢轨电位计算确定电导	200mV
3	CJJ 49—1992	1. 钢轨未纳入防护范围 2. 根据新建和运行线路给定过渡电阻限值	0.5V

4 GB/T 28026.2—2011 适用性探讨

CJJ 49—1992是我国轨道交通最早出现的专门的杂散电流防护标准，它的颁布和实施，为我国轨道交通行业杂散电流防护提供了有力的支持，但是仅侧重于本行业内设施的干扰防护，规范中金属结构对地的电位偏移限值采用0.5V，与石油行业标准0.1V，差别较大，难以有效协调和规范分属不同行业的设施的干扰与防干扰问题。

国家标准GB/T 28026.2—2011，于2011年10月31日发布，2012年4月1日正式实施。该标准强调建设方应与受影响各方进行合作，为确定受杂散电流影响的严重程度开展评估研究。由于该标准等同翻译采用IEC 62128—2—2003（EN 50122—2—1998），已落后于国际上轨道交通杂散电流防护标准的发展，也未在制订过程中考虑我国城市轨道交通的现实需求。

就金属结构对地的电位偏移而言，目前GB/T 28026.2—2011仅在标准中条文注释中给出"经验表明，如果在运输高峰期间该电位平均值不超过+100mV，其影响是安全的"。将+100mV作为评价指标，距离仅为1km的供电臂其道床钢筋收集网横截面积累计达到5000—7000mm[2-9]，而实际工程中DC1500V供电制式的供电臂距离约2.5km，则道床钢筋收集网横截面积将在10000mm^{2}以上，远大于目前道床配筋。若仅作为参考资料，则又无法评估杂散电流的影响。因此，GB/T 28026.2—2011在金属结构对地的电位偏移条文模糊，不利于指导工程设计。

金属结构对地的电位偏移的限值，历来就存在着分歧，各国的具体规定也不相同。不应该单纯地以是否存在腐蚀危险来制定标准，而应结合工程的重要性、设计的使用年限、综合考虑环境保护、安全等方面的要求和影响来共同确定，应该综合考虑经济或政策性的因素。因此合理确定电位偏移值限值标准的重点，有待业内专家学者讨论和现实的检验。

同时GB/T 28026.2—2011未将走行钢轨

纳入到受影响需要防护之中，对钢轨的防护标准不够完整。因此，可引入杂散电流泄漏量作为评价指标，控制杂散电流的泄漏总量，相对更为合理。

5 结论

综上所述，为了满足我国轨道交通快速发展及与国际接轨的现实需求，亟需根据现行的 IEC 62128—2—2013，并结合我国轨道交通建设现场的实际情况，对现行的 GB/T 28026.2 进行修订和完善，为我国轨道交通的安全运营及沿线金属管线构筑物等提供更加有力的保障。

参考文献

[1] 丁复华.地铁结构杂散电流的防护与接地 [J].轨道交通，2015 (8)：70－74.

[2] EN 50162—2004，*Protection against corrosion by stray current from direct current systems* [S].CENELEC，2004.

[3] EN 50122—2—2011，*Railway applications—Fixed installations* Part 2：Protective provisions against the effects of stray currents caused by d. c. traction systems [S].CENELEC，2011.

[4] IEC 62128—2：2013，Railway applications - Fixed installations - Electrical safety，earthing and the return circuit - Part 2：Provisions against the effects of stray currents caused by d. c. traction systems [S].CENELEC，2013.

[5] GB/T 28026.2—2011，轨道交通 地面装置第 2 部分：直流牵引系统杂散电流的防护措施 [S].中国标准出版社，2011.

[6] CJJ 49—1992，地铁杂散电流腐蚀防护技术规程 [S].中华人民共和国建设部，1992.

[7] GB 50157—2003，地铁设计规范 [S].中国建筑工业出版社，2013.

[8] GB/T 10411—2005，城市轨道交通直流牵引供电系统 [S].中国标准出版社，2005.

[9] 韩旭红，刘炜，解绍锋.地铁杂散电流收集网横截面积计算 [J].城市轨道交通研究，2015 (10)：98－105.

天津地铁网络化运营战略发展规划分析

元莎莎

（天津市地下铁道运营有限公司）

摘　要：随着既有线路网络化运营的持续深入及新增线路的开通运营，天津地铁整体运营水平面临更高的要求和挑战。本文通过对天津地铁当前的发展环境进行剖析，为天津地铁网络化运营发展制定战略目标及实现目标的必要措施，从而更好地发挥天津地铁的功能作用。

关键词：天津地铁；网络化运营；发展规划

1　天津地铁发展历史

天津地铁始建于1970年4月7日，并于1984年12月正式通车运营，既有线从新华路至西站全长7.4千米，于2001年10月停运。2003年10月1日，长达46千米的津滨轻轨建成通车；2006年6月12日天津地铁1号线正式开通试运营，从2012年7月—2014年8月两年多的时间内，高水平分阶段开通了2号线、3号线、9号线，天津地铁网络化运营局面初步形成。2016年天津地铁6号线一期工程开通试运营，至此天津地铁运营里程达166千米，运营车站104座，在天津公共交通中起到骨干作用。

2　天津地铁运营发展环境分析

2.1　宏观环境有利于行业快速发展，区域政策为行业发展提供了强劲支持

我国经济发展进入新常态，为国内城市轨道交通建设和发展创造了良好的外部条件。我市将构建以轨道交通为骨干、公共汽车为主体、其他公共交通方式为补充、智能化管理系统为手段、交通枢纽为衔接的城市公共交通新格局。自由贸易试验区的批建、京津冀协同发展等战略部署的出台，将从政策、技术、人才、管理等多个方面得到收益和发展空间。这些区域政策为优化城市交通网络，促进整体轨道交通的发展提供了强劲支持。预计到2020年，天津市公共交通占机动化出行比例提高到60%，在居民出行方式的转型期，城市空间结构的优化调整期，迫切需要建立安全舒适、快捷高效的轨道交通出行体系。

2.2　运营规模日益增大带来新的挑战

随着网络化运营的快速发展，线路及客流的增加为如何制定科学有效的安全保障、应急救援措施和行车组织方案提出了更高的标准和要求；随着运营时间的增加，设备老化及线路差异引起的维修成本增加、故障率激增等问题日益显现，需增加对设备系统技术性能、维修模式、节能减排等方面的研究，解决、提升设备保障能力；面对乘客和社会日益增长的需求标准，只有不断提升服务质量才能满足群众需求，需在服务模式、服务特色、监督宣传等方面，打造特色鲜明、质量上乘的服务管理体系；同时运营规模的扩大，导致运营成本的日益提高，需制定和执行科学有效的全面预算制度，合理控制成本增长。

3　天津地铁网络化运营战略发展目标

面对快速发展的大规模网络化运营，天津地铁在新的挑战与发展机遇下，以“平安地铁，引领公交，出行首选”为规划目标，通过成本控制、精细化管理等手段努力提高运营收

入减少政府财政压力，实现健康、可持续发展。以“不断地优化管理体系、提高运营水平、提高服务质量、创新工作思路”为理念，以安全管理全面有效，服务质量领先完善为核心，进一步提高综合管理能力，以“安全、优质、便捷、准时”的水准为广大市民服务。

实现4、5、6、7、10、11号线和1号线东延7条线开通试运营，中心城区网络化线网运营里程达到324千米，实现全网年客运量达到11亿人次，日均300万人次以上，实现轨道交通出行占公共交通出行率的40%。同时，优化运营行车组织方案，最小行车间隔要缩小到3分钟；运行图兑现率达到99.5%以上，列车正点率达到98.5%以上，各设备系统完好率达到98%以上，着力提升生产经营收入，构建完善的运营安全管控体系，完备应急救援机制，逐步形成科学完善的网络化运营管理体系，实现健康的持续发展。

4 天津地铁网络化运营战略发展措施

一是建立完善的安全质量与应急救援体系。切实强化安全管理人员队伍建设，大力开展专兼职安全管理人员培训，健全完善运营安全质量规章制度，全面推进安全质量管理标准升级，建设“上下衔接、覆盖全面、流程顺畅、管控有力”的制度体系。健全完善安全考核体系，树立安全生产红线意识，强化激励引导，严格责任追究、严肃落实考核，确保安全生产主体责任落到实处。健全完善的安全风险运控体系，深入研究运营管理范围“人、机、环、管”每个要素中的风险源，全面开展安全风险辨识，推行长效化、标准化的风险分级管控办法，有效管控安全风险。健全完备的应急救援体系，制定完善的应急救援预案体系，建立专业化应急抢险队伍，按照网格化布局要求，储备应急设备物资，提高应急处置效率。优化演练模式，加大全员应急培训和实战型演练力度，提高实战化演练水平。

二是建立科学有效的行车组织体系。建设综合控制中心，建立线网协调要素评价体系，从全线网角度统筹配置运能运力资源，实现不同线路间运行组织的协调优化，充分适应乘客出行需求，为乘客提供高质量的运输服务。充分利用线网互联互通的网络格局，运用线网运维管理、行车指挥、应急管理、数据分析等方面的综合资源共享，研究各设备系统以及运营管理的互联互通、联通互保，建立设备系统准入标准体系以及运营维护体系，提高运营生产组织效率。

三是创新维修模式，建立成熟、现代的维修管理体系。随着网络化运营的开展，需要在现有维修模式及管理体系上持续进行整合、完善，突出共性，兼顾特性，建立一套适合网络化运营的成熟的维修管理体系。采取生产与监督相互分离的方式，完善验收体系，提升质量管理水平。进一步细化检修关键工序指导书，完善检修标准作业文件，规范关键工序的整体流程和操作细节，为检修流程、检修质量、维修成本管理以及人员培训提供支持。建立设备维修大数据，结合以往的运营管理数据，完善设备故障的统计分析模型，对故障频率、故障趋势进行管理和合理预测，为设备全寿命周期管理提供数据支持，提升设备故障分析管理水平。

四是完善服务管理模式，提升整体服务水平，深化天津地铁服务品牌。建立健全乘客需求服务监督体系，借助行业监管、媒体监督、群众监督的机制，查找问题、解决问题。推进“标准化、系统化、精细化”服务模式，重点完善服务标准和流程，健全完善多元化的服务反馈平台，引入服务竞争化机制，加大对地铁示范站、特色站的建设力度，树立优质服务标兵典型。同时提升安检管理水平，深化地铁公安联动应急处突机制，为安全地铁保驾护航。不断加强服务宣传的主动性，整合多种形式的营销宣传手段，建立健全面向乘客需求的人性化服务体系，不断提升市民关注度。加强地铁服务品牌建设，打造特色品牌形象。

5 天津地铁发展愿景

以建设“人文地铁、科技地铁、绿色地铁”为宗旨，不断建设和拓展地铁业务，不断为城市居民提供安全、贴心、快捷、无忧的优质轨道交通服务；以公众利益为先导，兼顾效益成本，开发地铁相关资源，做大做强天津地铁，为市民和社会做出更多的贡献。以人为本，以创新精神和科学发展为奋斗目标，实现可持续发展，团结一心打造“百年地铁”。

参考文献

[1] 天津轨道交通集团发展战略规划纲要［R］. 天津：天津轨道交通集团有限公司，2016.

[2] 轨道交通网络化运营规划［R］. 天津：天津轨道交通集团有限公司，2016.

[3] 天津市地下铁道运营有限公司十三五发展规划［R］. 天津：天津市地下铁道运营有限公司，2016.

城市轨道互联互通网络化调度指挥系统构建

韩 晓

（天津滨海快速交通发展有限公司）

摘 要：本文从管理层面、管理格局、功能扩展、系统设置等方面对城市轨道交通互联互通网络化调度指挥系统进行了深入分析。针对互联互通网络化运营管理功能扩展、网络化调度指挥系统可能的系统架构、网络化调度指挥面临的技术问题、信息安全防护措施提出了解决方案和建议。

关键词：互联互通；网络化；调度指挥

目前国内城市轨道交通整体规模增长迅速，但都是单线建设、单线运营，且“一线一标准”，各线之间车地设备、维修维护设施均不通用，乘客只有在换乘站换乘，而互联互通网络化运营具有提升整体线网运力、优化整合维修资源、促进装备利用最大化、降低建设及维修维护全生命周期成本、减少乘客换乘、提升乘客满意度等优势。城市轨道交通到一定规模后，网络化布局互联互通是必然选择。

实现互联互通有两个基本要求，一是打破目前“一线一标准”的现状，实现不同线路的轨道、车辆、供电、信号、通信、屏蔽门等能够相互兼容，装备不同车载设备的车辆能够相互跨线运行。中国城市轨道交通协会技术装备专业委员会组织的 CBTC 互联互通规范编制工作，目前已经到了收尾阶段，规范的完成具备了实现互联互通的最基本条件[1]；二是需要构建互联互通网络化的调度指挥系统，实现网络化列车运营的管理。

互联互通网络化调度指挥系统与目前单线调度指挥相比，必将从单线调度指挥模式的“点、线”监控向“点、线、网”的全路网网络化调度指挥监控转变，互联互通网络化调度指挥系统从管理层面、管理格局、功能扩展、系统设置均有着显著变化。其中，互联互通网络化运营管理功能如何扩展、网络化调度指挥系统可能的系统架构配置、网络化调度指挥面临的技术问题及解决方案、信息安全防护措施都是互联互通网络化调度指挥系统研究的全新课题。

1 互联互通网络化运营综合调度指挥管理模式功能分析

要实现互联互通网络化运营，首先需要构建以行车指挥为核心的互联互通网络化运营综合调度指挥系统（以下简称路网中心系统），系统实现对全路网层面的掌控和管理，从功能上划分为网络化运营基本计划编制、网络化运行监督管理、网络化供电管理、网络化车辆管理、网络化维修管理、网络化客运管理等板块。而路网中心系统与以 ATS 为核心的单线调度指挥系统（以下简称单线系统）是既分工协作，又协调统一的整体，由于路网跨线车需进入各个线路与原线路列车共线运营，单线系统也需要在既有功能基础上增加承接跨线车运营的管理功能，因此管理格局的变化包括新建路网中心系统及单线系统功能升级改造两个方面。

1.1 新建路网中心系统应具备的功能

（1）列车运行计划管理功能

由于系统需管理路网内不同速度等级的跨线车及各单线车，路网中心计划编制平台应根据各线需求，统筹编制路网列车基本开行计划，重点解决不同速度等级跨线列车在各线的停靠等问题，并监督计划执行。如果需要计划协调及调整，路网行车调度与单线行车调度之间要对计划的实施协调一致。在运营中轻微晚点，单线行调解决上报即可；在发生严重晚点情况下，路网行车调度牵头组织各线行调制定新的运行计划进行调整或采取变更跨线车进路、增停列车等。基本运行计划编制、调整、监督执行是综合调度系统核心功能之一，是行调、电调、车辆调等调度编制相应计划的基础。

（2）网络化运行图管理功能

路网行车调度员根据最终确定的基本计划，编制路网网络化基本运行图（平时、节假日、特殊情况），重点解决跨线车区间运行时间、车站停站时间、运行间隔、起始和终到站、时间段等基本数据信息，并将运行图下发各线，监督执行，在发生变化情况下进行调整。

（3）列车运行组织和监控功能

监视全线在线运行列车状态、命令执行情况及各系统设备状态，监视列车运行实迹，监视列车到发时刻，重点协调线网间分界点、衔接站的列车接发作业，路网行车组织监视是行车调度核心功能之一。

（4）故障应急处理

行车调度员联合路网内各有关的单线调度，指挥路网内故障线路的各专业对故障情况联合处理，同时变更跨故障线路的列车运行计划和运行图，实现扣车或变更跨线列车进路作业等，避免事态扩大，协调路网多专业合作应急故障处理是核心功能之一。

（5）节能及维修管理

优化路网运行图，调整跨线列车的接发车时间，降低因开行跨线车对各线本线车开行的影响；编制合理的跨线列车接发车时刻表，尽量实现跨线车与各线列车多车制动与加速时间段重叠，保证线网间节能运输。通过调度与控制一体，实现路网节能是核心功能之一。

统筹管理全线网内的车辆段整体车辆调配、管理、救援，统筹配置全路网内维护设施设备、人员，实现整体线网资源优化。接收线网内各线各专业正常运行、故障报警、应急处理信息，并将接收的单线信息与相关线路调度系统共享，实现信息透明化。

1.2 对单线系统进行功能升级

（1）列车运行计划管理

原来单一线路列车开行计划比较简单，一般不设置专门的计划编制平台，由 ATS 时刻表编辑器录入基本信息，ATS 系统生成所需列车时刻表。升级改造后，路网间列车对开，首先需明确本线开行跨线列车的需求，并上报路网中心。将路网中心制定的基本计划（含路网跨线列车）纳入本线路行车计划管理，并制定实施计划，并将实施计划上传路网中心，同时通过 ATS 计算跨线列车的共线运行时刻。实施计划随着路网基本计划的调整而调整。

（2）运行图管理

原由单线调度员输入各车区间运行时间、车站停站时间、运行间隔、起始和终到站、时间段等基本数据信息，编制基本列车时刻表和运行图，升级后需接收路网中心编制的网络化运行图，对本线原列车运行图进行对照调整，避免跨线车与本线车运行时刻冲突，并可对网络化运行图提出修改建议。

（3）列车运行组织和监控

由单线行车调度监控进路自动排列，组织和监控本线列车运行，监视列车到、发，升级为对跨线车与本线车共线运行进行统一管理监控。

（4）故障应急处理

单线系统开展紧急处理，一般由行车调度员联合各专业对故障紧急处理，采取扣车、越站停车等措施避免事态扩大，联网运行时，ATS系统应采取控制进路，禁止跨线车进出故障区段，并向路网中心上传报警信息，接收路网中心行车调度员指令。

（5）节能及维修管理

单线系统运行时，ATS按照本线车性能参数，计算本线最小的发车间隔，制定时刻表，主要通过多车制动与加速时间段重叠，实现节能运输。而升级改造后，应综合考虑接入跨线车有关性能参数，计算与本线车共线运行时的最小发车间隔，尽量实现一个供电区范围内多车制动与加速时间段重叠，实现节能运输。在维修管理方面应与路网中心系统协调，信息上传路网中心系统，同时接收路网中心共享的衔接线路信息。

2 互联互通网络化运营综合调度指挥系统架构分析

2.1 路网中心系统构成

按照路网中心系统功能，路网中心系统应包含计划编制子系统、运行管理子系统、供电管理子系统、车辆管理子系统、维修管理子系统、客运调度子系统，各个子系统分别配置相应的调度台，其中行车调度指挥为整个路网中心的核心，与各子系统调度一起分工合作完成网络化运营调度指挥。

各个子系统平台、调度台及中心数据库服务器、各子系统应用服务器、通信服务器、存储设备、网络交换机等搭建中心系统局域网，并通过路由器外接广域网通道实现与单线系统的衔接。

2.2 路网中心信息交换及扩展

路网中心各子系统之间与单线系统之间应实现充分的信息共享和信息交互，并且路网中心系统能为PIS等系统提供行车时刻、故障报警提示等多种信息，如需配置大屏幕路网中心系统需提供大屏幕接口功能。

2.3 路网中心架构建议

单线系统架构虽然不会发生较大变化，但是调度功能扩展，系统需要做相应的改造升级，调度员的职责范围也相应增加。路网中心系统与各单线系统是一个有机整体，按照信息及数据平台集成的差异，路网中心系统可能的架构有二级架构系统（图1）、三级架构系统（图2）。

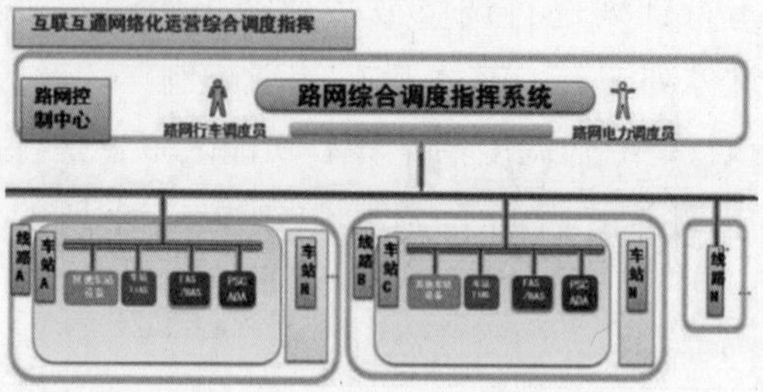

图1 二级架构系统

如图1所示，二级架构系统是按“网、点”两级架构设计，将车站专业配置与路网中心系统各子系统在数据信息层面深度集成。图1所示的二级系统架构更加扁平，应是技术发展的方向。

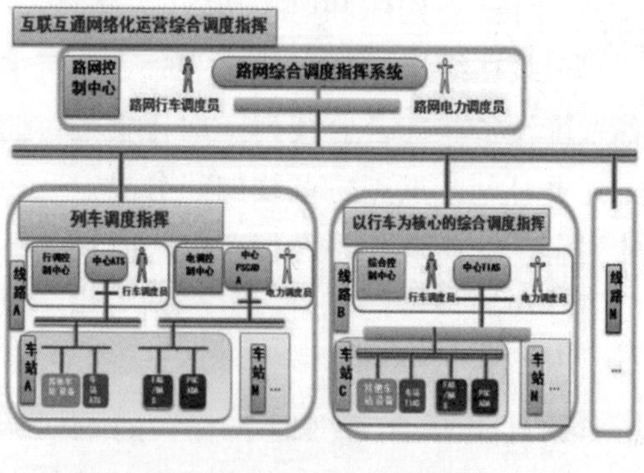

图2 三级架构系统

如图2所示，三级架构系统是按照“点、线、网”三级架构设计，平台集成度较低，单线与路网系统之间实现信息共享和交互，随着网络技术发展，大数据、云平台计算的应用，三级架构系统更适合以既有线路标准为基础实施互联互通网络化运营调度指挥，充分利用既有单线调度系统，在统一通信协议的基础上，与路网中心系统通过专用通道实现信息交互。

3 需研究解决的关键问题及解决方案

从系统功能分析可以看出，网络化运营管理、网络化故障多专业救援、路网协同的节能措施是路网中心的三个核心功能，要完成这些功能，首先需确定基于网络化的列车跨线共线运营组织与管理，面向网络化的多专业联合故障救援，基于路网协同的运输节能的解决方案。

3.1 基于网络化的列车跨线共线运营组织与管理解决方案

首先，路网中心系统应收集各运营线路中心基本开行计划及开行跨线列车需求，由路网中心系统计划编制子系统平台对需求及路网基本数据（车辆性能、线路曲线、衔接车站站场布局及道岔侧向速度、列车速度等级、列车控制系统能够实现的追踪间隔时分等）、跨线列车衔接站停靠、越行时分等准确分析处理，采取优化的算法编制出整个路网网络化跨线运行的基本计划，其中着重解决跨线列车在不同线路之间的衔接问题，编制的基本计划是否优化衡量的标准——既能兼顾原线路开行计划，又保证网络化跨线列车的顺利开行，同时对原线路运输组织干扰最小。中心系统在基本计划的基础上生成基本时刻表，下发给各线调度中心，各线调度中心按照基本计划制定本线路的实施计划，并上报路网中心，路网中心对各线实施计划统筹调整确认后审批下发。路网基本计划的编制需要将车、电、线路、站场等各种基础条件、限制因素进行协调，在实际运营过程中需要不断磨合调整，是一个需求收集整理、计划编制完成、行车组织应用、计划调整及优化的过程。

3.2 面向网络化多专业联合故障救援解决方案

单线多专业联合故障救援方案已经较为成熟，采用跨专业信息共享和协调的行车综合自动化系统——TIAS 系统，实现以 ATS 行车为核心的多专业多业务联动，在故障灾害情况下，各专业能够科学迅速联动。而网络化运营协调组织跨线车的职责由路网中心系统承担。正常情况下，路网中心监督、协调各线多专业联动保证正常运行。在故障灾害情况下，行调在协调各专业调度上，一方面，需要监督、指挥故障线路多专业的联动应急处理；另一方面，需要依据行车调度变更运行图，对跨线列车采取扣车、车站调停或调整线网间采取运行进路安排等措施，直到紧急情况处理完毕，再重新更新计划安排并发布新的运行图。路网中心系统可以延续单线 TIAS 的构建思路，各线信息及数据平台深度集成，灾害故障情况下调度各线各专业联动就更加科学、迅捷。尤其随着无人驾驶（UTO）线路的增加，各线各专业科学联动迅速反应处理故障越发重要。

3.3 基于路网协同的运输节能方案

轨道交通节能的基本原理是通过优化同一供电区间内列车在各个站的发车时刻、到站时刻，保证列车制动产生再生能量的时间段内，有更多的列车处于牵引取电加速状态，最大限度地增大多辆列车牵引和制动的重叠时间，以此来提高再生制动能的利用率达到节能的目的。路网协同运输应首先避免由于跨线列车的开行导致单线列车暂停或大幅降速，避免多车同时启动加速运行的情况。列车车辆性能、速度等级、列车控制系统直接影响牵引制动时分，要将列车时刻表规定的运行时间与车载 ATO 控制曲线结合，实现单车驾驶曲线优化实现节能的同时，需从网络化运行图编制层面将不同列车车载 ATO 所能实现的区间加速、制动时间作为基本运行图计算模型的关键输入参数，计算出线网内一个供电区域内多车的加速、制动时间段的最大化重叠，充分提高一个供电区域内多车对制动再生能的利用率，实现最大限度的节能运输。

4 互联互通网络化运营综合调度指挥系统信息安全防护的建议

目前，城市轨道交通遵循的相关标准中没有明确规定确保系统信息技术安全的要求，互联互通网络化运营调度指挥承担着全路网调度指挥，系统信息安全的防护也需要相应提升。

建议路网中心系统特别是行车指挥子系统信息，参照铁路调度集中系统，采取满足国家计算机信息安全等级保护四级的安全措施。信息安全防护独立成立一个子系统，其核心是采用以安全管理中心为核心，包括区域边界防护、安全计算环境防护和通信网络防护三个层面，共同构成高等级的信息安全防御体系。

5 展望

“十三五”期间将是轨道交通发展建设的大好机遇期，在新建线路适时推进互联互通建设，提升路网整体效能，提供更加便捷、人性化的城市轨道交通，是机遇也是一个挑战，有许多技术细节需要明确。本文仅对实现互联互通网络化运营调度指挥提出了一些浅显的想法和建议，希望能为城市轨道交通系统互联互通研究提供一些借鉴。

参考文献

[1] 李忠浩．浅析城市轨道交通信号系统的发展趋势．城市轨道交通研究，2016，19（S1）．

城市轨道交通既有线设备设施改造对正常运营的影响及控制措施研究

岳严良

（天津滨海快速交通发展有限公司）

摘　要：介绍了城市轨道交通既有线设备设施改造的背景，对当前常见的设备设施改造类型进行了分类，主要包括更新类改造、完善类改造和综合类改造；分析了既有线设备设施改造的特点和难点，在此基础上研究了既有线设备设施改造对正常运营的影响并进行了分类，主要包括对近期运营造成的影响和对远期运营的影响，提出了从工程设计到施工验收等各个改造环节的控制措施。

关键词：城市轨道交通；既有线；改造；正常运营；影响；控制措施

0　前言

目前，北京、上海、广州、天津等地的部分城轨线路投入运营时间已相对较长，如上海地铁1号线运营时间已长达16年。随着运营时间的推移，一些系统的设备设施将逐渐老化或临近报废，影响正线的运营安全；同时随着客运量的增大、新的国家运营服务标准、技术标准的出台，城轨线路的运营需求也在不断调整，因此一些城轨线路也相继进入了大的改造周期。既有线设备设施的改造同新建线路有所不同，它是在线路不停运的情况下进行的，受到原有土建设施和设备条件的限制，改造难度有时要大于新建线路。因此有必要对既有线设备设施改造工程的特点及其对运营的影响进行研究，提出改造施工各个环节的具体控制措施。

1　既有线设备设施改造的常见类型

对既有线设备设施的改造，因其改造类型不同，对正线运营产生的影响也不相同，应对措施各异。改造类型一般分为三类：更新类、完善类以及综合类。

更新类改造：设备临近报废或设备采用的技术标准落后，已不满足当前技术标准，对此类设备采取以新代旧的改造方式。如，津滨轻轨通信系统运营时间已超过8年，临近报废，部分子系统老化严重，直接影响到运营安全。

完善类改造：为提高系统水平、运量、服务水平或适应新的管理体制而进行局部更换、新增设备或建筑物改扩建类的改造。如，津滨轻轨为提高轻轨运营安全而新增的安全门系统，为提高运量而将要进行的塘沽站改扩建工程。

综合类改造：既有更新类改造又有完善类改造的混合性改造，如北京地铁1号线进行的全面改造。

2　改造工程的特点及难点分析

城市轨道交通既有线的改造是在不影响线路正常运营的前提下进行的，是一个往往涉及多专业多系统同时进行的复杂工程，同时还要受到原有土建设施和机电设备等客观条件的约束。对既有线改造工程的特点和难点进行系统分析，将有助于全面掌握既有线改造工程对运营产生的风险，进而制定全面的控制措施。总结行业内既有线改造工程的特点和难点，主要有以下几个方面：

（1）线路不能停运。这是既有线改造工程

从设计到施工等各个环节工作的前提，也是最重要的限制条件。这可能会导致工程施工时间短、施工配合方多、施工协调复杂、安全关键点多等影响因素。

（2）设计阶段缺乏技术规范指导。《地铁设计规范》（GB 50157—2013）主要用于新建线路的指导，未涉及改造工程内容及要求。其中第 1.0.2 条规定："改建、扩建和最高运行速度超过 100km/h 的地铁工程，以及其他类型的城市轨道交通相似的工程设计，可参照执行。"城市轨道交通系统领域尚未编制相关的改造标准。这就造成新发现问题的解决，新系统的安装在设计阶段可能无统一技术标准。

（3）土建结构整体不允许改变。既有线设备设施的改造是在不停运的前提下进行的，不具备土建结构发生变化的条件。如，桥梁、隧道、车站、变电所等建筑物已基本成型，如果对建筑物内的一些机电设备进行改造，也需在此空间条件下进行。

（4）改造时的设备设施现状与原始设计存在出入。如随着线路的运营年限增加，路基、土建与初期设计相比可能发生了变化，如路基沉降、建筑平面功能调整；设备老化、使用功能下降；基础资料的修订不及时，使各类管线的现状敷设情况不明朗等。

（5）设备接口多，改造风险大。有些设备设施的改造与多个专业存在接口，有时需在同段时间内完成多专业、多系统的改造，施工协调复杂，对正线运营造成的风险较大，需制定完善的改造方案和施工应急预案。

（6）一些系统设备的改造需使用过渡方案。有些新旧系统的倒接，必然涉及过渡设备和改造期间的车站运营模式和设备系统运营模式。过渡方案的合理、可靠、安全与否将直接影响到改造工程的成败。

（7）对某一系统或系统局部区域进行改造时，应考虑全线设备设施的一致性。如，设备型号的一致性、技术标准的一致性、建筑风格的一致性等。

3 改造工程对正常运营的影响分类

一般情况下，既有线改造工程作业时间非常紧张，且有时需多专业同时进行。因各种复杂原因，对正线运营可能造成影响，主要有以下两类。

3.1 对近期运营造成的影响

3.1.1 影响运营安全

（1）因某些设备设施存在唯一性，改造方案不严密导致的功能缺失将直接影响到正线运营，如轨道功能的缺失、供电功能的缺失、OTN 通信功能的中断等。如直流牵引供电系统在高峰小时运行条件下，由单台牵引整流机组、临时直流开关与临站牵引变电所构成双边供电；在非高峰小时运行条件下，不改造的临站牵引变电所实施单边供电。如果不改造的临站牵引变电所一旦出现故障退出，将直接导致列车停运。

（2）受有限的施工时间、设备自身条件、施工方案等因素限制，改造过程可能会导致第二天的运能降低。例如，受夜间施工时间限制，可能无法完成道岔的更换工作，为保证第二天的行车安全，列车通过道岔时需要减速，由此拉大行车间隔，短时间内运能降低。当以全新的信号系统替换既有系统时，由于边运营边改造以及信号系统需要一定时间的稳定性考核，因此造成临时停车或区间 BYPASS 运行等。

（3）又如，在区间消防管道更新改造时，相应的消火栓及阀门需要更换及增设，在施工过程中消防给水系统局部将临时丧失迷惑功能。施工过程中遗留的杂物可能会发生火灾等。站台增设安全门改造时，需破除站台大理石板增设临时铁皮，对乘客上下车造成安全隐患。

3.1.2 影响作业模式

在设备设施技术改造期间，可能对行车或

车站作业模式造成短暂影响。如，安全门改造工程，试运行期间可能有安全门开关临时作业办法；通信大屏幕改造期间可能有临时的行车调度作业办法等；AFC 改造期间的临时客流组织办法等。

3.1.3　对乘客乘车造成不便

例如，在车站改扩建过程中，为保证乘客的通行安全，将对一些出入口进行封闭管理，乘客通过疏导由其他专用出入口进出站；AFC 设备改造需要对站厅逐个改造，可能只开放一个站厅而关闭一个站厅，对乘客乘车造成一定影响。站厅的通风空调系统改造可能在一定时间内影响乘客候车环境等。

3.2　对远期运营造成的影响

因对远期运营的变化考虑不够全面，或对全线设备设施的一致性考虑不够全面，或对改造采用技术的先进性和成熟性考虑不够全面，或对系统间的接口关系处理不够完善等原因，致使在设备设施改造并投入运营后相当长一段时间，对运营造成的影响日益突出。

4　减少对运营影响的相关控制措施

改造工程应将对运营的影响程度降到最低限度，应从设计方案、施工组织、施工协调配合、应急预案等方面统一筹划，保障每个环节做到紧密衔接。

4.1　设计阶段

4.1.1　提出设计需求阶段

设备维护部门在提出系统设备设施改造需求时，要对该系统的现状进行全面评估，包括设备的使用维护现状，与当前主流设备设施技术标准间的差异，国家或行业相关法规、标准的要求，备件采购的难易，对运营产生的风险、安全隐患等，写出详细的评估报告，并以此为据制定初步的改造方案。改造方案应包括改造目标、改造步骤、风险及控制措施等内容。对于改造方案不确定的部分，可组织行业内专家进行专题研究论证，进而明确改造需求。

4.1.2　设计阶段

设计部门根据运营的需求进行工程设计。这一阶段，运营部门要通过各种设计联络会议、联络单等形式提出具体的设计意见和建议。设计方案的完善与否将直接关系到工程改造对后期正线运营的影响程度。因此，设计阶段应参考以下建议：

（1）设计方案应充分考虑到运营后期各种条件的变化，减小改造因后期运营条件变化对运营带来影响。

（2）设计方案采用的技术应是先进且经过行业内运营检验的。

（3）设计方案应充分考虑到设备的冗余备份，提高系统运营的可靠性。

（4）设计方案要充分研究多专业在同期、同地有限时间施工条件下，找出对列车运行、车站运营影响最大、最突出的薄弱环节并提出控制措施。

（5）考虑施工期间的设备设施过渡方案是否合理完善，确保实施过渡方案期间不对正常运营造成影响。

4.2　施工阶段

4.2.1　施工组织方案

施工方要针对改造工程的特点、可能对正线运营产生的影响和应采取的安全防范等几个方面制定合理的施工组织方案。运营方要参与到施工组织方案的制定过程中，提出具体意见，尽量减小或杜绝施工过程给正线运营带来的影响。施工组织方案的制定要充分辨识到施工中或施工后对运营可能造成的各种影响以及各种安全隐患，并针对各种可能产生的不利影响制定详细的控制措施。

4.2.2　改造过程中的新旧系统过渡方案

改造工程是在正线不停运条件下实施的，各系统可能存在新旧系统的过渡方案。过渡方案是改造工程能否顺利实施的关键，设计、施工、运营单位要认真研究制定好系统改造的过渡方案。通风空调系统、给排水及消防系统等专业的过渡方案将对消防安全、服务水平构成潜在影响；供电系统、线路专业、通信的改造将对消防、服务、运能产生影响。

过渡方案的制定应首先遵循安全、可靠、经济的原则，将安全放在首位。其中，供电系统的过渡方案对运营中的地铁影响最大，应充分认识到过渡方案一旦失败就将中断运营的严重危害性。新旧系统间的过渡存在技术上的难度，毕竟安全是第一位的。关键的技术处理措施，可以通过召开专家研讨会等形式研究确定。

4.2.3　运营方的施工配合与协调

在施工过程中，运营方要制定完善的施工期间运营配合方案，包括设备维护部门的配合方案、行车部门的配合方案、应急方案等内容。

设备维护部门要跟进施工进度，按照施工组织方案监督施工方的施工过程，及时协调解决施工过程中出现的各种问题。

行车部门要做好施工配合工作，对施工过程进行监督，施工结束后检查线路是否全部出清，不留安全隐患。同时为保证第二天的运营安全，行车部门要监督施工单位对施工区域做好施工隔离及必要的安全标识等设施。

4.2.4　应急预案

既有线设备设施改造过程中，要针对改造过程可能对运营产生的各种影响，制定完善的应急预案，确保施工发生意外情况时能不影响正线的安全运营。

4.3　试运行阶段

工程改造完工必须经过一段时间的试运行，试运行合格的才能组织工程验收。试运行期间，运营部门要及时将发现的问题提交工程部门并督促其尽快整改，对于不能及时整改的，要做好其应对方案。

4.4　验收阶段

在工程验收阶段，运营部门除配合建设方完成工程验收外，还要有完整的自验过程。自验前，运营部门要制定完善的自验方案，包括验收项目、验收方法等内容，同时也要核对各种工程合格证明的文件，无工程合格证明的文件不能办理验收交接。验收过程中应当做好验收记录以便后期存档。

4.5　投入运营阶段

改造设备在投入运营初期，设备故障可能较多，对运营的影响较大，运营部门应编制设备运营初期的管理办法，包括各部门的职责分工、人员安排、故障处理、较大故障条件下的应急预案等。设备维护部门要积极研究各种故障的解决办法，积累设备的维护经验。

5　结语

随着城市轨道交通既有线路运营时间的增长，对既有线设备设施的改造也会越来越多。既有线设备设施的改造对正线运营可能产生近期影响和远期影响，应该从设计、施工、验收等各环节采取措施将影响控制到最低或消除影响。

参考文献

[1] 郁君平．设备管理［M］．北京：机械工业出版社，2001.

[2] 中华人民共和国建设部．地铁设计规范［M］．北京：中国计划出版社，2013.

[3] 李素敏，李瑛，等．天津地铁信号系统的改造［j］．城市轨道交通研究，1999.

[4] 丛蔼森．地铁既有线改造的基坑防渗问题［j］．铁道建筑技术，2011.

[5] 黄钟，阮永良，等．上海地铁一号线 PDH 传输系统改造方案及实施［j］．上海市地铁总公司科技成果，2001.

[6] 赵铁民．北京某地铁站改造工程土方和防护施工方案［j］．铁道建筑技术，2011.

轨道交通公务专用电话系统软交换应用浅析

陈文博
（天津滨海快速交通发展有限公司）

摘　要：本文对现有轨道交通公务专用电话系统、组网方式进行简要介绍，对比分析了电路交换与软交换的特点，探究轨道交通通信系统软交换的网络架构和设备功能，最后对软交换应用于轨道交通公务专用电话系统的前景和发展趋势做出展望。

关键词：轨道交通；公务专用电话系统；软交换

0　引言

随着城市现代化建设的飞速发展，城市轨道交通建设的脚步加快。现有的轨道交通通信系统设备无法满足越来越多的业务需求，系统更新升级已是迫在眉睫。公务电话系统和专用系统是保证列车安全、快速、高效运行不可缺少的综合通信系统，传统的电路交换暴露出业务单一、链路利用率低等缺点，因此对软交换应用于公务专用电话系统的分析具有极大的现实意义。

1　轨道交通公务专用电话系统简介

专用电话系统是控制中心调度员、值班员指挥列车运行和下达调度命令的重要通信工具。专用电话包括调度直通电话、区间电话、紧急电话。调度电话为轨道交通控制中心调度人员，如行车调度、电力调度、维修调度、防灾调度等提供专用的单键直通电话，并具有单呼、组呼、全呼、会议、紧急呼叫、强拆、强插等特有的功能。区间电话为车站值班员与相邻车站的车站值班员提供直达通信服务。紧急电话为站台人员在紧急情况下与车站控制室人员提供联络业务。

公务电话系统主要用于轨道交通内部公务通信和轨道交通内部与公用电话网用户的电话联络，向轨道交通用户提供语音、数据、传真等通信服务业务。另外，在专用电话系统出现重大故障时，公务电话系统能作为专用电话的应急通信手段。

2　轨道交通公务专用系统组网方式

公务电话系统和专用电话系统组网方式有合设、分设、部分合设三种方式。目前，多数城市轨道交通都采用分设方式，即在控制中心、车辆段、停车场及车站分别设置公务系统和专用系统两套核心控制设备。

3　轨道交通通信系统交换技术分析

3.1　传统的电路交换技术

目前，公务和专用电话系统按照地铁线路组网，运营时间较长的城市轨道线路大多采用以数字程控电话交换设备为代表的电路交换技术。电路交换的核心是建立连接，通信时需要用固定带宽，来连接电路，直到通信结束才能断开连接，释放带宽资源，很大程度上影响了电路的利用率。

3.2　软交换技术

软交换是基于分组网利用程控软件提供呼叫控制功能和媒体处理相分离的设备和系统，即将呼叫控制功能从媒体处理功能中分离出来，通过软件来实现呼叫控制功能，从而使呼叫传输与呼叫控制相分离。软交换技术是 NGN 网络的核心技术，为下一代网络（NGN）具有实时性要求的业务提供呼叫控制和连接控制功能。软交换技术主要完成呼叫控制、资源分配、协议处理、路由认证、计费等功能，同时可以向用户提供现有电路交换机所能提供的所有业务，并向第三方提供可编程能力。

3.3 电路交换与软交换对比分析

电路交换产品成熟，可靠性高。但是由于轨道交通用户相对分散，而传统的电路交换适合集中型模式，组网方式较为固定，使用的传输系统的E1接口，仅能实现语音和低速数据业务。随着程控交换设备老化，面临维护频率攀升、兼容性变差、升级困难等诸多问题，越来越多的轨道交通通信系统开始采用软交换技术。软交换网络扩展性强，可以满足地铁通信用户对语音、数据、媒体等业务的需求，且易于维护。淘汰了过去传输使用的E1接口，改为以太网接口，随着传输带宽增加，缩短了建立连接的响应时间，提升了链路的稳定性。

3.4 软交换网络架构及功能

软交换将网络功能模型分为四层：业务层、控制层、传输层和接入层。通过各种接口协议，将业务协议和控制协议结合起来，实现业务融合和转移，使其由语音网向多业务多媒体网逐步演进。轨道交通公务专用电话系统在控制中心设置核心软交换设备、网络管理设备、中继网关、接入网关等设备，车辆段、停车场及车站设置IAD（综合接入设备）及电话终端。

软交换设备功能包括：呼叫控制功能、媒体控制功能、业务提供功能、业务交换功能、协议功能、互通功能、授权认证和计费功能、资源管理功能、操作维护功能、地址解析及路由功能等。

4 轨道交通软交换技术应用前景

4.1 轨道交通通信系统对软交换的需求

轨道交通通信系统的用户结构趋于扁平化，主要用户分布在控制中心和车辆段，而车站用户较少，用户分布相对分散，软交换可以灵活组网，按照需求配置功能模块。公务电话系统使用软交换技术不仅可以实现单一的话务需求，还可以进一步扩展为数据消息传递，通话记录，可视化通信等业务。软交换技术可以提高专用电话系统的链路利用率，保证连接的稳定性和可靠性。随着通信行业的发展，TDM业务已经无法满足轨道交通通信系统的发展需求，而逐步被IP业务所取代，TDM主要包括电话的中继和语音信息，IP业务则包括以太网和视频信息，软交换网络扩展性强，满足TDM业务与IP业务相融合的条件。

4.2 软交换技术应用成本分析

技术周期：NGN（Next Generation Network）即下一代网络的目标就是向以软交换为核心的下一代交换网演进，成为能够提供多种业务的融合网络，通信技术具有向下兼容的特点，因此轨道交通通信系统可以完成从电路交换向软交换的转变，实现不同带宽的组网和系统的向前发展，保证技术上的先进性。

寿命周期：软交换系统设备高集成化，是其体积大幅缩小，且业务处理和控制命令均由软件完成，为后期软件系统升级提供了便利条件，降低了设备器件的损耗费用，大大节省了设备维护、升级的费用。

5 结语

本文通过对电路交换技术与软交换技术的对比分析，探究轨道交通通信系统由电路交换向软交换应用演进的方向以及优势。国内外许多电信设备制造商都在积极发展新的交换机过渡平台，提出了软交换在下一代网络中的解决方案，在通信系统发展的大环境下，轨道交通的通信系统也将逐步升级，公务电话系统和专用电话系统通信网络得到优化，实现IP视频会议、办公自动化、及时通信等功能，网络设备维护及管理也可节约大量的人力和费用。软交换技术也将成为轨道交通公务电话系统和专用电话系统应用发展的必然趋势。

参考文献

[1] 张生海．关于软交换技术建设公务电话系统模式的分析［J］．科技创新与应用，2013（31）：19－19.

[2] 孙嵘．软交换技术在轨道交通公务电话系统中的应用前景［J］．铁道通信信号，2010，46(7)：87－90.

[3] 梅震琨．软交换技术在城市轨道交通组网中的应用分析［J］．机电信息，2015（9）：100－101.

津滨轻轨分段绝缘器打火调整浅析

金战军　马海军

（天津滨海快速交通发展有限公司）

摘　要：从接触网检修作业及缺陷处理中，总结影响接触网分段绝缘器打火、磨耗过大的相关因素，并找出解决问题的办法，为类似接触网缺陷处理，和新建电气化铁道接触网设备分段绝缘器的设计安装调整提供一些思路和方法。

关键词：接触网；分段绝缘器；打火；磨耗；调整

0　引言

津滨轻轨的电分段分为锚段关节绝缘电分段和分段绝缘器电分段，分段绝缘器电分段多用于津滨轻轨的岔区渡线，用于上下行接触网在岔区的电分段和段场线简单悬挂和简单链型悬挂各供电臂之间的电分段。其中，车辆段C083简单悬挂电分段绝缘器，以其自身几个特点成为最难调整的电分段：

（1）位于出段线使用频率高，磨耗大。

（2）是车辆段214供电臂与正线胡家园211供电臂的电分段，存在电位差。

（3）为简单悬挂电分段绝缘器，结构不稳定，晃动大。

（4）位于出段小站台平交道口处，行车执行“一度停车”制度，起动电流大。

（5）天津海边气候，位于地面段，周边有池塘，潮气大，冬季有凝霜，影响取流。

要想全部解决这些问题，难度很大。但作为津滨轻轨的接触网专业检修人员，秉承着精检细修，追求现有条件下设备运行的最理想化状态。

分段分布如图1所示。

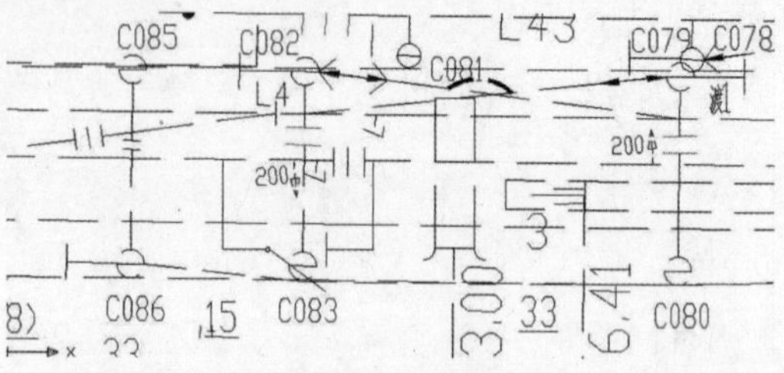

图1　分段分布图

1　问题描述

在电客车受电弓通过此分段时，出现打火、导流板有麻点、碰撞声音及晃动等现象。分段导流板磨耗大。

2　原因分析

（1）由于此分段安装在简单悬挂的吊索上，造成了分段稳定性差。受电弓通过时会晃动。

（2）经实测此分段偏离线路中心，受电弓碳板与导流板磨耗不匹配。当受电弓磨耗较大时其型状为中间低两边高的凹型（受电弓长1600mm，两侧弓头各350mm，中间为900mm，磨耗最多的为中间400mm），会造成一边导流板接触碳板，一边不接触碳板，其分段偏离线路中心越大，碳板磨耗越大现象越明显。

（3）当受电弓与导流板导电接触时，冲击力大，会出现碰撞声音。

（4）通过检修时上梯车观察发现吊索及接触线都偏向线路中心南侧，分段四根吊线中南侧两根短，北侧两根长，模拟受电弓的抬升力，观察到当抬升后南侧短吊弦变松，长吊弦变紧，有偏斜现象。不符合分段绝缘器厂家安装要求：分段绝缘器安装地点选在接触线和承力索（吊索）在线路中心的位置。

（5）分段器吊弦和紧线器没有调整长度（东侧短吊弦）。

3 改进措施

（1）在 C086 硬横梁加吊索一套、加定位器一根使接触线拉出值 -91mm，（根据三角几何计算得 200/x =33/15　x =91）将 C083 分段定位点拉出值调为 0mm，即吊索及接触线都调整在线路中心。让此分段在受电弓中心，使其导流板与碳板在最匹配的接触区域。

（2）东侧紧线器已经无法向最小方向进行调节，可将东侧紧线器采取套扣的方法，增加其调节范围。或者受用增大吊索结构高度的方法，将 C083 西侧吊索线夹向东平移 200mm，用直吊线向上提悬吊滑轮 100mm，保证分段的紧线器和吊弦有足够的调整高度来调整分段的负弛度。

（3）调整紧线器、吊弦的吃劲状态提高分段的稳定性，并提高分段的负驰度，减小分段硬点，减轻分段导流板与受电弓的碰撞和磨耗。

（4）调整导流板，保证四个导流板与轨面平行，没有硬点，平滑过渡，与受电弓良好接触取流。

（5）用 400 目砂纸打磨导流板上的摩点和脏污面，减小与受电弓的接触电阻。

4 结语

经过津滨轻轨技术人员的调整改造，达到了现有条件下的理想状态，经过观察在天气好的情况下电分段绝缘器没有打火现象或有时有轻微打火现象，较好地解决了原来的问题。同时也积累了简单悬挂电分段绝缘器安装调整的方法和经验。

（1）安装高度必须有负弛度（没有负弛度就有硬点）。

1）所谓硬点就是电客车受电弓和接触网压力发生突变的点。当电客车受电弓与接触网压力出现突变，将打破电客车受电弓平稳的受流状态，导致受电弓滑过分段绝缘器时产生接弧现象。

2）负驰度是指电分段绝缘器的导高要比相邻定位点高。在简单链式悬挂中分段绝缘器的导高 h =（A + B）/2 + x，其中 X 为用 120N 弹簧秤向上提导流板的的抬高量，单线为 70mm。用分段绝缘器的四根吊弦向上提。在简单悬挂中，分段绝缘器是安装在定位点的吊索内，其导高和负弛度是由吊索决定。

3）分段绝缘器在运行中的性能是稳定和可靠的。如果在受电弓通过时，分段绝缘器发生强烈摇摆和吊弦松弛，则说明受电弓对它的压力过大并试图抬升它。

（2）安装的分段绝缘器必须在线路中心，关系到与受电弓的匹配问题。

分段绝缘器垂直于线路方向的宽度为 320mm，如果如图设计拉出值为 200mm，这样外侧导流板与线路中心的距离为 320mm（320/2 + 200），新的受电弓碳板为平行还能匹配，但旧的碳板因磨耗原因为中间低两边高的凹型，不在线路中心，就不对称，接触面不平，在受电弓抬升力作用下，分段向一侧偏斜、晃动、不稳，接触不良。

（3）安装的分段绝缘器的四个导流板与轨平面平行。

调整方法：

1）用水平仪（图 2）测 1 点处两个导流板下表面与接触线下表面在同一平面，并与轨平面平行。拧紧 A 点处螺母。

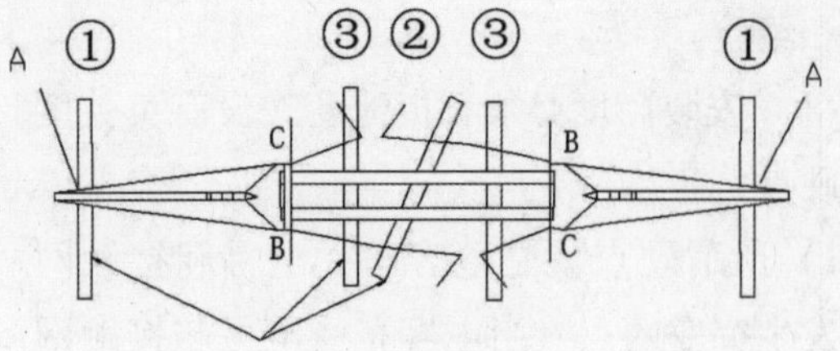

图2 水平仪

2）用水平仪测长导流板顺线路方向下表面平行，与接触线平行（定位点高的方向略高1mm）给B点处螺母带上劲。

3）在2点（在靠近消弧角一端的下陷处）处调整两根长导流板下表面在同一平面，并处于绝缘本体下表面2—5mm，拧紧B点处螺母。

4）在3点处（在引弧角的一端靠近下陷处的内侧）使两根短导流板下表面与长导流板下表面对称对应点等高，并稍微拧紧螺母C。

5）用水平尺检查导流板安装结果，如果发现安装位置不正确，应重新调整。如果正确，用30N·m的扭矩拧紧专用螺母，使螺母的齿完全抓住铜滑道。再用10N·m的扭矩拧紧薄螺母。

（4）分段绝缘器的维护，接触网是牵引供电系统中唯一没有备用的设备，加强接触网的日常维护，定期对分段绝缘器等重点设备进行检查是保证供电可靠性的关键。

1）按接触网维护规程中的有关规定，定期检查螺栓和螺母（特别是紧线器两端的防松螺母）是否有松动，如有松动应立即紧固。

2）定期检修绝缘本体和导流板的间隙是满足规定要求。

3）定期检查调整好的导流板，在运行过程中从头到尾的磨耗量是否均匀。如果出现局部磨耗量过大（如进口处）应按说明进行重新调整。

4）检查导流板是否有拉弧打火的痕迹，如果是不可调整的原因，应加强维护。

5）当导流板磨损大于2mm时，应对导流板的位置进行调整。当它的下部球状部分磨损余下1—2mm时，则必须更换。

参考文献

[1] 吴积钦. 受电弓与接触网系统［M］. 成都：西南交通大学出版社，2010.

浅析电气化铁路接触网拉弧打火的原因及解决方法

金战军　马海军
（天津滨海快速交通发展有限公司）

摘　要： 电气化铁路机车受电弓与接触网运行时经常出现拉弧、打火等现象，影响机车受流质量；受电不稳，同时也给接触网带来一定的伤害。

关键字： 拉弧；打火；原因

引言

随着铁路建设的快速发展，采用电力牵引列车成为主流，接触网是架设在铁路上方一种特殊的输电线，通过机车受电弓与接触线等滑动接触，摩擦取流，运行时会产生电弧、打火现象。

弓网产生电火花或电弧，大多数情况下，受电弓滑板与接触线脱离机械接触时，供给滑板和接触线离线间隙的电流和电压分别大于生弧电流和生弧电压，弓网系统会不可避免地产生电弧。滑动过程中产生电火花的现象则更加普遍。

弓网系统产生电火花或电弧现象的原因有多种，不同情况下产生的电弧可能是运动的，也可能是静止的，对弓网系统设备的热侵蚀程度也不尽相同，应根据具体情况具体对待。

1　弓网产生拉弧打火的原因分析

1.1　受电弓与接触线滑动接触时产生电火花

滑板与接触线的实际接触面积比较小，滑动接触过程中，接触点的位置不断变换，当电压施加在滑板和接触线之间时，电流从若干个导电斑点中通过。电流通过时产生的热量加热其中的某些导电斑点，要么这些导电斑点温度迅速上升并被熔化或汽化而形成电火花，要么这些导电斑点错位并且经过这些导电斑点的电流后产生电火花。电火花会一直持续至新的、不被熔化的导电斑点产生为止。这也说明导电斑点的寿命是短暂的。

当受电弓的集流量及弓网接触电阻均比较大时，弓网系统的电火花现象会显著得多。滑动接触过程中的电火花现象在弓网系统集流过程中比较常见，即使电气列车低速运行也能用肉眼看到。需要强调的是，此时滑板与接触线并未出现机械脱离或接触力不足的情况。

1.2　受电弓与接触线滑动接触时产生电弧

在弓网系统的滑动接触过程中，接触网周期性的弹性变化及受电弓经过不规则的地方将导致弓网接触力出现波动。当弓网接触力为零，即集流中的滑板与接触线脱离机械接触时，弓网系统的电弧就伴随着两者的机械分离产生了。

运行实际表明，集流中的双滑板受电弓的任一列滑板与接触线脱离机械接触时，即使还有一列滑板与接触线维持着良好的机械接触，脱离机械接触的那一列滑板与接触线之间也会产生电弧。

滑板与接触线恢复良好的机械接触后，电弧随即熄灭。

电动列车运行过程中，接触线在滑板表面往复运动，弓网离线产生的电弧基本上为运动电弧。弓网离线间隙极短，电弧热量主要以热传导方式向滑板和接触线传递。

1.3 受电弓升降操作时产生电火花或电弧

电气列车停车时，受电弓的升弓或降弓为无负载或小负载操作，此时的电气列车主断路器应处于分状态。滑板与接触线接触或脱离瞬间，出于要接通或切断电气列车的电压互感器等负载，滑板与接触线机械脱离瞬间有电火花产生。这类电火花的能量较小，不会对弓网系统带来不良后果。

当电气列车的主断路器处于合状态时，受电弓的升弓或降弓（尤其是降弓）操作接通或断开的电流较大，滑板与接触线之间的高电压及大电流导致弓网系统产生较强烈的静止电弧，可能造成接触线或承力索的软化断线，以及引起金属类滑板的局部熔化。

1.4 受电弓经过接触网电气分段时产生电弧

接触网的电气分段主要包括：绝缘锚段关节、分段绝缘器。

1.4.1 受电弓经过绝缘锚段关节

绝缘锚段关节一般位于车站站界等地方，当车站的接触网由单独馈线供电时，正常运行的绝缘锚段关节不仅起到接触网的机械分段作用，还起到接触网的电气分段作用。

滑板经过绝缘锚段关节的过渡区时，两侧接触线分别由工作支变为非工作支或非工作支变为工作支。在接触线等高区域，滑板与两支接触线同接触，在等高区域外只与一支接触线接触，如图1所示。

从滑板与接触线良好接触到脱离接触，如果供给滑板和接触线间隙的电压与电流超过生弧电压与生弧电流，电弧的产生将不可避免。受电弓运动时，产生的电弧也是运动的，直到沿接触线运动的电弧遇到阻碍而无法继续运动为止；受电弓静止不动时，产生的电弧也是静止不动的。

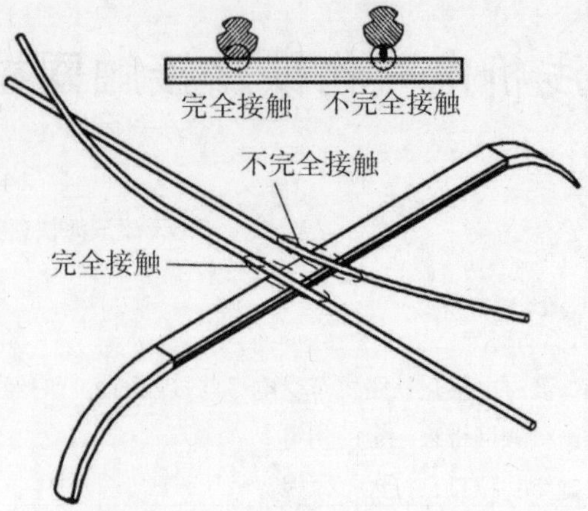

图1 受电弓滑板经过绝缘锚段关节时的示意图

1.4.2 受电弓经过分段绝缘器

分段绝缘器将接触风分成不同的电气区段或电路。图2所示为安装在接触网上的分段绝缘器。

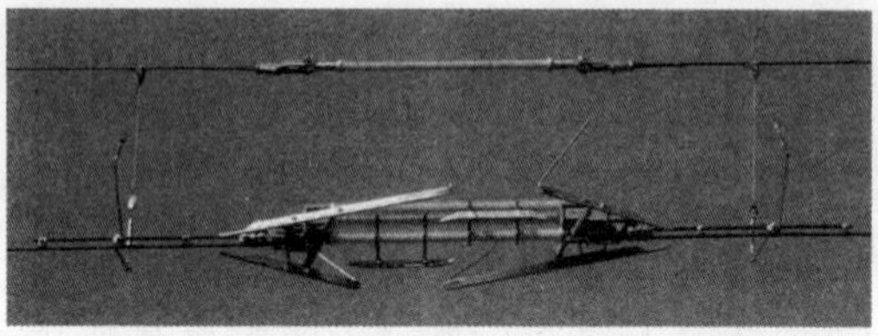

图2 安装在接触网上的分段绝缘器

由于分段绝缘器两端与不同的接触网电路相连，滑板通过此处时，将导致不同接触网电路的瞬时连通与瞬时断开。

由于分段绝缘器两端与不同的接触网电路相连，滑板通过此处时，将导致不同接触网电路的瞬时断开，如图3所示。

分段绝缘器可能安装在同一接触网线路的两端，也可能安装在上、下行接触网之间的渡线上。现以图3所示的安装在渡线上的分段绝缘器为例进行分析。图中的分段绝缘器两端分别出自变电所的1、2号同相电源的馈线供电。假设2号馈线供电电流为200A，1号馈线空载，如图3所示。滑板经过分段绝缘器时，将桥接分段绝缘器两侧的金属滑道。此时，两个相对独立的电路变成一个电路，负载电流将由两条馈线共同承担，如图 3 所示。滑板经过分段绝缘器后，负载电流将全部转移至 1 号馈线。

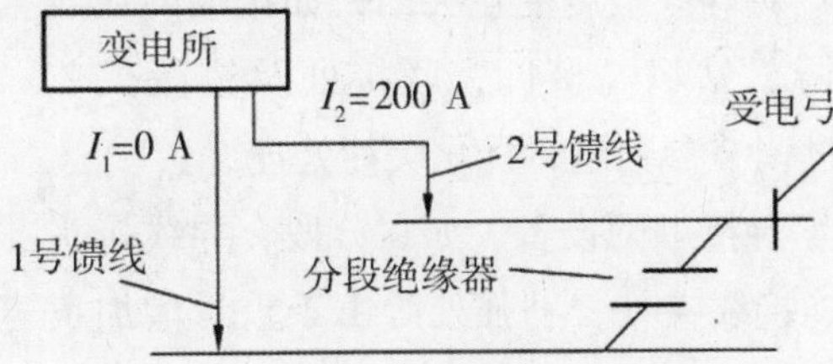

（a）滑板未桥接分段绝缘器

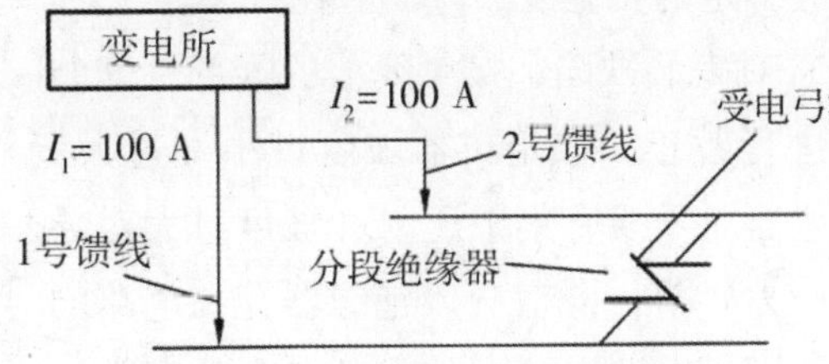

（b）滑板桥接分段绝缘器

图 3　受电弓经过分段绝缘器

桥接或断开分段绝缘器两侧导体的瞬间，滑板与分段绝缘器金属滑道尖端的间隙产生电弧，通过此电弧的电流越大，电弧就越强烈。

分别由不同馈线供电的繁忙枢纽与正线接触网，两条馈线的负载电流有时差异较大，电气列车经过分别与两条馈线相连的分段绝缘器时，滑板桥接或断开的电流较大，经过分段绝缘器时的燃弧现象尤其明显。

1.4.3　滑板或接触线表面有异物时产生电弧

当滑板式接触线表面有冰雪等异物覆盖时，会导致滑板与接触线无法良好接触，从而产生电火花或燃弧现象。图 4 所示为滑板表面有雪或覆冰时的弓网燃弧现象。

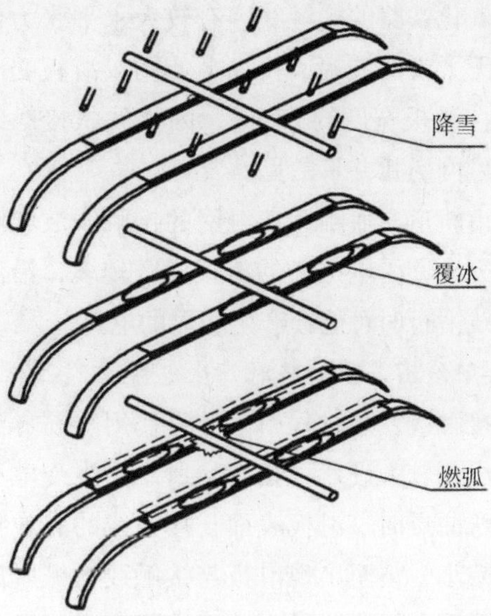

图 4　滑板表面有雪或覆冰时的弓网燃弧现象

1.5　接触线表面为波状时产生电弧

图 5（a）所示是运营在线路上的一种受电弓类型，弓头上有 2 组 4 列金属滑板，两侧相邻滑板间距为 60mm，滑板中间安装了绝缘的固体润滑剂。图 5（b）所示为波状接触线与滑板接触时，在某种特定情况下的弓网燃弧情况。

接触线与滑板表面接触情况

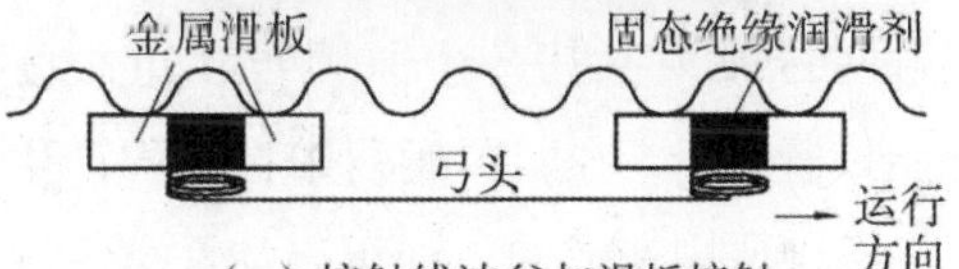

（a）接触线波谷与滑板接触

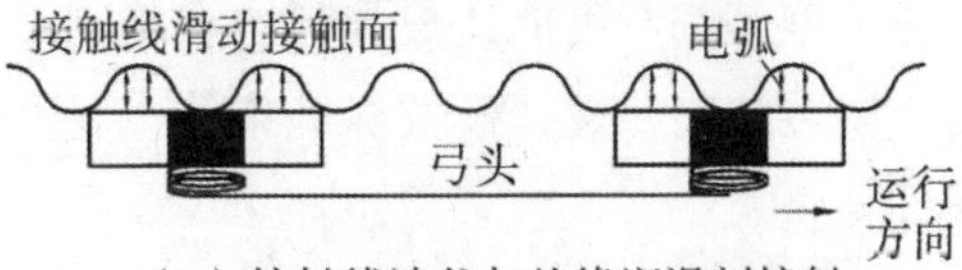

（b）接触线波谷与绝缘润滑剂接触

图 5　滑板与波状的接触线接触时的弓网燃弧现象

电气化铁路的接触线因有较大水平张力作用，并无太大的波幅，再加上使用双滑板受电弓取流，滑板宽度约35mm，因此波状接触线引起的弓网燃弧并不常见。

城市轨道交通刚性接触网的接触线波状磨耗比较突出，受电弓上的滑板列数较多，沿波状接触线滑行时可能会产生明显的电弧。

1.6 接触线有安装缺陷时产生电弧

在接触线安装过程中，外力作用容易导致接触线出现较大硬弯，如图6所示。当受电弓通过该弯曲点时，滑板表面与接触线的有效接触面积减小，甚至出现滑板与接触线机械脱离情况。当受电弓集流量大到一定程度时，弓网系统会产生燃弧。这种情况下的电弧具有规律性的产生地点，也属于运动电弧。

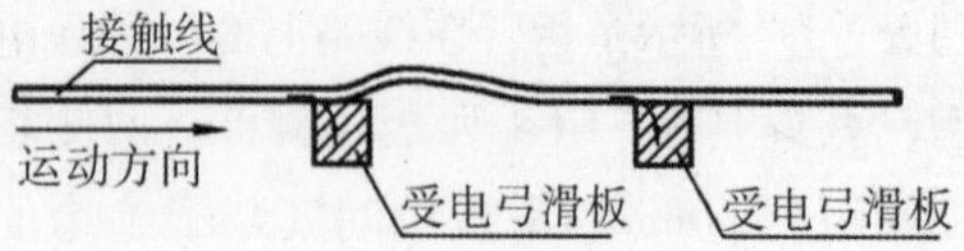

（a）滑板接近硬弯

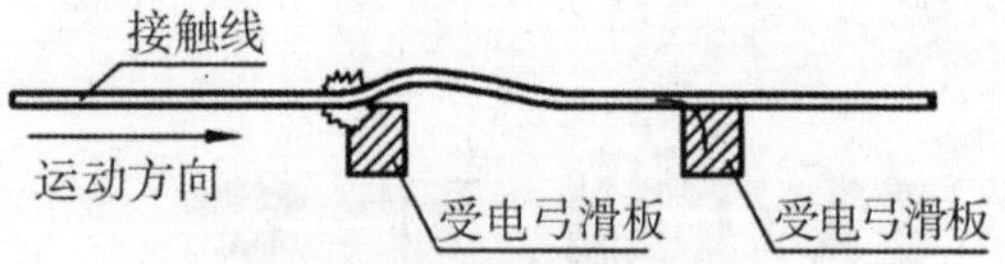

（b）滑板与硬弯处接触线脱离接触

图6 滑板经过接触线硬弯时产生电弧

2 解决办法

接触网拉弧现象其产生原因很多也很复杂，不能一概而论，在实际运营中拉弧的产生是由现场各种原因造成的，列车震动、空气湿度、电压强度等都有可能造成拉弧。在施工放线伤害、安装缺陷、设计没按标准来等也是产生拉弧的途径。

（1）对接触网硬点进行处理，如无张力放线，使用夹线工具不当，导线张力不足引起弛度过大，人员上、下导线造成的接触线弯曲变形，特别是上下弯造成离线及离线后的打火，用五轮直弯器将接触线推平，消除硬点，打磨光滑接触线底面。

（2）对导线坡度变化大的，如接触网在线路与桥隧，站场与区间，联接处及锚段关节处，通过调节参数进行优化缓冲处理。

（3）对接触网设备，如在分段，导线接头处，电连接线夹处，补强处等由于重量增加负荷集中，对其用吊线进行提升，按受电弓的抬升力形成一定的负弛度，减少磨耗打火。

（4）对安装缺陷，接触线上的零部件安装不规范进行改正，如定位器坡度过小（过大）造成定位器对导线有集中压力（坡度过大对导线是负压力）等。除对分段绝缘器存在电路的开断及不同供电臂电位差的设备自身的客观原因外，也有导流板底面与轨面不平行，没有安装在线路中心与磨成凹型的受电弓接触时不匹配，吊线提升不够，有松有紧，在受电弓抬升力的作用下，抬升、偏转、起伏、晃动也是造成分段绝缘器打火的主因，要参照厂家安装说明精检细调，使设备达到一个理想化的状态。

（5）接触网线索的舞动在气流中形成对空气动力不稳定的外形而引起的失稳式振动，其形态表现为上下翻飞，形如龙舞，尤其是在绝缘锚段关节的等高点附近有5米的拉弧痕迹，在振动之下非工接触线有时接触，有时断开产生火花，这种情况下对过渡段进行精细调整，做到分合有度。减小弛度，均衡各段张力，减少差值，稳定线索。

（6）线索覆冰主要受气候因素影响，多发生在雨凇、霜凇、湿雪以及冻雨或雨夹雪的情况下，覆在接触线与受电弓接触面之间，隔离接触面，增加接触电阻，在电压作用下放电。这种情况可采用运营前的受电弓滑板刮掉接触线下表面的覆冰；在运营时段增加行车密度，防止新的覆冰产生；也可以采用电流加热的方法使接触网线索上的覆冰融化。

（7）在谈论拉弧的产生时，也不能忽略列车受电弓的状态，弓网关系中弓和网是同样重要的。通过对接触网打火故障统计来看，受电弓导流板磨耗的分布是主要原因，特别是当受电弓导流板磨耗出现坑槽的表面不平滑情况时，没有将状态不良的受电弓碳刷条及时做适当处理，消除受电弓导流板磨耗坑槽和表面不平滑，是减少接触网打火主要办法。因此，列车受电弓的定期检查、调整也与弓网关系有着密切的联系，车辆专业要定期检查受电弓的抬升力，检查受电弓导流板的磨损情况，做到定期更换，定期打磨受电弓导流板表面使受电弓保持在良好状态是必要的。

参考文献

吴积钦．受电弓与接触网系统［M］．成都：西南交通大学出版社，2010.

受损车体钢结构检测方法研究

张　悦

（天津滨海快速交通发展有限公司）

摘　要：随着城市轨道交通的发展，部分采用不锈钢车体的列车已达到半寿命周期，车体钢结构存在一定程度的腐蚀和疲劳损耗。此外，当列车受到碰撞、爆炸等冲击后，车体钢结构受到一定程度的损伤。此类问题，均需评估车体受损情况，为选择修复还是更新提供依据，以在保障行车安全的前提下最大限度地缩短维修周期、节约检修成本。本文介绍一种无需拆除内装、无需清除油漆的变形量测量方案，并对比当前常用的五大无损探伤方法，为列车检测车体受损情况提供参考。

关键词：车体钢结构；变形量测量；无损探伤

1　钢结构受损情况检测方案

津滨轻轨采用不锈钢车体，主材质为SUS301L，除底架部分结构采用塞焊外，大部分采用点焊连接。钢结构是车体的骨骼，由内装和外皮包裹构成了车体的轮廓，为测定钢结构的受损情况，多数情况下需拆除内装，并对外皮做除漆处理，费时费力，影响运营，成本极高。准确评估钢结构的受损情况需要将测量和探伤两种方法结合起来。测定车体的结构尺寸、平整度、弯曲度可以量化车体的变形程度，确定变形位置。探伤可以对钢结构内部多种缺陷（裂纹、疏松、气孔、夹杂等）进行精确的检测、定位、评估和诊断。

本方案实施较为简单，对场地和设备要求不高，且测量时车体内装不用分解，车体外皮油漆不用清除，可操作性较高，同时降低了检修成本，缩短了维修周期。本方法适用于津滨轻轨（即DK38和DK39）钢结构架车检测，并为其他采用不锈钢车体的列车提供参考。

2　形变量测量方法

2.1　测量工具

架车机、光学水准仪、钢板尺、钢卷尺、铅坠、钢丝、铁鞋。

2.2　主要测量项目

（1）牵引梁下垂量

（2）底架中部下垂量

（3）边梁水平弯曲

（4）侧墙钢结构变形量

（5）门框变形量

2.3　测量步骤

2.3.1　架车找平

架车找平的基本流程如图1所示，其各个步骤如下：

（1）首先使用架车机，使车体与转向架分离，将转向架推出车外。

（2）将光学水准仪架在车下的车体中部，调整水准仪至水平位置。

（3）以空气簧垫座下平面为找平基准，钢卷尺尺头顶住1位角找平基准面的下平面，让钢卷尺自然悬垂，尺面朝向水准仪侧，并保持与地面垂直。调整水准仪，观察与中间水平线对齐的数值，即为1位角找平基准面的高度，记录数值。

（4）用同样办法将2、3、4位角找平基准面下平面的高度，调整至与1位角高度值一致，此时底架处于水平状态。

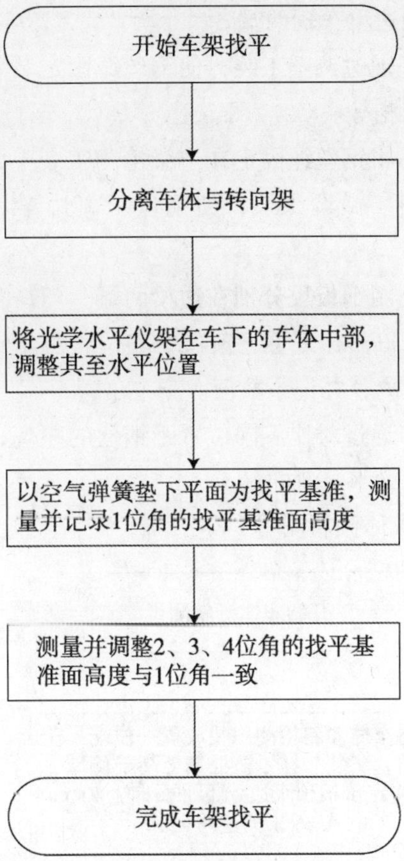

图1　车架找平流程图

若在车架找平过程中发现底架扭曲，则需重新对空气弹簧座进行调整，同一端空气弹簧座高度差小于2mm，对角空气弹簧座高度差小于3mm。

2.3.2　牵引梁下垂量测量

牵引梁下垂测量流程如图2所示，其具体测量步骤如下：

（1）通过牵引梁下盖板的工艺豁口，测量1位牵引梁与枕梁交接处的牵引梁上盖板下平面的高度并记录下来。再测量1位牵引梁与端梁交接处的牵引梁上盖板下平面的高度，两者差值即为1位牵引梁下垂量。

（2）用同样方法测量2位牵引梁下垂量。

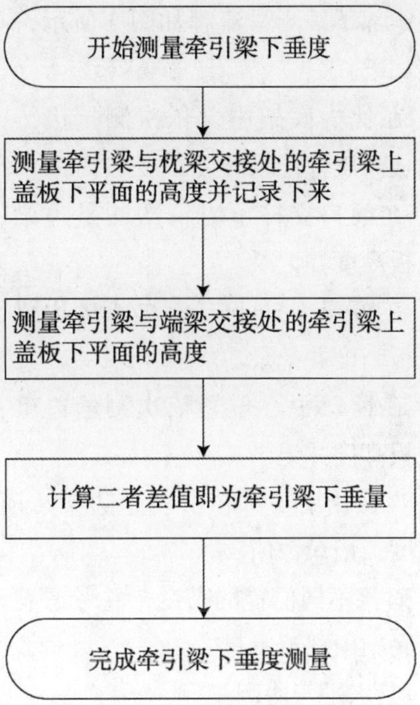

图2　牵引梁下垂量测量流程图

2.3.3　底架中部下垂测量

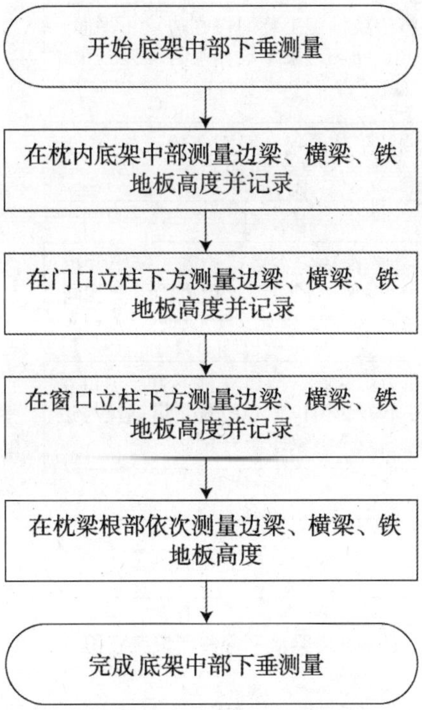

图3　底架中部下垂测量流程图

底架中部下垂测量流程如图 3 所示，具体测量步骤如下：

（1）在枕内底架中部依次测量边梁、横梁、铁地板高度并记录。

（2）在门口立柱下方依次测量边梁、横梁、铁地板高度并记录。

（3）在窗口立柱下方依次测量边梁、横梁、铁地板高度并记录。

（4）在窗口中心位置依次测量边梁、横梁、铁地板高度并记录。

（5）再在枕梁根部依次测量边梁、横梁、铁地板高度，记录数值。

（6）对比不同位置的高度，并考虑设计挠度，得出底架中部下垂量。

2.3.4　边梁水平弯曲测量

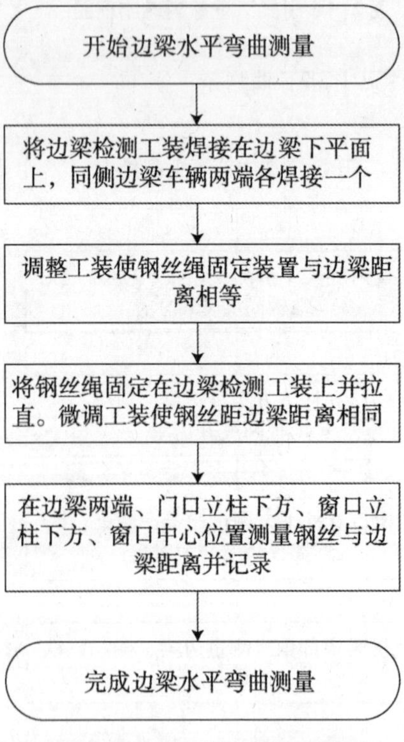

图 4　边梁水平弯曲测量流程图

边梁水平弯曲流程如图 4 所示，具体测量步骤如下：

（1）利用角钢和钢丝制成边梁检测工装。

（2）将边梁检测工装固定在边梁下平面上，同侧边梁车辆两端各一个。

（3）通过调整工装，使钢丝绳固定装置与边梁距离相等。

（4）将钢丝绳固定在边梁检测工装上，将钢丝拉直。微调工装，使钢丝距离边梁距离相同。

（5）用钢板尺分别在边梁两端、门口立柱下方、窗口立柱下方、窗口中心位置测量钢丝与边梁距离，并记录数值。

（6）通过对比不同位置距钢丝的距离，即可得出边梁水平弯曲量。

2.3.5　车体倾斜测量

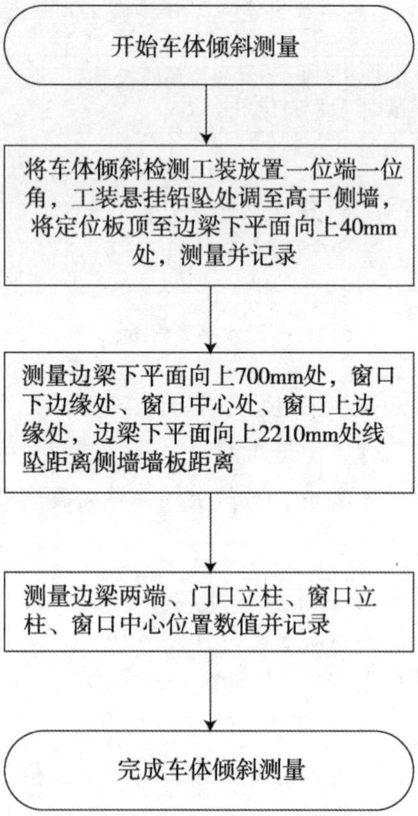

图 5　车体倾斜测量流程图

车体倾斜测量流程如图 5 所示，具体测量步骤如下：

（1）利用钢丝、角铁、铅坠制成车体倾斜检测工装。

（2）将车体倾斜检测工装放置一位端一位

角，工装悬挂铅坠处调至高于侧墙。

（3）用钢板尺测量边梁下平面向上 40mm 处，线坠距离侧墙墙板距离。

（4）将侧墙按高度等分，测定不同高度处线坠距离侧墙墙板距离。

（5）用同样方法分别测量边梁两端、门口立柱、窗口立柱、窗口中心位置数值，并记录数值。

2.3.6 门口测量

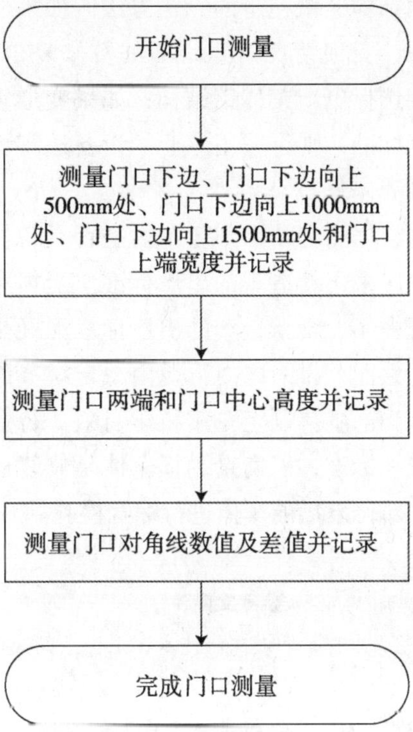

图6 门口测量流程图

门口测量流程如图 6 所示，具体测量步骤如下：

（1）用钢卷尺测量车门不同高度处的门口宽度，并记录数值。

（2）用钢卷尺测量门口两端和门口中心高度，并记录数值。

（3）用钢卷尺测量门口对角线数值及差值，并记录数值。

3 探伤检查

根据车体钢结构静强度实验报告提供的应力点分布情况，对重要应力点和可能存在变形和开裂的焊缝进行局部重点探伤。

当前世界范围内常用的五大无损探伤方法[1-7]有超声波探伤、射线探伤、渗透探伤、磁粉探伤、涡流探伤。这五种方法的原理和适用范围见表 1。

津滨轻轨车体为不锈钢材质，磁粉探伤不适用于奥氏体不锈钢；而涡流探伤的检测结果容易受到材料本身及其他因素的干扰且造价很高，国内很少使用，因此，本次探伤不考虑这两种方法。对于钢体表面焊缝缺陷可采用渗透探伤和超声波探伤两种方法。对于钢体内部缺陷可采用超声波探伤和射线探伤两种方法。但射线探伤操作成本很高，且对人体有较大伤害，需采取严格的防护措施，防护成本也很高，建议谨慎选择。超声波在介质中传播时有多种波型，检验中最常用的为纵波、横波、表面波和板波。用纵波可探测金属铸锭、中厚板、大型锻件和形状比较简单的制件中所存在的夹杂物、裂缝、缩管、白点、分层等缺陷；用横波可探测管材中的周向和轴向裂缝、划伤、焊缝中的气孔、夹渣、裂缝、未焊透等缺陷；用表面波可探测形状简单的铸件上的表面缺陷；用板波可探测薄板中的缺陷。且超声波检测无环境污染，对人体安全，检测周期短，但需注意操作中避免直射眼睛并由有经验的专业人员谨慎操作。

表1 五大无损探伤方法比较

方法名称	原理	优势	缺陷
渗透探伤（PT）	利用液体的毛细管作用，将渗透液渗入到固体材料表面开口缺陷处，再通过显像剂将渗入的渗透液析出到表面，显示缺陷的存在	显示直观；操作方便；适用性广；检测费用低；对于钢材表面开口缺陷的检测灵敏度高	污染严重；检测速度慢；只能用来检测表面缺陷，不能检测深度损伤

续表

方法名称	原理	优势	缺陷
磁粉探伤（MT）	通过对被检工件施加磁场使其磁化，在缺陷处将有磁力线逸出而形成漏磁场，吸附施加在工件表面上的磁粉，形成聚集磁痕，从而显示出缺陷的存在	显示直观；操作方便；检测速度快；检测费用低；对于钢材表面开口缺陷的检测灵敏度高	只能用于检测铁磁性材料，如碳钢等，不能用于检测非铁磁性材料，如奥氏体不锈钢等；只能用来检测表面和近表面缺陷
涡流探伤（ET）	建立在电磁感应原理基础上，交流电流产生交变磁场，被检件感应出电涡流，若材料存在缺陷，干扰电涡流，形成干扰信号，检测此信号，就知道缺陷的存在	涡流检测时线圈不需与被测物直接接触，可进行高速检测，易于实现自动化	不适用于形状复杂的零件；只能检测导电材料的表面和近表面缺陷；检测结果也易于受到材料本身及其他因素的干扰；造价很高，国内很少使用
射线探伤（RT）	指用X射线或γ射线穿透试件，以胶片作为记录信息的器材的无损的检测方法	显示直观；定性定量准确；检测结果直接记录，并可长期保存	对面状缺陷容易漏检；成本很高；射线对人体危害较大；且需要专门的防护，防护成本很高
超声波探伤（UT）	当超声波束自零件表面由探头通至金属内部，遇到缺陷与零件底面时就分别发生反射波，在荧光屏上形成脉冲波形，根据这些脉冲波形来判断缺陷位置和大小	穿透能力强；灵敏度高；仅须从一面接近被检验的物体；可立即提供缺陷检验结果；操作安全，设备轻便	要由有经验的人员谨慎操作；对粗糙、形状不规则、小、薄或非均质材料难以检查

4 展望

当受损车辆在运行车辆中所占比例很小，且受损情况无法判断时，受损车不适合直接换新。原因有两方面：一方面，因成本较高；另一方面，由于技术发展，原来的一些部件已经停产，新造车无法与现行车辆统型，造成了信号控制和后期维护的困难。因此，选择对具备修复价值的车辆进行修复，以求节省成本，方便运营和检修。本文仅对可能发生腐蚀或变形的车体钢结构提供初步的判定方法。如果变形程度较大，受损情况严重，不具备修复价值，则可直接选择更新整体钢结构；如果变形程度符合修复标准，则可采用专业的设备进行更深入的检测和修复。

当前根据测定结果判定车辆是否具备修复价值，一般采用新造车的出厂标准。受损车往往已运行多年，用新造车的出厂标准无疑是不严谨的。然而，目前国内行业内缺乏统一的判定标准，当前亟待制定一个科学有效、行业内适用的统一标准，以衡量受损车体是修复还是报废，并对修复后的车体进行综合检验。

参考文献

[1] 唐惠龙，牟睿．无损探伤技术在工程上的应用的探讨［J］．电子测试，2014（3）：97－98.

[2] 柳长胜．无损探伤技术在工程上的应用的探讨［J］．科技展望，2016，26（16）．

[3] 何金海．锅炉无损检测方法分析［J］．大东方，2015（9）：233－234.

[4] 黄义．一种管道焊缝无损探伤系统的使用方法：，CN103645198A［P］．2014.

[5] 胡凯．重型轨道失效机理及无损检测方法研究［D］．青岛科技大学，2014.

[6] 厉振武．无损探伤方法及其在钢轨探伤中的应用研究［D］．湖南大学，2013.

[7] 汤威，高思佳．超声探伤技术在无损检测中的应用［J］．工业，2016（6）：00277－00277.

泰达现代电车导轮异常磨损原因调查及防治措施研究

李　悦

（天津滨海快速交通发展有限公司）

摘　要：天津泰达新交通试验线的 TRANSLOHR 现代导轨电车的运用过程中出现的导轮异常磨损故障现象、危害、原因分析，以及运营部门根据调查原因进行的防治措施以及效果。

关键词：导轮；踏面；导向装置

1　电车导向/走行系统概述

1.1　车辆的基本情况

天津泰达新交通试验线是位于天津经济开发区内的现代电车运营线路，其运营车辆为法国劳尔工业集团生产的 TRANSLOHR 型导轨电车，该车属于中央导向型地面电车。

1.2　走行系统

TRANLOHR 电车的走行装置基于传统地面机动车底盘结构设计，包括动力驱动轴以及非动力承载轴。

1.2.1　动力驱动轴

由电机驱动的驱动轴其结构与机动车的驱动转向桥系统[1]极为类似，由装置轮胎的轮毂、主减速器、差速器、前后半轴、桥壳、万向节等结构组成（图 1）。

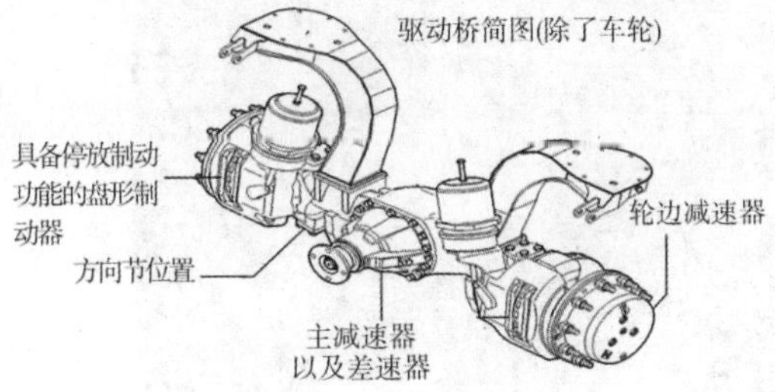

图 1　驱动桥外形简图

1.2.2　非动力承载轴

承载轴不起到任何驱动作用，只起到了承载作用，其结构实际上与普通机动车系统的支撑桥系统[1]极为类似，即不具备驱动以及转向功能的车桥系统，由车桥框架以及两个装置轮胎的独立车轴构成（图 2）。

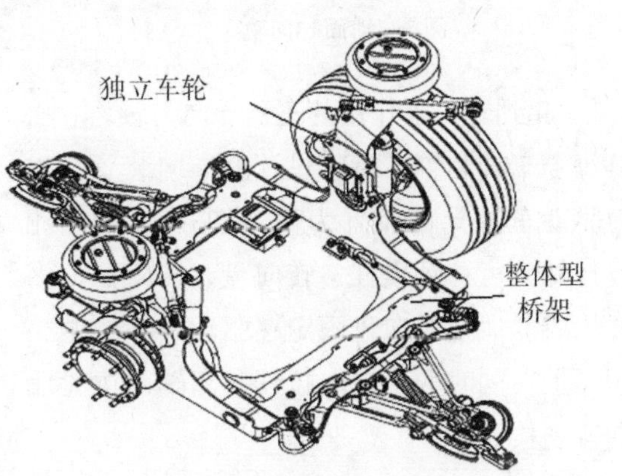

图 2　承载桥结构简图

1.3　特殊的导向方式

导轨电车的走行系统与机动车底盘结构大同小异，但机动车系统中控制轴桥车轮转向的方向盘、转向器等转向系总成[1]该车并没有配置，控制车轮转向的是特殊设计的地面导向轨与车辆导向装置。

1.3.1　起到方向盘作用的导向轨

位于地面中央的导向轨（图 3）起到了普通机动车方向盘的作用——引导并限制了车辆的运行轨迹。

图3 地面导向轨

1.3.2 起到转向器作用的车辆导向装置

每个车轴装置了特殊设计的导向装置，以动力驱动车轴导向装置为例（图4），由导轮组、托杆、可移动横杠、转向盘、转向拉杆多装置构成。通过转向盘固定在驱动车轴的中央减速器上，同时两个转向拉杆和车轴两边轮胎转向臂连接。

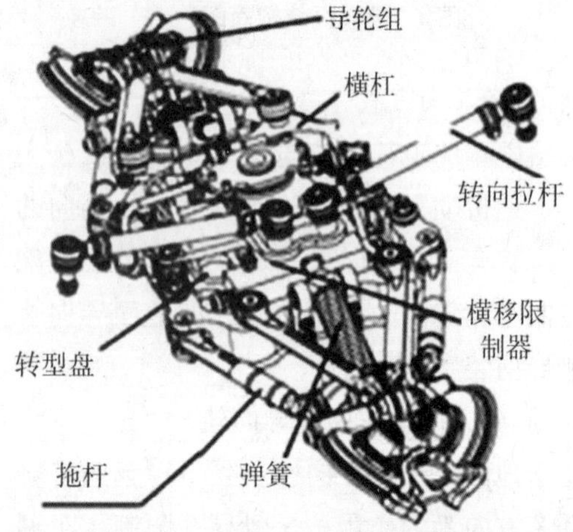

图4 动力驱动轴导向装置

导向装置的导轮组由两个呈90°布置的导轮构成并嵌入导向轨（图5），在轨的导轮组通过托架等装置带动转向盘转动，而转向盘上装置的转向拉杆牵拉车轮，这样车辆便会沿导向轨方向前进。

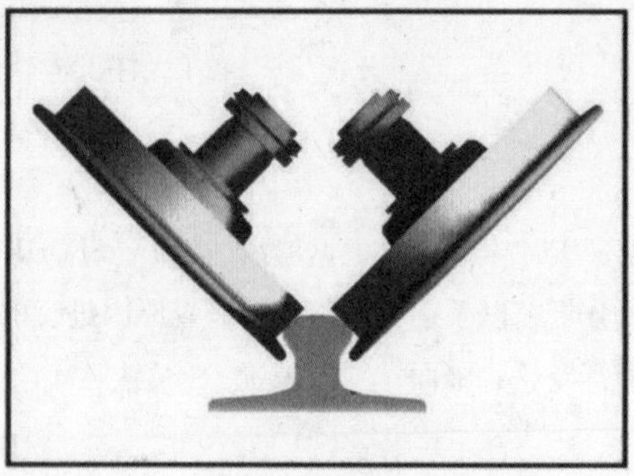

图5 导轮组嵌入导轨示意图

导轮组的导轮直接嵌入轨道，引导车辆运行方向，因此导轮状态直接影响车辆安全运用。

2 导轮轮缘磨损故障现象以及危害

2.1 故障现象

运营开通后不久，导轮轮缘便出现了异常磨损，至运营后的第三年（2009年）该故障成为涉及所有车辆的普遍现象。

该故障的特征为轮缘的内侧与外侧出现双侧磨损，磨损轮缘与正常轮缘差异明显（图6）。轮缘严重磨损会导致导轮直径缩小，根据测量数据磨损最为严重的导轮直径由标准241mm缩减为239mm。

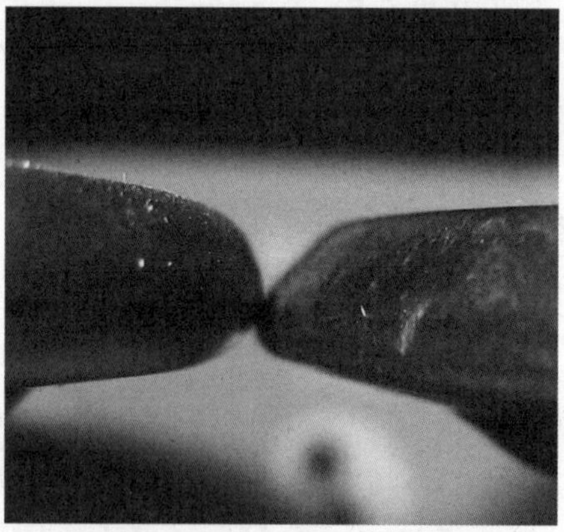

图6 正常导轮轮缘（左）与被磨损导轮轮缘（右）对比图

2.2　轮缘异常磨损的危害

2.2.1　增大导轮组导轮间隙

轮缘被磨损致使导轮直径减少将导致导轮组导轮间距变大，甚至超限（图7），使出轨风险增加。

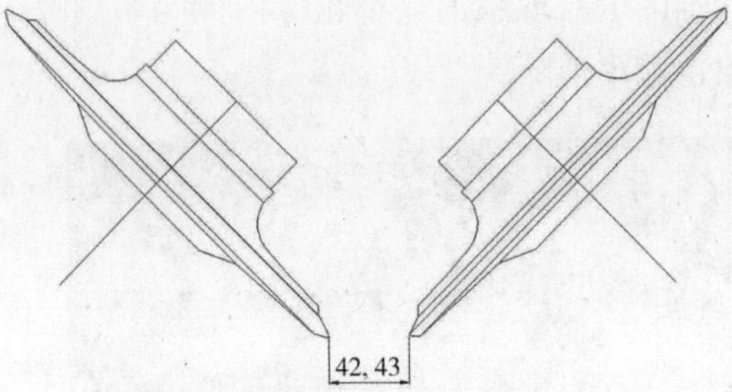

图7　检查中发现磨损的两导轮间距为42.4mm，超过41.7mm运用限度

2.2.2　降低导轮抗弯强度

导轮脱离轨道的破坏形式为在异常的垂向或横向载荷下导轮轮缘出现弯曲变形后脱出轨道。根据技术资料，导轮组可承受载荷为垂向3t、横向14t。而导轮轮缘内外侧磨损后，因横截面变小（图8），轮缘的抗弯刚度下降，会加大脱轨风险。在运营过程中因此出现过两起脱轨事故。

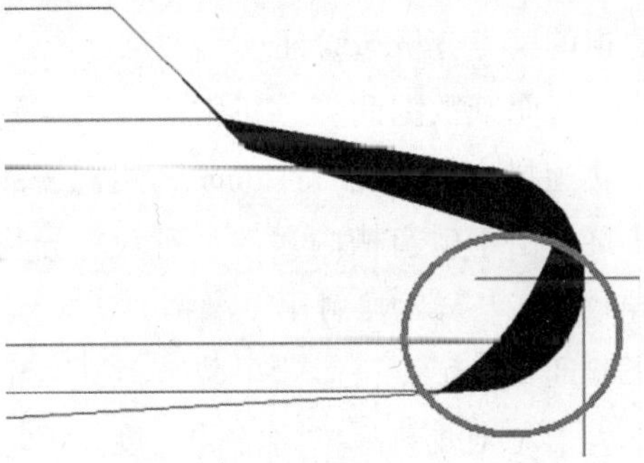

图8　黑体部分为磨损导轮相对与正常导轮被磨掉的部分，抗弯取强度下降

2.2.3　消耗大量维修费用

为保障电车运行安全，自2009年以来更换了大量的导轮：据统计2009—2016年8年间共有578个导轮进行了更换。按照每个导轮4300元计算，总共消耗近250万元，平均每年消耗31万元。

3　故障原因的调查

导轮轮缘在普遍出现磨损情况后，引起了运营部门的逐步重视，开始进行专题研究查找解决这一故障现象。

导轮是由踏面圆盘与导轮本体经特种螺母紧固组合而成，正常情况下只有踏面的聚氨酯层表面与轨道上颚面接触，导轮其他部分均不会与轨道接触（图9）。异常情况下导轮轮缘的内侧会与轨道下颚面接触，外侧会与轨道聚氨酯槽底部接触，而且发生上述两种接触的方向是相反的，故而导轮内外侧磨损的原因是各不相同的。

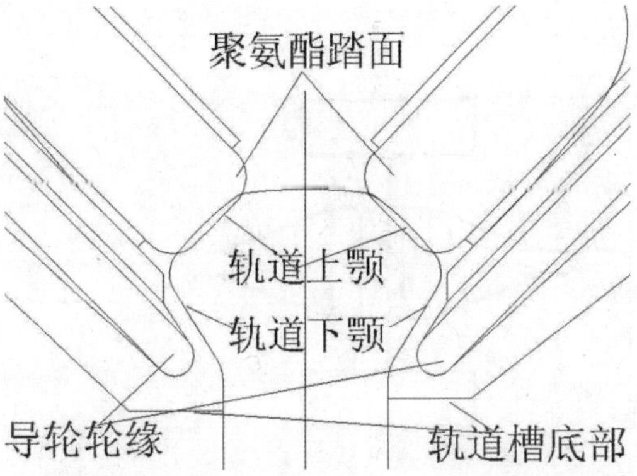

图9　导轮（包括踏面）嵌入轨道示意图

3.1　轮缘内侧磨损原因的查找

3.1.1　轨与路面形位关系超差疑点的分析验证

调查人员首先怀疑因局部沉降等原因导致地面与导向轨之间的形位关系不符合原始技术标准，导轮组受到歪斜的载荷，使轮缘内侧面与轨道下颚面接触磨损。

为了验证这一怀疑，调查人员对全线地面与轨道行为关系进行排查，但基本除了少数几个局部沉降点存在这种行位超差，其他区域的地面与导向轨的形位关系都在技术标准的范围内，故该疑点被排除。

3.1.2　导向机构出现机械性故障疑点分析与验证

调查人员接着把调查方向转向导向机构本身存在的问题，按照机械原理分析：整个导向装置与车轮形成的转向系机构可以简化为9个构件（图10）构成的平面连杆机构[2]，而该机构共有13个运动低副（11个转动副、2个移动副，图11），因此其机构自由度=3×9—2×13=1，这符合导向机构以固定轨迹引导车轮转动的特性[2]。如果上述运动副中出现了卡滞情况，则整个机构的自由度将小于或等于0，成为刚性体[2]。在这种情况下，导轮组在运行中会承受非正常的横向载荷，导致导轮轮缘内侧与轨道接触并磨损。

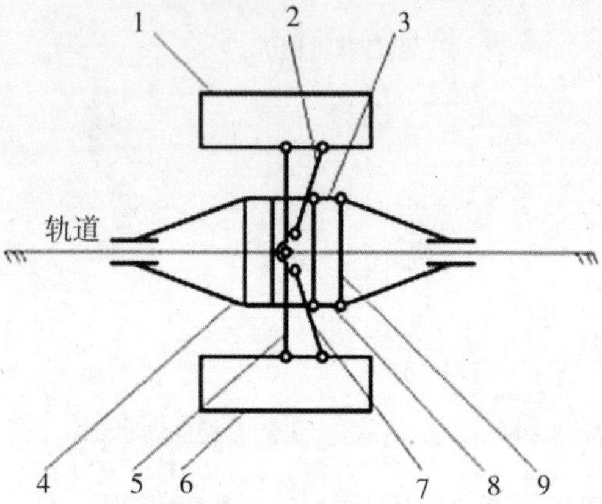

图10　动轴/导向机构图的运动构件标注图

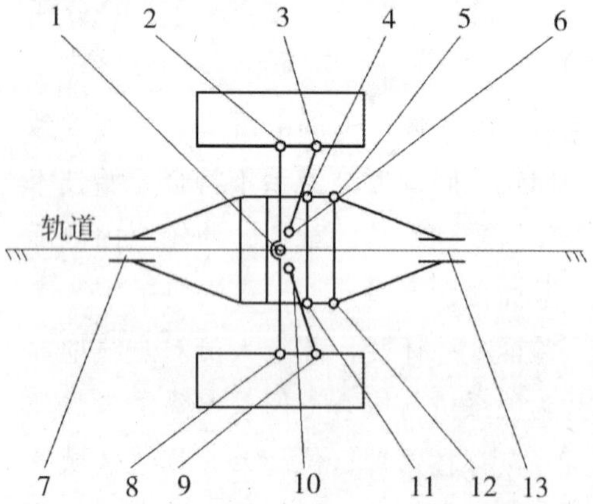

图11　动轴/导向机构图的运动副标注

为了验证这一疑点，对电车的导向装置的转动副（即所有转向轴）进行检查，发现导向装置的主转轴以及其他转轴均出现不同程度的卡滞现象，经拆解检查发现是由于内部的轴承出现了损坏（图12）所致。这些轴承进行更换后，转轴的卡滞现象消除，轮缘内侧与轨道摩擦现象也基本消除。

图12　因进水严重损坏的导向装置主轴轴承保持架及磙子

故可确定导向机构的转向轴轴承损坏卡滞是导致轮缘内侧磨损的直接原因。

3.2　轮缘外侧磨损原因的查找

3.2.1　导轮轮缘外侧与轨槽底部的异物接触造成了磨损的疑点分析与验证

根据工程图纸数据测算，正常装配的导轮其轮缘与轨道槽底部保持5.18mm的距离，故而最初怀疑是由于轨道槽内泥沙、石块等异物过多，导致轮缘与异物接触出现磨损。

为了验证这一疑点，运营单位特意在一定时间内加大了对全线轨道槽清洁的力度，但轮缘外侧的磨耗现象未得到改观，故这一疑点排除。

3.2.2　踏面磨耗过薄致使轮缘与轨道槽底部接触造成磨损的疑点分析与验证

导轮与轨道接触的部分为踏面的聚氨酯层表面，踏面为磨耗易损件因此需要在磨耗超限或损坏时更换。因运营初期踏面更换原因以脱胶、拉伤等损坏性伤害为主，因此平时检修人员对踏面厚度的监控没有过多关注，故而怀疑因踏面过薄导致轮缘下探接触到轨槽底部造成磨损。

为了验证这一疑问，首选需要找到轮缘与轨道直接摩擦的痕迹证据。通过排查，在1千米的线路上范围内共找到27处轮缘与轨槽直接接触的痕迹（图13）。

图13　轨槽上轮缘碾压的痕迹

同时技术人员根据原始及实测数据、通过AUTOCAD的绘制及处理模拟出踏面过薄确实会使轮缘与轨道槽接触，而且得到了刚接触时踏面的临界厚度值为3.37mm（图14）。

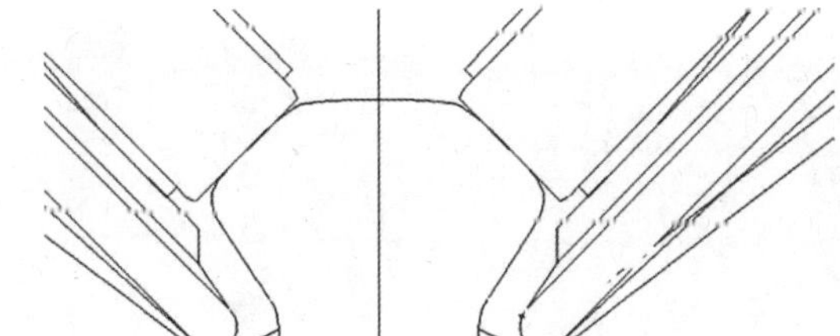

图14　踏面厚度为3.37mm时轮缘外侧与轨道槽接触

运营部门之后根据上述调查结果对导轮踏面的厚度进行了监控及及时更换，结果基本消除了轮缘外侧磨损的现象。故可确定踏面磨耗过薄是导致轮缘外侧磨损的原因。

4　消除导轮磨损的措施以及效果

4.1　消除轮缘内侧磨损的措施

4.1.1　对导向装置进行全面整修，并改进原始设计缺陷

确定故障原因后后。运营单位制定计划，对导向装置全数进行拆解维修，更换所有转向轴轴承，并针对转向主轴漏水的情况采取了加装密封圈、轴内腔填充润滑脂的办法改进其防水措施。

4.1.2　在定期性维修中增加导向系统运动功能的检查

针对故障原因，运营单位在间隔1万千米的定期性维修中增加了导向主轴及导向装置其他轴系运动功能检查（图15）的环节。

图15　定期性维修中检修人员检查导向装置的运动功能

4.2　消除轮缘外侧磨损的措施

4.2.1　研制适用的踏面检查装置

确定故障原因后，为使踏面状态得到量化控制，技术人员抓紧进行了研制设计踏面检查装置：根据踏面盘（金属制）与外圈聚氨酯层有明显分界线的特征，确定以分界线为检查基准，结合厚度临界值3.37mm的数据，选定了以稍高于该数值的3.4mm作为检查限度标准，并据此设计出了简便易用的踏面专用检查器（图16）。

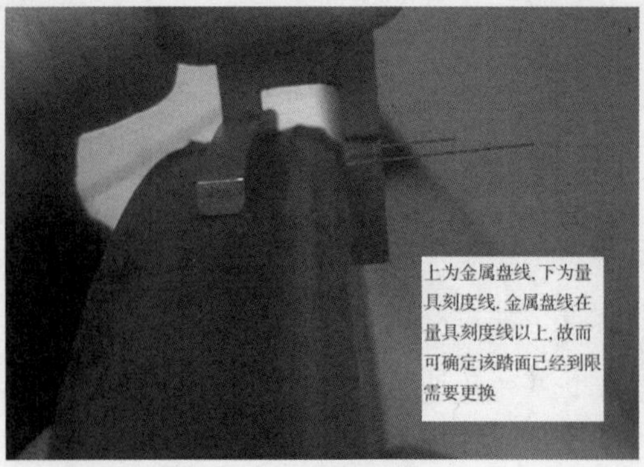

图 16　踏面专用检查器简图以及实物装置

4.2.2　在车辆日检中增加踏面厚度的检查

踏面厚度检查器设计并制造后，运营单位在电车的每日例行检查中增加了使用该检查器检查踏面厚度的内容，使磨耗超限的踏面及时得到更换。

4.3　*施加改进措施的效果*

通过表 1 可判读在 2012 年对导向装置运用功能实施干预并定期监控后，2013 年对踏面厚度实施每日监控后，轮缘的消耗量呈逐年明显下降趋势。故导轮轮缘磨损故障的控制防治问题已得到解决。

表 1　年度轮缘消耗统计表

年度	数量
2009	88
2010	98
2011	117
2012	123
2013	63
2014	42
2015	25
2016	22

5　结语

导轮轮缘的磨耗故障的控制防治工作经过近 5 年的努力探索取得了较为圆满的成功。导向系统是这种引进车辆的最核心技术，而故障原因的查找、修正方案的制定与后期技术跟踪过程均是由运营单位组织自身技术力量独立完成的，通过这一过程也加快了运营部门技术人员对车辆技术的掌握进程，在故障的排查与处理过程中也及时发现并消除其他系统的一些安全隐患，为保证整个系统安全运营发挥了重要作用。

参考文献

[1] 金加龙主编. 汽车底盘构造与维修. 电子工业出版社，2005.

[2] 孙恒、陈作模、葛文杰主编. 机械原理. 高等教育出版社，2013.

天津地铁 9 号线司机轮乘方式探讨

张汉明
（天津地铁 9 号线车辆中心乘务室）

摘　要：天津地铁 9 号线（即津滨轻轨）全长 54.38 千米，共设车站 21 座。目前全天正线行车时间为 5：22—23：57，计划行车时间 18 小时 35 分钟；全日运营时间为 6：00—22：30，共计 16.5 小时；图定计划开行客运列车 263 列。全天共安排 18 列车上线运行，其中车辆段发 12 列，停车场发 6 列，全日行车间隔 8 分钟。计划开行早晚高峰运行，最短行车间隔 4 分 5 秒，最长行车间隔 10 分钟。天津地铁 9 号线，目前共有司机 238 人，实行双人驾驶模式，司机排班采用轮乘制，上班规律为上两天休一天，夜班司机收车后在宿舍集中休息。司机第一天上班平均驾驶里程为 500 千米左右，第二天出早车平均驾驶里程为 150 千米左右。本文主要讨论天津地铁 9 号线轮乘制下司机的管理要点及轮乘表的编制。

关键词：天津地铁 9 号线；津滨轻轨；轮乘

1　天津地铁 9 号线乘务室概况

天津地铁 9 号线乘务室共有司机 238 名，其中正司机 182 名，副司机 56 人，正线及段场实行双人驾驶。正线驾驶以 ATO 自动驾驶模式为主，降级作业辅助 ATP 防护下的人工驾驶模式或 BYPASS 人工驾驶模式。为实现列车及人员的利用率，司机班制为轮乘制。

2　轮乘方式的优缺点分析

轮乘方式相对于包乘具有用人少、人员利用率高、列车利用率高、司机休息时间容易调整等优点。同时，由于司机与列车不固定，不利于司机掌握列车状态，对司机技术要求较高。

3　天津地铁 9 号线轮乘特点

天津地铁 9 号线是连接天津市区与滨海新区的一条线路，司机住址与上班地点都比较远（从家至单位通勤时间多数为 2 个多小时），人员结构较年轻，均为刚毕业的大专生。结合以上特点，9 号线轮乘方式偏向于三班一运转，即司机第一天 8：30 后根据轮乘表陆续出勤，双人值乘一圈（大概 2 个小时）后中场休息，中场休息一般控制在 0.5—1 小时，然后再次执行值乘任务。以此循环，直至晚上 22：30 以后陆续收车回段场。夜间单位提供住宿，转天早晨出早车一般控制在 2—3 小时，8：30 以后陆续下班，转天休息。以此达到司机集中上班，集中休息的目的。

4　轮乘制中司机管理的关键点控制

4.1　司机出退勤的控制

出勤：轮乘制中司机由于不集中出勤，而是按照轮乘表时间陆续出勤，难以保证司机的班前教育及出勤状态。所以，9 号线采用固定地点出勤，在直沽站设立司机出乘室及休息室，司机按照轮乘表双人共同出勤，提前 20 分钟由运转值班员进行班前教育及重点事项传达，检查出勤状态后，由运转值班员签署司机手账后，司机方可执行当日值乘任务。

司机退勤：在下一班的司机接车后，退勤司机可至直沽运转值班员处办理退勤作业，登记当班运行千米。由运转值班员对该组司机当班工作进行登记确认后，方可退勤。

4.2　司机交接班的控制

为方便司机管理及规范出勤秩序，9 号线

轮乘表采用单一直沽站交接班方式。接班司机提前3分钟至站台接车位置等候，从而较好地避免司机漏乘。在运行图中，根据司机交接班地点，提前做出半分钟时间用于司机交接班，方便司机对列车状态及运营注意事项的传达。

4.3 司机中场休息及就餐时间的控制

司机中场休息：司机休息室与轮乘表相对应，设置于直沽站。即方便接班司机接班，同时也使交班司机能够较快地进入休息室休息。同时休息室悬挂轮乘表，配备闹钟，避免司机忘记接车时间，造成漏乘。

司机就餐：在制作轮乘表时充分考虑司机就餐时间，11：00—13：30、17：00—19：30为司机就餐时间，司机利用中场时间轮流就餐。在轮乘表中，将就餐时间内司机休息时间相应延长至40分钟至1.5小时，从而保证司机就餐时间较充裕。

4.4 司机收车及早晨出车的控制

司机收车后的休息：司机依据轮乘表回段、场后，按照回车顺序，分配转天出乘顺序，做到早回车的司机转天早出车，晚回车的司机转天晚出车，从而保证司机夜间至少有5小时以上的休息时间，以保证出早车时的精神状态。

司机早晨出车：根据轮乘表，司机提前一小时出勤，由运转值班员对司机进行班前教育及重点事项传达，检查出勤状态后，按照运转值班员分配的列车进行检车、静调工作，之后按照时刻表进行正线运营任务。

4.5 双人值乘司机搭配的原则

司机搭配：在轮乘制中由于司机与列车不是固定搭配，同时各列车的技术状态存在一定差别，所以在司机配置时，要充分考虑同组司机的技术水平及性格特点，尽量做到互补，提高整组司机业务水平。

5 轮乘表的编制

5.1 轮乘表中人员的测算

一条地铁线路需要使用多少名司机，主要受运行图、驾驶方式（单人驾驶或双人驾驶）以及人员技能水平等方面的控制。

运行图：主考虑早晨段场出车列数，轮乘制每班用人不能少于段场出车总数，同时应考虑段场备用列车数量，段场各留一组备用司机进行热备。在正线运营时，应计算两个司机用餐时间段（中饭、晚饭），在这两个时间段，司机总数应大于当时同时在线列车数2—3组。

驾驶方式：由于9号线采用双人驾驶方式，所以依据运行图计算出的人员要×2。

人员技能水平：编制轮乘表时，既要考虑经济效益同时也要考虑运营安全。根据人员技能水平，把每组司机的月走行千米控制在比较合理范围内，以减少行车事故的发生。根据9号线十几年的摸索，双人驾驶每组控制在每月5000—6000千米比较稳定。

以9号线2－13号列车运行图为例：

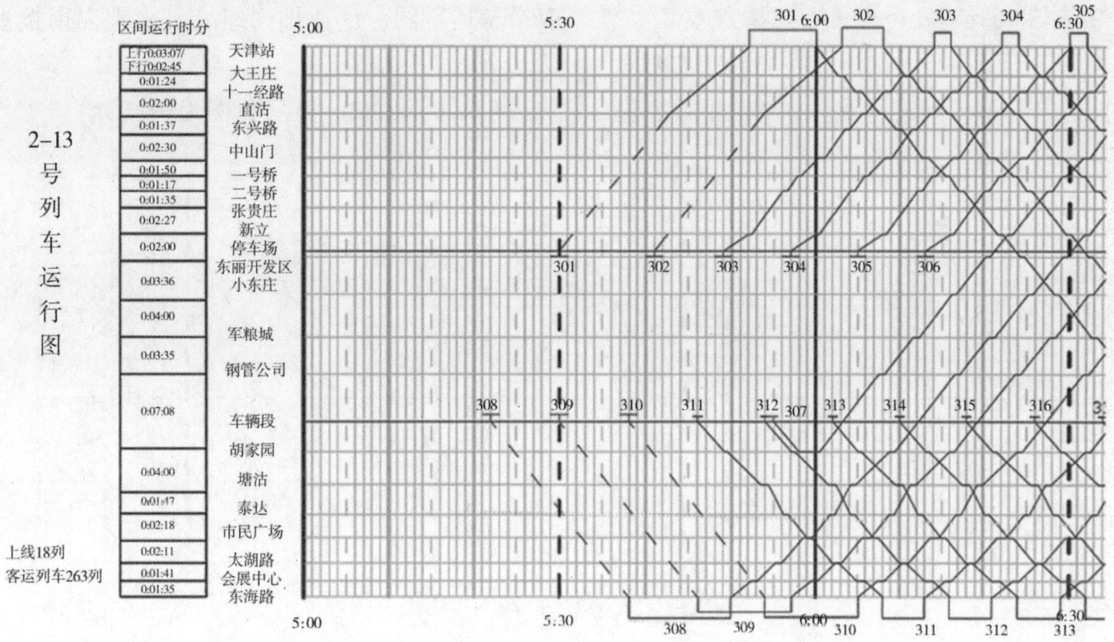

2-13号列车运行图

全天共安排18列车上线运行，其中车辆段发12列，停车场发6列，段场各备用一组列车，共20列。故每班出早车司机不得低于20组。

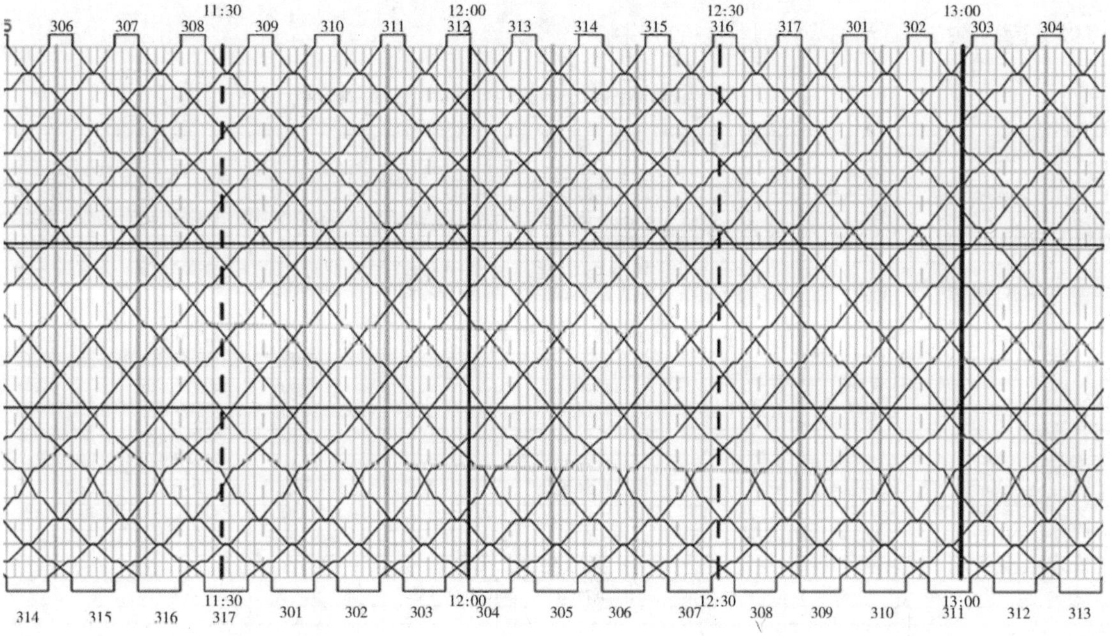

中午用餐时间最大在线列车20列，考虑司机用餐时间，应增加2—3组司机，可以取最大值23组。

根据人员技能水平，每组司机控制在每月5000—6000千米，通过2－13号列车运行图总走行千米计算，每班用人应为24—29组司机。

综合考虑，每班配置司机应为29组，同时考虑5%左右的备用率，应增加两组司机，则每班31组。按三班轮乘制配备人员共需31组×3＝93组司机。

5.2 运行图的切割及轮乘表的生成

根据运行图进行人员测算完毕后，需要对运行图进行分解，制定轮乘表。制定轮乘表包括分解运行图、重新排列组合、轮乘表衔接、人员分配等几部分。

仍以 9 号线 2－13 运行图为例：

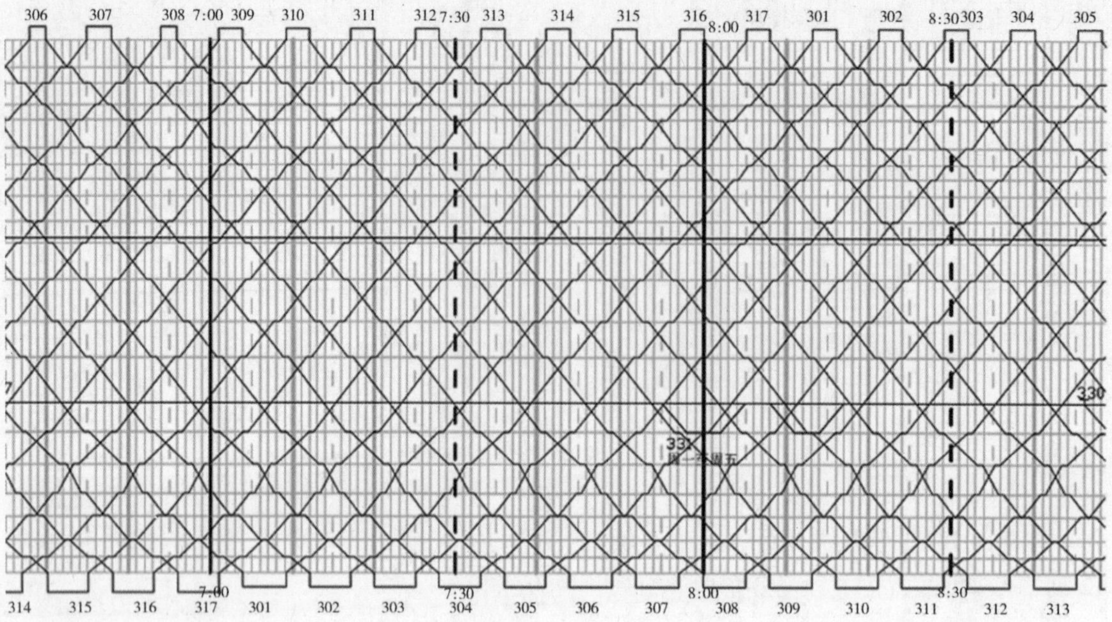

将以上运行图按照直沽站为分割点进行分割：

2-13津滨轻轨9号线时间点划分（18辆车段发12辆，场发6辆）

序号	车次	划分时间段							
1	301	5:30场-8:04上	8:04上-10:20上	10:20上-12:36上	12:36上-14:53上	14:53上-17:27下	17:27下-19:43下	19:43下-21:41上	21:41上-23:17
2	302	5:41场-8:12上	8:12上-10:28上	10:28上-12:44上	12:44上-15:01上	15:01上-17:35下	17:35下-19:51下	19:51下-21:49上	21:49上-23:25
1	303	5:49场-8:20上	8:20上-10:36上	10:36上-12:52上	12:52上-15:08上	15:08上-17:24上	17:24上-19:59下	19:59下-21:57上	21:57上-23:33
8	304	5:57场-8:47下	8:47下-10:44上	10:44上-13:00上	13:00上-15:16上	15:16上-17:32上	17:32上-20:07下	20:07下-22: 05上	22:05上-23:41
5	305	6:05场-8:55下	8:55下-10:52上	10:52上-13:08上	13:08上-15:24上	15:24上-17:40上	17:40上-20:15下	20:15下-22:13上	22:13上-23:49
6	306	6:13场-9:03下	9:03下-11: 00上	11:00上-13:16上	13: 16上-15:32上	15:32上-17:48上	17:48上-20:23下	20:23下-22:21上	22:21上-23:57
7	307	5:55段-9:11下 6: 55下	9:11下-11:27下	11:27下-13:24上	13:24上-14:40东下	14:40东-22:03东	22:03东-22:20段		
8	308	5:22段-7:03下	7:03下-9:00上	9:00上-11:35下	11: 35下-13:32上	13: 32上-15:48上	15:48上-18:04上	18:04上-20:20上	20:20上-22:36
17	309	5:30段-7:11下	7:11下-9:08上	9:08上-11:24上	11: 24上-13:40上	13: 40上-15:56上	15:56上-18:12上	18:12上-20:28上	20:28上-22:45
10	310	5:38段-7:19下	7:19下-9:16上	9:16上-11:32上	11:32上-13:48上	13:48上-16:04上	16:04上-18:20上	18:20上-20:36上	20:36上-22:53
11	311	5:46段-7:27下	7:27下-9:24上	9:24上-11:59下	11:59下-13:56上	13:56上-16:12上	16:12上-18:28上	18:28上-20:44上	20:44上-23:31
12	312	5:54段-7:35下	7:35下-9: 32上	9: 32上-12:07下	12:07下-14:04上	14:04上-16:20上	16: 20上-18:36上	18: 36上-20:52上	20:52上-23:09
13	313	6:02段-7:43下	7:43下-9: 40上	9: 40上-11: 56上	11:56上-14:12上	14:12上-16:28上	16: 28上-18:44上	18: 44上-21:00上	21:00上-23:17
	314	6:10段-7:51下	7:51下-9: 48上	9: 48上-12: 04上	12:04上-14:20上	14:20上-16:36上	16:36上-18:52上	18: 52上-21:08上	21:08上-22:45
	315	6:18段-7:59下	7:59下-9:56上	9:56上-12:31下	12:31下-14:28上	14:28上-16:44上	16:44上-19:00上	19:00上-21:16上	21:16上-22:53
	316	6:26段-7:48上	7:48上-10:04上	10:04上-12:20上	12:20上-14:36上	14:36上-16:52上	16:52上-19:08上	19:08上-21:24上	21:24上-23:01
	317	6:34段-7:56上	7:56上-10:12上	10:12上-12:28上	12:28上-14:44上	14: 44上-17:00上	17:00上-19: 16上	19:16上-21:32上	21:32上-23:09
	330	8: 46段-10: 30东	10: 30东-15:40上	15: 40上-17:56上	17:56上-20:31下	20:31下-22:28上	22:28上-23:22段		

直沽排表 | 直沽分点 | 天津站排表 | 天津站摘点 | 东海路摘点

根据测定的司机人数进行重新组合：

2-13全线开通8分钟轮乘表编制（班组调整）（33组人）

序号	车次	出车	序号	车次	收车	序号	车次	中场	序号	车次	中场	序号	车次	中场
1			1			1			1			1		
2	场备	9:30场上-9:30场下	2			2			2			2		
3	直备	9:00上-10:30下	3			3			3			3		
4	301	5:30场-8:04上	4	308	18:04上-20:20上	4	316	14:36上-16:52上	4	307	11:26下-13:24上	4		
5	302	5:41场-8:12上	5	309	18:12上-20:28上	5	317	14: 44上-17:00上	5	308	11: 34下-13:32上	5		
6	303	5:49场-8:20上	6	310	18:20上-20:36上	6	301	14:52上-17:26下	6	309	11: 24上-13:40上	6		
7	304	5:57场-8:28上	7	311	18:28上-20:44上	7	302	15:00上-17:34下	7	310	11:32上-13:48上	7		
8	305	6:05场-8:36上	8	312	18: 36上-20:52上	8	303	15:08上-17:24上	8	311	11:58下-13:56上	8	307	9:11下-11:26下
9	306	6:13场-8:44上	9	313	18: 44上-21:00上	9	304	15:16上-17:32上	9	312	12:06下-14:04上	9	308	9:00上-11:34下
10	301	8:04上-10:20上	11	308	20:20上-23:09场	11	315	16:44上-19:00上	11	306	13: 16上-15:32上	11	315	9:56上-12:30下
11	302	8:12上-10:28上	12	309	20:28上-23:15场	12	317	17:00上-19: 16上	12	308	13: 32上-15:48上	12	316	10:04上-12:20上
12	303	8:20上-10:36上	13	310	20:36上-23:23场	13	301	17:26下-19:42下	13	309	13: 40上-15:56上	13	317	10:12上-12:28上
13	304	8:28上-10:44上	14	311	20:44上-23:31场	14	302	17:34下-19:50下	14	310	13:48上-16:04上	14	301	10:20上-12:36上
14	305	8:36上-10:52上	15	312	20:52上-23:39场	15	303	17:24上-19:58下	15	311	13:56上-16:12上	15	302	10:28上-12:44上
15	306	8:44上-11: 00上	16	313	21:00上-23:49场	16	304	17:32上-20:06下	16	312	14:04上-16:20上	16	303	10:36上-12:52上
16	307	6:55下-9:11下												
17	308	5:22段-9:00上	17	305	17:40上-20:14下	17	313	14:12上-16:28上	17	304	10:44上-13:00上	17		
18	309	5:30段-9:08上	18	306	17:48上-20:22下	18	314	14:20上-16:36上	18	305	10:52上-13:08上	18		
19	310	5:38段-9:16上	19	330	17:56上-20:30下	19	315	14:28上-16:44上	19	306	11:00上-13:16上	19		
20	311	5:46段-9:24上	20	307	13:24上-22:20段	20	314	9: 48上-12: 04上	20			20		
21	312	5:54段-9:32上	21	302	19:50下-23:25段	21	310	16:04上-18:20上	21	301	12:36上-14:52上	21		
22	307	5:55段-8:52上	10	330	20:30下-23:22段	10	313	16: 28上-18:44上	10	304	13:00上-15:16上	10	312	9: 32上-12:06下
23	313	6:02段-9:40上	22	303	19:58下-23:33段	22	311	16:12上-18:28上	22	302	12:44上-15:00上	22		
24	314	6:10段-9:48上	23	314	18:52上-22:48段	23	305	15.24上 17:40上	23	313	11:56上-14:12上	23		
25	315	6:18段-9:56上	24	301	19:42下-23:17段	24	309	15:56上-18:12上	24	316	12:20上-14:36上	24		
26	316	6:26段-10:04上	25	315	19:00上-22:53段	25	306	15:32上-17:48上	25	314	12:04上-14:20上	25		
27	317	6:34段-7:19上胡	26	316	19:08上-23:01段	26	330	15: 40上-17:56上	26	315	12:30下-14:28上	26	311	9:24上-11:58下
28	330	8: 46段-10:00东	27	317	19:16上-23:09段	27	308	15:48上-18:04上	27	317	12:28上-14:44上	27	313	9: 40上-11: 56上
29	317	7:19上胡-10:12上	28	306	20:22下-23:57段	28	316	16:52上-19:08上	28	330	10:00东-15:40上	28		
30		出早备用	29	304	20:08下-23:41段	29	312	16: 20上-18:36上	29	303	12:52上-15:08上	29	309	9:08上-11:24上
31		出早备用	30	305	20:14下-23:49段	30	314	16:36上-18:52上	30	305	13:08上-15:24上	30	310	9:16上-11:32上
32	段备	8:30段上-8:30段下	31			31			31			31		
33	胡备	9:00上-10:30下	32			32			32			32		
34			33			33			33			33		

5:50出勤乘坐306次列车直沽等待接车

2-13全线开通8分钟轮乘表编制（班组调整）（31组人）

序号	车次	出车	序号	车次	收车	序号	车次	中场	序号	车次	中场	序号	车次	中场

直沽排表 | 直沽分点 | 天津站排表） | 天津站摘点 | 东海路摘点

根据司机人员配置情况，生成轮乘表：

序号	车辆段	11月15日 班组微调	11月16日 班组微调	11月17日 周四（2-13排表）	11月18日 周五（2-13排表）	11月19日 周六（2-13）	周
1 ●	高鑫 张建兴	304 10:44上—13:00上 313 14:12上—16:28上 305 17:40上—20:14下	308 5:28段 - 9:00上	休	315 9:56上—12:31下 306 13:16上—15:32上 312 16:20上—18:36上 304 20:07下—23:41段	330 8:46段 - 10:30东	
2	张磊1377 张伟2621	308 5:28段 - 9:00上	休	315 9:56上—12:31下 306 13:16上—15:32上 312 16:20上—18:36上 304 20:07下—23:41段	330 8:46段 - 10:30东	休	314 1 306 1 315 1
3 ●	刘建 高山	休	313 11:56上—14:12上 305 15:24上—17:40上 314 18:52上—22:48段	330 8:46段 - 10:30东	休	314 12:04上—14:20上 306 15:32上—17:48上 315 19:00上—22:53段	312 5
4	曹东 罗松	313 11:56上—14:12上 305 15:24上—17:40上 314 18:52上—22:48段	314 6:15段 - 9:48上	休	314 12:04上—14:20上 306 15:32上—17:48上 315 19:00上—22:53段	312 5:54段 - 9:32上	
5 ●	王春 卢宾	314 6:15段 - 9:48上	休	314 12:04上—14:20上 306 15:32上—17:48上 315 19:00上—22:53段	312 5:54段 - 9:32上	休	311 9 315 1 310 1 302 1
6	宋毅 朱占明	休	305 10:52上—13:08上 314 14:20上—16:36上 306 17:48上—20:22下	312 5:54段 - 9:32上	休	311 9:24上—11:59下 315 12:31下—14:28上 310 16:04上—18:20上 302 19:51下—23:25段	316 6 直
7	倪志平 田雨晨	305 10:52上—13:08上 314 14:20上—16:36上 306 17:48上—20:22下	309 5:36段 - 9:08上	休	311 9:24上—11:59下 315 12:31下—14:28上 310 16:04上—18:20上 302 19:51下—23:25段	316 6:26段 - 7:48上 直沽备用到9:00	
8	李伟1729 李海洋	309 5:36段 - 9:08上	休	311 9:24上—11:59下 315 12:31下—14:28上 310 16:04上—18:20上 302 19:51下—23:25段	316 6:26段 - 7:48上 直沽备用到9:00	休	301 1 330 1 316 1
9 ●	张宝 孙竹东	休	314 12:04上—14:20上 306 15:32上—17:48上 315 19:00上—22:56段	316 6:26段 - 7:48上 直沽备用到9:00	休	301 12:36上—14:53上 330 15:40上—17:56上 316 19:08上—23:01段	313 6
10	张超 王润强	314 12:04上—14:20上 306 15:32上—17:48上 315 19:00上—22:56段	316 6:31段 - 10:04上	休	301 12:36上—14:53上 330 15:40上—17:56上 316 19:08上—23:01段	313 6:02段 - 9:40上	
11	张德舜	316 6:31段 - 10:04上	休	301 12:36上—14:53上 330 15:40上—17:56上	313 6:02段 - 9:40上	休	312 9 304 1

车辆段 | 停车场 | Sheet1

5.3 轮乘表的调整

轮乘表生成后，经过一个周期的试运行，需根据运行情况对轮乘表进行调整，调整中需考虑段、场司机的平均千米数及最大表与最小表的千米差，尽量做到段、场司机平均千米数相近，最大表与最小表千米数相近。最后生成最终轮乘表，司机依据此表，作为每日上下班及走行千米统计的依据。

6 总结

轮乘制下，司机工作存在两个难点：一是司机每天接触不同的运转值班员，在人员管理上存在漏洞，不能做到固定班组、固定管理，不利于司机的管理；二是轮乘表中，司机的用量，如何达到人员利用率与行车安全的平衡。

9 号线的轮乘制是偏向于三班一运转的轮乘制，司机与运转值班员在大体上能够做到相对固定。同时，通过司机出退勤、交接班、班前班后会等环节的控制，使运转值班员能够对司机做到有效管理，提高运营稳定性。

最大限度地提高人员利用率同时满足行车安全的要求，是轮乘制的特点。天津地铁 9 号线经过十多年的轮乘制运用实践，根据司机驾驶强度、运行图间隔及人员备用率等要素，总结出一套适合自己的人员测算方法，在此基础上，进行轮乘表的编制工作，可以较大地提高司机的利用率，同时较大程度地提高运营的稳定性。

天津轻轨9号线电客车空调系统半载功能改造

刘忻述　焦　蕊

（天津滨海快速交通发展有限公司）

摘　要：津滨轻轨9号线运营以来，夏季客室温度低的问题一直存在。鉴于压缩机容量控制机构未得到有效利用，我司通过改进控制程序及控制电路的方式对其进行利用，实现了根据客室温度调整压缩机输出功率的功能，经测试可有效改善客室温度。

关键词：制冷系统；空调机组；容量控制电磁阀

1　引言

津滨轻轨9号线电客车配备空调为定频单冷空调，制冷系统具备全冷、半冷两种运行模式。通过10年来的运营，乘客对车内温度的不满一直困扰着我们，每年都有许多客服投诉，反映车内温度不舒适。抛开乘客主观因素，单从设备角度出发，存在许多问题制约着空调的调节。其中最主要的因素为空调设计制冷量过大。同比天津其他地铁线路，天津1、2、3号线的空调制冷量设计均为29kW，而我公司空调机组制冷量设计为35kW，而且通过试验台测试制冷量后，其空调实际制冷量为37kW左右。制冷量过大将导致蒸发温度过低，整车的降温速度快，压缩机起机很短时间便使整车温度下降，引起列车内的温度变化较快，压缩机在工作时风口出风温度低，引起乘坐舒适性下降。本文从空调制冷系统及控制部分着手，介绍为压缩机增加半载工作模式的一种参考方案，以缓解制冷量过大的问题，供业内存在类似问题的运营单位参考。

2　改造原理

每台压缩机标配有2个容量控制电磁阀，可实现压缩机制冷量容量3档控制，如图1中SV12、13所示[1]。

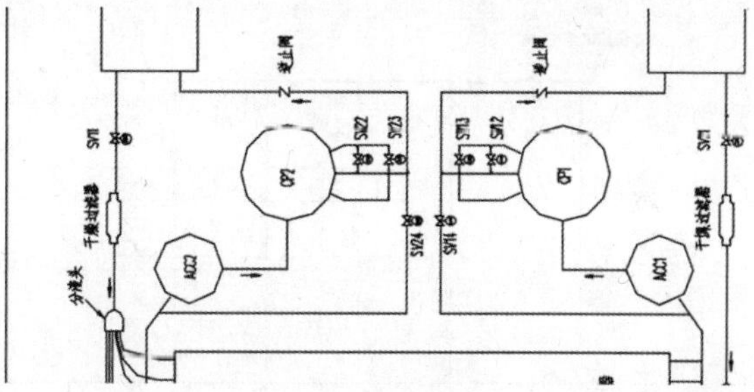

图1　制冷管路图

现有空调控制系统只在压缩机启动时对容量控制电磁阀进行控制，只起到了压缩机启动保护的功能，而没有利用其容量控制功能。通过前期空调机组的性能试验，我司已经通过手动控制容量电磁阀的开闭，试验了空调机组半载功能，通过数据显示，整个空调机组可实现制冷量50%、70%的功能。对应的蒸发出风温度也有不同程度的上升。

而在电客车电路布置上，已有电磁阀的控制线，如增加半载功能，可利用PLC的预留输出端口，对电磁阀的控制电路进行设计。同时，需要修改PLC程序，定义预留输出口，同时给程序中增加半载工况，以及增加对应的反馈及保护功能。因此，在对控制电路进行改造的同时，还需对程序进行修改，将压缩机半载的工况加入到程序执行中。

3 改造方案

3.1 空调机组

容量控制电磁阀本身即带有接线，与控制柜连通，因此机组部分不需作任何修改。

3.2 控制电路

原电路中电磁阀通过时间继电器控制通断。为避免对原有功能造成影响，需另设一条新电路。考虑到PLC触点输出容量可能无法满足电磁阀线圈工作需要，在电路上设置一个接触器用于控制电路通断，电路原理图如图2所示（粗实线部分为新增电路）。

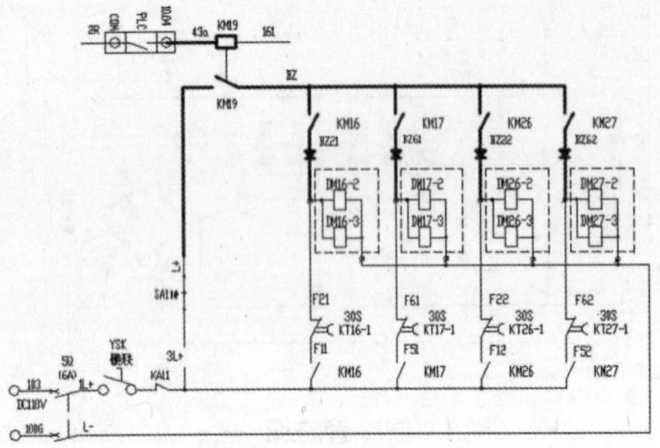

图2 电气原理图

3.3 控制程序

控制系统使用OMRON公司的CPM2A—60CDR型号的PLC，使用对应编程软件CX－Programmer即可修改控制程序。软件界面如下所示：

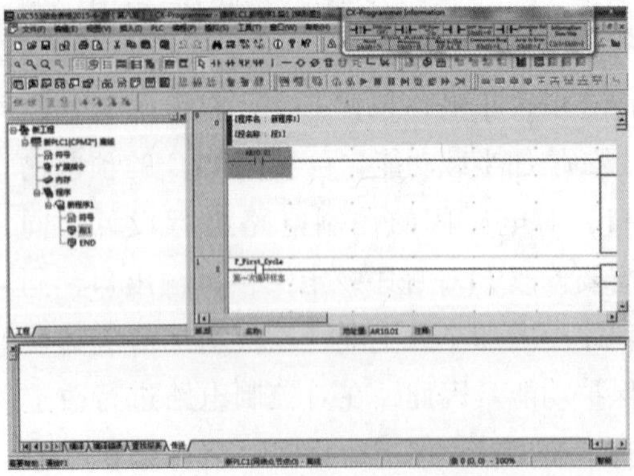

图3 CX－Programmer主界面

具体的控制思路如下：

半冷状态下，当客室温度降低至小于等于25℃时，半冷功能启动，同时PLC输出控制信号，激活对应接触器，相关程序如图4和图5所示。

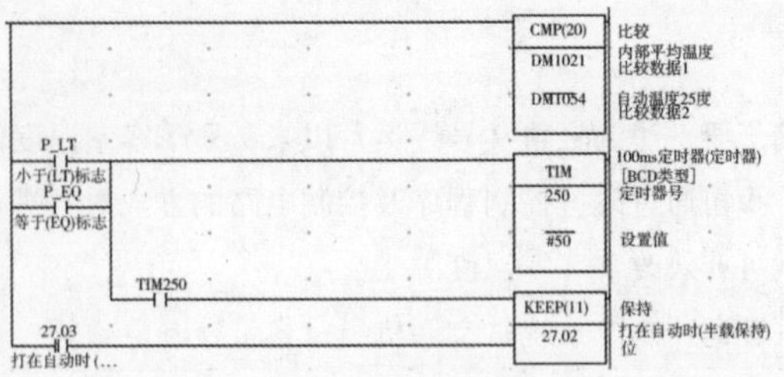

图4 半载投入控制

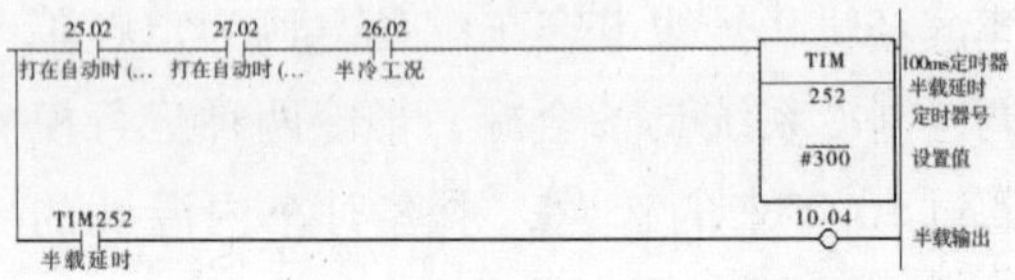

图5 半载输出控制

半载状态下，为避免工作状态频繁改变，设置当客室温度上升至26℃或超过该值时，半载功能取消，空调转至半冷工作模式，程序如图6所示。

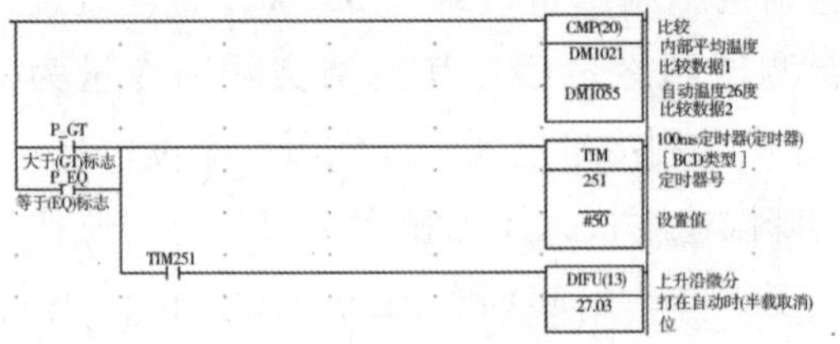

图6 半载退出控制

4 实际效果验证

为检验半载改造车辆的实际效果，选取进行半载改造的3列车（104、105、106）进行测试，同时选取未改造的110车作为对照。半载改造车测试时通过控制程序强制空调工作在半载模式，未改造车辆测试时设置为强制半冷模式，每列车测试时长均为30分钟，每10分钟记录一次车内环境温度数据（数据来源于客室温度传感器)。比较4列车在30分钟内温度变化情况。

表1　客室温度对比

项目 \ 时间	初始	10分钟	20分钟	30分钟
104温度（℃）	25.9	25.1	24.5	24
105温度（℃）	26.1	25.8	24.4	23.9
106温度（℃）	25.9	25.2	24.1	23.6
110温度（℃）	26	24	23	21.9

根据表1数据，与未改造列车相比，改造过的列车30分钟内平均温度高1.9℃，效果较明显。同时根据首批十列车2016年改造后夏季正线投诉情况来看，未发生与客室温度相关的投诉，其实际效果得到了验证。

5　结语

通过对空调压缩机半载与全载状态客室温度变化情况的比较，证明半载功能可有效改善客室环境舒适度；且半载运行时降低了压缩机的输出功率，因此也具有一定的节能效果。对因空调制冷量设计不当引起的问题有改善作用。但制冷量并非唯一的影响因素，风道设计及出风口设计也对客室舒适度有很大影响，实际应用时应综合考虑。

参考文献

[1] 葛党朝，李小平．城市轨道交通车辆空调系统[M]．重庆：重庆大学出版社，2013.

现代有轨电车供电系统谐波分析及抑制研究

张　梅

（天津滨海快速交通发展有限公司）

摘　要：本文主要指出现代有轨电车谐波产生的原因和在牵引供电系统造成的危害，并将计算的现代有轨电车谐波量与实际测量谐波量进行比较得出，现代有轨电车各牵引变电所产生的谐波满足国标的要求和谐波电流、电压也符合国家对谐波的要求。

关键词：现代有轨电车；谐波

谐波能够使系统容量降低，并且缩短设备使用寿命，甚至危害生产安全与稳定。而谐波电流是一切谐波问题产生的源头，所以，在研究谐波危害时，重点研究谐波电流造成的危害，在城市轨道交通系统中确保谐波电流、电压满足国家标准，使之造成的危害在可控范围之内。作为亚洲第一条 Translohr 现代有轨电车试验的天津试验线，在传统的变电所—接触网的供电模式下，本文主要检验系统谐波产生情况是否符合国家标准，并给出相应谐波抑制方法。

1　谐波的定义以及限制标准

1.1　谐波的定义

谐波的定义为：一个非正弦、周期性的电气量（电压、电流、磁通等），用傅里叶级数分解，得到的频率与原波形工频相同的正弦波分量称为基波分量。而频率为基波频率整数倍（大于 1）的正弦波分量称为谐波（分量）。谐波频率与基波频率的比值（下 fn/fl）称为谐波次数。

1.2　国家关于谐波量的限制标准

新交通项目的电压等级主要为 10kV、0.75kV、0.38kV。产生谐波的电压等级主要为 10kV、0.75kV。

国家标准 GB/T 14549—1993《电能质量公用电网谐波》，给出了公用电网谐波电压、谐波电流的限制值。

1.2.1　谐波电压限值

公用电网谐波电压（相电压）不应超过下表中规定的允许值。

表 1　公用电网谐波电压标准值

电网标称电压 KV	电压总谐波畸变率%	各次谐波电压含有率:%	
		奇数	偶数
0.38	5.0	4.0	2.0
10	4.0	3.2	1.6

1.2.2　谐波电流限值

a）公共连接点的全部用户向该点注入的谐波电流分量（方均根值）不应超过表 2 中规定的允许值。

b）同一公共连接点的每个用户向电网注入的谐波电流允许值按此用户在该点的协议容量与其公共连接点的供电设备容量之比进行分配。

表 2　谐波电流限值

标准电压 Kv	基准短路容量 MVA	谐波次数及谐波电流允许值：A									
		2	3	4	5	6	7	8	9	10	11
0.38	10	78	62	39	62	26	44	19	21	16	28
10	100	26	20	13	20	8.5	15	6.4	6.8	5.1	9.3

2　谐波产生的原因及危害

谐波产生的原因主要是由于电力系统中

存在非线性元件及负载，如电容性负载、感性负载及开关变流设备（诸如电动机、整流装置等）。

牵引供电系统中的谐波危害主要表现在以下几个方面：

（1）增加了用电设备的附加损耗，使设备过热，降低设备的效率和利用率。

特别是谐波电流使变压器的铜耗增加，3次及其倍数次谐波对三角形连接的变压器，会在其绕组中形成环流，使绕组过热；全星形连接的变压器，可能形成3次谐波谐振，使变压器附加损耗增加。

（2）影响继电保护和自动装置的工作和可靠性。会使继电保护装置产生拒动或误动，直接危及电网的运行安全。

（3）使测量和计量仪器的指示和计量不准确。

3 新交通设备类型及产生的谐波情况

经统计现代有轨电车项目范围内使用的设备的类型以及产生谐波的次数，见表3。

表3 现代有轨电车项目各设备产生谐波的次数

序号	名称	主要谐波次数				
	产生谐波的主要负荷	3	5	7	9	11
1	厨房电器		√	√	√	
2	整流变压器	√	√	√	√	√
3	UPS、蓄电池等电源装置		√			√
4	中央空调			√	√	
5	通信信号及电力监控等电子设备		√	√		
6	洗车库及消防泵房动力		√	√	√	√

4 现代有轨电车谐波量的计算及实际测量

由于谐波量不易准确估计，目前国内通用的做法为：设计阶段采用模拟计算，工程投运前后进行谐波电流、电压实测，然后根据线路的运行情况，进行技术经济比较，以此来确定减少谐波影响的措施。

4.1 现代有轨电车谐波量的计算值

天津现代有轨电车项目在工程设计初期，同样进行了谐波量的模拟计算。考虑到从技术角度来看，整流脉数越多，则谐波干扰越小；从经济角度来看，整流脉数越多，整流变压器制造越复杂，成本越高的因素。新交通试验线牵引整流机组容量很小（仅630kVA），从节约设备投资、减小变电所面积考虑，通过谐波量计算，采用单机组12脉波整流就可以满足规定要求。

表4 牵引变电所远期高峰小时产生的各次谐波电流表

	各次谐波电流（A）					
牵引变电所	5次	7次	11次	13次	17次	19次
洞庭路	0.34	0.21	4.13	4.06	1.17	1.04
第四大街	0.52	0.37	5.76	5.21	1.87	1.77
车辆段（正线）	0.48	0.35	5.43	5.09	1.75	1.64
车辆段	0.46	0.31	5.23	4.88	1.62	1.54
第十一大街	0.45	0.29	5.19	4.78	1.47	1.34
学院区北站	0.42	0.28	4.26	4.38	1.45	1.37

表5 牵引变电所远期高峰小时产生的各次谐波电压表

畸变率（%）	5次（%）	7次（%）	11次（%）	总电压畸变率(%)
洞庭路	0.015	0.013	0.568	0.79
第四大街	0.025	0.022	0.958	1.33
车辆段（正线）	0.024	0.021	0.901	1.30
车辆段	0.023	0.020	0.878	1.28
第十一大街	0.022	0.019	0.826	1.15
学院区北站	0.020	0.017	0.744	1.033

表4和表5为初步设计时谐波电压、电流模拟估算值，经与国家国家标准中谐波电压、电流值对比可知，各牵引变电所产生的谐波均能够满足国标的要求。

4.2 现代有轨电车谐波量的实测情况

为了验证谐波量是否超标，选取用电负荷

最大的车辆段变电所进行谐波量的测试。测试情况如下：

4.2.1 测试位置

测试位置为车辆段1段、2段受总柜处。

4.2.2 测试结果

1）谐波电压

a）1#进线

表6 1号变压器10kV母线谐波电压数据（%）

次数	A相	B相	C相	国标限值
THD	0.94	0.97	0.96	4
2	0.02	0.02	0.02	1.6
3	0.05	0.08	0.07	3.2
4	0.03	0.03	0.02	1.6
5	0.74	0.73	0.75	3.2
6	0.02	0.01	0.01	1.6
7	0.47	0.50	0.44	3.2
8	0.02	0.02	0.02	1.6
9	0.03	0.02	0.03	3.2
10	0.02	0.01	0.01	1.6
11	0.23	0.26	0.27	3.2
12	0.02	0.01	0.01	1.6
13	0.15	0.18	0.17	3.2
14	0.02	0.01	0.01	1.6
15	0.04	0.03	0.15	3.2

由上述测试结果可以看出，1号线路各次谐波电压均未超过国家限值，且低于初步设计计算值。

b）2号进线

表7 2号变压器10kV母线谐波电压数据（%）

次数	A相	B相	C相	国标限值
THD	0.68	0.58	0.68	4
2	0.08	0.09	0.07	1.6
3	0.15	0.17	0.14	3.2
4	0.11	0.05	0.09	1.6
5	0.45	0.38	0.50	3.2
6	0.06	0.04	0.03	1.6
7	0.42	0.37	0.39	3.2
8	0.06	0.04	0.02	1.6
9	0.06	0.04	0.02	3.2
10	0.06	0.04	0.02	1.6
11	0.20	0.17	0.18	3.2
12	0.05	0.03	0.01	1.6
13	0.08	0.08	0.06	3.2
14	0.05	0.03	0.02	1.6
15	0.04	0.03	0.02	3.2

由以上测试结果可以看出，2号线路谐波电压均未超过国标限值，且低于初步设计计算值。

2）谐波电流

a）1号进线

表8 1号变压器10kV测母线谐波电流数据

次数	A相	B相	C相	国标限值
1	11.51	12.23	12.48	\
2	0.08	0.08	0.08	9.23
3	0.24	0.38	0.38	1.66
4	0.04	0.03	0.03	4.62
5	0.69	0.66	0.66	2.17
6	0.04	0.04	0.04	3.02
7	0.19	0.23	0.23	2.49
8	0.02	0.02	0.02	2.27

续表

次数	A相	B相	C相	国标限值
9	0.14	0.10	0.10	1.98
10	0.02	0.01	0.01	1.81
11	0.46	0.43	0.43	3.01
12	0.02	0.02	0.02	1.53
13	0.41	0.37	0.36	2.81
14	0.01	0.01	0.01	1.31
15	0.04	0.05	0.05	1.46

由上述测试结果可以看出，1号线路谐波电流均未超过限值，最大谐波电流为5次谐波，谐波电流值为0.69A，仅为标准值的32%。

b）2号进线

表9　2号变压器10kV测母线谐波电流数据

次数	A相	B相	C相	国标限值
1	7.75	6.99	7.81	\
2	0.15	0.10	0.03	9.23
3	0.10	0.06	0.10	1.66
4	0.06	0.03	0.04	4.62
5	0.37	0.30	0.36	2.17
6	0.03	0.02	0.01	3.02
7	0.19	0.18	0.19	2.49
8	0.04	0.01	0.01	2.27
9	0.05	0.03	0.04	1.98
10	0.03	0.01	0.01	1.81
11	0.67	0.65	0.68	3.01
12	0.03	0.01	0.01	1.53
13	0.23	0.22	0.23	2.81
14	0.03	0.01	0.01	1.31
15	0.04	0.04	0.04	1.46

由上述测试结果可以看出，2号线路谐波电流均未超过限值，最大谐波电流为5次谐波，谐波电流值为0.37A，为标准值的17%。

综上所述：车辆段变电所1号、2号线路谐波电压、电流均符合国家对谐波的要求。同时，实测值低于初步设计时理论计算值。

5　谐波抑制措施

所谓的消除电力系统谐波的措施，就是限制谐波发生源注入电网的谐波含量，把电力系统中的谐波分量控制在允许的范围内的各种措施。轨道交通系统常用的谐波抑制措施主要由以下几个方面：

（1）三相整流变压器采用Y/Δ或Δ/Y联接，这样可以消除3的整数倍的高次谐波，电网中的谐波电流只有5、7、11、13等奇次谐波。

（2）增加整流装置的脉动数，减少低次谐波，达到降低谐波的目的。牵引变电所现在大多采用24脉波整流装置代替12脉波整流装置。脉波数越多，则其整流元件的导通角的间隔越小，产生的谐波就越少。

（3）装静止无功补偿装置。

（4）采用有源滤波装置。

6　结论

天津现代有轨电车在传统的变电所—接触网的供电模式下，谐波电流和电压均符合国家标准，对设备危害性小，但为尽可能消除谐波危害，也应不断改进相应谐波抑制方法。

参考文献

[1] 李建民，孙建设．城市轨道交通供电系统谐波分布研究［J］．电测与仪表，2008，45（2）：1－6.

[2] 吴竞昌．供电系统谐波［M］．中国电力出版社，1998.

[3] 何正友，胡海涛，方雷，等．高速铁路牵引供电系统谐波及其传输特性研究［J］．中国电机工程学报，2011，31（16）：55－62.

[4] 陈自满．地铁供电系统谐波电流和无功功率综合治理方案［J］．技术与市场，2014（7）：62－62.

[5] 金照盈．城市轨道交通供电系统谐波分析及对配

网的影响研究［D］. 郑州大学，2014.
［6］赵大伟. 城市轨道交通供电系统谐波分析及抑制方法初探［J］. 轨道交通装备与技术，2015（4）：26－28.
［7］谢旭钦. 铁路牵引供电系统谐波谐振分析及抑制方法研究［D］. 北京交通大学，2016.
［8］任峰. 地铁集中供电系统谐波治理［J］. 电工技术，2016（5）：1－2.

运营线路维检修作业时间控制与分配

南　山

（天津滨海快速交通发展有限公司）

摘　要：运营线施工管理是个系统工程，它具有点多、线长、施工作业时间短、各专业交叉作业多、工作量大、施工地点在轨行区、施工的时间在夜间运营结束后等特点，如何有效地在有限的时间和空间内完成计划、组织、指挥、协调工作，有序地控制好各项施工作业是我们需要研究和改进的问题。本文主要根据天津地铁9号线维检修作业时间控制进行探讨。

关键词：轨道交通；施工管理；时间控制

1　前言

天津地铁9号线全长52.259千米，维检修工作都集中在同一个有限的时间和空间内，由线桥、供电、机电、信号、通信等多个专业行车设备组成。各专业在检修过程中有的需要停电，有的需要工程车配合，有的需要各专业配合，这就需要统一计划、统一指挥、统一组织、统一协调，有效地分配作业时间才能完成《计划检修周期》的生产任务。通过现状的统计分析，发现存在着作业时间占用不足的问题，下面重点从作业时间控制与分配两方面谈一谈。

2　作业时间控制

作业时间控制其实就是施工组织中的重要控制环节，它直接影响维修施工作业的安排是否有序、合理、可操作和经济等，在计划编制方面主要存在着：

2.1　各专业各自为政

都希望争取更多的施工点和施工时间，互争不让，难以协调和平衡，使计划编制的合理性欠佳，抓不住工作重点。

2.2　各专业对计划实施进度缺乏监督

计划提报比较随意不严谨，造成计划的兑现率较低，临时性计划多，时间空间和作业空间利用率低。容易在同一时间段、同一区域出现作业扎堆或空闲的现象。

2.3　各专业没有针对各自的作业内容制定相应的作业时间标准

提报计划要点时一味地追求施工时间最大化，施工计划开始和结束的时间不灵活，存在一刀切的现象。造成作业时间占用不足致使资源浪费。

3　作业时间分配

作业时间分配就是调度，它是施工组织的指挥棒，调度分配是否合理直接关系到整个施工进程。施工作业分为施工前、施工过程中和施工结束。施工前的准备工作包括人员安排、学习施工作业计划、工器具的准备、施工请点（预请点）等；施工过程中包括进入施工地点路径、相关专业间沟通协调配合与防护、施工进度的控制等；施工结束包括撤除防护、出清线路、人员离场和销点。在这些方面主要存在着：

3.1　施工前的组织与调度

3.1.1　施工单位施工前的准备工作不到位，施工人员不熟悉施工计划中所列事项，有拿错《施工凭证》去错工作地点的、有不按时到位的、有不知如何配合他人的、有工器具准备不齐全的等问题，造成不能按施工进度完成当日作业计划，从而反复提报计划占用区域作业时间的后果。

3.1.2　施工作业需要行车调度员批准方可开始，时常出现各维修项目施工负责人集中在运营结束后排队请点，由于办理手续烦琐，未严格执行预请点制度，造成施工前的准备时间过长，时间利用率低。

3.1.3　工程车段开行时间配合不好，并且洞下施工走行区段距离较长，造成准备时间过长。进入隧道后，可供作业的时间较短。

3.2　施工过程中的防护与监管

3.2.1　各专业对施工计划中作业进度监控不力，从而造成同一区域在较长一段时间内被占用，造成作业时间浪费。

3.2.2　接触网停电挂地线的配合、施工区域的界定、设置防护措施等问题不明确，拖延了施工时间，影响正常施工。

3.3　施工结束后的出清与恢复

撤除防护设施和出清线路、设备恢复时间和状态、本站和异地销点不明确，延误施工结束时间以致影响次日运营安排。

4　作业时间控制和分配应考虑的基本因素

随着运营时间的不断延长，施工时间相对缩短，施工任务在不断加大，而且行车设备开始进入中修或大修周期，作业时间在施工计划编制和施工实施过程中是尤为重要的。

4.1　明确非运营时间内维检修时间的控制

4.1.1　天津9号线非运营时间内可允许检修作业时间范围是24：00至次日4：30，施工单位计划作业时间严格执行开行工程车时，作业计划结束时间为4：30，不受工程车开行影响的可根据实际情况作业结束时间为5：00。

4.1.2　运营即将结束，把上、下行线分为六段（上下行以场/段为界各三段），当上、下行尾班车出清一段后，本区段可以开始组织施工（上行尾班车回段过程中、下行尾班车回场过程中，可分段安排上/下行已出清区段的线路施工），具体细节见图示。

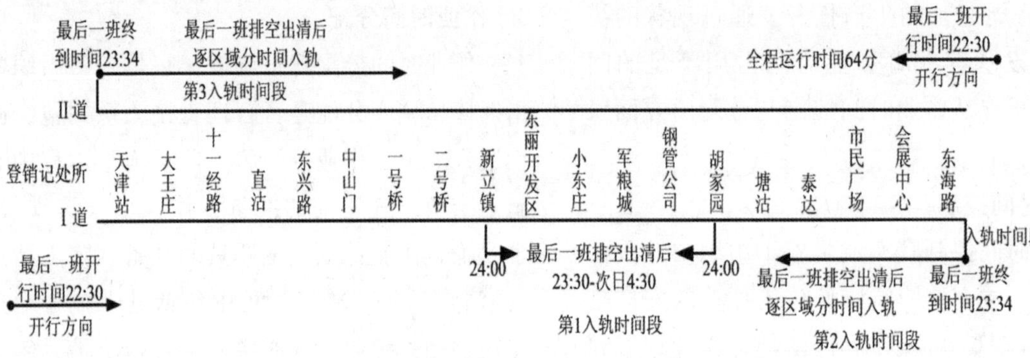

4.1.3　明确工程车开行时间，所有准备工作必须在运营结束前完成并待命，一经接到行调命令即可立即出车。非运营时间内上线工程车，在必要的情况下将开行时间提前至23：40分由车辆段转换轨2出段。在不影响排空回段列车秩序的情况下，减少车辆走行时间占用检修时间，有效地提高作业时间使用率。见图示。

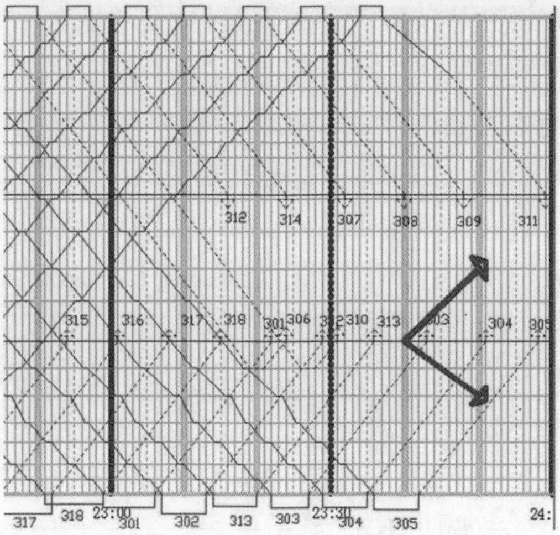

4.1.4　各专业针对各自的作业内容制定相应的作业时间标准以此作为参考依据。在编制施工计划时，需根据当日入轨作业总体安排划分出各专业作业时间范围区间。

4.2　施工准备阶段要充分发挥预请点制度

4.2.1　施工负责人、登销记处所、行车调度员三方要对当日施工计划充分了解，避免由于任何一方不清楚现场情况造成登记手续办理不畅延误作业时间。

4.2.2　明确施工负责人进站时间，规定施工负责人在计划开始时间前30分钟到车站登记施工，办理预请点手续，由车站向行调报备。当线路具备施工条件后，行调向车站发布允许施工的《证令号》，请点生效，可以施工。

4.2.3　明确施工人员进站时间，所有的施工人员在末班车经过前10分到达施工限界外待命。

4.3.4　施工人员在办理请点时，明确进入施工限界内的路径，涉及接触网停电挂地线与配合、施工区域的界定、设置防护措施，防止任何一个环节准备不到位造成作业时间的延误。

5　作业时间控制与分配应遵循的原则

5.1　先计划后实施

作业区域占用时间∑=施工许可证令发放时间+施工许可证令注销时间。根据施工内容制定作业时间，在计划的时间范围内实施可以最大限度地给予利用。

5.2　先防护后检修

在非运营时间内维检修会对行车设备有所影响，甚至会影响到次日的运营安全和秩序，所以进行作业前需进行必要的防护措施，准备到位后方可进行作业。这样一来，在制定计划时应将布放安全措施所用时间预留出来。

5.3　先重点后主要

重点与主要的区分是依据对运营造成影响的程度来界定的，为确保次日运营安全，会对紧急故障处理、影响范围较大且作业时间要求紧凑的大、中修项目给予优先安排。

5.4　先车后检

在非运营时间内维检修作业，都会使用工程车或电客车，由于段/场发车上线到达作业区域，车辆走行时间也是施工组织中应考虑的基本因素。合理分配其他受其影响专业的上线作业时间以避免冲突和交叉，必须待其出清后方可安排上线作业。

5.5　先远后近

合理划分工程区域，避免因工程区域过大造成进度无法完成或占用区域空闲。一个工程区域内，合理安排入轨点和出清点，并根据实际情况多点入轨（包括入轨点和出清点最多三个），由最远的入轨点向出清点推进。

6　明确施工统计分析与考核

6.1　根据施工内容的不同制定相应的作业时间标准

将作业标准作为施工统计、分析和考核的重要参考因素，促进和监督施工单位在施工组织中有序高效地完成生产任务。控制中心对相关施工作业的完成情况进行分类统计，由施工管理主管人员进行分析。

6.2　完善统计参数可追溯性，加强数据量化可分析性

施工周计划、日补充计划的兑现率；未执

行计划的件数及原因；实际施工时间与计划施工时间的比率（施工时间利用率）；临时补修计划实际施工时间。

6.3 根据施工计划完成情况进行考核

施工管理主管人员根据每月的施工统计指标对施工计划进行相应的调整，并根据每月施工计划完成情况向施工管理部门提供考核意见，由施工管理部门实施考核；外单位施工项如有延误施工，由施工（生产）管理部门按有关规定处理。

7 结语

为保证轻轨（9 号线）正常运营，运营部门必须每天对列车、接触网以及道岔等设备进行日常维修以及调试，而这些工作必须在非运营时间内进行。津滨轻轨的运营时间为早上 5∶16至晚上 11 时 58 分，也就是说，目前的日常维修时间主要集中在晚上 24 时至次日凌晨 4∶30这个时段，时间十分紧张。从长远来看，存在一定的空间来使运营时间延长，但势必会缩短夜间检修作业时间。抓好“作业时间”的控制与分配，就需要我们在这一关键环节上合理分配各专业施工计划，规范施工组织程序确保施工、运营两不误。

京津冀地区城际铁路网建设投融资模式探究

刘　萍[1]　王大力[2]

(1. 天津轨道交通集团工程建设有限公司；2. 天津轨道交通集团有限公司)

摘　要：在京津冀一体化发展作为国家战略的宏观背景下，三省市会同铁路总公司共同制定了宏大的区域城际铁路网建设规划，为协调统筹城际铁路建设，京津冀城际铁路投资有限公司应运而生，本文对当前京津冀城际铁路建设投融资模式进行梳理，指出存在的问题并提出解决建议。

关键词：京津冀一体化；铁路投融资；城际铁路网

1　京津冀地区城际铁路网规划情况及资金需求

1.1　区域城际铁路网规划背景及概况

2015 年 4 月 30 日，中央政治局会议审议通过《京津冀协同发展规划纲要》，将京津冀协同发展上升到国家战略层面。交通一体化是区域经济协同发展的重要载体和保证，轨道交通以其全天候、运量大、运费低、省资源的优势成为区域交通一体化的首选突破口。2015 年 11 月，交通运输部联合国家发展改革委制定的《京津冀协同发展交通一体化规划（2014—2020 年）》获批，该规划确定京津冀交通建设将主要以轨道交通为主，打造“轨道上的京津冀”。

目前，京津冀地区铁路运营里程达到 8496 千米，其中高速铁路和城际铁路达到 1185 千米，通达 13 个地级以上城市市中的 10 个。京津冀地区快速客运网已粗具规模，已建成京沪高速铁路、京广客专、津秦客专、石太客专、京津城际、津保高铁等多条快速铁路，极大地方便了区域对外客运交流，加强了区域间的经济联系。随着京津冀地区协同发展的推进，区域产业转移和人口流动加快，区域内各城市间，特别是环京津地区城市间的交流量将激增，呈长期增长态势，客运设施总量和能力仍有待进一步加强，以满足日益增长的客流需求，并引导和支撑地区经济发展。

之前，京津冀三地政府会同中国铁路总公司编制的《京津冀城际铁路网规划修编方案（2015—2030 年）》已上报国家发改委并获批复，该规划以“京津塘、京保石、京唐秦”三大通道为主轴，以京、津、石三大城市为核心，形成“四纵四横一环”为骨架的城际铁路网络，覆盖区域中心城市、重要城镇和主要产业集聚区。规划新建城际线 24 条，总规模 3453 千米。近期建设 8 个城际铁路项目，分别为：京唐城际铁路、京霸城际铁路、京滨城际

图 1　京津冀地区铁路发展规划示意图（近期）

铁路、城际铁路联络线、廊涿城际铁路（涿州至廊坊段）、环北京城际铁路（廊坊至平谷段）、崇礼线、京石城际铁路（图1）；近期实施线路总规模1012千米。

1.2 区域城际铁路网建设资金需求

世界银行对2013年末27条运行中高铁建设成本的分析显示，我国高速铁路建设加权平均单位成本（包括工程筹备、土地、土建工程、轨道工程、车站工程、四电工程、机车车辆、维修场站，以及建设期利息等成本）：时速350千米的项目为1.29亿元/千米；时速250千米的项目为0.87亿元/千米。即使是按照最低标准的250千米时速的铁路测算，京津冀地区规划新建城际铁路需建设资金3000亿元以上，近期实施的项目至少需资金1000亿元。对于投资方来说，采取合理的、可持续的投融资模式，是这一宏大规划能否顺利实现的根本保障。

2 京津冀地区城际铁路建设投融资模式

2.1 2005—2015年京津冀地区城际铁路建设投融资模式

2005年开工建设的京津城际铁路是我国第一条真正意义上的高速客运专线，由原铁道部、北京市和天津市共同组建京津城际铁路有限责任公司，并分别注入资本金，开创了部省（市）合作建设城际铁路的投资模式。这也是2015年之前城际铁路项目部市合作出资的主要模式，这种合作模式主体框架都是由铁路总公司和地方政府的出资人代表共同组建合资公司（项目公司），并按合作协议约定分别、分期注入资本金，其余建设资金由项目公司向银行贷款，项目建成投入运营后由合资公司用票款和其他经营收益偿还银行贷款、抵偿折旧，若有利润则按合作协议约定给出资方分红。地方出资形式有两种，一是现金出资，二是用土地作价入股。该模式如图2所示。

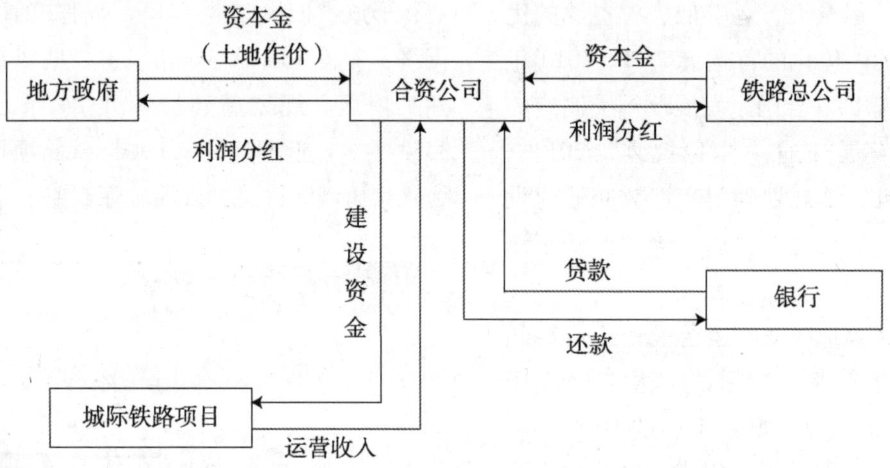

图2 2005—2015年京津冀地区城际铁路建设投融资模式

2.2 京津冀城际铁路投资有限公司成立后的投融资模式

为积极推进区域交通一体化进程，加快构建京津冀区域交通骨骼系统，按照国家铁路投融资改革的要求，在国家发展改革委和京津冀协同发展领导小组办公室的指导下，京津冀三省市政府、中国铁路总公司在北京签署协议，按照3∶3∶3∶1的比例共同出资组建成立京津冀城际铁路投资有限公司（以下简称京津冀铁投公司）。公司注册资本100亿元，主要开展京津冀城际铁路项目投资、铁路工程建设、资产管理、房地产开发、土地整理等业务。

在京津冀铁投公司成立后，三省市政府及铁路总公司的出资人分别将资本金注入京津冀铁投公司，根据项目需求，由京津冀铁投公司再出资设立项目公司，负责具体项目的建设，项目建设资金除资本金外，不足部分由京津冀铁投公司向银行贷款，各地方政府需为京津冀铁投公司提供贷款担保。项目建成后的运营工作由项目公司委托北京铁路局代管，项目运营收入除偿还贷款、抵偿折旧和运营成本外，利润部分由京津冀铁投公司向各投资方分红。具体模式图3所示。

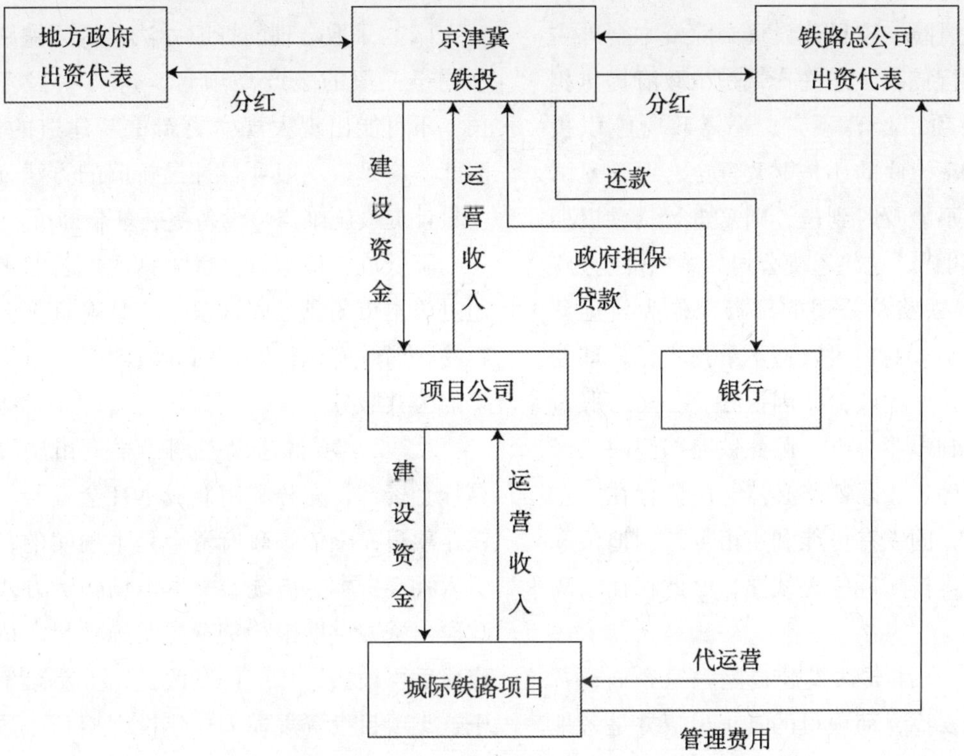

图3　当前京津冀铁投公司城际铁路建设投融资模式

3　当前投融资模式存在的问题及发展建议

3.1　当前投融资模式存在的问题

京津冀铁投公司成立之前和成立之后城际铁路的投融资模式实际上并没有本质变化，京津冀铁投公司当前仅仅是起到统筹各方建设资金并集中使用的作用，除依靠地方政府“输血”以及银行贷款以外，京津冀铁投公司并无其他资金来源。当然，公司刚刚成立，尚处于起步阶段，业务范围存在一定局限性，但这种投融资模式是不可长期持续的，主要存在以下弊端：

3.1.1　城际铁路项目属于准公益项目，而将准公益项目按市场化模式运作是当前投融资模式存在的最根本问题。准公益项目成本组成主要是三个方面：一是贷款利息等财务成本，二是计提折旧，三是运营成本。这类项目投资大、收益低，并且铁路运营初期客流需要一定的培养时间，因此建成初期很难实现盈利，即使运营情况良好的项目，较为乐观的估计也需15—20年的时间方能实现盈亏平衡。按照目前的融资模式，所有成本均由项目自身担负，包袱过重、资金回笼慢，将造成投入资金长期沉淀，不能形成良性运转。

3.1.2　京津冀铁投公司融资任务沉重、融资渠道过于单一。目前，公司资金来源基本上都是债务性资金，自身没有造血机能。公司主营业务局限于城际铁路项目投资业务，大部分项目在初期都将处于亏损运营状态，还本付息的资金亦不能保证，长此以往，公司将面临较高的债务风险。项目建设资金除资本金外主要来源于银行贷款，这些贷款是由政府提供担保的，如果项目经营不善，还需政府施以援手，因此真正兜底的还是财政资金，而一旦财政资金吃紧不能及时到位，则需进行贷款展期或“借新还旧”，这将透支公司后续融资能力。

3.1.3　铁路总公司的出资人作为代运营单位股份过小，对项目收益不承担责任，即使城际铁路有较好的收益，因铁路总公司占股过小也不能得到多少分红，因此铁路部门缺乏经营动力。另外，城际铁路必然与国铁存在一定程度的竞争，国铁有可能利用市场控制地位和调度权优势排挤城际铁路线路，因此存在较高道德风险。

3.1.4　京津冀铁投公司是一家企业，背后没有政府支撑，而项目的真正出资方是各地政府和铁路总公司，是政府部门和全国性垄断企业，京津冀铁投公司的企业身份与其承担的职能不相匹配，对各投资方和运营方协调能力有限，不利于资金筹措和项目实施。

3.2　对京津冀铁投公司投融资模式的建议

3.2.1　京津冀铁投公司应轻装上阵，只承担运营成本。城际铁路这类准公益项目若按照市场化的模式由其自身承担全部财务成本和运营成本则很难保证其财务的可持续性，加之过高的利息负担和庞大的折旧摊销费用，使此类项目很容易陷入财务危机。如中国台湾地区高铁，即采取此类模式，在项目开通仅 3 年就陷入财务危机，被迫进行债务重组。为避免此类情况有两种解决途径，一是由政府负担主要建设费用，二是设法减少京津冀铁投的成本负担。第一种途径显然无法满足庞大路网的资金需求，第二种途径更符合实际，其具体措施是：

（1）政府承担相应的公益性项目投资责任，对京津冀铁投公司提供补贴，用于支付财务成本。

（2）采取合理的折旧办法，城际铁路项目不同于一般的生产型项目，这类项目寿命期长，不可能出现大规模更新重新建造的情况，因此不应采取一般项目计提折旧的方法，而应少量计提设施维修、设备更新基金即可。

降低成本负担后，京津冀铁投公司无论是通过资本市场或是通过银行贷款融资都会更加容易，而政府亦可以在同等财政支出下提供更多的公共服务。

3.2.2　项目建设初期尽早上市融资，公募社会资本，充分利用低成本社会资金。城际铁路项目完全依赖政府资金是不现实的，必须引入社会资本。传统的资本市场融资方式是由政府出资并借助银行贷款先实施项目，待项目建成后再设法进行股份制改造，上市融资。由于这类项目投资规模大、建设周期长、盈利困难，再加上沉重的成本负担，在建成后再上市是非常困难的。美、日等发达国家铁路发展早期及民营化过程中都充分发挥了资本市场融资作用，均是在项目建设期发行股票融资。中国台湾地区高铁项目也是在项目建设期即采取多种股权融资方法，扩大投资来源。目前，我国资本市场日趋成熟，股票发行注册制改革即将落地，京津冀铁路网建设目前正处于起步阶段，机遇难得，有必要尝试在建设期采取股权融资的方法，在减轻成本负担的前提下，可以选取若干条具有稳定收益预期的线路在建设初期上市融资，既可减轻政府出资负担，又可快速回笼资金用于新项目建设，使资金充分流动起来，避免投资长期沉淀。

3.2.3 增强京津冀铁投公司自身造血机能，围绕铁路投资核心业务开展多种经营，大力拓展企业经营范围，向铁路相关领域甚至非铁路业务领域伸出投资经营的触角，如涉足铁路物资装卸服务、仓储物流等领域；介入铁路站、车商业服务，媒体广告，宾馆旅游，以及车（场）站商业地产开发；在辅业上创造效益增长，形成主业和辅业“相辅相成、相互促进”的态势，提高再融资能力，为铁路投资融资提供有力保障。

3.2.4 以车站为核心，积极开展铁路沿线土地综合开发业务，对铁路站场及毗邻地区特定范围内的土地实施综合开发利用。城际铁路具有巨大的外部效应，如何有效地将外部效应内部化是城际铁路可持续发展的重要课题。2014年国务院办公厅发布了《国务院办公厅关于支持铁路建设实施土地综合开发的意见》（国办发〔2014〕37号），确立了新建铁路站场实施土地综合开发的政策依据，天津市政府也正在酝酿具体配套政策。京津冀城际铁路建设应以此为契机实施超前规划，一体设计、统一联建，促进铁路站场及城市综合服务设施用地布局协调、交通设施无缝衔接、地上地下空间充分利用，利用土地开发收益弥补铁路建设投资缺口。同时，可积极引入公交、地铁、长途汽车、民航等战略投资者以及社会投资者共同开发，减轻京津冀铁投公司单方面出资压力。

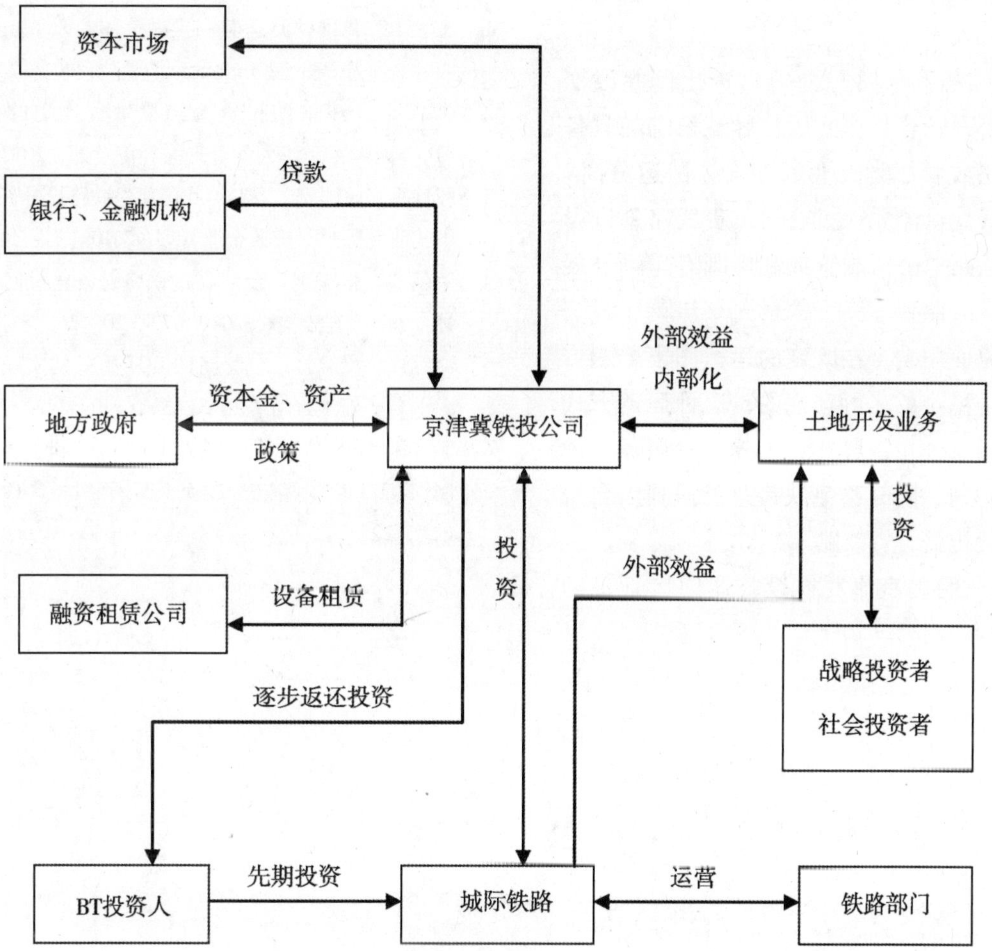

图4 京津冀铁投公司投融资模式建议

3.2.5　积极开展BT项目融资，寻求有实力的投资人（同时也是承包商）先期出资建设。BT模式在城际铁路建设中具有一定优势，尤其是在“轨道+土地”的开发模式下优势更加明显。在做好城际铁路规划和土地开发规划的基础上，首先由投资人出资进行土地收购整理和城际铁路建设，在城际铁路建成前土地开发已达到成熟阶段，京津冀铁投公司可通过土地开发收益陆续向投资人支付费用，利用资金上的时间差解决一次性拿出大量建设资金的问题。

3.2.6　对于机车车辆等成套设备，可采取融资租赁方式获取，机车车辆采购费用占城际铁路总投资的20%左右，这部分设备若能全部或部分采取融资租赁方式解决，可极大减少先期资金投入压力。

3.2.7　提高铁路总公司出资比例并改变与铁路总公司的合作模式。在客流稳定的具备条件的线路或局部路网上可尝试“网运分离”的运营模式。京津冀铁投公司负责线路基础设施建设，铁路总公司购置或利用既有车辆开展运营业务，按照列车开行数量向京津冀铁投公司支付线路使用费。在既定的运行图下，双方的收入都是稳定的、可预期的，这种运营方式可避免铁路总公司因股比小、分红少而经营动力不足的问题，同时避免铁路总公司利用自身调度权优势排挤合资铁路。

3.2.8　明确京津冀铁投公司归口管理的政府部门，建立具有可操作性的协调机制，督促协调投资方资金及时到位。对京津冀铁投公司投融资模式的建议，如图4所示。

4　结语

京津冀城际铁路网建设需要巨额资金投入，单纯依靠政府是不现实的，当前的投融资模式存在一定弊端，项目参与各方不能很好地各司其职，使京津冀铁投公司面临很高的经营风险，必须及时加以调整，即京津冀铁投公司必须做大、做强、做实，发挥核心作用，充分拓展融资渠道，实现可持续发展，方能确保宏大的路网规划最终实现，为京津冀一体化发展战略提供支撑。

参考文献

[1] 王大力. 我国铁路运营和投融资体制改革问题研究［D］. 天津：南开大学经济学院，2015.
[2] 郑伟. 天津铁路投资集团投融资规划的研究［D］. 天津：天津大学管理与经济学部，2012.
[3] 殷红军，周国光，罗赛. 我国新建铁路投融资运作模式研究［J］. 交通企业管理，2010（1）：1－3.
[4] 荣朝和，张宗刚. 台湾高速铁路财务危机问题评述［J］. 综合运输，2010（7），20－26.
[5] 谭克虎，梁晓红. 台湾高铁BOT模式的实践及启示［J］. 亚太经济，2013（5），140－143.
[6] 殷红军，周国光. 我国铁路实施BOT利益共享机制探析［J］. 重庆交通大学学报，2012，12（1），20－24.

地铁轨道交通建设安全案例分析与研究

管建国

（天津轨道交通集团有限公司）

摘　要：目前，随着社会经济的飞速发展，城市地铁轨道交通建设广泛展开，各大省会城市都开始了地铁建设，甚至一些沿海发达城市也相继开始进行地铁或城市轨道交通建设。随之而来的地铁建设安全问题、安全事故屡屡发生，不仅造成了的人员生命和财产损失，有的甚至造成了严重的社会影响以及重大生命和财产损失。本文通过对数起地铁事故案例的分析研究，给地铁建设施工管理人员以借鉴、警示。

关键词：地铁建设；安全事故；分析与研究

1　地铁建设综合概述

随着"京津冀"一体化发展的快速推进，京津两地城市轨道交通建设大面积展开。生产安全事故类型有 20 种，其中"六大伤害"——坍塌、起重、机械、触电、高坠、物打，以及火灾事故是城市轨道交通建设过程中多发、易发的事故类型。建设施工安全问题始终是全社会普遍关心关注的话题，如何能使城市地铁和城市轨道建设施工安全、平稳、有序地进行，是摆在我们地铁建设和施工管理者面前不可回避的问题。近年来，随着各大城市地铁轨道交通建设进行得如火如荼，安全生产事故也是接连发生，给人民生命和财产造成重大损失，例如上海地铁和杭州地铁建设过程中曾发生过较为严重的突泥突水和基坑结构坍塌事故，并造成了严重的社会影响。下面针对近年来数起地铁建设施工发生安全事故，通过对事故发生经过的描述、对案情细节的了解和剖析以及对事故产生原因的初步分析，总结了施工现场管理存在的问题和疏漏，为今后地铁施工建设，现场安全管理提供借鉴和参考，不妥之处，请批评指正。

2　案例分析及施工安全小结

2.1　机械伤害事故

2006 年某地铁工程施工现场，对正在基坑进行人力清挖泥、破桩头的施工。由于基坑内东侧土方较多，人力不易清除，现场要求停在基坑南侧的挖掘机协助清理，在基坑内人员撤离时，因挖斗碰撞钢板桩，造成基坑支撑体系破坏，钢支撑掉落，致伤多名作业人员。案例情况分析：据调查，挖掘机司机违反操作规程冒险作业，挖掘机在移动过程中，单边下陷侧倾，挖掘机司机紧急操作失误，挖斗碰撞支护钢板桩，造成围檩钢支撑与钢板桩焊缝拉裂，基坑三面的围檩、钢支撑和斜支撑掉落，且基坑围檩钢支撑和斜支撑的连接点焊接强度不足，未完成闭合的支撑体系不够牢固，基坑在侧压力和外力作用下失稳垮塌。

施工安全小结：

1）现场管理人员安排施工人员进入现场作业时，应认真排查、消除作业环境的安全隐患，严禁盲目安排施工人员进入存在隐患的现场作业。

2）现场监管人员应及时纠正现场的违章作业、违章指挥。

3）发现现场安全隐患，应及时停止施工，

撤离施工现场，消除隐患。

2.2 火灾事故

2009年某地铁地下工地突发火灾，现场冒出滚滚浓烟，事故导致多人被烧伤。案例情况分析：据调查，火灾是由乙炔爆燃引起的。相关事故案例：2008年某地铁F9地裂缝施工点发生着火事故，原因是在立模钢板切割的过程中，因钢板掉落引发防水材料着火，现场烟雾较大并从隧道两端冒出；2009年某地铁隧道内起火，原因是工人操作不慎，致使焊渣引燃了防水材料。

施工安全小结：

1）地下封闭场所施工，人员不易及时疏散逃生；发生火灾引起人员伤亡的不是火，而是燃烧化学物品产生大量剧烈有毒有害的浓烟，由于通风系统问题，不能及时排除，造成人员中毒或窒息死亡。

2）封闭场所要加强对易燃物品（主要是防水材料，防水卷材为新型材料）的管理；要加强动火作业（火源控制）的审批及管理；要加强对工地使用的电焊气割、电器设备及安全用电管理。

3）发生火灾事故，造成人员伤亡的概率相对较小，但社会影响非常大，各大报纸、电视媒体都以第一时间报道，会对企业声誉造成严重的负面影响。

2.3 地面塌陷事故

2007年某地铁施工导致市区主干道路面塌方，塌方面积达30多平方米，但未造成人员伤亡。案例情况分析：据调查，由于上午项目现场进行了爆破作业，下午在对爆破地段施工支护钢架时，掌子面拱顶突然涌水，淤泥涌进隧道约30米，随之路面发生塌陷，形成深约10米、面积约50平方米的大坑，现场造成多处市政管网折断。初步分析原因是隧道上方存在一个不明水囊空洞，洞内积满了水和淤泥，由于爆破振动，以及支撑钢架的拆除，水和淤泥在重力作用下突然涌入隧道，导致事故发生。相关事故案例：2009年7月19日，深圳地铁1号线续建工程坪洲站的施工场地突然发生地表下沉塌陷。诱因是凌晨台风带来一场特大暴雨，地铁隧道顶部原绿化带松散的杂填土层受到雨水浸泡，顶部污水管破裂大量涌水，造成初支护隧道顶部失稳坍塌而致地表沉陷。

施工安全小结：

1）大多数城市都与江河湖海相邻，地质软弱复杂，地下水丰富，管线纵横交错四通八达，非常容易引发坍塌事故。

2）现场在基坑开挖、隧道掘进、施工降水等作业过程中，容易引起地面沉降，或形成地下空腔和水囊，或管线变形悬空，或管网的跑冒滴漏等隐患。城市道路地面大多进行了硬化或建筑装饰，隐患问题暴露会有一段时间的形成期，或成为交叉施工、降雨、振动、荷载、内力变化等外界事故诱因，或为新的城市建设埋下隐患。

2.4 爆炸事故

2007年某地铁工程出现渗水塌陷，造成天然气管道断裂爆炸。事故导致周边大量住户居民停水、停电、停气，所幸事故未造成人员伤亡。案例情况分析：据调查，施工单位严格按照施工方案施工，没有违规施工的情况。造成路面塌陷的原因是塌陷路段下卧土层长期被老化水管漏水浸泡软化，有压力水击穿下卧土层冲入已建成的地铁隧道内，从而造成塌陷。

施工安全小结：

1）反复的城市建设造成地层沉陷，这对城市市政管网和区域地层结构的破坏是难以预测的。地下管网长期缺乏维护易产生跑冒滴漏，形成较多、较大的地下塌陷空腔和水囊，是地铁建设中巨大的安全隐患。

2）加强雨前、雨中、雨后的安全检查，由于雨水（降雨是事故多发的诱因）的冲流浸泡，易引发松软地质塌陷，特别是地面做过硬化处理的地区和基坑开挖附近地区，沉陷空洞不易被直观发现。

2.5 起重伤害事故

2006年某地铁工地，数名工人正在17米竖井内作业，突然龙门吊中使用的钢丝绳断裂，继而装载有渣土的铁吊斗坠落，造成竖井内3名人员被砸身亡。案例情况分析：据调查，事故原因系龙门吊司机疲劳驾驶龙门吊所致，在龙门吊将挖出的土吊起后，没有注意到重物已到达起重机顶部，而继续加力，致使钢丝绳在强大的拉力之下被拉断。项目安排没有经过专业培训且持假证的未成年人作为起重机司机，而且项目管理人员在明知起重设备存在问题的情况下，签署了验收合格意见，也未阻止该起重机施工运转，最终导致此次事故的发生。相关事故案例：2009年某地铁工地，吊车在基坑边，向基坑下吊放物品时发生侧翻事故，吊臂倒向繁华街道路，造成驾驶室内的司机受伤。

施工安全小结：

1）现场使用的起重设备要由持证的特种作业人员进行安装、操作、指挥、绑扎、维修、拆除等作业，其他人员禁止替代。

2）起重设备投入使用前，按规定组织取证和验收后，合格后方可使用，确保设备安全使用性能。

3）城市繁华地段使用汽车吊、履带吊吊装作业，应制定可靠的防设备倾覆措施。

4）进行吊装作业时，应设置作业安全警戒区，并安排人员防护。

2.6 突泥突水事故

2003年某地铁横通道工程施工作业中，因大量水及流砂涌入，导致隧道部分结构损坏及周边地区地面沉降，三栋建筑物严重倾斜，防汛墙局部塌陷，直接经济损失巨大。案例情况分析：据调查，现场违章施工，技术管理薄弱，施工方案编制欠缺，审批不严；发现险情征兆未向总包、监理单位报告；风险较大工程，无针对性强的应急预案；总包单位未履行管理职责，对分包单位监管不力；未对分包方施工方案调整组织审批；各项技术、质量责任制和管理制度未落实；现场管理人员资格不符合要求，现场管理失控。

施工安全小结：

1）施工方案和技术交底是项目工程安全施工的根本保障，按要求组织编制、审批、评审；现场严格地执行和落实施工方案，才能保证各工序施工的安全。

2）凌晨是施工现场发生事故的高发时段，在这一时段管理人员、作业人员精神状态和工作精力集中度都处于严重的疲劳阶段，容易出现误操作和反应迟钝的情况。夜班人员白天注意休息好，项目领导和管理人员应加强夜班施工作业巡视检查力度。

3）参与单位编制、审批、专家论证方案的人员，专业施工或分包的单位、人员资格经历应满足规定要求。

2.7 基坑坍塌事故

2008年某地铁工地发生地面塌陷事故，造成长约100米、宽约50米的区域塌陷，西侧路基下陷达6米左右，将围护结构全部推垮；自来水管、排污管断裂，大量污水涌出，东侧河水及淤泥向施工塌陷地点溃泻，导致施工塌陷区域被水淹没；事故造成多辆汽车下沉陷落，多人伤亡。案例情况分析：据调查，现场淤泥质黏土，含水的流失性强；交通主干道，来往车流量大，增大对基坑西面的承重墙的冲击；罕见的持续性降雨，使得地层土质流动性加大。相关事故案例：2009年某地铁车站北侧冠梁沟槽机械开挖后，形成较大的临空面。在沟槽内进行清理管线及边坡，拟对沟槽进行支护作业过程中，冠梁沟槽南侧坑壁突然发生坍塌，槽内2名施工人员被坍塌土体掩埋。

施工安全小结：

1）深基坑施工是高风险作业，方案需组织专家审核论证，现场开挖步距，严格执行分层分段的方案规定，边挖边撑并及时施作围檩及支撑（有防脱防掉撑措施），增加基坑施工安全度。

2）做好开挖面的排水防护措施，及时加固坡面（插打锚杆、挂钢盘网片、喷射砼），监测坡面位移变化。关注基坑周边环境（施工材料堆放、机械设备停放、重载车辆走行）及降雨情况，做好基坑防排水设施。

3）掌握基坑及周边地面、建筑物监测数据的变化情况，定期组织基坑安全分析工作。

4）在城市高风险繁华区段基坑施工，基坑支护首道支撑宜采用钢筋混凝土支撑，增大基坑支护结构体系抗拉破坏作用。

2.8 隧道坍塌事故

2007年某地铁工地，由于对施工场地复杂的地质情况不清楚，当施工作业面发生局部塌方，导洞拱部产生环向裂缝的险情时，盲目指挥作业人员实施抢险，导致发生二次塌方，造成人员伤亡。案例情况分析：据调查，现场发生塌方后，项目人员在未研究制定安全可行的抢险方案，也未采取保护抢险人员安全的防护措施情况下，仓促、盲目地进行抢险救援，引发现场二次塌方，并造成重大人员伤亡，使事故势态进一步扩大。

施工安全小结：

1）发生事故时救援应及时，但不应盲目施救，应在确保救援人员安全的前提下进行。

2）施救方案应经过周密研究，安全有效，必要时组织专家指导或请专业救援人员参与，避免引发二次伤害或导致次生灾害发生，扩大事故危害。

2.9 支架垮塌事故

2008年某地铁工地发生箱梁支架垮塌事故，7名工人被大量支架及沙袋压在下面，经过奋力抢救，7名受伤人员被先后救出。案例情况分析：在箱梁支架预压摆放沙袋过程中，还没有达到加载的数量，架体就发生垮塌。据调查，支架垮塌原因是预压沙袋在前天被雨水浸泡过，沙袋里装的是红土，沙袋含水导致荷载增大，致使支架体系失稳破损。

施工安全小结：

1）施工作业支架及作业平台使用前，应组织相关人员进行验收，设计检算资料核查很重要，计算、复核、审批人员经历资格是否符合要求。

2）支架预压和构筑物浇筑过程中，要认真检查架体稳定，均匀布放荷载，严控现场人员数量。

3）严格检查进场使用的杆件扣件，其中掉块破损的、扭曲变形的、锈蚀严重的、管壁厚度不足等不合格的禁止使用；连墙件、扫地杆、斜撑、剪刀撑、顶部U型托、底托、垫木等设置须符合规定。

2.10 物体打击事故

2007年地铁工程隧道发生管片坠落事故，造成人员伤亡。案例情况分析：据调查，当班司机驾驶管片拼装机旋转管片就位后，用千斤顶顶住管片，拼装工穿接螺栓受阻，未能穿接螺栓。随后将举重臂松下，准备拼装最后一块管片，举重臂在钳住封顶块后，上部千斤顶松落，此时管片没有任何连接，直接坠落在拼装平台上，拼装工被管片压住身亡。

施工安全小结：盾构施工对隧道施工来说，安全风险降低了很多，但盾构设备操作安全风险依然存在，如：电源高压进洞的用电安全，高压的液压油管路爆裂伤害，管片电瓶车冲撞伤害，前盾开仓门例行检查及更换刀具安全，设备电器火灾事故，作业面有毒有害气体泄漏，盾构设备人员误操作，等等。

2.11 高处坠落事故

2006年地铁工地边洞与西南风道结合部位准备破除初支混凝土，在利用原支撑工字钢搭设作业平台过程中，造成作业人员从平台跌落地面伤亡。案例情况分析：在搭设作业平台铺设布板作业时，作业人员未系安全带；作业现场地面建筑废料及杂物零乱堆放，灯光昏暗照明差；作业人员佩戴安全帽方法不正确，重物坠落时安全帽脱落。

施工安全小结：

1）现场作业人员进入现场前，应正确使用和配带安全防护用品（三宝）。

2）应保证作业现场环境整洁，物料堆码整齐，道路通行顺畅。

3）要对现场预留井、口、坑、洞进行有效的苫盖防护（四口）；高处、临边作业应按规定设置临边防护（五临边）。

4）作业面照明应满足施工需要，以便及时发现、消除现场安全隐患。

5）作业平台和支架（脚手架）照明、动力电源线路与架体及钢筋笼要有充分而有效的绝缘措施，避免触电事故发生。

2.12 中毒事故

2009年某地铁工地，施工人员打开盾构仓门检查，进入盾构仓内时突遇不明气体，造成3名作业人员中毒受困伤亡。案例情况分析：据调查，盾构设备例行开仓检查，有不明气体突然泄漏，致使三人中毒受困。

施工安全小结：

1）盾构开仓作业是一项危险作业，要按规定审批获准后进行。

2）在地下封闭而狭小的空间作业时，加强对气体环境的检测，并配备人员监护作业，准备好必要的救援或逃生的器械；发生危险情况时，千万不要盲目下去施救，造成伤亡人数的扩大。

3）确认地段压力变化情况，开仓前要先对开挖面的土体进行注浆加固。

3 结语

全国大城市地处山南海北，地质水文情况千差万别，城市地铁轨道交通建设施工情况也不尽相同，本文通过对数起发生在地铁建设过程中的安全事故的分析与研究，希望建设施工单位及人员有所借鉴和警觉。目前，城市地铁轨道交通建设区间大量使用盾构施工，盾构虽然相对安全可靠，但施工安全风险还是依然存在的。

津滨轻轨电客车受电弓检修模式的论证

侯振波

（天津滨海快速交通发展有限公司）

摘　要：通过分析及比较运营中受电弓系统的故障率，结合目前津滨轻轨车辆受电弓系统的实际状态，论证现阶段电客车受电弓系统检修模式，并有针对性地改进相应的检修模式。

关键词：电客车；受电弓系统；检修模式

1　引言

电客车受电弓存在着车辆受流大、运行速度快、结构复杂、零部件多的特点，再加上其主要部件位于车顶上部，日常检修作业不易发现问题，前期故障率一直高于其他系统。经过近几年的优化改进和部件可靠性的不断提高，正线故障率直线下降，为提高检修效率，对现有受电弓检修模式展开了相关论证。

2　受电弓专项作业情况介绍

因受电弓机械部分安装于车顶，日常无法对受电弓系统的机械部分进行检查等原因，当时仅在月修中进行检查作业无法满足行车安全，故按照当时的受电弓实际使用情况做出决定：每3000千米检查一次受电弓。2010年度，受电弓系统在专项作业中故障明显降低，碳带脱胶现象基本得到控制，而且受电弓漏气故障较少发生。另外，在月修中增加了受电弓整体保压测试环节，所以在日检、月修中受电弓系统故障可以得到控制。基于以上原因，受电弓专项作业由每3000千米检修一次延长至11000千米检查一次。

3　2011年受电弓专项作业情况分析

2011年度受电弓专项作业共212次（平均每月17.6次），共检查出故障21次（平均每月1.7次），更换碳带24对（平均每月2对）。此外需重点说明，2011年7—8月期间由于接触网问题导致碳带大面积出现侧棱硬伤故障，此故障为意外因素，共13件。其他故障较为平均，1次电弧灼痕、2次轻微点蚀、1次轻微剥离、1次碳带裂纹，没有出现碳带脱胶现象，故障分析如图1所示。

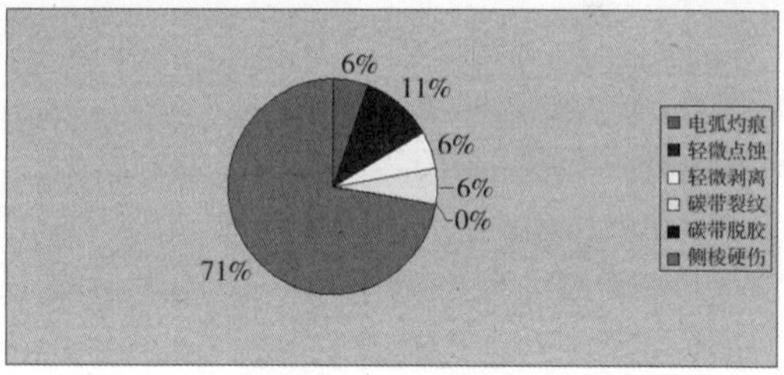

图1　故障分析

4 2012 年受电弓专项作业检查情况

表 1 2012 年受电弓专项作业检查情况

月份	故障情况			检查数（列车）	故障数	更换碳带数	碳带最低磨耗 mm	备注
	车辆编号	故障现象	是否更换碳带					
2	116 车 1 车 2#	电弧灼痕	是	19	1	2	28.1	
3	/	/	/	16	0	0	28.1	
4	/	/	/	17	0	0	27.0	
5	125 车 4 车 1#. 2#	脱胶裂纹	是	23	1	2	26.9	

5 2012 年受电弓专项作业情况分析

结合表 1 可看出：2012 年度受电弓专项作业从 2 月 1 日—5 月 31 日共进行了 75 次（平均每月 18.5 次），共检查碳带 150 对，发现故障 2 起（平均每月 0.5 次），总故障率为 1.3%；更换碳带 2 对（平均每月 0.5 对），碳带更换率为 1.3%。

图 2 为 2009—2012 年受电弓专项作业故障分布图，由此图可以看出：自 2010 年以来，受电弓碳带、气路部分故障都呈明显下降趋势，尤其是碳带脱胶及裂纹故障发生次数明显减少。

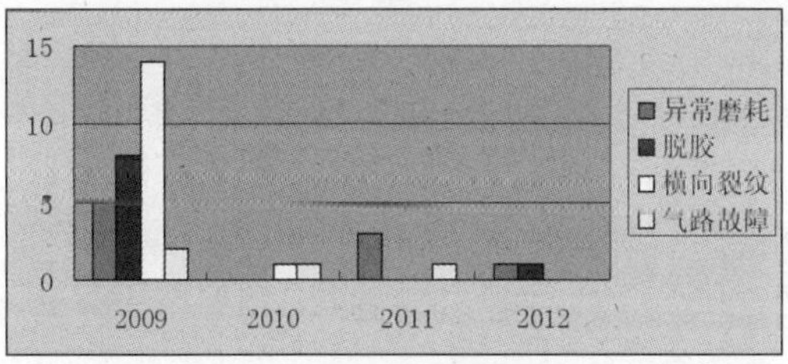

图 2 2009—2012 年受电弓专项作业故障分布图

6 碳带磨耗数据及故障情况分析

由以上故障统计可以看出，受电弓故障情况明显降低，尤其是影响安全运营的碳带故障，自受电弓专项作业由 3000 千米延长到 11000 千米后，只出现了 1 次横向裂纹和 1 次较为轻微的脱胶现象。故对碳带的磨耗进行了分析。根据数据统计：

受电弓碳带平均磨耗量为 1.673mm/万千米，夏季平均磨耗量为 1.5525mm/万千米；冬季平均磨耗量为 1.792mm/万千米；抽查 20 辆车中最大磨耗量为 2.3mm/万千米（117 车 1 车）。碳带理论最低剩余量为 23mm（留有 3mm 安全余量），如按现在月修标准 28mm、碳带最大磨耗 2.3mm/万千米、月修里程 2 万千米计算，每月修修程最大磨耗为 4.6mm，碳带最低剩余量为 23.4mm。就碳带磨耗量来看，专项作业延长至月修检查是可行的。除碳带出现不可控制情况（出现极其异常磨耗及接触网故障）外，碳带的故障率为 1.3%。据了解，原受电弓专项作业发起主要原因为受电弓碳带出现过大范围的脱胶现象，碳带脱胶容易出现受电弓打火、拉弧，严重时会导致受电弓烧毁。可以说，为保障行车安全而增加了受电弓专项作业，而自 2011 年至今，共进行专项作业 287 次，只发现过一起碳带出现轻微脱胶现象。碳带横向裂纹故障发生率并不高，并且没有出现纵向裂纹案例，深度一般也没有超过 1mm，可以在月修中控制。

7 结论

根据 2009—2012 年的碳带故障统计及磨耗趋势可以看出，影响运行安全的碳带脱胶现象明显下降，2012 年仅出现了一次较轻微的脱胶故障，而碳带裂纹故障也呈直线下降趋势，出现的裂纹多为横向裂纹，裂纹较小，可在月修中得到控制。碳带磨耗经数据分析，自 2011

年1月—2012年6月，碳带最大磨耗为4.6—5mm/月修。月修规程中碳带更换标准为28mm。碳带理论磨耗到限值为23mm，可在月修中得到控制。因此，受电弓专项作业延长至月修每20000千米检查一次是可行的。

参考文献

CRC. 天津滨海快速培训教材［J］. CRC，2003.

地铁新线建设运营筹备跟进的一般性流程及管理思路浅析

刘建刚
（天津市地下铁道运营有限公司）

摘　要：随着我国经济的发展，我国城市化进程的推进，越来越多的人涌入城市，形成巨大的城市交通压力，而地铁的出现在一定程度上缓解了城市交通压力，我国的地铁建设面临着前所未有的发展机遇。本文将从地铁建设阶段入手，从运营维护的角度出发，探寻地铁建设供电系统施工中的问题给运营维护带来的隐患以及跟进新线建设的一些管理思路。

关键词：新线建设；供电系统；运营筹备；管理

近年来，随着天津市经济的不断发展，城市化进程的不断推进，越来越多的人进入天津市，对天津市的交通造成一定的压力，为了能够缓解交通压力，方便百姓出行，天津开始大规模进行地铁修建工作。但是地铁修建是一项极其复杂的项目，涉及的方面非常的广泛，因此在进行修建地铁工程的时候要重视对其进行管理，并不断改善施工技术，提升施工质量。下面笔者根据多年来的工作经验对地铁新线供电系统在建设中常见的问题进行分析，并提出相应的解决措施。

1　地铁供电系统施工跟进的一般流程

地铁供电系统施工，是关系到地铁施工进度的非常重要的一环。在地铁施工中，有洞通、轨通、电通“三通”的施工进度标识，形象地表明了地铁施工的不同阶段。所谓“洞通”，就是地铁施工过程中隧道主体施工完善，隧道实现单线或双线贯通，具备铺轨条件；所谓“轨通”，就是隧道内的钢轨铺设竣工，实现轨道贯通；所谓“电通”，就是地铁施工过程中供电系统设备安装完成，完成设备的单体调试测试，全线全部变电所或部分变电所设备进行第一次送电的过程。

在地铁建设中，围绕“电通”前后，主要包括变电所土建设施的施工、供电系统设备的安装以及设备单体调试测试等施工内容。在实现“电通”后，就标志着运营前期筹备团队工程介入正式开始。[1] 供电专业新线工程介入的主要流程如图1所示。

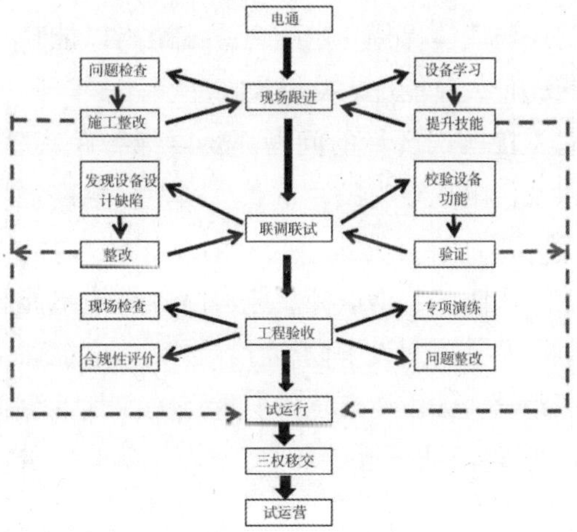

图1　地铁供电系统施工跟进的一般流程

下面将就流程进行阐述。

2　施工现场跟进

现场跟进，就是筹备人员前往现场，对现场的设备运行环境、设备运行情况、土建施工设施以及可能对设备运行造成安全影响的条件进行检查，发现并解决问题的过程。根据笔者的新线跟进经验及现场情况总结，在进行现场跟进时，往往会遇到以下几大类问题：

2.1　现场土建环境问题

土建环境的好坏直接决定了设备的运行状态及今后运营维护的基础。设备常年在潮湿、灰尘、通风差的环境内运行会降低设备可靠性，导致设备故障，影响运营，因此设备运行环境的保证是安全运营的先决条件；而变电所的土建设施会直接影响设备环境。在施工过程中尤其要注意变电所墙体，房间顶部的防水及孔洞封堵[2]；设备的上方不应有风道及风管通过，防止冷凝水滴落设备内造成短路；对变电所内墙体应进行粉刷，对地面要进行防尘施工，杜绝粉尘影响设备运行。对变电所内电缆夹层应进行重点关注，跟进规范要求，变电所电缆夹层净空高度应不小于1.8m，对夹层内的积水坑、排水沟的坡度有要求，能够满足排水需求。变电所地面应与设备底座槽钢平齐，确保设备（如直流开关柜手车）检修方便。设备柜门应与墙体保持一定距离，该距离以能打开柜门，且人员能进入检修为宜。

对于接触网环境的问题，要以绝缘距离、防水以及侵限危险为关注重点。刚性接触网定位点上方不能存在漏水点位；对于土建墙体、隧道壁、人防门、钢罩棚、声屏障等设施不能与接触网及其附属设备设施存在冲突，应能保证绝缘距离；锚段终点位置应重点关注其绝缘距离应符合标准，运行环境处应无滴水漏水情况。

2.2　施工过程中未能“一步到位”的问题

此类问题主要指施工重要点位，一旦确定完成运营后不能整改的问题，即“一步到位”施工好，未能“一步到位”将造成严重影响的问题，主要有电缆夹层施工问题，设备周围环境水患问题等。设计在图纸中应明确，所有电缆均应进行挂牌，挂牌的原则为100m一挂牌，且电缆终端与接头处，电缆过轨、过孔处均应挂牌；挂牌应包括电缆名称、电缆型号、电缆起始地点、电缆终点、电缆长度等必要内容；电缆夹层内电缆的敷设应该按照《电力工程电缆设计规范》（GB 50217—2007）相关要求进行敷设；对于三相环网电缆，敷设在桥架上应呈现“品”字形结构，避免在电缆发生短路击穿时产生的电动力损伤其他电缆，更不能将三相环网电缆呈现“一”字形结构敷设；区间内及夹层内应无长期积水，保证环境湿度不得超过设备安全运行湿度。

图2　电缆呈现“品”字形敷设

这些都是在施工过程中常见的、多发的问题，且这类问题对后期运营影响巨大，一旦遗留至运营期间会对运营安全造成重大影响，应在施工阶段就彻底解决。

同时，现场跟进也是对设备熟悉的重要过程，“笔上得来终觉浅”，要将理论与实际相结合，才能更好地理解设备知识，掌握设备基础，更好地服务于运营工作。

在跟进过程中，可对设备基本操作技能、设备内部主要元器件认知、运行方式探讨、简单故障处理等方面进行重点关注，强化技能，提升水平。

3 联调联试

联调联试是指对设备进行系统性、关联性的功能测试，测试主要从运营角度出发，结合设备运行定值以及系统间相互作用，全面检测设备状态。

联调联试应主要包括但不限于以下内容：

A. 设备基本操作测试

B. 主要电气参数测定

C. 设备设计定值校验

D. 运行方式测试及降级模式的模拟

E. 设备保护性动作校验及模拟

F. 系统间逻辑关系配合及校验

G. 直流系统短路试验

设备的基本操作测试是保证设备正常工作的根本，测试要包含全部的操作内容，包括本体开关柜手动操作及通过综合监控系统的远程自动化操作，这个测试是直接决定设备今后使用状态的根本。

设备主要电气参数测试是指电气参数是否满足设计及出厂设定参数的要求。例如，电缆的绝缘值测试，直流系统框架绝缘测试，接触网系统导高、拉出值、a、b 值等参数测试，这些参数的准确性是今后一段时间设备安全运行的保障。

设备的设计定值校验，包含所有设备的设计定值测试，主要采用继电保护测试仪、接触网激光测量仪等试验仪器，对设备的定值进行验证、校准，达到与设计定值一致，是保证安全防护设备的正常运行。其主要包括低压系统需在机电设备安装结束后立即进行各断路器、抽屉定值与下口负责的定值匹配情况的测试，下口负载核对测试，自投自复功能测试等。

运行方式，顾名思义，就是设备的工作方式，分为正常运行方式和降级模式。在联调联试中，运行方式的验证及降级模式的模拟有很重要的指导意义。利用联调联试，对设备系统进行可能性运行模拟，避免在今后的运营中捉襟见肘，增加了设备运行经验，为运营保障提供可靠依据。

设备保护动作经常发生，在联调联试期间对设备保护动作进行校验模拟，就是将设备能够产生的“疾病”全部“问诊”一遍，做到“一病一方”，有针对性地解决办法，是日常设备运营维护的重要方式。

系统间逻辑关系，是指设备系统之间保护动作、闭锁关系的连锁运动，是一个范围内的关系总和，例如直流系统联跳功能，包括框架联跳和单馈线柜的过流联跳[3]，线路测试和自动重合闸等功能的逻辑关系，直流柜与高压柜、整流器、隔离开关等闭锁关系等。

直流系统短路试验是验证直流系统在极端状态下可靠性的最直接方法，试验验证的参数对直流系统运行维护具有指导意义，对于近、远端短路电流、手车断路器分断能力及灭弧能力、系统可靠性等都具有参考意义。

对于联调联试过程中发现的问题，要尽快进行解决整改，避免问题对运营造成影响。

4 工程验收

工程验收是建设工程安全质量监督部门对建设项目的土建工程、机电系统等设施设备进行质量验证。工程验收主要针对人员技能，各项文本合规性评价，应急情况演练效果评估，现场状态，问题整改情况等进行专项检查和验证。

5 试运行

城市轨道交通主体工程完工后，按照运营模式进行系统试运转、安全测试等的非载客运行。试运行周期一般为三个月，严格按照运营列车运行图及设备运行标准执行。

根据《城市轨道交通试运营基本条件》

（GB/T 30013—2013）中对供电系统的要求，试运行期间，供电系统故障率不应高于0.2次/万列千米，并且满足供电系统八项运营设备系统基本条件。

6 三权移交

三权移交是指地铁建设方向运营公司移交行车指挥权、属地管理权、设备使用权。三权移交至试运行期间，重点工作是熟悉设施设备，跟踪整改问题、高效配合施工、配合开展综合联调。进行三权移交前，供电系统应至少进行一轮全设备覆盖的系统功能测试，且满足《城市轨道交通试运营基本条件》（GB/T 30013—2013）中对供电系统的要求。

7 试运营

城市轨道交通项目试运行合格后，需对子系统和整体系统进行可用性、安全性和可靠性考核，对运营作业人员培训、故障模拟和应急演练等情况进行检验。经过试运营基本条件审核并合格后，从事载客运营活动。试运营期间的供电系统应完全满足运营需求。

8 新线筹备的管理经验

1）正式开展筹备工作前，应组建一支专业筹备队伍，从技术能力、管理思路、人员架构等方面满足新线筹备需求。

2）人员应满足各项资质需求，对筹备团队的生产管理、设备管理、培训演练管理、安全管理、综合业务管理等各个业务板块主管人员要建立“一带一”学习机制，并与建设单位建立起良好的沟通机制。

3）着力培养技术骨干，加强团队对新设备的管理能力。

4）运营接收前需对设备进行功能测试，功能测试应分为设备的单体测试和联调测试。设备功能测试一定要注意开展全面，事先对功能测试的流程与项目明确到位，统一测试记录模板。单体功能测试的设备应包括综合自动化系统、交直流电源屏、高压开关柜、整流器、整流变压器、OVPD、负极柜、低压开关柜、动力变压器、电缆、杂散电流监控装置、排流柜、接触网、隔离开关、均回流箱、单向导通装置等所有供电系统设备。[4]测试项目应包括点表核对、主要保护功能的实现、设备报警功能的实现情况、设备操作性能、保护定值的准确性、设备外观情况、设备运行环境情况等。设备联调测试包括框架保护动作的实现情况、联跳保护功能的实现情况、差动保护的实现情况、框架绝缘情况等。[5]明确要求建设单位组织施工单位配合车辆、仪器、人员等，以保证功能测试的顺利实施。

5）筹备团队应在介入施工开始便建立现场问题台账，现场问题台账应对所有现场发现问题的跟踪编号、发现人、问题详细点位、问题描述、建议整改措施、最新进度情况、跟踪负责人、问题整改完成情况、专项问题归类情况、问题照片进行记录。现场问题整改时应落实区域负责制，区域负责人对本区域内的问题应积极推动整改，对于解决迟缓的问题应及时提出，对于无法整改的问题要集体讨论替代措施的可行性。

6）工区设置在合同中应明确设置具体点位数量，建议每两个牵引降压所设置一个变电所应急值班点，交通不便利及有其他特殊情况的牵引降压所建议单独设置应急值班点；每应急值班点所辖区域最多不能超过4个变电所。接触网工区设置应考虑设置单独的检测车工区，用以负责放线车、检测车、燃弧检测装置的设备管理；接触网每工区下辖车站数建议不超过8个。人员值守房间在建设装修阶段应明确向相关方提出工区的房间面积，通风环境，距离变电所的距离，并能满足人员值守的条件。

7）试运行前两周应开始进行工区标准化的各项文本制度、物资、人力等准备工作。文本制度包括但不限于各设备的安全操作规程、各专业的安全工作规程、检修规程、适用于本线路的现场处置方案。物资应包括各工区办公用品的准备、上墙告示的制作、现场记录的外印工作。人力的准备应包括工区建设负责人对工区标准化规范的分解及培训，以及现场值班人员的培训。

8）筹备团队在建立初期就应依照相关规定建立管理制度，落实人员分工，并印刷成册，进行存档。试运行前三月技术管理人员应启动检修规程、安全操作规程、安全工作规程的编制工作，在试运行前两周完成相关规程的评审与发布工作，并印刷成册，按照合规性管理规定对相关文本进行管理。试运行前三月技术管理人员应启动现场处置方案的编制工作，在试运行前两周完成相关现场处置方案的评审与发布工作，并印刷成册，按照合规性管理规定对相关文本进行管理。

参考文献

[1] 郭子欢．轨道交通新线接管流程设计分析．地下工程与隧道，2015（2）：45－48.

[2] 综合协调加快推进新线建设和运营筹备工作．http：//www.bjyj.gov.cn/zhb/dlsgzhb_5/hy/t1165157.html 2014－10－29.

[3] 朱德敏，王纯伟，赵明．框架泄露保护装置的应用与分析．电气化铁道，2004（3）：34－36.

[4] 黄德胜，张巍．地下铁道供电．北京：中国电力出版社，2009.

钢铝混合地铁车车体耐撞性分析及结构优化

侯云浇

（天津滨海快速交通发展有限公司）

摘　要：随着地铁在城市轨道交通运输中的不断发展壮大，在地铁车辆中占有较大比例的钢铝混合地铁车辆的安全性研究也得到越来越多的重视。其中，地铁车辆吸能装置的吸能效果对保障司乘人员的人身安全起着十分重要的作用。本文应用碰撞仿真软件 PAM－CRASH，对钢铝混合地铁车头车车体进行耐撞性分析，并根据初始方案的分析计算结果对车体吸能装置进行结构优化，并分析了优化后吸能装置的吸能效果。为钢铝混合地铁车车体吸能装置的设计和研发提供必要的理论依据。

关键词：钢铝混合地铁车；碰撞仿真；吸能装置；优化

1　引言

在我国的城市化范围愈来愈大之时，道路拥堵的问题日益突出，使我们的出行越来越不便利。地铁因其载客量大、运行速度高、灵活的运营模式、准时以及节约地面空间的优势成为大城市普遍选用的交通系统。在各种不同材质的地铁车中，钢铝混合车体结构的地铁车占有较大比例。钢铝混合地铁车车体大部分采用大型铝合金型材，在牵枕缓部位使用承载性能好的钢材料，钢铝部件以铆接形式连接。钢铝混合地铁车车体同时具备了钢材料的强度高和铝材料密度小、易加工、质量轻的优点。虽然地铁车辆已经具备较先进的技术，发生碰撞的概率要小于汽车发生碰撞的概率，但在运营过程中还是会发生由各种因素引起的事故。除此之外，一旦车辆间发生碰撞，由于地铁空间密闭，很难及时疏散乘客，会给乘客们的生命财产带来极大的威胁。因此，为保证将司机和乘客的受伤程度降到最低，以及尽量避免车辆事故的发生，提前考虑设计出合理的车辆结构就成为首要研究目标。

地铁车车体需要具有一定的承载能力，且其吸能装置能产生合理的变形，来吸收足够的撞击能量，以满足地铁车辆的耐撞性要求[1]；以保证车辆在受到撞击时，乘客能有足够的逃生时间和空间，进而避免或减轻事故发生时所带来的人员伤亡。

本文就是以此为背景，选取某钢铝混合地铁车车体为研究对象，基于碰撞有限元仿真理论，建立车体的碰撞有限元模型，对其进行结构变形、碰撞能量、撞击力和加速度等方面的车体耐撞性分析，并结合初步分析结果对前端吸能装置进行优化改进，提高吸能管吸能比，将因发生碰撞事故而产生的损失降至最低[2,3]。

2　碰撞有限元仿真理论基础

车辆碰撞是指当冲击强度较大的碰撞载荷产生作用时，车体结构产生的一种随机且无规律的瞬时动态的响应过程，碰撞的持续时间大约为几百毫秒以内[4]。虽然碰撞过程发生时间非常短，且是非线性的，但它是典型的动态接触，变形对运动有显著的影响。随着碰撞过程会产生一系列的大转动、大位移和大应变，它们之间的求解问题是极其复杂的，是一个综合性的求解过程，包括分别以材料的弹塑变形和接触摩擦为特征的材料非线性和边界非线性。这些都使得碰撞问题的求解有一定难度。目前，对于大变形碰撞问题的计算分析，大部分软件的求解都是以质量守恒、能量守恒定律为基础，同时满足物体的运动方程。在碰撞的过程中，车辆虽然发生较大变形但其质量是保持不变的，而能量也是只能转移不会消失。以下即为常用的方程：

动量方程： $\sigma_{ij,j}+\rho f_i=\rho \ddot{x}_i$ （1）

式中，$\sigma_{ij,j}$代表 Cauchy 应力；ρ 代表瞬时质量密度；f_i 代表体积力密度；$\ddot{x}_i$ 代表加速度。

在两列车碰撞时，车辆的所有结构符合质量守恒定律[5,6]。

质量守恒方程：$\rho\gamma=\rho_0$ （2）

式中，γ 代表相对体积；ρ 代表当前质量密度；ρ_0 代表初始质量密度。

能量方程： $E=VS_{ij}\dot{\varepsilon}_{ij}-(p+q)V$ （3）

式中，E 代表当前时间构件的能量；V 代表现时构形的体积；S_{ij}代表偏应力；$\dot{\varepsilon}_{ij}$代表应变率张量；q 代表体积粘性阻力；p 代表当前压力；$p=-\sigma_{kk}/3-q$。

采用有限元法解得的伽辽金形式的平衡方程为

$$\int_V(\rho\ddot{x}_i-\sigma_{ij,j}-\rho f_i)\delta x_i dV+\int_{S^0}(\sigma_{ij}^{+}-\sigma_{ij}^{-})\eta_j\delta x_i dS$$

$$+\int_{S^d}(\sigma_{ij}\eta_j-t_i)\delta x_i dS=0 \quad (4)$$

其中 δx_i 在 S^2 边界上满足位移边界条件。伽辽金平衡方程的散度定理应用就可以写成形式为

$$\delta\pi=\int_V\rho\ddot{x}_i\delta x_i dV+\int_V\sigma_{ij}\delta x_{i,j}dV-\int_V\rho f_i\delta x_i dV$$

$$-\int_{S^1}t_i\delta x_i dS=0 \quad (5)$$

进行单元离散后，式（5）就变成高度非线性的运动方程，进行动力分析，与运用有限元法来求解碰撞过程中的车辆大变形问题类似

$$M\ddot{x}_i(t)=P(x,t)-F(x,\dot{x}) \quad (6)$$

$\ddot{x}(t)$ 为总体结点加速度向量；P 是包含结点载荷面力和体力的所有载荷向量；F 是由单元应力场的应力散度组集而成，应力散度即我们所说的等效结点力向量。

对车辆的大变形碰撞问题进行分析时，一般采用显式动力分析，在实际的分析过程中，需要注意尽量避免出现零能模式。对于显式动力分析，用单点高斯积分进行单元计算，可有效避免计算时间较长的缺点，提高计算效率，但与此同时却可能会导致解答失真，甚至求解无法进行，我们称这种现象为零能模式，或沙漏模式[7,8]。接触体系与接触界面的多元化是复杂的碰撞有限元模型的特点，这也会大大影响计算的速度。

3 车体碰撞评价标准

关于钢铝混合地铁车车体的耐撞性分析可以借鉴德国标准 DIN EN15227《铁路应用—铁路车辆车体的防撞性要求》[9,10]。同时可参考欧盟研发的项目 SAFETRAIN 等所得出的结果，两车之间的防爬器所承受的垂向载荷要求达到150kN，当发生两车垂直高度的差距在 100—140mm 之间的情况时，将会导致爬车，甚至造成事故，故建议两车垂向高度错开不超过100mm；中间车端部吸收的能量应大于或等于0.7MJ，客室的平均减速度最好小于或等于 5g，同时压缩变形不超过 0.5m，最大冲击载荷不超过 3000kN；头车端部的压缩不超过 1.8m 的形变量，应至少有 4.6MJ 能量被吸收，所承受的冲击载荷不得超过 3400kN。

4 车体初始方案耐撞性分析

本次分析以钢铝混合地铁车头车车体为研究对象，碰撞仿真分析包括对车体撞击力的分析、加速度的分析、能量的分析等方面。分析时钢铝混合车头车车体在 AW2 状态下撞击刚性墙，其速度大小为 25km/h。车体在 200ms 内不同时刻，吸能管几乎没有变形，车前端吸能装置并未起到吸能作用。

AW2 状态下，钢铝混合车头车车体在速度 25 km/h 下撞击刚性墙，车体的能量变化曲线如图 4.1 所示，其中横坐标表示的是时间，纵坐标表示的是车体的能量。随着时间的不断变化，动能逐渐减少，内能逐渐增加，车体动能转化为内能。在初始时刻，车体的总能量为 530.801kJ，动能为 530.693kJ，在碰撞第 70ms 时，车体内能为 495.661kJ，在整个碰撞的过程中，总能量不变。吸能管吸能 52.004kJ。图 4.2 为碰撞过程中车体总撞击力随时间的变化曲线，根据图可以看出：在 100ms 时刻撞击力最大值为 2359.69kN。

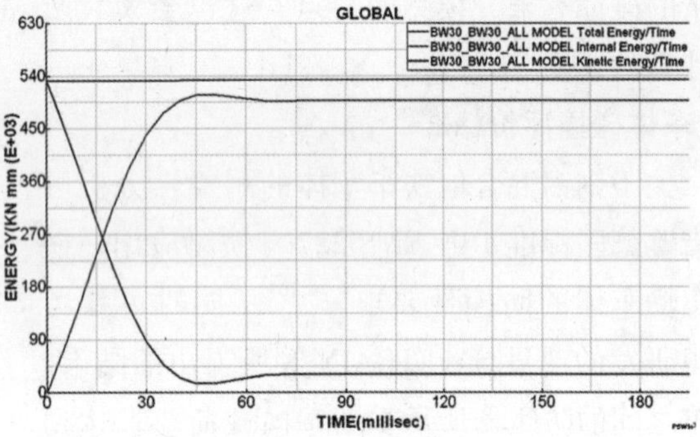

图 4.1 能量随时间变化曲线

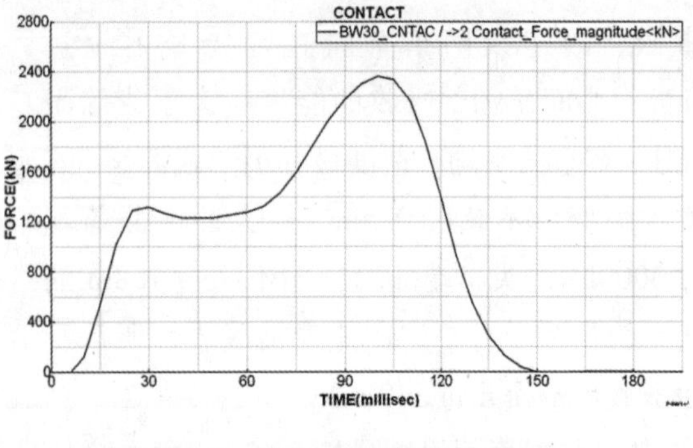

图 4.2 撞击力随时间变化曲线

由初始方案钢铝混合地铁头车碰撞所得的计算结果可知：

1）在时长 200 ms 的碰撞中，内能随时间不断增加，而动能则不断减少，总能量保持不变；

2）碰撞过程中，最大撞击力为 2359.69kN，不超过最大冲击载荷 3400kN；

3）车体前端吸能管变形较小，吸能比为 52.0004/530.801 = 9.80%，其吸能效果不明显。

5 车体优化后耐撞性分析

两车碰撞期间，需要采取一定的措施来转移这些不能自发消失的冲击动能。列车的运行阻力和制动力相比之于这一冲击动能就显得微不足道。因此借鉴船舶、汽车上的吸能结构，设置可以利用变形消耗掉冲击动能的结构。车体前端吸能装置的较理想大塑性变形是整体的折叠压馈式，不能出现防爬器不变形、缓冲梁大部分不变形，但局部出现突然弯折等情况。根据计算结果分析车体碰撞过程中吸能和变形的影响因素，提出以下几点改进方案：1）吸能管增加圆孔并由 10mm 改为 8mm，使吸能管结构增加其吸能效果；2）地板端部的横梁将厚度 10mm 增加成 12mm，以增大端部的刚度。具体改动如图 5.1 所示。

图 5.1 改进结构前后对比

钢铝混合地铁头车局部结构改进后车体撞击刚性墙，速度仍然为 25km/h。车体在 100ms 的不同时刻的变化情况，如图 5.2 所示。参照变形图可以发现，防爬器和缓冲梁等吸能结构变形增大，吸能情况较好；乘客区无较大塑形变形。

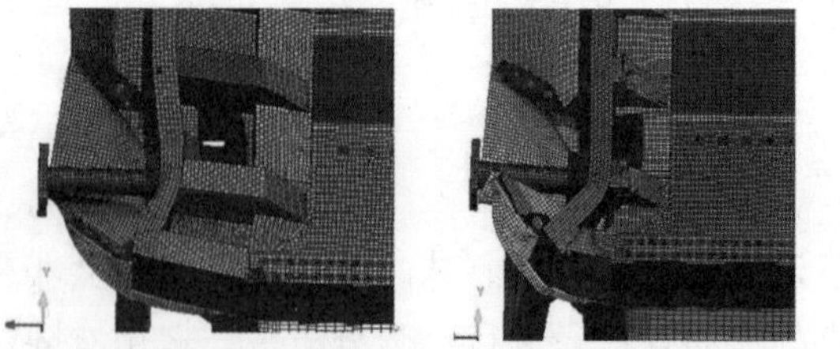

图 5.2 第 100 ms 时刻头车局部结构改进前后碰撞变形局部对比示意图

改进结构后撞击时，车体能量变化的曲线如图 5. 3 所示。图中的曲线表明：动能跟随时间变化逐渐减少，内能则逐渐增加，车体的动能逐步转变成内能。车体的总能量为 530. 675kJ，初始动能为 530. 527kJ，在碰撞第 115ms 时刻车体内能为 505. 367kJ，碰撞期间总能量保持恒定。吸能管吸能 179. 210kJ。图 5. 4 表示，碰撞过程车体总撞击力随时间的变化曲线，由图可以得到：35ms 时得到最大撞击力，其值为 1187. 564 kN，满足相关标准的要求。

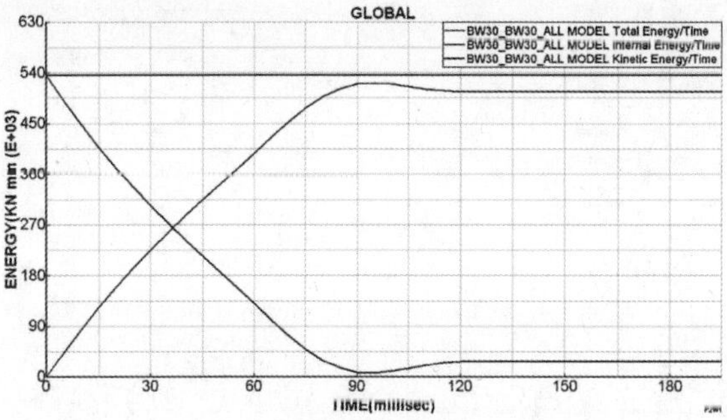

图 5. 3　能量随着时间变化曲线

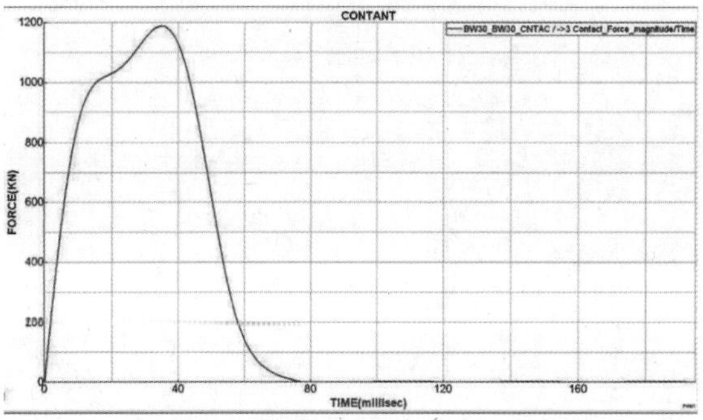

图 5. 4　撞击力随着时间变化曲线

改进结构后，钢铝混合地铁车头车碰撞计算结果可以看出：

1）在 200 ms 的碰撞过程中，随时间变化，动能不断减少，内能不断增加，总能量保持恒定；

2）碰撞过程中，最大撞击力为 1187. 564kN，不超过最大冲击载荷 3400kN；

3）车体前端的防爬器和吸能管产生变形，吸能效果好，吸能管吸能比为 179. 210/530. 675 = 33. 77%，说明其改进方案后结构吸能效果较好。

6　结论

本文以某钢铝混合地铁车头车为研究对象，利用碰撞仿真软件 PAM - CRASH，对车体进行耐撞性分析。碰撞结果能量曲线显示两次碰撞满足能量守恒定律，车体撞击力满足相关标准要求，初始碰撞模型结果表明逃生空间的 6 个参考点加速度的最大值都能达到标准 EN15227 在 60g 以内的要求。

初始方案中车前端部吸能管几乎没有变形，车前端吸能不理想，改进方案的吸能管增加圆孔并由 10mm 改为 8mm，地板端部的横梁厚度由 10mm 改为 12mm，改进后吸能管变形显著，吸能管吸能比由 9. 8% 提高到 33. 77%。在碰撞期间，位于车体前端的吸能装置产生了较好的效果，同时车体的客室区域没有发生大的塑性变形，优化设计结果较为理想。

显式动力分析方法是一门很有深度的学科，本文以实际案例验证了该方法的可靠性，所讨论的问题也仅仅是抛砖引玉，另外还有很多问题有待深入研究。

参考文献

[1] 陈秉智，车全伟，谢素明，兆文忠. 上海地铁 6 - 8 号线吸能结构的抗撞性优化 [J]. 大连交通大学学报，2011，32（4）：6 - 10.

[2] 来亚南，郑喜斌. 基于碰撞仿真的地铁车辆不锈钢点焊车体前端结构优化设计 [J]. 城市轨道交通研究，2015，（9）：60 - 64.

[3] 常凌燕. 碰撞缓冲吸能装置的结构抗撞性研究 [D]. 江苏：江苏大学，2010.

[4] 杨慧芳. CRH3 动车组被动安全性和耐撞性优化研究 [D]. 大连：大连交通大学，2009.

[5] 姚松，田红旗. 车辆吸能部件的薄壁结构碰撞研究 [J]. 中国铁道科学，2001，22(2)：55 - 60.

[6] 王万静，田红旗，王军，李永乐. 出口伊朗车吸

能车体设计及撞击分析［J］. 铁道机车车辆，2003，23（3）：17－20.
［7］高祥. 基于ANYSY/LS－DYNA的铁道车辆单车碰撞问题建模与仿真研究［D］. 北京：北京交通大学，2008.
［8］谢素明，兆文忠，闫雪冬. 高速车辆大变形碰撞仿真基本原理及应用研究［J］. 铁道车辆，2001，39（8）：1－4.
［9］牟晓莎，刘龙玺，顾玉林. 浅谈地铁车辆碰撞吸能实用配置［J］. 铁道车辆，2013，51（9）：17－19.
［10］李韬，程佳，穆广友. 上海国产化A型地铁列车车体结构有限元分析［J］. 上海电气技术，2011，4（2）：6－10.

津滨轻轨电客车塞拉门检修模式的论证

侯振波

（天津滨海快速交通发展有限公司）

摘　要：通过分析及比较运营中塞拉门系统存在的一些常见故障及检修方法，论证现阶段电客车塞拉门系统检修模式，并有针对性地改进相应的检修模式。

关键词：电客车；塞拉门系统；检修模式；周检

自津滨轻轨运营以来，由于电客车塞拉门存在着机电结合、结构复杂、动作频繁、易损件更换率高的特点，再加上其主要部件位于机构内部，日检不易发现，其故障率一直高于其他系统，并对列车的正常运营造成一定的影响。为了减小塞拉门正线故障率，提高检修质量与效率，笔者对塞拉门检修模式展开了相关论证。

1　修程设置

目前，电客车塞拉门检修根据车辆运营千米数共实行四种检修修程，分别为日检、月修、定修、架修，具体情况见表1。

表1　电客车塞拉门系统检修修程设置

修程	检修千米	检修模式	检修内容	检修工时
日检	双日检	不开罩板	逐门检查	30—40分/列
月修	2万千米	开罩板	相应调试	12小时/列
定修	24万千米	开罩板	调试及设备维护	1.5周/列
架修	48万千米	开罩板	调试及设备维护	3　周/列

2　塞拉门故障统计

2009年正线共发生运营故障（隔离故障）52件（电动门）、日检故障246件（电动门）。

3　现状分析

3.1　实行中检

为降低塞拉门故障率，2009年年初规定每列车在月修完成行驶1.2万—1.5万千米后由技术组与班组骨干进行中检，检修方式为打开罩板逐一门排查，每列车平均处理故障隐患2—3件，取得了不错的效果，从而使2009年运营故障较2008年有了明显的下降。

3.2　日检故障、运营故障、中检故障的对比

3.2.1　日检故障

2009年，日检班组共发现并排除塞拉门日检故障共246件，其中导轮更换228件，其他机械故障18件，比例如图1所示。

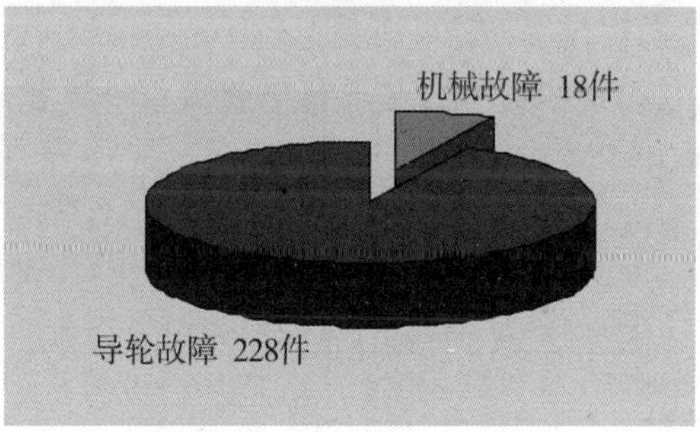

图1　日检故障类别对比

3.2.2　运营故障

2009年，塞拉门系统运营故障共计52件，具体故障类别比例如图2所示。

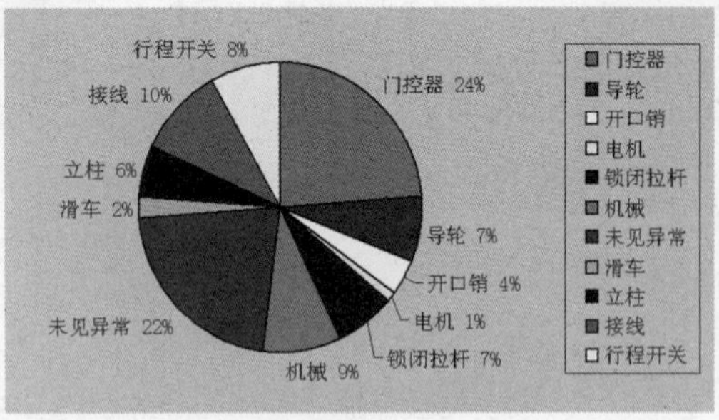

图 2　运营故障类别对比

3.2.3　中检故障

2009 年，塞拉门系统共进行中检及“三节”整备节 108 列次，发现并排查故障隐患 91 件，故障比例如图 3 所示。

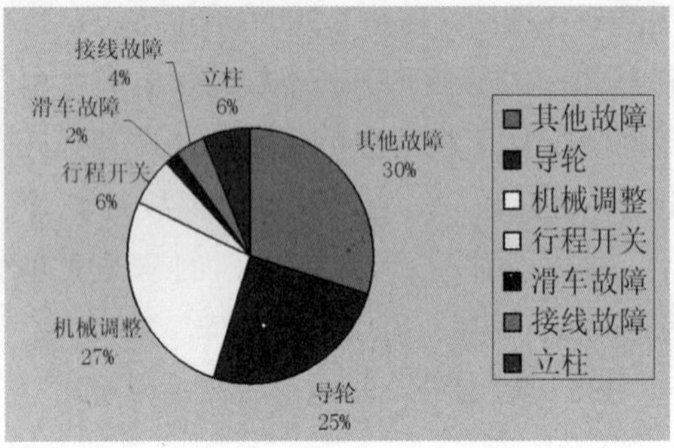

图 3　中检故障类别对比

经以上日检故障、中检故障、运营故障所比较，可发现中检故障更接近于运营故障，而日检故障仅仅以导轮更换为主。

4　塞拉门现阶段开罩板检修模式与日检模式对比分析

4.1　故障排查对比

表 2　故障排查对比表

故障类别	开罩板检修	日检作业检查
导轮故障	√	√
机械调整	√	直观现象可避免
行程开关	√	×
接线故障	√	×
滑车故障	√	×
开口销	√	×

4.2　检修模式对比

自 2004 年至今，电客车塞拉门一直采用“双日检不开罩板集中电控”检查模式，经过五年的运用，发现存在以下不足：

（1）塞拉门 75% 以上故障部件在机构内部，不开罩板不易发现。

（2）电控集中开关门不易判断其机械运动轨迹是否正常，故障隐患有被遗漏的可能。

（3）在检查一个门的过程中，一是其他未检查或检查完的门都要重复动作，二是频繁开关必将缩短门的使用寿命。每列车每日正线运营累计开关门次数 140 余次（按运营 500 千米计算），而日检每列车的开关门次数在 25—35 次之多，达到了运营的四分之一。

（4）频繁开关门减少了开关门按钮及门选开关的使用寿命。

（5）此模式须有一名员工进行集控开关门工作，造成了人力上的浪费。

针对以上弊端，检修室对塞拉门检修模式作出了研讨，经比较，如采用“开罩板手动开关门”检查模式则具备以下优点：

（1）开罩板检查可检查到机构各部件状态，更有效地提高检修质量与效率。

（2）“手动开关门”检查塞拉门的运动轨迹较“不开罩板集中电控”检查效果更明显、直观。

（3）在对某一门的检查过程中，其他门均不动作，可延长门的使用寿命。

（4）可省去进行集控开关门作业人员，更合理地运用人力资源。

（5）更好、更有效地提高员工的检修技能。

4.3　作业时间对比与分析

如表 3 所示，现阶段每日日检 10 列车，每班组基本以 2 人进行，由于检修作业不打开罩板，主要还是以听为主，如发现异常则再打开罩板进行排查。如按每列车日检 0.5 小时计算，则 10 列车需用时 5 小时，再加上处理故障时间则在6小时左右。

为降低塞拉门故障率，2008年年初规定每列车在月修完成行驶1.2万—1.5万千米后由技术组加班组骨干进行中检，检修方式为打开罩板逐一门排查，每列车平均处理故障隐患2—3件，从而使2008年运营故障较2007年有了明显的下降。中检一列车每门需用时10分钟，每列车检修则需用时240分钟，即4小时左右，如日检按照中检标准对每列车全部打开罩板进行逐一排查，时间上是不允许的。如列车在每运营4000—5000千米对所有车门打开罩板进行检修，按每月进行月修车辆11列（一个月修周期需进行4次4000千米开罩板检查），则每月需进行开罩板检修44列次，即每日检修不大于2列，在时间上可以满足。

表3 日检与周检作业时间对比

检修模式	检修列次	每列车检修工时	工时累计
日检	10	0.5小时左右	5—6小时
周检	2	4小时	8小时

5 分析结论（周检模式的提出）

那4000—5000千米进行一次检查能否满足运营质量？表4为月修、定修交车后距首个日检故障所运营的千米数（除122车）。

表4 月修、定修交车后距首个日检故障运营千米数统计

	月修、定修交车后运营千米数			
千米范围	1.5万千米以上	1万—1.5万千米	0.5万—1万千米	0.5万千米以下
数量	5列	5列	14列	4列
比例	17%	17%	50%	16%
备注	2万千米内无故障为3列	/	/	均为导轮故障

可见，在月修、定修交车后车辆运营0.5万—1万千米发现首个日检故障占到了一半，且每天频繁地开关门均无任何意义，反之更加重了导轮的磨损。

此外，每班对导轮的更换已占到了日检故障的90%以上，可以说目前日检基本上是以对导轮的更换为主，而日检发现的机械故障则从2007年起呈逐步下降趋势，如图4所示。

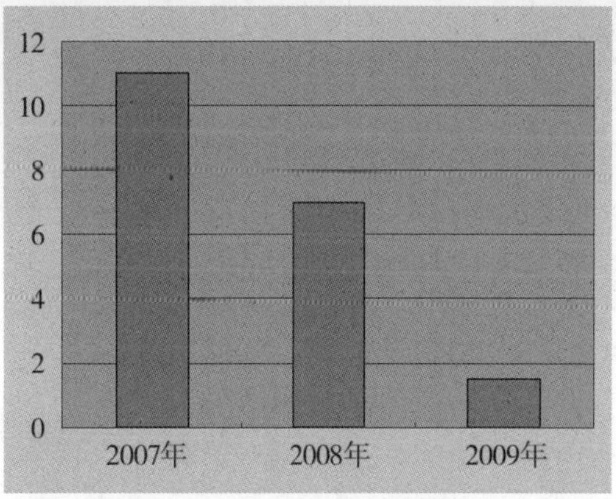

图4 月机械故障平均数量对比

从图4可知，日检中对机械故障的处理已从2007年的11件/月下降至2009年的<2件/月，这说明塞拉门已由运营初期的调整磨合期逐步转化为目前的相对平稳期。可见4000—5000千米进行一次检查是具备一定可行性的。此外，由于对每个门都要打开罩板再加上塞拉门故障的灵活与多变性，这样还可大大提高员工的检修技能，增加检修经验与故障的判断性。

2

第二部分

设计与施工篇

关于盾构机推进油缸中心直径与油缸撑靴板影响管片拼装质量的研究

雷　鹏

（中铁十六局集团北京轨道交通工程建设有限公司）

摘　要：盾构机推进油缸中心直径设计由管片外径与内径决定；管片拼装存在拼装误差，严格意义上讲拼装成型后为非圆形状；油缸中心直径着力点接触管片侧面位置存在变化性；在油缸中心直径与管片厚度中心直径设计时，未考虑拼装操作等误差因素；油缸撑靴板面与管片止水条之间的受力分析与建议；分析管片错台与渗漏水原因，进一步总结在随后盾构施工中应注意的方面。

关键词：油缸着力点中心确定；拼装误差；撑靴板台阶面；管片错台渗漏水防治

1　说明

盾构机是集掘进开挖土体、拼装管片衬砌为一体的地下机械化工厂，能够安全、快速实现隧道一次成型，机械化施工安全可靠，成型隧道质量美观。盾构机各部件的设计理念源于施工也逐步于施工中改进，本文简要介绍盾构机推进油缸及油缸撑靴板与管片之间的受力情况，提出盾构机推进油缸中心直径确定与油缸撑靴板设计的建议，能够在一定程度上减少管片错台与渗漏水现象。

2　推进油缸中心直径与管片相匹配的关键性

盾构机前行是通过整套推进系统油缸千斤顶提供推力，千斤顶作用于混凝土管片侧面，通过后部成环管片提供反作用力而使盾构机往前平移。油缸千斤顶端部装有带有缓冲作用力的硬质橡胶撑靴板，橡胶板高度稍大于或等于管片厚度，能够充分与管片侧片接触受力。盾构机推进油缸中心直径设计由管片外径与内径决定，理想状态下整套推进油缸系统中心直径与管片厚度中心直径一致，达到受力充分均匀。

在实际盾构施工中，管片拼装作业为人工操作，因各种原因如盾尾间隙的大小、管片背面的清洁度、盾尾的清洁度、油缸的行程差、盾构机的姿态等，拼装操作过程中不可避免地会产生拼装误差，因此拼装成环的管片在严格意义上为非圆形状，可视为椭圆形。

拼装成环的管片为椭圆形，就存在个别管片在环方向有位移，因此油缸中心着力点接触管片侧面位置就存在变化性，即油缸推力的方向与角度不变，只是管片侧面受力点发生变化。当受力情况发生变化时，向圆心位移的管片在油缸推力的作用下与油缸撑靴板接触的一面产生一背圆心的分力，与管片接触的一面产生一向圆心的分力，此种情况下产生的分力破坏性比较大；同时背圆心位移的管片在油缸推力的作用下与油缸撑靴板接触的一面产生一向圆心的分力，与管片接触的一面产生一背圆心的分力，此种情况下产生的分力破坏性比较小。两种情况下的分力分左右、上下同时出现，同时作用。

两种分力的形成会加剧成环管片的二次环方向位移，进而椭圆度逐渐增大并累计。起初会产生盾尾内管片难以拼装、纵向螺栓孔错位等现象；随后出现个别环向螺栓孔错位、接缝处出现“喇叭口”；长期在盾构机推力的作用下，管片的位移或变形不足以抵消两种分力的作用，会产生管片破损断角、管片受力过大出现裂缝渗水、盾尾钢环变形等。

同时盾尾管片上的两种分力会传递至相邻成环管片上，盾尾内的管片因盾尾钢筒体的束缚，管片螺栓会产生弯折变形；管片脱离盾尾后失去盾尾钢筒体的束缚会产生背向圆心的张力，由于管片是逐步脱离盾尾，管片整体存在向上的倾斜度，脱离盾尾后因地下水原因，接触面积增大，管片产生上浮，此时连接螺栓部分已失去连接力，从而造成脱离盾尾的管片与盾尾内的管片产生较大错台。环方向的两种分力导致管片错台，同时也引发管片止水条的上下错位撕裂失效，产生管片漏水现象。

因此在设计推进油缸的中心直径时，各个油缸的布置需考虑拼装时的拼装操作误差，从而避免拼装成环的管片产生连锁的质量缺陷事故。

施工案例：由日本奥村设计的直径 8810mm 盾构机推进油缸布置中心直径为 8100mm，与管片厚度中心直径 8100mm 相吻合，油缸撑靴板高度略大于管片厚度。其中管片外径 8500mm，内径 7700mm，管片厚度 400mm，如图 1 所示。

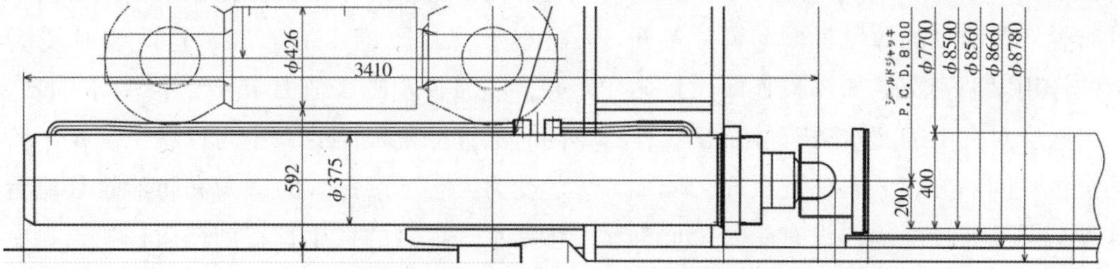

图 1　奥村盾构机推进油缸布置

此型号盾构机施工约 6km 隧道，施工过程中频繁出现管片错台、破损、渗漏水、撑靴板高度过大错位后经常损坏更换等现象。其间通过各个施工环节的加强管理、改进，仍未能彻底地防治此类质量缺陷的发生。

3　推进油缸中心直径确定

由上述可知在设计推进油缸的中心直径时，各个油缸的布置需考虑拼装时的拼装操作误差，即油缸中心着力点需向管片内径下移，中心着力点位置低于管片厚度的中心。管片向圆心方向内移时，油缸推力不产生分力或产生有利的分力，这样可以有效抵消这一拼装误差，从而形成良性的拼装循环。

施工案例：由德国海瑞克设计的直径 8830mm 盾构机推进油缸布置中心直径为 8075mm，低于管片厚度中心直径 8100mm，油缸撑靴板高度 350mm，小于管片厚度。其中管片外径 8500mm，内径 7700mm，管片厚度 400mm，如图 2 所示。

此型号盾构机施工约 5km 隧道，施工过程中仅出现个别管片错台、破损、漏水等现象，无连续、大面积出现质量缺陷，撑靴板无损坏更换记录。成型隧道整体质量情况良好。

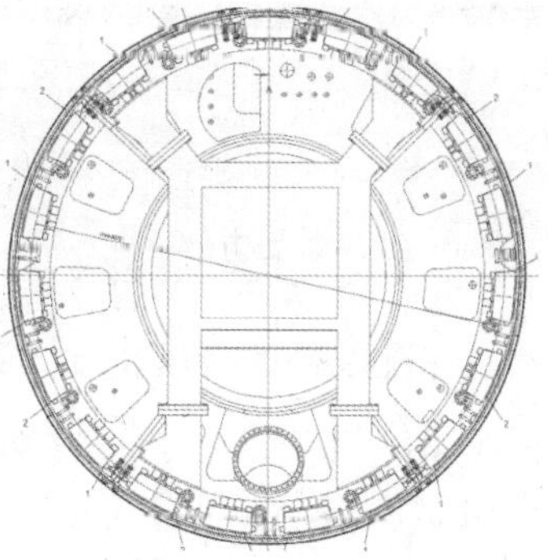
图 2　海瑞克盾构机推进油缸布置

4　油缸撑靴板面与管片止水条之间的受力分析

管片与管片之间采用橡胶止水条的相互挤

压作用实现密封，非刚性的止水条粘贴在管片一圈可起到密封及防漏水作用。止水条的质量及现场施工保护、粘贴是否牢固直接影响管片的拼装质量。止水条错位脱落、老化、撕扯、缺失损坏等都会造成管片环、纵缝漏水。因此在施工过程中，止水条的保护至关重要。

橡胶止水条粘贴于单块管片侧边的特定预制卡槽位置，卡槽位置靠近管片外圆弧，起到定位稳固止水条的作用。为了使止水条发挥密封止水的效果，在卡槽内的止水条会露出厚度的2/3。

盾构机油缸（单、双）按一定的中心直径间隔设计布置，各油缸的撑靴板面与管片侧面通过推力的作用紧贴密实。如撑靴板面设计为一平面，势必会对突出的止水条有静态挤压作用，因油缸位置间隔分布，即撑靴板亦为间隔错开，这种情况下油缸间隔内没有受到板面静态挤压的止水条会因两侧止水条的体积缩小而涨起，造成局部止水条脱胶，在随后一环的管片拼装施工中可能会导致止水条被撕扯、错位、长段脱落等现象，造成管片漏水，如图3所示。

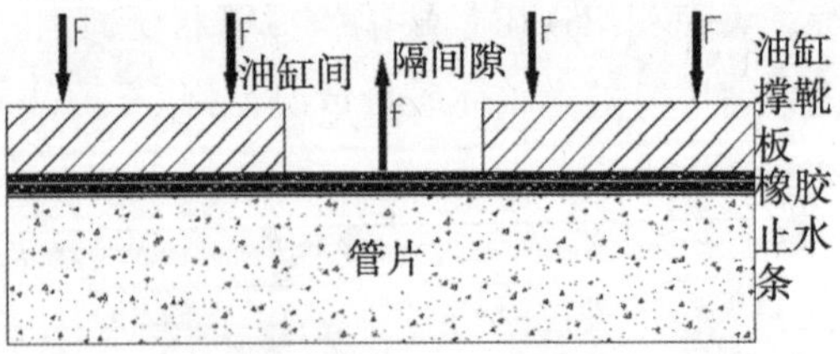

图3　止水条受力分析

为防止油缸撑靴板平面挤压止水条造成质量隐患，规避止水条凸出高度，撑靴板面设计为台阶状，台阶高度略小于止水条凸出高度。从而在施工中可以有效保护止水条不出现破损、脱胶等现象。台阶状撑靴板面如图4所示。

图4　台阶状撑靴板面

5　管片错台与渗漏水防治

经上述可知，盾构机推进油缸中心直径的设计大小与管片厚度要相互匹配，中心直径要略小于管片厚度中心直径，这时管片受力良好，能够有效减少管片错台、渗漏水的现象；同时油缸撑靴板面的大小与形状也决定了管片的受力大小与形态。为减少和防治管片错台与渗漏水等现象的发生，在前期盾构机选型、改造、盾构施工中需注意以下几点：

（1）盾构机推进油缸中心直径设计略小于管片厚度中心直径，能够有效减少管片错台、渗漏水现象。

（2）盾构机推进油缸布置设计双缸优于单缸；油缸调节操作划分区域“米”字型优于“十”字型。这样有利于盾构机姿态的动态实时连续调整，有效减少因盾构机姿态原因产生的拼装操作误差。

（3）单、双型油缸与撑靴板的连接需牢固不旋转；撑靴板高度设计略小于管片厚度10cm以下。这样能够有效减少或抵消多余不利分力的产生，便于施工操作。如向盾尾方向观察撑靴板部分已外露出两侧管片内弧面，则说明成环管片已为椭圆形。

（4）撑靴板面根据管片侧边止水条位置设计为台阶状板面，使之与管片和止水条三者之间受力良好均匀，有效防止止水条破损出现管片漏水等现象。

（5）对于在施工中的盾构机，如油缸中心

直径与管片厚度中心直径相符，无法进行现场改造的，可通过油缸撑靴板的高度、板面形态、牢固程度等方面进行改造优化。

（6）同时在盾构掘进施工、同步注浆、管片拼装中需特别注意各个环节对成型隧道质量的影响。如掘进时盾构机姿态的勤纠缓调；注浆压力及管片背后饱满度；管片止水条粘贴时间与日照时间、粘贴是否固度、施工过程的保护；拼装时单块管片清洁度与盾构机盾尾清洁度、拼装手培训；管片螺栓复紧频次、范围等。

6 总结

盾构施工是一项持续、规范、流水式作业。作业成果的体现即为成型隧道的质量，具体主要包括管片错台大小；管片是否破损断角、出现裂缝；管片渗漏水情况等。每道环节的疏忽或不合理都会造成结果的不理想。施工证明：管片错台较多较大的隧道发生电瓶车脱轨的安全事故较之错台比较少的隧道的概率要大得多。因此盾构施工的关键也是过程控制的重点，需要每道工序的环环相扣，才能确保成型隧道的质量。本文仅以推进油缸方面为例阐述，希望能为后续的盾构施工提供一些拙见。

参考文献

[1] 唐经世，唐元宁．掘进机与盾构机（第2版）．中国铁道出版社，2009.

[2] 陈韶章，洪开荣．复合地层盾构设计概论．人民交通出版社，2010.

京津冀地区城市地铁的建设和发展

王 伟

（天津滨海快速交通发展有限公司）

摘 要：随着京津冀一体化进程的加快，京津冀地区城市人口的增加给城市交通带来的压力日益凸显。地铁因其舒适、快捷和便利的特点，已成为人们出行的重要交通工具，能很大程度上缓解城市交通拥堵的压力。因此，城市地铁建设越来越引起了人们的重视。未来我国地铁建设将向着经济化、自动化、可持续化的方向发展，在解决城市交通运输问题的基础上也为城市的发展带来经济效益和社会效益。

关键词：城市地铁建设；现状；发展前景

我国地铁建设起步较晚，随着社会经济的不断发展，城市化进程的加快，城市人口不断增多，这也给城市交通的发展带来了严峻的考验。城市地铁交通的建设，不仅能解决城市交通拥堵的问题，还不占用地上空间，成为解决城市交通问题的最佳选择。

1 京津冀地区城市地铁建设现状

1.1 北京市

1965年7月1日，北京地铁1号线正式开工建设，成为新中国第一条开工建设的地铁，但由于受到技术、经济等因素的影响，北京的地铁建设未能持续发展。近年来北京地铁行业发展进入“黄金时代”，2012年北京开通的4条地铁新线包括6号线一期、8号线南段、9号线北段和10号线二期，运营里程增至442km，跃居世界第一。2013年，建成了轨道交通14号线西段、10号线二期剩余区段、8号线二期南段和昌八联络线4条（段）新线，总里程达到465km，网络布局更加完善。2014年北京4条地铁线路通车，分别为6号线二期、7号线、14号线东段以及15号线西段。2015年，地铁轨道将实现北京重点功能街区及交通枢纽的便捷联系，其中二环内线网密度为1.08km/km^2，五环内线网密度为0.51km/km^2。中关村、金融街、西客站、北京南站、奥林匹克公园和CBD等，都将有多条地铁轨道相连。昌平、顺义、门头沟、房山、通州、亦庄和大兴7个周边新城，将均有地铁通行，这将进一步促进城市空间结构和功能布局调整。

按照《北京市城市轨道交通第二期建设规划》（2015—2021年），北京市城市轨道交通2020年线网由30条线组成，总长度为1177km；远景年线网由35条线路组成，总长度1524km。预测2021年北京市公共交通占机动化出行量比例为60%，轨道交通占公共交通出行量比例为62%。

1.2 天津市

天津地铁于1970年动工，至1984年建成通车，是中国内地继北京之后第二个建设地铁的城市。2003年，修编后的《天津市中心城区加快轨道交通线网规划》得到了天津市政府批准。从此，天津市拉开了大规模建设快速轨道交通的序幕。2004年3月28日，天津地铁9号线一期工程开通载客试运营，共设车站14座。2012年，天津地铁发展迅速。2012年7月1日，天津地铁2号线东、西段分段开通试运营，共设车站19座。2012年10月1日，贯穿天津西南至东北方向的地铁3号线开通试运营，共设车站23座，与地铁1号线在营口道站换乘。2012年10月15日，天津地铁9号线二期工程开通试运营，共设车站5座，与地铁2、3号线在天津站换乘。天津市已开通的地铁1、2、3号线形成天津中心城区轨道交通骨干线网，9号线是天津市区与滨海新区连接的重要轨道线路，运营总里程达到了136km。2013年是天津市近年来轨道交通建设规模最大的一年，重点建设5条地铁线，在建总里程115km，包括地铁5号线、6号线、2号线机场延伸线、3号线天津南站配套工程、1号线国家会展中心延伸线。2016年，天津轨道交通加快推进地铁1号线东延线、5号线、6号线以及4号线和10号线的南段工程建设。

按照《天津市城市轨道交通第二期建设规划》（2015—2020年），天津将建设M3线二期（南延）、M7线一期、M8线一期、M10线一期、M11线一期、Z2线一期、Z4线一期和B1线一期8个项目，总长约228.1km。加之已实现运营的1、2、3、9号线和即将开通的5、6号线，到2020年，将形成14条运营线路、总长513km的轨道交通网络。地铁网络将基本覆盖天津市中心城区、环城四区和滨海新区，市民出行将真正迎来快捷、舒适、准时的“地铁时代”。

1.3 石家庄市

石家庄地铁于2012年9月28日正式开工建设，开建第一站是地铁3号线小灰楼站。2015年12月10日石家庄地铁在建工程，即1号线一期工程、3号线一期工程首开段车站、隧道主体工程已经全部完成，实现“洞通”。

根据石家庄城市总体规划和综合交通规划，石家庄市规划远景年城市轨道交通线网由6条线路组成，总长约242km，设车站242座，其中换乘车站29座，核心区线网密度1.09km/km^2，中心城区线网密度0.42km/km^2。首期建设轨道交通1、2、3号线一期工程，按照《石家庄市城市轨道交通建设规划》（2012—2020年）要求，建设线路总长59.6km，车站52座（均为地下站），总投资421.9亿元。线网中，1号线是沿市区主轴布置的东西向骨干线路，衔接主要对外交通枢纽和城市重要功能节点；2号线是沿市区南北向发展轴布置的骨干线路；3号线是沿市区东西向发展轴布置的骨干线路；4、5号线为外围辅助填充线；6号线为内部填充线。预计2020年，石家庄市区公共交通出行占全方式出行量的30%，轨道交通占公共交通出行量的30%。

2 京津冀地区城市地铁交通的发展前景

近年来，京津冀地区城市轨道交通获得长足发展，线路长度、机车数量、客运数量等指标都有大幅增长，已成为我国最大的城市轨道交通建设市场，经济稳定发展以及政府的大力支持，使得本区域轨道交通建设规模逐步扩大。

2.1 内在需求

改革开放以来，随着国民经济的不断发展，我国的城市化进程也在逐步加快。经济的发展，人们生活水平的提高，城市规模的扩大，城市人口密集度不断提升，车辆不断增加，城市路面交通系统面临前所未有的压力。城市交通压力越来越大，现有的道路交通设施已难以满足日益增长的交通需求，迫切需要发展地下公共交通来缓解城市交通拥堵的压力。地铁这种动力大、不占用地面空间的交通运输设施，正在大中城市建设中悄然兴起，并成为解决城市交通问题的最佳选择。

在市区地域高密度开发，居住成本不断攀升，居住环境难以改善的背景下，越来越多的人开始关注城郊地带，对城郊交通以及城际交通的需求巨大，轨道交通的分布在很大程度上影响着人们居住地的选择，并能带动沿线的经济发展，增加沿线的人口密度，形成居住区。随着地铁新线建设向城市边缘扩散，未来可用于物业开发的土地资源将更加充裕，从而地铁沿线的物业开发，包括地铁上盖商用物业、住宅物业、办公物业开发，地下空间开发都将是未来地铁建设的重点，也将是地铁公司盈利的重要来源。此外新线的建设将在很大程度上推动沿线土地的升值，同时随着人口密度的增加，也增强了对一系列商业服务的需求。

2.2 区域规划

2015年4月30日，中央审议通过了《京津冀协同发展规划纲要》。纲要指出，推动京津冀协同发展是一个重大国家战略，核心是有序疏解北京非首都功能，要在京津冀交通一体化、生态环境保护、产业升级转移等重点领域率先取得突破。这意味着，经过一年多的准备，京津冀协同发展的顶层设计基本完成，推动实施这一战略的总体方针已经明确。

三省市定位分别为：北京市“全国政治中心、文化中心、国际交往中心、科技创新中心”；天津市“全国先进制造研发基地、北方国际航运核心区、金融创新运营示范区、改革开放先行区”；河北省“全国现代商贸物流重要基地、产业转型升级试验区、新型城镇化与城乡统筹示范区、京津冀生态环境支撑区”。

京津冀协同发展的目标是：近期到2017年，有序疏解北京非首都功能取得明显进展，在符合协同发展目标且现实急需、具备条件、取得共识的交通一体化、生态环境保护、产业升级转移等重点领域率先取得突破，深化改革、创新驱动、试点示范有序推进，协同发展取得显著成效。中期到2020年，北京市常住人口控制在2300万人以内，北京“大城市病”等突出问题得到缓解；区域一体化交通网络基本形成，生态环境质量得到有效改善，产业联动发展取得重大进展。公共服务共建共享取得积极成效，协同发展机制有效运转，区域内发展差距趋于缩小，初步形成京津冀协同发展、互利共赢新局面。远期到2030年，首都核心功能更加优化，京津冀区域一体化格局基本形成，区域经济结构更加合理，生态环境质量总体良好，公共服务水平趋于均衡，成为具有较强国际竞争力和影响力的重要区域，在引领和支撑全国经济社会发展中发挥更大作用。

在交通一体化方面，重点是建设高效密集轨道交通网，完善便捷通畅公路交通网，打通国家高速公路“断头路”，全面消除跨区域国省干线“瓶颈路段”，加快构建现代化的津冀港口群，打造国际一流的航空枢纽，加快北京新机场建设，大力发展公交优先的城市交通，提升交通智能化管理水平，提升区域一体化运输服务水平，发展安全绿色可持续交通。

2.3 发展方向

城市轨道交通在发展之初，投资主体相对比较单一，主要集中在私人主体和政府财政主体投资两个方面。但是随着城市轨道交通的不断发展，为了更好地解决轨道交通建设的资金问题、提高轨道交通建设的效率，当前大部分城市轨道交通都是由政府和社会资本共同投资建设的。另外，在轨道交通建立之初，其运营方式几乎都采取完全的国有垄断经营，这是不利于企业的经营和发展的。当前，大部分城市在轨道交通的发展方面，充分地发挥了市场的作用，引入市场机制对地铁轨道交通进行运营和管理，从而有效提高了轨道交通的运营效率。

当前，我国地铁建设水平与发达国家相比较还存在着一定的差距，因此，未来在地铁的建设方面我们应该不断引入新技术，提高地铁的建设水平。国际上地铁交通建设技术不断发展和完善，以线性电机牵引系统的地铁技术体现出了巨大的优势。这种技术不仅减小了隧道的截面还降低了轨道的建设成本。因此，引入新的科技，提升地铁建设的效率，降低地铁建设的成本也是未来我国地铁建设的重要发展方向。

2.4 前景预测

随着京津冀一体化进程的加快，可以预期在不远的将来，京津冀地区各大城市都将拥有四通八达的地铁线网。未来，地铁交通工程将与其他大型建筑物地下自然的延伸发展等相结合，将会更加注重立体开发，充分利用地下空间的多功能性，建成四通八达的地下城，形成地下交通、地下商业、地下疏散干道的有机融合。在城市轨道交通建设项目的蓬勃发展的同时，也导致了未来相当一段时期内轨道交通规划、建设以及运营所需的相关人才、设备和设施等资源供给的紧张。

3 结语

随着全国地铁建设规模的不断扩大，京津冀地区城市地铁轨道建设将形成一定的规模。城市交通的发展也将会让其重心转向地铁的建设和管理运营之中。目前，我国已经建立标准化的地铁建设规范体系，旨在提高地铁运营的质量。另外，政府也将采取一系列的措施促进地铁建设工程的合理有序发展。在可持续发展战略的指导和经济稳定增长的形势下，加上京津冀地区协同发展进程的加快，城市地铁交通已步入了高速发展的时期。

参考文献

[1] 梁宁慧，刘新荣，曹学山，钟正君，廖靖．中国城市地铁建设的现状和发展战略［J］．重庆建筑大学学报，2008，30（6）．

[2] 张国碧，李家稳，郭建波．我国地铁的发展现状及展望［J］．山西建筑，2010，36（33）．

[3] 2015 年地铁建设调研及发展前景分析报告［EB/OL］. http：//www. cir. cn.

[4] 郭涛，杨涛．城市轨道交通与可持续发展［J］．交通标准化，2006（04）．

[5] 施仲衡，冯爱军．城市轨道交通技术发展战略探讨［J］．城市快速轨道交通，2004（04）．

[6] 北京市城市轨道交通第二期规划[EB/OL]. http：//www. sdpc. gov. cn.

[7] 天津市城市轨道交通第二期规划[EB/OL]. http：//www. sdpc. gov. cn.

[8] 石家庄市轨道交通近期建设规划[EB/OL]. http：//www. sdpc. gov. cn.

盾构泡沫膨润土系统的优化设计

邵宪礼[1]　温法庆[1]　李春林[1]　杨惠源[2]　李海峰[3]
(1. 中铁十八局集团有限公司；2. 东华理工大学；3. 南昌大学)

摘　要：以用于南昌轨道交通1号线土建×标的土压平衡盾构盾构为例，对土压平衡盾构机的渣土改良系统进行了介绍，针对富水砂砾及富水复合地层的地质结构对原设计的泡沫膨润土系统进行了优化，提出了富水砂砾地层渣土改良的系统的优化方法。

关键词：富水地层；渣土改良；泡沫膨润土系统；优化方法

0　引言

随着盾构在地铁施工中广泛应用，盾构施工中渣土改良的优劣，不仅影响到盾构对地层的适应性、盾构的掘进速度及刀盘刀具的磨损，还可能造成主驱动密封失效，进而影响到主轴承安全，造成灾难性的事故[1]。

1　工程简介

南昌轨道交通1号线土建×标的盾构隧道区间工程起于彭家桥站，沿北京东路、北京西路向西下穿彭家桥、京九铁路箱涵桥、二七北路公路桥、人防等建（构）筑物。在北京西路路口旁穿监察厅教育中心大楼后以700m半径拐弯横穿广场北路，到达八一广场站。区间总长度（单线）约2400m，隧道覆土厚度由9.46—18m。

彭家桥站—师大南路站区间隧道主要穿越粗砂、砂砾、圆砾层，部分卵石层；师大南路站—丁公路北站区间隧道主要穿越粗砂、砂砾、圆砾层，部分卵石层；丁公路北站—八一广场站区间隧道主要穿越砂砾、圆砾层和强风化泥质粉砂岩层。

区间地下水类型可分为上层滞水、松散岩类孔隙水、碎屑岩类裂隙水三种类型。上层滞水主要赋存于浅部素填土层之中；松散岩类孔隙水稳定水位埋深在7.90—9.20m，水位标高为11.66—13.16m，为孔隙潜水；红色碎屑岩类裂隙溶隙、裂隙水主要赋存于具溶蚀的钙质泥岩及相对破碎的粉砂质泥岩中，该含水层富水性不均一，影响因素主要有风化网状裂隙与构造节理控制的发育程度，岩性差异（主要是钙质含量的变化），裂隙（节理）多呈闭合状，一般富水性较差，该层地下水通过基岩裂隙发育段与上部孔隙水存在一定的联系，具承压性。

2　泡沫膨润土系统组成与工作原理

2.1　泡沫、膨润土系统组成

用于本工程的盾构渣土改良系统由泡沫、膨润土两套系统组成。

泡沫系统的构成：泡沫系统主要由泡沫原液泵、混合液（高压水泵）增压泵、电磁流量阀、泡沫发生器、压力传感器、管路等组成。

膨润土系统的组成：膨润土系统主要由$8m^3$储液罐、2台流量$10m^3/h$、额定压力1.6MPa的挤压泵及相应的流量计、传感器组成，2台泵均具有变频控制功能。

2.2　泡沫、膨润土系统的工作原理

2.2.1　泡沫系统工作原理

泡沫泵将泡沫原液吸入，流经流量计与外循环水混合至桥架处的泡沫混合液储存箱，经过6路泡沫混合液泵（高压水泵）分别与压缩

空气在泡沫发生器混合发泡膨胀生成泡沫液，通过中心回转体到达刀盘面板对开挖土体进行改良；一部分可以经土仓的4个固定搅拌棒输送到土仓，对土仓内的渣土改良；一部分可以连接到螺旋输送机上（2处8个点位），对螺旋输送机内输送的渣土进行改良以利于渣土的排出。根据盾构施工的水文地质条件，可选择不同的点位注入泡沫（膨润土），泡沫与膨润土可自由切换。

2.2.2　膨润土系统的工作原理

本工程施工中所用的膨润土浆液由电瓶车编组的罐车送进洞内，在泵送到台车的膨润土罐中，由2台可变频控制的挤压泵将膨润土泵送到土仓及开挖掌子面，其中1号泵可与2、4、6泡沫管路相通，2号泵与1、3、5泡沫管路相同；5号泡沫管又可与4个固定搅拌棒及螺旋机的相通，2台膨润土挤压泵还可以单独向土仓两处（3点位、9点位）注入膨润土浆液；根据渣土的改良需要对膨润土的注入点进行切换。

根据实际掘进需要，泡沫、膨润土可在刀盘面板、土仓及螺旋机间切换，以满足不同地质条件下的渣土改良需要。以下图1为泡沫、膨润土系统示意图，图2为刀盘喷口图，图3—图5为泡沫、膨润土组成实物图。

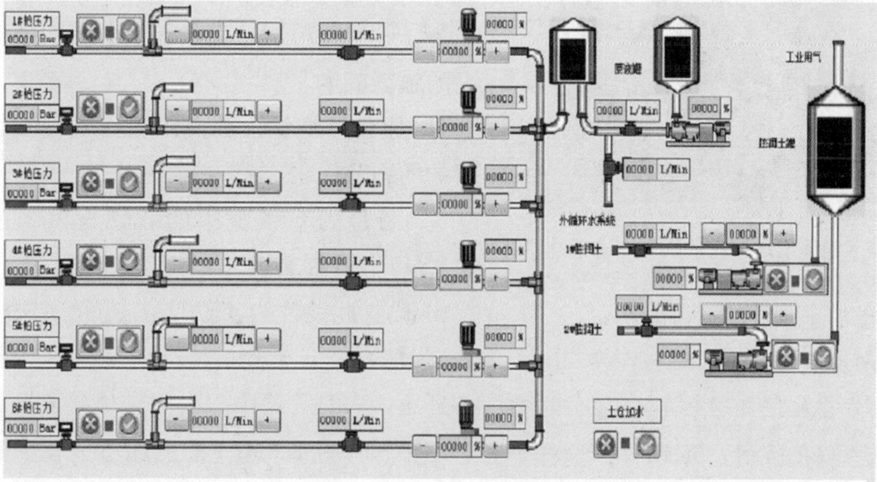

图1　泡沫、膨润土示意图

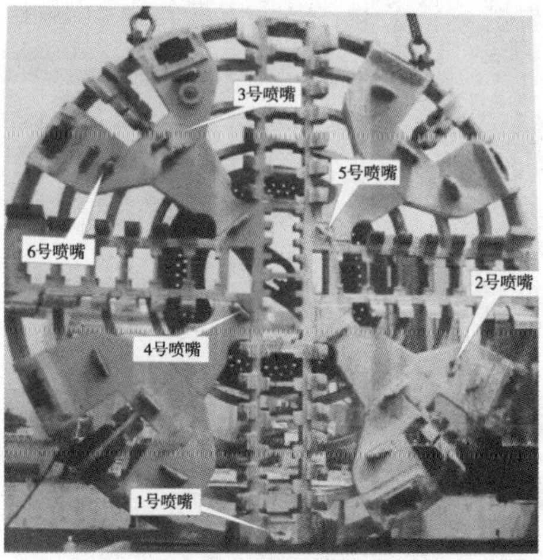

图2　刀盘喷口图

图3　膨润土组成图

图4　泡沫组成图

图5　泡沫增压泵布置图

3　泡沫、膨润土的止水原理

3.1　泡沫的止水原理

对于颗粒级配良好的土体，其粒径分布范围较广，而泡沫本身的尺寸也不均一，这样更容易落到土粒间的孔隙中，与土颗粒接触更紧密。在级配相对良好的土体中，因为泡沫会与土体颗粒结合得更完整和致密，能更充分地置换土体中的孔隙水进而填充原来的孔隙，所以容易形成更多封闭的泡沫。正是由于大量封闭泡沫的存在，才使得土体的渗透系数降低，止水性增强。

3.2　膨润土的止水原理

由于膨润土具有吸湿膨胀性、低渗性、高吸附性及良好的自封闭性能，土压平衡式盾构施工对加入的膨润土泥浆的一个基本要求就是它能够形成“滤饼”，可以形成于土粒内部和土粒之间，由胶结和固结的膨润土组成。这个“滤饼”可以演变为一个低渗透性的薄膜，从而可以将过量的地下水压力中的液体压力转化为土颗粒和土颗粒之间的有效应力，这对稳定地层防止推进中的地面塌陷来说至关重要；在细料含量少的中粗砂土、砂砾土、卵石漂石地层等中，膨润土泥浆能够补充砂砾土中相对缺乏的微细粒含量，提高和易性、级配性，从而可以提高其止水性。

根据泡沫膨润土的物理特性及其止水的作用原理，要求盾构机在设计上要具有同时注入泡沫、膨润土的的功能，根据掘进中不同的水文地质特性，在盾构掘进的过程中在刀盘、土仓注入不同的添加剂，最大限度地将渣土改良成具有良好的流塑土体，减小盾构刀盘的扭矩，较好地控制地面的沉降，同时要具有较低的施工成本。

4　原设计泡沫、膨润土系统在使用中易出现的问题及优化

在原刀盘牛腿中的软管与钢管连接处有DN40立式弹簧式止回阀（图6），其间隙不足10mm，此设计为了防止刀盘的泡沫喷嘴磨损（损坏）后，土仓的泥水进入泡沫管路而回流到盾体内的管路中。由回转体接头到止回阀的连接软管为1.6MPa的低压管。在膨润土系统中，由于膨润土泥浆由罐车运送，期间要经过倒灌抽排，不可避免地会混进杂质及较大颗粒；膨润土罐紧靠皮带，由于皮带的震动不可避免地会有砂砾等杂质混进膨润土罐中。

图6　泡沫管路

图7 过滤器

由于膨润土泥浆存在被污染的可能及刀盘内部管路的低压止回阀设计，造成了在因地质因素需要向刀盘注入膨润土泥浆过程中，容易造成堵管问题；由于止回阀间隙较小，一旦堵塞不易疏通，严重时造成管路堵塞不能疏通，这样减少了渣土改良剂的输入通道；在富水的砂卵地层中，膨润土浆液具有更好的减磨止水效果，尤其对于刀盘外周刀具的保护具有更明显的效果[2]。

针对以上问题，采取了以下措施：

（1）对管路系统进行了优化

由于中心回转体的密封可以承受100bar的压力，将DN40止回阀拆除，改为DN50止回阀安装回转体外部DN50球阀后部；在施工中，DN50球阀常开，保证了刀盘内部管路的畅通，一旦堵塞易于疏通。将低压水管更换成不低于50bar的液压管路；在实际施工中，一旦发生堵塞，首先利用泡沫原液泵（额定压力40bar，不宜较长时间运转）冲洗，一旦不能疏通可利用高压清洗机（压力调整不高于50bar）进行较长时间疏通，可满足管路疏通的需要。

（2）增设管路过滤装置

根据膨润土系统的管路布置，在膨润土罐的前部流量计的后部每条管路增加一台过滤器[3]，如图7所示，有DN100管制作三通并增加滤网，三通清洗口用盲法兰封堵，清洗时打开即可。

在使用中，残渣在过滤网的过滤下在DN100管内积聚，根据膨润土的流速（流量）判断清理残渣或定期对过滤器清理，保证膨润土浆液的洁净度。通过该过滤器的设置可有效阻挡较大颗粒及泥团进入管路，起到防止管路堵塞的目的。

（3）其他措施

在膨润土罐顶部增加盖板，防止因皮带原因渣土掉入膨润土罐，定期、及时清洗膨润土罐以清除罐底泥团；加强膨润土浆液及倒运过程的控制[4]，尤其加强了膨润土制浆、膨化过程的控制。

该过滤装置已经运用于南昌轨道交通1号线土建×标的盾构施工中，有效地解决了膨润土管路（特别是回转体、刀盘内的管路）的堵塞问题，改装简单，具有很强的可操作性。

5 结语

通过对盾构机原泡沫、膨润土系统的设计优化，解决了在富水砂层中盾构掘进膨润土易堵管的难题，提高了盾构掘进施工的效率，通过刀盘注入膨润土（尤其刀盘外周）进行渣土改良，较只用泡沫改良渣土，刀盘扭矩（类似地质、同推进速度）减小500—800kNm，推力减小 300—400t；由于膨润土良好的减磨性，减小了刀具的磨损，降低了带压开仓换刀的风险。工程实际使用表明，该泡沫、膨润土系统的优化方案，有利于提高渣土改良的效果，有较好的经济效益和社会效益。

参考文献

[1] 贾璐，温法庆等．土压平衡盾构刀盘泥饼防治综合技术研究及应用［J］．施工技术，2015（S1）：243 - 247.

[2] 贾璐，南昌富水砂砾石地层土压平衡盾构渣土改良技术研究［J］．施工技术，2016（S1）：160 - 164.

[3] 李超．盾构施工的保障措施［J］．工程技术，2015（9）：222 - 223.

[4] 常心毅．富水砂层盾构施工技术探讨［J］．现代城市轨道交通，2016（6）：49 - 52.

基于北京地铁 16 号线出入口建筑标准化设计研究

白智强　冀　程
（北京市市政工程设计研究总院有限公司）

摘　要：地铁出入口作为联系地上、地下城市空间的载体，其布局、建筑形式与城市功能、规划、景观息息相关。地铁 16 号线作为北京首次采用 8A 编组的地铁线路，对车站附属地面建筑及与周边环境的融合关系等问题极其重视，并对全线出入口建筑设计型式进行了分类和探讨，阐述了地上、地下部分及接口的标准设计做法，为今后地铁车站的出入口建筑设计提供了一定指导。

关键词：地铁车站；出入口；标准化设计；北京地铁 16 号线

车站出入口作为轨道交通系统的门户，其与市民和城市公共活动之间联系紧密，尽管体量较小，但作为车站的一部分，除了基本的交通功能外，也是展现城市文化与地域特色的窗口，对城市景观有重要影响，在城市发展中起着重要的作用。

1　传统地铁出入口设计中出现的问题

1.1　地铁地面附属建筑多且分布零散

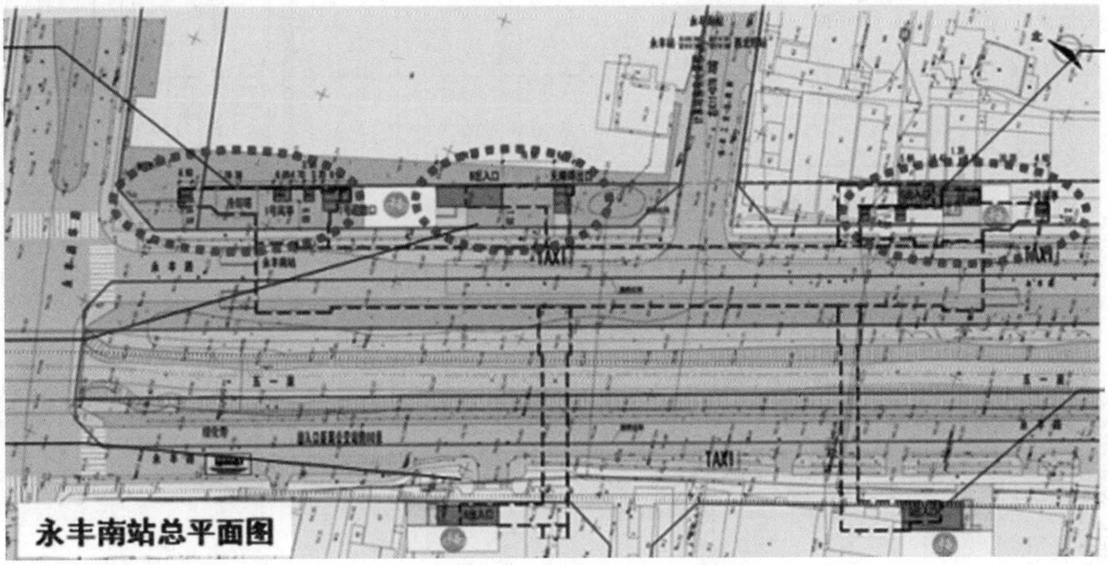

图 1　16 号线车站地面附属总平面图

通常一座地铁车站需设置的地面出入口、风亭、无障碍、安全口等建筑有 6—15 个，数量多，较零散，对街道环境和周边建筑的影响考虑不充分。

1.2　地铁各线地面亭风格多样

北京地铁各线的出入口地面亭造型均不统一，导致地面建筑设计重复、效率较低，同时地上、地下设计接口多，容易出错。

图2　北京各地铁线出入口的不同风格

2　出入口建筑标准化设计的提出

2.1　统一性

全线出入口地面亭等附属建筑的形式、颜色基本一致，增强地铁建筑的标识性和可识别性。

2.2　多样性

在保持形式基本不变的前提下能够整合变形，适应不同规模的出入口地面亭。

2.3　标准化、模块化

梁板柱、挑檐等构件尺寸与钢结构模板及结构组成方式模块化、标准化，便于工厂化批量生产和现场施工安装。

3　出入口建筑标准化设计具体方案

3.1　地下通道、爬升段布置标准化

（1）暗挖出入口与主体连接处的通道侧墙、顶板和人防段的侧墙、顶板找齐，不“缩脖子”，减少结构断面变化。

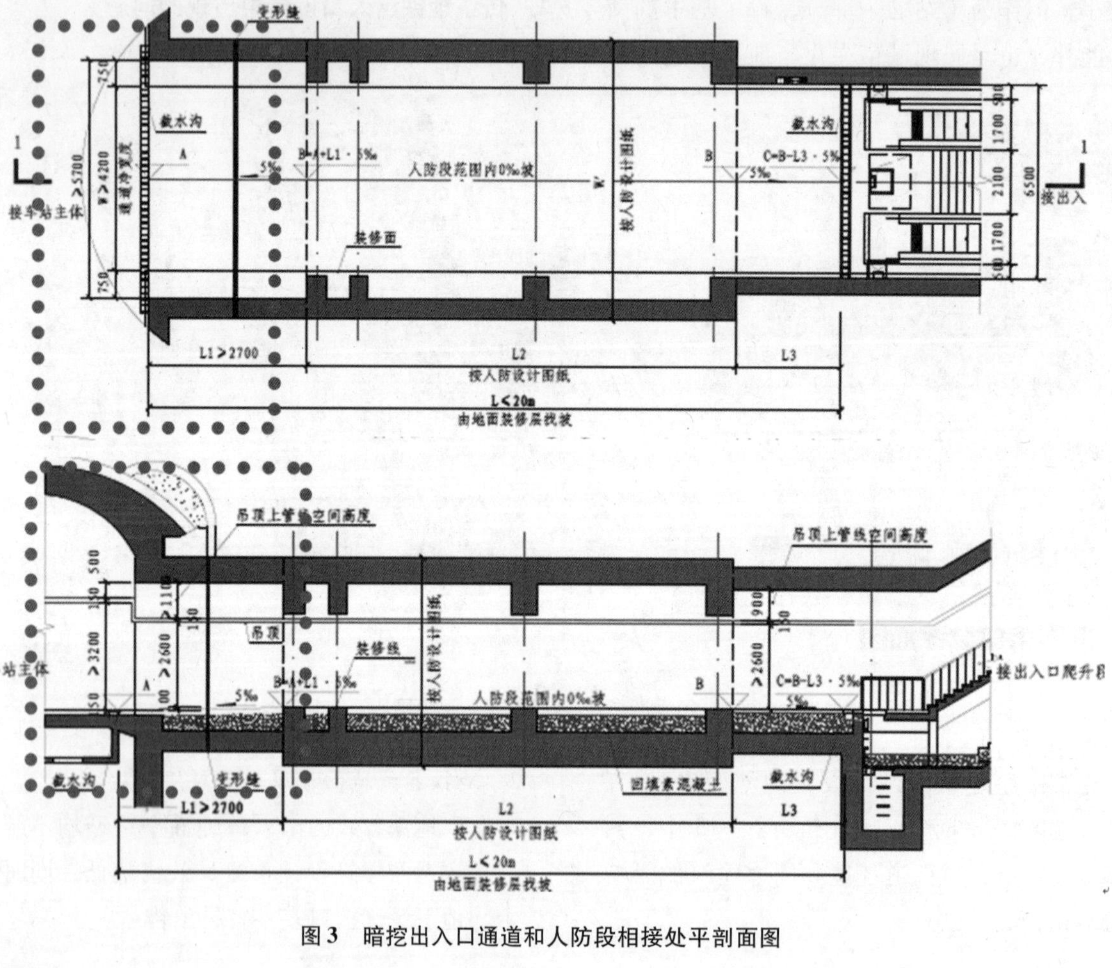

图3　暗挖出入口通道和人防段相接处平剖面图

（2）上下行扶梯及检修通道分设两侧，中间设楼梯，方便进出站客流分向。出入口任一扶梯检修时，进出站客流不交叉。

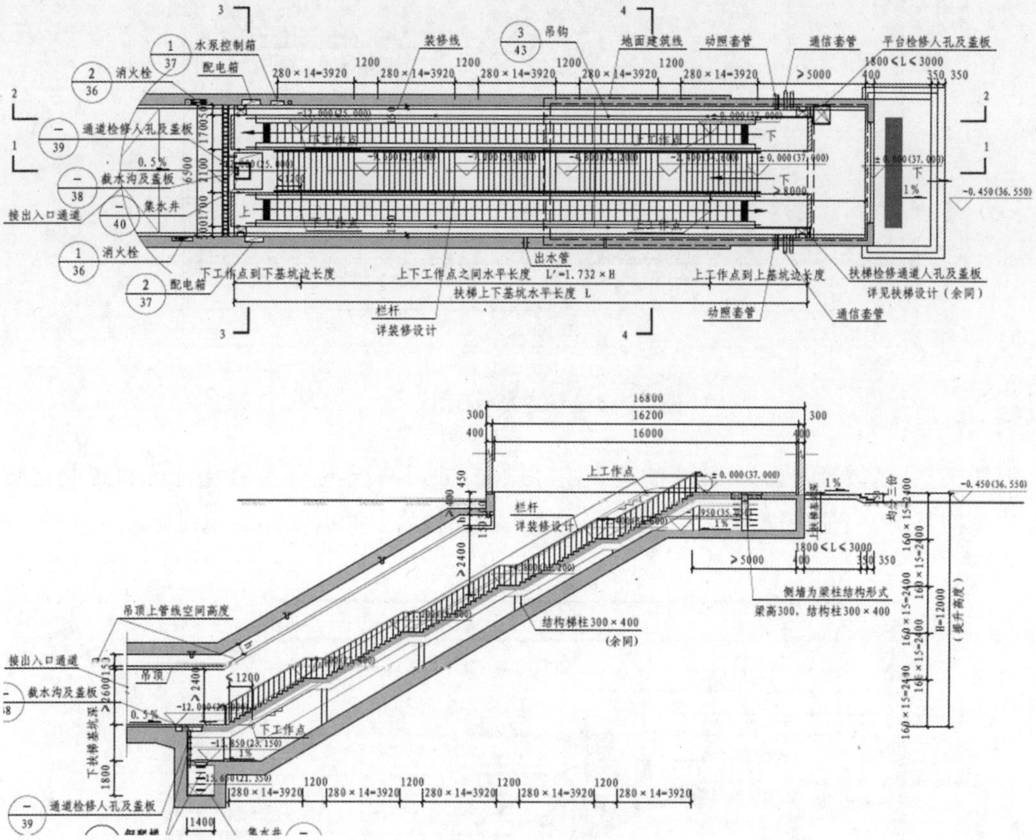

图4　爬升段标准布置平剖面图

（3）为避免楼梯踏步超出扶梯不锈钢栏板，下侧楼梯第一级踏步不得超出扶梯下工作点1.2m。

图5　楼扶梯下梯点位置关系

3.2　地面亭尺寸统一，结构柱提前预留

（1）地下结构基础和出地面结构基础内边线取齐，减小地面亭的占地面积。

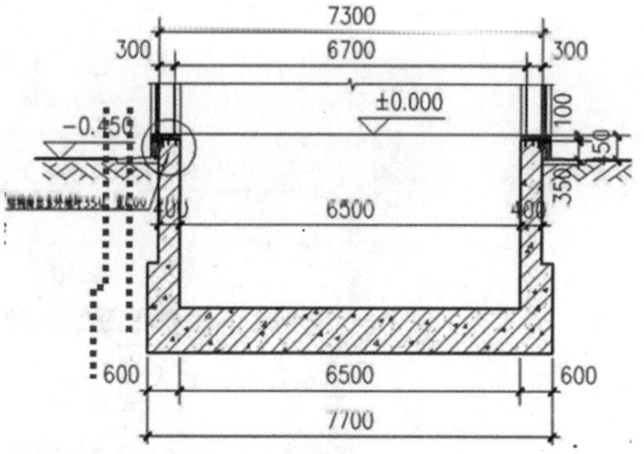

图6　地面亭基础剖面图

（2）出地面结构基础宽400mm、高350mm，提前在结构基础的四角和长度方向中线上预留400mm×400mm的结构柱甩筋。

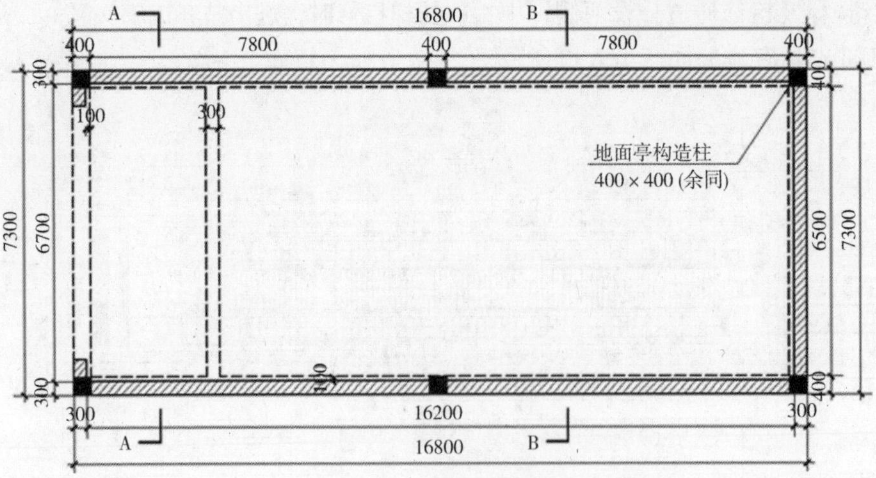

图 7　地面亭基础平面图

（3）上扶梯基坑前方到地面亭外墙的地下结构做出 U 型槽基础，上扶梯基坑为梁柱支撑做法，地面亭楼板开检修孔，可利用此空间进入扶梯检修空间或存储防汛设施。

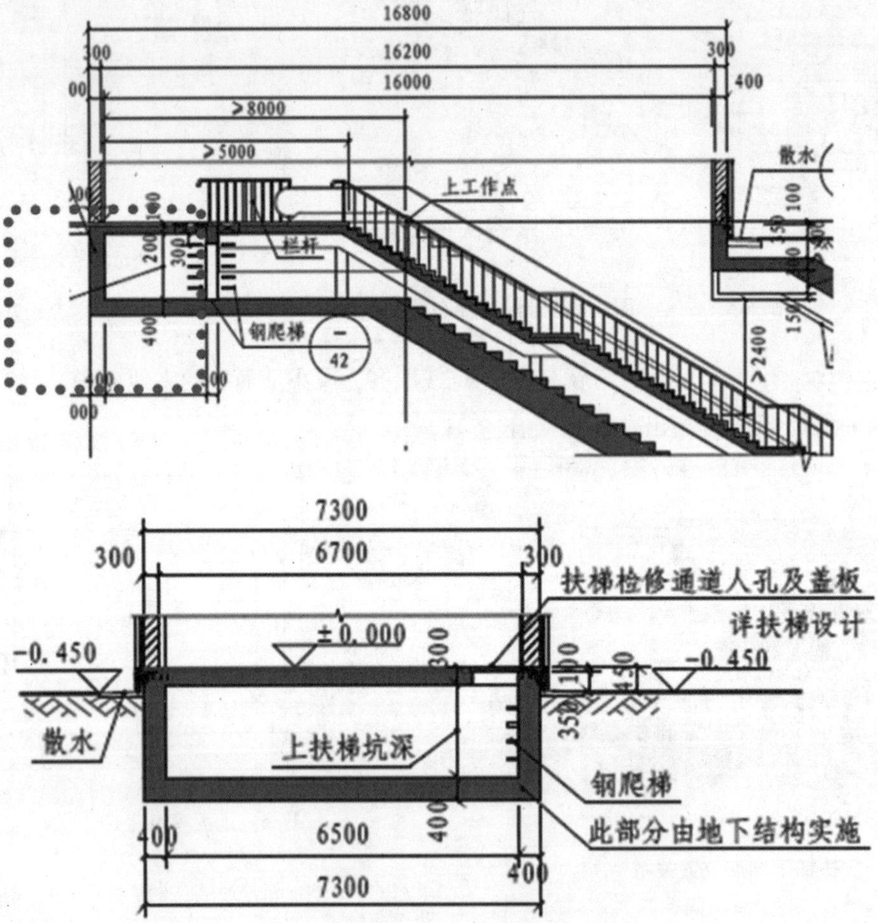

图 8　地面亭基础 U 型槽剖面图

（4）标准直出出入口长度方向结构内净尺寸最小为16m，满足爬升段楼扶梯最不利点处净高≥2.4m，同时缩小了地面亭的占地面积。为满足地面亭门口进出站进深空间，上侧楼梯第一级踏步到前方地面厅建筑内墙面距离不得<5m。

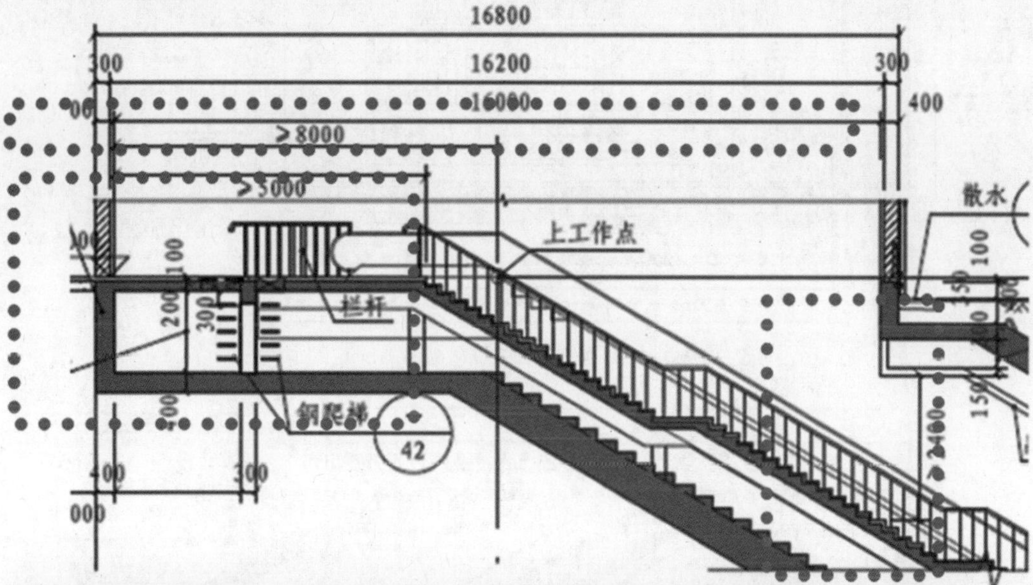

图9　出入口建成照片

（5）出入口地面亭后背室外排烟风室的体量和标准口一致，不再加长，比以往此类地铁出入口节省占地面积。

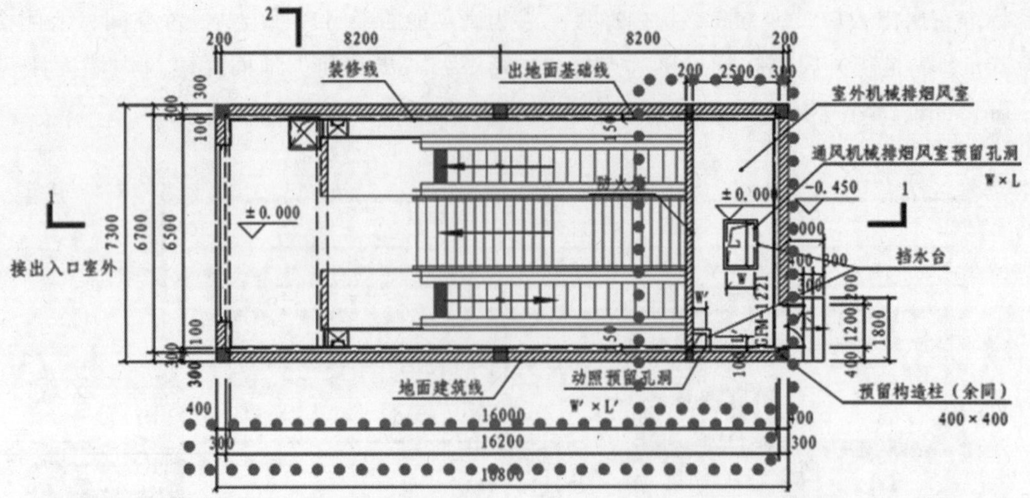
装修线
出地面基础线
室外机械排烟风室
通风机械排烟风室预留孔洞
W×L
防火墙
±0.000
-0.450
挡水台
接出入口室外
地面建筑线
动照预留孔洞
W′×L′
预留构造柱（余同）
400×400
8200
16000
16200
16800

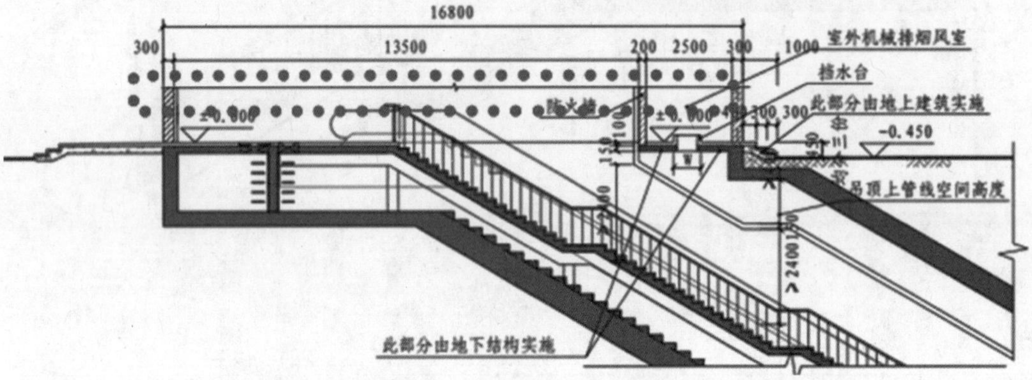
16800
13500
室外机械排烟风室
挡水台
此部分由地上建筑实施
防火墙
±0.000
-0.450
吊顶上管线空间高度
此部分由地下结构实施

地铁西北旺站
XIBEIWANG Station
16

图 10　室外排烟风机室平剖面、效果图及建成照片

（6）以主体和附属为车站内外排水的分界，出入口通道地面分别向出入口和主体的截水沟方向找 0.5% 的坡，人防段范围内为 0% 坡。同时，出入口爬升段下方设置截水沟、集水井，敞口出入口开口段的楼梯平台下方加设截水沟、集水井，保证室外雨水不进入车站厅台，满足防淹要求。

3.3　地面亭简洁通透，避免过度装饰，标识明确，易和环境融合

（1）“清水混凝土 + 玻璃”材质的框架结构及外观，避免过度装饰，自然通透，少维护，易和周边环境融合。

图 11　“清水混凝土 + 玻璃”简洁通透

（2）屋顶在沿出入口场边方向、朝向道路一侧设置单地徽。整合导向牌体的数量和位置，将既有线设在出入口地面亭内的通告等牌体集中为 2 个落地大综合牌设在站前广场，地面亭内部空间完全通透。

图12　16号线出入口单地徽和站前广场落地大综合牌

（3）站口周边有条件的在地面亭四周做暗散水，预留绿化种植的条件，回归绿色。

图13　出入口效果图和建成照片

3.4　明挖车站出入口和无障碍垂梯合建

无障碍候梯厅与出入口地面亭共用，方便乘客使用和运营管理。

图14　出入口和无障碍共用地面厅

3.5　安全出口单跑直出地面的设置形式统一

为减小地面亭的占地面积，安全口出地面前最后一跑采用单跑直出形式设置，地下结构基础和出地面结构基础的内边线取齐。地面亭结构基础出地面部分为250mm宽、350mm高。在结构基础的四角预留250mm×250mm的构造柱，结构提前甩筋预留。地面亭墙厚按200mm考虑，外墙线和出地面结构基础的外边线齐平。

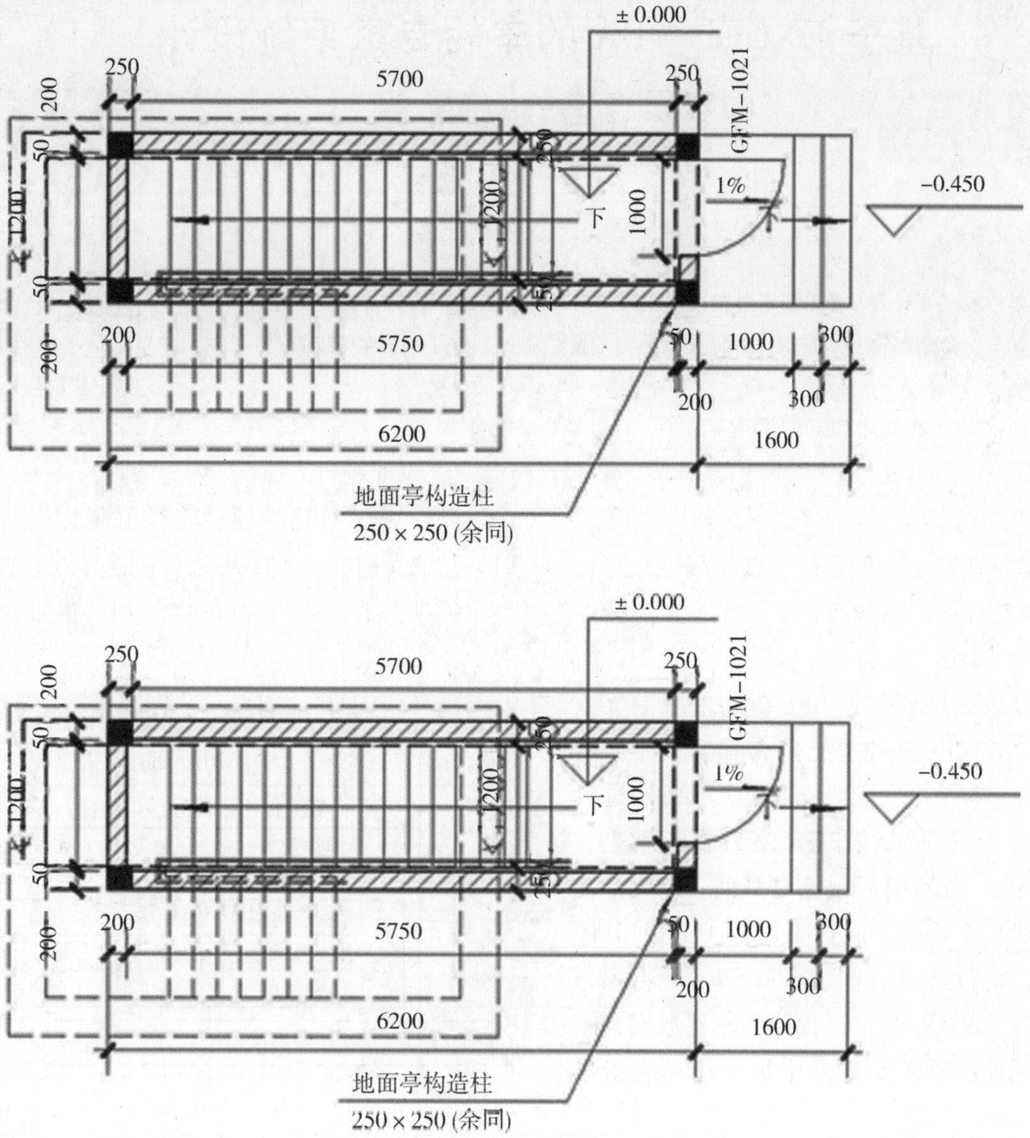

图 15　单跑直出安全出口平剖面图

4　地铁 16 号线出入口建筑标准化设计实施效果

16 号线出入口采用标准化设计，细化施工图标准及节点。地面亭外观轮廓、基础和柱网等内容尺寸统一，结构柱提前在地面基础上做预留。标准化设计提高了设计效率，保证土建工点和地面亭设计的接口一致，减少了总体协调工作量大等问题。结构梁板柱等构件尺寸统一，也加快了现场施工进度。同时，为以后的运营管理带来优势。

参考文献

[1] 朱悦明，佘才高，杨秀仁．地铁工程设计创新与实践：南京地铁工程设计总结［M］．北京：中国铁道出版社，2013.

基于 EXCEL VBA 的车轮专家系统设计

杜 远 于广淼

（天津市地下铁道运营有限公司）

摘 要：本文针对 LM 磨耗型轮对踏面，以天津地铁 1 号线列车为例，通过采用基于 EXCEL 的 VBA 语言进行编程，建立全寿命期车轮专家系统。降低了数据输入错误率，减少了工程师处理数据时间，为车轮日常维护运用提供了方便。

关键词：LM；基于 EXCEL 的 VBA 语言

1 引言

轮对是地铁电客车运行的重要部件，其轮缘数据、轮径数据等参数决定了车高等关键运营数据及列车运营安全性。在日常作业中，需要对轮对数据进行测量和分析。采用传统方法，建立 EXCEL 表格进行日常输入，输入时数据量大，容易出现错误；通过人工方法进行比对刷选，分析时占用车辆工程师较多时间。

本文针对 LM 磨耗型轮对踏面，以天津地铁 1 号线列车为例，通过采用基于 EXCEL 的 VBA 语言进行编程，建立全寿命期车轮专家系统，实现了输入信息错误提醒，轮对数据自动分析等功能，对轮对日常维护使用具有指导意义。

2 系统介绍

2.1 轮对相关数据示

与轮对相关数据主要包括车轮轮径、轮缘高、轮缘厚、车体高度、车钩高度等。

对于车高及车钩高度不满足使用要求并且在调整后仍然无法满足检修文本要求的情况（表1），需要按照车高值进行加垫计算，以调整车高。

当轮缘高与轮缘厚、轮径值超标时（表1），需要及时扣车对车轮进行镟修作业，保证车轮各项数据在标准范围内运用，保证运营安全。

表1 轮对数据运用标准

项目	运用标准		
轮径	车轮直径差标准：（单位：mm）		
	项目	Tc车	M车
	同一轮对	2.5	1.5
	同一转向架	5	3
	同一节车	10	6
	同一列车	60	60
轮缘高	轮缘高度标准：26.5—36mm		
轮缘厚	轮缘厚度标准：23—34mm		

2.2 系统原理介绍

与轮对相关数据主要包括车轮轮径、轮缘高、轮缘厚、车体高度、车钩高度等。

VBA 是基于 EXCEL 的一种编程语言，可以生成可视化交互界面。本系统通过 VBA 程序，建立了模块化界面，系统功能网络图如图 1 所示。

（1）数据输入界面

具体输入界面如图 2—图 4 所示。

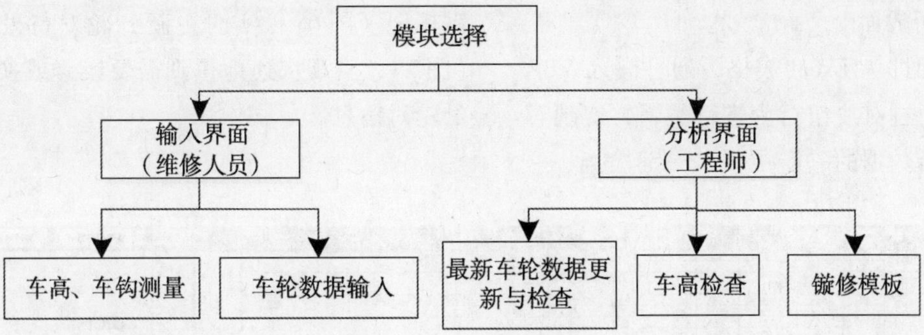

图 1　系统功能网络图

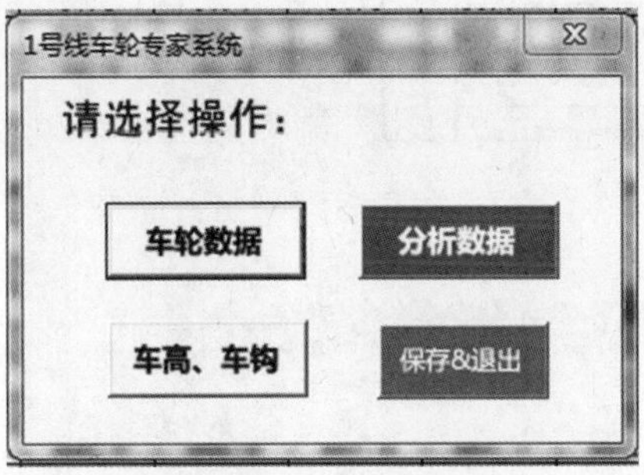

图 2　模块选择界面

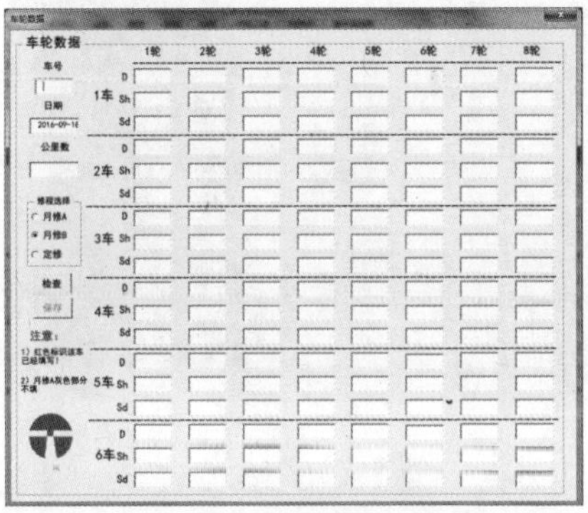

图 3　车轮数据输入界面

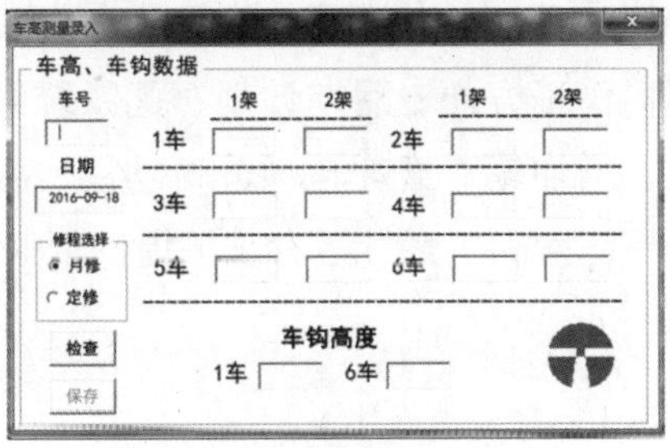

图 4　车高车钩数据输入界面

在维修人员完成对应的数据输入工作后，点击检查按钮，系统对错误输入的数值给出提醒。对于输入性错误，纠错功能可以在运用标准范围扩大2mm区间内进行提醒，如果超过该区间，则认为输入有误；对于测量性错误，与前两次输入值进行比对，超过设定值则认为测量有误，如果出现磨耗异常情况，则请求管理员权限忽略。

重新输入纠正错误后，系统通过设定判断输入数据无人工输入问题后，保存按钮变为允许，点击保存可以将新数据导入到对应表格中，即完成了数据录入工作并返回到模块选择界面。具体逻辑如图5所示。

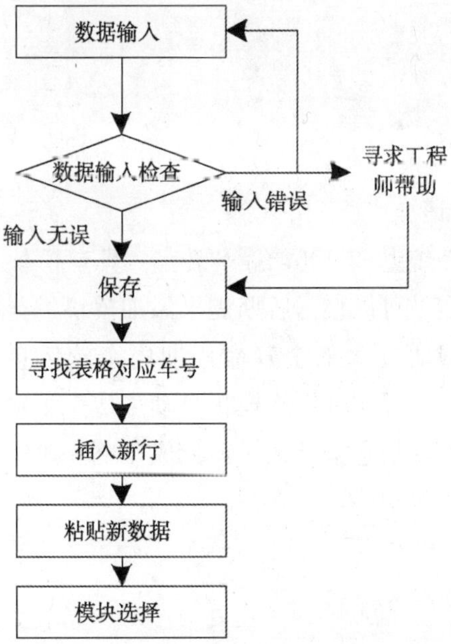

图 5　数据输入与保存逻辑图

（2）分析界面

分析界面即为 Excel 表格，通过嵌入 VBA 按钮对象，通过对按钮行为进行编辑，实现对不同列车最新数据的一键更新、一键检查、一键标记（图 6），实时更新到轮对待处理界面（图 7），直观快速地得到需要镟修或换轮作业的轮对信息。

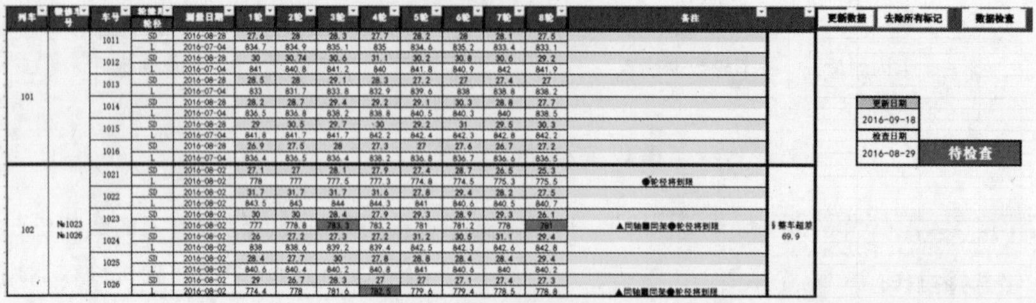

列车	镟修车号	车号	轮缘厚/轮径	测量日期	1轮	2轮	3轮	4轮	5轮	6轮	7轮	8轮	备注	
101		1011	SD	2016-08-28	27.6	28	28.3	27.7	28.2	28	28.1	27.5		
			L	2016-07-04	834.7	834.9	835.1	835	834.6	835.2	833.4	833.1		
		1012	SD	2016-08-28	30	30.74	30.6	31.1	30.2	30.8	30.6	29.2		
			L	2016-07-04	841	840.8	841.2	840	841.8	840.9	842	841.9		
		1013	SD	2016-08-28	28.5	28	29.1	28.3	27.2	27	27.4	27		
			L	2016-07-04	833	831.7	833.8	832.9	839.6	838	838.8	838.2		
		1014	SD	2016-08-28	28.2	28.7	29.4	29.2	29.1	30.3	28.8	27.7		
			L	2016-07-04	836.5	836.8	838.2	838.8	840.5	840.3	840	838.5		
		1015	SD	2016-08-28	29	30.5	29.7	30	29.2	31	29.5	30.3		
			L	2016-07-04	841.8	841.7	841.7	842.2	842.4	842.3	842.8	842.2		
		1016	SD	2016-08-28	26.9	27.5	28	27.3	27	27.6	26.7	27.2		
			L	2016-07-04	836.4	836.5	836.4	838.2	836.8	836.7	836.6	836.5		
102	№1023 №1026	1021	SD	2016-08-02	27.1	27	28.1	27.9	27.4	28.7	26.5	25.3		§整车超差 69.9
			L	2016-08-02	778	777	777.5	777.3	774.8	774.5	775.3	775.5	●轮径将到限	
		1022	SD	2016-08-02	31.7	31.7	31.7	31.6	27.8	29.4	28.2	27.5		
			L	2016-08-02	843.5	843	844	844.3	841	840.6	840.5	840.7		
		1023	SD	2016-08-02	30	30	28.4	27.9	29.3	28.9	29.3	26.1		
			L	2016-08-02	777	778.8	783.3	783.2	781	781.2	778	781	▲同轴■同架●轮径将到限	
		1024	SD	2016-08-02	26	27.2	27.3	27.2	31.2	30.5	31.1	29.4		
			L	2016-08-02	838	838.6	839.2	839.4	842.5	842.3	842.6	842.8		
		1025	SD	2016-08-02	28.4	27.7	30	27.8	28.8	28.4	28.4	29.4		
			L	2016-08-02	840.6	840.4	840.2	840.8	841	840.6	840	840.2		
		1026	SD	2016-08-02	29	26.7	28.3	27	27	27.1	27.4	27.3		
			L	2016-08-02	774.4	778	781.6	782.5	779.6	779.4	778.5	778.8	▲同轴■同架●轮径将到限	

图 6　后台数据更新界面

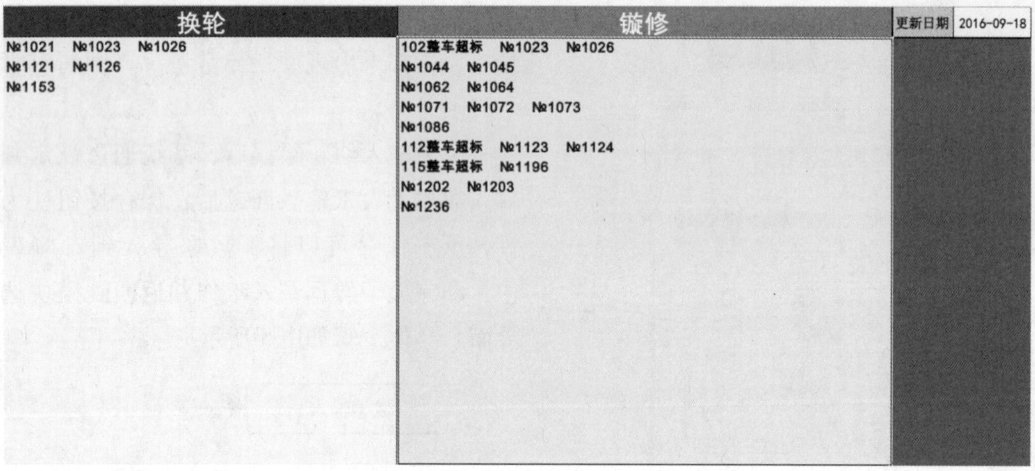

图 7　后台轮对待处理界面

3　结　语

本系统基于 VBA 编程语言，具有模块化设计特点，可以根据后期需求添加模块进行拓展，形成更庞大的全寿命周期内车轮信息系统，例如可以实现镟修模板自动生成、车轮轮轴号及换轮信息进行记录。形成车辆车轮信息查询系统等功能。

目前，系统已经应用于天津地铁 1 号线车辆运用实践，效果良好，降低了数据输入错误率，减少了工程师处理数据时间，为车轮日常维护运用提供了方便。后期计划对此系统继续进行优化，增加轮对磨耗自动分析功能，并自动生成分析图表，为后续运营维护提供帮助。

盾构推进地面塌陷事故处理及复推方案介绍

王　凌[1]　张跃明[1]　张宇亭[2]
（1. 广州地铁设计研究院有限公司；2. 交通运输部天津水运工程科学研究院）

摘　要： 某地铁区间隧道在推进过程中因螺旋机后闸门关闭系统故障及地下水位过高造成喷涌，地面出现塌陷事故。针对该事故，制定了处理步序，采用咬合素桩和化学浆液注浆进行盾构机周边地层加固，在降水后完成洞内渣土清理和设备维修。后介绍了盾构脱困及脱困后的措施，最后复推中采取了渣土改良及防喷涌措施、掘进参数控制、出土量控制、同步注浆及二次注浆及质量控制措施等。

关键词： 盾构；喷涌；事故处理；复推

1　盾构推进地面塌陷事故介绍

1.1　项目概况

某地铁区间隧道长 1465.651m，沿城市主干道下穿行，隧道拱顶埋深为 9.47—19.9m。

区间地层从上向下依次为素填土、粉质黏土、细砂、圆砾、强风化泥质粉砂岩、中风化泥质粉砂岩[1]。

盾构机位于 896 环位置、刀盘位于 901 环位置处突然出现涌水涌砂无法控制的现象，现场操作司机及维保人员启动应急螺旋机后闸门关闭系统，但仍不能关闭螺旋机后闸门。从而导致地面塌陷及盾构机被掩埋。刀盘正上方路面坍塌区域约长 14m、宽 11m、深 5.5m 范围，坍塌区域流入隧道内方量约为 1000m^3。

此处盾构刀盘底部标高为 -1.7m，中风化粉砂质泥岩面标高 1.35m，沿掘进方向强风化岩面标高约为 2.26m，地下水位标高约为 13.7m，地面标高 17.7m。盾构埋深约 13.24m，刀盘入岩 4.0m。刀盘位置砂、圆砾层厚度 10.5m，素填土及道路 4.94m。地下水位于隧道上方 9.24m[1]。

1.2　事故原因分析

经分析发生该起事故的主要原因如下：

（1）螺旋机后闸门关闭系统故障，主要是因为设备维修保养不到位。

（2）事故发生地距河流较近，河流水位上涨，地下水位过高，形成喷涌[2]。

2　事故处理介绍

2.1　处理步序

恢复路面交通→盾构机周边地层加固及降水→洞内渣土清理→设备维修[3]。

2.2　盾构机周边地层加固及降水

为保证在不发生涌水涌砂情况下，完成清理盾构机内部砂土、盾构设备检修的目的，盾构地面加固需起到止水帷幕的作用。经过认真分析和对比，综合考虑加快施工进度、减少对交通的影响、塌陷位置回填混凝土、塌陷的路面结构层等因素，选用“咬合素桩 + 化学浆液注浆止水 + 降水井辅助降水”的方案。该方案进度较快、制约因素较少，对场地需求低，对交通的影响小[4]。

距离盾构刀盘前 2m 及盾体两侧 1m 位置各布设一排 ф800@600mm 咬合素桩，咬合素桩入中风化岩 0.5m，以达到止水帷幕的作用。在咬合桩围护结构内降水，可以有效加快降水进度，且可以大大减少降水对周边建筑物的影响，既保证了周边建筑物的安全，又加快降水速度，减少降水工程量。

盾尾后第 2、第 3 环管片处设置一排 ф800 @600mm 咬合素桩，咬合素桩深度至管片上方 1m（施工时根据钻进实际进行调整）。

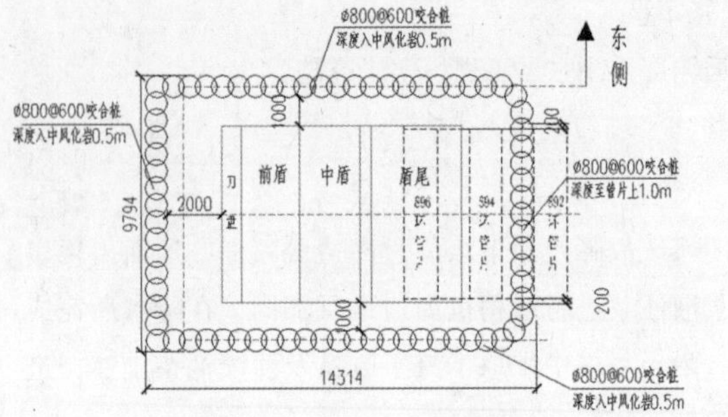

图 1　咬合桩施工平面图

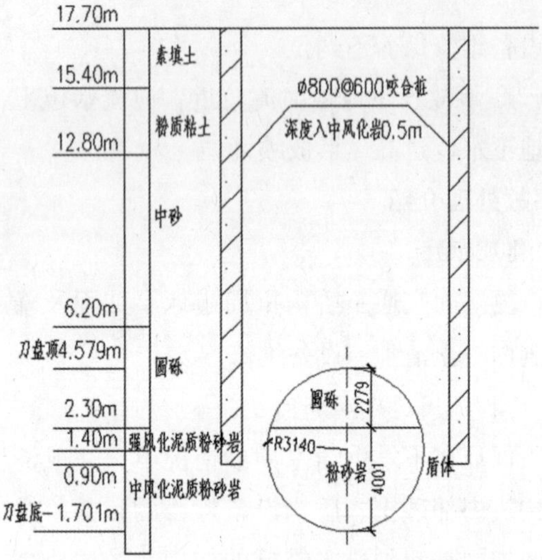

图 2　咬合桩施工剖面示意图

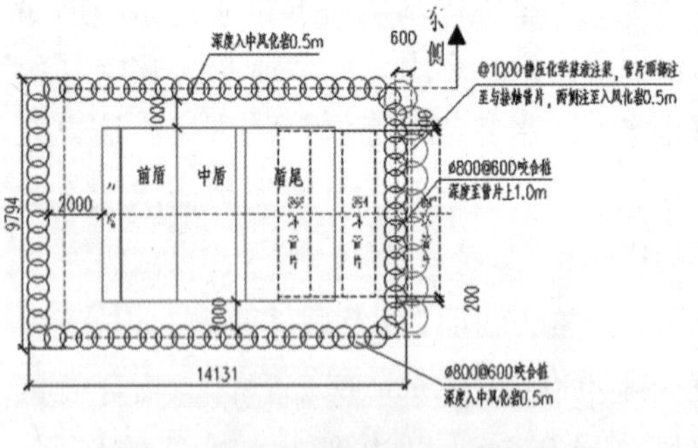

图 3　盾尾止水帷幕平面示意图

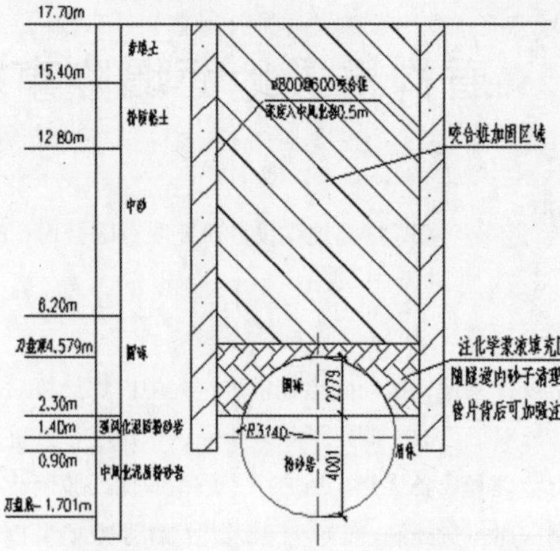

图 4　盾尾止水帷幕剖面示意图

咬合素桩止水帷幕底部与盾尾隧道顶的间隙范围内采用间距 1000mm 化学浆液注浆封堵，结合洞内顶部管片背后注浆，详见图 3、图 4。盾构机两侧注浆深度至中风化岩面 0. 5m。

盾体两侧止水帷幕间各布置 3 口降水井，刀盘前方布置 1 口降水井，降水井深度入中风化岩 2m。降水井共布置 7 口，实际抽排降水井数量根据现场抽水情况及复核的地下水位标高确定，未抽水的降水井作为应急备用。

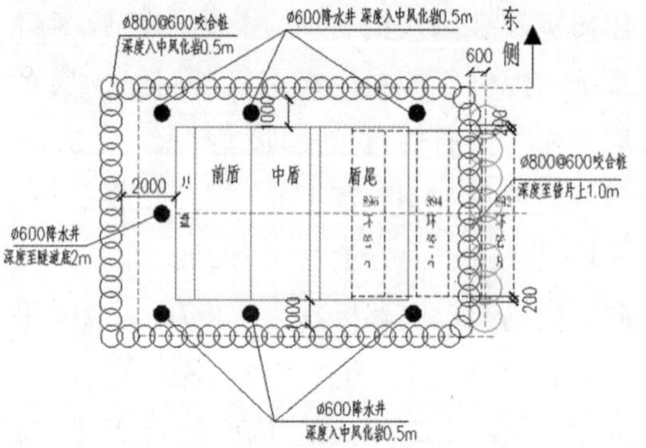

图 5　降水井布置示意图

2. 3　洞内渣土清理、设备维修

首先开始对隧道内的砂土进行全面清理，设备修复的总体思路是根据清砂进度，从后往前以单节台车为一个单元对台车进行设备恢复。对清理出来的部位进行细致地清洁，对每一个配件进行判断，容易恢复的配件除水除湿做防护处理，不易恢复的及损坏的配件在不影响清砂进度的情况下直接置换。对电机的检查主要是检查电机是否进水，绝缘是否合格。

本阶段的重难点之一：螺旋闸门的修复。闸门关闭后，能够大大降低后续工作的风险程度，同时将降水施工的成本节约下来。对螺旋后闸门不能关闭的原因推断有三个方面，即闸门被异物卡死、液压系统故障、电气系统故障。经过对事发当时的记录分析，基本可以确定电气系统不是主要故障原因。针对前两种原因，首先外接泵站至闸门油缸，尝试关闭闸门。如果闸门顺利关闭，则说明故障出在液压系统，可能是油压不够或油路阀芯堵塞。如果闸门仍不能关闭，则说明闸门滑道被异物卡死，此时直接加装临时封板将闸门封死。

下一步为螺旋后闸门封堵完毕至设备修复完成。该阶段以清砂完成为标志分为前后两段，前半段继续对设备桥、螺旋机、拼装机、盾体进行检查和部分修复；后半段正式进行全面修复，更换与清砂工作涉及泵站电机、主控室、主驱动电机等大部件，最后进行整机联调联试。

本阶段的重难点之二：后半段大部件的更换。首先是泵站电机被砂土全部掩埋，电机内部可能进水。这就需要在泵站清理出来后及时检测电机的绝缘，确定需要更换的电机。由于泵站布置紧凑，可供操作的空间极小，需要针对电机位置提前选定电机移动的路线，必要时割除碍事的横梁、立柱。

其次是主控室被全部掩埋，在之前主控室就有轻微变形，背面接线室门关不严，可以确定主控室内部也被砂土掩埋。考虑到抢修时间紧迫，故决定整体更换主控室。隧道内空间狭小，普通吊装方法不可行，故计划拆除主控室底部支架和左侧轨道梁，腾出空间后采取平移的方式更换主控室。

接着是拼装机的蓝缸，由于蓝缸护壁上部的呼吸器缺失，砂土可能通过该处孔洞进入蓝缸内部，拼装机清理出来后要第一时间确认蓝缸受损情况，确定是否需要更换蓝缸。

最后是六台主驱动电机的检测更换，由于主驱动电机防水性能相对较差，泥水有可能从电机吊装孔和扭矩轴观察口的缝隙进入电机内部。

针对此次螺旋喷涌情况，在设备桥左侧加装高分子聚合物注入系统用以防止喷涌。

在修复工作完成后，即开始进行设备的整机调试。不同于之前的修复工作以单节台车为单位，整机调试以单个系统为单位，在调试的过程中对设备进行复查，更换损坏的元器件。

由于刀盘和螺旋机可能被密实的砂土卡死，故在调试阶段对刀盘和螺旋机转速不做调试，仅测试能否正常启动，待刀盘和螺旋机脱困后再行测试。

3 盾构脱困方案介绍

3.1 盾构脱困措施

盾构机停机时间较长，目前盾构机所处地层为圆砾、强风化泥质粉砂岩及中风化泥质粉砂岩，地面塌陷容易导致刀盘抱死，土仓内的粗细砂在水的作用下容易使土仓板结，影响刀盘正常启动；盾体受外部塌陷砂土侧压力及摩擦力作用，盾体向前移动将消耗较大有效推力，一定程度上影响正常掘进；螺旋输送机因涌水涌砂，有大量的砂土堆积在螺旋机内，对螺旋机螺杆启动产生一定影响。

3.1.1 螺旋输送机脱困

（1）盾构机整体联动调试全部完成后，尝试启动螺旋输送机，先低速正转螺旋速度为1—3rpm，观察螺旋机扭矩，待扭矩未达到额定扭矩前，关闭螺旋将正转切换至反转模式，观察螺旋机扭矩。

（2）如常规操作不能正常启动，可通过螺旋机预留阀孔注入适量的膨润土浆液或泡沫混合液，继续尝试上述正反转切换操作步骤，直至螺旋机完成脱困。

3.1.2　刀盘脱困

（1）刀盘启动前，将刀盘面板6路泡沫全部启动，同时在土仓隔板预阀位置外接膨润土管道，按照常规操作模式启动刀盘。刀盘低速值设置为0.3rpm，先正转模式观察刀盘扭矩，如刀盘扭矩为有明显增大趋势可提速，刀盘控制转速为1rpm，待刀盘正常启动后，切换至反转模式，观察刀盘扭矩如无异常可提速。

（2）常规操作不能完成刀盘脱困，可将刀盘设置脱困操作模式，反复正反转启动刀盘，观察刀盘扭矩。常规脱困模式仍不能使刀盘正常启动，可组织拼装手将推进油缸收缩5—10mm，继续采用脱困模式启动刀盘，脱困模式失败进入下步脱困措施。

（3）通过外接膨润土管道，向土仓内注入膨润土浆液，启动螺旋输送机排土。注入膨润土浆液与排土保持平衡状态，同时观察土压传感器变化，待土仓渣土置换约三分之一（满仓情况下8—10方）后停止砂土置换，启动刀盘或脱困模式启动刀盘。

3.1.3　盾体脱困

按照正常掘进，启动推进泵，将A、B、C、D四组编区油缸油压调整至60%左右，观察油缸行程与铰接油缸行程变化，如发现油缸行程变化小于或等于铰接油缸伸长量说明盾体未移动，可适当加大油压调至70%左右，具体操作步骤同上，注意控制铰接油缸伸长量在130mm范围以内。

通过盾体环向3、9点位置预留阀或超前注浆孔注入适量的膨润土浆液，将铰接油缸切换至锁定模式，继续加大推进油压，观察油缸伸长变化，同时安排维保人员观察铰接油缸是否存在异常。

3.2　盾构脱困后措施

3.2.1　洞内措施

正常掘进通过刀盘面板4路泡沫管道注入混合液，土仓底部通过仓内搅拌棒向土仓内注入适量的膨润土浆液、泡沫混合液，并利用外接冲洗装置进行土仓冲洗，确保仓内底部堆积砂土能够充分搅拌，以较好的和易性通过螺旋输送机排出，顺利完成新旧渣土的更新。

3.2.2　复推期间防止地面沉降措施

在盾构机中心轴线方向，刀盘前2m位置及盾尾的顶部布设深层监测点，深层监测点距隧道顶部2—3m，该深层监测点可兼作注浆孔。

在盾构机复推期间通过深层监测孔监测深层土体变化情况，监测沉降报警立即进行静压注浆防止地面沉降。

待盾构机通过后，根据地面沉降监测数据值分析，如监测数据值到达报警值，可通过深层监测孔进行地面注浆防止地面沉降。

4　盾构机下穿剩余区段施工措施

4.1　渣土改良及防喷涌措施

剩余区段地层主要为圆砾、砾砂及中风化泥质粉砂岩，属于上软下硬的复合地层。因该地层富含地下水，盾构机掘进参数难以控制易导致地表沉降超限，为更好地控制地表沉降，在施工过程应注重渣土改良技术[5]。

4.1.1　改良材料

渣土改良材料：泡沫及液态高分子材料[6]，根据现场用量现场先配备4桶泡沫和5桶液态高分子材料；膨润土采用钠基优质膨润土，膨润土比重1.05—1.1（膨润土重量：水=1：10），膨润土添加量5—8方。

4.1.2　富水砂层掘进防喷涌措施

针对剩余区段掘进断面上部为圆砾层，下部为中风化泥质粉砂岩，水位位于隧道顶部8.7—10.9m的水文地质情况，渣土改良以膨润土为主，泡沫为辅，高分子聚合物作为必备的防喷涌材料备用。具体改良方案如下：

（1）膨润土：富水砂层段渣土改良主要采用膨润土浆液，膨润土通过两台挤压泵采用单管单泵的方式，通过两路管道注入刀盘的边缘的2个注入口，作用一是保护刀盘边缘刮刀，确保刀盘的开挖直径；二是增加渣土圆砾中粘性颗粒含量，确保渣土的和易性。

（2）高分子聚合物：在上软下硬地层段主要控制点是防止喷涌，高分子聚合物的使用主要是防止喷涌，其注入由外接式注入泵进行注入，注入的位置为土仓内。高分子聚合物根据材料使用要求及现场实际情况对高分子注入量进行调整。

4.2 掘进参数控制

4.2.1 严格控制盾构正面土压力

土仓中心土压力值根据埋深及土层情况设定，压力波动控制在0.1bar，在施工过程中根据地表监测结果，结合隧道完成段施工时总结的最佳参数来确定盾构机下穿上软下硬、富水砂层级盾构接收土压值。根据盾构埋深大于2d（d开挖直径），采用静水压力作为土仓压力控制值[7]。

（1）盾构顶部水位约10.9m，盾构下穿上软下硬段时，根据理论计算及该区间上行线掘进该段施工参数分析，隧道顶部压力掘进时设定为1.2—1.4bar，保压过程设定为1.4—1.6bar。

（2）富水砂卵石地层段，根据理论计算及该区间上行线掘进参数分析，隧道顶部埋设9.5—10.2m，按照地下水位埋深2m计算，掘进时土仓上部土压力控制在1.0—1.2bar，停机保压期间土仓压力为1.2—1.4bar。

4.2.2 根据推力、速度、出土量优化控制

（1）上软下硬地层，且上部圆砾层较厚，根据该区间上行线施工参数分析，盾构下穿上软下硬段时刀盘转速设定为1.2—1.4rpm，推力设定为1900—2400t，掘进速度控制在20—30cm/min范围内，扭矩根据盾构机自身特性设定为3000—4000kNm。

（2）富水砂卵石地层，开挖面主要是砾砂及圆砾，根据该区间上行线掘进施工参数分析，刀盘转速可设定为1.1—1.2rpm，总推力1600—2000t，掘进速度控制在30—35cm/min，刀盘扭矩2800—3500kNm。

4.2.3 根据地表沉降值调整施工参数

盾构在下穿不同地质段，可参考上行线掘进参数及地表监测数据值，对掘进参数进行调整优化，保证盾构机安全下穿富水砂卵石地层。

4.3 出土量控制

出土控制以方量+称重进行双重控制，过程中采用“行程体积控制”，即根据掘进过程渣土斗的定体积来对比掘进千斤顶的行程量，避免出土的不均匀性造成出土超方。掘进完成后采取每环上报渣土称重来对比不同环之间掘进渣土的控制情况。如果发现出土方量或重量有超标的情况，及时分析原因，根据掘进位置采取相应的措施及时处理。

掘进过程中及时的对所出渣土进行比重分析。对渣土的堆积密度按照体积、称重来进行计算渣土的密度，通过对比分析不同地层渣上的比重以指导掘进出土称重。

4.3.1 借鉴该区间上行线施工参数

该段主要位于上软下硬及富水砂卵石地层，掘进施工控制要求高，根据该区间施工参数分析，该区段掘进过程中出渣方量控制在42方左右，称重75—80t。

（1）盾构下穿上软下硬段

因地层中泥岩含量逐渐减少，但中风化泥质粉砂岩膨胀系数及比重较大，尺量出渣方量控制在40—42方（膨润土浆液、泡沫混合液及水的方量应根据掘进记录器进行统计），称重控制在小于80t，借鉴上行线掘进该段渣土筛分实验结果分析，该段渣土容重为1.95—2.15N/m^3。

（2）富水砂层段

全断面砂层出渣方量控制在38—40方（外加膨润土浆液及泡沫混合液根据掘进计量

器进行统计），称重控制在小于72t，富水砂层渣土的容重为1.65—1.80N/m^3。

4.3.2 盾构到达接收措施

（1）盾构机距离接收端100m时，组织贯通测量工作。

（2）安装接收托架，复核洞门中心偏差，完善监测数据报批，整理测量数据。

（3）洞门止水帘布、折页板安装。

（4）在加固区周边打设降水井。

（5）盾构机进入加固控制好姿态，到达洞口后组织注浆队伍进行二次注浆，封堵洞门。

4.4 同步注浆及二次注浆

4.4.1 注浆材料

同步注浆采用的浆液材料主要有粉煤灰、砂和膨润土等，初凝时间：一般为4—6h，对于运输距离较远的实际情况，现场可通过增加粉煤灰和膨润土较少水泥的方式获得较长的初凝时间，具体根据现场实验进行调整。

二次注浆材料采用水泥水玻璃双液注浆，双液注浆配合比为：

水玻璃：水=2：1（体积比），水灰比=1：1（质量比），水玻璃溶液：水泥混合液=1：1（体积比）。

4.4.2 注浆压力及注浆量

同步注浆采用方量+压力双重控制，并以压力控制为主，顶部的1、4号注浆管注浆为主，底部的2、3号注浆管为辅。

（1）注浆压力控制在3.0bar左右，注浆方量为理论值的150%—180%。现场实际注浆量可根据出土量及时调整加大同步注浆量，避免因超挖导致地表沉降。

（2）根据地表沉降报表值及时进行洞内二次注浆，确保控制地表沉降。

4.4.3 应急注浆

如果同步注浆及二次补浆仍不能有效控制地表沉降，则采取通过地面加密钻孔预注浆。

4.5 质量控制措施

4.5.1 姿态纠偏控制

（1）盾构掘进过程中，姿态纠偏应遵循小纠偏、勤纠偏施工理念，尽量减少对土体的扰动，在掘进中严格控制盾构机的姿态，最大限度减少每次纠偏的幅度，每环纠偏量不超过6mm。

（2）根据每环的测量结果和管片四周间隙情况，对盾构机下一环的推进提供精确依据，及时调整各区千斤顶的伸长量。特别是垂直向上纠偏时更应该时刻小心，缓慢地加大底部千斤顶油压，每环的纠偏量放低至5mm。

（3）盾构机操作人员严格执行指令，谨慎操作，保持盾构机轴线与设计轴线在水平方向和垂直方向偏差在±20mm之内，以减少对地层的扰动，并为管片拼装创造良好的条件。

4.5.2 推进过程控制

一般掘进过程保证顶部油压千斤顶大于底部千斤顶油压，即保证盾构机趋势处于负值状态，左右姿态上保持平推，但本区间采用的盾构机A区油缸与C区油缸分布数量相等，因掘进上软下硬区段C区油缸油压高于上部A区油压40—60bar。

4.5.3 管片选型

管片选型优劣影响到管片拼装质量、姿态纠偏，掘进过程中管片选型由掘进司机及土建工程师双方定型后才能实施，选型遵循拟合盾尾线性、同心原则。每环掘进前及掘进后需测量盾尾间隙，并分析管片与盾尾相对位置关系。

4.5.4 管片拼装

管片拼装前应将管片冲洗干净，检查缓冲垫、止水带及定位棒是否粘贴牢靠，拼装过程管片应居中拼装。拼装完成后禁固螺栓，盾构掘进500mm时进行二次螺栓复紧，当掘进完后进行管片三次复紧，管片脱出6号台车后应进行四次复紧。

4.5.5 管片复测

每隔一天进行管片姿态复测，与设计姿态及盾构机自动测量数据进行对比，发现偏差及时作出调整。

参考文献

[1]《某区间平纵断面施工图设计》，2015.04.

[2] 陈中．富水砂卵石地层盾构施工引起地面塌陷的原因及建议［J］．都市快轨交通，2009（06）：31－36.

[3] 张存．塌陷盾构隧道抢险修复［J］．现代城市轨道交通，2009（03）：23－27.

[4] 王小忠．盾构掘进中地面塌陷加固技术［J］．现代城市轨道交通，2007（03）：44－46.

[5] 马连丛．富水砂卵石地层盾构施工渣土改良研究［J］．隧道建设，2010（08）：47－51.

[6] 蔡辉．土压平衡盾构在砂层中掘进的渣土改良技术［J］．隧道建设，2015（09）：52－57.

[7] 白永学．砂卵石层盾构施工地层损失原因分析及施工对策［J］．现代隧道技术，2012（06）：36－41.

地铁车辆 TCMS 系统功能设计优化及实现

代保新

（天津市地下铁道运营有限公司）

摘　要： 针对地铁车辆的实际运用和检修经验，分析总结国内地铁车辆 TCMS 系统常见功能，并提出可行的功能设计方案，进一步提升 TCMS 系统的安全性、可靠性和故障操作指导性，缩短运营过程中司机故障处理时间，提高地铁运营安全性、高效性以及故障处理的及时性。

关键词： 地铁；TCMS 系统；常见功能；优化；正线故障处理

网络控制 TCMS 系统作为地铁车辆的“中枢神经”，主要功能是协调多个牵引单元与制动单元的统一工作，监视其他子系统的工作状态，并实现对整车及各个子系统的运行监视和故障诊断。网络技术的运用不仅可以节省列车硬连线、减轻列车重量，还可以提高系统集成度与可维护性，帮助车辆朝着模块化、信息化、智能化的方向发展，提高了车辆的安全性与可靠性。

1　TCMS 系统功能概述

目前，国内地铁列车网络控制系统主要供应商有日本的东洋、日立、三菱，法国的阿尔斯通，德国的西门子，加拿大的庞巴迪，以及株洲中车时代电气。尽管不同供应商的网络拓扑结构及通信协议各不相同，但其 TCMS 控制功能主要体现在以下方面：

1.1　列车激活及方向控制逻辑

根据司机室 IO 输入，判断列车激活端及方向，通过网络数据发送给子系统。

1.2　车辆模式管理逻辑

根据司机室 IO 输入及信号系统网络数据，按照预设的优先级判断列车当前处于何种驾驶模式（洗车模式、退行模式、NRM 模式、ATO 模式、ATP 模式、RM 模式等）。

1.3　车辆限速功能

当列车处于不同的模式和工况下时，对列车的最高运行速度有不同的要求，网络系统负责将该限速值发送给 DCU 系统，DCU 系统根据该信号负责执行列车限速功能。

当有多个限速条件同时满足时，优先执行限速值更低的方案。

1.4　牵引制动指令逻辑

当网络系统在激活端司机室检测司控器、紧急制动环路、牵引安全环路 IO 输入，根据不同输入，确定当前车辆牵引制动逻辑，发送给牵引制动系统。

1.5　牵引封锁功能

当列车处于牵引工况，网络系统检测到符合封锁牵引的任一个条件满足时，对 DCU 封锁牵引指令，保障车辆安全。

1.6　电制动管理逻辑

网络系统在制动工况计算每节动车的 DCU 所需发挥的电制动值，并反馈给 BCU，实现电空配合制动。

1.7　受电弓控制功能

网络系统接收激活端司机室的“降弓按钮”信号，并延时 1s 将降弓信号输出给相应的受电弓。当列车的最后一个受电弓将被降下时，网络系统将降弓指令发送给 SIV 和 DCU，以让其快速地封锁逆变器、断开负载，防止受电弓带大电流降弓，出现拉弧现象，对弓网造成损害。

1.8 故障类型判定

TCMS 对车辆各子系统进行故障监测，并对故障类型进行判定，帮助司机做出相应合理的判断。

1.9 载重管理逻辑

网络会将计算出的每节车的载客率信息发送给 HMI，并在 HMI 上进行显示。

1.10 保持制动功能

网络系统向 BCU 制动系统发出保持制动施加和保持制动缓解指令。ATO 模式下，网络系统转发来自 ATC 的保持制动施加指令。

1.11 空调启动控制功能

控制空调启动时序，避免压缩机同时启动造成冲击电流，影响辅助系统正常工作。

1.12 扩展供电功能

当 TCMS 判断列车满足扩展供电条件时，会首先向空调系统发出减载指令，避免辅助电源系统过载。

1.13 事件记录功能

形成列车运行状态记录，帮助分析查找事件原因。

1.14 累计数据统计

实时记录 SIV 能耗、牵引能耗、再生能耗和空压机运行时间等累计数据信息，并保存在 TCMS 系统内。

2 TCMS 功能现状分析

总的来看，虽然 TCMS 已经具备很多功能，但主要集中在列车的集成度及可维护度上，为车辆控制及检修提供了极大的便利。在地铁蓬勃发展的今天，越来越多的城市开始网络化运营，对地铁运营安全性、高效性以及正线故障处理的及时性提出了更高的要求，这也就同时对车辆 TCMS 系统提出了更多的功能需求，主要体现在对司机正线处理故障的指导性以及车辆自身的安全性等方面。

3 TCMS 功能设计优化项点及实现

为了满足新的功能需求，本文从以下三个方面提出 TCMS 新功能及实现方法，旨在抛砖引玉，供同行参考：

（1）针对对正线行车影响较大的牵引制动类问题，如牵引封锁、紧急制动不缓解、需紧急牵引等情况，在车辆设计时即将牵引安全环路、紧急制动环路、启用紧急牵引模式条件加入设计考虑。TCMS 网络实时采集环路中每一个干节点电平信号，出现故障时，显示屏进行提示，即可帮助司机快速确定故障原因，采取旁路等措施继续运营，有效避免因进行故障排查而长时间停车。

（2）针对 TCMS 关键模块、司机室关键信号故障后需进行紧急牵引的问题，进行多种冗余设计，确保单个模块或信号故障不会影响整车的系统稳定性与可靠性，从根本上解决最小可更换单元故障对整车的影响。

（3）针对车辆自身超速防护问题，可通过在紧急制动环路中增加网络 TCMS 触点，当列车速度超出一定值时，断开紧急环路，对车辆施加紧急制动停车，保证列车不会因超速产生事故。

4 结语

地铁 TCMS 系统与地铁安全有序运行密切相关，因此需要车辆制造商与地铁运营公司密切合作，把运营中遇到的问题在网络控制 TCMS 系统设计时予以优化解决，不断完善 TCMS 系统功能，提高地铁运营安全性、高效性以及故障处理的及时性，助力我国城市轨道交通行业的持续健康发展。

参考文献

[1] 赵国平. 城市地铁列车网络控制系统设计与实现[D]. 大连：大连理工大学，2014.

[2] 葛刚. 南京地铁2号线列车控制与检测系统简析[J]. 现代城市轨道交通，2010（3）.

[3] 韩露. 四方车辆研究所与西门子TCMS系统的对比及思考[J]. 工程技术（文摘版），2016（11）：00078-00079.

关于在地表密集建筑群或主干道实现地层注浆加固的措施

雷　鹏

（中铁十六局集团北京轨道交通工程建设有限公司）

摘　要：盾构机在复合地层中掘进时需要带压检查更换刀具；为保障带压换刀工作成功、安全可控，需对刀盘及土仓范围外土体进行注浆加固；注浆工作在地面实施，根据地表建筑物情况采用特殊的钻孔机具与注浆方式，使之达到地层加固的目的；进一步总结在随后的加固施工中应注意的方面。

关键词：加固位置；钻机改造；花钢管；埋管布置；三通接头

1　说明

盾构机在上软下硬复合地层中掘进时需要带压检查更换刀具。土压平衡盾构机掌子面泥模施作成功率低，泥模作用时间短，舱内气密性难以持久。为保障带压换刀工作成功、持续、安全可控，需对刀盘及土仓范围外土体进行注浆加固。本文介绍如何在地表密集建筑群或主干道影响的情况下实现地层注浆加固的措施，为后续施工提供一些借鉴。

2　地面密集建筑群或主干道的限制条件

盾构带压换刀位置决定了地表加固的位置范围，一般情况下带压换刀位置会提前选择在有马路、巷道等无建筑物的空旷场地内。但下部地层复杂多变，尤其是盾构机在长距离上软下硬地层中掘进时，刀具磨损多变，较难准确预估下次换刀位置，这时往往会出现在建筑物下方注浆的情况。

地面注浆加固土体工作分钻孔与注浆两大工序，均在地表进行实施，即工作面在地表，作用面在下部地层。因此地表工作面的空间位置大小是两道工序能否顺利开展的前提条件。如前提条件为密集建筑群，民房建造无规划，年代久远老旧，房屋参差不齐，地下排水沟渠、化粪池错乱布置或主干道车、人流量大，地下管道管线密集等，以上都会对钻孔注浆工作带来不利因素，处理不当反而会造成安全事故。某盾构隧道地表建筑物一隅如图1所示。

前提条件即是钻孔注浆周边的环境条件，可以在一定程度上进行改善或保护。当环境条件苛刻无法满足工作需要时，可从钻孔与注浆方面考虑。如房屋内空间高度不足时，可选用体积小的钻机与短钻杆成孔；地下设有化粪池时可避开或采用小套筒的方式成孔；地下管线密集时可采用自制的洛阳铲进行探孔（图5）；地表空间有限或在主干道施工时可选择夜间钻孔埋管并预留与地表齐平的带有堵头的花钢管分段避开行人车辆的方式进行注浆。

图1　某盾构隧道地表密集建筑群

3 钻机比较与改造

3.1 钻注一体机

型号 ZLJ－350D 钻孔注浆一体机体积小，重量轻，噪音小，操作方便。此型号钻机主要优点为空间体积较小，安装钻杆后高度可控制在 2.5m 以下，方便在房屋比较密集或屋内空间比较狭小的情况下施钻，对空间物体扰动小，周围环境污染较少等。如图 2 所示，为钻机在超市内施钻图。

此类型钻机的缺点也较为明显，如下钻成孔速度较慢，对于高密度的全风化遇水软化土层、沙层较难适应，钻杆"抱死"、堵塞频繁；随钻孔深度的增加施钻难度递增量大，成孔约 25m 深平均需 6—8h；配合注浆机管内注水钻孔，用水量较大，成孔质量差，环境污染范围大；采用电机驱动，户外作业时需要临时协调 380V 电源，施工准备时间长。因钻注一体机机身较轻，一般情况下为保障成孔垂直度会采用膨胀螺丝植入地面对钻机底座进行锚固，从而增加工作量。

图 2　大型超市内施钻图

钻孔注浆一体机注浆原理与旋喷机注浆原理有些相似，均由注浆机注入水泥浆进入钻杆内通过钻杆、钻头的自转从喷嘴成环状喷入土体，只是少了旋喷注浆的高气压、水压及钻头精细设置的辅助，入管压力仅为注浆机的注浆压力，浆液渗入土体的范围较小。钻杆一边旋转、提升，一边由注浆机压入浆液，土体加固比较均匀。但这种注浆方式对注浆及提钻要求非常严格，尤其在注双液浆（水泥＋水玻璃）时，操作不当或不及时会造成整套钻杆堵塞甚至报废。另外此钻注一体机注浆时占用空间位置时间过长，周围环境复杂时不利于协调。因此本文建议钻孔与注浆分开，成孔后撤离钻机进行后续孔的施钻，同时在钻好的孔内埋入带孔的镀锌钢管，即花钢管，通过注浆管的长度及周围环境调整注浆机的位置进行注浆。

3.2 型号 XY－100 地质钻机

型号 XY－100 地质钻机由机身与可拆卸的三角支架组成，整体占用空间体积较大。动力由柴油机提供，噪音、排气污染较大。但该类型钻机的优点较为明显，如下钻成孔较快，同时配备泥浆泵循环泥浆润滑杆身，膨润土调节泥浆成孔质量可控，施钻时用水较少，成孔约 25m 深平均需 2—3h。支架与卷扬机可实现机身灵活移动或有时解决卡管问题。采用柴油机驱动，能够迅速进入施工。整体机具分解性强，便于搬迁。

3.3 型号 XY－100 地质钻机改造

型号 XY－100 地质钻机钻孔成孔速度优于钻注一体机，特别是在施工抢险或工期紧张的情况下显得尤为重要。为了满足加固段地表环境的苛刻要求，遂对此型号钻机进行环境适应性改造。这并非一般意义上的改进和制造，而是从机器结构上进行满足加固区地表环境的改变，某些方面机器性能甚至有所下降。

机器主要从占地面积、空间高度、环境污染三方面进行改造。首先对钻机脚架的钢管底座长、宽进行最大化缩小，在确保稳固牢靠的前提下实现占地面积最小化；其次是根据钻杆长度调节三脚架高度，降低后的三脚架高度为3.1m，能够满足大部分住房如一层门面房的高度，实现房间内钻孔作业。因三脚架降低，所配套的钻杆则需变短，钻孔时操作频繁，成孔效率会有所下降，因此建议施工时准备两套长度与高度不等的钻杆与三脚架，脚架底座提前焊接预留不同的连接卡槽。钻孔施工时，对空间高度无要求的区域，如马路、主干道等采用高支架、长钻杆施工，以提高工作效率。最后主要是从环境污染方便进行改进，污染主要为钻孔时泥浆四散外流产生污染。为防止钻孔时泥浆四处流泻，特加工一矩形钢槽，底部钢板在中心位置开孔，圆孔直径300mm，钢槽尺寸长×宽×高为1000mm×900mm×200mm，重量适宜，较与沙袋围拢钢槽更便于快速搬运，且能够重复使用。泥浆沉积在钢槽内，可随时对槽内的砂砾、碎石泥块等予以清除，从而有效降低控制环境污染。改造后的地质钻机如图3、图4所示。

图3　改造后的地质钻机巷道内施工图

图4　改造后的地质钻机房间内施工图

4　花钢管埋设

施工证明，整体的钻孔成孔时间要明显多于注浆时间。通过埋入花钢管分解钻孔与注浆工序，在时间统筹、空间错位、进度方面能够达到有效节省和提高。本节介绍花钢管的埋设要点及针对主干道等车辆、行人密集场所所采取的措施。

花管采用镀锌钢管制作，管外直径为30mm，能够承受的最大压力大于3.0MPa。花钢管提前开孔，根据注浆需要，下部和中部开孔间距分别按250mm、300mm布置，开孔处用电工胶带等粘贴紧箍数圈，钢管底端压扁密实成刃状，便于下管。除最低端钢管外，其余每节钢管两端采用手动套丝机套成外丝，逐节埋管时采用内丝管箍连接牢固。花钢管制作成品如图5所示。

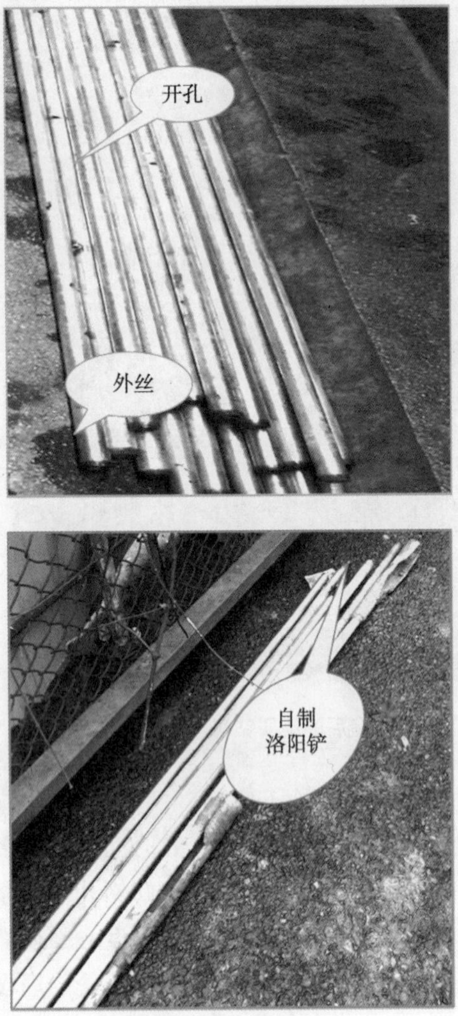

图5　花钢管制作成品

为解决在主干道等车辆、行人密集场所难以开展钻孔注浆作业的困扰，在钻孔时尽量选择夜间行车较少的时间段采用成孔效率高的钻机进行批量钻孔并埋管。埋设花钢管时钢管顶端与地面齐平，顶端外丝加工时根据实际下管深度现场切割并套丝，其余钢管可提前制作加工。套丝完成后连接内丝管箍，内丝管箍上部拧入带有外丝的堵头。为防止车辆行驶引起钢管下沉影响接头与注浆管的对接，钢管顶端管箍处系一铁丝等牵引物，同时孔口四周人工用水泥＋水玻璃浆液快速填充封堵，确保管身牢固。注浆时可提前制作一个三通接头，下部接头套成外丝，拧开堵头后与内丝管箍相连；上部两接头各焊接一注浆快插接头，与注浆管接头能够重复、快速连接拆卸。花钢管埋设与三通接头如图6、图7所示。

与地面齐平的花钢管埋设完成后，可进行下一步工作——注浆。注浆设备与材料由注浆机、搅拌桶、袋装水泥、桶装水玻璃组成，占用空间较大。此时可使用注浆管的长度调整注浆设备与材料的临时堆放位置，如在主干道等车辆、行人密集区域，根据调整可临时堆放至人行道侧或道路中间绿化带位置；三通接头与注浆管连接处1m×1m范围摆设连接水码或反光桶以作警示；贴于路面的注浆管顺直后可采用带有钢丝的中空高强橡胶减速带覆盖，不影响车辆的正常通行。

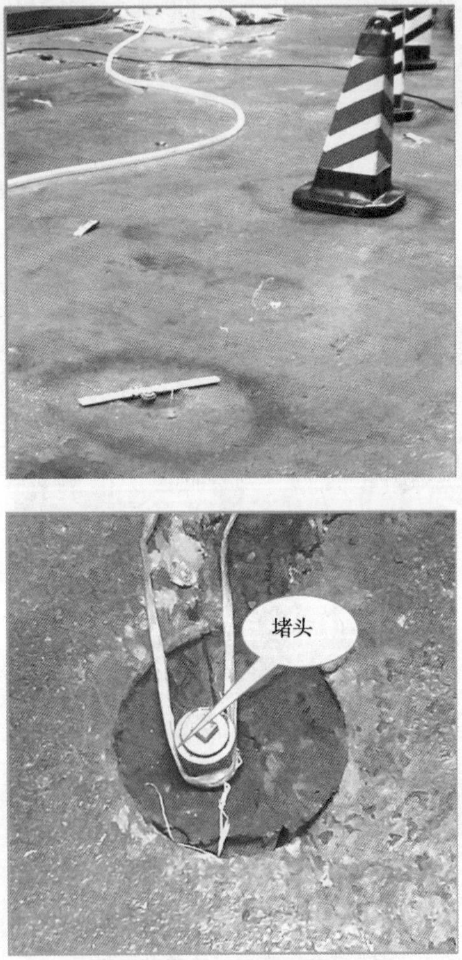

图6　花钢管埋设图

图7　三通接头图

5　注浆施工布置

钻机施钻成孔，人工埋管完成后方可开展注浆工作。注浆时，三通接头上部的两个快插口与两根单独的注浆管相连，注浆管另一端分别于双液注浆机的两个接口连接。通过注浆机活塞缸加压，一根注浆管注入水泥浆液，另外一根注入水玻璃与水拌和液。两种拌和液体在三通接头下部混合进入管道，在压力的作用下通过花管所开孔口渗入土体，从而达到地层加固的目的。

通过内丝管箍、堵头、三通接头的衔接、重复快速使用，能够确保注浆工作随时随地开展。施工时建议先于加固区域中心注浆，随后加固区两侧压浆，最后在其间隔处注浆。一轮注浆完成后根据注浆压力、单孔注浆量、压浆注入情况随时调节变换孔位注浆，确保整体加固效果良好。

首次注浆时，应尽可能添加少量的水玻璃，防止浆液快速凝结，导致前期浆液不能够在土体内充分扩散，影响加固范围。随着注浆方量的递增及注浆压力的变化，可随时调节水玻璃用量，以确保加固后的土体整体自稳性快速提高。

注浆完成后，埋设的花管顶端管箍、堵头需做一定的保护与标记，待盾构机穿越该段加固区后且监测结果一段时间内趋于稳定时方可补平地面。如地表沉降监测数据有变化时，需对原先注入的孔位进行跟踪注浆，防止土体二次沉降。

地面钻孔施工可提前施作并埋设花管。钢管埋设完成后可根据盾构掘进情况及地表监测情况选择性地进行注浆。或预留数个未注浆的孔位并做保护，为地层长期（数月或数年）隐患排查做好准备。

水泥浆液拌制时，搅拌桶四周用油布、彩条布等围拢，防止水泥灰四散影响周边环境。袋装水泥码放整齐置于钢格栅走道板上便于移动。施工完成后及时修复、冲洗孔口地面。注浆施工如图8所示。

图8　现场注浆图

6 总结

本文对在地表密集建筑群或主干道实现地层注浆加固的措施进行了分述和总结：首先对钻孔、下管、注浆三道工序在时间、空间上进行划分与统筹，通过钻机的改进、花钢管的结构布置、三通接头的灵活使用，实现在地表密集建筑群或主干道注浆的措施，从而达到地层加固的目的。同时，希望本文能为后续的盾构施工提供一些拙见。

参考文献

[1] 王淑莹，曾薇．隧道与地下工程注浆技术．北京：中国建筑工业出版社．2011.

[2] 陈韶章，洪开荣．复合地层盾构设计概论．北京：人民交通出版社．2010.

[3] 盾构隧道下穿建筑物控制技术和监测．铁道建筑．2011.

地铁车辆用直线感应电机结构设计与强度分析

崔霆锐　宗立明　李　熙　谢　浩
（北京市地铁运营有限公司地铁运营技术研发中心，北京　102208）

摘　要：为改善北京地铁机场线车辆关键备件和技术完全依赖进口的现状，国内首次开展了大功率强迫风冷式直线感应电机的应用性研究。首先建立了直线电机有限元模型，并进行了各种工况下的冲击振动仿真分析，在此基础上完成了结构优化设计。然后为检验其损伤和寿命，在运营线路开展了动应力和振动监测试验，试验结果和应力谱计算结果表明设计的直线电机基本满足运用寿命要求。最后对需重点关注的部位进行详细分析，为直线电机结构优化和维护提供依据和理论支持。

关键词：城市轨道交通；直线电机；有限元分析；动应力；冲击振动

0　引言

北京地铁机场线 QKZ5 型直线电机车辆为庞巴迪公司配套车辆，关键技术主要被国外所掌握，电机等核心部件完全依赖进口。为响应发改委关于提高城市轨道交通车辆国产化率的要求以及提升自主化维修水平，在国内首次开展了具有完全自主知识产权的大功率强迫风冷式直线感应电机研发。电机作为牵引系统的关键部件，工作寿命及安全舒适性不仅取决于自身结构工艺设计，很大程度上还受到工作条件的影响[1]。需要对研发的直线电机进行全面地强度测试和分析。

1　基于有限元的冲击振动仿真分析

为了使建立的直线电机模型能够反映实际结构，提高有限元划分网格的质量，首先运用 SolidWorks 建立电机的零部件和整体机身的三维 CAD 实体模型，然后采用前处理软件 Hypermesh 对电机进行网格划分及加载[2]。

1.1　研究对象实体模型

设计的直线电机模型采用前、后吊架安装方式。吊架—夹板—硅钢组—电机框架为主要承力结构。吊架与夹板使用高强度铆钉进行连接，具体模型如图 1 所示。

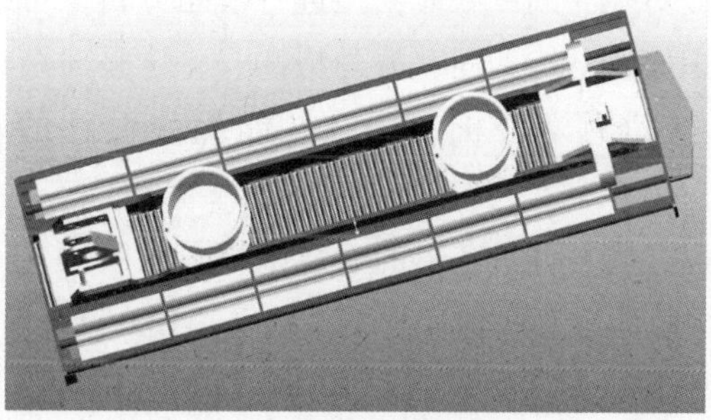

图 1　直线电机模型图

单元的划分遵循“均匀应力区粗划，应力梯度大的区域细划”的原则[3]。因此，直线电机网格细划的位置是：安装孔、前后吊架、底座与螺栓连接等部位；网格粗划的位置是：横梁、前后侧板的绝大部分[4]。通常，单元划分得越细意味着计算精度越高，但单元划分存在一条收敛曲线，过细对计算的精度贡献不大，同时造成计算量的显著增加[5]。本文采用六面体占优的方法对直线电机模型进行网格划分，最终共生成 195165 个单元、445698 个节点。网格划分如图 2 所示。

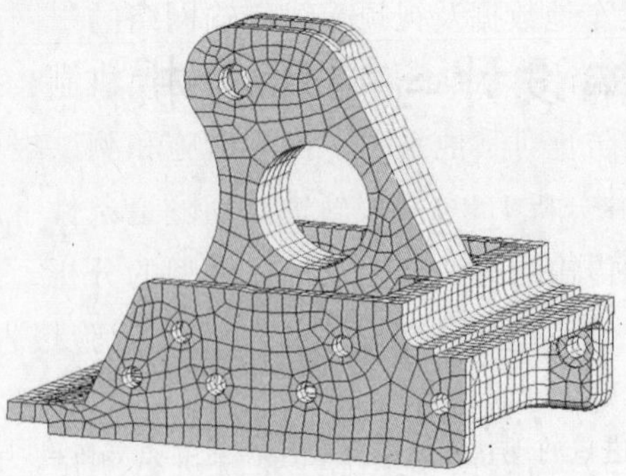

图2　直线电机模型局部（前吊架）网格划分示意图

1.2　模态分析

模态分析将系统识别方法应用在结构振动领域。对建立的有限元模型进行模态分析，可以辨识电机结构的固有振动特性[6]，这是对结构进行动力学分析和动态性能优化设计的前提。

通过模态分析获得的直线电机前六阶固有频率分别为 117.31Hz、122.84Hz、199.71Hz、251.28Hz、251.98Hz、334.26Hz，并仿真得到了前六阶振型，其中一阶和二阶振型如图3所示。

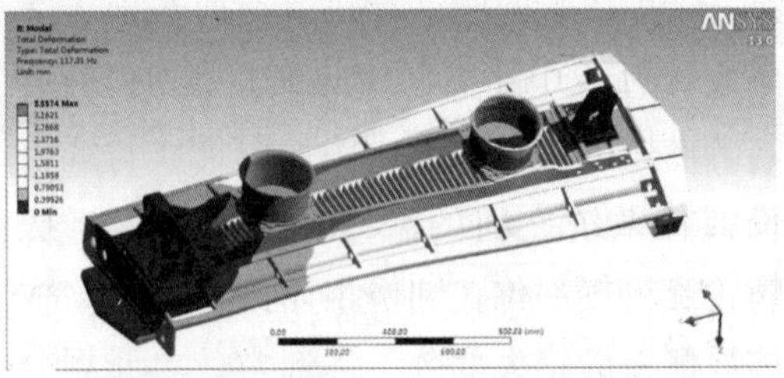

（a）一阶振型

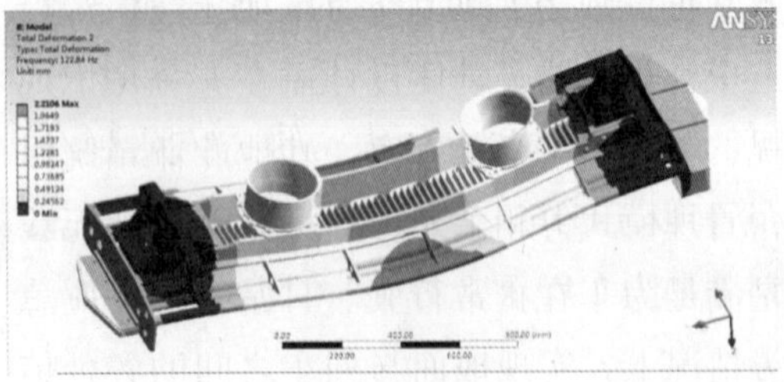

（b）二阶振型

图3　直线电机前两阶振型

1.3　模拟长寿命仿真分析

在模态分析的基础上，对直线电机在垂向、横向和纵向工况下进行随机振动分析。设定的具体功率密度谱值（m/s^2）2/Hz 如表1所示。

表1　工况设置

频率（Hz）	5	10	100	250
垂向（m/s^2）2/Hz	1.491	11.844	11.844	1.9069
横向（m/s^2）2/Hz	1.13	8.9765	8.9765	1.4453
纵向（m/s^2）2/Hz	0.33018	2.6228	2.6228	0.4223

模型的垂向等效应力云图、位移云图和变形速度云图，如图4所示。

（a）垂向 42.5m/s^2 工况应力分布云图

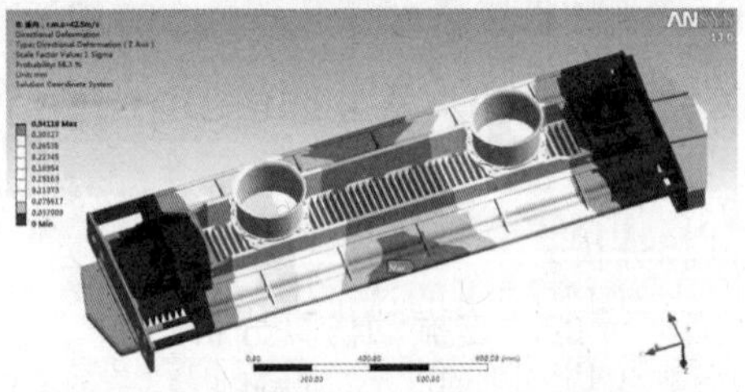

（b）垂向 42.5m/s^2 工况位移云图

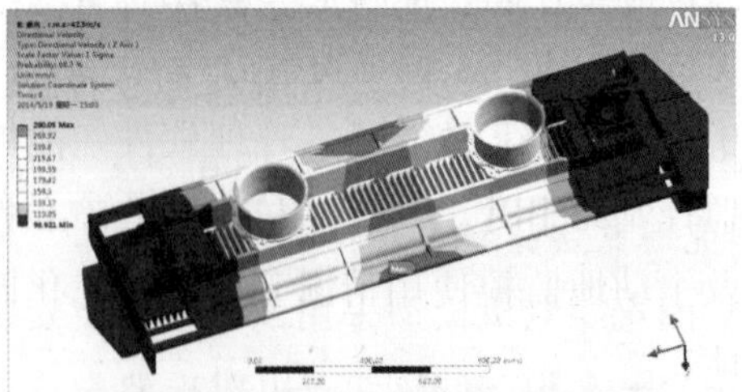

（c）垂向 42.5m/s^2 工况变形速度云图

图4　模拟长寿命试验垂向仿真结果

仿真及计算结果显示此模型中垂向应力值最大位置位于前吊架支耳根部，值为121.97MPa；位移最大位置在右横梁处，最大位移量为0.3412mm。横向应力值最大位置位于直线电机前吊架安装孔底部，值为120.16MPa；位移最大位置在底部前端处，最大位移量为0.36mm。纵向应力值最大位置位于直线电机后吊架左耳根部，值为14.224MPa；位移最大位置在底部前端左侧，最大位移量为0.013mm。模型三个方向各部件应力最大值如表2所示。

表2　模拟长寿命试验部件应力分析结果

部件（MPa）	铆钉	夹板	硅钢片
垂向	18.58	68.28	37.242
横向	32.87	105.14	60.829
纵向	2.59	12.6	5.36

1.4　冲击仿真分析

对直线电机模型中施加脉冲峰值为360m/s²（1.2A），有效值为300m/s²，持续时间为0.18s，正反垂向、正反横向、正反纵向的加速度。正反横向工况的仿真结果如图5所示。

（a）正反横向冲击工况应力云图

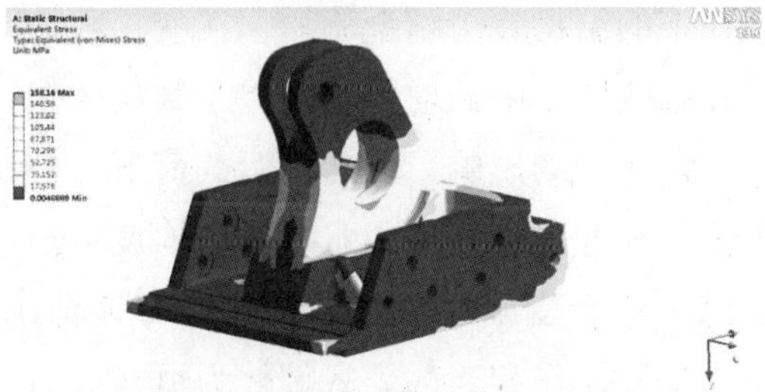

（b）正反横向冲击工况局部应力云图

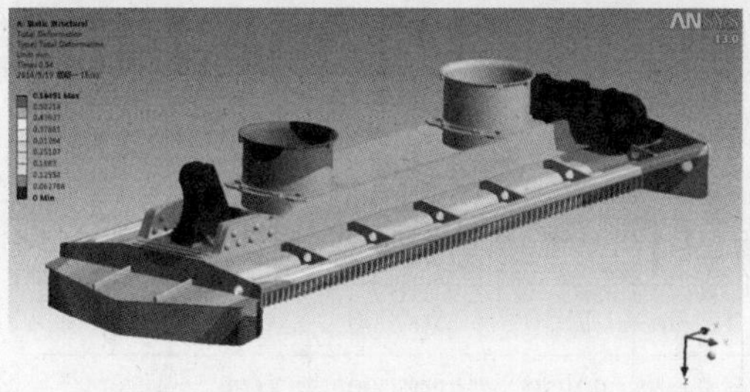

（c）正反横向冲击工况位移云图

图5　模拟正反横向冲击试验仿真结果

结果显示模型在0.54s时应力最大、位移值最大，其中正反垂向应力值最大位置在直线电机前吊架架体根部处，最大值为126.07MPa；位移最大位置位于两侧槽型支撑梁部分，最大位移量为0.36mm。正反横向应力值最大位置在直线电机前吊架孔处，最大值为158.16MPa；位移最大位置位于架体前部箱体下部，最大位移量为0.564mm。正反纵向应力值最大位置在直线电机吊架孔处，最大值为43.56MPa；位移最大位置位于架体后部箱体下部，最大位移量为0.097mm。模型六个方向模拟冲击试验铆钉处应力最大值如表3所示。

表3　模拟冲击试验铆钉处应力分析结果

铆钉（MPa）	垂向（正）	垂向（反）	横向（正）	横向（反）	纵向（正）	纵向（反）
最大应力	22	22	36	36	11.54	11.54

2　结构设计结果

基于有限元的仿真分析得到了直线电机冲击振动规律，为电机结构方案设计提供了有力的理论依据。其中垂向应力值最大位置在前吊架支耳根部和前吊架架体根部处；横向应力值最大位置在前吊架安装孔处，纵向应力值最大位置在后吊架左耳根部和前吊架孔处。在此基础上，确定了直线牵引电机各部件的材料。其中电机主体结构材料均选用钢材，前、后吊架采用ZG310－570，夹板采用16Mn，铆钉采用45钢。其材料属性如表4所示。

表4　各部件材料属性

材料	密度（kg/m^3）	弹性模量（MPa）	泊松比	屈服极限（MPa）
铸钢 ZG310－570	7800	202000	0.3	310
钢板16Mn	7850	206000	0.3	345
45号钢	7850	206000	0.3	355

选择的各部件材料屈服极限均大于有限元分析结果中该处的最大应力等效值，满足强度设计的要求。

3　运营线路结构强度试验

为了评估研发电机的疲劳强度和使用寿命，为进一步优化设计提供依据，在北京地铁机场线进行了动应力及振动监测对比试验。试验对象分为三组：（1）安装在Ⅰ型转向架的国产电机；（2）安装在Ⅰ型转向架的进口电机；（3）安装在Ⅱ型转向架的进口电机。

3.1　动应力对比试验

试验条件为空载（AW0）和超员载荷（AW3）以正常运营速度（75km/h—85km/h）全线运行，各站制动停车。每台电机测点包括前后吊架和夹板共16个点。应变片布局如图6所示。

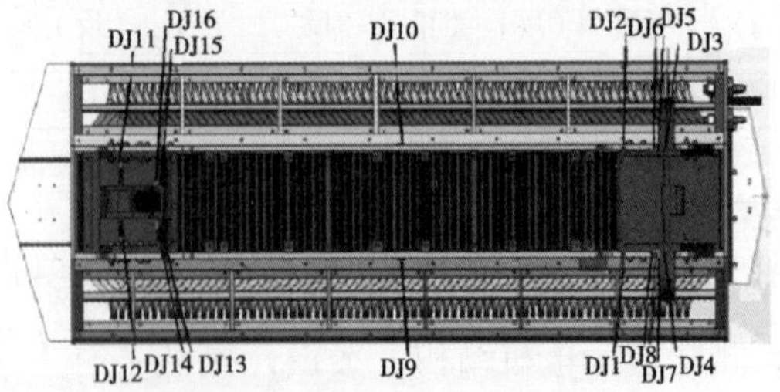

图6　电机测点布局图

为了保证应变信号不受环境温度的影响，采用1个工作片与3个补偿片组成的全桥测量。选取IMC数字动态信号采集系统进行全程连续采集，采样频率为1000Hz，该测试系统精度高、动态响应快。试验数据处理使用VC++6.0语言开发的专用数据处理软件进行。数据处理流程如图7所示。

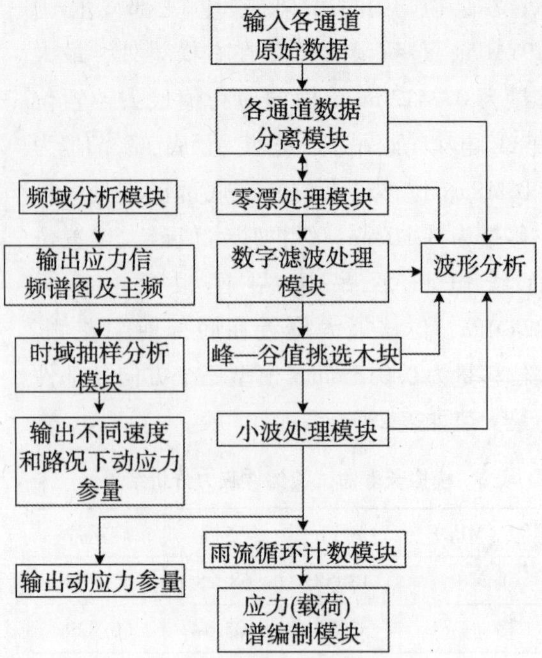

图7　数据处理流程图

按照疲劳损伤的观点，影响结构疲劳强度最主要的因素是动应力的变化范围 $\Delta\sigma$（$\Delta\sigma_{max}-\Delta\sigma_{min}$），但通常用动应力幅值 σ_a（$\sigma_a=\Delta\sigma/2$）这个参量来表示。在实际运用条件下，结构的动应力是一个随时间变化的复杂历程。在进行疲劳评估时，首先须将动应力的整个时间历程整理成应力谱形式。本文采用国际上通用的雨流计数法进行应力谱整理，取八级应力谱以可靠地反映实际的动应力历程。与静强度问题不同，结构的疲劳是一个损伤不断累积直至最后断裂的过程。承受应力谱作用的结构疲劳属于变幅载荷下的结构疲劳问题。与恒幅载荷下的结构疲劳情况不同，在变幅载荷下低于恒幅疲劳极限的应力水平对于结构的损伤也可产生显著的影响，因此变幅载荷下结构的疲劳评估须考虑各级应力水平对结构疲劳损伤的贡献。对于变幅载荷下结构的疲劳评估，是将应力谱按损伤相当的方式等效为恒幅应力幅，也就是等效应力幅，将该值与结构在相同工艺条件和指定可靠度下的疲劳极限进行比较，用于评估结构在一定的运用条件和指定可靠度下的疲劳强度。

采用 Miner 线性疲劳累计损伤法则和 NASA 针对变幅加载条件所推荐的 S－N 曲线形式计算等效应力幅，采用这一方法可使各级应力水平产生的损伤均得到合理的考虑，并使评估结果略偏保守。

等效应力幅的计算公式如下：

$$\left[\frac{L}{L_1 N}\sum n_i\ (\sigma_{ai})^m\right]^{1/m} \tag{1}$$

式中各符号说明如下：L 为规定使用年限内的总运用千米数，定为 4×10^6km；L_1 为实测时的运行千米数，本次试验实测千米数为全程两次往返共计 150km；σ_{ai}为各级应力水平的幅值（64 级谱有 64 个 σ_a 值）；n_i 为与各级应力水平对应的应力循环次数，即各测点应力谱中各级应力的出现次数；m 为各个大应力测点所在部位的 S－N 曲线方程的指数；N 为与结构或材料的疲劳极限所对应的循环次数。试验数据经分析后计算结果如表 5 所示。

表 5　电机应力幅值测试结果和等效应力幅值计算结果

测点（Ⅰ型转向架）		进口电机		国产电机	
		应力幅值	等效应力	应力幅值	等效应力
后吊架	DJ1	36.6	43.47	40.3	46.83
	DJ2	68.1	53.09	75.6	64.92
	DJ3	38.4	41.61	44.4	34.51
	DJ4	50.6	38.35	44.9	46.75
	DJ5	38.7	41.82	18.5	19.48
	DJ6	32.7	47.43	13.9	17.84
	DJ7	68.3	48.59	/	/
	DJ8	33.3	43.43	31.9	31.09
夹板	DJ9	55.1	47.3	169.4	139.05
	DJ10	32.0	45.81	248.5	187.75
前吊架	DJ11	43.8	56.17	56.9	37.35
	DJ12	50.0	42.73	58.1	46.55
	DJ13	98.6	81.22	52.4	32.48
	DJ14	81.2	99.93	70.8	52.44
	DJ15	62.4	55.02	56.8	37.83
	DJ16	71.3	68.82	100.4	69.51

各点应力幅值均未超出屈服极限，国产电机前后吊架动应力试验结果与进口电机相当，满足机场线 480 万千米安全运行需要。国产电机夹板测点（DJ9、DJ10）等效应力幅值计算结果相比进口电机偏大，超出了疲劳极限（许用应力）值 130MPa。

3.2　振动监测对比试验

每台电机在后吊架处安装 2 个振动冲击传感器测点，采样频率为列车每运行 50m 采集一次数据。主要对比不同速度等级和载荷（空载 AW0、超员 AW3）工况下安装在Ⅰ型转向架上的国产电机与进口电机振动情况，同时也采集了Ⅱ型转向架上的进口电机振动数据作为参考。最大有效值试验结果如表 6 所示，全线区间振动平均有效值结果如图 8 所示。

表 6　电机吊挂振动监测试验结果（最大有效值/g）

试验工况	国产电机（Ⅰ型转向架）		进口电机（Ⅰ型转向架）		进口电机（Ⅱ型转向架）	
	垂向	横向	垂向	横向	垂向	横向
80km/h、AW0	1.15	0.68	1.36	1.31	/	/
100km/h、AW0	/	/	1.32	1.02	1.11	0.57
110km/h、AW0	1.64	0.87	1.49	1.19	/	/
运营速度、AW3	1.75	1.59	1.76	2.48	1.34	0.67

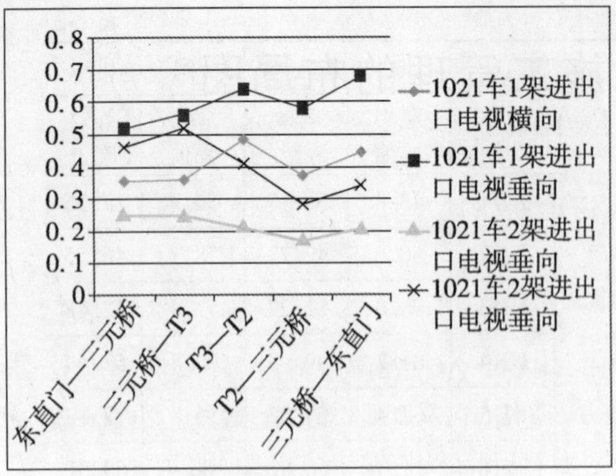

图 8　全线区间振动平均有效值对比

（运营速度、超员）

结果显示，两台安装在Ⅰ型转向架上的电机对比，国产电机吊挂振动情况普遍小于进口电机。

4　试验问题分析与结构优化

国产直线电机前后吊架各测试点数据与进口电机相当甚至更优，但夹板的两个对称测点DJ9、DJ10应力值明显偏大，未达到480万千米运行要求。

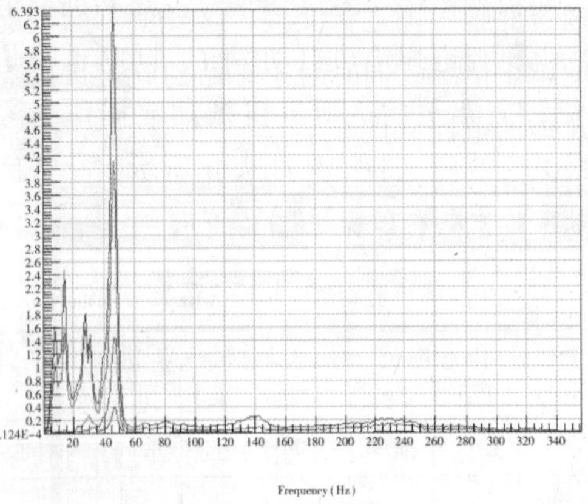

图 9　DJ9（国产：红；进口：蓝）、DJ10（国产：绿；进口：粉）频谱图

如图9所示，国产电机夹板振动主要分布在频率0Hz—55Hz上，进口电机主要分布在20Hz—55Hz上。电机在运行过程中系统固有频率与外动态激振力产生共振，会增大电机的振幅。结构的固有频率为

$$f=\frac{1}{2\pi}\sqrt{\frac{F}{m}} \qquad (2)$$

式中，k为劲度系数，m为质量。可以通过改变夹板材质及减轻电机重量达到优化固有频率的目的[7]。减重具体措施包括改进线圈绕制工艺，采用错位交叉换位正反绕工艺方法，使两根引出线都在线圈外圈，如图10所示；将线圈的端部减短；以及减小清障器高度等方法，增大电机固有频率使其离开振动频率区间。

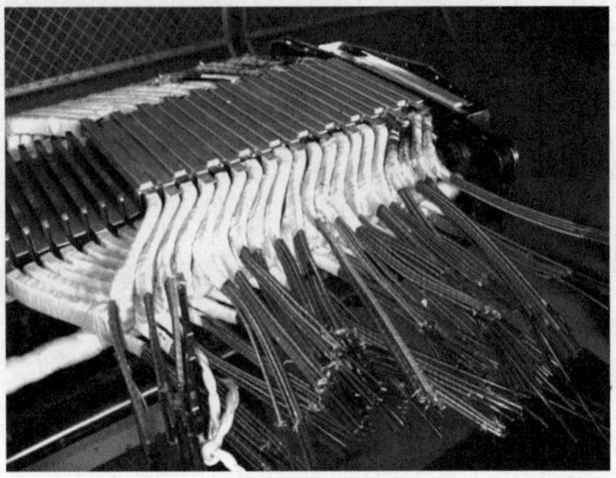

图 10　绕组下线新工艺

此外，国产电机与进口电机两个对称（内外部结构完全对称）测点DJ9、DJ10的应力数值差异均较大如图9所示，并且国产和进口电机振幅较大点位于车辆同一侧，排除了国产电机自身结构工艺不对称的可能。一侧异常偏大应该与轨道平稳度及转向架结构对称性有关[8]。

以安装在Ⅱ型转向架上的进口电机（AW0，70km/h—80km/h）为例分析轨道对电机振动的影响，加速计ACC1和ACC4分别安装在电机前后吊架，ACC8安装于转向构架侧构件的顶部，加速计监控垂直方向的最高等效加速度范围。应变计SG16安装在叉臂管上、底纤维板的中央。

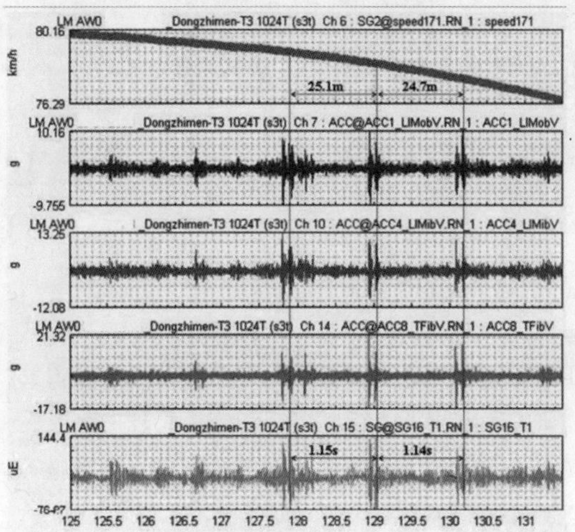

图 11　1Hz 下冲击和轨道长度之间的相互关系

如图 11 所示，ACC1、ACC4 和 ACC8 处测量的加速度的范围分别为 19.9g、25.3g 和 38.5g。SG16 测量的微应变范围为 221.3。由运行速度和时间计算图中竖线间峰值的距离如下：

峰值 1 和峰值 2 之间的距离 = $1.15 \times (78.99 + 78.30)/2 \times (5/18) = 25.1\text{m}$ （3）

峰值 2 和峰值 3 之间的距离 = $1.14 \times (78.30 + 77.44)/2 \times (5/18) = 24.7\text{m}$ （4）

北京地铁机场线轨道长度为 25m，所以在轨道上每隔 25m 均有焊接的轨接头。此外，这些冲击的发生频率约为 0.9Hz 或 1Hz，该频率的冲击可以激发转向架的固有振动频率从而引起电机应力幅值增大[9]。因此建议研磨和校正轨接头焊接处来防止 1Hz 左右频率的冲击，可以避免转向架和电机的累积疲劳损坏及其对设计寿命的影响。

5　结论

本文针对城市轨道交通车辆建立了大功率直线感应电机的实体模型和有限元模型。进行了模拟长寿命和冲击的有限元仿真分析，在此基础上完成了电机结构设计和制造，开创了国内直线电机自主化研发的先河。为评估国产电机的疲劳强度和使用寿命，在运营线路进行了动应力及振动监测对比试验，完成了应力谱编制，结果显示国产电机与原车进口电机结构强度整体相当，损伤和寿命基本满足运营要求。最后对电机夹板异常振动情况进行了详细分析，为电机结构优化设计提供依据，也为维护保养提出建议。

参考文献

[1] 邵林，杨欣，黄金．动车组牵引制动冲击评价方法与数据处理研究［J］．铁道机车车辆，2015，35（2）：41－45.

[2] 陶海燕．基于 AutoCAD 的有限元前处理系统设计［J］．计算机应用与软件，2012（1）：67－69.

[3] KIM D K，KWON B Ⅱ．A novel equivalent circuit model of linear induction motor based on finite element analysis and its coupling with external circuits［J］．IEEE Transactions on Magnetics，2006，42（10）：3407－3409.

[4] 傅彩明，毛文贵，李建华．大型立式电机特定边界条件下的振动特性仿真与实验［J］．振动与冲击，2010，29（6）：227－230.

[5] 黄鼎．CRH380BL 高速动车组转向架结构强跟踪试验研究［D］．北京交通大学，2012.

[6] Ishibashi F，Matsushita M，Noda S et a1. Change of mechanical natural frequencies of induction motor［J］．IEEE Transactions on Industry. Applications，2010，46（3）：922－927.

[7] Torstenssona P T，Nielsena J C O，Baeza L. Dynamic train-track interaction at high vehicle speeds：modeling of wheel set dynamics and wheel rotation［J］．Sound and Vibration，2011，330（22）：5309－5321.

[8] 王伟．轨道不平顺对地铁车辆动力学性能的影响分析［D］．西南交通大学，2014.

[9] 左言言，常庆斌，耿烽，杨建．轨道高低不平顺激励下的车体振动仿真［J］．江苏大学学报，2011，32（6）：47－51.

浅谈地铁车辆段场安全行车组织与施工管理

张增杰

（天津市地下铁道运营有限公司）

摘　要：随着地铁在城市居民日常工作、生活出行中发挥的作用越来越明显，对地铁的安全运营也提出了更高的要求，而车辆段场作为地铁安全运营的重要组成部分，分析和研究车辆段场的行车组织和施工管理的重要性也愈加重要。本文主要从车辆段场日常的行车工作和施工组织为切入点，对车辆段的行车安全及施工管理措施等几方面进行论述，为地铁在车辆段场的安全运营提供一些参考建议。

关键词：车辆段场；行车安全；施工；完善

1　车辆段场行车组织和施工管理简述

车辆段场在保障地铁安全运营的工作中发挥着重要作用，既有配合正线行调负责各种运营列车、故障列车、施工作业列车、故障车及救援列车的接发工作，也有独立负责段场调车、试车作业和施工管理工作，还有组织段场施工。总的来说，地铁车辆段场行车和施工方面主要负责以下工作：

（1）组织段场接触网/轨的停送电作业；

（2）根据运营时刻表组织段场运营车辆的接发车作业；

（3）组织段场调车；

（4）组织段场试车；

（5）组织故障电客车和救援列车的接发车作业；

（6）组织段场应急情况下行车；

（7）组织场段内各种施工作业的登记和注销。

然而，由于地铁车辆段信号系统保护等级不高，行车及施工类作业种类繁多、作业内容复杂，导致各个城市地铁的车辆段场行车和施工组织风险较高。因此，研究和分析车辆段场行车和施工组织，将作为保障地铁安全运营的重要一环。

2　车辆段场安全关键点及管理措施

2.1　段场接触网/轨的停送电作业

由于段场接触网/轨的停送电作业与段场行车组织和施工管理密不可分，提高段场接触网/轨的停送电作业的安全系数将直接决定段场行车组织和施工管理效率，因此，段场接触网/轨的停送电作业属于段场安全关键点。管理措施有：

（1）段场送电前必须检查段场内占用线路各项施工已办理注销手续。

（2）段场送电前必须及时与车辆维修调度核实库内接触网/轨送电情况。

（3）停送电过程中，注意各岗位沟通用语要标准，并坚持复诵。如发生异常情况应立即与行调联系，配合相关部门尽快处理，减少影响。

2.2　运营列车的接发车作业

由于车辆段接发车作业任务比较密集，在接发车作业过程中需要操作者和监护者共同执行才能有效完成作业。如果接发车作业流程失去控制，就有可能在行车中使得电客车无法正常出入段场，因此车辆段运营列车的接发车作业属于段场安全关键点。管理措施有：

（1）提前做好接发车工作准备，确保两人

在岗，一人操作，一人监护。

（2）操作者和监护者共同核对运行图、运用车、揭示板、《行车日志》，设备显示状态是否与现场一致，然后操作者和监护者依次呼唤应答，完成进路排列。

（3）注意各岗位沟通用语要标准，并坚持复诵。

2.3　段场调车

由于段场承担地铁车辆的维修和检修计划，在调车作业过程中，需要轨道车与信号楼的密切配合才能顺利完成作业。如果调车作业流程失去控制，就有可能产生列车冲撞库门、护栏，挤岔、脱轨等情况，因此，因此段场调车作业作业属于段场安全关键点。管理措施有：

（1）办理调车作业时应确认段场是否有接发列车和影响调车作业的各种施工，不得交叉作业，恶劣天气下应尽量减少调车作业。

（2）操作者和监护者依次呼唤应答，排列调车作业进路。

（3）调车作业中，作业人员一定严格按照调车作业计划执行，防止错挂、错摘。

（4）注意各岗位沟通用语要标准，并坚持复诵。

2.4　段场试车

由于段场试车线承担地铁车辆一定的调试作业，在试车作业过程中，需要电客车司机与信号楼的密切配合才能顺利完成作业。如果试车作业流程失去控制，就有可能产生列车冲撞库门、护栏、停断电区等情况，因此，因此段场试车作业属于段场安全关键点。管理措施有：

（1）办理试车作业时应确认段场是否有接发列车和影响调车作业的各种施工，不得交叉作业，且作业区域已按要求送电作业。

（2）操作者和监护者依次呼唤应答，排列试车作业进路。

（3）试车作业中，电客车司机严格按照试车作业要求进行调试，不得超速行驶。

（4）注意各岗位沟通用语要标准，并坚持复诵。

2.5　故障电客车和救援列车的接发车作业

随着地铁车辆运营时间的不断增长，在运营过程中，车辆不可避免地会产生一些故障，甚至影响运营舒适度和运营安全。一旦正线运营列车产生故障不具备运营条件时，就需要紧急组织列车下线及备用车或者救援车上线，如何快速有效地组织故障列车下线及备用车或者救援车上线作业直接影响正线的列车运营，因此，故障电客车和救援列车的接发车作业属于段场安全关键点。管理措施有：

（1）接到行调命令后，核实列车出入库股道和转换轨，并立即通知相关人员做好列车出入段准备。

（2）查看段场是否有施工、调车、试车等作业，如有以上作业通知人员按要求在规定时间出清。

（3）操作者和监护者共同核对运行图、运用车、揭示板、《行车日志》，设备显示状态是否与现场一致，然后操作者和监护者依次呼唤应答，完成进路排列。

（4）注意各岗位沟通用语要标准，并坚持复诵。

2.6　段场应急情况下行车

随着地铁运营时间的不断增长，信号灯等段场行车设备不可避免地会产生一些故障，甚至影响段场行车。一旦段场行车相关设备故障时，段场行车作业要使用联锁的降级模式，甚至需要口头指令和手摇道岔作业，此时更需要严格把控。因此，段场应急情况下行车作业作为段场安全关键点。管理措施有：

（1）对段场应急情况下行车组织推行分块技术指导，将车辆段场多种行车设备故障情况下行车组织流程进行重点宣传贯彻。

（2）加强员工应急情况下作业培训演练，确保全员掌握相关技能。

（3）严格按照作业标准执行，多岗相互防护。

（4）注意各岗位沟通用语要标准，并坚持复诵。

2.7 场段施工组织

由于车辆段场行车设备等需要日常维护作业，合理有效安排和组织段场施工既能提高作业效率，又能极大程度上避免段场安全事故发生。因此，应将段场施工作业作为安全关键点。管理措施：

（1）严格按照施工计划组织段场施工，并检查施工人员资质证件。

（2）严格根据施工作业内容安排段场接触网/轨带电状态。

（3）施工人员在规定区域规定时间进行施工，不得擅自更改施工作业区域和计划作业时间。

（4）施工注销时应确保施工负责人已经组织人员、器具等出清现场。

3 地铁车辆段场安全行车组织与施工管理的合理化建议

城市地铁车辆段场自筹备建设开始到正常运营阶段，段场安全管理主要分为筹备摸索、运营初期、正常运营三个阶段，通过以下措施，可有效保障车辆段场各个阶段的运营安全。

（1）筹备摸索阶段

在段场筹备摸索阶段，考虑到各种管理制度还不健全或未建立，车辆段安全管理一般依靠行车经验丰富的人员进驻车辆段场，组织段场行车和施工管理，加大现场人员卡控力度。

（2）运营初期阶段

在段场运营初期阶段，应将前期段场行车组织、施工管理、调车作业等方面好的做法编辑整理，完善各项配套管理制度，逐步形成最适合现场实际的作业方法并把它以系统规章形式确立下来，为车辆段的规范化管理、制度化管理做好准备。

（3）正常运营阶段

在段场正常运营阶段，应认真对影响段场安全工作的人的因素、设备因素和管理方法进行全面分析，对车辆段安全管理工作要实行网络化、系统化的管理模式，通过抓好安全教育和安全管理两个重要环节，来实现车辆段安全管理工作的整体提升。

4 结语

随着城市轨道交通的飞速发展，地铁车辆段的安全管理工作也在不断提高、不断创新、不断完善。我们相信随着运营设备的不断完善和人员业务的不断提高，再加上前期给我们留下许多宝贵的经验和教训，车辆段安全管理工作也会更加成熟完善，后续线路的车辆段安全管理较当前有较大的提升。

参考文献

蒋卫东．城市轨道交通行车安全管理相关问题探讨［D］．北京交通大学，2005.

列车控制监控系统界面显示设计优化研究

冯　跃　叶鹏君　张自强
（天津市地下铁道运营有限公司）

摘　要： 列车控制监控系统是司机及检修人员控制监控列车的窗口，对保障列车安全运行起着至关重要的作用，随着天津地铁运营网络的铺开，降低列车故障应急处理响应时间显得愈发重要。通过优化列车控制监控系统显示界面，可辅助列车司机减少故障处理响应时间，本文主要针对显示界面存在的问题及优化方案进行介绍。

关键词： 监控系统；安全运行；优化

1　研究的意义和目的

随着城市轨道交通的快速发展，地铁日趋成为人们出行不可或缺的交通工具，天津地铁网络化运营逐步形成，运营效率不断提升。地铁车辆作为运送乘客的主要载体，列车故障对网络化运营的影响比重也随之提升，对从设备上提升列车自身的故障定位效率，完善故障处理提示功能的研究具有重要的实践意义。

本文对列车控制监控系统界面优化方案进行介绍，有助于指导司机快速定位故障点，提示司机故障处理流程，以便司机用最少的时间恢复运行，降低对网络化运营影响。

2　列车控制监控系统界面介绍

列车控制监控系统界面称为人机接口单元（HMI），主要实现对列车的牵引控制系统（DCU）、辅助系统（SIV）、制动系统（EB-CU）、空调系统（ACU）、旅客信息系统（PIDS）等各系统设备状态监视和人机交互等功能。

人机接口单元（HMI）是列车网络控制系统的终端设备，是司机和维护人员操作列车的窗口，具备功能有：

①列车信息显示：向车辆驾驶人员和维护人员提供车辆综合信息、各设备的工作状态、故障信息的综合与处理等。

②参数设定：对轮径值、车号、时间日期等参数进行更改与设定。

③自检测试：对牵引/制动系统相关部件进行测试。

HMI 根据用户操作需求，分为运行模式与检修模式。运行模式主要面对司机，检修模式主要面对检修技术人员，运行模式切换至检修模式需输入密码。HMI 上电完成后，只有占用端可以发出控制信号，非占用端只能查看信息。

HMI 功能框图，如图 1 所示：

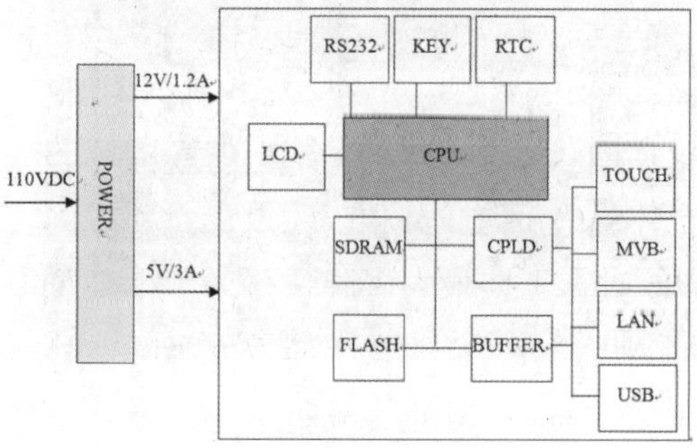

图 1　HMI 功能框图

3　天津地铁既有车辆显示界面介绍

运行主界面（如图 2 所示），可分为标题栏（上部）、状态栏（中部）和操作栏（下部）。标题栏主要显示列车输入电压、输入电流、站点信息、日期时间、列车速度和故障等信息，状态栏主要显示牵引、制动、车门、乘客紧急报警、火灾报警等信息，操作栏主要显示子系统（制动、牵引、辅助供电、空调等）、网络通信和故障履历等信息。

列车在运行过程中，司机需通过 HMI 界面查看列车各子系统运行状态（如图 3 所示），同时再根据故障界面报出的故障内容确定故障点，并依据排故手册等相关制度指导，尽快排除故障，以保证列车运行的安全性和准时性。

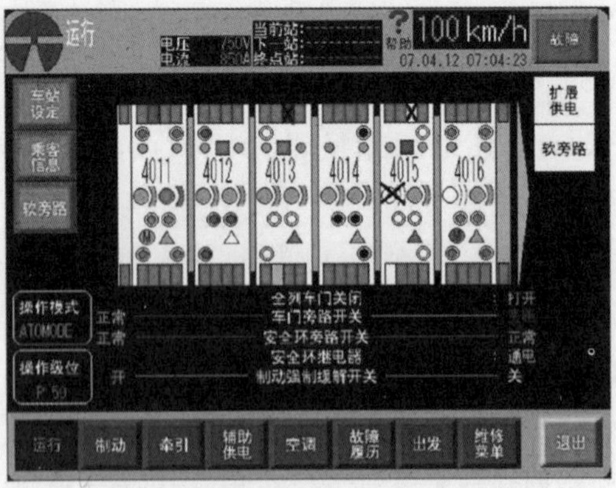

图 2　运行主界面

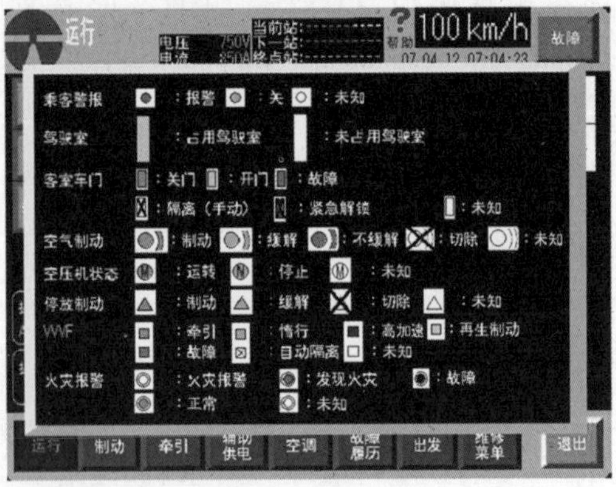

图 3　运行主界面帮助窗口

4　既有显示界面存在的问题

由于当前地铁列车包含牵引、制动、辅助供电等多个关键子系统，随着运营需求的不断增加，整车及各子系统具备的功能也不断提升，实现功能所需要的控制电路中包含众多按钮、继电器、断路器、电源模块等硬件设备，加之各子系统的软件控制逻辑，整车的故障分类达上百种，车载数据库内的故障数量达 2000 多条。既有界面，司机只能通过 TCMS 报出故障名称和操作界面的各系统状态确定排故方案，当出现非常规故障或者列车同时报出多条故障时，司机所需排故的时间可能会延长。

当出现严重故障时，列车会自动限速、自动封锁牵引、自动触发紧急制动来保证运行安全。触发此类保护动作的因素较为复杂，可能由车门、牵引、制动、车钩等子系统故障导致，可能由某些常规操作开关、按钮、断路器的误操作有关，可能由车载信号系统触发导致。司机同样只能通过 TCMS 报出故障名称和操作界面的各系统状态确定排故方案，故所需时间相对较长，容易引起晚点。

另外，列车旁路开关、电源控制开关等无需经常操作的开关，如出现误操作触发或短路保护触发等，同样可能导致列车出现严重故障。这类开关数量较多且设置在司机室后方的电气柜内，触发概率较低，容易被司机忽略，可能会延长司机的排故时间。

5　显示界面优化方案

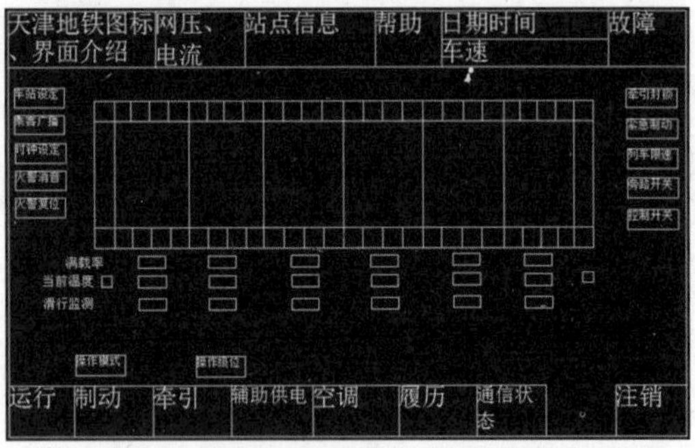

图 4　主界面优化方案

在“运行”界面中增加易对运营造成重大影响且出现频率较高的故障现象窗口（如图 4 所示），如“牵引封锁”“紧急制动”“列车限速”“旁路开关”“控制开关”，当列车发生以上故障现象时，窗口会自动变色，司机点击后可自动显示触发该现象的故障清单，清单中的异常点位会出现变色提示。起到快速定位故障点的作用，减少排故时间。

同时优化“故障”界面，结合运营影响重新定义故障分级标准，按照新标准对二千多个故障进行分级。同时引入“故障处理流程提示”窗口。在司机界面只显示对运营产生影响的故障，减少司机需要查看的故障数量；同时规范了司机排故流程，降低了由于人因导致的排故错误，从而进一步减少了排故时间，降低故障影响。

5.1 增加牵引封锁提示

在状态栏中增加“牵引封锁”显示，当列车正常运行且无牵引封锁时，此按钮显示蓝色；当列车出现封锁牵引故障时，此按钮会变成黄色，司机可点击此按钮进入二级菜单查看牵引封锁条件，引起列车牵引封锁的条件会突出显示，如图5所示。

通过对列车控制电路的解析，最终确定牵引封锁条件有：“零速时两端司机室同时占用”“零速时向前和向后方向同时有效”“所有门未关好信号无效且‘门关好旁路’无效”“停放制动未缓解且‘停放制动缓解旁路’无效”“主风压力低于5.5bar”“牵引工况下，列车速度>4km/h时气制动未缓解且‘气制动缓解旁路’无效”“4个及4个以上转向架气制动故障”“1车车间库用位激活”“列车超速”“列车紧急制动激活”“回送模式激活”“ATP未切除时，ATP牵引使能指令无效”等，共计23个。

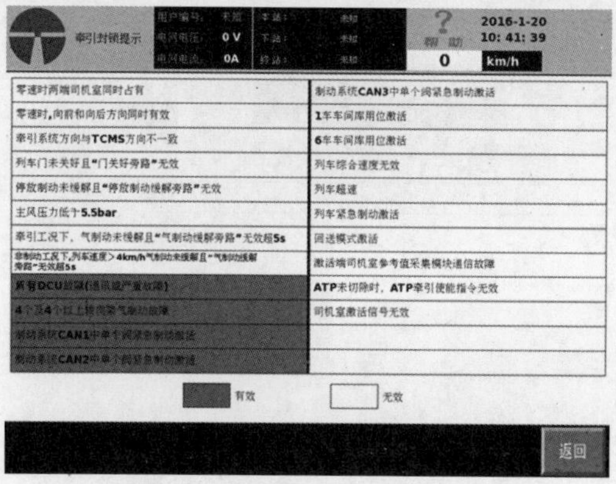

图5 牵引封锁二级菜单

5.2 增加紧急制动提示

在状态栏中增加“紧急制动”显示，当列车正常运行且无紧急制动时，此按钮显示蓝色；当列车出现紧急制动故障时，此按钮会变成黄色，司机可点击此按钮进入二级菜单查看引起紧急制动条件，引起列车紧急制动的条件会突出显示。

通过对列车控制电路的解析，最终确定引起紧急制动的条件有：“列车紧急制动条件有列车速度大于86km/h”“1车司机室紧急制动按钮按下”“ATP触发紧急制动”“零速无效时手动模式下警惕按钮释放超过6s”“主风压力低于6bar”“激活端司机室方向手柄回零位”“两端司机室同时占用”“紧急制动回路断开”“6车司机室紧急制动按钮按下”，共9个。

5.3 增加旁路开关和控制开关提示

在状态栏中增加“旁路开关”和“控制开关”显示，当列车无旁路开关或控制开关动作时，此按钮显示蓝色；当列车旁路开关或控制开关动作时，此按钮会变成黄色，司机可点击此按钮进入二级菜单查看具体旁路开关或控制开关误动作或保护跳开，以便司机及时恢复。

5.4 优化故障提示

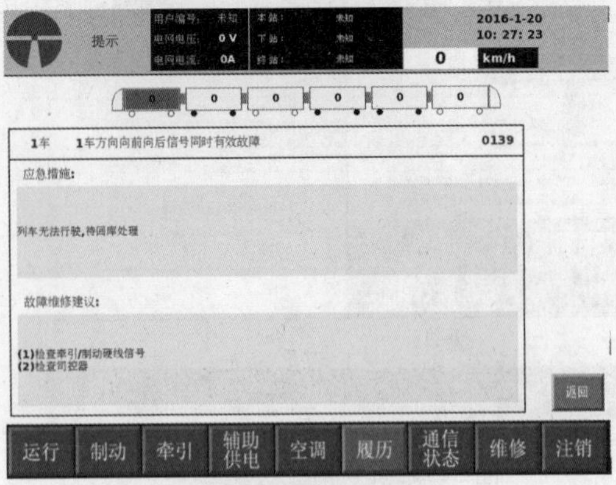

图6 故障提示菜单

结合故障造成的影响，重新制定列车故障分级标准，优化后共分为三级。

一级故障：对列车继续运行造成影响且需司机马上进行处理的故障，该等级故障出现后，系统自动弹窗显示故障，蜂鸣器响；二级故障：对列车继续运行影响较小，无需司机立即处理，司机按流程上报，择机在下一站或折返时处理，该等级故障出现后，主界面“故障按钮”闪烁提示；三级故障：是影响行车的故障，该等级故障出现后，在司机界面不进行提示，可继续运行至列车收车回库，由检修人员在检修界面查看处理。

针对司机界面报出的全部一级、二级故障，在故障名称后增加排故流程，对司机进行提示。排故流程结合公司相关制度进行编写，形式（参照图6）。

6 结语

目前，已经完成列车控制监控系统（TCMS）界面设计优化方案，即将在天津1号线增购车辆进行更新试用，验证完毕后可减少正线故障处理时间，降低列车故障对线网运营造成的影响，对优化新线车辆设计和提升既有车辆功能具有指导意义。

参考文献

[1] 黄升．列车控制管理系统（TCMS）优化分析［J］．城市理论研究，2015-5（27）．

[2] 赵国平．城市地铁列车网络控制系统设计与实现［D］．大连理工大学，2014.

[3] 城轨车辆车载控制网络数据传送规范（第2版）［S］. 2012.

[4] 杨子亮．列车控制网络的实时性与可靠性研究［D］．成都：西南交通大学硕士学位论文，2008.

[5] 宋娟娟．浅谈地铁TCMS系统优化升级分析［J］．科技尚品，2016，1（88）：163-168.

轨道交通车地无线通信 LTE 方案设计探讨

王飞翔[1]　林必毅[2]　赵　瑜[3]

（1. 上海市隧道工程轨道交通设计研究院合肥项目部；2. 深圳市赛为智能股份有限公司；
3. 安徽合肥赛为智能有限公司）

摘　要：车地无线通信主要用于在轨道交通列车行驶范围内（包括正线、停车场、车库等），为列车在正常行驶、日常维护、应急处置等情况下，提供双向、可靠的宽带数据通信服务，实现地面（包括 OCC、车站、车库等）与列车之间的各种信息数据交互和临时性通信。本文主要探讨车地无线系统（除信号系统以外）采用 LTE 技术方案的性能需求、系统设计方案及要求。

关键词：车地无线；LTE；综合承载

1　车地无线通信概述

车地无线通信主要用于在轨道交通列车行驶范围内（包括正线、停车场、车库等），为列车在正常行驶、日常维护、应急处置等情况下，提供双向、可靠的宽带数据通信服务，实现地面（包括 OCC、车站、车库等）与列车之间的各种信息数据交互和临时性通信。

车地无线通信网络需要承载的业务一般包括：

➢CBTC 信号；

➢PIS 数据下发（下行），主要完成车上信息播报，PIS 紧急文本下发；

➢车载视频监控图像回传（上行），一般同时上传两路标清视频；

➢车辆状态信息（上行）业务承载；

➢火灾自动报警系统业务。

鉴于信号系统在轨道交通弱电系统中的重要性，信号车地系统 LTE 方案应用案例较少，一般推荐通信系统车地无线采用 LTE 技术方案，信号系统采用常规 WLAN 方案，避免干扰。当然在 2016 年中轨协的《关于推荐城市轨道交通新建 CBTC 系统使用 1.8G 专用频段和 LTE 综合无线通信系统的通知》发布以后，现信号 CBTC 推荐采用 LTE 技术方案的也渐渐多起来，但运营案例还较少。

目前，还有一个方案就是通信、信号系统共建一套车地无线系统，采用 LTE 技术方案。根据国家工信部 65 号文，1.8G 频段可以供交通（城市轨道交通等）、电力、航空等行业专用通信网使用，根据其他城市轨道交通频段申请经验看，一般无委会批给城市轨道交通 5MHz、10MHz 频段，尤其对于具有高架线路的较少有 15MHz 频段。由于频段的限制，传输带宽的限制，一般难以实现综合承载。故本次讨论的车地无线通信传输为除信号系统以外的使用。

2　车地无线通信性能需求

根据以上分析，本次探讨的车地无线系统需求主要包含以下几点：

2.1　列车紧急文本下发业务

列车紧急文本是指地面 PIS 服务器传送给车载 PIS 终端的紧急文本信息。

列车紧急文本下发业务要求支持地面任意时刻可以传送紧急文本信息给线路上任意地点的车载设备；

列车紧急文本下发业务要求可点对点、点

对多点传输；

列车紧急文本下发业务要求传输时延不超过300ms的概率不小于98%；

列车紧急文本下发业务要求丢包率不大于1%；

列车紧急文本下发业务为随机性数据，要求传输速率不小于10kbps。

2.2 车载视频监视业务

车载视频监视是指将列车驾驶室、列车车厢的视频监视图像通过无线的方式实时传输到控制中心或地面车站，进行集中监控。

车载视频监视业务要求可同时进行上行至少两路视频传输；

车载视频监视业务要求每路视频传输速率至少1Mbps；

车载视频监视业务要求传输时延不超过500ms的概率不小于98%；

车载视频监视业务要求丢包率不大于1%。

2.3 乘客信息系统视频业务

乘客信息系统视频业务是指由地面将视频或图像信息通过广播或者组播传输到车厢内播放。

乘客信息系统视频业务要求支持广播或组播通信；

乘客信息系统视频业务要求能够传输图像分辨率为标清或高清的视频，传输速率为下行2—8Mbps；

乘客信息系统视频业务要求传输时延不超过500ms的概率不小于98%；

乘客信息系统视频业务要求丢包率不大于1%。

2.4 火灾自动报警系统车载业务

火灾自动报警系统车载业务是指由列车将车载探测器的报警信息通过无线传送到控制中心。

相关要求一般由火灾自动报警系统专业提资确认。

3 系统设计方案及要求

车地无线系统架构为控制中心级子系统布置核心网设备，负责与中心服务器、视频服务器通过以太网交换机接口，接收视频信息并将相关信息通过TD－LTE无线网络传输到列车上。在控制中心的核心交换机与车站、车辆段、停车场的交换机通过通信光纤相连，车站/车辆段/停车场交换机和BBU通过光口连接，BBU与RRU直接通过光纤点对点连接，设备的供电从车站/车辆段/停车场通信电源室引出。在分线中心设置的线核心网设备（可根据选择的产品特点进行配置）、无线管理工作站管理和控制本线车地无线网络的工作，实现全线车地间PIS信息实时、无缝的传输。

根据需求，具体设计过程中需重点考虑以下几点要求：

（1）应根据RRU和天线的性能以及现场的情况合理选择RRU的位置，以保证PIS系统无线信号和专用无线系统场强能够在全线无缝覆盖。需要仔细设计、选择设备，避免对轨道交通其他系统产生干扰（如信号CBTC系统、通信TETRA系统、公安集群调度系统、民用通信的GSM900M、CDMA800M、DCS1800M和3G、4G等），一般需要详细考虑所采用设备和系统的抗干扰能力，同时需充分考虑各种覆盖情况以及线路周边可能的无线干扰。

（2）在轨道交通列车高密度运行的情况下，无线网络提供的双向传输的动态有效带宽需不低于25Mb/s（列车80km/h行驶速度下），且有9级业务QoS分级控制功能。

（3）车地无线系统须充分考虑列车在高速情况下的切换问题，须采取有效措施减少切换时间和降低因切换带来的数据损失，以保证在车上的实时播放不中断，且播放质量不受影响，切换时间应少于100ms；一般要详细考虑不同车载设备在不同小区之间的切换的具体步骤和可能造成的中断时间。

（4）布置 RRU 设备时，需要充分考虑系统的可靠性，每个 RRU 的覆盖范围应有重叠区，保证覆盖的连续性和切换性能。

（5）无线网络系统的空中接口、频点范围和加密措施应满足国家有关标准和规定。

（6）无线移动网络设备（包括功分器、RRU、天线、光纤熔接盒等）必须满足限界和其他方面的要求，其设备本身应达到 IP65 的标准，并提供防雷解决措施，以适应线路的环境条件。

（7）无线移动网络设备的区间设备 RRU 与车站设备 BBU 之间的连接，包括电源线、光缆等，电源线、光缆需要划分清楚界面。

（8）系统应有完善的网管设备，以便在控制中心能够随时监控到本系统的每一个设备的工作状况、性能情况；提供专业的网元设备管理体系，包括拓扑管理、配置管理、性能管理、故障管理、软件管理、安全管理、系统管理、终端管理、日志管理、设备巡检等全面的设备管理功能。

（9）为了保证系统数据安全，无线移动网络应采用以下安全措施：

➢支持空口 128 位加密，支持 AES、SNOW-3G 加密方式；

➢支持 3CPP 定义的认证、鉴权方式；

➢支持 3GPP 定义的完整性保护；

➢发射功率可调整；

➢支持流量控制，提高系统稳定性；

➢支持定向天线、漏缆覆盖方式。

（10）安装无线网络网络管理软件。能够主动地监控基站 BBU、RRU、核心网故障和性能；以及主动地监控使用情况和故障，优化网络的性能。

（11）需要详细分析所使用的设备和系统抗干扰的能力，以及相关的处理措施。

（12）需要考虑车地无线双向传输系统方案（含车地数据及视频无线传输网络的组网方案及链路计算、QoS 保证方案、切换机制、抗干扰和防止对其他系统干扰的措施和测试报告等），并分析 1.8G 频段轨道交通隧道条件下进行移动传输的电波特性及传播模型的分析，并提供所供车地无线传输系统的有关试验报告、数据等资料。

（13）需提供车地无线系统进行测试，以验证方案的有效性，测试包括但不限于在时速 80km 条件下的有效带宽、切换时间、丢包率及在不同码流条件下经由车—地无线网络传输的视频显示效果等。

（14）明确通过 LTE 基站定位功能，通过图形化界面实现列车在车站、上下行区间独立定位判断的功能，定位判断应能提供列车进站、停站、出站、越站、行车方向、折返等状态信息，并显示列车各状态的列车号、时间、告警等信息。

（15）需配合轨道公司完成频率申请相关工作，一般认为频点的申请是方案能够满足使用需求的最为重要的外部因素。

综合考虑以上问题，在轨道交通车地无线系统的设计过程中还需考虑系统的界面问题，明确与各专业的配合界面。例如，集成与施工的界面；各系统之间的配电、集中告警、传输、防雷接地等；各专业之间的界面，建筑、限界等。

4 总结

本文重点阐述了轨道交通车地无线系统设计的一个常规思路。具体设计需在充分考虑线路情况，各通信子系统方案、其他专业系统以及运营管理模式等相关条件后进行。车地无线通信是满足为车在正常行驶、日常维护、应急处置等情况下，实现地面与列车之间的各种信息数据交互和临时性通信的，对列车运营的安全性至关重要，所以应充分考虑并进行准确检测后，根据获得的数据进行详细设计。

参考文献

[1] GB50157—2013. 地铁设计规范［S］. 北京：中国建筑工业出版社，2013.

[2] STB/ZH－000001—2012. 上海城市轨道交通工程技术标准（试行）［S］. 上海：上海申通地铁集团有限公司，2012.

地铁车辆轴箱弹簧高度测量尺设计与应用

赵昆志　杨长建

（天津市地下铁道运营有限公司）

摘　要：天津地铁车辆转向架落成后需要对轴箱弹簧高度进行测量，并根据标准值对其高度进行调节，目前天津地铁车辆轴箱弹簧高度测量方法主要采用钢板尺或者卡钳及钢板尺进行测量，该方法在测量时较为费时，且精确度不高。本文通过分析轴箱弹簧高度测量的过程，提出了设计一款测量轴箱弹簧测量尺来测量轴箱弹簧高度的方法，并用 SolidWorks 绘制了其三维模型，与之前所有方法相比，该测量方法更加便捷准确。

关键词：地铁车辆；轴箱弹簧；SolidWorks

1　轴箱弹簧高度测量方法

天津地铁车辆轴箱弹簧高度为构架标准块与轴箱标准块之间的垂直距离，由于构架标准块位于转向架侧梁下盖板的正下方，当转向架落成之后，标准块与轴箱标准块之间的空间较小，为 30—50mm，很难使用普通的测量器具对其高度进行测量。目前方法主要为间接测量，其一：采用卡钳测量其距离后，再使用钢板尺测量卡钳的开口距离；其二：使用量块填充其距离后，再对量块厚度进行测量。这两种方法测量速度慢，且存在误差叠加现象，制约着测量效率和测量精度。

2　轴箱弹簧测量尺设计

根据实际测量需要，设计了轴箱弹簧测量尺，并采用 SolidWorks 建立了其进行了三维结构模型（如图所示）。该测量尺测量下测量头采用了直径为 5mm 的圆形端头，上测量头采用了长度为 5mm 的横直端头，主要是为了保证测量的精度，防止测量人员将测量尺偏置时带来的测量误差。考虑操作人员的操作习惯，测量尺采用常开式设计，中间使用刚性弹簧对测量尺进行支撑。为了便于操作人员读取数据，提高测量数据的精确度，测量尺采用了数显装置[1—3]。

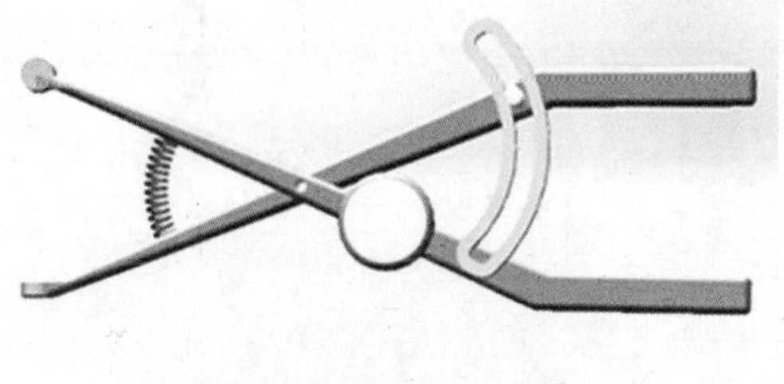

轴箱弹簧测量尺模型图

3　轴箱弹簧测量尺使用方法

将轴箱弹簧测量尺啮合后放置于构架测量块与轴箱测量块之间，缓慢松开测量尺，使其下端测量头与轴箱测量块完全接触，在整个圆度内不得有缝隙，上端测量杆与构架测量块完全接触，在整个测量杆范围内不得有缝隙，读取数显上的数据，并记录，该数据即为轴箱弹簧高度。将轴箱弹簧测量尺再次啮合，取出测量尺，测量结束。

4　总结

如何选择更好的测量方法，来提高作业效率和作业精确度是地铁车辆检修的一个难点，本文通过设计一款轴箱弹簧高度测量尺来提高轴箱弹簧高度测量的效率和精确度，并根据天津地铁车辆构架实际情况采用 SolidWorks 设计了一款符合使用要求的测量尺，提高了测量精度和效率，减小了操作人员在测量轴箱弹簧高度时的工作量。

参考文献

[1] 赵罘，杨晓晋，刘玥，等. SolidWorks2012 中文版机械设计实例入门与应用 [M]. 北京：电子工业出版社，2012.

[2] 濮良贵，纪名刚. 机械设计 [M]. 北京：高等教育出版社，2006.

[3] 周琳，周静，杨砚青. 内孔量具设计 [J]. 机械工程师，2013 (11)：154.

在地铁运营中基于目视化施工管理的布局图

李 东

（天津市地下铁道运营有限公司）

摘 要：施工管理是保障地铁安全运营的至关重要的一个环节，任何一个细微的疏忽都会对转天的安全运营产生重要的影响，对于施工管理工作，一方面提升员工的业务能力、责任心以及加强车站的管理，另一方面在施工管理的过程中制定简单易行的施工管理的把控方式。本文旨在对施工管理过程中的把控方式进行研究。

关键词：目视化；施工管理；地铁运营

随着经济的快速发展，原有的地面交通方式，已经无法满足人们日益增长的出行需求，地铁交通便应运而生。我国建地铁的城市越来越多，运营里程也逐年增加。在地铁带来了方便快捷的同时，地铁运营过程中发生的事故越来越多，地铁运营安全则成为一个必不可少的话题。而在地铁运营过程中，人是处于管理、控制、执行的主体位置。在对地铁运营事故的调查中，由于人为失误造成的事故数占的比例最多。所以，研究地铁运营工作人员的人为失误影响因素对规范员工行为、减少地铁运营事故具有重要的指导意义。本文在介绍了我国城市地铁发展的现状之后，把影响地铁运营安全的风险划分为人、设备、管理、环境四个因素。然后在统计分析天津地铁在停运后处理施工运营事故的基础上，分析得出，因工作人员失误引起的地铁运营事故占比最大。从现阶段发展情况目标来看，国内针对地铁运营安全管理的研究还十分匮乏。因此，必须对地铁运营风险进行分析，从风险管理的角度对地铁进行安全评价，针对管理方面暴露出的弱点，进一步加强管理手段，从而不断优化地铁管理模式，减少地铁事故发生率，使地铁真正成为方便快捷安全的交通方式。

1 目视化施工管理的技术原理

（1）通过将车站的站厅、站台平面图的不同区域用各种颜色区分开，当车站有施工人员在此区域施工的时候，行值便将和此区域的颜色相同的磁扣放置于此，待施工完毕后施工人员来车控室注销时再将磁扣取下，这样便于使用最直接、最明了的方式查看当前的施工人数以及此施工是否已出清。同时若此区域的施工未完成但车站人员已处于交接班的时候，行值便可通过此施工图进行交接，这样就不会遗忘车站的施工情况，同时对于车站的施工进度有一个总体的把控（图1）。

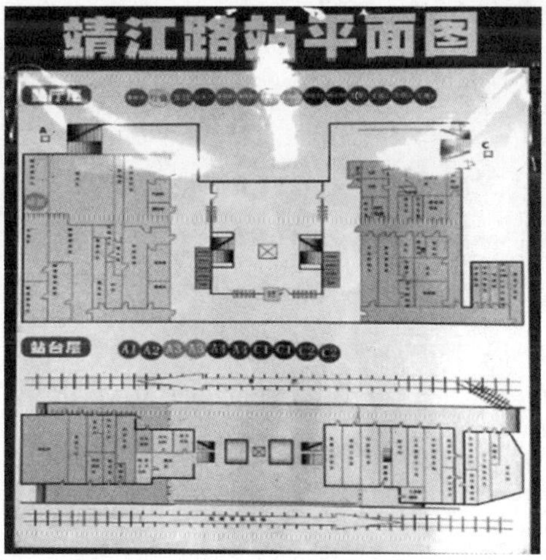

图1 车站平面布局图

（2）同时，还可以用于在车站突发情况时查看各个岗位的人员所在点位情况。比如在演练的时候现场指挥可以在车控室知晓各个人员的点位情况（客值在厅东出战闸机处疏导客流，安全员在站台疏导客流，此时出战客流较少，但进站客流较大，从而现场指挥可以将客值调度到站台去支援），对于各岗人员的调动更为直观，从而对车站的人员的调度情况做好整体的把控（图2）。

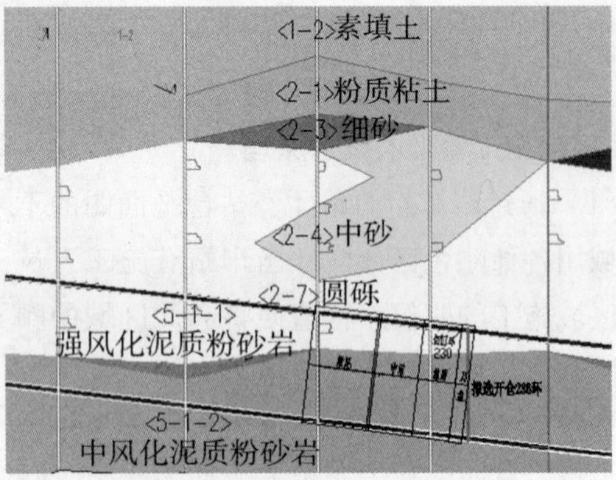

图2　平面布局图中的人员各个点位

2　实现的效果

以靖江路站为试点，自使用此施工管理图之后未出现任何的施工违规现象，在实施的过程中，取得了良好的效果，同时，据车站值班人员反映，这种可视化的方式简单易行，对车站施工的把控起到了良好的作用。

3　技术创新点及先进性

（1）将车站的平面图用彩色分区域的形式进行划分，直观有效。

（2）更直观地对施工进度情况的进行把控。

（3）加强了对车站的施工管理。

参考文献

［1］史娜．地铁运营安全人因评价研究［G］．北京：北京交通大学，2016.

［2］天津地铁．天津地铁车站管理组织规则［G］．天津：天津市地下铁道运营有限公司，2013.

富水复合地层中的土压平衡盾构开仓技术探讨

温法庆[1]　杨惠源[2]　邵宪礼[1]　胡　鹏[2]　李春林[1]　罗　灵[3]

(1. 中铁十八局集团有限公司，天津　300222；2. 东华理工大学，江西南昌　330013；

3. 南昌大学，江西南昌　330031)

摘　要：土压平衡盾构在富水复合地层中掘进期间，因刀具严重磨损、刀盘（土仓）结泥饼等因素导致掘进困难时，需要开仓更换刀具、清理泥饼；因受地面环境、水文地质条件的限制，多数施工单位根据施工经验采取一定的辅助加固措施后进行带压开仓。采用 ANSYS、FLAC 3D 软件，对需要开仓处的加固地层的稳定性进行模拟计算，提出满足常压开仓的最小加固范围，并辅助降水措施提高常压开仓的安全性，利于规避带压开仓的高风险，同时降低带压开仓成本、缩短工期。根据计算模拟结果与实际工程进行对比，论证了富水复合地层中采取旋喷加固 + 辅助降水进行常压开仓的可行性。

关键词：盾构；富水复合地层；开仓；模拟计算；方案比较

0　引言

土压平衡盾构在富水复合地层中掘进中，由于砂砾中石英含量高，刀盘刀具磨损较快，易因刀具严重磨损造成掘进困难；在泥岩中由于粘性颗粒多，易造成刀盘土仓结泥饼，同样导致掘进困难，严重时会造成施工事故，为了处理盾构难以掘进问题，以采取带压开仓检查更换刀具、处理泥饼者居多；带压开仓受地面环境、水文地质条件等诸多因素影响，在富水复合地层中开仓具有风险大、费用高、工期长的特点，为保证开仓施工安全，开仓前进行地面旋喷加固以提高砂砾地层的稳定性、气密性，但仍具有较大的施工风险。

在地面空间较为宽阔，满足地面加固及降水井的施工要求的条件下，采取旋喷加固 + 辅助降水进行常压开仓可减小带压开仓风险、降低开仓施工成本、缩短开仓施工时间，以利于提高盾构施工的经济效益。

文献［1］以对南昌地铁 1 号线某标段富水砂砾地层的盾构带压开仓进行了探讨，提出了泥膜护壁在富水砂砾地层中带压开仓的重要性；文献［2］以深圳地铁 11 号线某标段盾构带压开仓为例，在地面狭小空间范围内采取克泥效浆液保护盾体、脱出盾尾的管片采用 WSS 工法注浆技术进行地面加固，取得了良好的施工效果；文献［3］以北京地铁 9 号线 03 标工程为例，提出了主动换刀的理论，有效的减小了因刀具磨损严重带来的必须停机换刀但又受到地面环境限制的风险，取得了良好的经济社会效益。

文献［4］南昌地铁 2 号线某标段土压平衡盾构在富水的复合地层因故带压开仓为例，通过采用 FLAC 3D、ANSYS 软件，对需要开仓处的加固地层的渗透性及稳定性进行模拟计算，提出满足常压开仓的最小加固范围。从开仓加固费用、工期及开仓的风险等方面与地面加固后采取常压开仓进行比较，论述了在本工程条件下常压开仓的可行性。

1　工程概况

1.1　水文地质

南昌地铁 2 号线某标段盾构下行线掘进到 210—231 环（管片宽度 1.2m）间，掘进参数异常、掘进困难，计划盾构到 235 环开仓检查刀具、清理泥饼。根据地勘报告探孔 MBZ3 -

xfcy－012（235 环处）显示，盾构埋深 17.6m，稳定水位线为地面以下 4.5m，地质由上到下构成为，〈1—2〉人工填土约 5m、〈2—1〉粉质粘土约 2.75m、〈2—4〉中砂 4.8m、〈2—7〉圆砾 5.06m，图 1 所示为计划开仓处地质纵剖面图。

235 环地质补勘显示，开仓段中风化泥质粉砂岩埋深 19.2m，隧道顶距圆砾层地面 1.5m，中风化泥质粉砂岩抗压强度为 8.7Mpa。地质补勘数据与岩土勘探报告探孔编号 MBZ3－xfcy－012 显示基本相同，图 2 所示为地质补勘及取芯图。

1.2 工程周边环境

开仓段处地面位于学府大道与丰和南大道交叉路口北侧，该段距离周边建（构）筑物较远，隧道上部地面是绿化带，隧道边 1.5m 侵入丰和南大道向南行驶机动（单向 3 车道）车道；查阅区间隧道设计图纸及开挖管线探沟，开仓段无地下管线，开仓施工需要局部封闭 1 个车道对交通无明显影响。图 3 所示为开仓封闭位置图。

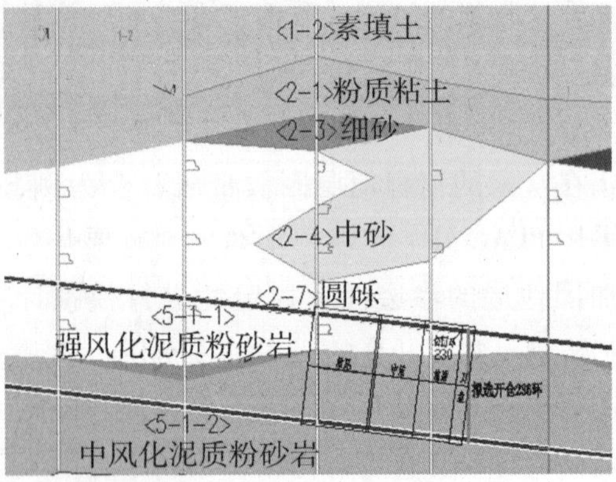

图 1　开仓段地质剖面图

图 2　地质补勘及取芯

图 3　开仓地面封闭位置

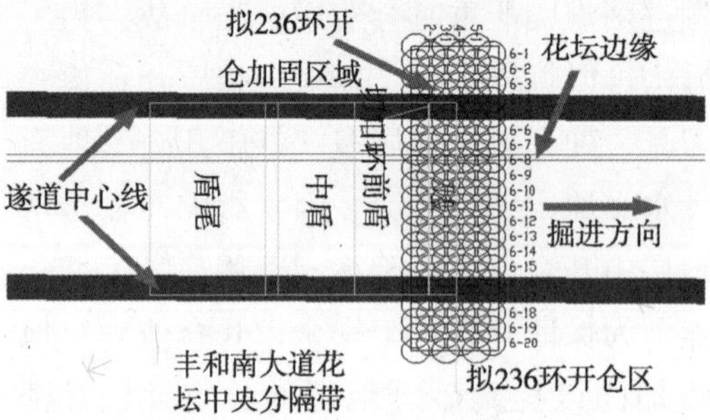

图 4　地面加固示意图

2　带压开仓方案

2.1　原设计地面加固方案

由图 1、图 3 所示可知，盾构预定停机位置上部圆砾、下部中风化泥质粉砂岩复合型地层，地下水位较高，综合考虑水文地质及周边环境，确定了带压开仓检查刀具、处理泥饼的方案。开仓地点采用 φ800 三重管高压旋喷桩，桩间咬合 300mm。图 4 所示为地面加固平面示意图，距刀盘 2m 位置向前旋喷加固长度为 3m，宽度为隧道中线两侧各 5m；高度为隧道顶部 5m，底部入岩 1m，实桩长度为 7.5m，共计 123 根旋喷桩。加固完成后根据相关技术要求进行加固效果检验，图 5 所示为加固完成后 14 天取芯效果图。加固区成桩效果良好，经试验达到设计要求，取芯部位用水泥砂浆回灌，保证其密封效果。取芯检验完成后将盾构向前推进至加固区内，切口环进加固区 0.7m。

图 5　加固取芯图片

2.2　洞内加固止水措施

2.2.1　刀盘后部止水措施

为有效控制开仓期间盾体后部地下水涌入土仓，在地面加固完成后，继续掘进到刀盘进入预定加固区（切口进加固区 0.7m），进行洞内二次注浆止水。

（1）向盾尾刷内注入足量的优质油脂，进一步提高盾尾的止水效果及防止二次注浆糊住盾尾刷，保证盾尾刷在后续掘进中的可靠性。

（2）通过中盾壳体预留 DN50 孔，向盾体四周注入密度 1.05—1.10g/cm^3 的膨润土泥浆，防止二次注浆浆液流到盾体处裹住盾体。

（3）在脱出盾尾的第 3 环管片起，通过管片上半周的吊装孔进行二次注入水泥水玻璃双液浆，注浆压力比同步注浆压力高 0.5—1.0bar，双液浆配比参考，水玻璃：水 = 1：2（体积比），水泥：水 = 0.8：1（质量比），水泥浆：水玻璃 = 1：1（体积比）连续注浆 4—6 环。注浆完成后打通脱出盾尾的第 1 环管片注浆孔，无明显水流出为标准。

2.2.2　掌子面泥膜止水措施

（1）土压力计算

根据静止土压力为计算依据，采用水土分算的方式，取土的静止侧压力系数 K0 为 0.42[4] 开仓期间地面封闭，不考虑地面附加荷载，静止土压力计算公式如下：

$$P \pm = K_0[\gamma_{砂}(h-h_{水}) - (\gamma_{砂}-\gamma_{木})] + \gamma_{水} h_{水}$$

公式中：$P \pm$ 为隧道顶部土压力，$\gamma_{木}$ 为水的重度，h 为隧道埋深，$h_{水}$ 为地下水位与隧道顶部的距离，查阅地勘探孔 MBZ3 - xfcy - 012，稳定水位线为地面以下 4.5m，〈1—2〉人工填土约 5m、〈2—1〉粉质粘土约 2.75m、〈2—4〉中砂 4.8m、〈2—7〉圆砾 5.06m，各地层土体密度（KN/m3）分别为 <1—2> 素填土 18.7、<2—1> 粉质黏土 18.7、<2—4> 中砂 18.0、<2—7> 圆砾 20.0。将以上参数代入公式中计算，结合类似地层经验且考虑地层已加固满足要求，考虑刀盘开口率较小，取开仓保压气压1.6bar。

（2）掌子面泥膜的建立

为保证带压开仓时土仓的密封效果，需在掌子面及刀盘周边建立泥膜，泥膜采用钠一级基膨润土配置要求漏斗粘度要达到80—120s。

启动螺旋机出土将土仓内渣土降至盾构中心轴线位置后向土仓内注满膨润土浆液并保压，土仓内2#压力传感器压力保压为2.3—2.5bar，当压力值降至1.5bar时，继续压注膨润土浆液。直至土仓压力从2.5bar降至1.5bar的时间超过10小时，否则继续压注膨润土浆液操作，压注膨润土浆液的同时缓慢转动刀盘，使得土仓内膨润土浆液充分渗入至周边土层；同时松开盾构千斤顶油缸6—10cm，保持土仓内2#压力传感器压力值维持在2.0bar，使得盾构机在前方压力的作用下向后回退3—5cm，铰接长度宜伸长到70—100mm。

土仓注膨润土保压直到掌子面泥膜漏气满足开仓要求后，将千斤顶顶上管片；在正式开仓换刀前，土仓内压力值应始终保持在2.0—2.5bar。

通过测试土仓的气密性进行检测、判定泥膜的质量，在往土仓注入膨润土溶液之后，根据仓内空气压力流失量指标进行衡量，若1小时内仓内空气压力降小于0.2bar，则判定泥膜气密性合格，泥膜效果良好。

（3）地面监测措施

地面加固完成后，平整施工场地，在刀盘位置前后布置监测点，如图6所示，开仓前2天取得地面监测点的初始值，每天监测2次，确认监测点的初始数据的准确性。开仓期间地面监测6次/日，若出现沉降速率变化异常，应加大监测密度，同时做好加强掌子面的观测，必要时关闭仓门停止开仓，采取有效处理措施控制地面沉降后方可继续开仓。

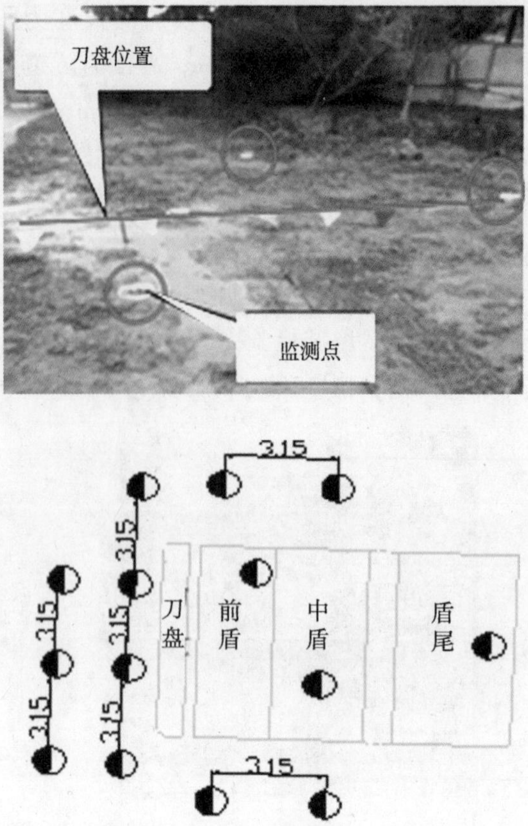

图6　地面监测点

3　地面加固范围的模拟计算

在此次开仓所处地面环境条件下，若采用旋喷加固止水+辅助降水的方法能够满足常压开仓的安全要求，采用FLAC 3D、ANSYS软件，针对实际水文地质条件，在一定范围的地层加固后进行带压、常压开仓沉降量进行模拟计算，分析带压、常压开仓的地面沉降值，确定最佳加固范围及开仓方法。

3.1　带压开仓沉降模拟计算

依据原带压开仓加固方案的旋喷加固范围及停机开仓时盾构切口位置，绘制加固纵剖示意图，如图7所示。在隧道开挖的影响范围，参考既有计算经验[5]，取左右边界为隧道外径的4倍，底部边界为隧道外径的3倍（模拟中取隧道外径为6m），开仓处盾构埋深为17.6m。所以，该模型为宽$4\times6+4\times6+6=54$m，高为$17.6+6+3\times6=41.6$m，纵向长度取42m（方便计算），利用ANSYS建模后导入到FLAC 3D中，其模型如图8所示。

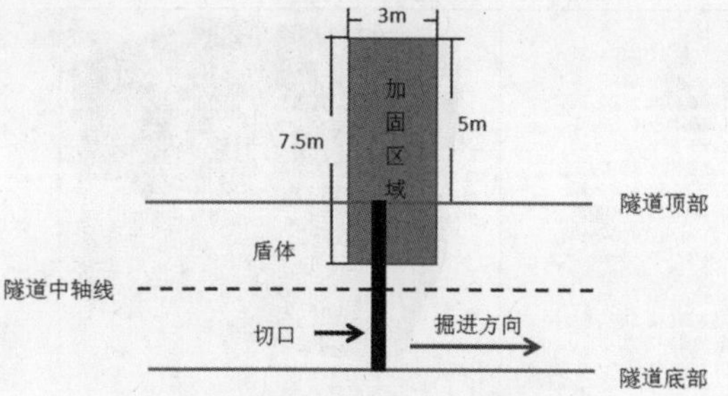

图7　模拟加固区域示意图

图8　模型

带压开仓方案中，加固区域长度3m，隧道轴线左右各为5m（宽度10m），加固深度高出盾体上部5m（保持不变），开仓压力1.6bar时，土体的位移云图如图9a所示；当减小加固长度为2.5m，宽度保持不变，其位移云图如图9b所示；当减小加固长度为2m时，宽度保持不变，其位移云图如图9c所示。

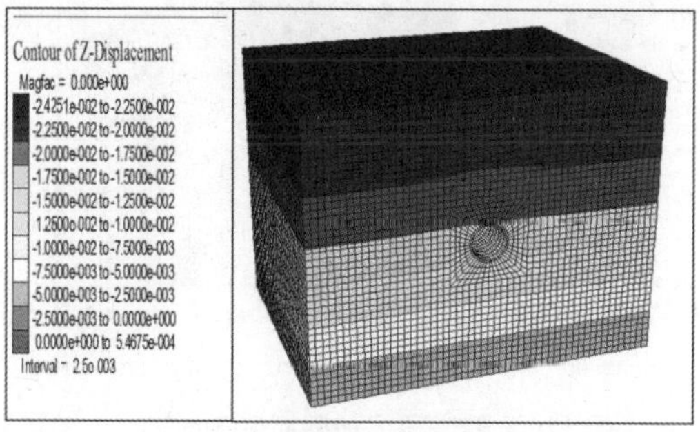

图9a　加固长度3m位移云图

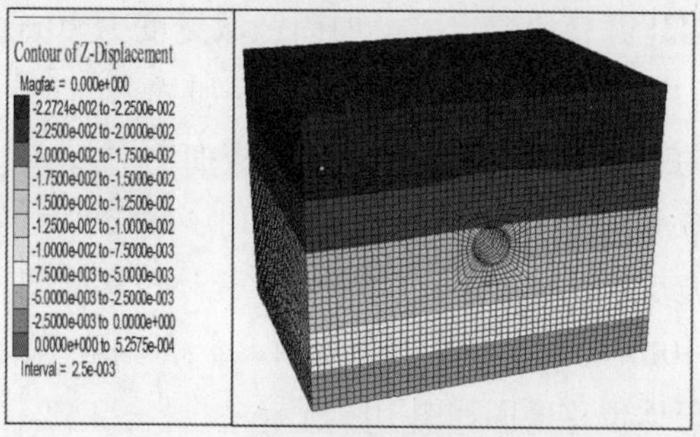

图9b　加固长度2.5m位移云图

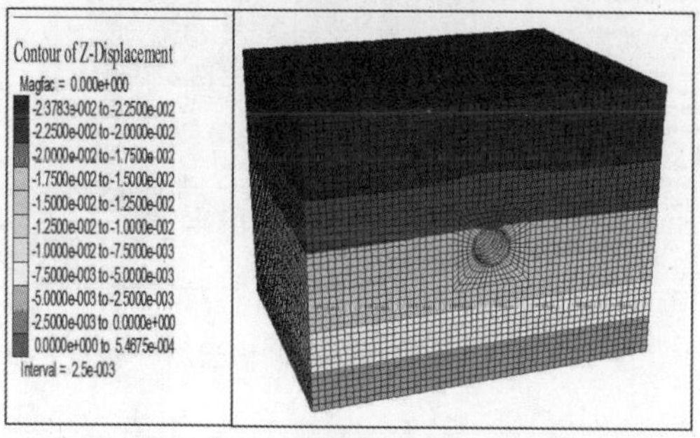

图9c　加固长度2m位移云图

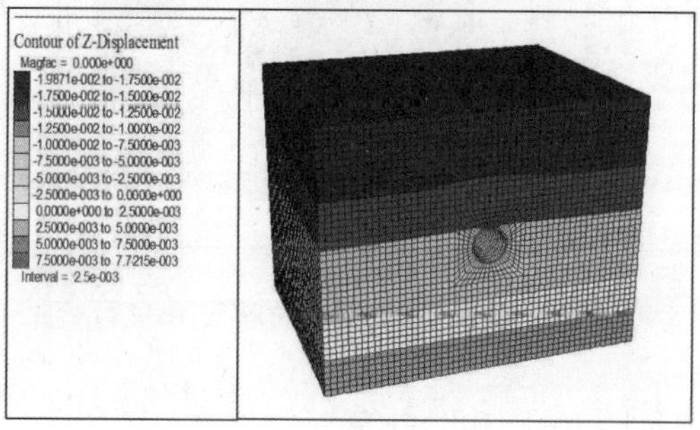

图10a　加固宽度为9m位移云图

通过图9a、9b、9c三幅土体竖向位移云图可以看出，在一定范围内减小加固长度，土体最大沉降位移减小；超出该范围沉降量又会增大。当加固长度为3m时，土体最大沉降位移为24.251mm；减小加固长度至2.5m，土体最大沉降位移减小至22.724mm；当加固长度减小至2m时，最大沉降位移增至23.783mm。综合上述结果，我们可以得出当加固宽度保持不变的前提下，加固长度最佳取值范围2—2.5m。

带压开仓的情况下，加固区域宽度为10m（隧道中轴线两侧各5m），假定加固长度取2m，在此基础上减小加固宽度，加固宽度由10m减小到9m，土体位移云图如图10a所示；加固宽度再由9m减小至8m时，土体位移云图如图10b所示；加固宽度再由8m减小至7m时，土体位移云图如图10c所示。

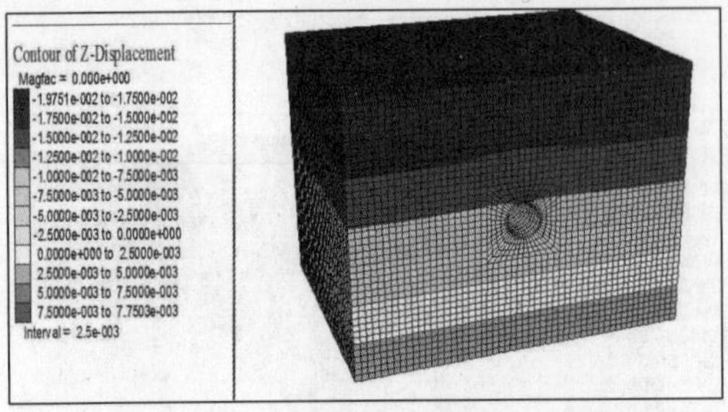

图10b　加固宽度为8m位移云图

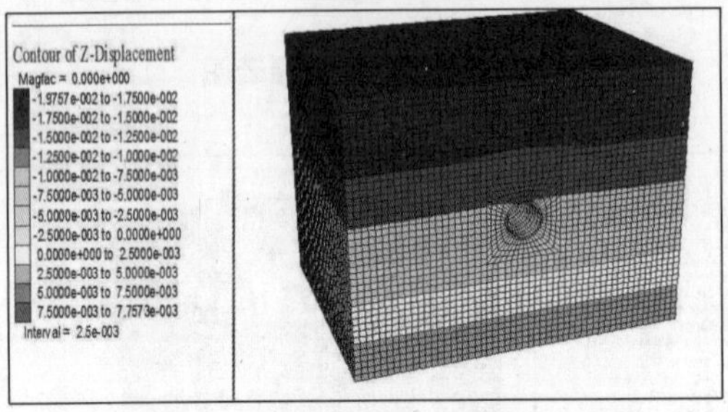

图10c　加固宽度为7m位移云图

通过图10a、10b、10c三幅位移云图所示，当固定加固长度为2m时，减小加固区域的宽度，土体最大沉降位移值发生改变：当加固宽度为9m时，土体最大沉降位移为19.871mm；当加固宽度降至8m时，土体最大沉降位移减小至19.751mm；当继续减小加固宽度，土体沉降量没有减小趋势。综合上述数据，我们可以得出：综合考虑施工以及经济方面因素，固定加固长度为2m时，加固区域的宽度可取7—8m（中性线两侧各3.5—4m）。

根据以上所得数据，加固区域长度取值2m，加固宽度取7m时，改变距离隧道顶部加固区域的高度，原始加固高度为5m，依次减小该数值，进行带压开仓模拟，其位移云图如图11a、11b、11c、11d所示。

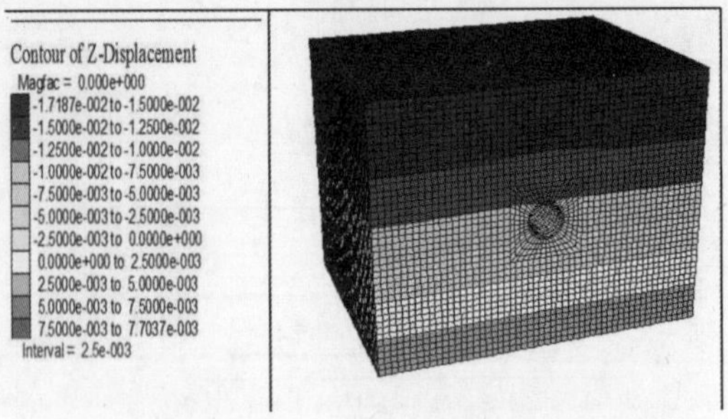

图11a　隧道顶部加固高度4.5m

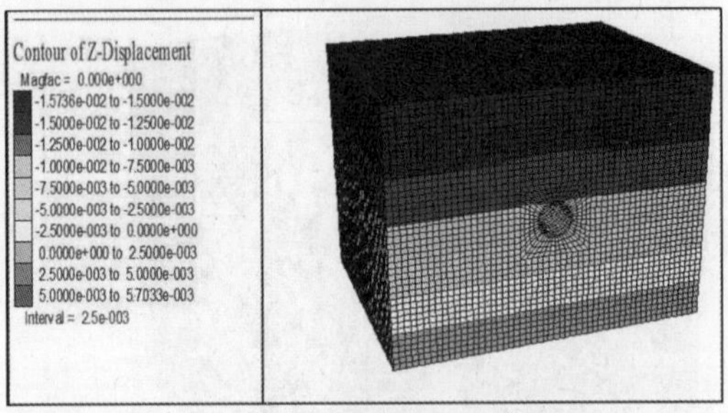

图11b　隧道顶部加固高度4m

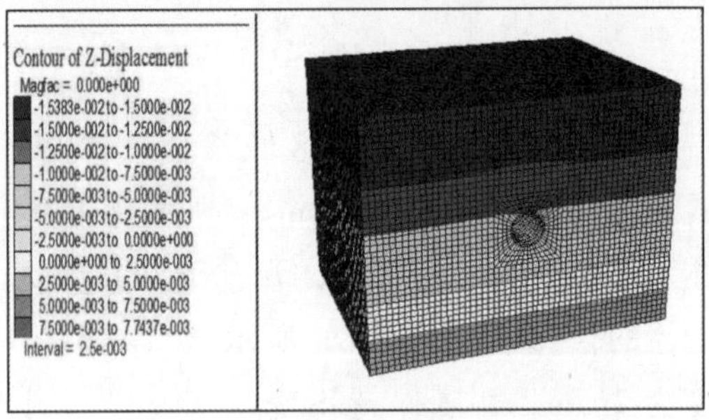

图11c　隧道顶部加固高度3.5m

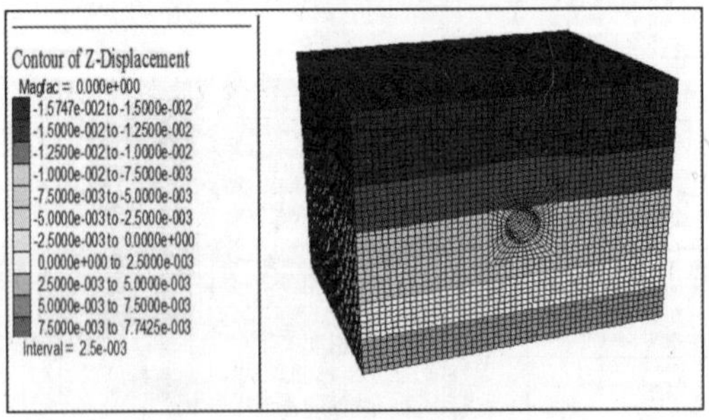

图11d　隧道顶部加固高度3m

通过图11a、11b、11c、11d四幅位移云图所显示数据，固定加固区域长度 2m，加固宽度为 7m，隧道顶部加固高度由 5m 降至 4.5m 时，土体最大沉降位移由图 10c 所显示的 19.757mm 降至图 11a 所示 17.187mm；当加固高度取 4m 时，如图 11b 所示土体最大沉降位移降至 15.736mm；加固高度取 3.5m 时，如图 11c 所示最大沉降位移为 15.383mm；当加固高度取 3m 时，如图 11d 所示土体最大沉降位移有所增大至 15.747mm。综上，距离隧道顶部加固高度合理取值定为 3—3.5m。

综上模拟计算可知，在此次带压开仓的水文地质条件下，合理的加固范围为长 2—2.5m、宽 7—8m、高（隧道顶部）3—3.5m；由图 7 可知，考虑加固入岩 1m，合理加固区域为长（2—2.5m）×宽（7—8m）×高（5.5—6m）；加固区体积由原 225m^3 减小到 77—120m^3，通过模拟计算后可降低开仓加固费用 50% 左右。

3.2 常压开仓沉降模拟计算

常压下，当加固长度 3m，加固宽度 10m，加固区域高出盾体上部 5m（保持不变）其位移云图如图 12a 所示；当减小加固长度为 2.5m 时，加固宽度保持不变，其位移云图如图 12b 所示；当减小加固长度为 2m 时，加固宽度保持不变，其位移云图如图 12c 所示。

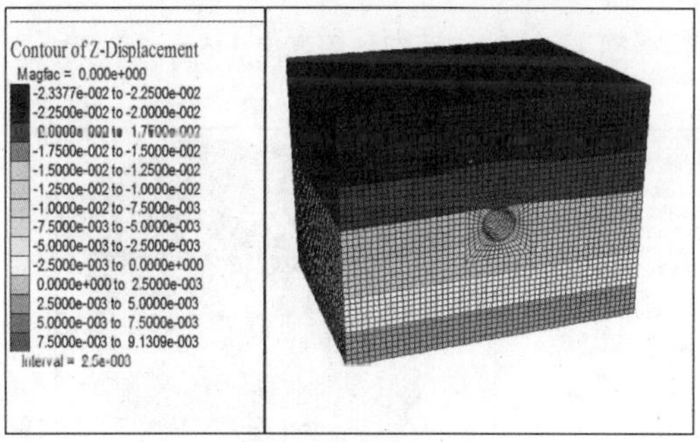

图 12a　加固长度 3m 位移云图

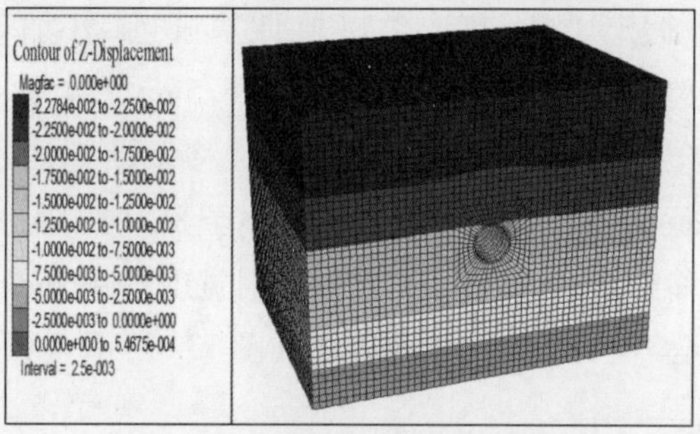

图 12b　加固长度 2.5m 位移云图

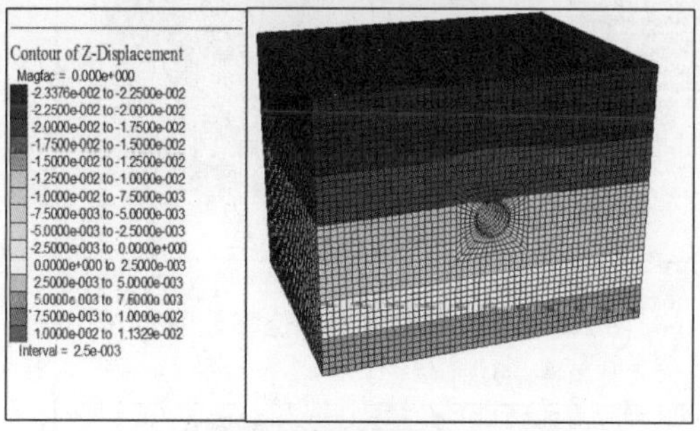

图 12c　加固长度 2m 位移云图

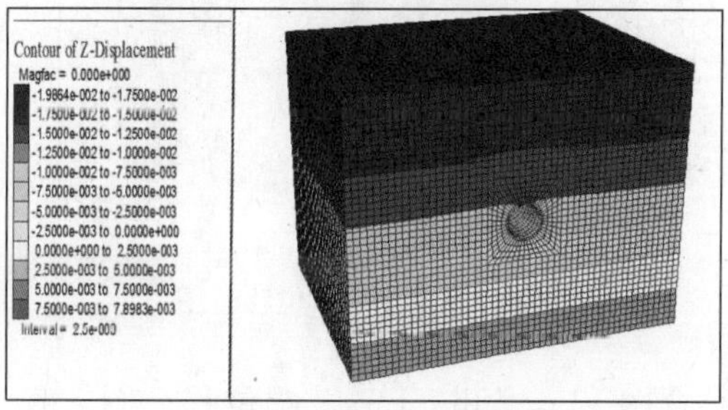

图 13a　加固宽度为 9m 位移云图

结合上述三幅位移云图，当加固区域长度发生改变时，土体竖向沉降位移发生改变。当长度由 3m 减小至 2.5m 时，土体最大沉降位移由 23.377mm 降至 22.784mm；继续减小加固长度至 2m 时，最大沉降位移数值有所回弹，上升至 23.376mm。所以，我们可以得出当加固长度减小至一定范围，土体沉降位移减小；当超过这一数值时，位移又会有所增大。虽然土体位移均控制在 30mm 之内，综合考虑经济方面，建议加固长度取值 2—2.5m。

加固区域宽度为 10m（隧道中轴线两侧各

5m），假定加固长度取 2m，在此基础上减小加固宽度为 9m（每侧由 5m 减小至 4.5m），在常压开仓情况下进行模拟，土体位移云图如图 13a 所示；加固宽度再由 9m 减小至 8m 时，土体位移云图如图 13b 所示；加固宽度再由 8m 减小至 7m 时，土体位移云图如图 13c 所示。

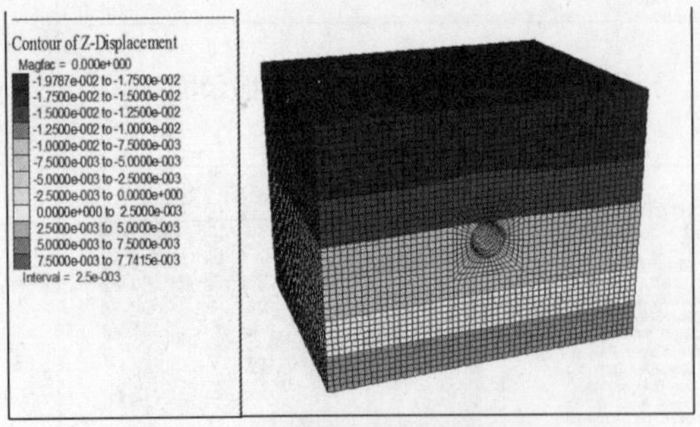

图 13b　加固宽度为 8m 位移云图

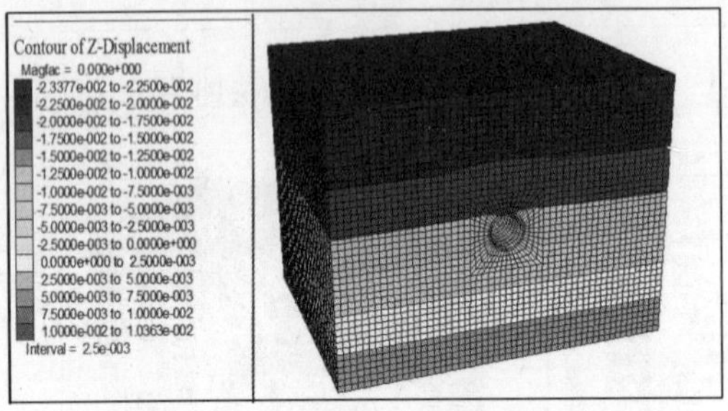

图 13c　加固宽度为 7m 位移云图

结合图 13a、13b、13c 三幅位移云图，我们可以看出，在一定范围内减小加固区域的宽度，也可以降低土体的沉降位移数值，但是超出这一范围，土体位移又将增大。当加固宽度由 10m 减小到 9m 时，如图 13a 所示，土体的最大沉降位移由 23.376mm 降低至 19.864mm；再减小宽度至 8m 时，如图 13b 所示，土体沉降位移降至 19.787mm；当加固宽度减小为 7m 时，如图 13c 所示，土体最大竖向位移增加至 23.377mm。综合考虑经济及安全因素，加固宽度可以取 7—8m（中轴线两侧各 3.5—4m）。

加固区域前后长度取值 2m，加固宽度取 7m 时，改变距离隧道顶部加固区域的高度，原始加固高度为 5m，依次减小该数值，进行常压下开仓模拟，其位移云图如图 14a、14b、14c、14d 所示。

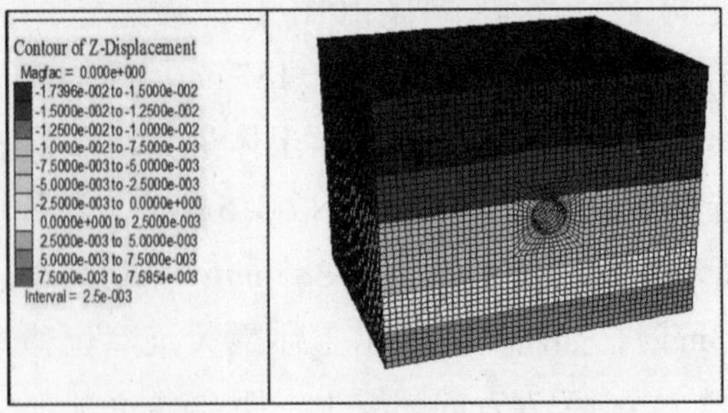

图 14a　隧道顶部加固高度 4.5m

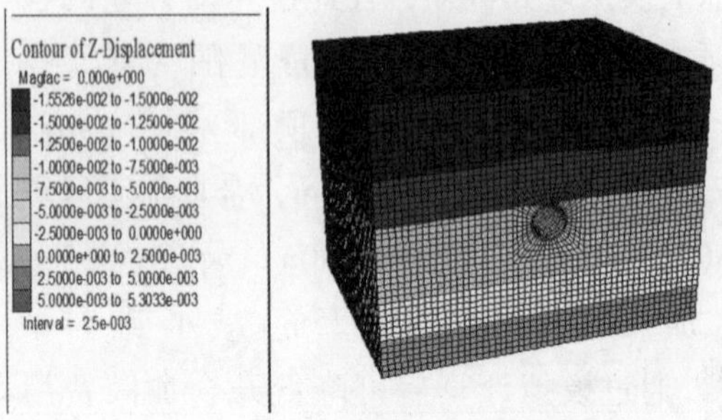

图 14b　隧道顶部加固高度 4m

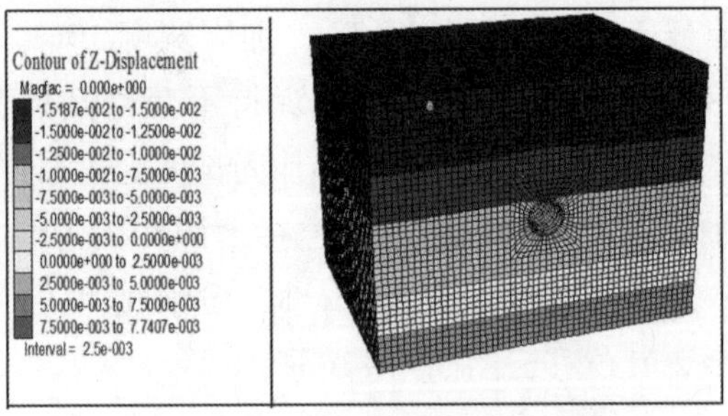

图 14c　隧道顶部加固高度 3.5m

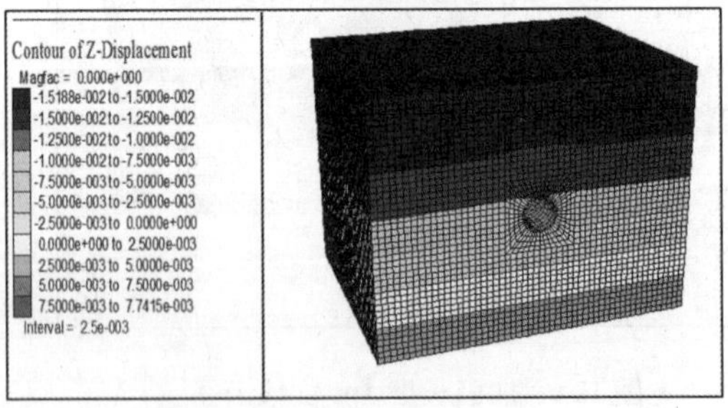

图 14d　隧道顶部加固高度 3m

减小隧道顶部加固高度至 4.5m，土体最大沉降位移由图12c中显示的23.377mm降至图14a所示的17.396mm；当隧道顶部加固高度降至4m时，如图14b所示，土体最大沉降位移降至15.526mm；当加固高度为3.5m时，土体最大沉降位移如图14c所示降至15.187mm；当加固高度降至3m时，如图14d所示，土体最大沉降位移为15.188mm。说明如果继续减小距离隧道顶部的加固高度，不能继续减小土体的最大沉降位移，所以最为合理的加固高度取值3—3.5m。

综上模拟计算可知，此次开仓若采取常压开仓，合理的加固区域为合理加固区域为长（2—2.5m）×宽（7—8m）×高（5.5—6m）；带压开仓与常压开仓作业，地面沉降值相近，常压开仓满足地面沉降控制要求。在实际施工中，根据地面环境情况，根据需要在加固区外部布设降水井，会减小地下水对加固区的影响，利于提高常压开仓的安全性。

4 开仓施工方案比较及实施

4.1 开仓方案优缺点比较

常压、带压开仓方案的主要优缺点比较，见表1；常压、带压开仓经济性比较，见表2。

表1 常压、带压开仓方案的主要优缺点比较

项目	常压开仓	带压开仓
进仓条件	盾构所处地层本身有自稳能力，不需要在土仓蓄压以提供额外支撑压力，这种情况下可在无压下直接进入刀盘作业。	盾构在软岩、含水丰富地段掘进时，地层自稳能力差，需采取辅助措施保证地层的稳定及保证地层稳定的支撑力，需提供土仓内气压力与掌子面水土压相当的支撑力，此时需采用带压模式下进行土仓内作业。

续表

项目	常压开仓	带压开仓
对作业人员的要求	1. 应熟悉进仓作业程序并能严格遵守所有作业及安全规定； 2. 所有空气仓前部和内部的警示和信息标志都必须遵守，不能损坏仓内设施； 3. 进仓人员必须经过相关安全技术培训后方可进仓作业，必须严格执行相关规程及熟悉舱内施工流程。	1. 应熟悉进仓作业程序并严格遵守所有作业程序及安全规定； 2. 人仓的操作由受过专业训练的人仓管理员执行，所有空气仓前部和内部的警示和信息标志都必须遵守； 3. 进仓人员必须经过相关培训合格及体检合格后方可进仓； 4. 所有部件（显示仪、条形记录器、热系统、钟、温度计、密封和阀）应由相应资质的单位鉴定合格； 5. 犯有感冒或流感的人不能进入空气仓，因为可能有耳膜破裂的危险。
进仓前准备工作	1. 作业前检查人仓内设备的完好性，做好仓内设备的防护措施； 2. 开仓期间向仓内运送工具（刀具）在常压下进行，安全方便； 3. 开仓前准备工作相对简单，费用较低。	1. 作业前检查人仓内设备的完好性。必须保证人舱内所有设备处于完好状态，并把进仓作业所需工具、刀具等准备好； 2. 开仓期间需要中途运送工具（刀具）需通过人仓的付仓遵循人仓相关增减压程序； 3. 开仓前期准备工作多，耗时长、费用高。
开仓期间	1. 进仓人员安排灵活机动，便于技术人员仓内指导施工； 2. 每班工作时间较长，可灵活调整； 3. 仓内动火施工易于实施。	1. 一般进仓人员不超过三人，仓内有异常情况不便与技术人员直接沟通； 2. 根据人仓气压值每班工作时间较短，且进仓增压、减压耗时较长； 3. 仓内动火施工难度大
风险控制	1. 受地质条件限制地面沉降控制难度稍大； 2. 施工风险较小。	1. 地面沉降较易控制； 2. 施工风险较大。

续表

项目	常压开仓	带压开仓
对地面环境影响	在全断面稳定地层常压开仓，对地面影响小，当需要采用地面辅助措施时，加固方案及加固范围受地面环境影响。	需要辅助加固措施但地面不具备条件时可洞内超前加固，但施工难度大。
适应性	1. 地层稳定性较好或地面空间环境满足加固条件； 2. 开仓处理刀盘事故或更换刀盘、修复主驱动密封等需长时间开仓。	1. 地层不稳定，地面环境不具备加固条件，在某些情况下需洞内加固地层； 2. 开仓时间不宜太长，不宜进行大的修复工作。

表2　常压、带压开仓经济性比较

项目	常压开仓	带压开仓
工期影响	开仓时间较短，对施工工期影响较小	开仓时间较长，对施工工期影响较大
辅助加固费用	地层稳定达不到开仓要求时，需地面辅助加固，洞内对脱出盾尾的管片做止水加固，费用较低。	地层稳定达不到开仓要求时，需地面辅助加固，加固土体应有较好的气密性。洞内对脱出盾尾的管片做止水加固；开挖掌子面需做泥膜处理，泥膜的厚度及建泥膜时间与受地层影响，开仓期间根据土仓气密性对泥膜进行修补，费用高。
人工费用	对人员素质要求较低，单位时间人员进仓补助费用低。每次开仓检查更换刀具持续时间24—48h，进仓人员每班3—4人，每人补助200元/12h。	进仓人员需专业培训合格，单位时间人员进仓补助费用高。每次开仓检查更换刀具持续时间72—192h，进仓人员每班3人，每人补助600—1000元/4h。
辅助人员	辅助人员少，无补助。	必需专职操仓值班医生，每人补助高于1000元/12h，辅助人员多需部分补助费用。
辅助设备	辅助设备少，费用低。	必需备用电源及不低于盾构配置流量的外置空压机（由备用电源提供动力）。

4.2　开仓实例

南昌地铁2号线某标段土压平衡盾构在学府大道与丰和南大道交叉路口处开仓采用了带压开仓检查更换刀具、清理泥饼，开仓人工费用超过20万元，开仓时间达190h；地面旋喷加固费用30万元左右，耗时超过30天；洞内脱出盾尾的管片注双液浆止水加固及掌子面建泥膜费用约3万元，耗时3天多；本次开仓从停机加固到恢复掘进耗时超过50天。盾构队直接参与配合人员10多人，超过40人处于窝工状态。

此次开仓若采用常压开仓，预先选定开仓位置提前预加固，根据模拟计算加固范围在盾构未到达掘进位置前完成加固，常压加固对洞内管片加固止水要求低于带压开仓，根据此次更换刀具及处理泥饼的工作量可在3天内完成开仓工作。

5　结论与思考

在南昌地区富水复合地层土压平衡盾构掘进期间，根据掘进情况需要进行开仓检查刀具时，根据预开仓位置的水文地质情况进行模拟计算，确定合理有效的预加固范围，规避靠经验进行较大范围加固带来的费用、工期浪费及人员的窝工费损失。本例通过模拟计算，在满足开仓安全的前提下，可减小加固体积50%左右，合理有效地加固体积，减小过量的水泥旋喷加固对地面环境的影响及地下水的污染，也是绿色施工的需要。

在富水复合地层进行地面旋喷加固后带压开仓虽然技术可行，能满足施工安全的需要，但其费用较高，对环境影响较大。通过有理论依据的合理的辅助加固，并辅以降水措施，可满足开仓安全的需要，有利于降低开仓施工费用，更有利于降低额外的工期损失。开仓方案的确定应综合考虑，选取最优方案，更应该根据掘进参数及当前的水文地质情况确定开仓的必要性及预开仓位置，在可能的情况下规避富水复合地层的带压开仓风险，以满足常压开仓的地质条件下进行常压开仓为首选。

土压平衡盾构在富水复合地层中掘进，应根据地层最大硬度统筹兼顾刀具布置，应集思广益，多征求专家建议，减少换刀次数，富水复合地层长距离掘进时，应提前筹划刀具检查地点，利于减小（规避）开仓风险及降低施工成本。

参考文献

[1] 董泽龙．富水砂砾石复合地层土压平衡盾构气压开仓施工技术［J］．城市道桥与防洪，2016－3(03)：127－130.

[2] 王江卡．深圳地铁复合地层盾构换刀加固施工技术［J］．工程施工技术，2015，4：139－143.

[3] 杨志勇．无水砂卵石地层土压平衡盾构主动换刀技术研究［J］．现代隧道技术，2016（1）：147－152.

[4] 杨永强．土压平衡盾构土仓压力设定与控制方法探讨［J］．施工技术，2012（08）：22－26.

[5] 温法庆．贾璐，等．地面敏感区域盾构施工控制技术研究［J］．施工技术，2016（19）：99－105.

3

第三部分

应用篇

城轨交通轨道全生命周期综合管理智能平台

丁德云　曹卫东　李凡华　邵　斌
（北京九州一轨隔振技术有限公司）

摘　要： 国内城市轨道交通已进入高速黄金建设期和安全运维期。城市轨道交通急速发展态势致使轨道运维市场前景广阔，但目前轨道建设和运维管理尚未形成全程化、高效化、信息化和智能化，在轨道全生命周期管理方面存在技术空白。基于全生命周期理论，运用大数据分析与智能管理技术，开发具有自主知识产权的"轨道全生命周期综合管理智能平台"，形成轨道设备的研发、设计、制造、施工、运维、回收等全过程的管理及技术解决方案。本文简要介绍了平台特点、架构、功能与应用对象。通过平台的实时在线管理，可以提高轨道建设和运维管理的水平和效果，保障城市轨道交通的安全性、舒适性和经济性，促进资源节约和环保。

关键词： 城市轨道交通；全生命周期；综合管理；智能平台

1　引言

在过去的10年时间，我国城市轨道交通已进入高速黄金建设期。截至2016年末，我国城市轨道交通运营里程达4153千米。按照规划，"十三五"末，运营里程将超过7400千米[1]；到2050年，预计运营里程将超过15000千米；未来不久，轨道交通将逐渐转入安全运维期。随着巨大的经济投入和人们安全环保意识的提高，城市轨道交通的安全性、舒适性、经济性等越来越受到投资方、建设方、设计方、施工方、运营方、科技人工作者和大众乘客等多方的关注。

轨道结构系统作为列车安全运行重要基础，其建设质量和运营维护的好坏关系到轨道交通的运行安全[2]。随着人民对环境振动和噪声控制要求的提高，不同种类的减振轨道被大量使用，增加了投资、设计、建设和运维成本及人员压力，产生了大量轨道病害，导致了行车安全的隐患出现，降低了轨道结构系统的寿命[3,4]。

为提高对轨道的管理水平，世界各国铁路均在积极研发轨道管理信息系统[5-8]，比如日本、加拿大、英国、美国等国相继开发处适合本国铁路的轨道管理信息系统。普遍结合了信息技术、GIS技术及线路计划、检测维护工程的最新技术，能够高效地维护铁路基础设施，优化投资计划和方向，可实现铁路基础设施的计划、设计、执行和维护等方面的辅助决策。从20世纪80年代开始，我国铁路工务部门开发工务管理信息系统，并在大量工程中应用[9-12]。中国铁路物资集团有限公司提出钢轨全寿命周期管理理念，通过引入大数据处理、廓形设计、预打磨、伤损在线管理等技术手段，开发形成钢轨全寿命周期管理信息系统。目前，国内针对城市轨道交通轨道全生命周期管理尚无研究成果。

通过调研，发现目前国内城市轨道交通的轨道在研发、设计、制造、施工、运维、回收等方面缺乏综合性和专业化的管理体系和技术手段，研发轨道全生命周期管理技术和智能化管理平台的呼声越来越高。

2　轨道管理问题

城市轨道交通急速发展态势致使轨道运维市场前景广阔，但目前轨道建设和运维管理尚未形成全程化、高效化、信息化和智能化。主要体现在：

（1）轨道设备种类繁多，在研发、设计、制造、施工、运维等生命周期阶段涉及的主体单位颇多，相应的管理是分散式、零碎化的，管理的延续性、统一性和协调性均差。

（2）轨道生命周期各阶段信息呈现孤岛状态，数据呈现碎片化，且无法及时共享，对数据的积累、统计及逻辑化分析等深度挖掘严重不足。

（3）轨道运营期间病害（例如图1中钢轨异常磨耗、扣件松动、螺栓和弹条断裂等）频发，涉及车辆、线路、轨道、隧道、桥梁、日常维护工艺等多个因素，导致运维工作量和费用骤增，同时管理难度加大。

图1　钢轨波磨

（4）轨道运维人力资源严重短缺，新进员工的培训周期较长，对于资深员工的技术传承不足，不能满足城市轨道交通网络化运营的需求。

（5）轨道计划修模式存在欠修和过修现象，维修成本较高，已不能很好地适应运营需求，状态修模式应积极应用。

（6）轨道运维标准规范亟待编制，自主化知识产权的轨道运维装备及快速修复技术等亟须研发。

（7）轨道全生命周期管理信息化系统欠缺，未形成轨道系统病害的预警、整治和反馈机制，进而未形成对人、材、机等多资源的信息化调配、智能化管理。

3　轨道全生命周期划分

全生命周期管理LCM（Life Cycle Management），涵盖了资产管理和设备管理双重概念，包含了资产和设备管理的全过程。通过全过程管理，以获得生命周期费用最经济、设备综合产能最高的理想目标。

根据轨道设备的特性，将轨道全生命周期划分为设计（研发）、制造（施工）、运维、回收四个主要阶段（见图2）。

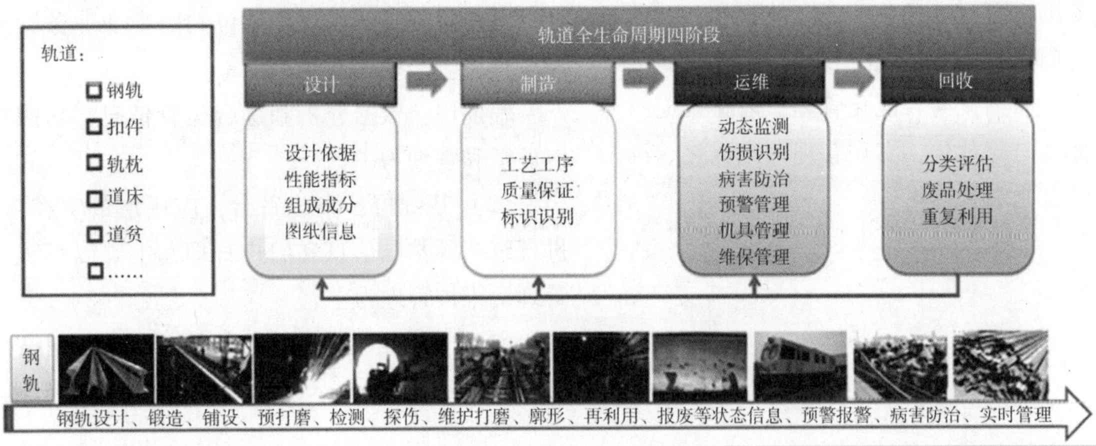

图2　生命周期阶段划分

4　综合管理智能平台

基于全生命周期理论，运用大数据分析与智能管理技术，重点实现轨道设备全生命周期的动态监测、伤损识别和病害防治（钢轨打磨、廓形设计、伤损管理、快速修理等），人、才、机、费的管理等，开发具有自主知识产权的“轨道全生命周期综合管理智能平台”（见图3），形成轨道设备的研发、设计、制造、施工、运维、回收等全过程的管理及技术解决方案。

图3　管理平台

4.1　平台特点

如图4所示，平台融合了互联网云平台应用技术、大数据综合分析技术、全生命周期智能管理技术、预警报警技术、轨道探伤检测技术、钢轨快速打磨与廓形技术、在线实时管理技术、GIS和BIM等技术手段，将研发设计单位、制造商、施工单位、运营商、维保单位、机具设备供应商等市场参与者有效整合，对轨道全生命周期涉及的设备、人员、维修机具、费用等进行信息化与智能化管理，消除轨道管理信息孤岛与碎片化，实现管理的全程化、高效化、信息化和智能化。

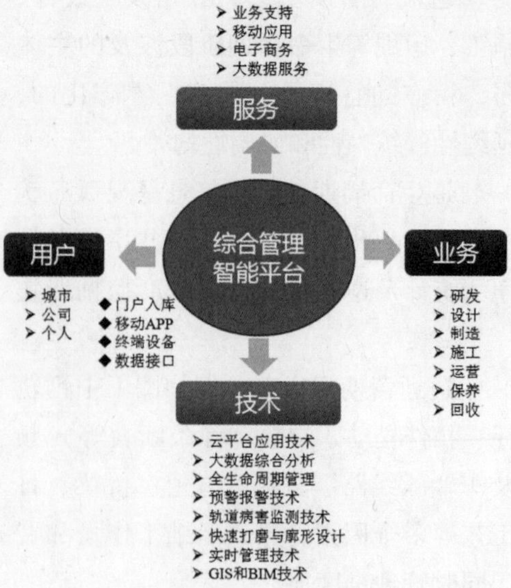

图4　管理平台特点

4.2　平台架构

智能平台开发按照三层架构组织而成，主要包括：应用层、基础层和主机网络层（见图5）。

（1）应用层，分为专业层、综合管理层和辅助决策层。

专业层：轨道状态监测、病害防治和移动巡检等。

综合管理层：实现跨单位和跨专业业务管理的模块。

辅助层：数据分析和综合运营信息，功能以展示和查询为主。

（2）基础层：集成平台，应用层的支撑，进行统一的基础信息和门户管理，主要以系统管理员维护管理为主。

（3）主机网络层：涉及软件、硬件、网络等方面的部署。

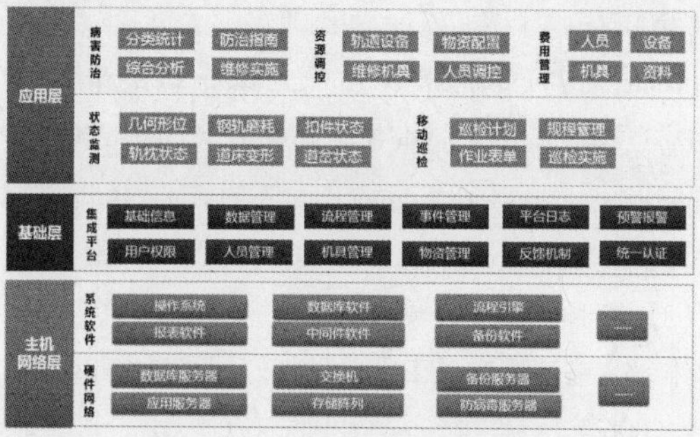

图5　平台架构

架构中的大数据流程包括大数据采集与输入、大数据分析处理与智能管理和数据输出。数据包括三个层次：原始基础数据，综合分析与精加工数据，辅助管理决策的数据（见图6）。

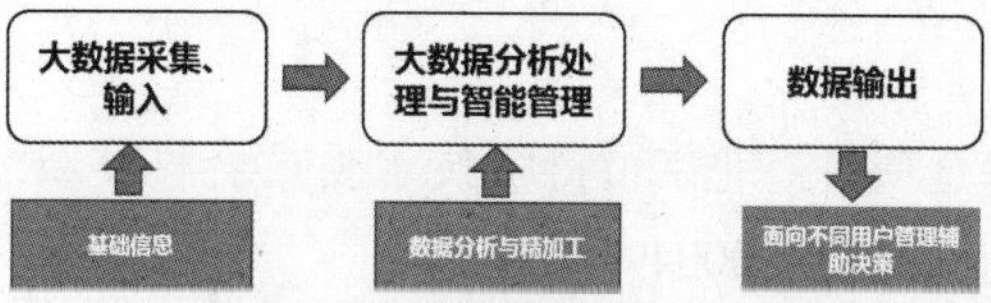

图6　大数据流程

4.3　平台功能

通过平台的管理，可实现轨道安全状态实时掌控和轨道病害预警报警及时、提高辅助决策管理效率、节约轨道建设与运营成本。本平台具有以下几个方面管理功能：

（1）轨道状态信息管理；

（2）工务养护维修管理；

（3）病害预警及防治；

（4）人员信息管理；

（5）机具信息及维护管理；

（6）费用信息管理；

（7）培训及相关服务。

通过以上几个方面的管理，可突破目前轨道管理存在的问题，实现轨道管理的标准化、全程化、高效化、信息化和智能化，延长轨道的寿命。

采用轨道全生命周期综合管理智能平台，可延长钢轨寿命。初步估算，钢轨的寿命可延长5年以上。以2015年末已有运营里程计算，原本15年大修换轨可延缓5年计算，粗略估计，北京可节约42067万元，全国可节约241200万元。（见表1）

表1　钢轨延长寿命费用节省预估

地区	里程（千米）	换轨费用（万元/千米）	换轨总费用（万元）	延长寿命（年）	节省资金（万元）
北京	631	100	126200	5	42067
全国	3618		723600	5	24120

注：1. 城市轨道交通一般15年更换钢轨；2. 磨耗严重的钢轨在使用仅5年后就需要大规模更换，在此不计。

4.4　应用对象

平台面向不同单位、人员和城市，提供满足其需求的“私人化”模块定制服务，可满足研发单位、设计单位、制造厂家、运维单位、维保单位和其他相关的需求，可满足高层管理者、普通管理者和技术研发人员的需求，同时可满足大中小城市轨道交通轨道管理需求。

5　结论与展望

轨道全生命周期综合管理智能平台，面向不同权限用户，面向不同线路，对轨道设备系统进行全生命周期实时在线管理，可消除轨道管理信息的碎片化，提高轨道运维管理的水平和效果，延长轨道寿命，保障城市轨道交通的安全性、舒适性和经济性，促进资源节约和环保。

轨道全生命周期综合管理智能平台具有可靠性、可用性、可维护性、安全性和互操作性。期望在我国城市轨道交通快速网络化建设和运营中得到用武之地，为轨道安全全面护航。

参考文献

[1] 中国城市轨道交通协会 .2016 年我国城轨交通线路概况 [R]. 北京：中国城市轨道交通协会信息，2016 - 12 - 31 (3) (总第 14 期).

[2] Esveld C. Modern Railway Track (Second Edition) [M]. The Netherlands：MRT - Productions，2001.

[3] 郭建平，刘维宁，雷黔湘，等. 北京地铁 4 号线钢轨异常波磨调查及整治措施 [J]. 都市快轨交通，2011，24 (3)：10 - 13.

[4] Zhang H G，Liu W N，Liu W F，et al. Study on the cause and treatment of rail corrugation for Beijing metro [J]. Wear，2014，317 (1 - 2)：120 - 128.

[5] 高亮. 轨道工程 [M]. 北京：中国铁道出版社，2010.

[6] Ben - Daya M，Kumar U and Prabhakar Murthy D N. *Introduction to Maintenance Engineering：Modelling Optimization and Management* [M]. Hoboken：John Wiley & Sons，Inc. 2016.

[7] Prasad Patra A. *RAMS and LCC inRail Track Maintenance* [D]. Sweden：Lule? University of Technology，2007.

[8] Schoech W. *Development of rail grinding strategies in Europe* [C] //Rail achieving growth：CORE 2006：conference on railway engineering. Adelaide：Railway Technical Society of Australia，2006：95 - 100.

[9] 梁晨. 基于状态修的城市轨道交通线路与轨道养护维修模式研究 [D]. 北京：北京交通大学，2006.

[10] 华文静，李旭宏，朱彦东，等. 我国城市地铁设备维修保养模式探讨 [J]. 都市快轨交通，2004，17 (6)：60 - 63.

[11] 吴启东，陈依新. 基于在线监测的轨道交通网络运营设备维护管理研究 [J]. 地下工程与隧道，2012 (3)：45 - 49.

[12] 高玲然. 城市轨道交通运营成本结构分析与控制研究 [D]. 重庆：重庆交通大学，2015.

基金项目：北京市科学技术委员会科技新星计划（Z161100004916054）

地铁车辆客室服务设施优化

张振涛　李存东　付光涛

（天津市地下铁道运营有限公司）

摘　要：地铁作为现代城市文明的一个重要标志，正越来越多地影响着人们的日常出行。天津地铁1号线在多年的运营过程中，电客车客室服务设施的逐步老化已经影响了乘客乘坐地铁的舒适性。通过优化改造地铁电客车客室内乘客服务设施，提升了电客车乘坐舒适性，从而有效提高了天津地铁客运服务质量。

关键词：城市轨道交通；电客车；设施优化

1　项目概况及目的

1.1　项目概况

随着我国城市轨道交通的迅速发展，地铁电客车乘坐的舒适节能与时效性成为人们关注的话题。本项目主要从三个方面来研究，并结合多年来天津地铁运营经验，通过优化地铁电客车乘客服务设施，提升城市轨道交通电客车服务水平。

1.1.1　天津地铁1号线电客车客室通风设施优化

通过对既有电客车客室通风设施的优化，解决既有电客车客室通风量过小和“硬风”的问题。

1.1.2　天津地铁1号线电客车客室照明设施优化

通过优化既有电客车客室照明设施，解决既有电客车客室照明设施因使用年限较长而引起照明效果下降的问题。同时，为提高电客车客室服务质量，结合风道优化，从节能和降低运营成本等方面考虑，对天津地铁1号线客室灯具进行提升优化改进，使优化改进后的客室照明设施和客室出风口结合紧密，客室内照明无暗区、阴影、眩光，光线柔和。

1.1.3　天津地铁1号线电客车客室扶手设施优化

通过优化既有电客车客室扶手，解决大客流时客室乘客分布不均匀的问题，并为后续车辆的部件选型提供实践参考依据。

1.2　项目实施目的

1.2.1　降低电客车乘客服务设施对客运服务的影响。

1.2.2　结合1号线电客车大修项目，开展本项目的实施，可以有效利用现有资源，降低本项目实施的难度。

1.2.3　通过本项目的实施，在节能降耗的同时，显著提高既有电客车客运服务质量。

2　项目实施方案

2.1　天津地铁1号线电客车客室通风设施优化

客室通风设施主要由客室风道和通风格栅两部分组成。（如图1）风道多由精制铝制造，外部包装保温材料，具有重量轻、结构牢固、强度高等特点。在风道系统中，预留方便清洁的通道口。风道系统采用均匀静压送风风道，以保证出风口送风的均匀性。空调机组送出的风进入车内主风道，并沿主风道在推进过程中进入静压箱，进行静压平衡调节，使沿车长方向的空气在静压箱中静压相等，并形成一定的静压值，空气通过静压箱上的开口将静压转换成一定的动压喷射出去。

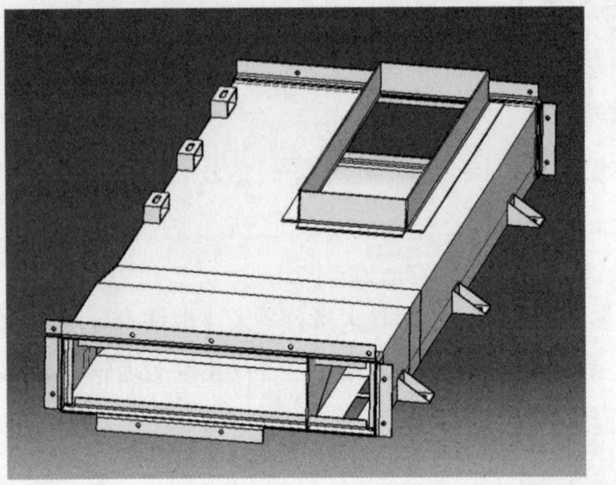

图1　客室风道结构图

天津地铁1号线经过多年运营之后，随着乘客越来越多，既存在车辆通风量不足，又有送风格栅吹“硬风”的问题，需改进送风格栅的结构。

2.2　天津地铁1号线电客车客室照明设施优化

地铁电客车客室照明设施主要由正常客室照明和应急客室照明组成。（如图2）客室照明由两条灯带组成，灯带采用铝型材结构，照明灯一般采用单相AC220V、50Hz的荧光灯管，平行纵向布置于车辆顶部两侧。客室内在每一个门区（相对的两个侧门为一个门区）设一个故障照明装置，其电源为DC110V，应急

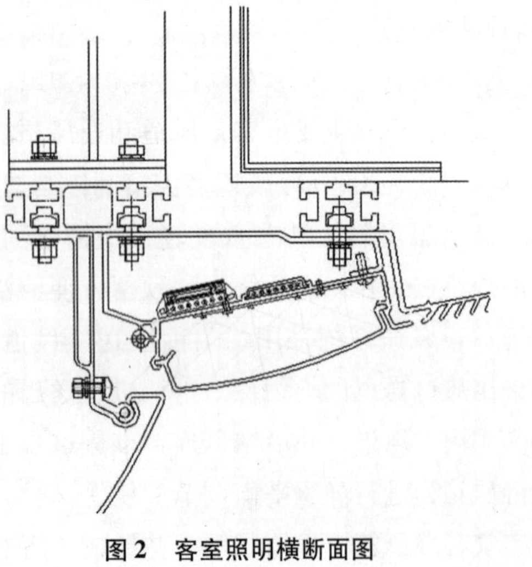

图2　客室照明横断面图

照明在正常运行条件下也使用。当车内正常照明失效时，应急照明装置可以维持客室内照明需求。应急照明装置与门区的正常照明装置采用同一光源。

天津地铁1号线客室灯具使用年限过长，电客车客室内部照明阴暗以及光线较弱，进而影响电地铁运营服务质量。同时，使用荧光灯管照明存在能效低，能源利用率不高的问题，从节能降耗以及提高地铁运营服务质量方面综合考虑，并与电客车客室风道优化相结合，对电客车客室照明进行优化和改进。

2.3　天津地铁1号线电客车客室扶手设施优化

地铁电客车客室扶手是城轨列车客室服务设施中的必要一项，是维持列车车内站立乘客平衡设施之一。（如图3）在车门两侧布置立式扶手，方便站在车门附近区域的乘客抓握；客室中在通长两排座椅中间添加两行通长扶手，这是保障车厢内流动乘客的安全；贯通道两侧位置也加装立式扶手，方便在此处站立的乘客抓握；门中心、窗中心都设立了通长立柱方便那些够不到扶手杆的弱势群体。所有的扶手和立柱均采用不锈钢管，扶手杆和各连接座等表面光滑、无毛刺，外表面喷砂后电化学处理。

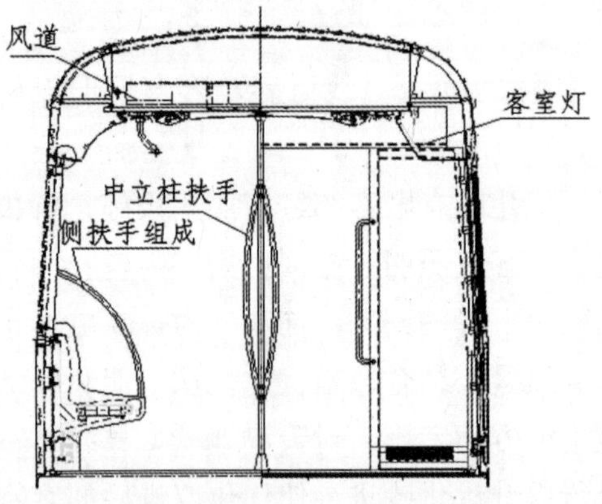

图3　客室内装横断面图

目前，客流量主要集中在门区域中立柱莲花扶手位置，两个六人座椅中间位置人流量较少，随着客流量增大，会造成门区域客流拥

堵。通过改进既有电客车客室扶手，取消莲花性扶手结构，改为竖直扶手结构，从而解决大客流时客室乘客分布不均匀的问题，并为后续车辆的部件选型提供实践参考依据。

本项目结合天津地铁 1 号线车辆大修进行实施，以减少了该项目实施的难度和要求，同时节省了时间，保证了地铁车辆的安全有效的运营。

3 项目实施应用前景分析

目前，全国开始运营城市轨道交通的城市已有多个，开通运营线路数千千米，运营的成轨列车也有数千列。并且，全国还有多个城市正在大规模规划和建设城市轨道交通系统，其应用前景非常广泛。通过本项目的研究和实施，形成地铁车辆部件的功能优化和统型，在全国各个地铁车辆的新造和既有车改造过程中进行使用，推动城市轨道交通车辆功能的不断完善，方便人们的日常出行。

参考文献

[1] GB/T7928—2003. 地铁车辆通用技术条件 [S]. 北京：中华人民共和国建设部，2003.

[2] DIN 5510—2—2009. 铁路车辆中的预防性防火 [S]. 德国：德国标准化研究所车道和铁路机车标准委员会，2009.

城市轨道交通工程测量信息化管理的研究与应用

张　超

（北京城建勘测设计研究院有限责任公司）

摘　要：信息化管理是城市轨道交通工程测量管理工作的必然趋势。本文介绍了城市轨道交通工程信息管理系统的设计需求、主要功能、系统实现以及在生产中的应用情况，对信息化管理在轨道交通测量领域中的应用有一定的参考价值。

关键词：轨道交通测量；信息化管理；信息系统

1　城市轨道交通工程测量

城市轨道交通是城市公共交通的一种形式，包括地下、地面和高架三种方式的轨道工程体系。

城市轨道交通工程测量工作在城市轨道交通工程设计、建设和运营的各个阶段均发挥着重要作用，是城市轨道交通工程中不可或缺的环节。城市轨道交通工程一般线路长、施工单位多、施工工艺复杂，很多线路是在建筑物、构筑物稠密和地下管网繁多的城市环境中建设，既要保证整体线路全线贯通，又要严格按照设计要求准确就位，因此工程测量精度要求高、技术密集。

2　信息化管理需求

信息化管理是以信息化带动工业化，实现企业管理现代化的过程，它是将现代信息技术与先进的管理理念相融合，转变企业生产方式、经营方式、业务流程、传统管理方式和组织方式，重新整合企业内外部资源，提高企业效率和效益，增强企业竞争力的过程。

目前，测绘技术正在向着信息化的方向发展，自动化的测量手段和数字化的测量成果大量应用于城市轨道交通工程测量工作中。面对不断扩大的轨道交通建设规模，城市轨道交通测量工程中传统的人工作业方式和管理模式已经很难适应新形势发展的需要，它不仅直接影响工作效率，而且在日常生产管理中也暴露出资料存放零散、管理不规范、信息不畅、成本高等问题，迫切需要将信息化技术应用于城市轨道交通工程测量管理过程，建立一套现代化的管理系统与之相配套，并且和日益发展完善的城市基础空间信息系统相适应，以达到信息的快速传递和高效共享。

3　城市轨道交通工程测量管理信息系统

3.1　系统需求

北京城建勘测设计研究院是国内较早从事城市轨道交通测量的单位之一，在多年的生产实践中已经形成了一整套相对完善的工程管理流程及质量控制体系。

城市轨道交通工程测量管理系统是从测量工作的实际出发，以轨道交通工程测量业务流程和成果数据为出发点，利用数据库、网络、地理信息系统等技术手段，实现对轨道交通测量工程的全过程管理。系统要满足的需求主要包括以下几个方面：

（1）建立城市轨道交通工程测量信息数据库。充分整合地铁测绘及相关专业的信息资源，建立企业级地铁测绘及相关专业资源数据库，实现轨道交通基础数据的高效组织和管理。

（2）实现工作流程自动化。通过分布式网

络办公模式代替传统的纸质作业模式，实现地铁测量产品生产、测绘成果审核、传递流程的自动化，规范工作流程，节省成本，提高生产效率。

（3）地铁测绘成果的可视化查询与统计分析。以轨道交通工程测量信息数据库为基础，利用 GIS 的图属互查、空间查询与分析功能，建立以城市影像、城市轨道交通网络为背景的可视化查询环境，实现本院、业主、施工、设计等单位用户对测量资源的可视化查询、统计分析与输出。

3.2 系统功能

经过需求调研和分析，城市轨道交通工程测量管理系统主要实现的功能包括：生产流程自动化、GIS 基本功能、空间查询与分析、测量信息查询、数据导入导出、系统管理等。具体的功能结构图如图 3—1 所示。

（1）生产流程自动化：主要流程包括任务下达流程、方案制定与审核流程、成果审核流程和成果质量评定流程。每个流程启动后能够自动流转，每个流程节点对应一种操作，流程到达某一节点后，该节点对应的用户会收到在线消息提醒和手机短信通知，然后该用户进入相应处理节点，处理之后自动流向下一节点，直至流程结束。

（2）GIS 基本功能：包括地图工具栏（平移、放大、缩小、前一视图、后一视图、全图、量测等）、图层操作树、鹰眼、图例、比例尺等。

（3）空间查询与分析：包括以点、框、多边形、圆等方式对选定图层进行查询，支持缓冲区查询，如线缓冲区查询（查询某段线路左右两侧 50 米内的城市控制点等，查询结果以表格形式输出），支持图属联动，例如通过控制点查询结果，可以实时定位到图上。

（4）测量信息查询：包括工程基础信息、生产流程进度、各类控制点、控制网、隧道贯通精度等相关信息的查询，查询条件支持任意条件组合，结果中同样可以快速定位到地图上的相关要素。

（5）数据导入导出：包括各类测量点坐标及相关属性信息的导入、各类控制网的导入，导入功能支持由 Excel 文件导入和由平差软件生成的文件导入。此外还包括各种工程资料、技术资料等文件的上传下载。

（6）系统管理：包括用户、角色、权限等软件配置功能。权限包括功能权限和数据权限。用户不能越权操作相关功能，也不能越权查看不具有权限的数据。

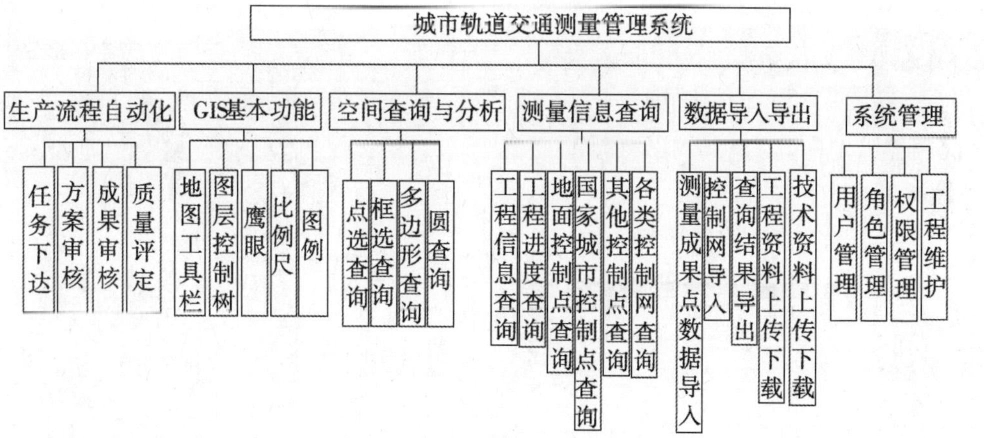

图 1　系统功能结构图

4 系统实现与应用

4.1 地理信息系统

地理信息系统GIS是以地理空间数据库为基础，在计算机软硬件的支持下，对与地理相关的空间数据进行采集、存储、分析、管理、模拟和显示，并采用地理模型分析方法，为地理研究和决策服务而建立起来的计算机技术系统。

GIS的主要功能是进行数据的采集、处理、分析、管理和表达，通过这些功能将地理现象和事物的空间位置、相关属性、分布形态、拓扑关系等在数字地图上表现出来。

4.2 系统实现

系统充分利用GIS强大的空间数据和属性数据的操作、管理、分析与显示功能，结合城市轨道交通工程测量的专业特点，对城市轨道交通工程测量数据进行有效的组织与管理，实现测量产品生产、传递过程自动化，以及测量生产信息的可视化查询与统计分析。

城市轨道交通工程测量管理系统以GIS应用软件ArcMap 9.3和ArcGIS Server 9.3作为开发平台，利用面向对象的软件开发方法，采用Asp. Net、C#等开发语言，以Visual Studio 2008为可视化开发环境，通过ArcGIS控件进行软件的设计和开发。

系统以空间数据库引擎ArcSDE作为中间件连接GIS应用程序和关系数据库系统Oracle建立空间数据库，从而将系统空间数据和属性数据进行统一存储和管理。

4.3 系统应用

此系统已经在北京城建勘测设计研究院承担轨道交通测量工作中运行，系统主界面如图2所示，由菜单栏、工具栏、工作空间管理器、图层管理器、地图控件五大部分组成。菜单栏和工具栏为用户提供可操作的命令，工作空间管理器、图层管理器和地图控件将空间数据直观地呈现给用户。通过此界面，不同级别的网络用户可根据相应的操作权限，实现诸如信息入库、工程审核、信息查询与输出及系统管理等任务，从而实现系统的工程管理、信息储存、信息传递以及信息共享等功能，最终实现城市轨道交通建设过程中工程测量的全流程信息化管理。

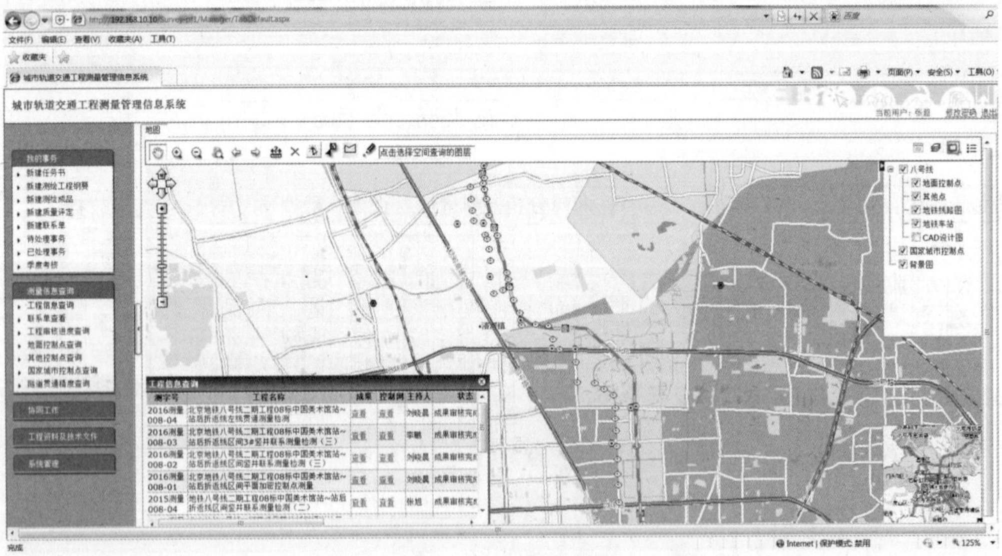

图2 系统主界面

5 结语

城市轨道交通工程测量管理信息系统已经用于轨道交通工程测量日常办公使用中，并在轨道交通各建设、运营、设计、施工等单位内部推广使用。系统的使用达到并超过了预期的设计目标，实现了对轨道交通基础测量数据的数字化、信息化管理；实现了工程测量专业整个业务流程的自动化管理；实现了对成果报告、控制点、工程进度、隧道贯通精度等各种测量生产信息的自定义查询及成果输出。该系统的建立，大大提高了城市轨道交通工程测量管理的效率与质量。

参考文献

[1] 陈能，江男，王梅珍．城市轨道交通基础地理信息系统的设计与实现［J］．城市轨道交通研究，2006：10.

[2] 王艳辉，罗俊，张晨琛．基于GIS的城市轨道交通建设安全风险管理信息系统的设计与实现［J］．交通运输系统工程与信息，2010，10（4）：33－37.

[3] 贺跃光，杜年春，李志伟．基于Web GIS的城市地铁施工监测信息管理系统研究［J］．岩土力学，2009，30（1）：265－269.

[4] 江男，陈能，施蓓琦，孙雅荣．基于地理信息系统的轨道交通基础地理信息三维可视化［J］．城市轨道交通研究，2007：9.

[5] 黄勇超．地理信息系统在城市轨道交通中的应用前景［J］．都市快轨交通，2008，21（6）．

智能化轨道交通运营与管理

刘国辅

（无锡地铁集团有限公司运营分公司）

摘　要：互联网技术快速发展与日益普及，大大改变了人们的生活方式，作为传统行业的地铁，紧随时代步伐，自动售检票系统、综合监控系统等应运而生，在一定程度上改变了人们的乘车体验。但是一些新技术与地铁运营的结合仍然有深入的空间，本文主要针对地铁运营与管理中存在的问题，用智能化、互联网化的思维去改造它，从而让运营生产更高效、便捷。

关键词：智能化；轨道交通；运营与管理

1　物联网、人工智能改造综合监控系统

1.1　目前概况

物联网是新一代信息技术的重要组成部分，也是“信息化”时代的重要发展阶段，物联网就是物物相连的互联网。这有两层意思：其一，物联网的核心和基础仍然是互联网，是在互联网基础上的延伸和扩展的网络；其二，其用户端延伸和扩展到了任何物品与物品之间，进行信息交换和通信，也就是物物相息。

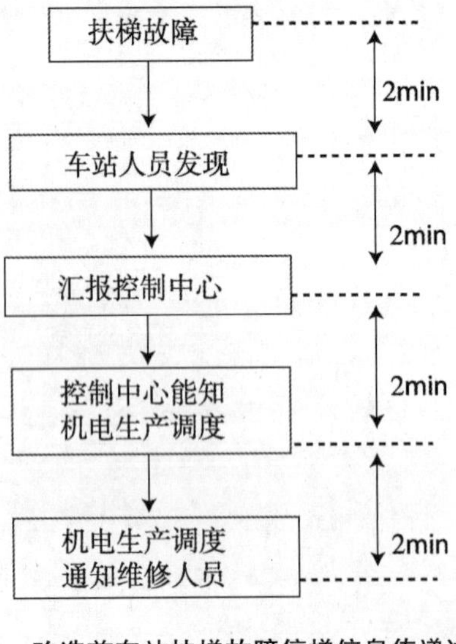

图1　改造前车站扶梯故障停梯信息传递过程

目前而言，综合监控内集成站台门系统、通信系统、信号系统、AFC系统等，但集成的几个系统相对独立，信息交互少，人工干预多，综合监控只是停留在监控层面，总体不够智能。图1中列举改造前车站扶梯故障停梯信息传递过程来体现了综合监控的“笨拙”。可以看出，各个环节的信息汇报浪费了大量的时间，从而让故障对地铁的运营造成了一定程度的影响。

1.2　改造方向

综合监控系统与地铁车站内一切重要设备设施相连，接入互联网，并植入人工智能。

人工智能计算机学习地铁相关的各种规章制度、技术材料。当车站设备发生故障时，人工智能计算机思考后自行采用相关措施排除故障，解决不了的故障第一时间发出报警信息（声音及图形颜色等），并立即向现场人员提供故障解决方案，有选择地向控制中心、生产调度及维修人员汇报，维修人员通过手机APP第一时间理解相关故障情况。相关故障信息自动传输到资产管理系统，车站人员无需登记相关台账。同时，当发生应急突发情况时，人工智能计算机听取现场处置向车控室汇报相关情况后，结合行车值班员相关处理汇报情况给予补

充建议方案。

原本的综合监控只停留在笨拙的监控层面，通过改造让其成为车站的智能控制中心，对发生的故障迅速采取相关措施，从而让相关故障给地铁运营带来的影响降到最低，保障地铁安全、高效、有序运营（见图2）。

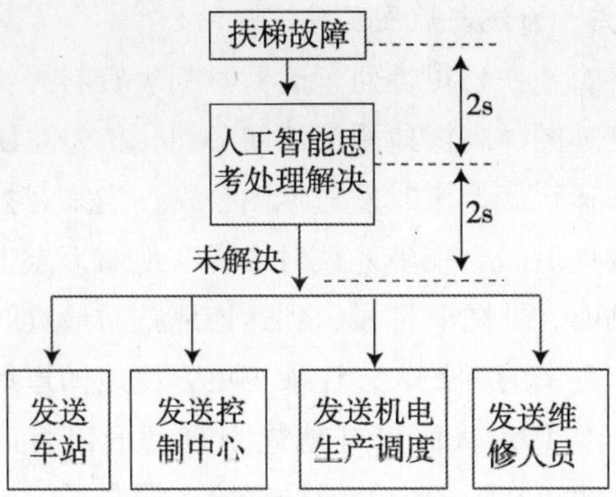

图2 改造后车站扶梯故障停梯信息传递过程

2 智能化改造售检票系统

2.1 目前概况

自动售检票系统，简称AFC，是实现轨道交通售票、检票、计费、收费、统计、清分、管理等全过程的自动处理。它的应用大大地节省了人力、物力，但如果人将互联网或应用人脸识别技术运用其中，可能会让自动售检票系统更加智能。

2.2 改造方向

人脸识别技术应用于检票系统，乘客刷脸进出站。如果远程虹膜技术发展迅速或相关成本更低时，那么采用虹膜识别技术更优。

随着人脸识别技术的发展，它已在很多领域得到应用。相信未来的人脸识别技术定可以发展到如此程度：乘客到银行或使用支付软件开通小额人脸自动支付功能，录入人脸多维度信息，人脸信息与其账户绑定；当乘客进入进站通道时，系统迅速识别乘客，闸机打开扇门，乘客进站。出站时，系统识别该乘客后扣费出站。

刷脸进出站让乘车过程更加便捷，乘客不需要购买单程票，不需要携带卡片，不需要拿出手机，就可以完成进出站。进站时，系统分析进站乘客大概年龄，对冒用学生卡、老龄卡的采取相关措施，在一定程度上减少相关票务损失。该方案还可以大大增强地铁的安全性，所有进站乘客需扫描面部信息，将信息与公安系统联网，对于公安缉拿的逃犯可迅速采取报警机制，让公安机关在第一时间掌握并对逃犯实施抓捕。同时，该系统还可与施工管理系统更好地结合，让施工过程更安全：施工人员在得到施工清点批准的通知后，通过闸机进入，系统自动识别相关人员及数量，施工完毕后，施工人员通过闸机出站，系统自动匹配，当有施工人员滞纳在轨行区时，系统做出反馈。

人脸识别进出站很便捷，但该方案依赖于人脸识别技术，需要系统在乘客呈动态的情况下迅速捕捉人脸信息。近阶段全国轨道交通可以大力发展安装云闸机（无锡已安装，暂未投入使用），并与支付宝、微信支付合作，因为支付宝与微信支付有着相当大群众基础，使用支付宝与微信刷二维码进出站。该方案现有的技术水平就完全可以实现，较低改造成本，省去了乘客购票这一环节。

目前，全国的轨道交通自动售票机都有一个问题：当某一车站的末班车开出后，在车站的自动售票机上乘客选择该车站仍然可以购买到该车站的车票，这个小问题我觉得应该优化。信号系统将列车信息传输给AFC系统，当开往该方向末班车进站前两分钟（根据每个地铁政策不同进行调节），AFC系统自动关掉到该车站的购票，当乘客选择该车站后提示已错过该方向末班车。

随着语音识别技术的快速发展，平常老百姓生活中都可以使用得到，搜狗输入法等支持语音识别文字，给不会打字的中老年人带来了很大的方便。我觉得将语音识别应用到自动售票机可以让乘客购票更便捷，乘客不需要满屏幕去找自己想到车站，只要对机器说出是哪个站几张票就可以付钱购票。自动售票机上接出一个耳麦，当距离感应器感应到乘客由远及近到来时，立即“聚精会神”听乘客说所到车站及票数。当然语音购票只是原方式的补充，对于线路多的北京、上海的地铁效果会更好。

3 其他智能化改造

3.1 智能问询设备

车站设置类似于苹果的 SIRI 语音问询系统，系统内集成地铁票务政策、周边信息等资料。当距离感应器探测到有乘客靠近寻求帮助时，系统说：“请问有什么可以帮助您?”乘客提问后，语音回答并将答案内容显示在屏幕上。如语音系统未解决乘客问题可询问乘客是否需要人工服务，乘客如需人工服务，系统将把电话接到车控室。

智能问询系统在无人靠近时，屏幕上可播放广告以提高经济效益。同时，他可以与周边商家合作，当乘客问类似“附近有什么好吃的”“附近有什么好玩的”的问题时，根据与商家的合作情况及现场附近情况给出回复。

3.2 信号系统与地图软件深度结合

各个地铁公司将列车运营时刻表资料提供给百度地图、高德地图等地图公司、信号系统将列车运行偏差实时发送地图公司，当乘客搜索目的地后需要乘坐地铁时或者在地图上点击地铁站时，地图上将显示到达该地铁站最近时间几班列车的时刻表，让乘客更方便地知道地铁列车信息，从而更好地规划自己的出行时间，同时可在地图中的地铁线路上设置显示地铁列车的动态位置。

地铁车辆应急情况下制动切除优化

刘　蔚　石鹏飞　魏树春

（天津市地下铁道运营有限公司）

摘　要： 地铁作为现代城市文明的一个重要标志，正越来越多地影响着人们的日常出行。本文主要以天津地铁1号线车辆进行制动切除优化作为研究课题，以解决地铁车辆在紧急情况下制动不缓解时，切除故障转向架的制动功能，恢复地铁线路正常运营，提高地铁运营的安全性和时效性。

关键词： 地铁车辆；应急情况；制动；优化

1　项目实施背景

天津地铁1号线车辆现在只有车下B14作为制动不缓解隔离塞门，当正线遇到制动不缓解情况时，需要人员下到车下进行操作，但是，由于隧道内空间有限，人员进入车下很不方便，并且塞门隔离时间长，对正线的影响比较大。因此，为满足应急情况下，快速切除制动，在制动不缓解故障时通过切除对故障BCU的供风，达到隔离、缓解故障BCU所控制转向架制动的作用，进一步提高地铁车辆的安全性、舒适性、时效性。

2　项目实施方案

制动隔离塞门用于制动不缓解故障时将故障转向架制动缸切除，通过切除对故障制动缸的供风，达到隔离缓解故障转向架的制动作用。目前，国内地铁车辆制动隔离塞门的安装方式主要有两种：

第一种方式：制动管路和隔离塞门都安装在车下侧，在隔离塞门阀芯转轴上，安装万向节联动机构，通过万向节机构穿过车体上车，车上和车下都有操作该塞门的手柄，目前主要应用此装置的地铁有北京5、6、7、9、10、14、15号线，亦庄线，成都3、4号线，武汉3、4号线等。使用此种方式的优点是可以满足在客室内和车下操作的要求，管路不用上车，减少了泄漏点；电气连接也在车下车侧，不受电热器影响；拆装方便，易于检修维护。缺点是增加了联动机构，隔离手柄的扭矩略有增加。

第二种方式：制动管路穿过车体地板上车，将隔离塞门安装在车上客室座椅下不易被乘客车碰到的位置，并配有相应的安装罩，在车上可操作该塞门，主要使用业绩有天津2、3号线、深圳2号线、郑州1号线等，安装效果见图1和图2。使用此种方式的优点是隔离塞门车上安装，电气接线在车上，塞门及电气连接件工作环境优于车下。缺点是只能在客室内操作，无法在车下操作；管路上车，增加泄漏故障点，空间狭窄，拆卸安装困难，不利于检修维护；冬季电热开启时，塞门和管路受电热器烘烤，造成橡胶件加速老化，对塞门的密封性及电器元件使用寿命产生不利影响。

图1　安装后效果图（一）

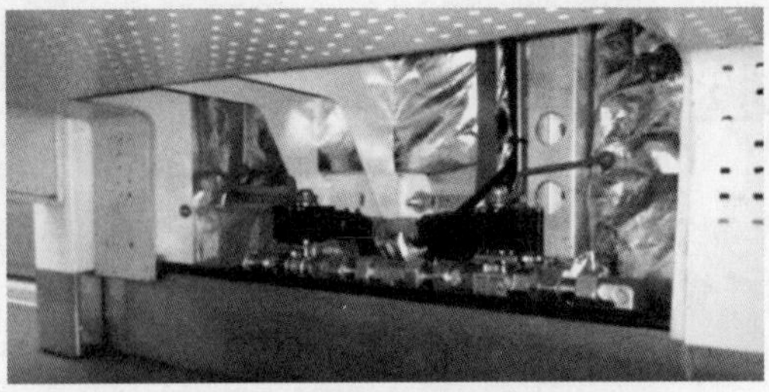

图 2　安装后效果图（二）

天津地铁 1 号线制动隔离塞门安装于车下侧梁内，无法实现车上操作，现有车辆为六节编组，全列设置 12 个制动隔离塞门，列车全长 120 米，受限界线路条件及三轨断送电影响，正线进行制动隔离操作全过程需要 30—40 分钟的时间，造成运营线路阻塞，严重影响正常运营。

结合国内现有地铁制动隔离塞门的安装方式，对天津地铁 1 号线车辆的制动隔离方式进行优化研究和改造，满足车上和车下同时操作切除制动的功能，减少列车正线操作隔离塞门的时间，降低运营影响。

制动切除缓解塞门设置在客室座椅下方，并且能够设置一个万向节机构实现无论是在客室内，还是在车下位置，均可方便地对该截断塞门进行操作。如图 3 和图 4 所示。

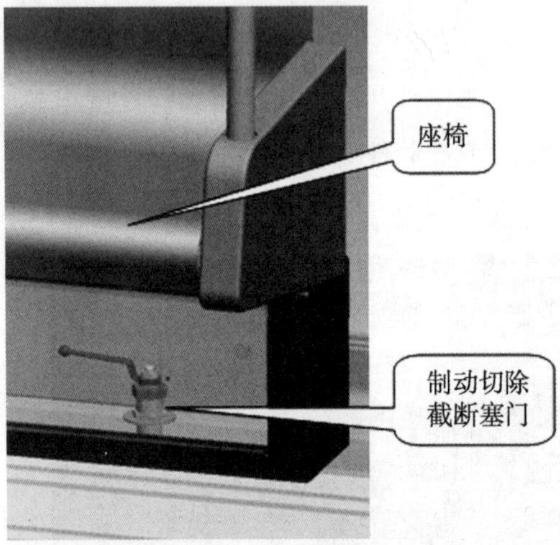

图 3　制动切除截断塞门位置

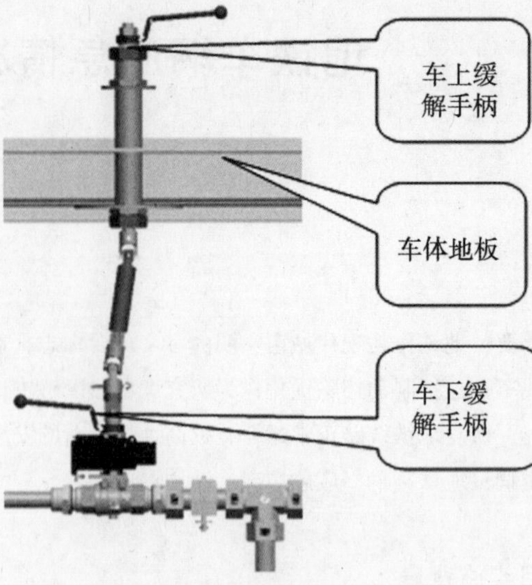

图 4　车上和车下安装示意图

图 5　安装后效果图（三）

3　项目实施效果及成效

目前，该项目已随天津地铁 1 号线电客车大修时进行了改造。在每节车上安装了 1 部车下和车上都可以进行制动隔离的制动旋塞，此旋塞可同时满足车上和车下切除制动塞门的功能要求，提高了应急情况下制动切除的响应速度，降低了制动故障对正线运营时间造成的影响。

通过本项目的研究和实施，形成了地铁车辆部件的功能优化和统型，应用于全国各个新造地铁车辆和既有车改造过程中，推动城市轨道交通车辆功能的不断完善，提高城市轨道交通运营的安全性和时效性。

参考文献

[1] GB/T7928—2003. 地铁车辆通用技术条件［S］. 北京：中华人民共和国建设部，2003.

[2] TB/T 810—1993. 管接头［S］. 北京：中华人民共和国铁道部，1993.

[3] TB/T 832—2005. 机车车辆用单球面直通接头［S］. 北京：中华人民共和国铁道部，2005.

膜式干燥器在城市轨道交通车辆风源系统上的应用及思考

周光富　李　超

（天津市地下铁道运营有限公司）

摘　要： 模式干燥器因其结构简单、体积小、连续供气等特点在地铁车辆系统上得到了广泛的应用，本文结合膜式干燥器的特性、相关实验数据和设计经验，阐述了膜式干燥器在城市轨道交通车辆上应用的特点及注意事项。

关键词： 城市轨道交通；膜式干燥器；特性；露点

1　膜式干燥器的工作原理

城市轨道交通车辆系统上，高压空气主要应用于空气制动、升弓、撒沙、主断控制等方面，这些应用对高压空气的质量均有较为严格的要求。参照 ISO8573－1 标准，一般情况下，地铁车辆要满足三个质量指标，即水、固体颗粒和油三个方面要求至少应能满足 3—3—3 级的标准。其中，水含量的控制主要是通过加装干燥器来实现。

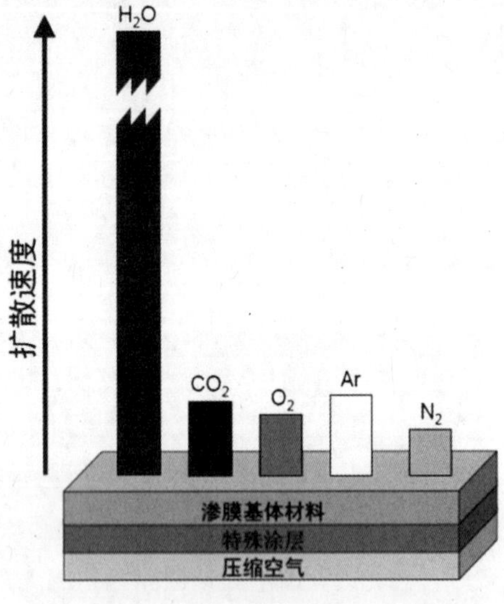

图 1　膜材料中水分子扩散速度远大于其他分子扩散速度

膜式干燥器因其具有结构简单、体积小、连续供气等特点在地铁车辆系统上得到了广泛的应用，其主要工作原理是利用高分子膜内外存在水汽分压差而导致的水分子扩散来实现对高压空气的干燥。通过对膜材料孔隙尺寸的控制来实现对特定分子扩散速度的控制。模式干燥器中，水分子的扩散速度要远远大于其他分子的扩散速度（见图 1）。实验发现，水分子扩散的速度比氧气分子高 2 万倍左右[1]。

2　膜式干燥器的特性

2.1　结构特性

膜式干燥器中的膜管一般为双层结构，内层的高分子图层材料主要用来过滤水分子，外层的纤维基管壁主要负责提供结构强度并保护内层管壁免遭污染。

膜式干燥器一般为筒状结构（如图 2），膜管按照一定的形式安装于筒内，两头分别使用树脂材料密封，从而实现高压空气由一端进入，进行干燥后再由另一端输出的目的。

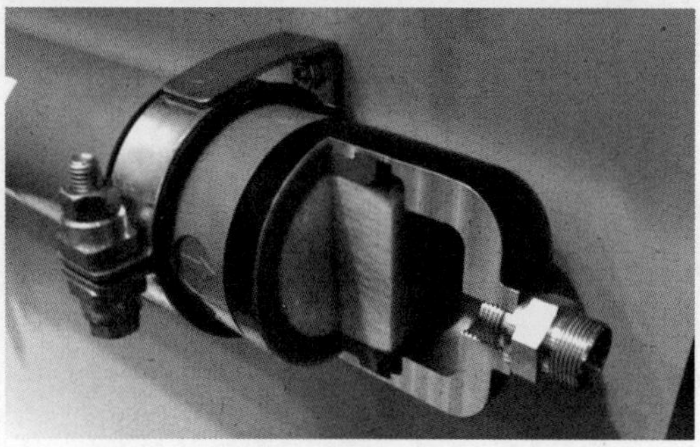

图 2　膜式干燥器外部及内部结构

2.2　性能特性

膜式干燥器的特性之一是可以实现较为稳定的露点降，即在一定条件下输入干燥器空气的露点与输出空气的露点差值恒定，其露点降影响因素包括空气温度、压力、流速等，其干燥效率与压力成正比、流速成反比。空气温度方面，影响较为复杂，在后文详细论述。

膜式干燥器对输入空气质量的要求较高，对液态水、固体颗粒、油、高温等因素等较为敏感，通常要求不得存在液态水、固体颗粒不大于 0.001mm、含油量不大于 0.01mg/m^3，所以，通常情况下干燥器上口会配备两级或三级过滤器，尤其是与有油空压机匹配时，通常配备三级过滤器来实现对液态水、固体颗粒、油的控制。温度方面，膜式干燥器的极限工作温度一般为60℃，超过这一温度，将不只是露点的升高，而是干燥器故障率的显著上升。

2.3　机械特性

参考在地铁车辆系统上有过业绩的两家高分子膜供应商 AIR PRODUCT SDR 系列以及 PROSMEDIA 的 TM 系列的产品，极限工作压力分别是 16bar 与 12.5bar，在这两个压力极限上，膜式干燥器可以长期稳定的工作，也就是说这两个压力值下膜内的应力是处于弹性区间，且对应的疲劳循环次数 N 较大。

膜式干燥器膜管充压后膨胀，泄压后恢复，因此在其内部产生的交变应力是其疲劳失效的主因（不考虑污染物累积、超压工作等情况），其建议更换寿命根据实际工况为 4—8 年。

3　膜式干燥器在地铁车辆风源系统上的应用

压缩空气在地铁列车上主要应用于制动机升弓系统，在这些系统中采用了诸多如电磁阀、减压阀、中继阀一类的小通径且不耐蚀的精密零件，且列车风管、接头及制动缸等均含有碳钢材料零部件，水汽对系统的腐蚀及破坏将严重影响系统的稳定性及行车安全和客运服务质量。因此，为风源系统匹配一套可靠、高效的干燥器至关重要。结合铁路车辆对车载系统可靠性、稳定性、经济性及轻量化、小型化的要求，在设计列车干燥器系统时需重点考虑以下几点：

3.1　高温

上文 2.2 中已经阐明膜式干燥器对温度的敏感性，所以在匹配空压机，尤其是有油空压机时，需充分考虑散热器的热功率，有油空压机往往润滑油与高压空气共用同一个散热器，以天津地铁 3 号线使用的 GAR10 空压机为例，油温报警点设置在 120℃，按照空气输出温度不大于 60℃的标准，极限工况下，散热器需实现至少 60℃的温降。结合《地铁车辆通用技术条件》（GB/T 7928—2003）的要求，地铁车辆的运行温度区间为 -25—40℃，极限环境温度为 40℃，也就是说极限工况下，用至少 40℃的空气对散热器进行强制对流，去实现 1000l/min 流量下至少由 120℃至 60℃的温降，此时散热器对环境的温升空间只有 20℃。且为散热器对流的空气首先通过泵头仓为压缩机泵头冷却，到达散热器时实际温度已经超过 40℃，实际工况下的温升区间是不足 20℃的，因此散热器热功率设计需留有余量，建议散热功率不小于 1100W。

其次膜式干燥器设计中还应考虑周围设备对膜式干燥器热辐射的影响，尤其是空压机电机本身的热辐射，一般情况下，6列编组的地铁空压机的工作率至少为60%左右，最大工作率甚至可接近90%，也就是说正线工况下空压机电机的发热量是很大的，其对膜式干燥器的热辐射必须要加以考量，必要时增加防护措施。

另外，膜式干燥器应设计有充裕的散热通道，以利于对温度的控制，但应注意，散热通道不等同于维护空间，要利于空气的流通和对流。实际情况下，温度超高是导致膜式干燥器故障的重要原因之一（见图3）。

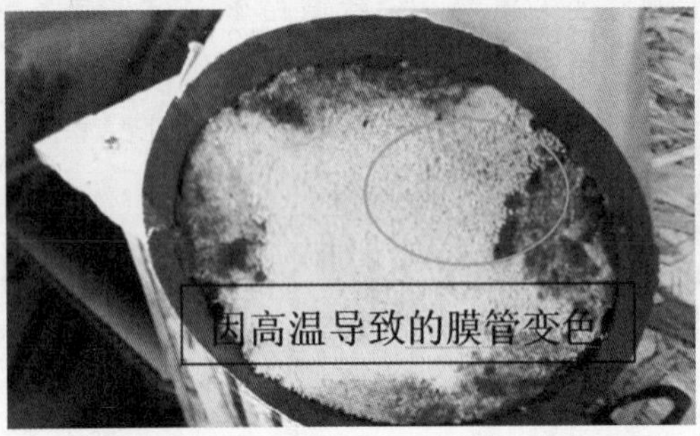

图3　膜式干燥器因高温导致的膜管变色

3.2　低温

在低温-40℃工况下，膜式干燥器应仍能正常工作，但此时需要注意的是液态水的冻结及压缩空气水汽的析出。液态水的冻结主要发生在膜式干燥器前端的过滤器处，因空压机所输入的高压空气中含有的液态水在此处汇集，低温下极易冻结，通常采用附加加热电阻片的方式来防止其冻结。在过滤器至膜式干燥器之间的这一段，压缩空气理论上是处于饱和状态的。如图4所示，在到达干燥器这一区间的温降会导致压缩空气的饱和水汽分压降低，可能会达到饱和，使水从空气中析出，从而导致膜式干燥器的故障。针对此类问题的处理措施是：一方面加强管路的防护，辐射隔热材料来限制压缩空气的温降，另一方面在膜式干燥器的外壳辐射隔热材料及加热电阻丝（见图5），不但可以防止温降导致的液态水析出，还可以防止液态水的霜化或凝结。

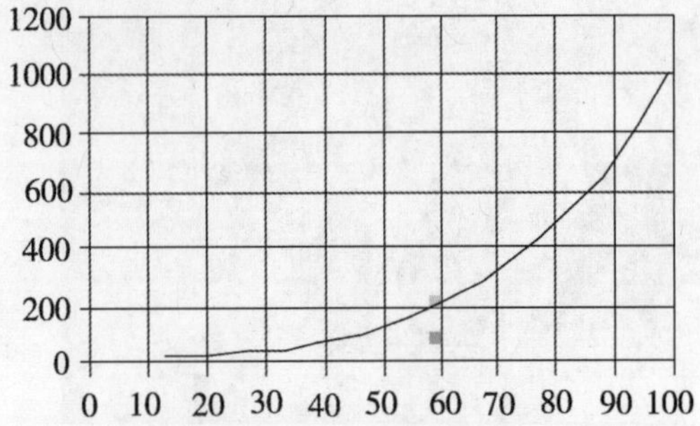

图4　空气饱和水汽分压随温度的变化曲线

图5　某型空压机对膜式干燥器敷设的加热及隔热层

3.3　温度对干燥器效率的影响

膜式干燥器本质的工作原理是分子的扩散，根据基本的物理原理，温度越高，扩散速度越快。为证实这一点，按照GB/T2423《电工电子产品环境试验——高温试验和低温试验》，为排量为140L的空压机匹配AIR PRODUCT的SDR系列膜式干燥器，在高低温箱内分别在-40℃和50℃下，7bar排气压力下对干燥器的露点值进行测试（见表1），测试内容为连续工作10分钟后的排气温度及压力。

表 1　高低温环境下膜式干燥器的输出露点

环境温度	露点
50℃	-40℃
-40℃	-32.5℃

因此，在不超过极限温度的情况下，适当的高温是有利于膜式干燥器的干燥效率的。

3.4　应用案例

本章节将结合典型的膜式干燥器的特性分析应用案例。

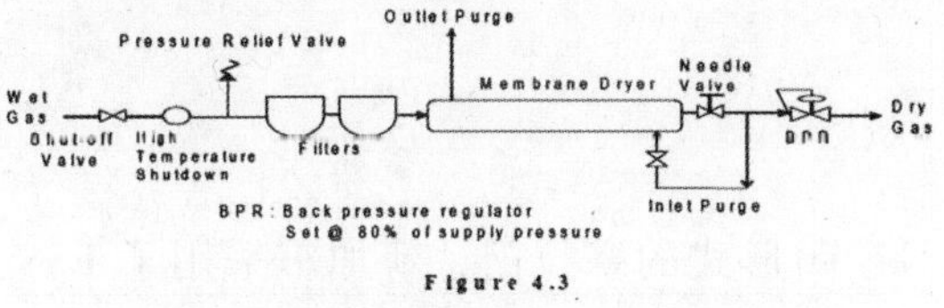

图 6　城市轨道车辆风源系统膜式干燥器典型气路原理图

图 7　ATLAS 风源系统中膜式干燥器应用案例

如图 6 所示，膜式干燥器前端分别布置多级过滤器及安全阀，用于控制输入干燥器的空气质量和最大压力，以保证输入空气质量满足膜式干燥器要求，膜式干燥器后端分别布置有节流阀及 BPR 阀，节流阀的作用是等比例的从干燥器输出气流中分出一部分用于干燥器自身的反吹干燥，以实现其连续运行。BPR 阀的作用是提高膜式干燥器的最小工作压力，对应 2.2 中膜式干燥器的效率特性，在高压力下膜式干燥器才能获得较低的露点值，以保证输出空气质量。图 7 所示为 ATLAS 某风源系统中膜式干燥器应用案例，该系统中的配置与图 6 中的气路原理图基本一致。

4　结论

膜式干燥器因结构简单、体积小、连续供气等特点，十分适合应用在地铁车辆风源系统上，在应用过程中建议重点考虑以下几点：

（1）当地环境温度：因膜式干燥器耐温极限的特性，如果当地气候温度较高，如沙漠地带、南方炎热地区等，尤其是车下温度往往较环境温度更高，某些情况下甚至可达 70℃。在应用前需考虑是否满足干燥器温度上限要求。另外还要考虑低温情况，在北方寒冷地区，当温度较低时，需考虑增设加热装置。

（2）空气质量控制：膜式干燥器的前端应设置过滤器，虑除液态水、固体颗粒及油，前端过滤器的正常运行对后端膜式干燥器的故障率至关重要，建议在过滤器上增加真空指示装置，及时提醒运营人员更换、维护。

（3）温度控制：不同于环境温度，与膜式干燥器匹配的空压机系统应充分考虑对散热系统的设计，满足极限工况下对压缩空气的降温能力。

（4）膜式干燥器膜管尺寸：在允许限界及流量范围内，尽量延长膜管长度，以增加压缩控制在膜内停留时间。扩散的效率一方面取决于温度及压力，另一方面取决于压缩空气在膜内驻留时间，膜管越长，停留时间越长，干燥露点越低。通常，在不影响流量的基础上，膜管在干燥器内呈螺旋线状布置以增加其长度。

5）压力控制：模式干燥器出口应设置限压装置（BPR 阀等），以提高干燥器工作压力，保证输出空气质量。

参考文献

［1］董鹏举．膜式干燥器原理及应用［M］．压缩机技术，2013.

基于天津地铁车辆的不同形式塞拉门的对比

李笑春　牛　超　朱　晨

（天津市地下铁道运营有限公司）

摘　要：在各大城市，城市轨道交通已经成为公共交通的重要组成部分，而城市轨道交通车辆在每日的运营中动作最为频繁的就是客室门，目前客室门的主要形式有三种，分别为内藏门、外挂门以及塞拉门，本文就是基于天津地铁的车辆特点，根据不同形式的塞拉门的运用情况，针对不同形式塞拉门的机械结构、动作特点进行介绍与对比。

关键词：城市轨道交通；地铁；车门；塞拉门

1　概述

城市轨道交通运量大、速度高、污染少，可以有效地解决城市交通拥挤的问题，大力建设城市轨道交通是城市交通发展的必然趋势[1]。城市轨道交通的有序运营离不开车辆的良好技术状态，车门作为车辆的重要组成部件，同时也是车辆运营中动作最为频繁的部件，无论是在正线运营中还是在日常检修中，都是故障率最高的部件之一，所以保障车门状态的稳定对于运营来讲尤为重要，而车门结构的稳定性就成了重中之重。

2　塞拉门在天津地铁的运用情况

目前天津地铁已运营线路总共有四条，分别为1号线、2号线、3号线和6号线，1号线运营车站21个（原22个，双林站闭站改造中），2号线运营车站20个，3号线运营车站26个，6号线运营车站24个（目前只开通了1期）。

四条线路车辆的客室门全部都采用了塞拉门的形式，2号线车辆采用了来自博得公司的产品，其余三条线路的车辆采用的都是来自南京康尼公司的产品，包括了四连杆机构形式、制动器锁闭形式以及LS锁形式三种不同结构形式的塞拉门机构，其中1号线老车采用的是制动器锁闭形式的塞拉门，新加车采用了LS锁形式的塞拉门，老车将随着大修进行改造，由制动器锁闭形式改造为LS锁形式；2号线车辆全部采用了四连杆机构形式的塞拉门；3号线车辆全部采用了制动器锁闭形式的塞拉门；6号线车辆全部采用了LS锁形式的塞拉门。

3　不同形式塞拉门介绍

3.1　制动器锁闭形式的塞拉门

塞拉门系统的原理图如图1所示（图中的主锁闭装置即为制动器，客室门的手动解锁功能也是通过制动器来实现的）。

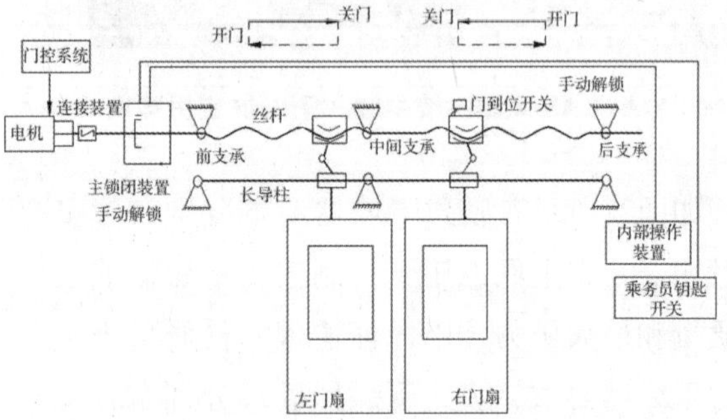

图1　塞拉门系统的原理图

门的运动由电机驱动丝杆（对于双扇门，丝杆一半是右旋的，一半是左旋的）来实现。螺母与门扇相连，门扇通过携门架和顶部机构实现运动自由度，而门的运动轨迹的给定由上、下导轨来实现。

门系统的锁闭原理是制动器允许电机双向自由旋转，而限制丝杆往开门方向旋转。电机安装在制动器的主动轴端，丝杆安装在制动器的从动轴端。门系统正常工作时，电机带动丝杆双向自由旋转，实现门系统的自动开关。制动器还设置了一个释放手柄，在无电或紧急情况下，操作该手柄可解除制动器对丝杆的单向限定作用，可手动开门[2]。

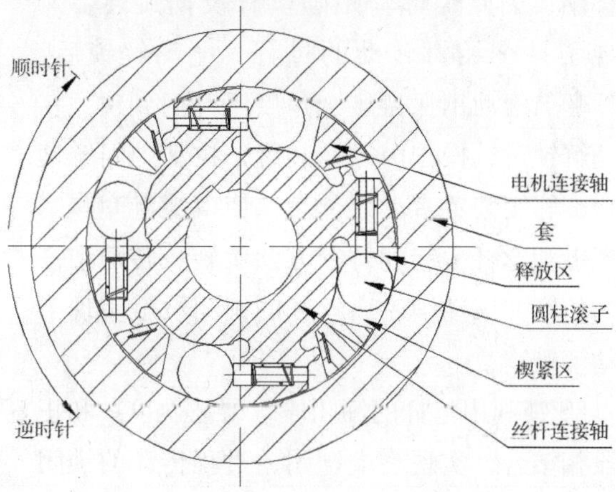

图 2　制动器制动芯截面图

由图 2 可以看出，图中有释放区和楔紧区，这两个区域是由丝杆连接轴的楔形面和套的内孔面组成。当电机带动电机连接轴顺时针转动时，电机连接轴驱动丝杆连接轴，由于圆柱滚子是朝释放区运动，因此，电机连接轴可以带动丝杆连接轴以实现动力传动；当电机带动电机连接轴逆时针转动时，电机连接轴直接驱动圆柱滚子进入释放区，也同样可以实现电机通过电机连接轴向丝杆连接轴传递动力。当手动关门时，拉动门板关门，此时丝杆连接轴是顺时针旋转，圆柱滚子的运动趋势是朝向释放区的，因此，可以带动电机电机连接轴运动以完成关门动作；手动开门时，拉动门板开门，此时丝杆连接轴逆时针旋转，对于圆柱滚子来说是朝楔紧区运动，由于是楔紧区，圆柱滚子仅能做微量的移动，在移动后，丝杆连接轴愈向逆时针方向旋转，圆柱滚子就楔得愈紧，因此丝杆连接轴无法带动电机连接轴旋转，无法实现开门。在操作内操作装置时，拉动制动器的端面齿盘，释放套和外壳的转动限制，由于释放区和楔紧区是丝杆连接轴的楔形面和套的内孔组成，丝杆连接轴逆时针旋转时，圆柱滚子进入楔紧区后，丝杆连接轴继续转动，带动圆柱滚子，由于此时套可以转动，因此圆柱滚子在楔紧位置可以自转，一旦丝杆连接轴的小凸台进入电机连接轴时就可以带动电机连接轴同步旋转，而此时应该是圆柱滚子和套，连同丝杆连接轴、电机连接轴一同旋转。

3.2　四连杆机构形式的塞拉门

天津地铁 2 号线双扇电动塞拉门是通过位于机构中央部位的直流电机来驱动的。该电机与一组行星齿轮减速机相结合把转动传递给齿带轮。齿带轮带动齿带平动，齿带通过一组连接部件与门板相连接，即四连杆机构，从而达到整个门板的塞拉运动。可将驱动装置分为如下两个运动：

——转动外摆（开门），或内塞（内塞）运动。

——沿车体纵向的平移运动。

电动塞拉门的传动部分主要由两个滑车组成。每一个滑车均在一根导向光轴上运行，并通过一组平行转向装置与各自的门扇连接，平行转向装置是门扇向外摆或向内塞。

在门扇解锁后的开启动作中，摆动臂和导向臂均向外摆。这一外摆运动受导向轮的控制，沿着圆弧轨迹外摆。

当导向轮到达导轨的直段时，外摆运动过程结束。此时门扇开始与列车外壁进行平行运动。两个滑车在导向光轴上做平移运动。

驱动装置组成如图 3 所示。

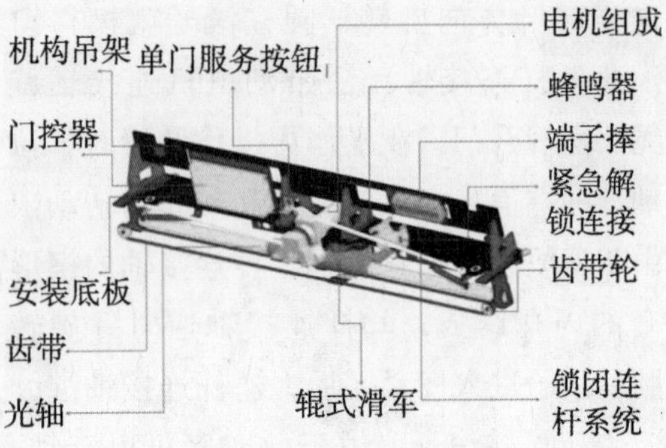

图3　驱动装置组成

3.3　LS锁形式的塞拉门

LS锁形式的塞拉门与制动器形式的塞拉门都是南京康尼公司的产品，门机构是基本相同的，主要区别就是锁闭方式用LS锁替换了制动器，在这里我们主要讲LS锁的工作原理。

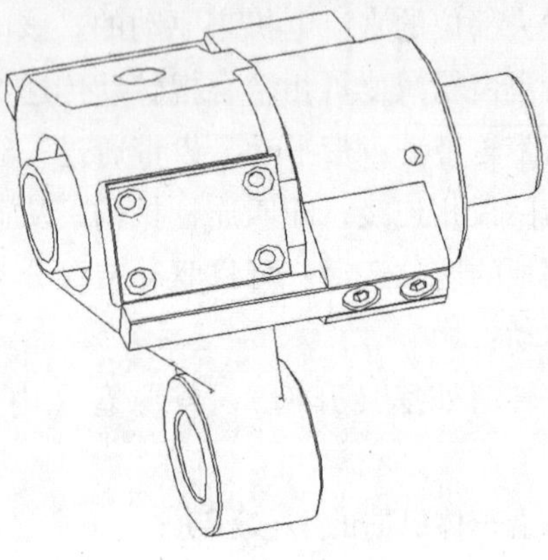

图4　螺母副组件

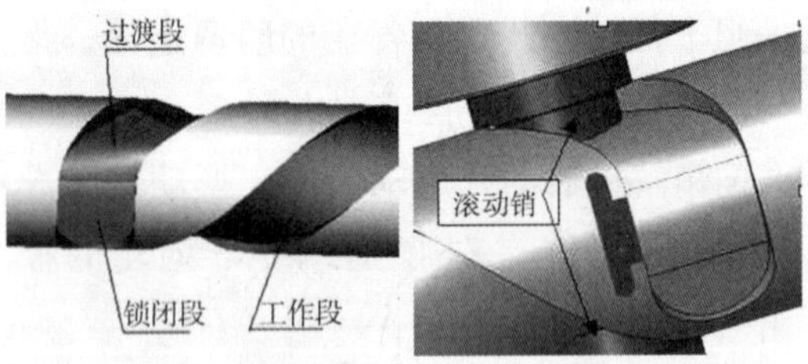

丝杆和螺母的传动原理：螺母在丝杆上要么移动，要么跟随丝杆一起转动。

LS锁动作原理（见图4）：在开关门的过程中，塑料螺母和滚动销的相对角度保持不变。在锁闭的时候，丝杆上有一段非正常导程的锁闭段，滚动销进入锁闭段，螺母组件不能继续移动，根据丝杆和螺母的传动原理，此时丝杆继续转动，塑料螺母就跟着丝杆同步转动，直观的表现是，与塑料螺母一起的螺母套与滚动销有个相对的转动，当螺母套转动触发S1开关（锁闭到位开关）时，门控器就收到锁闭到位信号并停止关门。解锁时，电机反转，带动丝杆转动，滚动销从丝杆的锁闭段脱离出来，在这个过程中螺母组件不能移动，因此螺母套跟随丝杆反向旋转，又再现了一个相对转动的过程，电动解锁后，螺母套与滚动销保持这个角度至开门到位。在手动解锁时，操作内操作装置，拉动中间解锁装置，解锁装置带动螺母套，使得螺母套与塑料螺母和丝杆一起朝解锁方向旋转，转动到一定的角度，滚动销脱离丝杆的锁闭段就实现了手动解锁[3]。

LS锁利用丝杆的锁闭段（导程为0）和正常段相结合，实现终端锁闭，过程传动的锁闭装置。在丝杆主动时，可以实现正反自动传动、自动锁闭和解锁的动作；螺母主动时，仅仅能实现锁闭，而无法直接移动螺母来实现解锁。这就是手动关门可以实现锁闭，而不能通过手动拉门来实现解锁的单向原理。

4　结语

以上三种不同形式的塞拉门，LS锁形式的塞拉门与四连杆机构的塞拉门是在门最终关闭的那个点实现车门的锁闭，只要车门处于解锁状态，门扇就可以自由动作，而制动器形式的塞拉门则是进行全程锁闭，从车辆运营的角度来讲，都属于成熟的产品，但是各有利弊。

通过在天津地铁车辆上的实际运用，结合运营的故障数据，目前来看，以上三种不同形式的塞拉门，LS锁形式的塞拉门故障相对要少一些，运用上更为稳定，但是LS锁在天津地铁车辆上应用的时间还较短，还需要进行长时间的运用与观察。

参考文献

[1] 王梦格，徐道亮．天津地铁车辆检修制度探讨[J]．《山东工业技术》，2016（3）：241－241.

[2] 天津地铁3号线车门系统检修维护手册[K].

[3] 天津地铁6号线车门系统检修维护手册[K].

天津地铁 6 号线车钩钩缓装置应用介绍

杨小鑫　吴静申

（天津市地下铁道运营有限公司）

摘　要：钩缓装置是车辆最重要的部件之一，用于连接车辆的各节车厢，连通列车内部的机械和气路，使车辆形成一个整体。钩缓装置能够为车辆传递牵引和制动力，缓和列车在运行中或调车时所产生的纵向冲击力，并且钩缓装置具有一定的转动功能，能够使车辆顺利通过曲线。

关键词：地铁车辆；半自动钩缓装置；半永久钩缓装置；维护

1　引言

为适应城市轨道运输业的发展需求，提高生产质量和地铁车辆的运营安全，装备在地铁车辆上的车钩推陈出新，样式和功能等方面相比传统铁路用车钩可靠性和先进性都有显著提高[1]。

2　车钩的种类

现阶段在地铁车辆上使用的钩缓装置有两种不同样式：半自动钩缓装置和半永久钩缓装置。地铁 6 号线车辆使用的正是这两种车钩。

天津地铁 6 号线车辆采用 6 辆编组，编组头尾端和单元编组间采用半自动钩缓装置，列车单元内部使用半永久钩缓装置，半自动钩缓装置可以分为头车半自动钩缓装置和中间车半自动钩缓装置；半永久钩缓装置为中间车半永久钩缓装置，具体车钩配置如下所示：

6 辆为：+Tc－Mp－M－M－Mp－Tc+

其中：M——无司机室的动车；

Mp——无司机室带受电弓的动车；

Tc——有司机室的拖车；

+——半自动钩缓装置；

-——半永久钩缓装置。

半自动钩缓装置属于密接式车钩，半永久钩缓装置属于棒式，半自动钩缓装置主要用在车辆的头车上，可以实现两列车车钩的自动连挂；半永久钩缓装置与列车每个单元内部车辆的连接，它通过两个扣在牵引杆的裙沿上的卡环进行连接，它实现了风管的自动对接，使车辆编组和解编都非常方便快捷。

3　半自动钩缓装置

3.1　头车半自动车钩

头车半自动钩缓装置由连挂系统、压溃装置、缓冲系统和内置过载保护装置几大部分组成。集成机械连挂和风路连通的功能，在无人工辅助的情况下进行车辆的连挂，可以自动或者是人工进行解钩操作。

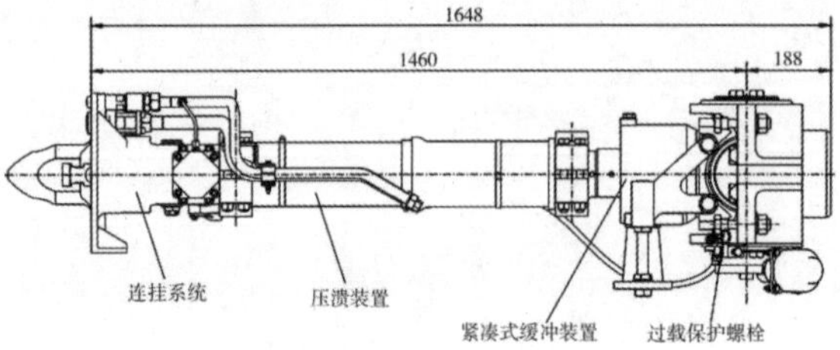

图 1　头车半自动连挂系统

3.1.1　连挂系统

连挂系统采用 CG－5 密接式地铁车钩装置采用通用的凸锥、凹锥和半圆形钩舌结构，这种结构简单紧凑，动作灵活，容易提高车钩连挂部分的强度。车辆连挂时凹凸锥机构相互啮合，拉伸复原弹簧，连接到位后，车钩连接面相互接触，钩舌在复原弹簧作用下复位，车钩连挂完成。解钩时，用人工扳解钩手柄或气动驱动解钩手柄，完成解钩[2]（见图2）。

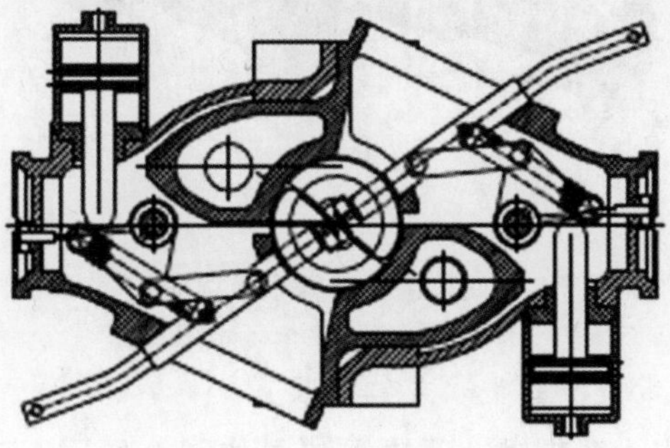

图2　车钩连挂系统

3.1.2　压溃装置和缓冲系统

能量吸收部分由弹性胶泥缓冲器和压溃管两部分组成，弹性胶泥缓冲器用来吸收车辆正常连挂及运行过程中的冲击能量，压溃管用于吸收车辆在发生意外碰撞时的冲击能量。

头车半自动钩缓装置采用膨胀式压溃管，压溃管有较大的能量吸收能力，当列车在运行或连挂过程中发生碰撞，当钩缓装置受到的纵向压力大于设定值时，压溃管产生塑性变形，最大限度吸收冲击能量，已达到保证车辆人身安全和保护车辆设备的目的。

弹性胶泥缓冲缓冲系统，由安装吊挂系统和弹性胶泥缓冲器两部分组成。弹性胶泥缓冲器在结构上与安装吊挂系统融为一体，承担钩缓装置的弹性缓冲、水平对中、垂直支撑等功能。

对中装置中，对中机构弹簧力为车钩提供对中力矩，使车钩能在水平±15°内转动，超过±15°时对中力矩消失，但是能够实现最大±20°的水平转动，在竖直方向上最大垂直转角为±6°，能够最大限度上实现车钩的连挂功能。

3.1.3　过载保护装置

过载保护装置关键元件是位于弹性胶泥缓冲器尾部的四个拉断螺栓，其作用是通过四个拉断螺栓自身的断裂破坏使得钩缓装置内部结构与车体牵引梁分离，从而使受冲击车辆的防爬器和车体吸能区发挥作用。

当钩缓装置受到的冲击载荷大于拉断螺栓的触发力值后，拉断螺栓就会断裂，使车钩向后方退行，实现过载功能，以便防爬器发挥作用，从而保护车辆、人员及财产不受损失。

3.2　中间车半自动钩缓装置

中间半自动钩缓装置分为带压溃管半自动车钩（见图3）和带缓冲器半自动车钩（见图4），由连挂系统、缓冲系统和安装吊挂系统组成，用于列车编组内部小单元编组之间，保证车组小单元间的机械连接和风路的自动连接和手动分解，连接和分解时需要人工手动操作。

连挂、安装吊挂和缓冲系统

（1）连挂系统与头车半自动钩缓装置相同采用密接式车钩，取消了气动解钩功能。连挂系统上风管连接器可以在列车连挂时自动接通列车管路，在列车分解时自动关断管路。

（2）安装吊挂系统具有自动对中功能，使车钩能在水平±15°内实现自动对中，超过±15°时对中力矩消失，但是能够实现最大±35°的水平转动，在竖直方向上最大垂直转角为±6°，能够最大限度上实现车钩的连挂功能，回转机构带有自支撑功能，使车钩在分解状态下能够处于水平状态。

（3）缓冲系统由弹性胶泥缓冲器组成，弹性胶泥缓冲器主要由牵引杆、端盖、弹性体、转换板、芯子、内筒和轴承等零件组成；压溃装置和头车半自动钩缓装置结构相同。

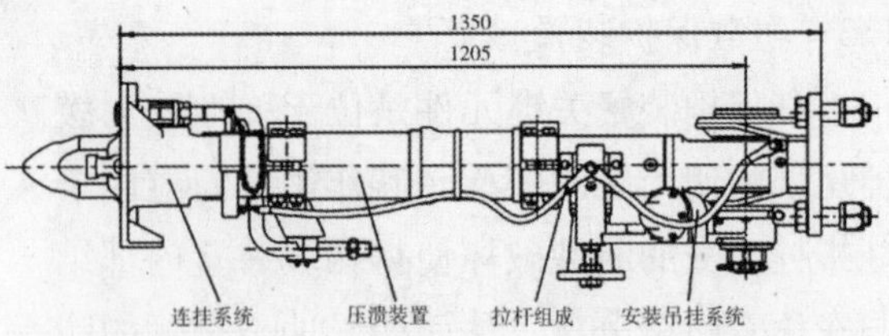

图3　中间车带压溃管半自动车钩

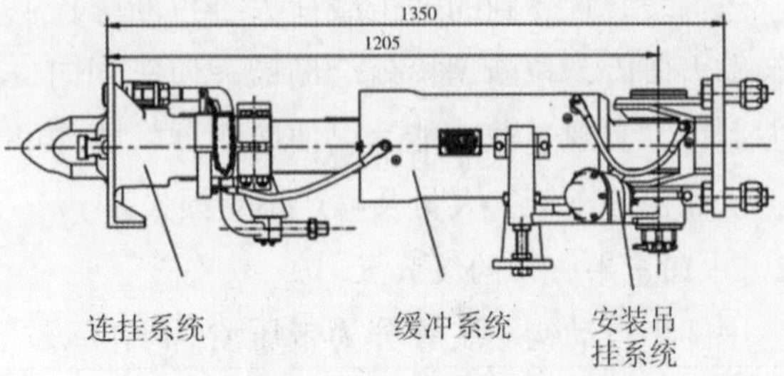

图4　中间车带缓冲器半自动车钩

4　半永久钩缓装置

半永久车钩用于6辆编组的列车单元之间的半永久钩缓装置，分为带有压溃管的半永久钩缓装置和带有弹性胶泥缓冲器的半永久钩缓装置，中间采用卡环连接，其与车体之间采用四个专用安装螺栓进行连接。集成机械连挂和风路连通功能，可自动连挂，人工进行解钩操作。

4.1　半永久带压溃管钩缓装置

带压溃管半永久钩缓装置如图5所示，头部是带有凹锥的卡环连接结构，这种连接方式刚性佳、无松脱、安全性高，该款车钩可实现列车的竖曲线和平曲线运动，保证与带弹性缓冲器装置的半永久车钩进行连接。车钩中部加装了压溃装置，以满足列车冲击工况的能量吸收要求。

缓冲装置确保了减震作用对缓冲和牵引均有效；半永久钩缓装置连挂后，风管将自动完成连接；半永久钩缓装置分离只能手动完成。

半永久车钩头部集成了直通式总风管连接器，可以在车辆连挂的同时完成列车内部总风的连接。半永久车钩回转机构与半自动车钩相同，只是取消了对中功能。

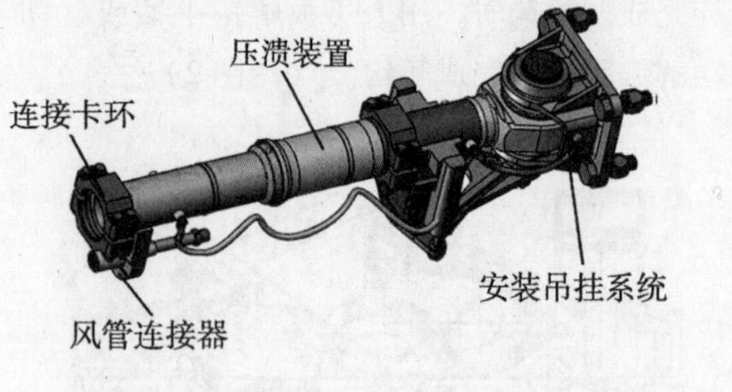

图5　中间车带压溃管半永久车钩

4.2　带缓冲器半永久钩缓装置

半永久带缓冲器钩缓装置如图6所示，头部是带有凸锥的卡环结构，以保证与带压溃管半永久车钩进行连接。

半永久车钩采用与半自动车钩相同的弹性胶泥缓系统，回转部分采用与带压溃管的半永久车钩相同的结构。该半永久车钩头部也集成了直通式的总风管连接器，保证列车车辆之间的风路系统的连通。

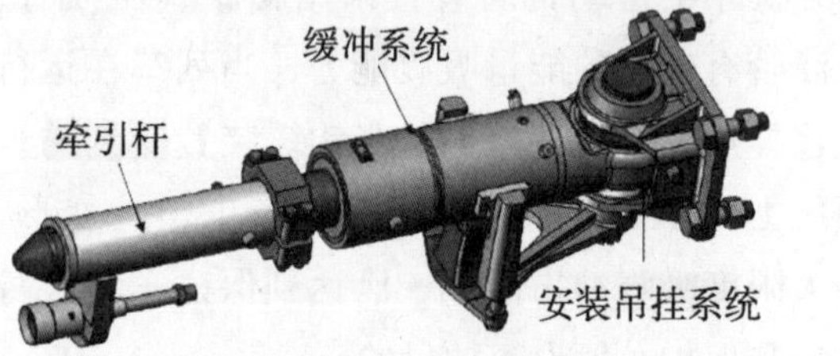

图6　中间车带缓冲器半永久车钩

5　钩缓装置优点及维护

半自动钩缓装置与传统车钩相比，它不需要人工辅助操作，可以方便快捷地实现车辆的自动连挂。车钩存在水平对中装置和垂直对中装置，即使连挂车辆在垂直角度和水平角度存在一定误差，也可实现车辆的自动连挂，可以实现连挂车辆正常曲线运动及旋转运动。当车辆发生故障时，快速实现车辆连挂，把线路正常运营不良影响降到最低；传统车钩连挂需要人工辅助，不能实现自动连挂，所以半自动钩缓装置比传统钩缓装置连挂效率更高，更加灵活[3]。

半自动钩缓装置的维护与保养可以分为日检、月修、定修和大修。日检主要是查看车钩外观以及连挂状态是否正常；月修除检查车钩的外观和连挂状态外，还要对车钩进行清洁并对头车钩头进行润滑；定修时对车钩的外观状态和连挂状态进行全面检查，对其进行全面清洁，并对车钩连接卡环涂润滑脂。检查钩锁是否运动自如，对腐蚀接头及运动部件进行清理并重新润滑，并对易损件的腐蚀、磨损和损坏情况进行检查，及时对易损件进行更换。

半永久钩缓装置的维护与保养包括准备工作、零件的更换、松开螺旋接头的处理等步骤。在维护和保养时都有非常具体的检修项目，按要求进行维护和保养。维护的次数仅适用于正常的工作状态，如遇不利的工作条件，尤其涉及清理和润滑时，必须缩短维护间隔。

6 结语

6 号线车辆使用的是半自动钩缓装置和半永久钩缓装置，这两种车钩在使用、维护保养等方面具有很多的优点。我们在生产当中接触到的车钩多种多样，从中也学习到了不少车钩方面的知识，从而在工作中也及时地发现问题和故障，也排除了重大隐患事故，虽然半自动钩缓装置有很多的优点，但也有它的不足之处，在后续的使用过程中，通过工艺手段将发现的问题加以改进完善，使其优点更好地体现出来。

参考文献

[1] 于富强．浅析车钩在地铁车辆上的应用[J]．科技创业家，201104：232.

[2] 张平满，张怀锁，贾坤．密接式车钩连挂分析[J]．机械设计与制造，201106.

[3] 王肃伏．国产地铁车辆钩缓装置可靠性研究[J]．现代城市轨道交通，201405.

北京地铁机场线磁轨制动器的改进

李 熙 胡晓菲

（北京市地铁运营有限公司地铁运营技术发中心）

摘 要：本文论述了北京地铁机场线车辆的基本概况，阐释了磁轨制动器的原理和性能参数，并针对原车的磁轨制动器存在的缺点进行了一定的改进，并通过参数对比使装车试验确认改进后的磁轨制动器达到了良好的效果。

关键词：磁轨制动；整体式；摩擦因数

1 概述

当前我国城市轨道交通正处在快速发展时期，并且呈现多元化发展的新趋势。除了大运量的地铁外，一些中小运量的轨道交通也正在受到关注，如单轨交通系统、采用直线电机的小断面地铁、常导磁悬浮交通系统以及轻轨低地板交通系统等。

北京地铁机场线是北京市第一条快轨线路，其制动系统全部采用从国外进口液压制动产品。随着营运时间的增长，该制动系统，出现了很多问题。制动系统作为轨道列车最大关键技术之一，对列车的运行安全有着重要的影响。

机场线车辆运行环境温度为 -35—40℃，最高运行速度为110km/h。机场线制动系统采用微机控制的电液制动系统，使用双处理器冗余运行保证监控装置，微处理器控制的液压制动系统，能够实现常用制动、紧急制动、停放制动、手动缓解和远程缓解等功能。系统采用了非粘制动方式——磁轨制动，来增加紧急制动时的制动力，并配合撒砂装置，改善轮轨之间的粘着。

磁轨制动是在转向架连个侧架下面各安装一个类似于制动电磁铁的装置，该装置在制动时利用磁铁吸力可以使其压紧在轨道上，通过磁铁上的极靴和钢轨之间的相对滑动产生摩擦制动力[1]。

一般轨道交通制动装置的制动力与轮轨间粘着系统相关，磁轨制动器在运行过程中，一般与粘着系数无关，可以在轮轨粘着不良的条件下确保制动距离，实现制动力的附加提高。同时，在常规时候能够有效缩短紧急制动距离，提高列车的制动安全。

2 磁轨制动器的改进

2.1 磁轨制动器原理及特点

磁轨制动器是一种电磁体，它悬挂在列车转向架下，位于钢轨的正上方，核心部分是电磁铁。磁轨制动器主要由电磁铁、励磁电路、升降风缸、构架制动梁等组成[2]。励磁电路的正负极引出端与电池箱或集中供电的电路相连接。

升降风缸用于降落或提升制动器，非制动时，升降风缸抬起制动器，距缸轨 120—160mm，制动时，升降风缸放下制动器，距钢轨约 10mm，这时接通励磁电路，电磁铁吸合至轨道上，产生制动摩擦力。

磁轨制动电磁体是由绕在一块铁芯上的线圈组成，通直流电情况下能够产生励磁。电磁铁的截面与永磁马蹄形磁铁类似。这样可以上传到轨道上的磁力线密度达到最大。线圈由分别被绝缘的电线绕在一个H形截面贴心线圈架上，按直流发电机型制造。磁轨制动器所产生吸力的大小由匝数和电磁铁在轨道上的接触表面来决定。

当轨道制动单元处于摩擦块下端和轨道上端之间的适当距离时，轨道制动单元会被其自身的磁力拉到轨道上（针对两个悬挂的低弹簧力）。因此，轨道也是一种电枢，取代了磁路的气隙并且使其短路。

当摩擦块和轨道之间的气隙足够小时，将会产生引力，通常称为粘着力。制动力通过摩擦块在轨道上的摩擦产生，粘着力表示制动力的大小。轨道制动单元的制动力被传递到转向架，然后通过导架传递到车辆。轨道制动单元以垂直弹簧安装的方式安装到转向架上。当轨道制动单元断电之后，轨道制动单元在弹簧弹力的作用下从轨道上提起，使轨道制动单元回到其初始位置。

磁轨制动器的特点：

（1）磁轨制动器在列车采取紧急制动时配合其他制动方式一起工作，作为轨道列车上的一种辅助制动，能够有效的减少紧急制动的距离。

（2）磁轨制动器作为一种非粘着制动方式不受列车车轮和钢轨间粘着系数的制约，并且具有机械清洁钢轨顶部的作用。同时，磁轨制动不会导致轴重转移，反而在制动时，使轴重增加，有利于粘着制动。

（3）磁轨制动器具有很强的制动力，一般用于紧急工况，使用频率低，且制动点相对于轨道不固定，不会给钢轨造成严重磨损。因此，它有比较长的使用寿命，能够提高列车行驶的安全性。

2.2　机场线磁轨制动器参数

磁轨制动装置提供车辆额外的制动力，使车辆不受车轮和铁轨之间粘着力的影响。两个磁轨制动器安装在每个转向架上，采用弹性悬挂，并位于车轮和铁轨上面之间的一个转向架的两侧。为了确定磁轨制动器的位置，并传递制动力给转向架框架，磁轨制动器两端设计了对于转向架框架很可靠的端部支架。当断电时，磁轨制动器处于缓解状态，磁极与铁轨之间的间隙在（名义上）6mm以上（此间隙可以根据需要进行有限调节）。磁轨制动装置通过电流接触器通以48V直流电源，在磁轨制动器和铁轨之间产生吸力大约为78KN。通过磁轨制动器滑靴和钢轨之间的摩擦，产生制动力，使车辆减速。

当断电时，弹簧悬挂使磁轨制动器返回其在铁轨以上的悬挂位置。调节弹簧悬挂总成以补偿车轮磨损和磁轨制动器滑靴磨损。磁极和轨面之间的间隙应保持在6mm。

2.3　磁轨制动器基本要求

（1）电磁铁本体应采用全密封结构，外壳防护等级为IP67级。

（2）电磁铁本体包括电磁铁芯、线圈绕组、密封钢板、电缆引线接口以及所有保证安全和工作性能的附属部件。

（3）焊缝外形尺寸满足以下要求：直线焊缝高度不超过2.5mm，圆弧焊缝高度不超过5mm；直线焊缝宽度不超过8mm，圆弧焊缝宽度不超过5mm。

（4）焊缝质量等级为CPC1级，检验等级为CT2级，并符合EN15085－3—2007的相关要求。

（5）无损检验要求：体积试验（RT或者UT，10%）、表面试验（PT，10%）、目视检查（VT，100%），并符合EN15085－5—2007的相关要求。

2.4　磁轨制动器的改进

制动器不依赖于轮轨之间的粘着状态为列车提供制动力，通过悬挂装置悬挂在转向架之下，磁轨的底面距轨面一定距离，在磁轨制动器得电后，迅速与钢轨吸合，产生的摩擦力通过传力装置成为列车的制动力。原车的磁轨制动器主要特点是分体多节结构。对于多节式磁轨制动器，其两端的两个极靴具有支撑和固定作用，其余的中间电磁铁都为可活动的，拥有可活动的间隙。其特点是当列车杂弯道或者轨道不平顺时，可以根据轨道情况，自适应调节磁轨制动器与钢轨面的贴合，使磁轨底面尽可能与轨面贴合，但其可调范围有限。原车磁轨制动器结构上过多的拆分结构导致了磁通回路中的磁阻增大，节与节之间的间隙也导致磁轨制动器的有效长度变短。图1为原车的磁轨制动器。

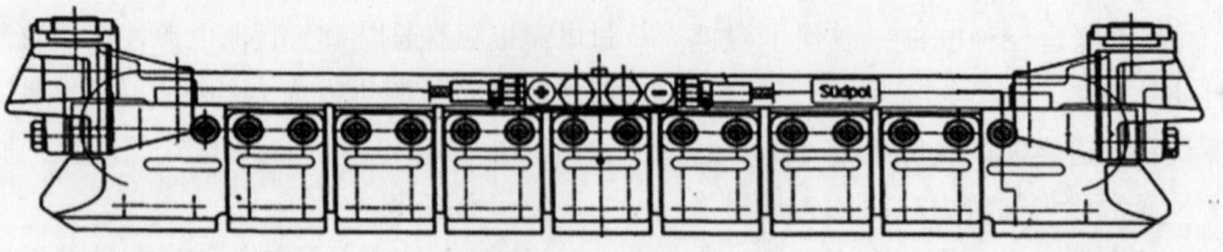

图1　原车的磁轨制动器

另外，原车磁轨制动器的滑靴与本体铸为一体，这就导致磁轨制动器到达磨耗极限后，就要更换除线圈和悬挂之外的所有零部件，维修维护工作量大，且价格昂贵。改进后的磁轨制动器在设计上弥补了原有磁轨制动器的不足。滑靴与磁轨制动器本体用螺栓连接，滑靴到达磨耗极限后，只需更换滑靴，维修维护方便，价格便宜。另外，磁轨制动器采用整体结构，制动器的有效长度等于标称长度。磁轨制动器采用了更有利于磁路导通的材料，磁饱和度更大，使得吸力值等于标称的吸力值。图2为改进后的磁轨制动器三维图。

图2　改进后的磁轨制动器

3　改进前后性能对比

原车的磁轨制动器与改进后的磁轨制动器在性能上和重量与外形尺寸上均有一定差异，具体数值见表1。

表1　磁轨制动器性能对比

	名称	改进后磁轨制动器	原车磁轨制动器	分析结果
性能指标	吸力值	78kN	78kN	相同
	工作电压	48VDC	48VDC	相同
	电阻	2.14Ω	2.23Ω	略小
	耐热等级	155级	155级	相同
重量与外形尺寸	重量	130kg	122.6kg	略高
	悬挂距离	968mm	968mm	相同
	滑靴长度	1032mm	1032mm	相同
	传力方式	侧面传力	侧面传力	相同
	磁轨本体宽度	130mm	130mm	相同
	滑靴磨耗极限	12mm	12mm	相同

磁轨制动器能提供给车辆的制动力才是衡量制动器的主要性能指标。轨道制动电磁铁的制动力取决于其吸力及电极板和轨道之间的速度相关摩擦因数[3]。由 $f=\mu F$ 可知，在相同吸力条件下，摩擦因数大的制动器提供给车辆的制动力更大[4]。原车磁轨制动器与改进后磁轨制动器的摩擦因数对比见表2。从在不同制动初速度的情况下，原车磁轨制动器以及改进后的磁轨制动器摩擦因数对比上可以看出，总体上改进后的磁轨制动器的

摩擦性能优于原型车。

表 2　摩擦因数对比

制动初速度	原车磁轨制动器	国产磁轨制动器	分析结果
20km/h	0.153	0.156	高
30km/h	0.132	0.128	低
40km/h	0.116	0.121	高
50km/h	0.104	0.112	高
60km/h	0.094	0.108	高
70km/h	0.086	0.104	高

4　小结

改进后的磁轨制动器作为机场线 QKZ5 型车辆国产制动系统的一个重要组成部件，在复杂环境条件下能正常地、可靠地工作，需经过各种环境试验的考验。针对整套系统的装车环境以及部件在车上的安装结构和位置，我们在实验室对磁轨制动器的样品进行了振动及冲击（2 类转向架安装）、高低温等型式试验。经过试验，改进后的磁轨制动器样品满足型式试验要求，试验结果合格。在后续的装车试验中，磁轨制动器的试验结果也符合车辆使用要求，其性能优于原车磁轨制动器的制动效果。

参考文献

[1] 陈俊栋．轨道车辆非粘着制动技术研究[D]．大连：大连交通大学，2008.

[2] 刘汝让．磁轨制动及其作用原理阴．机车车辆工艺，2001（5）：1－4.

[3] 诗卓．材料磨损原理及其耐磨性［M］．北京：清华大学出版社，1993.

[4] 林台平，林晖．电磁轨道制动装置的研究［J］．中国铁道科学，1997，18（1）：14－28.

北京地铁机场线制动夹钳国产化研制及改进

胡晓菲　宗立明　谢　浩

（北京市地铁运营有限公司地铁运营技术发中心）

摘　要：本文论述了北京地铁机场线车辆的基本概况，阐释了制动夹钳的原理和性能参数，并针对机场线制动夹钳的国产化进行了研究，对原车的制动夹钳进行一定改进。通过试验对比证明了国产制动夹钳的从性能及参数方面与原车的制动夹钳具有互换性，在结构方面可以弥补原车制动夹钳的不足。

关键词：机场线；国产化；制动夹钳；O型圈

1　概述

当前我国城市轨道交通正处在快速发展时期，并且呈现多元化发展的新趋势。除了大运量的地铁外，一些中小运量的轨道交通也正在受到关注，如单轨交通系统、采用直线电机的小断面地铁、常导磁悬浮交通系统以及轻轨低地板交通系统等[1]。

北京地铁机场线是北京市第一条快轨线路，其制动系统全部采用从国外进口液压制动产品。自2008年投入运营，至今已有6年多的时间，列车部分系统进入大修期，尤其制动系统，出现制动夹钳严重泄漏问题，擦轮、电磁阀控制器（电流调节器模块CRM）烧坏等问题。而且由于国外进口产品价格高、维护维修成本高、备品备件供货周期长、部分关键零部件的维修、维护需要借助外方的技术、备件等原因，随着运营年限的增长，给保障车辆正常运营带来了巨大困难，因此制动系统国产化已经成为亟待解决的问题。

为了达到降低机场线QKZ5型车辆制造成本、运营成本、及时提供备品备件和售后服务，彻底摆脱车辆制动系统对国外技术的依赖，提高机场线QKZ5型车辆制动系统的自主化、国产化水平，北京地铁研发中心进行了车辆制动系统的国产化改造。

2　机场线液压夹钳原理和基本参数

机场线列车在北京首次使用直线电机进行驱动，径向转向架为走行部[2]，液压制动系统进行制动，并使用CAN网进行控制。机场线车辆运行环境温度为-35—40℃，最高运行速度为110km/h。制动系统使用双处理器冗余运行保证监控装置[3]，微处理器控制的液压制动系统，能够实现常用制动、紧急制动、停放制动、手动缓解和远程缓解等功能。

机场线夹钳从功能上分析，具有以下功能：

1）常用制动功能（带主动制动功能夹钳）；

2）停放制动功能；

3）远程缓解功能；

4）保证制动间隙稳定的闸调功能；

5）机械手动缓解功能。

夹钳分主动与被动型，其中主动型制动力由液压提供，而被动型制动力由弹簧提供，液压缓解。两种型式的夹钳外形接口基本一样，主要差异在于主动夹钳具备了主动制动功能而被动夹钳没有。另外，主动、被动夹钳均带有自动补偿功能，即在闸片出现磨损时，能够实时补偿由于磨损造成的闸片与制动盘间隙差变化，使之保持在设计与调试时所设定的允许值。同时，制动夹钳还具有手动机械缓解，远程液压缓解等功能，使之更方便的利用于车辆的运行与维护。

夹钳的参数如下：

1）最大系统压力（静态）：160bar；

2）系统工作压力（静态）：150bar；

3）缓解压力：75bar ±5bar；

4）辅助缓解压力：76bar ±5bar；

5）制动闸片理论摩擦因数：0.35；

6）被动夹钳油缸压力为0bar 时输出力：30KN ±2KN；

7）主动夹钳主动缸压力150bar 时输出力：49.7KN ±2KN；

8）主动夹钳驻车缸压力为0bar 时输出力：30KN ±2KN；

9）主动/被动夹钳制动闸片总间隙：2.5mm。

3 制动系统国产化方案

3.1 制动夹钳国产化技术路线

制动夹钳的国产化研究主要分为几个步骤，首先对机场线 QKZ5 型车辆制动系统的技术及应用情况进行调研，制订了车辆制动系统由研发、设计、试制、定型到生产的方案计划。方案设计完善后，进行制图、工艺等技术文件的编制工作，同时进行铸造件、精度要求低的机加工件、热处理及表面处理件等外协件，据此进行零部件的外协生产及公司内生产车间内进货检验、组装、过程检验等工作。

对于基础制动部分来说，其国产化就是要研究开发解决夹钳活塞的运动及空间、活塞强度的最佳匹配等问题来实现列车的基础制动功能。制动系统液压夹钳需要在一个夹钳上实现停放制动、常用制动、紧急制动，受制动夹钳空间安装限制，制动活塞的运动行程及活塞的形式、空间及活塞的强度的匹配问题等都是国产化需要考虑的问题。

另外，在机场线 QKZ5 型车辆制动系统研制过程中，虽然经过方案论证和设计计算，但由于各方面的局限性，所设计的系统是否满足车辆的性能要求，必须通过各项试验来验证。根据试验内容的不同，对机场线 QKZ5 型车辆制动系统中的部件和系统进行了功能试验、耐久性试验及可靠性试验等。

机场线 QKZ5 型车辆制动系统各组成部件在试验时充分考虑系统的应用环境条件，严格按照 IEC 和 TB 的相关标准进行了相关的试验，同时根据各部件在车上的安装位置，选取不同的振动冲击等级进行试验，确保装车部件安全可靠工作。

3.2 国产化改进优化

本次国产化重点就原有制动夹钳的漏油问题做了细致分析，并从几个方面进行了优化。从结构上分析，我们制动夹钳结构和原车进口制动夹钳基本相同，只是其内部结构进行了一定的改进和调整。首先，由于制动系统设计油压偏高，原设计中大多采用高压环境下密封效果不甚理想的 O 型圈密封（图 1）。国产化产品采用成熟使用的组合密封结构（图2）。在国产化方案中，双向承压的采用了在压力较高状态下仍表现优异的斯特封，单向承压的采用了 U 型圈，有效地控制了主油缸高压油的泄漏。具体改进的原因如下：

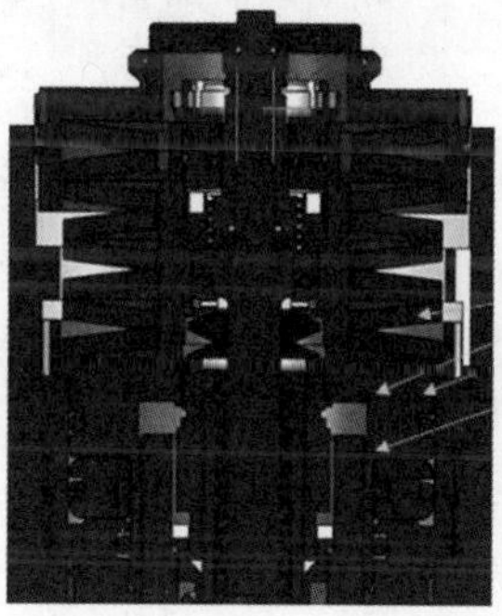

图1 原型车动密封件结构

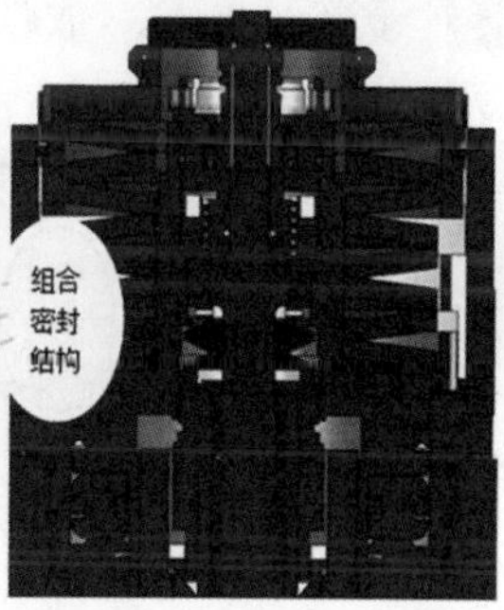

图2 国产化组合密封件结构

（1）组合密封，密封件耐磨性比 O 形圈更好，使用寿命更长。

（2）使用标准组合密封结构形式，比非标

结构更便于维护和使用。

另外，在改变密封形式的同时，选取了在工作介质 ROCYO 782 制动液里不易老化的密封材质，大大提高了密封在长期工作中的可靠性；同时，在保证接口与外形尺寸互换的情况下，优化了设计结构与加工工艺，如增加多道O型圈、优化密封槽的配合形式、合理控制密封表面加工精度等。

3.3 国产基础制动性能分析

通过检测，对比分析国产化制动夹钳和原型车上制动夹钳性能，见表1和表2。

表1 庞丰和原车主动制动夹钳性能检测情况对比

序号	检测项目	检测标准值	单位	庞丰制动夹钳	原车制动夹钳	对比分析
1	常用制动正压力检测	30（+3，－1.5）	KN	29.8	30.4	略低于
2	制动间隙检测	1－2.5	mm	1.5	1.5	相同
3	停放制动正压力检测	30（+3，－1.5）	KN	29.4	29.0	略高于
4	缓解压力检测	75±5	bar	76	74	略高于
5	辅助缓解压力检测	76±5	bar	75	74.5	略高于
6	机械缓解扭矩检测	≤180	N. m	<160	<150	略高于

表2 庞丰和原车被动制动夹钳性能检测情况对比

序号	检测项目	检测标准值	单位	庞丰制动夹钳	原车制动夹钳	对比分析
1	停放制动正压力检测	30（+3，－1.5）	KN	29.5	30.2	略低于
2	制动间隙检测	1－2.5	mm	1.5	1.1	略高于
3	缓解压力检测	75±5	bar	76	76	相同
4	辅助缓解压力检测	76±5	bar	75	76	略低于
5	机械缓解扭矩检测	≤180	N. m	<150	<140	略高于
6	闸调功能检测	夹钳制动间隙会减小，并最终稳定到正常制动间隙范围	/	正常	正常	相同

4 小结

从上述检测的情况来看，国产化制动夹钳性能测试的各项功能参数均正常，和原型车制动夹钳在性能方面无明显差异。由此，国产化制动夹钳在产品试验与实际运行情况方面，充分验证了我国在城市轨道交通制动领域已具备了自主研发与生产制造能力，在国家轨道交通行业零部件国产化的推进过程中起到了一定的作用。

参考文献

[1] 张振淼. 城市轨道交通车辆［M］. 北京，中国铁道出版社，2001.
[2] 李红军. 长春轻轨车辆的液压制动设计原理[J]. 城市轨道交通研究，2008（5）：57－59.
[3] 饶忠. 列车制动［M］. 北京：中国铁道出版社，2010.

连锁区域信号故障下乘务安全分析框架体系介绍

刘 阳

（天津市地下铁道运营有限公司）

摘 要：在现代社会的地铁运行中，数以千计万计乘客的生命安全与运营单位的工作密切联系。尤其是运营单位遇到信号防护系统故障后工作人员一旦失职，便会威胁乘客的生命与安全。运营单位工作人员更要负起高度的安全责任感，牢固树立安全意识。

关键词：信号故障；乘务安全；工程技术；安全教育；规章对策

1 信号故障

1.1 故障概况

文章中涉及列车运行中失去信号保护，即连锁区域信号故障的情况下的乘务安全分析框架体系，包括故障实例、危险分析和防护措施。联锁区信号显示红光带，道岔和信号机失去显示。联锁区行车方式改为中控和站控，站控有电话闭塞，中控有一车 令等。

1.2 故障虚例

虚拟事例：

在未进行风险识别、未采取有针对性防范措施的情况下，上级公司签发了不停电作业的工作票，员工在作业时，造成供电缺失，导致连锁区间信号系统故障。

A车站站台有列车占用。A车站同意前方车站闭塞请求。或者中控人员同意列车进入前方区间和车站。

模拟1：列车在接近A车站站台时，列车司机发现站台列车占用，随即采取紧急制动，在距前方列车尾部约30米停车。

模拟2：列车以50千米/小时的速度在接近区间弯道时，列车司机发现前方有列车停留，随即采取制动措施，但由于惯性与前方列车发生追尾碰撞。

模拟事例推论：

（1）A站工作人员违反电话闭塞中“保证规定区间空闲”的原则，开放进入A站站台的凭证，险些造成列车追尾事件。

（2）可能存在，列车司机在信号故障的情况下，仍超速驾驶、进站。

（3）可能存在，列车司机未核对进入区间凭证；也可能存在司机在不顾及安全的情况下，仍忙于追点，避免列车晚点。

分析表明，此类事件的导火索是信号设备故障，导致事态加剧的直接原因是中控人员或者站控人员业务能力差，造车多列晚点，严重影响运营秩序，甚至有可能造成追尾。

2 乘务安全分析

2.1 分析原理

本次虚拟实例分析采用预防原理3E原则，即安全事故防止的对策：工程技术、教育、法制对策[1]。结合到地铁交通安全上就衍化成为机械防护、人员教育、制度完善三个环节。

在事故防范措施中，机械防护可信，但不可坚信；机械防护乃是物品的，人防还是根本；人防需要牢固的制度基础，人防的一部分是加强安全技能、提升意识。

作业人员的不安全行为及生产作业中的不安全状态等现场事故大部分因为物防失效。物防失效，人防、制度防护就派上用场。工作人员利用制度中的措施如手指确认、复诵等，恢复可防护的模式。制度完善就是改不安全流程为安全流程，运营单位必须强化制度完善。

2.2 分析延伸

（1）设备的不稳定性导致危害的可能性增强

地铁运营由自动系统向人工控制系统转换，为恶性事件高发期。也就是说，工作人员和机械设备两种因素对事故的发生有影响，但是机械设备的危险状态对事故的发生作用更大些，就是一个一个的坑[2]。公司在预防制度缺失时，要严格规定运营期间设备的应急和排故，发现情况控制在20分钟之内解决。

（2）实例中人员的分析

通过对20多名司机进行了解和深入探讨，发现司机在知识来源、关注点、心理认知上等方面可以归纳为以下几点（见表1）。

表1 司机对信号故障认知分类

	知识来源	关注点	心理认识
无经验司机	开会	线路	精神集中
学员	师傅	进路、命令	未遇到过
有经验司机	经验	路票、手信号	发车凭证

由此发现，工作人员的教育需求是多个层次的；司机倾向实操性培训，可有效减轻现场压力；培训师非常重要；有经验的人员相信制度，所以制度要制定好；精神集中在处理故障时有用。

所以为了提升地铁人员的业务水平，在培训中应设立安全的目标、充分利用实例资料、做好司机实操训练。同时不断对司机灌输安全意识，通过动画等形式，能更大限度显示现场的演示、事故形成过程，使司机直观且身临其境地体会实例经验、教训。同时为了使安全生产法律法规落实，运营单位要落实安全监督强制原则，加强对一线工作的监督、指导。

对司机而言，强调司机的考核，加强安全教育和技术培训，对司机进行科学的管理，从心理、生理和操作管理上控制人的不安全行为的产生，就等于排除了事故产生的人的因素。

2.3 防护措施

（1）班组防控人员盯控事项

班组防控人员通过列车正线状态显示、手持台监听，重点关注列车运行进路情况，必要时提醒司机关键控制点。终到后报控制中心，询问后续运行安排，重点关注进路、信号、道岔位置，提示司机对控制中心口头调令进行复诵，尤其注意变更发车车次和发车时间。

班组防控人员配合乘务组长做好人员、行车物品准备工作，并保持与控制中心、司机紧密联系。

班组防控人员利用好列车正线状态显示终端设备，当控制中心呼叫列车下达越过红灯的命令时，辅助确认好前方区间无列车。

正线换车时，班组防控人员须提前问明备用车上线的时间，确定下线列车到达终点站前还是终点站之后，确保司机及时接上车，并安排人员到指定车站对行车事件卡片及时更换。

（2）列车司机安全培训事项

通用原则：按照控制中心指令行车；确认发车凭证和发车信号；列车司机区间行车时严禁超速，注意瞭望，做好信号、道岔、进路的确认；保持通信畅通，尤其是前后车司机，做到确保信息传达及时有效，前后互助。提示后方区间司机看好前方信号。

小交路折返倒台作业：确认好信号、进路、道岔，以不高于5km/h的速度进入小交路折返轨，并加强线路瞭望，倒台后和控制中心确认好发车时间、车次、驾驶模式。

安排列车终点站发车：司机和控制中心确认好发车时间、车次、驾驶模式。

列车长时间迫停区间：列车司机开启尾端大灯照明，通过列车广播安抚乘客（5分钟播放一次），并确认停车位置是不是在弯道上，对后方列车司机做好提示。

列车在车站前方红灯：按照控制中心规定的发车凭证发车（是车站手信号还是控制中心命令），排除前面列车通过、对方站停通过列车、除控制中心外的其他命令等三方面错误影响，和控制中心核对并复诵后发车；尤其注意站台防护信号机红灯。

信号恢复：列车司机开关门后将屏蔽门控制按钮打到手动位。

车速要求：按照区间限速，尤其是没有防护下注意全人工驾驶限速。

运营时间：注意安全行车，可有限度地避免追点行为。

其他：注意车站开关门方向，尤其是前方车站开门方向与已经开过的车站车门方向不同。注意使用侧墙按钮，启用驾驶台开门按钮时必须征得乘务负责人同意。

3 结语

保证地铁交通安全，就应该在机械防护、人员教育、制度完善三个环节上下功夫。

参考文献

[1] 佟瑛璇. 论城市轨道交通安全管理对策［A］. 中国土木工程学会城市轨道交通技术工作委员会、世界轨道交通发展研究会. 2015 中国（天津）区域轨道交通发展及装备关键技术论坛暨第 24 届地铁学术交流会论文集［C］. 中国土木工程学会城市轨道交通技术工作委员会、世界轨道交通发展研究会，2015（9）.

[2] 龙希希. 城市轨道交通运营安全管理研究［A］. 中国城市科学研究会轨道交通学组. 智慧城市与轨道交通 2016［C］. 中国城市科学研究会轨道交通学组，2016（8）.

浅谈日报统计在地铁检修管理中的作用

张　勇　史　昭　吴卓勋
（天津市地下铁道运营有限公司）

摘　要：在现实的企业经营运行中，谈到企业管理，人们首先想到的是企业制、经营方式、组织形式、运行机制等，而统计的重要性往往被企业忽视。的确，企业管理体制、经营方式、组织形式、运行机制的有效与否，对企业适应市场经济要求，提高经济效益，具有重要的影响和意义。但是在生产管理中，统计工作却发挥着举足轻重的作用，尤其在地铁检修工作中。科学的统计数据，能为领导者提供强有力的决策依据。假如没有科学的统计依据，就公司本身而言，各项管理就如空中楼阁，虚而不实，管理过程中就不能很好地找到切入点。本文从生产日报统计入手，阐明日报统计工作在生产管理中的意义与重要作用。

关键词：生产日报；生产管理；决策依据；检修管理

1　统计的意义与作用

企业作为社会经济活动的基本单位，通过各种形式的经济联系，构成国民经济的统一体，因此，国民经济的发展在很大程度上取决于企业的数量、结构和生产经营状况。企业的结构合理、素质好，生产经营保持良好循环，整个国民经济的经济效益的提高和发展速度的增长，才有坚实的基础。为此加强企业生产经营管理统计，参与企业决策管理，对企业提高管理能力具有重要作用。

对于我们地铁检修工作而言，生产日报统计工作在生产管理中起着至关重要的作用。一份完整的生产日报统计报表，不仅可以详细地反映一天的车辆检修运用情况，为管理人员提供基层管理的依据。它更能为一线的技术工人们提供每天检修情况的反馈，让基层检修人员了解整个车辆检修基地的生产活动，各修程检修发现的列车故障及车辆整改情况及进度，结合各种信息，在后续车辆检修时积累经验，从而提高车辆检修质量。同时，完整、真实、科学的统计报表还能为职工的奖金考核提供依据，真正体现效率优先、兼顾公平的按劳分配原则，从而激励职工的工作热情，为企业的持续稳定发展奠定坚实的“软件”基础。

2　生产日报统计在生产管理中要做好以下工作

（1）生产日报统计人员要认真履行工作职责，严格执行统计管理制度，不虚报、不瞒报、不漏报，准确、及时、全面做好生产日报的各项统计工作，并发送到各级领导及管理人员，报送上级主管部门。这些数据对上级主管部门和企业内部组织指挥生产有着重要的依据和指导作用。目前天津地铁车辆检修基地由车辆维修调度负责每日生产报表的统计及上报工作，将每日列车的检修运用情况、车辆专项作业情况、库内人员管理情况及异常情况等进行统计，并发送至检修管理人员，由管理人员上报领导及有关部门，每月进行总结，对检修工作有一定的指导作用。

（2）生产日报统计，每天都要搜集原始资料进行审核，发现原始数据有误时，就及时向有关检修人员提出意见，进行修正，如实向技术管理人员反馈。在天津地铁车辆维修基地，有车辆进行技术改造或者专项的检修作业时，需要实时对作业进度进行把控，实时了解作业过程中的各种问题，通过日报可以反映每天的进度及问题，而且遇到检修故障，检修人员可以通过查看以前的报表，是否有同类故障出现，为故障处理提供依据，为后续提高车辆检修质量提供可靠的数据支持。同时，在个人年终总结评比、车辆技术质量分析等都需要了解一年或者几年来的生产指标完成情况，这些都需要通过生产日报的统计台账，及时提供可靠的数据。

（3）以科技为手段，加快统计信息网络建设，强化统计信息决策功能。随着现代信息技术的飞速发展，信息网络时代已经进入到各行各业，并发挥了越来越重要的作用。企业统计应充分利用信息化技术的优势，建立健全统计信息网络，实现主要统计数据的及时更新，加快企业统计信息网络与部门统计网络的连接，实行企业联网直报，使统计信息既可及时地为政府和行业统计部门提供必要的统计资料，满足国家和行业的统计需要，又可立足本企业，建立适合本企业特点和市场需要的数据库与内部报表，及时反映本企业的业务发展和经济效益情况。这就要求企业统计信息系统必须做到规范、统一。总之，企业应充分运用现代科技管理水平和计算机技术，广泛收集信息，加快信息处理、传递和反馈速度，进一步提高统计数据质量，加快统计信息的传递与应用，强化企业统计信息决策功能。

3　加强统计队伍建设，提高统计人员素质

在市场经济条件下，全面系统的统计工作却需要具有一定统计业务基础、专业技术和相对固定的统计人员来完成。相对稳定的统计队伍，可以积累经验，为企业管理做出更大、更快捷的贡献。如果责任心不强、上进心不足、业务素质低下，势必贻误正常工作。统计人员要善于学习，不断提高自身胜任本职工作的能力。同时，企业单位、行业系统，尤其是企业集团需要具有责任心、富有时代感，并有开拓创新精神与较高业务素质，能带领同事一道学习与工作的统计负责人。在这种情况下，统计人员要有自信，要自强，方能自立。统计人员务必刻苦学习、努力工作、争取创新、多出成果。与此同时，企业领导和有关部门，也应为统计人员创造机会，组织他们学习统计知识及相关的业务知识、法律制度和微机知识，支持他们参加统计工作会议，鼓励统计人员参加业务水平和技术职称的考试，引导他们积极提供统计资料，主动参与企观上能勤奋者，加之客观条件得到改善，统计工作受重视，将水到渠成，必将使企业管理水平迈上一个新台阶。

4　基层统计工作的发展方向

目前统计工作在车辆检修统计分析，统计监督方面相对滞后于车辆检修生产发展的需要。所以我们应加强以下几个方面的工作：

（1）拓宽统计空间，了解国内同行业地铁管理方法、手段及其枝术、指标，使日报统计发挥其应有的作用。

（2）努力提高统计的工作质量和数字质量，增强统计准确性。

（3）提高统计参与预测、监督的能力。

（4）建立先进的统计网络系统，有效利用信息资源。

（5）加强统计人员的素质培养，提高业务水平。

（6）加强统计的制度约束力，从源头上提高统计工作的质量。

总之，企业生产与管理都离不开统计，作为企业统计人员必须充分认识统计在生产过程、管理过程中的作用，为提高统计服务水平努力工作并不断提升业务工作能力。

参考文献

[1] 苗敬毅．对市场经济条件下企业统计的思考[J]．生产力研究，2002.

[2] 李瑛珊．对统计工作改革的几点思考［J］．统计与决策，2003.

[3] 卢蓉．我国企业统计工作中存在的问题与对策研究［J］．现代商业，2009.

[4] 贾俊平，何晓群．统计学（第四版）．北京：中国人民大学出版社，2010.

浅谈天津地铁乘客诱导系统的发展应用

魏孝松　肖远东　吕　骁

（天津市地下铁道运营有限公司）

摘　要："互联网 + 城市轨道交通"是轨道交通运营管理企业未来的发展趋势。本文主要介绍乘客诱导系统在天津地铁的应用一种方案，通过对站内客流数据采集系统的完善，以车站信息导乘系统和手机 APP 为媒介，实时掌握路网各关键点位客流数据的现场情况，并通过优化乘客在地铁服务路径上能够接触到的提示信息和动态变化的信息发布载体和设备，发布全面的乘车及换乘信息，使乘客能够选择合理的路线和规划行程，规避拥堵区域，达到提升通行能力的目标，进而提升乘客满意度，打造地铁品牌形象，提升社会影响力。

关键词：乘客诱导系统；手机 APP；通行能力；乘客满意度

1　研究背景及本研究的主要内容

1.1　国内外研究概况及水平及存在的问题

随着我国城市化进程的不断加快，各地轨道交通的建设及运营得到了快速发展。在以轨道交通为骨干的城市交通客流运输系统中，如何为大规模乘客的出行提供方便、快捷、舒适的交通服务成为当前运营单位面临的难题。

"互联网 + 城市轨道交通"是轨道交通运营管理企业未来的发展趋势，手机客户端 APP 则是运营管理企业与乘客之间进行信息服务沟通的有效媒介。在介绍分析目前已发布的城市轨道交通官方 APP 基础上，提出基于实时数据的城市轨道交通 APP 的信息服务系统，有效结合传统静态交通信息服务模块和动态交通信息服务模块，克服传统 APP 交互性弱，数据库不全面、信息发布实时性差等缺点，是未来轨道交通的发展方向。

1.2　本研究的主要内容

通过对站内客流数据采集系统的完善，实时掌握路网各关键点位客流数据的现场情况，并通过优化乘客在地铁服务路径上能够接触到的提示信息和动态变化的信息发布载体和设备，发布全面的乘车及换乘信息，使乘客能够选择合理的路线和规划行程，规避拥堵区域，达到提升通行能力的目标，本研究主要分为以下三个方面：

（1）信息采集及公布途径的完善

研究如何完善站内的信息数据采集，提升站内设备的信息发布数据的及时性和准确性，并增加发布信息的载体，从而增加乘客的信息获取渠道。

（2）面向乘客的信息引导

①对站外信息的引导

研究如何更有效的对站外公交信息、道路情况、标志性建筑、换乘目的地的路线进行站内引导。

②对站内乘客的引导

a. 有效乘车路线的引导

研究如何结合列车运行情况（列车满载率、行车间隔等）及换乘站客流堆积情况，为乘客提供合理的乘车路线及交通途径。

b. 进站步行路线的引导

研究如何结合车站乘客分布情况、乘客乘车及出站路线，合理设置进出站乘客步行路线，规避站内拥堵区域，有效进行客流分流。

c. 候车区域的引导

研究如何结合列车载客情况和站台候车区域人员分布情况，提示合理候车点位，提升列车运载率。

（3）面向管理者的信息引导

①应急情况下信息提示及共享

研究如何有效提示相关管理者现场情况，并通过优化内部信息发布的载体和信息渠道，完善路网的联动机制，根据变化调整行车和客运组织手段。

②基础数据的留档分析

研究如何对历史数据进行归档及分析，优化数据表现形式，以图表等方式，体现历年变化及关键点位，为后续客流预测及组织提供数据支持。

2 采取的研究方法、可行性分析，解决问题的技术路线

2.1 采取的研究方法

通过乘客信息诱导技术对地铁路网中的客流状况进行监测，实时监控轨道交通线路区段的客流、特定位置的客流密度与运营状态。并用颜色表示该路段的即时运营情况，绿色表示运营状况畅通，乘客可顺利达到目的站点；黄色表示列车或站台处于满员或拥挤状态，车站可能实施临时性限流措施；红色表示乘客行走路径中断或车站关闭。乘客可根据车站站台显示屏（显示车厢内的客流密度）、车厢显示屏（显示路网拥堵状况）和自助查询屏（显示路网拥堵状况），了解地铁范围内的运营状况。便于乘客调整乘坐地铁的计划，避开拥堵和发生故障的区段。当运营处于非正常状态，尤其是遇到突发故障时，显示屏上可及时传送相关信息，便于乘客出行。

同时建立“地铁运营 APP”，乘客可通过该 APP 查看地铁路网交通状况及运营公司发布的重要信息，使乘客更方便查询到天津地铁线网客流情况，诱导乘客及时避开拥挤区段，改乘其他线路，同时，地铁还将利用各种平台及时与乘客沟通，及时对乘客发布列车拥挤、限流、故障等信息，第一时间告知乘客发生故障的线路、区段、原因和排故时间，方便乘客出行。

同时研究如何有效提示相关管理者现场情况，并通过优化内部信息发布的载体和信息渠道，完善路网的联动机制，根据变化调整行车和客运组织手段。对历史客流数据进行归档及分析，优化数据表现形式，体现历年变化及关键点位，为后续客流预测及组织提供数据支持。

2.2 可行性分析

（1）技术可行性：目前已开放城市轨道交通 APP 的城市包括北京、上海、广州、南京、深圳、重庆，具有一定的经验基础。

（2）经济可行性：通过提升服务，产生市场营销，增强与其他类公共交通的社会竞争力，进而体现运营企业社会效益与经济效益的双赢。

（3）社会影响：目前我国手机网民有 6.02 亿人，通过手机实时信息查询可以了解地铁实时客流情况，让乘客做出定向选择，不仅可以缓解地铁早晚高峰客流压力，还能提升地铁的服务质量，通过服务提升，打造地铁品牌形象，提升社会影响力。

2.3 解决问题的技术路线

（1）将各线路乘客拥挤情况、列车故障和限流等动态情况，将实时数据发布到车站 PIS 屏、出入口滚动 AB 屏、车载 PIS 屏中。

（2）在目前已开放城市轨道交通 APP 城市基础上，制作天津地铁官方手机 APP 与微信公众平台账号，将各线路乘客拥挤情况、列车故障和限流等动态情况，及时发布到手机 APP 及微信公众平台账号中，使乘客更好了解路网线路运行情况。

3 具备的条件及计划进度

3.1 具备的条件

目前已开放城市轨道交通APP的城市包括北京、上海、广州、南京、深圳、重庆等（见表1），具有一定的经验基础。制作天津地铁官方手机APP与微信公众平台账号，构建基于数据信息的服务系统，为乘客提供实时信息服务体验。

表1 我国城市轨道交通官方APP

城市	发布单位	上线时间	特色功能
北京	北京地铁运营有限公司	2013	“坐地铁游北京”栏目
上海	上海地铁运营有限公司	2011	TOS系统
广州	广州地铁集团有限公司	2012	站外实景导航
南京	南京地铁集团有限公司	2013	二维码拍摄功能
深圳	深圳地铁集团有限公司	2014	精确时刻表
重庆	重庆市轨道交通（集团）有限公司	2014	支持离线查询
武汉	武汉地铁集团有限公司	2016	内置全新3D实景地图
无锡	无锡地铁集团有限公司	2015	在线购买地铁纪念票卡
郑州	郑州市轨道交通有限公司	2013	地铁APP云购票

3.2 计划进度

表2 计划进度表

课题进展阶段		内容	预计需要时间
课题准备		1. 项目组组建； 2. 内部讨论资料收集； 3. 课题立项。	2个月
课题研究	前期：调研与资料整理阶段	1. 进行调研，研究同行业地铁APP的优缺点； 2. 整合天津地铁历年重点车站的客流数据。	6个月
	中期：程序内容设计阶段	通过对其他地铁APP优缺点的比较分析，整合功能，将关键点位时段客流数据的现场情况在地铁APP中应用。	18个月
	后期：内部试用阶段	将此功能在内部员工中应用，测试此系统的稳定性与实用性。	12个月
	结题：外部推广阶段	1. 建立试点车站：以单个车站为试点，将项目内容进行布置，对项目的稳定性与实用性进行鉴定，并对此项目进行乘客满意度调查； 2. 若在内部测试稳定，在乘客中进行推广，进行全路网覆盖。	12个月

4 预计达到的社会、经济、环境效益

目前我国手机网民达6.02亿人，通过手机APP及微信公众号信息查询可以使乘客实时掌握路网各关键点位客流数据的现场情况，并通过优化乘客在地铁服务路径上能够接触到的提示信息和动态变化的信息发布载体和设备，发布全面的乘车及换乘信息，使乘客能够选择合理的路线和规划行程，规避拥堵区域，达到提升通行能力的目标。不仅可以缓解地铁早晚高峰客流压力，还能提升地铁的服务质量，通过服务提升，打造地铁品牌形象，提升社会影响力，增强与其他类公共交通的社会竞争力，进而实现运营企业社会效益与经济效益的双赢。

5 考核指标和成果表达方式及推广途径

5.1 考核指标

（1）形式复杂环境条件下，轨道交通乘客诱导系统体系完善规范。

（2）有效缓解早晚高峰重点车站的客流压力，运营通行能力、乘客诱导效率提高10%。

（3）提升天津地铁乘客满意度。

5.2 成果表达方式

（1）制作天津地铁官方APP，实时掌握路网各关键点位客流数据的现场情况，发布全面的乘车及换乘信息，使乘客能够选择合理的路线和规划行程，规避拥堵区域，达到提升通行能力的目标。

（2）将各线路乘客拥挤情况、列车故障和限流等动态情况，将实时数据发布到车站PIS、出入口滚动AB屏、车载PIS屏中。

5.3 推广途径

（1）内部推广：将天津地铁内部APP在内部员工中应用，测试此系统的稳定性与实用性。

（2）建立试点车站：以单个车站为试点，将项目内容进行布置，对项目的稳定性与实用性进行鉴定，并对此项目进行乘客满意度调查。

（3）外部推广：

1）利用网络、微博、站内信息公示等途径，将天津地铁手机APP面向大众推广。

2）将项目内容进行全网路覆盖。

参考文献

[1] 陈涛，姚舜才，连晓峰. 城市轨道交通APP发展现状及展望［J］. 都市快轨交通，2016，29（4）：56－58.

[2] 苗维超，张宝富. 全景地图应用于轨道交通导航智能手机APP的可行性探究［J］. 科技风，2016（4）：111－112.

[3] 刘倩. 城市轨道交通客流诱导系统的研究与实现［D］. 北京交通大学，2009.

[4] 胡志赛. 城市轨道交通线路客流分布的实时预测及诱导研究［D］. 华南理工大学，2012.

北京机场线车辆转向架振动监测试验

谢 浩 李 熙[1] 陈 湘[2]
（1. 北京市地铁运营有限公司地铁运营技术研发中心；2. 北京唐智科技发展有限公司）

摘 要：本文介绍了北京机场线转向架振动监测试验方案，并对国产、进口转向架的振动数据进行了对比分析，为机场线国产化转向架应用项目提供了基础数据。

关键词：机场线；转向架；振动值

1 引言

机场线是北京市第一条快轨线路，连接北京市区与北京首都国际机场，也是北京奥运会的重要配套设施之一。该线于2008年7月19日全线开通。

近几年，机场线车辆转向架出现大量的故障，由于该型转向架停产，供应商（庞巴迪）不再提供相关零部件，导致机场线维修陷入困境，为此，组织开展转向架国产化应用研究。

国内已有学者对铁道车辆状态监测的理论、方法和应用进行了研究[2]，本文基于已有的高速机车走行部实时在线监测与诊断方法的研究、设备状态和列车转向架振动测试方面的研究方法及理论[1,3,4]，使用唐智科技的JK10450系统监测国产化及进口转向架的振动情况（见图1），通过分析，提供了两种转向架垂直和横向垂直振动情况，为转向架国产化应用研究提供数据依据（表1）。

2 试验方案

试验系统将采用“一主二分”的控制形式，即采用1台列车主机、2台车辆分机、1只转速传感器，4只前置处理器和12只复合传感器。

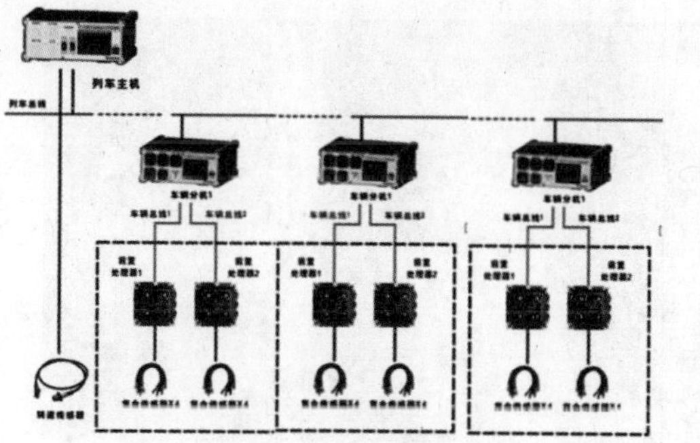

图1 JK10450 系统

表1 测点布置

转向架	部件	测点数量	备注
A1车1号转向架（国产化转向机、进口电机）	电机吊挂	2个	垂向、横向各1个
	转向架	2个	垂向、横向各1个
A1车2号转向架（国产化转向机、国产电机）	电机吊挂	2个	垂向、横向各1个
	转向架	2个	垂向、横向各1个
A2车1号转向架（进口转向机、进口电机）	电机吊挂	2个	垂向、横向各1个
	转向架	2个	垂向、横向各1个

3 试验步骤

（1）复合传感器安装（图2、图3）：在构架及电机相应位置打磨1个30mm×30mm的平面，再将传感器吸附上，在吸附周围涂抹

AB 胶。

图2　传感器安装（电机位置）

图3　传感器安装（转向机位置）

（2）转速信号获取：通过转速测试装置并接一路轴端转速信号至 JK10450 系统。

（3）线缆固定（图4）：将布置在转向架的线缆在考虑安全限界的情况下还需要考虑留有运动余量，绑扎到车体管路上。

图4　线缆固定

（4）系统调试：系统上电后，通过维护软件对列车主机和车辆分机进行软件及配置升级，库内进行静态敲击测试，以确认系统工作正常。

4　试验日程

2016 年 8 月 29 日，北京地铁机场线天竺车辆段进行设备安装及静态调试。

2016 年9 月的2 日、4 日、6 日、8 日分别进行时速 60&80km/h、70&90 km/h、100&110 km/h 及重载试验。

本次监测试验的 3 个转向架具体情况如下：

（1）L11021 车 1 号转向架（国产化转向架、进口电机）；

（2）L11021 车 2 号转向架（国产化转向架、国产电机）；

（3）L11022 车 1 号转向架（进口转向架、进口电机）。

5　试验结论（见图5、图6、图7、图8）

（1）9 月 2—4 日（60&80km/h、70&90km/h）

①L1021 车 1 号架转向架（国产）垂向最大有效值为 2. 40g，横向 1. 40g；

②L1021 车 1 号架电机（进口）垂向最大有效值为 1. 36g，横向 0. 84g；

③L1021 车 2 号架转向架（国产）垂向最大有效值为 2. 22g，横向 0. 90g；

④L1021 车 2 号架电机（国产）垂向最大有效值为 1. 15g，横向 0. 68g。

（2）9 月 6 日（100&110 km/h）

①L1021 车 1 号架转向架（国产）垂向最大有效值为 2. 72g，横向 1. 84g；

②L1021 车 1 号架电机（进口）垂向最大有效值为 1. 49g，横向 1. 19g；

③L1021 车 2 号架转向架（国产）垂向最大有效值为 2. 28g，横向 1. 42g；

④L1021 车 2 号架电机（国产）垂向最大有效值为 1. 64g，横向 0. 87g；

⑤L1022 车 1 号架转向架（进口）垂向最大有效值为 2.28g，横向 1.04g；

⑥L1022 车 1 号架电机（进口）垂向最大有效值为 1.11g，横向 0.57g。

（3）9 月 8 日（重载试验）

①L1021 车 1 号架转向架（国产）垂向最大有效值为 2.42g，横向 1.42g；

②L1021 车 1 号架电机（进口）垂向最大有效值为 1.76g，横向 2.48g；

③L1021 车 2 号架转向架（国产）垂向最大有效值为 2.35g，横向 1.15g；

④L1021 车 2 号架电机（国产）垂向最大有效值为 1.41g，横向 0.93g；

⑤L1022 车 1 号架转向架（进口）垂向最大有效值为 2.92g，横向 1.08g；

⑥L1022 车 1 号架电机（进口）垂向最大有效值为 1.34g，横向 0.67g。

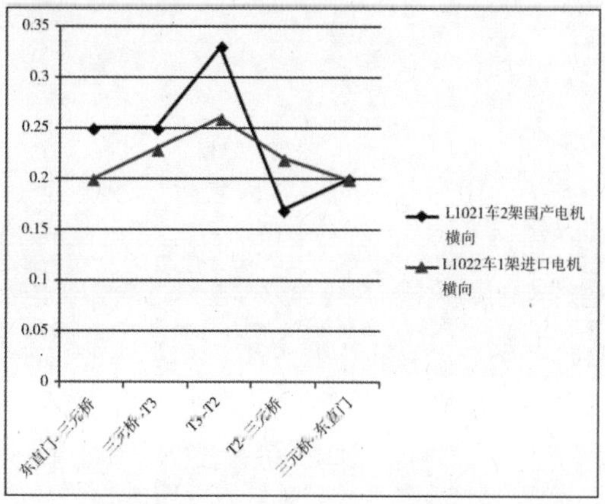

图 5　电机（横向）区间振动平均有效值对比

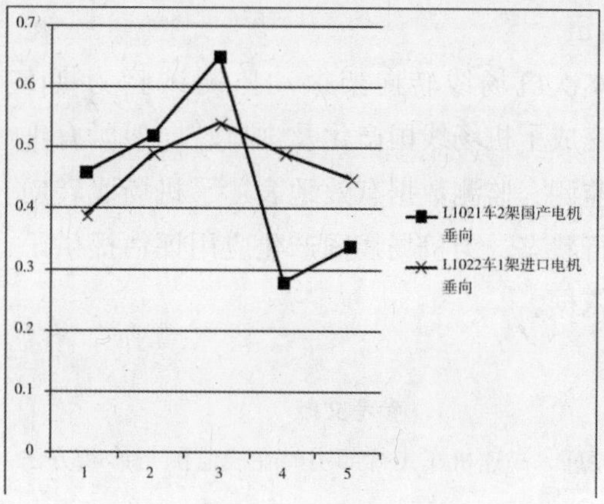

图 6　电机（垂向）区间振动平均有效值对比

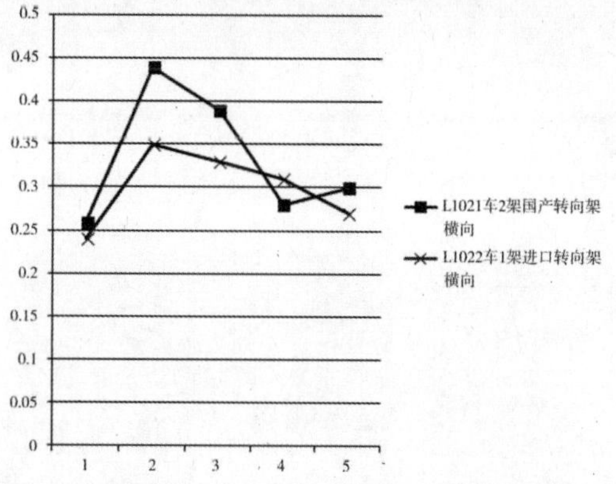

图 7　转向架（横向）区间振动平均有效值对比

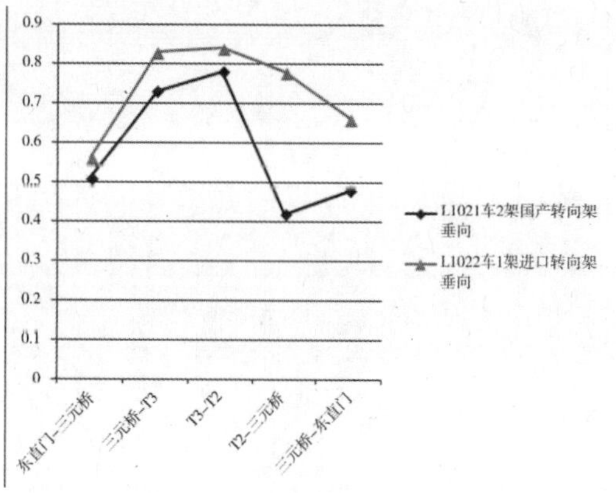

图 8　转向架（垂向）区间振动平均有效值对比

6 结语

本次机场线转向架振动监测试验为期5天，完成了机场线国产化及进口转向架所有工况的监测，监测数据有效地表达了机场线转向架运行状态，为机场线国产化应用评估提供了科学依据。

参考文献

[1] 漆瑾．高速机车走行部实时在线监测与诊断方法的研究［D］．西南交通大学硕士学位论文，2006.

[2] 李伟．铁道车辆状态监测的理论、方法与应用研究［D］．铁道部科学研究院，2000.

[3] 盛兆顺，尹琦岭．设备状态监测与故障诊断技术及应用［M］．北京：化学工业出版社，2003.

[4] 牛天兰，陈建权，丁彦闯，兆文忠．基于LabjackU12的列车转向架振动测试［J］．仪表技术，2007（7）：13－14.

浅析城市轨道交通网络化运营管理

陈沛睿

（天津市地下铁道运营有限公司）

摘　要：城市轨道交通网络化运营是当代城市轨道交通升级转型的必要途径，对于促进城市化发展以及巩固、提升城市轨道交通客流量具有长远的影响。当前，城市轨道交通网络化运营过程中面临着诸多挑战，城市轨道交通的网络化运营不仅需要建立健全网络化运行机制，还要从网络化运行机制中剥离出网路化运营管理体制、员工业务水平及素质以及运营战略的制定等方面，进行分块强化。与此同时，城市轨道交通网络化运营以先进的技术为依托，充分发挥先进的科学技术及高科技产品优势，进一步加大城市轨道交通网络化运营的平稳发展。

关键词：运营管理；网络化运营

1　引言

随着天津轨道交通网络结构日益复杂，网络规模日渐扩大。新线路不断开发，不断投入使用，不同线路制式和功能呈现多元化，客流需求按照空间、时间的趋向性分布，这使得网络化运营管理的难度大大增加，不同线路间运营协调要求提高。

2　网络化运营概述

2.1　基本类型

轨道交通网络化运营就是通过将多条原本独立运营的城市轨道交通线路，甚至是城市交通网络内的所有方式，利用运营管理的技术整合成一个整体，在有限的时间、空间范围内进行协调、调度和运营管理等，更好地满足客运需求，促进社会效益的提升。

按照运营目的或实施手段的不同，可将现有的网络化运营模式主要概括为两种：①换乘协调，该模式是从乘客的角度出发，为提高乘客出行的方便性，使其出行成本最小，从而通过优化换乘站设计、列车衔接时间等方面，实现多线乃至网络的运营协调；②资源共用，该模式是从运营者的角度出发，在满足客运需求和资源共享条件下，为促进资源充分利用，减小运营成本，使各种资源（土地、车辆、人力、能源等）实现多线乃至网络的协调共用。

目前国内网络化运营多以换乘协调形式为主，如换乘站最大协同、列车运行图协调、网络化布局等，这些成果较好地推动了城市轨道交通网络化运营的初步形成。但是，基于“换乘协调”的网络化运营仅是从列车衔接时间、客流组织等角度进行研究，而资源共用的形式则注重轨道交通网络内各种资源的共享，通过优化各种资源配置，实现社会效益的提升。因此，形成“换乘协调”与“资源共用”共存模式可以有效促进网络化运营，是我国城市轨道交通发展的途径之一。

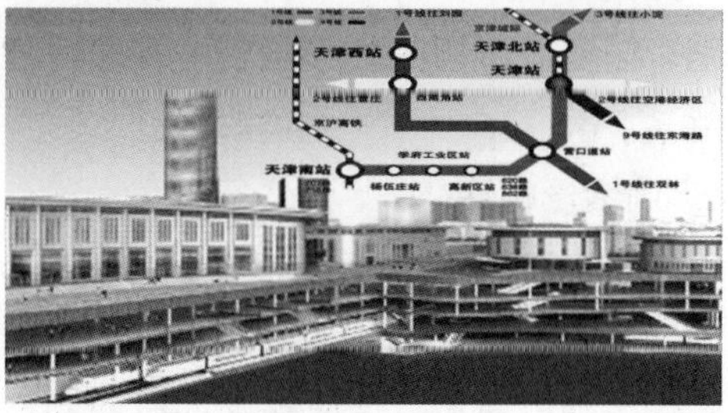

如上图所示，这里以天津站交通枢纽为例：天津站交通枢纽是集国家铁路、城轨交通、长途客运、城市公交、出租汽车为一体的大型综合交通枢纽，其在线网中的位置以及总

体布局如上图所示。地上为长途客运站及城市公交站，地下一层为火车站进出站厅及出租汽车乘车区，地下二层为城轨交通进出站厅，地下三、四层为城轨交通乘车区，通过立体无缝换乘，乘客可经由不同的交通方式到达滨海国际机场、天津西站、天津南站、滨江道商业区、鼓楼商业区以及多个商业、医疗、教育聚集区。通过将各运营单位的人力、物力等资源优势充分整合，实现了资源和价值共享，整体带动了城市建设和发展。

2.2 “资源共用”型网络化运营特点

2.2.1 范围扩展性

时间范围的扩展使运营的周转时间不再局限为通常情况下的一天，还可以根据实际的运营要求和资源利用的时间特点，例如春节前后、元宵节、平安夜等每年有规律的、可预测的客源流动，引入“周期性”运营的概念。

网络化运营使空间范围从单线变为多线、甚至整个城市交通网络，因而需要结合不同线路各自的空间特点、现有资源、可共享资源等方面制订整体网络化运营计划。

2.2.2 运营协调性

网络化运营是将多条线路甚至整个网络，从整体出发制订各种计划（如时刻表、换乘方案等）。一方面线路与线路之间存在一定的联系，如共线、并线、同享换乘站、客流堆叠等；另一方面各线路在资源的利用上存在时空上的差别，因而应协调的处理运营、管理等各方面的关系。

2.2.3 多因素影响性

城市轨道交通网络化运营常常受到外部影响和内部变化等因素的影响，如城市规划、道路政策实施、功能布局、客流需求的时间和空间分布，以及线路、车站间的关系等。实施网络化运营后，由于空间、时间范围的扩展，涉及的因素更多，尤其对资源利用来说，资源种类、数量均随之增大，而且各种资源可能又存在自身固有的限制条件，因而增加了实现网络化运营的难度。

2.2.4 资源节约性

确实单线运营相比网络化运营的实施难度要小很多，但在经济与科技快速发展的今天，实现网络化运营更符合运营需要，从全局的范围出发实现共有资源优化配置；尽可能实现资源共享，降低资源浪费，在保证运营单位和乘客利益的同时，又提升了社会经济效益。

3 城市轨道交通网络化运营模式思路及构建分析

3.1 城市轨道交通网络化运营模式思路

天津城市轨道交通网络化运营模式思路在不断改进过程中，与轨道交通网络化运营较为成熟的城市愈来愈接轨，包括体系构建的网络化、管理框架的扁平化、管理手段的信息化、以及资源利用的集约化。

体系结构的网络化是指打破因循守旧的城市轨道交通运营模式，建立整体网络格局的大局思维意识，立足于网络构架，服务于网络，以实现城市轨道交通的高效运行的思维观念。目前，依照天津市地铁线路规划及建设速度，从长远角度出发，开始着手将关注城市轨道交通现有路线各个系统协调单一的方向转变为未开通或即将要开通的线路整体网络协调上来。

构建城市轨道交通的扁平化管理，需要运营管理机构将树状组织框架继续精细化分工，但要进行压缩，尽可能地将横向管理最大化，结合行业特征突出业务处理为中心的运作方式，将流程纳入到扁平化的组织结构中，尽可能地减少中间层次，减少逐级汇报，达到直接沟通，迅速反应，高效处理。比如将每组列车、每座车站都纳入轨道交通综合控制中心的直接调度下，从而最大限度上实现管理的幅度，保证城市轨道交通网络化运营下的信息传送通畅，实现管理意图的快速传达、积极响应、高效处理，提升城市轨道交通运营管理的质量和水平。

管理手段的信息化，由于城市轨道交通网络化运营模式是以先进的大数据技术专业化运作为基础时刻变化的一个动态化的发展过程。因此，为了快速提升城市轨道交通网络化运营模式的效率和管理水平，保障城市轨道交通网络化运营的质量，要紧跟计算机技术和信息化技术更新换代的脚步，最大限度地学习并且充分利用。实现对信息流的高效处理。比如无纸化办公、上班软件打卡等势在必行。

资源利用的集约化，以体系结构网络化为前提，需要将城市轨道交通网络化运营模式作为一个可持续开展的工作来延续和拓展，同时实现重点把握。网络化运营资源共享具有多元化、包容性、持久性等诸多的优点，通过合理整合城市轨道交通网络化运营下的各类资源，例如备品备件、物资材料、检查器材、维修设备等，实现最大限度地降低运营的成本，实现城市轨道交通网络化的健康可持续发展。

3.2 城市轨道交通网络化运营模式构建

城市轨道交通网络化运营模式构建包括了集中管理层、线路区域控制层以及现场执行层三个方面。

其中，网络集中管理层的核心管理机构是轨道交通综合控制中心，其主要职能为运营协调、维护保障、信息处理以及票务清分组成。

线路区域控制层的构成比较复杂，大体上包括了运营控制中心、车辆基地、综合维修中心等，可按照不同控制层级需要进行组合。

现场执行层同样较为复杂，主要是由车站、维修现场、仓储现场、抢修现场、计量现场几个方面构成，各部分分别履行相应的具体职能，同时也要对关键数据进行共享。

4 城市轨道交通网络化运营面临的考验

4.1 乘客日益增长的需求带来的考验

城市轨道交通线网的不断拓展充实，提高了轨道交通的便捷性，加上安全、准时等优点，充分展现了轨道交通在城市交通上的优势，使之逐渐成为市民出行首选。随之而来的，是乘客对城市轨道交通客运服务、行车组织、乘车安全的要求越来越高。同时，城市轨道交通线网是一个相互联系的整体，无论哪条线路出现问题都会影响到整个路网的运行。哪个线路、哪个区间、哪个站有问题，都有可能成为市民热议的网上话题。因此，在满足乘客需求方面对我们来说是一个严峻的考验。

4.2 合理客流规划考验运营服务

随着天津城市的发展，商业商圈数量、规模呈上升趋势，景点景观以点状分布，加之滨海新区的迅速崛起，使天津轨道交通网络化的开发务必紧随城市发展的脚步。与城市轨道交通建设初期相比，往往以单条线路周边市民的生产生活需求为基础，进而开展客流预测、开展路线建设设计。然而新线路投入运行会给既有线路的预期客流带来不小的影响，从而造成对客流量预测偏差，给线路设施的服务能力和可靠性带来挑战，进而影响城市轨道交通的升级。

4.3 快速扩张的人力资源考验管理质量

人力资源的优化配置是人员数量的合理配给、知识技能合理配给、满足乘客需求合理配给的关键。一是轨道交通路网运营规模的不断增长，基层员工需求大量增加，其中新员工的加入，包括校招和社招，一定程度上给轨道交通工作输入了新鲜血液，但无论是校招还是社招的新员工都是站在跑线上的，都缺乏相关的实战经验和技术积累，这是面临的一大挑战。二是轨道交通运营管理不断发展给管理人员提出了高标准，对综合的管理知识、管理能力和管理经验与过去相比有了更高的要求，在此形势下，管理水平与高标准存在的落差，是面临的另外一大挑战。

4.4 资源的配置为基层管理带来的考验

城市轨道交通网络化速度突飞猛进，要想

满足日益增长的服务水平和轨道交通网络化整体的提升。尽可能做到新线和老线同时兼顾，才能齐头并进，共同承担天津城市轨道交通的责任。另外，随新线逐步增多，耗品增加社会效益成本，降低企业经济效益。在确保行车安全、确保服务质量等的前提下，使资源得到最大的优化。

5 保障轨道交通网络化运营的具体措施

5.1 健全与乘客有效的沟通机制

乘客是轨道交通中的重要组成部分，与乘客建立起良好的沟通机制，创造多条沟通渠道，是进一步提升轨道交通运营服务质量的关键。加强轨道交通相关宣传，通过站车 PIS 系统、车站信息宣传栏、开展轨道交通主题日或宣讲活动等，加强与乘客间的信息互动，向乘客宣讲轨道交通法规制度和乘车注意事项等知识，在乘客心中树立和谐友善、遵章守纪的出行理念，以城市主人翁姿态参与到轨道交通建设中，自觉抵制各类违规行为，从根本上降低人为行车客运组织事故，与乘客共创平安和谐的出行环境。

5.2 完善网络化运营客流预测机制

城市轨道交通客流具有随机性和不均衡性。其一，加强与交通管理等政府公职部门的联络沟通和协同作战能力，第一时间了解其采取的关于交通道路措施，及时判断轨道交通运营客流量变化，以应对各种应急情况。其二，不均衡性主要体现在早晚高峰和功能区域的分布上，面对巨大的客流数据，充分利用大数据技术有效获取关键信息，将客流数据在时间、空间的变化趋势形成可视化数据，帮助政府及运营管理人员做好客流预测，安排列车的运行密度，为运营决策提供依据。

5.3 提高员工技能水平和责任意识

不同岗位的员工都尽职尽责、精细作业，是确保运营管理安全高效运转的关键。为适应岗位工作的要求，必须加大对各岗位员工教育、培训、考核的力度，定期开展技术比武和应急预案演练，不断提升员工们专业技能和责任意识。同时建立健全轨道交通运营管理的相关制度规范，明确运营公司管理人员的管理职责，以此加强管理的制度化、规范化与科学化，将网络化管理作用充分发挥出来。

5.4 基础资源的合理配置

一方面，全面推进基础设备的优化配置，为避免乘客在新线体验的感觉远远优于老线路，也避免轨道交通网络化发展过程中各线服务水平不齐。从基础设备上，老线因设备老化等因素，造成设备使用过程中出现一些问题。因而，可从其他基础设施上进行弥补，比如配备地图查询系统、票价查询系统、公交查询系统等基础服务设备。另一方面，实现自由的优化配置，以技术资源代替耗品消耗，提升企业效益。比如无纸化办公，利用先进科学技术软件，记录生产安全、签到、培训记录等，即减少了消耗和开支，又简化了后期的存档工作。

5.5 强化网络化运营的安全风险管控

5.5.1 建立全面覆盖的安全管理体系

建立包括行车组织、客运组织、消防设施、专业设备、施工作业、环境控制、综合治理、票务收益 8 大模块的安全管理体系，实现安全管理模块化。

5.5.2 建立可量化的安全评估体系

根据运营安全风险的主要类型，结合运营安全模块化管理模式，科学应用安全评价数学模型和计算方法，实现安全管理的定量分析，形成安全指数评价体系，横向对比分析各模块、各线路的安全生产现状，提炼安全管理经验，纵向分析安全、设备质量的发展趋势，发现安全管理的薄弱环节。

5.5.3 对安全隐患实施动态识别与防控

形成安全隐患排查治理台账，并实时更新。对排查出的安全隐患，实施分类分级管理，分别采取相应的控制措施和应急措施，并通过安全预警与应急平台，实现对各风险点的动态跟踪和标识管理。

5.5.4 完善应急管理体系

按“一网五库”及“一个平台”，开展应急体系的各项工作。建立并完善应急联络网、应急预案库、应急专家库、应急救援队伍库、应急物资库、应急案例库，建设安全预警及应急平台。遵循“统一规划、分类指导、归口管理、分级实施”的原则，建立总体应急预案、专项应急预案、现场处置预案3个层级的应急预案体系。在行车和客运组织上，提出了线路联动管理的标准和方案。

结合地铁运营的业务特点，建立专兼职相结合的应急救援队伍，组建技术支持专家团队，形成应急处置的专业力量储备。建立应急物资分级管理机制。根据区域辐射原则，实现区域响应与线网支援的内部联动。完善应急外部联动机制，与公安、消防、街道、公交、电力、燃气等单位建立应急联动工作关系。

5.6 推动网络化运营的设备质量管理

在网络化运营下，设备分布呈由点到线、由线到面的发展趋势，分布广、数量多、管理难度大且复杂，“人盯人”的质量监控方式无疑会加大管理成本，也无法满足大数据管理的要求。

5.6.1 建立设备质量评价指标体系

该体系基于层次分析法和综合模糊评估法的质量评估方法，对各类故障进行分类统计，综合考虑故障的影响程度，每月对全路网、各线别、各专业的设备运行质量进行评价。通过这种定期的、可视化、指数化的评价，能够直观地发现重点问题，及时予以整改。

5.6.2 实施维修精密化管理

实现维修质量控制的精密化，主要依靠设备检修的机械化、智能化作业，利用高精度检修设备代替人工直接作业，实现维修质量的精密控制，结合拍照等方式记录现场信息，进一步规范现场作业操作，使检修质量有据可查。

6 结语

总之，伴随着城市经济的迅速发展，城市轨道交通进入快速发展期，因此必须深入研究和探索新的城市轨道交通网络化运营管理模式，用发展的眼光看待现代城市轨道交通网络化运营管理体系，更新交通运营体制，创新交通运营管理。

参考文献

[1] 乔珂. 城市轨道交通网络化运营特征及列车运行调整研究［D］. 北京交通大学，2015.

[2] 卞兆洋. 城市轨道交通网络化运营组织协调优化［D］. 西南交通大学，2015.

[3] 何霖，方思源，梁强升. 城市轨道交通网络化运营的挑战与对策［J］. 都市快轨交通，2015（02）：1－5.

[4] 施仲衡. 让科技引领我国城市轨道交通可持续发展［J］. 都市快轨交通，2015（1）：118－119.

[5] 史海鸥，孙元广. 广州轨道交通网络化运营客流特征和问题［J］. 都市快轨交通，2015，25（3）：29－33.

[6] 何霖，李红，方思源. 城市轨道交通网络化运营的组织体系［J］. 城市轨道交通研究，2014（2）：1－3.

浅谈城市轨道交通供电安全防误联锁管理系统

周治里[1]　郭茜茜[2]

（1. 天津轨道交通集团有限公司天津 300000　2. 天津市地下铁道运营有限公司）

摘　要：轨道交通供电系统是运营安全生产中一个不可忽视的重要环节，当需要进行维护作业时，出于对人身安全的考虑，不但要断开线路供电，而且必须在作业区域将供电线路接地短接，防止因意外供电而造成人员伤亡。目前，国内轨道交通供电行业通常都是采用传统“五防”系统来保障人员安全。但在实际生产运营中，靠传统“五防”系统的方式，会出现作业效率低、人员冗余、无法实时监控等安全隐患。本文通过对供电防误联锁系统的研究与分析，旨在进一步提高供电系统的安全性和可靠性。

关键词：城市轨道交通；供电安全；防误联锁

1　引言

随着国内地铁线网规模的不断扩大和里程数的不断增加，轨道交通运营供电管理的安全意识的逐步提高，对检修作业安全操作的要求也越来越高。基于地铁车辆段、场和车站高频率的检修任务，为防止任务的误操作，传统人工作业的方式已不能满足地铁安全、快速、高效发展的需要，需要用技术控制的手段保证轨道交通供电系统安全、规范、高效的运行要求。本文主要针对地铁车站可视化接地系统进行讨论。

2　目前在轨道交通停送电作业过程中可能存在如下问题

（1）由操作人员精神疲倦、业务不熟悉等因素造成的事故，比如操作人员不验电就挂接地线、带电挂接地线、在未停电的情况下进入检修作业区域、接地线未拆除的情况下恢复送电等误操作。

（2）接地线没有规范化和电子化的管理，使用过程也缺乏有效监控，容易出现拆除后遗落现场影响行车和送电。

（3）供电系统停送电与检修作业没有形成联锁关系，不能有效保障检修作业人员的人身安全。

（4）作业票没有实现电子化管理，每次操作过程中需要检修人员手写确认各项票据流程以及执行情况，操作票内容与实际操作也没有形成技术关联，存在不按票操作的安全隐患等。

（5）单次停送电及封挂（拆除）地线的作业时间较长，影响检修作业效率。

3　车站可视化自动接地系统组成（见图1）

可视化自动接地系统由自动接地装置、自动接地控制终端、自动接地工作站、光缆及连接电缆等组成。自动接地装置与自动接地控制

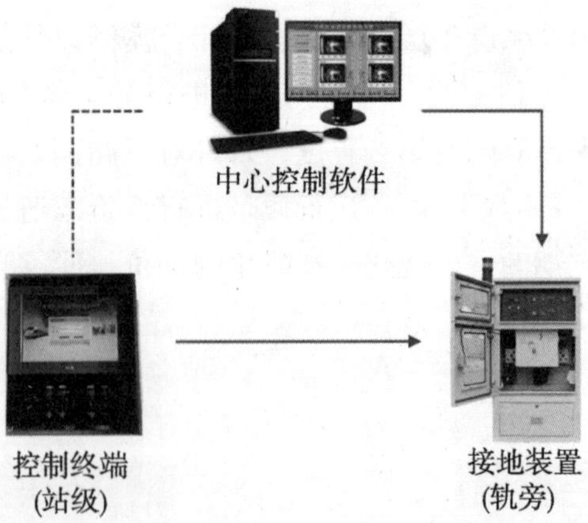

图1　正线车站可视化自动接地系统组成图

终端之间采用光纤以太网通信。自动接地工作站主要由工控机、光纤传送设备及管理软件组成，预留有远程中央级控制管理通信接口。

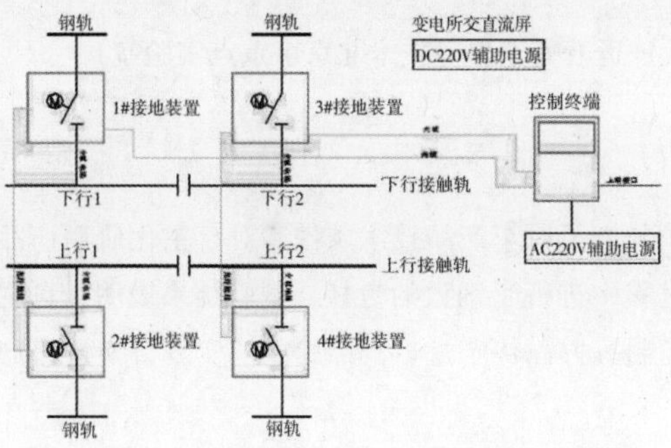

图 2　正线车站可视化自动接地系统架构图

4　车站可视化自动接地系统的功能

（1）对接触网（轨）、接地线的安全管控和规范管理，防止接地线误挂、漏挂、误拆、漏拆，并实现挂接地线前的强制验电、接地状态实时检测、使用记录统计查询等功能。

（2）通过可视化自动验电、接地系统实现OCC、综合调度、检修班组等地点的远程验电、接地操作及现场就地验电、接地操作功能。不管是远程遥控操作还是就地操作，都具有验电、接地联锁功能。

（3）可在检修班组的系统工作站上根据作业令进行作业票的编制、审核，提交调度批准，并可根据需要自动生成相关指导性操作文档并打印。

（4）对接触网（轨）作业过程进行安全管控，实现作业票、调令与接触网（轨）作业流程的技术关联，以及对接触网（轨）作业过程进行远程视频监视等功能。

5　结语

供电安全防误联锁管理系统实现了作业票电子化，流程审批网络化，从技术上保障现场操作与作业票相结合，减轻了作业人员的劳动强度，同时也提高了工作效率和质量。通过建立一个程序化、网络化、可视化、标准化的供电运行安全生产保障体系，保障了供电系统运行的安全生产，提高了轨道交通运行的可靠性，保障了市民出行安全。

参考文献

［1］宋人治，蔡彬彬．地铁35kV供电网络安全联锁设置［J］．电气化铁道，2009（6）：45－47.

［2］俞国荣．站场计算机联锁与电力调度信息结合显示的实现方法［J］．现代城市轨道交通，2009（4）：18－20.

［3］孙彰林，何颖．地铁供电系统可靠性设计［J］．现代城市轨道交通，2006（1）：14－16.

［4］严永乐．铁路电气化接触网停电施工挂接地线问题探讨［J］．铁道通信信号，2009，45（4）：30－31.

［5］何霖，庞开阳．城市轨道交通供电运行安全生产管理系统［J］．都市快轨交通，2014，27（4）：101－104.

地铁幅流风机自主化研制与应用试验

李　熙

（1. 北京市地铁运营有限公司地铁运营技术研发中心；2. 地铁运营安全保障技术北京市重点实验室）

摘　要：本文介绍了地铁轴流风机自主化研制的背景、原则，分析了原车产品技术条件，对自主化研制产品的性能与进口产品性能进行对比，制定了考核试验方案并在试验过程中进行了细致的考核，试验结果表明，自主研制产品完全能够满足原车运用要求，并在风速风量控制、噪声控制等方面优于进口产品，能够实现替换进口产品的目的。

关键词：幅流风机；自主化；应用试验

1　引言

随着城市轨道交通的快速发展，城市轨道交通在城市交通中所占的比例逐渐增高，已经成为市民出行的主要交通工具之一，并对出行品质和环境提出了更高的要求。作为调节列车内环境舒适度的重要装备，幅流风机的运行情况直接影响乘客乘车过程中的舒适度与出行品质。目前北京拥有地铁列车 4000 余辆，既有的车辆幅流风机以日本进口产品为主，包括三菱、日立、藤森等，总体采购价格较高。在产品运用和维护过程中由于国外生产单位对幅流风机的技术垄断，导致备品备件及维修成本较高，维修及服务不及时，对北京地铁车辆的正常运用和检修维护带来诸多不便。同时，北京地铁公司所辖部分线路车辆也装有国产幅流风机，包括吉林环铁、常州佰亿达尔等公司的产品在实际使用中也表现出了较高的稳定性和可靠性。为了进一步推进地铁车辆产品的国产化率，降低产品采购价格与采购周期，提高幅流风机检修维护工作的便捷和有效性，北京地铁开展了幅流风机的自主化研制和应用试验工作，实现自主研制幅流风机对进口产品的替代。幅流风机自主化研制工作的实施不但能够提高我国地铁车辆制造工作的技术水平，极大地节省了资金，降低了车辆维修用备品备件的采购周期，同时推动了我国轨道交通装备制造业发展和升级，具有极其重要的意义。

2　研制原则

开展幅流风机的自主化研制和应用试验工作，其目的是通过自主化研制的产品替代原车的进口产品。因此，自主化研制和试验应遵循以下原则：

（1）产品性能指标不低于原车产品性能指标；

（2）满足车辆使用技术要求和运用要求；

（3）机械与电气接口与原车产品一致；

（4）电磁兼容、振动冲击等性能满足相关标准要求；

（5）在抗振、防尘等方面有改进。

3　原车产品技术条件

车辆幅流风机分为单轴、双轴幅流风机，原车产品技术条件，见表 1。

表1　原车产品技术条件

序号	试验项目	技术要求
1	流量：m^3/min	双轴：≥13.7
		单轴：≥6.82
2	噪声：dB（A）	≤51
3	外观颜色	风机外壳涂黑漆
4	振动速度：mm/s	≤4.5
5	叶轮平衡等级：mm/s	6.3
6	接线端子	在幅流风机电机外壳设接线端子
7	风机外壳摆动	风机外壳能往复摆动，旋转角度 76°，频率 3.75 次
8	电机输入电流：A	≤0.15
9	电机温升：℃	含环境温度不超过 70℃

4　自主化产品技术方案与试验对比

按照自主化幅流风机研制原则以及原车技术条件要求，北京地铁进行了自主化幅流风机的设计、研制以及型式试验。自主化幅流风机技术方案如图1、图2所示。

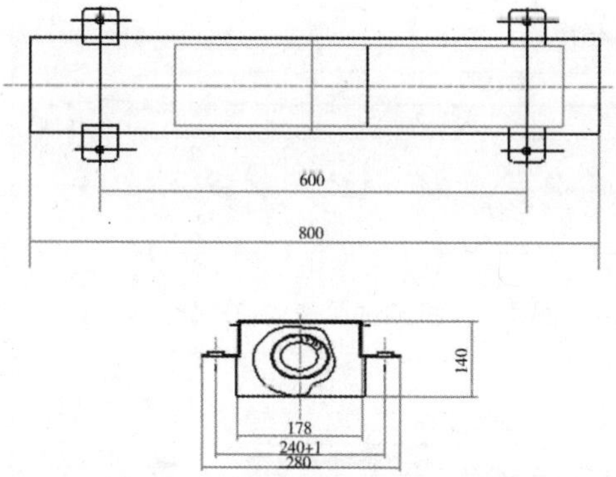

图1　双轴幅流风机设计方案

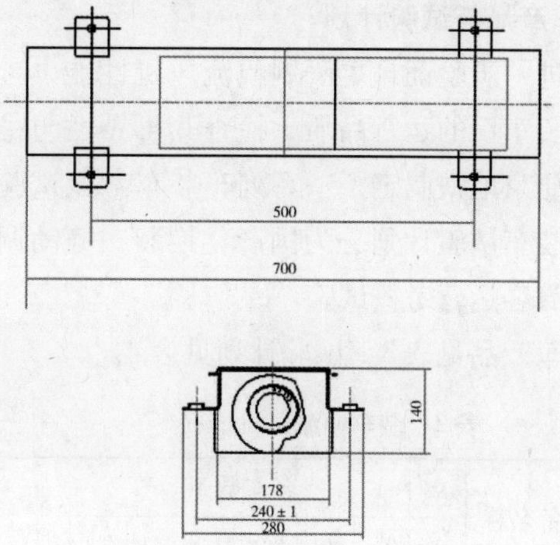

图2　单轴幅流风机设计方案

自主化研制幅流风机型式试验结果与原车产品对比，见表2。可见，自主化研制产品在性能指标上从一定程度优于原车产品。

表2　自主化产品与原车产品性能指标对比

序号	参比指标	原车	自主化
1	风机噪音	≤52 分贝	45 分贝
2	电机安装尺寸	小	略大
3	风机振动	大	小
4	风机寿命	15400 小时	15400 小时
5	风机价格	高	低
6	风量	6.8m^3/min（单轴）	6.9m^3/min（单轴）
		13.7m^3/min（双轴）	13.8m^3/min（双轴）
7	供电电源	AC380V、50Hz	AC380V、50Hz
8	额定功率	24W（单轴）	24W（单轴）
		49W（双轴）	50W（双轴）
9	额定转速	1420r/min	1420r/min
10	起动电流	≤0.3A（单轴）	<0.3
		≤0.6A（双轴）	<0.6
11	风机摆动角	76°	76°
12	摆动频率	3.75 次/分钟	3.75 次/分钟

5 装车产品与试验计划

为进一步验证自主研制幅流风机性能，考核其在装车后的运行品质，检查其可靠性与稳定性，北京地铁制定了一系列车装车考核试验计划。装车试验计划分为国产化换装、静动调试验和载客运营考核试验。

装车产品见表3，试验计划见表4。

表3 装车幅流风机情况

序号	设备名称	单位	各车数量						总数
			Tc	M1	M2	M2t	M1	Tc	
1	幅流风机（双轴）	台	4	4	4	4	4	4	24
2	幅流风机（单轴）	台	1	2	2	2	2	1	10

表4 装车试验安排

试验内容	试验地点	时间
试验车辆原车幅流风机风量及噪声检测	车辆段	1天
自主化幅流风机换车	车辆段	1天
试验车辆静、动调	车辆段、试验线	1天
6万千米运营考核	正线	6个月

6万千米运营考核周期内，在重要里程节点检测原车产品与进口产品风速、风量、噪声等重要参数，进行对比性研究。

6 装车试验结果

自主化幅流风机在北京地铁辆上进行了6万千米的考核试验，试验过程中根据车辆运用安排进行了性能检测，历次检测过程中的试验数据对比分析见表5、表6、表7、表8和图3、图4、图5、图6。

表5 试验过程中自主研制幅流风机风速检测

检测周期	风速测量结果平均值			最大值	位置	最小值	位置
	A	B	C				
1	1.79	1.93	1.72	2.87	3车3位A	0.41	3车2位A
2	2.76	3.30	3.17	4.73	1车3位A	1.55	3车3位A
3	2.01	2.91	2.76	3.44	1车4位B	1.88	5车3位A
4	1.93	2.84	2.71	3.44	1车4位B	1.87	1车2位A

表6 试验过程中进口幅流风机风速检测

检测周期	风速测量结果平均值			最大值	位置	最小值	位置
	A	B	C				
1	1.36	1.74	1.57	1.98	2车4位B	0.52	1车2位A
2	1.99	2.72	1.96	3.01	4车4位B	1.32	6车1位A
3	2.12	3.07	2.72	3.66	1车4位B	1.93	4车3位A
4	2.10	2.99	2.69	3.33	1车3位B	1.98	1车4位A

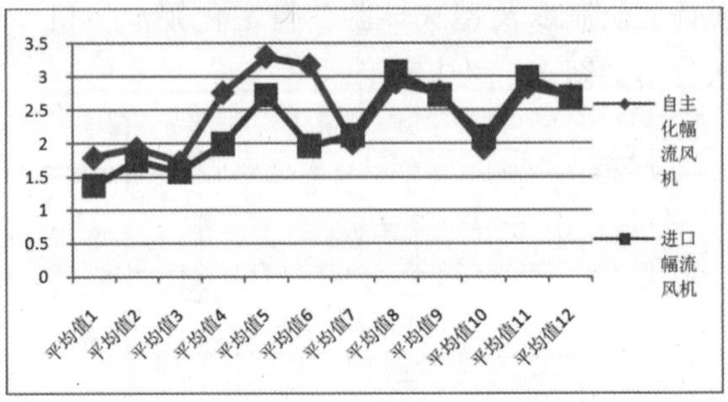

图3 风机测试风速均值对比

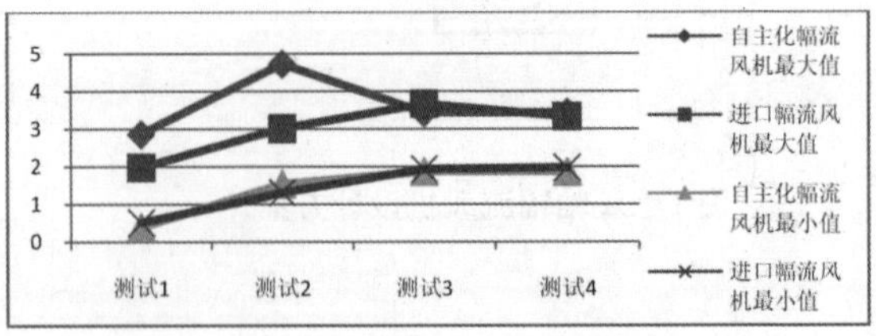

图4 风机测试风速最大值、最小值对比

表7 试验过程中自主研制幅流风机噪声检测

检测周期	风速测量结果平均值			最大值	位置	最小值	位置
	A	B	C				
1	55.9	55.8	56.3	59.6	1车4位C	53.4	3车4位B
2	53.2	54.0	53.1	56.4	1车4位B	51.2	4车4位A
3	52.9	52.8	52.4	54.6	1车4位A	51.2	6车2位B
4	52.9	52.8	52.3	54.5	1车4位B	51.2	6车2位B

表8 试验过程中进口幅流风机噪声检测

检测周期	风速测量结果平均值			最大值	位置	最小值	位置
	A	B	C				
1	64.9	65.2	65.2	67.1	1车2位C	63.3	5车1位B
2	54.9	56.3	55.1	59.1	6车4位B	53.1	5车1位A
3	55.6	55.5	56.0	57.3	5车3位A	54.2	2车2位B
4	55.6	56.3	56.5	57.3	5车3位A	54.3	1车3位B

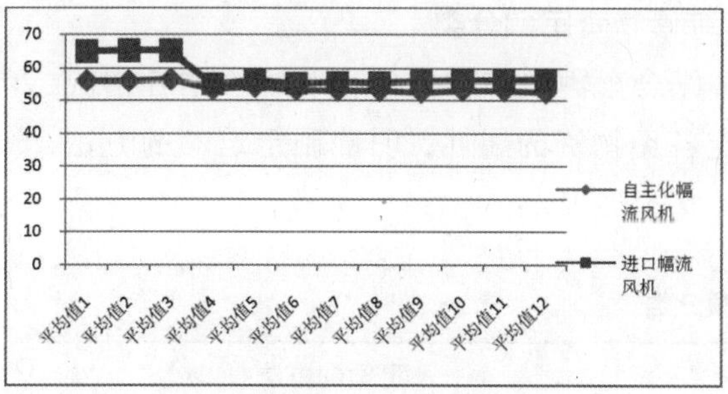

图5 风机测试噪声均值对比

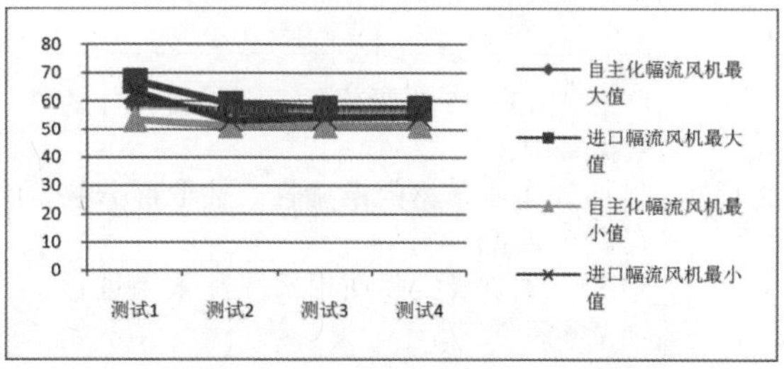

图6 风机测试噪声最大值、最小值对比

从试验结果看，自主研制幅流风机在噪声控制与风速风量控制上均优于进口产品，且在试验过程中发挥性能稳定，无故障发生。

7 结论

经过6万千米装车考核试验，自主化产品性能稳定，可以认定：

（1）自主研制幅流风机满足北京地铁运营技术条件，功能上能够替代原车进口产品；

（2）自主研制幅流风机在风流量、噪声及振动控制等方面优于原车产品，可以满足运营实际要求；

（3）6万千米正线考核周期内产品未发生任何故障，进一步验证了产品的可靠性，对于确保车辆安全运行具有重要意义；

（4）建议扩大自主研制幅流风机在地铁领域的推广应用，以缩短采购周期，节约采购及维护、维修成本。

参考文献

[1] 李熙．自主化幅流风机研制与应用试验报告［R］．北京市地铁运营有限公司，2015.

[2] 刘硕，张陆军，宗立明．北京昌平线地铁车辆幅流风机国产化研究［C］．第三届全国智慧城市与轨道交通学术会议论文集，2016.

车辆中心电客车维修物资定额

邵 奇 陈青健

（天津市地下铁道运营有限公司）

摘 要：天津地铁电客车维保物资成本占比较高，物资管控信息化程度低。为规范物资管控、控制成本，天津地铁车辆中心结合电客车的物资属性和维保修程内容，明确物资分类标准；根据物资消耗特征，制定物资消耗数据统计方案；依据物资消耗分析报表，设计出电客车维修定额模型。通过所有物资的消耗数据，在模型中纳入电客车部件状态、运行规律、寿命周期等影响因素，结合设备系统更新和物资统型的情况，将数十万项的消耗数据进行对比和分析，最终确定了1、2、3号线各修程和故障的物资消耗标准——“天津地铁电客车维修物资定额”。

关键词：电客车；成本控制；物资分类；消耗数据；维修定额

1 前提和意义

1.1 项目的前提

地铁维保物资消耗暂时未实现完全信息化管控。耗材和备件的消耗随设备运行状态和维保的需求无法实现统一。天津地铁为结合网络化运营的契机，推行标准化管理，在物资管控方面控制成本。制定出了电客车定修及以下修程的维修定额。

1.2 项目的意义

维修定额项目的意义是：

（1）指导物资需求计划的申报；

（2）提供消耗/故障分析的依据；

（3）是采购时技术需求和合同要求的数据支撑；

（4）为电客车专业系统备件选型和改造提供依据，约束厂家；

（5）是地铁公司运营物资消耗的标准、规范、样例和参考。

2 维修物资定额分类

结合车辆中心维保修程和物资消耗情况，确定各类物资的属性，明确制定定额的方法，具体情况如表1：

表1 维修物资定额分类

分类	定义	举例	细分	定义	定额的方法
A（4.8万元）	定修及以下修程文本规定必须消耗或实际在检修过程中必须消耗的物资和材料。	——	A1 ——	维修修程文本规定必耗物资和材料	——
		全棉抹布、玻璃水、甲基硅油等。	A2（4.8万元）	实际修程必耗物资和材料	1. 根据13—15年维修作业票据，统计的数据基础； 2. 验证作业票据的准确性，抽取部分物资现场测量核对； 3. 根据3条线实际使用情况和效果进行统型和定量。

续表

分类	定义	举例	细分	定义	定额的方法
B（105万元）	在检修作业中根据实际状态更换的物资和材料。	闸瓦、碳滑靴、接地碳刷、齿轮箱油、空压机油、空压机滤芯等。	B1（101万元）	动因更换物资和材料	1. 根据13—15年维修作业票据，统计的数据基础； 2. 根据各线路各专业工程师针对电客车个专业系统大量的数据计算和材料厂家提供的技术说明，确定磨耗量，磨耗极限，更换周期，使用量等，制定动因更换原因和参数标准； 3. 预测现场运营车辆数量（25—30列），维修车数以及运营千米数（250万千米—300万千米）。
		紧固件、标准件、照明物资、标识、电器电料、化学品等。	B2（4万元）	概率耗材	1. 根据13—15年维修作业票据，统计的数据基础； 2. 平均消耗数量。
C（315万元—393万元）	运营过程中出现的故障或检修作业中故障的备件。	3年平均年更换量大于等于3次的备件：门控器、G阀、S阀、火灾报警主机、媒体主机、LCD屏幕等。	C1（260万元—310万元）	高频备件	1. 根据13—15年维修作业票据，统计的数据基础； 2. 根据各线路各专业工程师针对电客车各专业系统大量的故障分析处理，预测出故障趋势； 3. 根据各线路各专业工程师对电客车各专业系统结构功能的了解，统型系统部件； 4. 制定标准消耗数量。
		3年平均年更换量小于3次，且故障随机性高，无法准确预测的备件。	C2（55万元—83万元）	偶发备件	1. 根据13—15年维修作业票据，统计的数据基础； 2. 平均消耗数量。
D ——	不发生实际消耗的物资，轮换件。	一系调整垫片、二系调整垫片、中心销调整垫片等。	D ——	轮换件	——

运营一条年运行千米数250万千米—300万千米的线路，需要25—30列车。每年月修250列、定修20列，根据表1可知：定修及以下修程每年的物资消耗金额约为500万元。

3　定修及以下修程的维修物资定额成本测算

根据天津地铁三条线车辆线路和运能情况，基本可知每列车电客车每年运行10万千米—12.5万千米。根据制定的维修定额项目可知（见表2）：

表2　对应分类后的物资消耗成本

物资类别	A2	B1	B2	C1	C2	合计
年度消耗金额（万元）	4.8	101	4	310	83	502.8
每车每年消耗（万元）	0.24	3.74	0.15	11.48	3.07	18.62

A2、B1和B2消耗成本随列车数和千米数增加而增加。结合同行地铁的定额数据，可以测算出天津地铁每车每年消耗金额在18万元—20万元。

4　电客车全寿命周期维修物资消耗成本预测

电客车不同生命周期内各修程的维修物资成本见表3。

表3　各修程的维修物资成本

周期	定修及以下修程每车每年物资成本	到架修前的物资成本	架修物资成本	到大修前的成本	大修物资成本
消耗金额	18万元—20万元	76万元—80万元	100万元	76万元—80万元	800万元

电客车的全寿命周期约为30年。按照天津地铁现有维修模式，一列电客车的全寿命周期内需经历24次定修，3次架修，2次大修。其全寿命周期内的物资成本为2380万元，约为一列车的采购成本。

5　电客车标准定额详细情况介绍

5.1　A类物资的定额标准

根据每年的工作量（250列月修车，20列定修车），定修及以下的修程每年消耗物资的金额约为4.8万元/年（见表4）。

表4　A类物资的定义

A1	目前各线路检修规程并无明确规定物资消耗，故A1物资暂定为无，后期各线路制定标准后，可将A2类变更为A1。部分B1类变更为A1。
A2	目前各线路检修时实际必须使用的物资，4.8万元/年。

5.1.1　A类物资的定额计算

表5　A类物资的定额计算

项目	消耗情况	维修数量		每年消耗金额
每列车（理论）	日检必须消耗物资为0元。	——		——
	月修必须消耗物资为2项，28元。	250列		7000元
	定修必须消耗物资为14项，2030元。	20列		40600元
故	每列车在定修期内每年必须耗金额。	2366元	一条线路一年的工作量维修必耗金额	4.8万元

5.1.2　A类物资定额明细

表6　A类物资定额明细

序号	名称	用途	月修定额标准	定修定额标准
1	TOP2000润滑脂	车钩润滑脂	——	1000g
2	冷镀锌	车钩端面防腐	——	240g
3	百洁布	清洁	——	30块
4	全棉抹布	清洁	1kg	25kg
5	洁洁灵	车体和转向架清洁	——	4kg
6	毛刷	清洁除尘	——	4把
7	玻璃水	补充玻璃水	2L	8L
8	高效清洗剂	螺纹防松线清洗	——	5罐
9	记号笔	螺纹放松线	——	3只
10	甲基硅油	车门胶条润滑保养	——	1L
11	锂基脂	车门结构润滑	——	4kg

续表

序号	名称	用途	月修定额标准	定修定额标准
12	酒精	触头清洁	——	0.5L
13	砂纸	触头打磨	——	5张
14	司控器润滑脂	司控器润滑	——	50g
故：车辆中心电客车必耗物资定额为：月修28元/列、定修2030元/列。				

5.2　B类标准物资的定额标准

根据每年线路运行千米数300万千米测算，定修及以下的修程每年消耗物资的金额约为101万元/年（见表7）。

表7　B类物资的定义

B1	动因更换物资和材料，每年消耗物资的金额约为101万元/年。
B2	概率耗材，每年消耗物资的金额约为4万元/年。

5.2.1　B1类物资维修定额明细

表8　B1类物资维修定额明细

序号	物资名称	规格型号	单位	定额用量	年度定额维修成本（元）
1	闸瓦（拖车）	YFC317A/YFC337	块	411	¥119，314
2	闸瓦（动车）	YFC317A/YFC337	块	206	¥59，657
3	拖车接地碳刷	SKM9	块	15	¥20，877
4	动车接地碳刷	MB-18/MB-37	块	121	¥211，680
5	碳滑靴	C124882	个	327	¥490，934
6	湿式轮缘润滑油	RAIL GREASE SWG16L/桶	L	384	¥11，256
7	齿轮箱油	壳牌G80W-90/EP-80200L/桶	L	494	¥17，290
8	空压机滤芯	8.000.8.923.P8.5	个	100	¥57，700
9	空压机油	壳牌P10018L/桶	L	450	¥16，200
10	牵引电机润滑脂	UNIMAXIZ NO.2	KG	7	¥1，368

注：1. 轮缘润滑装置有两种形式：湿式和干式。结合成本控制的要求推荐湿式；
2. 动因更换物资具体测算方法：a. 磨耗类——消耗量=（更换系数）×（年运行千米数/磨耗率）/可用量
b. 周期类——消耗量=（更换系数）×设备总量×单台更换量/更换周期。

5.2.2　B2类物资的定额标准为4万元/年。

此次定额也将概率耗材按照每年消耗金额高低进行区分，分为：高值耗材和低值耗材。

①高值耗材标准为2万元/年（见表9）。

表9　高值耗材

序号	物资名称	消耗金额
1	空调滤网滤芯	10000元
2	清洗剂	5000元
3	客室照明	3000元
4	胶类	2000元

②低值耗材标准为2万元/年（见表10）。

表10 低值耗材

序号	物资类别	消耗金额
1	标准件	6000元
2	化学品	10000元
3	电气电料	3000元
4	标识	1000元

5.3 C类标准物资的定额标准

根据各线路工程师针对电客车各系统的运行状态和故障控制，预测出系统的趋势和规律。结合系统部件统型的结果，制定标准消耗数量和金额为315万元—393万元（见表11）。

表11 C类物资的定义

C1	实际每年平均故障数高于3次的备件，每年消耗物资的金额260万元—310万元/年。
C2	实际每年平均故障数低于3次的备件，每年消耗物资的金额55万元—83万元/年。

5.3.1 C1类物资的标准消耗：39项，260万元/年—310万元/年，以下为价值高的6种主要备件（见表12）。由于涉及电客车元器件名称较多，本文暂不详细列出。

表12 C1类物资维修定额明细

序号	物资名称	计量单位	计划单价（元）	单列车设备数量	该备件在线使用数量	平均数量	金额（元）
1	网关阀	个	307771	6	162	3	923314
2	智能阀	个	234536	6	138	3	703609
3	门控器	台	11300	48	1200	48	542400
4	火灾报警主机	个	46465	2	46	4	185860
5	媒体主机	个	10000	2	46	12	120000
6	LCD屏幕	个	4306	48	1296	22	94732

5.3.2 C2偶发件大致消耗金额：55万元/年—83万元/年。由于涉及电客车元器件名称较多，本文暂不详细列出。

6 运用和后续研究

6.1 项目的运用

（1）明确了电客车专业各类重点耗材的动因更换原因和参数。

（2）指导现有定修及以下修程制定标准，促进1、2、3、6号线和今后新线电客车维保规程的统一。

（3）指导1、2、3、6号线电客车2017年度物资需求计划申报。

（4）指导信息化建设中的物资模块的物资分类和物资编码编制。

6.2 项目后续研究

（1）维修定额项目开展过程中发现：各基地维保规程不统一，各条线相同修程要求不统一，建议各室制定统一的维保规程，明确必耗物资，将部分B2类物资整合入修程中。

（2）高频备件定额是按照各线路实际故障情况和老化规律制定，针对新线建设时还应结合系统选型制定相应的备件策略。

（3）偶发备件按照各线近三年的消耗情况初步制定了消耗金额的预估，建议各基地应对管辖线路电客车系统状态进行评估，确定出偶发故障概率，帮助精确制定偶发备件的定额成本。

（4）结合制定的动因更换材料情况，质询供货商影响动因的因素和解决方案，积极将动因物资消耗控制在理想状态。或者通过物资选型替换试验选择优质的动因材料。

参考文献

[1] 吴静敏．民用飞机全寿命维修成本控制与分析关键问题研究．南京航空航天大学，2006.

[2] 刘忠俊．地铁车辆全生命周期维修策略研究．中国铁路，2016（4）：81－85.

“地铁运营关键设备监测平台”

——信号子系统功能简介

王红艳　霍苗苗　李　熙　宗立明

（北京市地铁运营有限公司地铁运营技术研发中心）

摘　要：“地铁运营关键设备监测平台”涵盖信号、线路、机电、车辆四个专业子系统以及多专业综合平台系统，其子系统之一——信号专业子系统，能够实现对城市轨道交通线路的信号系统设备的运行状态进行监测与智能诊断，准确掌握信号设备的运行状态，实现对设备故障趋势的预判与预警，并为信号设备的养护维修提供科学指导。

关键词：监测平台；信号系统；状态监测；趋势预判

1　引言

截至2016年年末，我国有多个城市新增运营线路或首次开通轨道交通。据统计，目前我国共有31个城市开通轨道交通，其中北京地铁共开通运营线路19条，运营总里程达574千米。排名靠后的城市还在加快轨道交通建设，以提高公共交通分担率，缓解城市交通拥堵问题。地铁的客运总量、客运强度，以及运营维护压力是而非常巨大的。

全国各地城市轨道交通发展模式基本都处于单线建设、单线管理、单线维护状态。同样，单条线路中的各专业系统也为单独管理和单独维护的模式，并没有形成集中监测模式[1-8]。因此，结合目前北京城市轨道交通路网建设对现代化、智能化、信息化的要求，利用现代化信息手段对轨道交通信号、机电、车辆、线路四个专业的关键设备进行集中监测的“地铁运营关键设备监测平台”，能够实现对设备状态的集中监测及各专业设备信息的智能分析，为地铁运营方实现故障预判、提高维修效率提供依据。以下仅对“地铁运营关键设备监测平台”的信号专业子系统的功能进行简单介绍。

2　功能设计

2.1　故障报警

信号专业子系统采用了多种先进技术，针对企业用户不同网络特点，形成了一套设备监测诊断系统[9]。该系统集监测显示、报警、诊断、养护维修支持于一体，为用户快速、准确诊断信号设备故障提供了有效的手段，提高了设备检维修效率。该系统基于以可靠性为中心的维修模式构建一种维修与安全保障信息化、智能化、动态决策专业管理系统。它主要由可靠性数据采集（运行信息、故障维修信息、维修保养信息），设备异常状态管理（设备状态、测点状态、状态监测），绩效管理（管理报表）等模块组成。

该子系统在监测到信号系统设备报警后向各工作站发送报警内容，并以报警列表、图形和声光报警等形式呈现。系统各工作站的设备监视界面以逼真的站场图、设备间拓扑图、设备分布图以及设备结构图等图像为用户提供最直观的设备故障状况以及定位显示。图1给出了某地铁线路某车站的线路状态监测界面，红色部分为设备报警显示。图2给出的是信号子系统状态监测，监测系统能够把信号设备的报警信息定位到出现问题的信号子系统的板级级别。

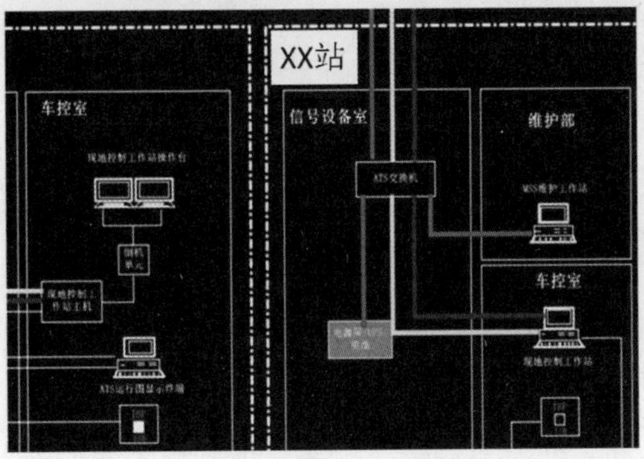

图1 线路状态监测

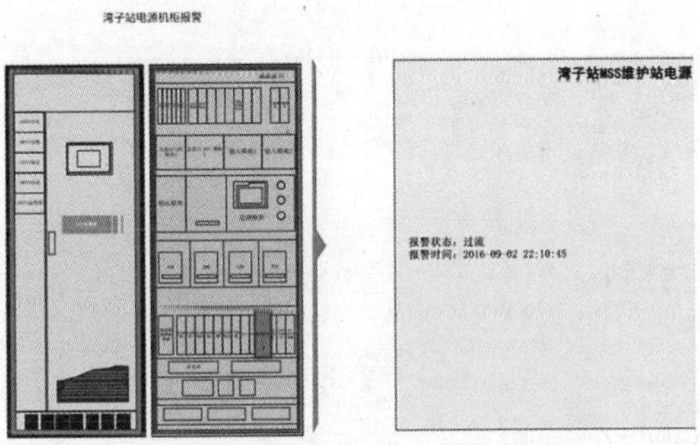

图2 信号子系统状态监测

信号专业子系统的软件监测功能能够提供以下各类报警信息，包括：

（1）ATS、联锁、ZC、DSU、DCS、电源（含UPS）、计轴、LEU系统室内设备硬件故障；

（2）信号机、道岔、计轴、AP等轨旁设备硬件故障；

（3）车载设备硬件故障；

（4）ATS、联锁、ZC、DSU、DCS、VOBC、电源、计轴、LEU系统的系统间通信故障；

（5）ATS、联锁、ZC、DSU、DCS、VOBC、电源（含UPS）、计轴、LEU的系统功能故障；

（6）熔丝报警、站台紧急停车按钮等开关量报警。

2.1.1 报警级别

信号子系统根据接收到的维护数据提取报警信息，报警信息有不同的等级分类，见表1。

表1 报警分类表

报警类型	报警原因	报警方式
一级	涉及行车安全的报警信息	在维护管理工作站和相应维护工作站报警，采用声音报警，须经人工确认后才能停止报警。
二级	影响列车运行和设备正常工作的报警信息	在维护管理工作站和相应维护工作站报警，采用声音报警，须经人工确认后才能停止报警。
三级	设备的电器特性指标超过规定范围等	在维护管理工作站和相应维护工作站报警，采用声音显示报警信息，恢复正常后自动停报。

2.1.2 报警显示

信号系统报警分等级显示在系统各工作站上，系统将报警和设备进行关联，使用用户可迅速跳转到站场图、设备间接拓扑图、设备分布图以及设备结构图等监测界面查看设备的故障状态和定位。报警信息显示包含：年、月、日、时、分、秒、报警名称、报警内容、报警类型、报警地点等。图3给出了信号子系统的具体的报警列表。

报警列表

序号	状态	站名	系统	报警设备	报警信息	报警时间
1		车载	VOBC	020组车1端VOBC红网无线AP板	红网无线AP板故障	2016-09-02 22:21:32
2		湾子站	POWER	MSS维护站电源	过流	2016-09-02 22:10:45
3		焦化厂站	LEU	LEU与MSS通信状态	连接中断	2016-09-02 14:24:33
4		广渠门外站	LEU	LEU与MSS通信状态	连接中断	2016-09-02 14:24:26
5		车辆段列检库	POWER	电源与MSS通信	连接中断	2016-09-02 14:20:07
6		备用控制中心	POWER	电源与MSS通信	连接中断	2016-09-02 14:20:06
7		控制中心	POWER	电源与MSS通信	连接中断	2016-09-02 14:20:06

图3　报警列表

报警信息根据报警级别及确认和处理的状态显示为不同的颜色，并给出提示信息。

维护管理工作站和维护工作站在用户的请求下显示维护监测服务器发送的所有报警信息，这些报警信息可按等级和时间顺序显示，用户可查询历史报警。显示的报警由维护监测服务器根据预定规则和错误事件进行发送。

维护工作站，监视各自管辖范围内的信号设备状态和报警。维护管理工作站生成相应报警的维修工单。图4给出了维修工单管理中的工单列表。

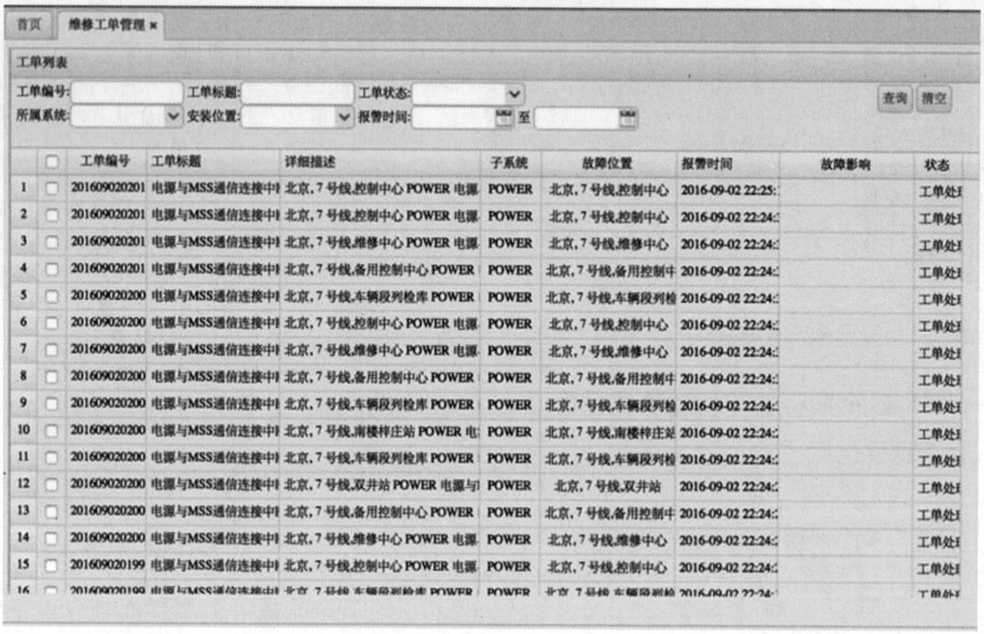

首页　维修工单管理

工单列表

工单编号:　工单标题:　工单状态:　查询　清空

所属系统:　安装位置:　报警时间:　至

	工单编号	工单标题	详细描述	子系统	故障位置	报警时间	故障影响	状态
1	201609020201	电源与MSS通信连接中	北京,7号线,控制中心 POWER 电源	POWER	北京,7号线,控制中心	2016-09-02 22:25:		工单处
2	201609020201	电源与MSS通信连接中	北京,7号线,控制中心 POWER 电源	POWER	北京,7号线,控制中心	2016-09-02 22:24:		工单处
3	201609020201	电源与MSS通信连接中	北京,7号线,维修中心 POWER 电源	POWER	北京,7号线,维修中心	2016-09-02 22:24:		工单处
4	201609020201	电源与MSS通信连接中	北京,7号线,备用控制中心 POWER	POWER	北京,7号线,备用控制中	2016-09-02 22:24:		工单处
5	201609020200	电源与MSS通信连接中	北京,7号线,车辆段列检库 POWER	POWER	北京,7号线,车辆段列检	2016-09-02 22:24:		工单处
6	201609020200	电源与MSS通信连接中	北京,7号线,控制中心 POWER 电源	POWER	北京,7号线,控制中心	2016-09-02 22:24:		工单处
7	201609020200	电源与MSS通信连接中	北京,7号线,维修中心 POWER 电源	POWER	北京,7号线,维修中心	2016-09-02 22:24:		工单处
8	201609020200	电源与MSS通信连接中	北京,7号线,备用控制中心 POWER	POWER	北京,7号线,备用控制中	2016-09-02 22:24:		工单处
9	201609020200	电源与MSS通信连接中	北京,7号线,车辆段列检库 POWER	POWER	北京,7号线,车辆段列检	2016-09-02 22:24:		工单处
10	201609020200	电源与MSS通信连接中	北京,7号线,南楼梓庄站 POWER 电	POWER	北京,7号线,南楼梓庄站	2016-09-02 22:24:		工单处
11	201609020200	电源与MSS通信连接中	北京,7号线,车辆段列检库 POWER	POWER	北京,7号线,车辆段列检	2016-09-02 22:24:		工单处
12	201609020200	电源与MSS通信连接中	北京,7号线,双井站 POWER 电源与	POWER	北京,7号线,双井站	2016-09-02 22:24:		工单处
13	201609020200	电源与MSS通信连接中	北京,7号线,备用控制中心 POWER	POWER	北京,7号线,备用控制中	2016-09-02 22:24:		工单处
14	201609020200	电源与MSS通信连接中	北京,7号线,维修中心 POWER 电源	POWER	北京,7号线,维修中心	2016-09-02 22:24:		工单处
15	201609020199	电源与MSS通信连接中	北京,7号线,控制中心 POWER 电源	POWER	北京,7号线,控制中心	2016-09-02 22:24:		工单处
16	201609020199	电源与MSS通信连接中	北京,7号线,车辆段列检库 POWER	POWER	北京,7号线,车辆段列检	2016-09-02 22:24:		工单处

图4　工单列表

BDMS系统的报警信息主要包括信号系统各子系统的设备报警和系统运行状态报警信息，设备报警定位到板级级别。

对故障报警的打印内容可以人工选择和排版，但不可改变事件及报警的内容，对于全部故障事件及报警可通过安全存储设备及时进行实时保存。

2.2　信息发布

针对不同的使用用户，系统划分工区级维护员、项目部级维护调度员和中心级的调度主任三个层次。一条报警按以下步骤处理：

（1）当有故障报警发生时，触发维护提醒，该维护提醒下发到工区主任；

（2）工区主任应在10分钟（该时间可配置）内响应并处理故障，如未能及时处理，该报警信息将发布至其上级项目部维护调度员；

(3) 项目部调度员收到故障提醒信息后，应在5分钟内（该时间可配置）向工区直拨电话；

(4) 如5分钟内未处理，该故障信息则推送至其上级中心级调度主任；

(5) 任务超时可推送至手机APP进行显示。

2.3 维护管理

信号子系统具有智能化管理功能，对信号系统的各设备进行维护信息分析，根据分析结果，提出对信号设备的维护管理计划的建议。该系统还能智能的提供信号设备的维护指导建议，为用户的维护维修提供技术支持。信号子系统将整个维护管理的流程“电子化”——维修管理工单，对维护管理的过程进行智能化的管理。

维护管理工作站在维护人员的请求下显示所有工单。信号子系统根据维护计划自动生成计划性维护工单，维护调度人员也可以制定纠正性维护命令，从维护管理工作站向维护工作站发出，并由维护人员接受执行。

工单包括以下内容：设备名称、工单类型、计划时间、下单时间、下单人、接收人。

维护人员依据维护工单执行维护作业，并填写工单维护记录，回执内容包括：完成时间、执表人、执表情况、超期说明。

当工单的维修工作状态为完成时，审核通过；设备状态为正常时，关闭工单。

2.4 故障统计和报表

维护工作站可进行信号报警设备接收、统计和处理整个信号系统的故障报警信息，并能按要求自动/人工生成所有信号设备报警和各单项设备的日表、月表、季表和年表，实现集中监测信息的汇总、报告、显示、打印等集成处理。所有的故障报警信息及生成的各类报表均汉化（简体中文）。

信号子系统包含以下方式进行故障统计：报警次数统计、报警比例统计、报警趋势统计、计数统计、行车指标统计。

信号子系统自动储存各种报表，存储时间根据报表类型不同而各不相同。系统可按照用户需求定制报表形式。所有统计和报表可通过提供的打印机输出。

2.4.1 备品数量预警

该系统可设置备品数量不足门限值，系统自动监视各设备备品数量，当库存数量低于不足门限时，系统会产生备品数量预警，通知工作人员进行备品采购。

2.4.2 在线设备寿命周期预警

各设备出厂时存在理论使用年限，设备的生命周期通过扫描二维码被全程管理。系统自动判断设备的使用时间是否已经达到设备寿命年限，当达到设备寿命年限时，系统会产生设备服役年限预警，通知工作人员进行处理。

2.4.3 设备履历管理

针对每个设备，该系统提供该设备的履历查询。查询内容包括：入库时间、上线时间、维修次数、每次维修的开始和结束时间、返厂次数、返厂开始时间和结束时间、重新上线时间。

2.5 系统管理

用户在使用系统的维护管理工作站前必须先创建用户并设置用户密码，用户必须通过用户名和密码登录到维护管理工作站和维护工作站。

系统默认包括管理员、维护调度、维护员三种不同等级和权限的角色。图5给出的是系统管理操作界面。

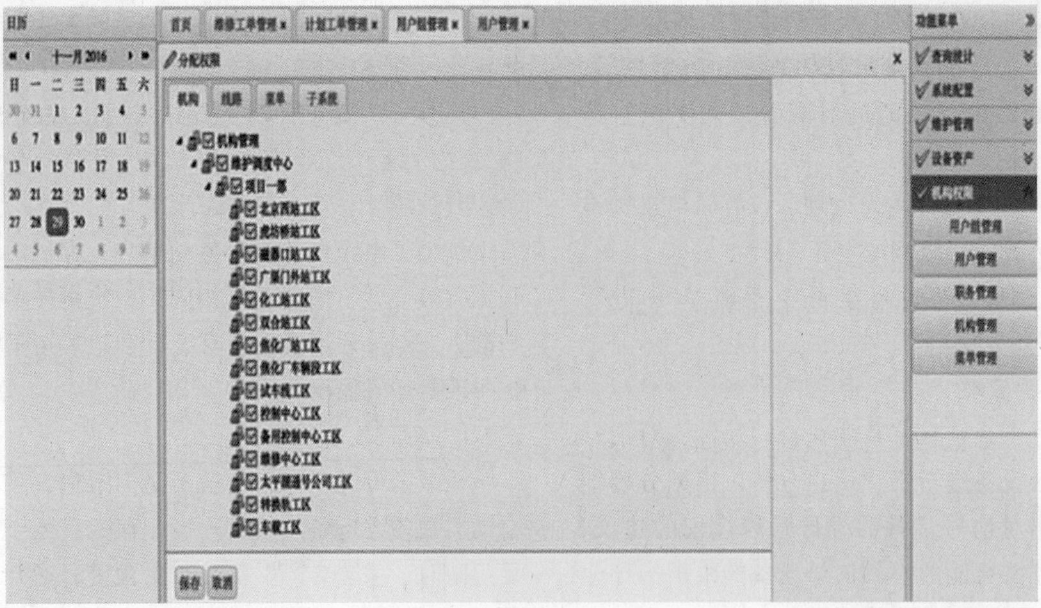

图5 系统管理

3 结语

通过对智能信号子系统的研究，利用现代化信息手段对地铁信号设备进行状态监测与智能诊断，对故障进行实时报警，建立信号系统设备运行情况数据库，并对数据进行分析实现设备故障趋势预或预判，为地铁运营方降低营管理难度及维护工作压力提供了有利的保障和支持。

参考文献

[1] 樊国林．城市轨道交通信号维护支持系统研究[J]．城市轨道交通研究，2014，17（4）：39－42.

[2] 王红艳，霍苗苗，张骄，李熙．城市轨道交通关键设备在线监测与智能诊断系统设计研究［J]．智慧城市与轨道交通 2016.

[3] 谢晓宏．地铁信号系统中的智能信号功能分析［J]．通信世界，2016（14）：115－116.

[4] 单传旺．地铁信号联锁设备的故障判断分析[J]．智能城市，2016（6）．

[5] 王枫博．地铁信号设备在线监测系统设计与实现［J]．电子科学技术，2016，3（2）：131－134.

[6] 常浏凯，谭华．地铁信号设备在线监测系统设计与实现［J]．铁路计算机应用，2015（3）：54－56.

[7] 刘大为，郭进，王小敏，陈建译，杨扬．中国铁路信号系统智能检测技术［J]．西南交通大学学报，2014，49（5）：904－907.

[8] 陈昆灿．地铁牵引变断路器在线监测系统的设计与开发［J]．北京交通大学，2010.

[9] 李云．南京地铁3号线信号维修监测系统设计分析［J]．自动化与仪器仪表，2015（10）：114－116.

浅析电力电子电容器在城轨车辆上的应用

赵俊伟　徐洪亮　薄少彬

（天津市地下铁道运营有限公司）

摘　要：文章选取了城市轨道车辆电气牵引系统中的电力电子电容器作为主要研究对象，以电力电子电容器的基本工作原理及功能为主要出发点，着重介绍了电力电子电容器在城轨车辆上的应用，以及在运营及检修过程中存在的问题，通过深入分析故障形式、故障特点曲线及使用性能，为后期城轨车辆电容器的选择提供指导。

关键词：城轨车辆；电力电子电容器；自愈功能

0　引言

城市轨道交通有着方便、快捷、高效、环保等特点，它是现代大都市城市发展的必然结果。随着城市轨道事业的发展，给城市轨道车辆提出了越来越高的要求。电气牵引系统作为城市轨道交通车辆的重要组成部分，在车辆运营过程中起着举足轻重作用。本文主要介绍城轨车辆电气牵引系统中直流母线直流支撑电容的原理、功能及在城轨车辆上的应用。

1　牵引系统的构成

牵引系统为列车在加速过程中提供牵引力，同时在列车减速时提供辅助的电制动力[1]。牵引系统由列车线指令和PWM信号控制。PWM 信号（或 TIMS）向变压变频（VVVF）逆变器控制单元输入转矩指令，逆变器输出到牵引电机的力矩值与PWM指令信号（或TIMS）相一致，从而列车中各动车产生相同的牵引力。

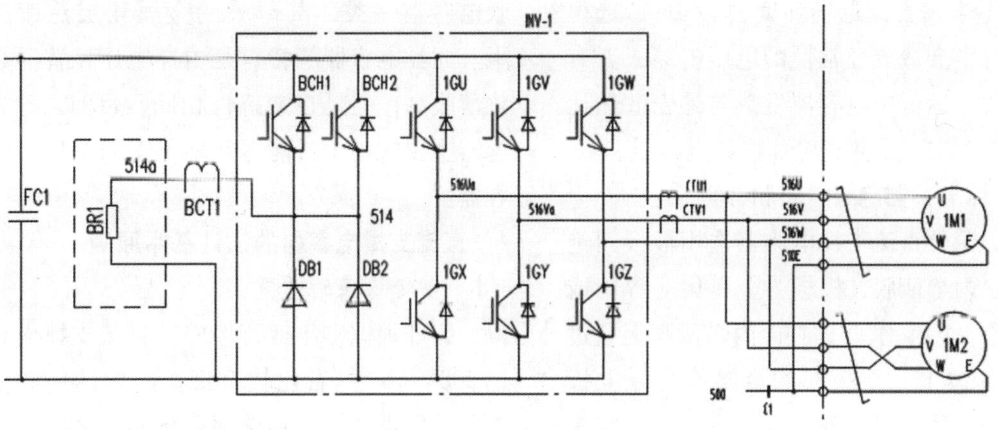

图1　牵引逆变器主电路

牵引系统由以下主要部件组成（每个单元）

（1）VVVF逆变器箱（动车）

（2）4个牵引电机（动车）

（3）司控器（TC车）

VVVF逆变器箱中含有高压设备将第3轨输入的电能转换为适合牵引电机运行的交流电。直流支撑电容器（图1中FC1）用于变流器的直流整流电路和IGBT开关之间作支撑直流电路的储能电容器。

2 直流支撑电容器的基本工作原理

当IGBT打开瞬间，由于直流支撑电容器向负载释放能量，母线直流电压会稍有下降。当IGBT关闭瞬间，整流电源对电容器充电，直流电压升高。因此，在直流支撑电容器上由充放电产生脉动—纹波电压。纹波电压的高低波动与电容值的大小成反比。由于纹波电压的产生（交流分量），在直流支撑电容器上就出现电流，所谓最大电流，即方均根电流（俗称有效电流）。电流的大小与纹波电压的峰—峰值、开关频率有关。

直流支撑电容器除长期承受额定直流电压（含电压波动）外，还应考虑叠加在直流电压上的周期性纹波电压峰值和非周期性峰值电压的影响；同时要分析由纹波电压产生的方均根电流、非周期性峰值电流的承受能力。

综上所述，电容器绝缘设计中首先考虑直流电压的耐受能力和通过的有效电流使电容器产生的功率损耗——发热对绝缘的破坏击穿。如果设计不当，直流电场强度（V/μm）选得过高，运行中会造成经常性的电压击穿或者有效电流过大，运行中电容器发热与外壳散热达不到热平衡时造成发热击穿而损坏电容器。

3 直流支撑电容器绝缘材料和种类

目前，国外直流支撑电容器选用极板间绝缘材料为聚丙烯薄膜，极板为金属化（锌铝或铝）。所谓“金属化”，即在聚丙烯薄膜上通过在真空中蒸镀上一层极薄的金属作为导电极板。用两层金属膜重叠卷绕成电容器。电容量的大小与极板面积成正比，与极间介质（薄膜）厚度成反比。因此，在同体积的箱壳中，电压越高，电容值越小[2]。

普通金属化薄膜电容器的特点能“自愈”。当薄膜击穿时，电容器内部储存的能量向故障点释放，在微秒级的时间内，在故障点周围产生一个高温高压区，使金属层蒸发掉，形成绝缘区，称为“自愈”。但是自愈是有限度的，当电容器经常性的承受过电压或在电容器使用寿命后期，绝缘严重老化，会出现连续击穿，考虑由此持续的高温，高压使薄膜和飞散的金属粒黏在一起，此时自愈失效。故障电流通过故障点产生高温，大量放出气体，造成电容器鼓肚。如不切断电源，会造成外壳鼓包，甚至爆裂。因此，在金属化电容器内均装过压力保护断开器。当电容器内气体达到一定压力时与电源自动断开。

直流支撑电容器选择带熔丝的金属化薄膜，俗称“安全薄膜”。即整个金属化层次上采用小分格，方格四周边各带一根熔丝。当薄膜绝缘击穿时，电容器本体存储的能量向故障点放电时使小分格的熔丝断开，切除一个小方格的电容，并不影响产品性能。实践证明，用这种型式的分格状带熔丝的金属化薄膜几乎不会造成故障点短路，故属称安全型金属化薄膜。

高方阻金属化薄膜，也属于普通金属化薄膜电容器一类，其薄膜的金属化层蒸镀高方阻。此类电容器的特点是击穿电压比普通金属化薄膜高，但是自愈特性相同。目前，此类电容器主要应用于新能源领域DC－LINK直流电容器。

4 直流支撑电容器的设计基本原则

4.1 电场场强的选择

国外根据多年运行经验，直流支撑电容器选200V/μm左右比较合理。国内选用此参数必须采用进口薄膜和金属化极板，才能可靠运行。当然电场强度的选择与运行的最大电流（有效电流）、环境温度、海拔高度、使用寿命等因素有关。在不同运行的条件下，电场强度应作适当调整。

4.2 功率损耗引起的电容器发热影响

电容器功率损耗的产生来自两个方面：其

一，电容器介质（薄膜）固有的损耗产生的功率；其二，电容器内部的串联电阻乘有效电流的平方。两者之和为电容器总的功率损耗。

直流支撑电容器工作时产生的纹波有一定的功率损耗引起的发热，引起电容器的温升。设计时要充分考虑电容器内部发出的热量通过外壳散热达到一个允许的平衡稳定的温度，称谓“热平衡”[3]。电容器温升增加5K，寿命约缩短20%。

4.3 关于局部放电的影响

直流电容器一般不考虑极间局部放电。只有对有较高纹波电压的直流电容器在设计时应作局部放电分析。

5 故障形式及故障曲线

常规金属化薄膜“自愈”是有限度的，当故障点出现连续击穿，使局部产生高温，薄膜和金属层粘连，并产生气体，此时“自愈”失效，故障元件产生碳化物向邻近元件扩散，大量气体积累，最终造成电容器鼓肚，如果电容器内部装有压力保护装置，当电容器鼓肚到定值时保护装置断开切断电源[4]。故障电容器切除。电容器绝缘损坏是有规律的。无论从理论和实际运行中均服从如图2所示的曲线规律。

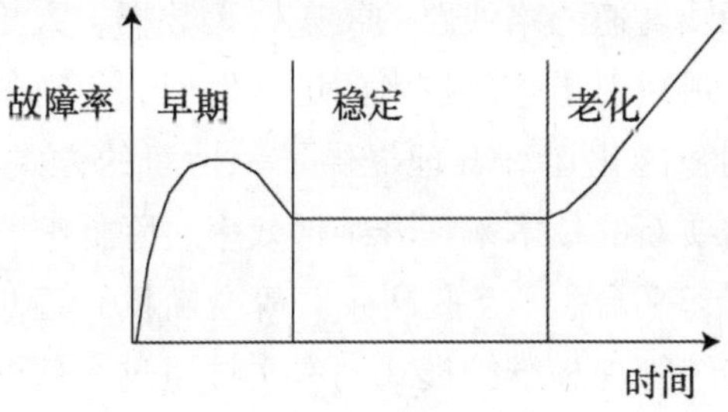

图2 电容器故障率曲线

即早期损坏、稳定运行、老化损坏。早期损坏是偶然发生的，出现故障时间一般在6个月以内；稳定期在10—15年，以后随着电介质的老化，损坏率不断上升。如果没有装设保护切除故障电容器，轻则鼓肚，重则会造成电容器爆裂。

6 结语

从国内各城市地铁电气牵引系统实际情况看，大多数城轨车辆用电力电子电容器均采用极板间绝缘材料为聚丙烯薄膜、极板为“金属化”（锌铝或铝）。且用两层金属膜重叠卷绕成电容器。对于城轨车辆使用方来说，安全性是优先于一切的考核指标，根据电容器的故障特点，车辆在进入10年左右修程时需着重考虑更换新品。本文对于电力电子电容器的原理及历史故障情况的分析希望能够为新造城轨车辆部件选型提供一定的参考和借鉴。

参考文献

[1] 李华德. 交流调速控制系统［M］. 北京：电子工业出版社，1999.

[2] 邱关源. 电路［M］. 北京：高等教育出版社，1999.

[3] 王兆安，黄俊. 电力电子技术［M］. 北京：机械工业出版社，2000.

[4] 张琦，等. 城市轨道交通车辆电气设备运营与维护［M］. 重庆：重庆大学出版社，2014.

浅析智能轨道交通新技术的应用

王 帆 张 昕

（天津市地下铁道运营有限公司）

摘 要：截至2016年年底，中国内地已有29个城市拥有了128条运营的城市轨道交通线路，运营总里程达3832km（不含市郊铁路）。城市轨道交通规划如何在绿色环保、可持续发展的前提下，在技术设备领域实现创新和提高，已成为亟待解决的问题。随着地铁运营网络化、智能化发展，基于全线WLAN、TDD－LTE、FDD－LTE、蓝牙等制式无线高速网络链路的覆盖，大数据、人工智能、遥感卫星等新技术的迅速发展为轨道交通的智能化运维管理提供了一种新的方式，迫切需要新的技术来提升维保效率，降低综合成本，云平台、“互联网＋”等全新模式逐步在冲击传统管理和维护模式。本文将通过全新的地铁保护区动态管理、远程技术指导、人脸识别系统三个方面浅析新技术将在智能轨道交通的应用。

关键词：智能轨道交通；地铁保护区动态管理；远程技术指导；人脸识别

1 综述

1.1 背景概况

截至2016年年底，中国内地已有29个城市拥有了128条运营的城市轨道交通线路，运营总里程达3832千米（不含市郊铁路）。城市轨道交通规划如何在绿色环保、可持续发展的前提下，在技术设备领域实现创新和提高，已成为亟待解决的问题。

以天津市为例，截至2016年年底，天津地铁共有5条运营线路（包括地铁1、2、3、6号线和津滨轻轨），组成覆盖天津市11个市辖区、拥有112座运营车站（换乘站重复计算）、总长166千米运营线路的轨道交通系统。

“十三五”时期，天津将建成地铁5、6号线，1号线东延线，4、7、10号线和11号线一期；到2020年，城市轨道交通运营里程达到320千米以上。相比于2016年年底，运营里程增加接近1倍。

若按照传统管理及检修模式，在“十三五”期间，随着新线路的建设，运营线路的快速增加；对地铁公司新线建设管理人员、在线检修人员，抢险救援人员，线路巡检人员等专业人员数量的需求将大幅提高，在全国大中型城市集中快速修建地铁的背景下，将是一个很大的挑战。故而急需新系统新设备，用于缓解专业人员的需求数量，保障线路建设、设备运营的安全性，降低运营成本。

1.2 技术突破

随着地铁运营网络化、智能化发展，基于全线WLAN、TDD－LTE、FDD－LTE、蓝牙等制式无线高速网络线路的覆盖，大数据、人工智能、遥感卫星等新技术的迅速发展，为轨道交通的智能化运维管理提供了一种新的方式，迫切需要新的技术来提升维保效率，降低综合成本，云平台、“互联网＋”等全新模式逐步冲击传统管理和维护模式。本文将通过全新的地铁保护区动态管理、远程技术指导、人脸识别系统三个方面浅析新技术将在智能轨道交通的应用。

2 地铁保护区动态监测管理系统

2.1 背景概况

地铁车辆在轨道交通线路上运行必须确保线路结构有一个安全地铁保护区。在城市轨道交通控制保护区内进行作业的，作业单位应当制定安全防护方案，在征得运营单位同意后，依法办理有关手续，方可实施。同时地铁运营单位亦实时监控保护区结构状况，保障运营安全。

但随着沿线土地的高强度开发，对地铁保护区的维护和保障提出了更高的要求。

2.2　系统结构

基于云平台、无线网和无人机航拍技术的地铁保护区动态监测提供一套从数据采集到风险管控的整体解决方案（如图1所示）。支持手持终端或PC浏览器访问，借助无线网络实现外巡查数据与监测数据的动态交互查询，使得地铁保护区巡查更加便捷；通过多期卫星遥感影像和无人机航拍影像，可以从全局视角来监控保护区施工作业现状；云平台提供更高效的信息资源共享，使得信息传递效率更高。

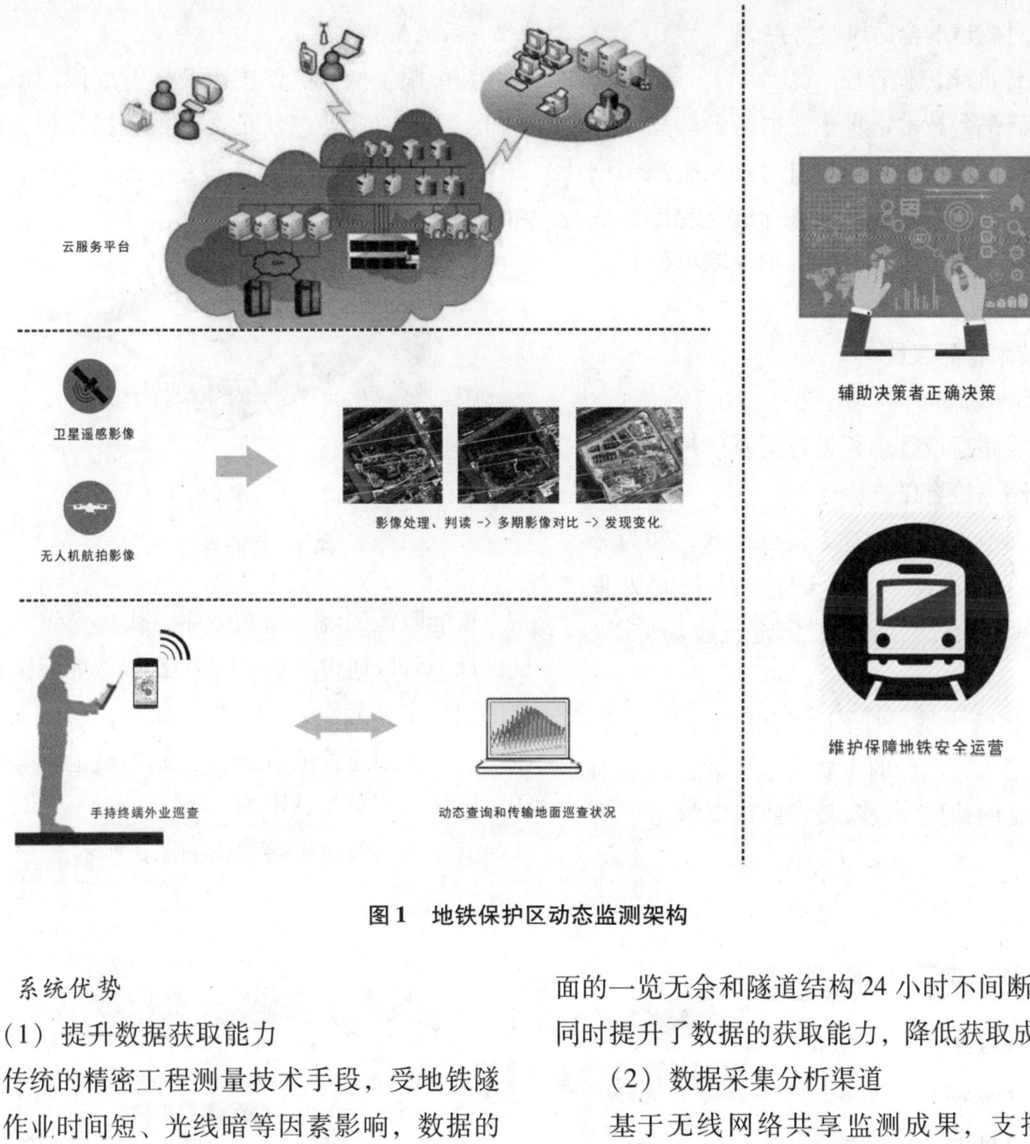

图1　地铁保护区动态监测架构

2.3　系统优势

（1）提升数据获取能力

传统的精密工程测量技术手段，受地铁隧道内作业时间短、光线暗等因素影响，数据的获取能力存在瓶颈。通过本方案的建设，支持基于无线网络的自动化传感器实时在线监测、无人机低空遥感影像等数据源，实现保护区地面的一览无余和隧道结构24小时不间断监控，同时提升了数据的获取能力，降低获取成本。

（2）数据采集分析渠道

基于无线网络共享监测成果，支持PC、PAD、手机等多种上网设备，可以扩充成果数据采集分析渠道，弥补传统纸质成果的局限性，保障结构安全监测时效性，提高地铁维护保障科学决策能力。

（3）辅助风险管控

通过应用基于无线网络的自动化实时监测，可以不间断监控隧道结构变形情况和趋势，并通过实时共享监测成果提升对隧道结构风险的把控能力。除此之外，通过应用无人机低空遥感技术对隧道沿线保护区进行定时巡查，高空无死角发现和跟踪保护区施工项目，更加全面和客观，弥补传统手段在巡查上的不足，实现对隧道的全面风险管控。

（4）标准化流程管控

应用云平台技术，实现数据的云端集中存储和管理，并通过专门的接口为各家监测单位提供服务。可以有效提高业务标准化程度，统一数据标准，便于轨道交通维护保障单位对业务流程的管控。

3 远程技术指导系统

3.1 背景概况

传统线路建设管理，设备运营管理，抢险救援，线路巡检有以下特点：

（1）地铁线路多为地下隧道形式，并为分段建设；线路建设中，其安全、质量尤为重要，需随时配经验丰富的专家进行现场监督、管理。

（2）运营线路、列车运行间隔时间短，运载量大，是市民出行的主要交通方式；这就对设备在线临时检修，抢险救援的速度提出了很高要求，需随时配备足够数量的专业检修人员。

（3）因地铁运营安全性的要求，对线路巡检人员的专业性也提出了很高的要求。

所以为现场维护人员配置图像采集工具——智能眼镜，由经验丰富的专家通过无线网络和远程客户端协助系统指导维护工作，将随时为地铁设备维护工作提供专业的现场监督管理和维修保障能力。

3.2 系统结构

智能眼镜携带摄像头以及反射成像玻璃头（见图2），内置处理器负责图像数据处理，配置WIFI、蓝牙等无线接入设备，配备存储芯片和电池等。

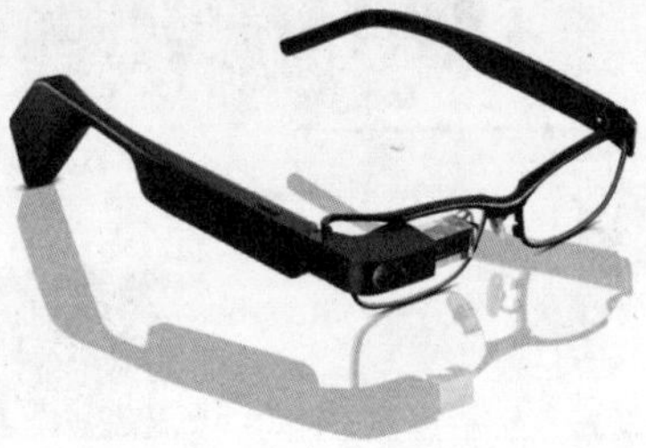

图2 智能眼镜

智能眼镜围绕“解放双手，快捷操作”主题设计。可以通过手机APP操作将智能眼镜拍得的照片多种无线方式导出。佩戴在操作人员眼睛上，使用遥控或者语音控制拍摄记录等应用，工作时不会受到影响。

其系统前段与后端架构如图3所示。

图3 远程技术指导系统前段与后端架构

前端智能眼镜视角与后端视频管理工作模式样例界面如图 4 所示。

图 4　远程协助系统

后台用户经过系统认证后，通过登录到中心管理系统，实现图像浏览、直播设置、图像存储管理、图像追溯查询等操作，单套网络视频监控系统可同时监控多个智能眼镜。

后端视频管理系统软件的架构如图 5 所示。

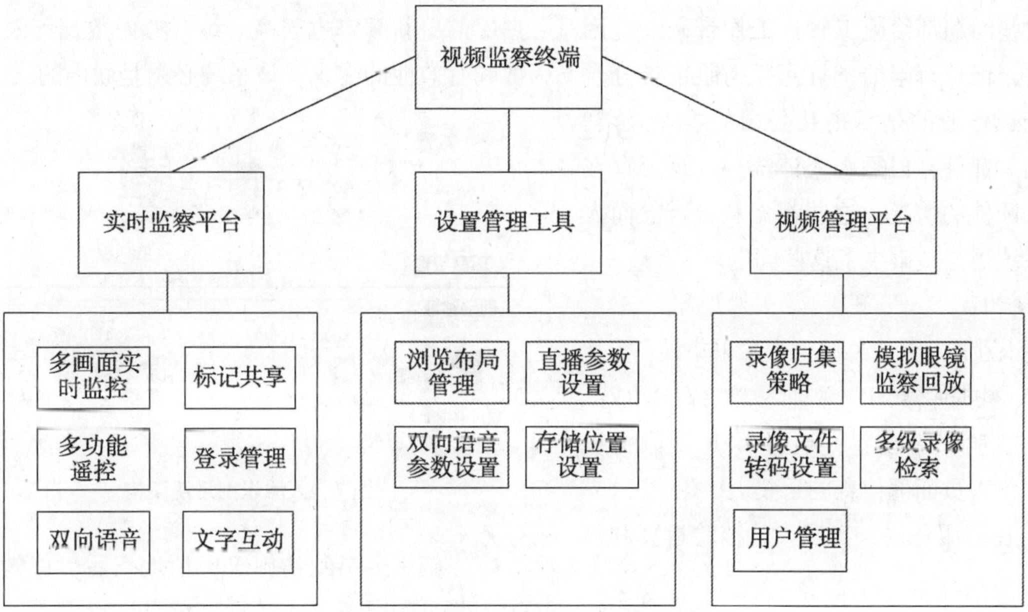

图 5　后端视频管理系统软件的架构

通过客户端可以实现现场检修人员与后台专家实时的远程图像和语音互动，并且设计标记共享功能（如图 6），为一线检修维护和抢修作业提供专业保证和可靠监督，提高设备养护效率，保障地铁安全运营。

图 6　标记共享

4　人脸识别系统

4.1　项目背景

天津地铁运营公司现管理运营线路 4 条，共有委外单位（含施工）250 多家，委外人员 2 万余人。委外单位、人员数量多，人员流动性强。这些问题都给施工管理工作带来一定困难。人的记忆是有限的，且光凭肉眼很难分辨出申请施工作业的是不是我公司的委外人员？即使有相关证件，但是否人证统一，是否存在冒用他人证件的情况，这些都无从分辨。而人脸识别系统很好地解决了这些问题。

4.2　系统构成

人脸识别管理系统总体由人脸采集设备、比对服务器、数据库器、PC 管理终端四部分构成：

（1）人脸采集设备：通过 USB 摄像头设备实现外包人员面部信息的采集。

（2）比对服务器：实现人脸核验运算和信息处理。

（3）数据库服务器：用于存储外包人员的标准证件照片及彩色近照。

（4）PC 管理终端：用于部署人脸识别管理系统。

4.3　系统实现（见图 7 和图 8）

管理人员事先将所有委外人员的人员信息储存到数据服务器中，为保证所有点位查询到信息的及时性和有效性，那么互联网传输是非常必要的。试想下，若所有的采集设备都是单机的，那么我要输入人员信息就不是一次，而是 N 次，天津地铁的近百座车站就要输入近百次。而且前面也提到，委外人员的流动性很大，经常有更换人员的情况，那么与之对应数据库的更新频率也很高。综合考虑数据库及时性和有效性的需求，该系统必须是联网的。

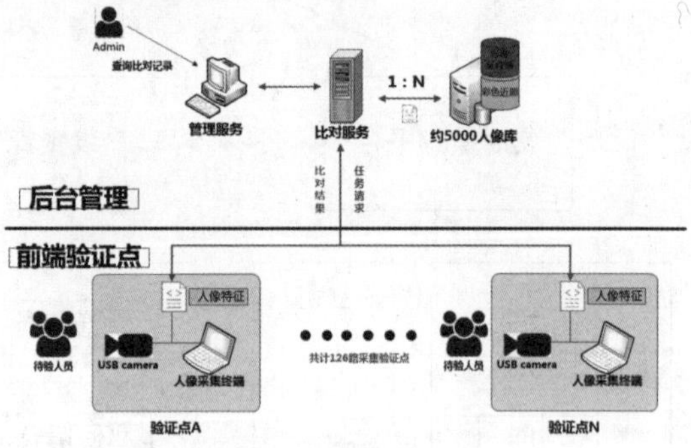

图 7　人脸识别系统架构

当施工人员到达施工申请地点后，首先通过人脸采集设备将人员面部信息进行采集，通过网络将信息传送至后台的对比服务器，对比服务器将该信息与数据库中的信息进行比对，当搜索到与之匹配的信息后，便将相关信息再通过网络反馈至前端验证点。若未搜到相匹配的面部信息，则在前端验证点进行报警，提示管理人员，此为非法用户。

图 8　人脸识别系统界面

人脸识别技术目前已经是一套很成熟的技术，搭载互联网系统，巧妙地应用到地铁施工管理中，使得施工管理更加准确、高效。

5　总结

轨道交通信息技术的广泛应用，不仅提高了轨道交通系统的工作效率，而且改进了管理系统的服务水平，推进城市轨道交通的升级和改革。

参考文献

[1] GB 50490—2009, Technical code of urban rail transit, China: CN - GB, 2009 - 01 - 01.

[2] GB/T 30012—2013, Regulations for operation management of urban rail transit, China: CN - GB, 2013 - 01 - 01.

[3] Han Yi. Comparison of Data between Automatic Monitoringa nd Manual Monitorin g in the Settlement of Metro Protecte Areas [J]. Geomatics & Spatial Information Technology, 2016, 39 (2).

[4] SHEN Yan - jun, CHEN Chen. Design Schemes of Intelligent Glasses [J]. Electronics Optics & Contiol, 2015 (1).

[5] ZOU Guo - Feng, FU Gui - Xia, LI Hai - Tao, GAO Ming - Liang, WANG Ke - Jun. A Survey of Multi - pose Face Recognition [J]. Pattern Recognition and Artificial Intelligence, 2009, 32 (5).

VESDA 系统在城市轨道消防系统中的应用

范博学
（天津滨海快速交通发展有限公司）

摘　要：随着我国城市轨道交通的迅速发展，其安全性受到人们的广泛关注。而火灾作为城轨运营时危害安全的首要隐患，应在早期发现并及时控制。VESDA 极早期报警系统具备极早期预警、灵敏度高、主动采样等特点，适用于城轨系统中的通号机房内以保证火情的早期发现。

关键词：城轨交通；火灾情况；VESDA；极早期烟雾报警

1　城轨发展现况及火灾问题

1.1　我国城轨发展现况

近三十年来是城市轨道交通正逐步进入稳步、有序和快速发展的新时期，随着我国经济的快速发展，城市综合规模迅速扩大，城市化进程的加快，城市轨道交通的作用也愈发突出。我国也将在未来几年内新建将近 60 余条地铁线路，每日客运量累计将达上千万人次。地铁已成为人们出行的首选工具，城市轨道交通的飞速发展带来的首要问题，便是如何保证乘客生命及国家财产安全。

1.2　城轨火灾问题

世界地铁 150 多年的运营历史中，火灾事故是造成乘客生命及国家财产损失最高的事故，而在地铁火灾事故中，电气设备引起的火灾最为频繁。现代技术的自动化使得地铁运营对通号设备存在极大的依赖性，通号设备一次很小的火灾事故，就可能引起运营上很大的灾难，所以尽早发现、早期预防是避免电气火灾事故的关键所在。目前广泛使用 VESDA 极早期烟雾报警系统对车站内通信、信号、AFC 等设备机房内的火灾情况进行监控。

2　VESDA 系统概述

VESDA 是一种基于光学空气监测技术发展的微处理器控制的样品烟雾检测装置。该仪器运用了最先进的数字微处理器技术，用于火灾初期（过热、闷烧、或低热辐射和低产烟效率）的探测与报警，报警时间比传统的早数小时以上，在火灾初期消除火灾隐患，使火灾的损失降到最小。VESDA 系统分布在地铁 OCC 控制楼、车辆段信号楼、停车场信号楼、车站等地的设备房间内，如通信机械室、信号设备室、AFC 室、中央控制室等。

VESDA 系统由远程控制显示模块、编程模块、空气采样装置及采样管组成，如图 1 所示。

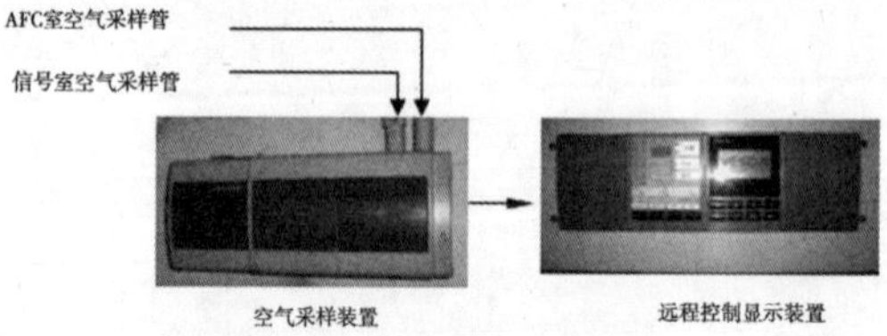

图 1　VESDA 系统组成

其中，空气采样装置是 VESDA 核心装置，由 A—前面板、B—终端卡、C—保护板、D—激光腔底盘、E—进气管、F—空气过滤器、G—吸气泵、H—外壳组成，详见图 2。

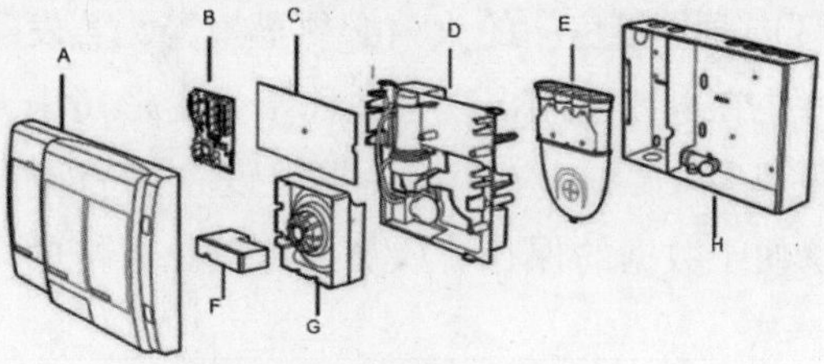

图 2　空气采样装置组成部分

3　VESDA 系统工作原理

3.1　VESDA 系统功能特性

●每个探测器的探测面积可达 2000 平方米

●极宽的灵敏度范围

●4 个可编程报警器

●自学习功能

●每个采样管都有独立的气流监测

●可更换的空气过滤器

●可选择反向及嵌入式安装

●模块化的结构可满足场所的特殊要求

●模块化的显示器件和 LCD 编程器

●7 个可编程控器

●高效吸气泵

●可使用个人电脑进行编程和监控

●多达 18000 条事件记录

3.2　VESDA 系统工作原理

VESDA 系统检测某些材料在火灾初期的燃烧前阶段分解产生的不可见副产物。

在操作中，空气样品由一个高效吸气器（B）通过一组简单的 PVC 管网（A）从被监测的环境中连续采集出来，在通入检测器过程中，空气样品通过一过滤器组件（C）以滤去大的灰尘粒。空气样品一进入检测器就暴露在激光下，入射光被空气中的烟雾粒子散射，通过探测腔（D）后到一个固态的光接收器（E），光被转换成电信号后传到控制系统，最后排除所有空气（F），详见图 3。

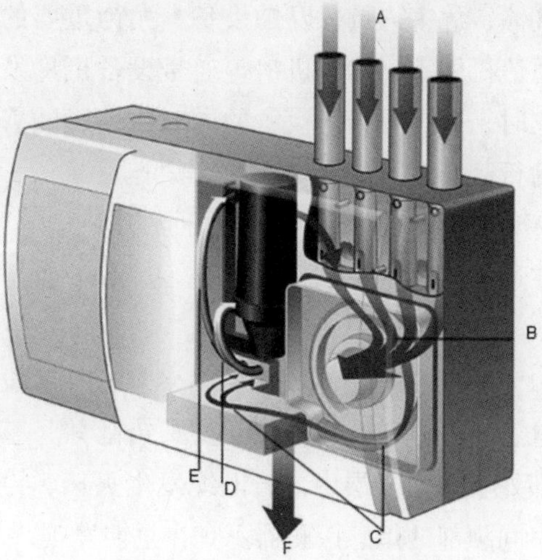

图 3　VESDA 系统工作过程

在控制组件中，信号向前传递，呈现出一个可视图条，表明在监测区域中烟雾的程度。依烟雾的程度以及预设程序警报水平，产生一个适宜的输出信号。

四级警报级别中的第一级（ALERT）可能仅表明系统已经检测出一些异常现象，应当进行调查；第二级（ACTION）表明有火灾隐患存在，应开始采取措施；第三级（FIRE1）表明某处已有明火；第四级（FIRE2）表明某处已处于热辐射阶段。

VESDA 系统的四级报警覆盖了地铁可能发生火灾的发热、冒烟、燃烧及高温四个阶段，所以该系统可在火灾早期发现火情，而非传统点式火灾探测器在出现烟雾阶段才可发现火情。并且 VESDA 系统所具有的继电器可以实现与 FAS 系统、消火栓系统及气消系统等联动控制，实现完全自动化控制。

4　VESDA 系统在城轨运营中的应用

4.1　城轨火情特点

城轨运营中引起火灾的主要因素有电气线路损坏、吸烟不慎、设备故障、违章操作、人为破坏等，其中电气设备线路损坏引起的火灾为最主要的因素。电气火灾发生时会产生浓烟滚滚，其中含有一氧化碳、氯化氢、氟化氢等有毒气体，危害人员、腐蚀设备。尤为重要的是若通信机械室、信号机房等通号设备机房发生火灾时，在严重损坏设备的同时，还影响着客车的行驶安全，危害乘客人身安全。

4.2 VESDA 系统在通号机房中的应用

在通号机房中采用 VESDA 系统有如下因素：

（1）通号机房中电气设备繁多且密集，设备供电、信号电缆及线槽相互交叉错乱并且基本全部处于地面夹层中，若电缆发生火情，设置在房间顶部的烟感探测器不宜在早期发现。

（2）传统的烟感、温感探测器易脏易老化，导致灵敏度下降甚至失效，必须有相关的检修人员进行逐个检测及清洗，浪费大量人力物力。VESDA 系统探测设备由于有过滤装置，所以系统探测器可保证清洁及灵敏度，并且探测管网采用 PVC 管，无电气连接，只需人员清洗外置过滤器即可，工作量小。

（3）通号机房中的火情必须早报警，若发生故障，在电缆刚刚出现过热而产生变形还未形成可见烟时，就应有相关报警设备进行响应，以便于数据的保存、人员的疏散及火情的处理。

VESDA 极早期烟雾报警系统极早期预警、灵敏度高、主动采样、网络化控制等特点使得其在城市轨道交通的通号机房中得到广泛应用，并且能够同火灾自动报警、消火栓等系统进行联动控制，实现发现火情、报警火情、处理火情的一体化操作。

参考文献

[1] 王晔，涂强．数据中心极早期火灾探测及火灾探测器的选择［J］．建筑电气，2009（12）：3－6.

[1] 江显奇．浅谈空气采样极早期烟雾探测报警系统的应用［J］．低压电气，2009（S1）：166－169.

轨道交通调度指挥体系下综合监控系统应用探讨

周　欣

（天津滨海快速交通发展有限公司）

摘　要：城市轨道交通综合监控系统（简称 ISCS）主要是指对城市轨道交通线路中所有电力和机电设备进行监控的集成系统，以实时监控为主要应用目的，实现电力调度、机电设备监控、车站运营状态监视等功能。ISCS 在轨道交通运营组织中的应用，实现轨道交通各专业系统之间的信息互通、资源共享，提高各系统的协调配合能力，增强应对各种突发事件的应变能力，提高轨道交通的运营管理水平。本文将结合津滨轻轨 9 号线及正在建设天津地铁 5 号线设备现状，围绕 ISCS 在轨道交通调度指挥体系中的应用及日常管理进行深入研讨。

关键词：ISCS；OCC；TCC；调度指挥

1　综合监控系统

1.1　综述

综合监控系统（以下简称 ISCS）一般以电力监控、环境与设备监控为核心进行集成；通过与屏蔽门、广播、闭路电视等系统进行界面集成，显示其系统信息的同时，具备对其底层设备的控制功能；另外，还与列车自动监控系统、时钟系统、火灾防护系统、乘客信息系统等系统进行互联，只接收相关信息，在必要的情况下，由人机界面推出窗口进行显示，而不进行控制。

典型的 ISCS 构成如图 1 所示，包括控制中心系统、各车站管理系统、停车场和车辆段监控系统、网络管理系统、设备管理系统以及培训管理系统等组成。

1.2　主要功能

ISCS 采用主备、冗余、分层、分布式 C/S 结构，分为车站级综合监控系统、中心级综合监控系统以及骨干网三层，实现为热备、冗余、开放、可靠、易扩展的计算机系统。系统提供的主要功能有：

1.2.1　ISCS 基本功能：包括数据采集与处理、数据点管理、通用图形界面、监视、远程控制和操作、联动、报警和事件列表、雪崩过滤、时间同步、系统安全与权限管理、统计和报表、历史数据存档和查询、历史和实时趋势记录、冗余设备切换、系统备份和恢复、降级模式。

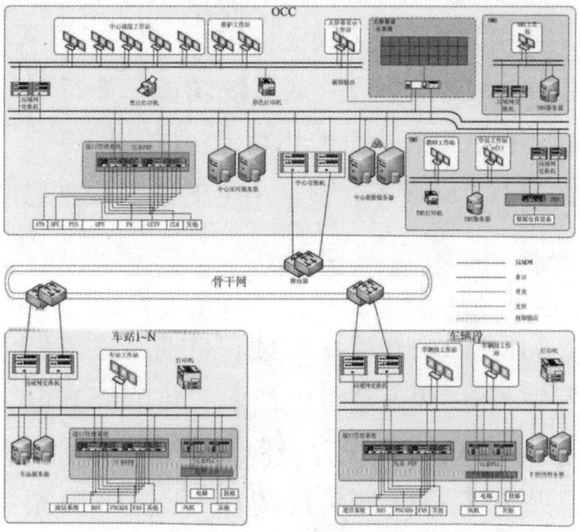

图 1　典型综合监控系统的构成

1.2.2　电力监控功能：监视电力设备的运行状态，如开关位置、故障状态、电压、电流等；通过单控、顺控命令对开关设备（例如 1500V、35kV 开关设备）进行分、合操作；

对开关保护装置进行保护复归操作；根据系统运行方式的需要，对供电系统设备的保护软压板进行投退操作；SOE 事件记录、故障录波显示。

1.2.3　环境与设备监控功能：远程控制功能。可对单个设备或成组设备进行单设备控制或系统组控，其中控制命令包括：风机的启动、停止控制；风阀开、关控制；照明回路合、分控制；电扶梯的启、停和方向控制；系统组控启动、停止控制等；模式控制。模式控制属于一种特定的设备组控制，与基本的遥控功能相同。当发生阻塞或紧急状况时，通过模式的执行使设备按照预先定义的模式表按顺序启动响应的风机和风阀。例如：正常模式、阻塞模式、火灾模式、夜间模式等时间表控制。系统能够按照预先设定的时间表的控制内容，控制相应设备启动或停止。

1.2.4　火灾监控：监视火灾设备的状态信息及火灾报警信息；必要时进行相关系统的联动，使相关系统进入火灾模式。

1.2.5　其他集成互联系统功能，如行车监视、广播、乘客信息专用功能，以及网络管理、培训开发、设备管理、决策支持等专业化应用功能。

1.3　使用现状

1.3.1　津滨轻轨 9 号线：目前，津滨轻轨 9 号线 OCC 调度组织中尚未安装 ISCS，电力监控（SCADA 系统）、环境监控（BAS 系统）、火灾监控（FAS 系统）、自动售检票（AFC 系统）、乘客信息管理（PIS 系统）等各系统独立运行，主要由电力（环控）调度员负责管理。

1.3.2　天津地铁 5 号线：拟采用北京和利时公司提供综合监控操作系统。ISCS 主要功能包含：在 BAS 概要图里显示机电设备的状态/报警，概要图主要包含照明系统、水系统、电扶梯系统、大系统、小系统和隧道通风等子系统；在 PSCADA 系统提供全线各电力系统图、单个开关分/合操作、保护信号复归、保护装置管理、顺控停/送电、雪崩管理、遥控屏蔽；安全门/屏蔽门系统监控；FAS 系统监控及售检票系统监控功能。

2　调度指挥系统

2.1　架构设置

目前，津滨轻轨行车指挥架构如图 2 所示，由控制中心（以下简称 OCC）对沿线车站值班员、在线列车司机、信号楼值班员及夜间工程车司机进行统一调度管理，实施四班两运转班制，每班包含值班调度主任 1 名、行车调度员 2 名、电力（环控）调度员 2 名。

在 OCC 统一行车指挥下，公司成立了车辆中心、通号中心、供电中心、机电中心及车务中心各自的生产调度室（以下简称中心调度）负责处置 OCC 故障通报，组织各专业日常生产工作。

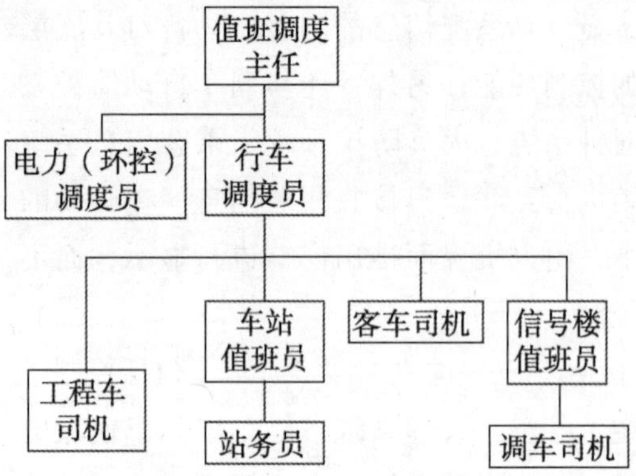

图 2　津滨轻轨行车指挥架构

2.2　主要岗位职责

2.2.1　值班调度主任主要职责：负责领导各专业调度员，组织完成所管辖范围的调度指挥工作，协调处理与行车工作有关的各种突发事件。制定落实演练及培训计划，定期组织技能培训与考核，不断提升各专业调度员业务技能。结合实际工作修订现有各项文本、预案及制度。

2.2.2 行车调度员主要职责：监控及组织每日列车运行，处理各种可能影响运营的突发事件。准确掌握每日运营计划、轨旁施工计划，对每日入轨施工进行管理；收集、填写运营工作有关数据及指标。

2.2.3 电力（环控）调度员主要职责：负责全线供电系统、环控系统及FAS系统的调度管理。处置全线供电系统紧急设备故障，调整供电运行方式保障行车安全；根据预案及时启用环控系统应急通风模式。

2.2.4 各中心调度主要职责：主要负责全线各中心设备设施故障接报及调度组织，配合OCC做好运营管理工作。

2.3 管理模式

截至2016年年底，天津轨道交通路网里程已达168千米，预计2017年新建线路里程将达到156千米。届时天津轨道交通将真正步入网络化运营新阶段。

为保障大客流情况下的行车组织、维修保障、应急处置，势必要对现有运营管理体系进行调整。天津轨道交通集团适时成立轨道交通线网指挥中心（以下简称TCC），将天津地铁既有6条线路OCC全部接入，实现运营集中、统一的指挥、控制。

TCC作为轨道交通路网的中央协调角色，负责协调各条线路的控制中心及各运营主体。它具有综合监视、多轨道线路多交通系统运营协调、应急指挥、信息共享等职能。指挥中心对各线路的控制中心及线路运营只监视但不控制线路设备，日常主要提供协调、协助功能。目前，接入TCC的专业系统主要有信号系统（ATS）、综合监控系统（ISCS）等。

3 ISCS应用管理

3.1 系统控制权限划分

ISCS系统的权限移交的操作分为两个部分，即PSCADA系统部分、BAS系统部分。

3.1.1 PSCADA系统部分

PSCADA部分由OCC、变电所两级控制，具体控制权转换原则见表1。

表1 PSCADA控制权移交

序号	移交场合	默认控制点为中心
1	OCC实时服务器全部宕机	控制权自动移交给变电所。
2	OCC服务器和变电所通信故障	控制权自动移交给变电所，通信故障恢复后，控制权仍然在变电所，需要ISCS中央级强制收回。
3	OCC手动放弃控制权	OCC向变电所发起请求，变电所需确认接受控制权。
4	变电所手动请求控制权	变电所向OCC发起请求，OCC需确认，下放控制权。

PSCADA系统日常控制权限默认为OCC级控制，当中心服务器或通信系统故障则系统自动切换至变电所级控制，由于PSCADA系统主要针对供电单一系统管理，因此其控制权界定比较明确。

3.1.2 BAS系统部分

BAS系统分OCC级、车站级、现场工作站级、车控室IBP盘控制。上述各级控制转换关系如图3所示。

在明确上述各级控制权限切换原则前，有必要对上述各级主要管辖范围进行了解。其中，OCC级BAS系统工作站主要监视全线所管辖机电设备的状态信息、控制区间设备，编辑、下载时间表，下发车站火灾、区间火灾模式指令，下发区间阻塞模式指令；车站级BAS工作站主要监控车站所管辖机电设备，下发车站正常及灾害模式指令；车站内A、B两端BAS监控工作站可以对单个机电设备监控，也可以下发车站范围内的正常模式指令；IBP盘上BAS应急操作终端主要用于后备紧急操作，仅在紧急情况时下发车站火灾、区间火灾模式指令以启动相关救灾设备。

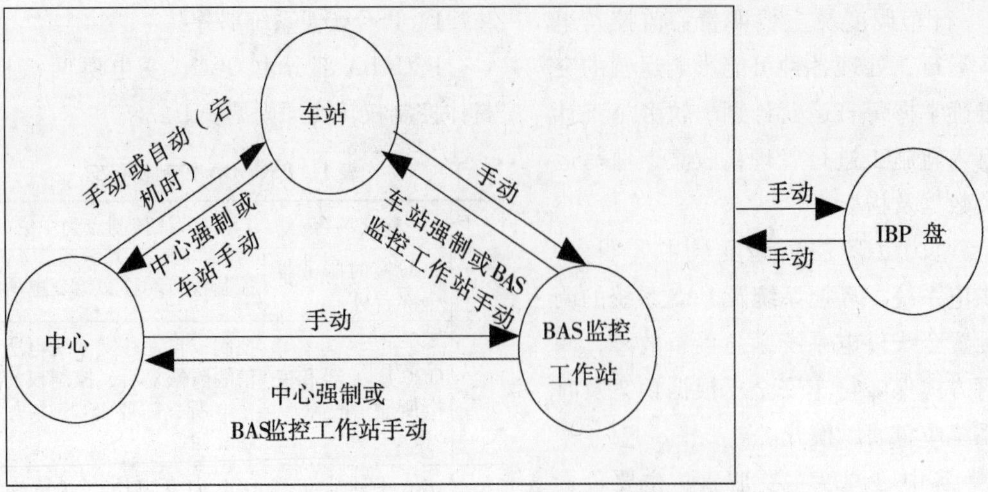

图 3　BAS 系统控制权限转移逻辑图

BAS 系统权限转移流程为：B 端监控工作站——A 端监控工作站——车站 BAS 工作站——OCC 工作站。IBP 应急操作终端和监控工作站、ISCS 工作站之间没有权限转移，只受 IBP 盘运行/禁止开关的限制。站内 B 端、A 端监控工作站可以向车站级 BAS 交权，但不能直接向 OCC 级 BAS 交权。其转移权限需要向发送交权请求，对方接受请求，权限即转移成功。

车站 BAS 级工作站：可以下放权限给 A 端或 B 端监控工作站，也可以向 OCC 级 BAS 交权。其转移权限需要向发送交权请求，对方接受请求，权限即转移成功。另外，车站级 BAS 工作站可以直接从 A 端或 B 端监控工作站上强制收回权限，无需 A 端或 B 端监控工作站是否接受请求。

OCC 级 BAS 工作站：可以下放权限给车站级 BAS 工作站。其转移权限需要向发送交权请求，对方接受请求，权限即转移成功。但是，OCC 级 BAS 工作站不能直接下放权限给 A 端或 B 端监控工作站，必要时需要先将权限下放给车站级 BAS 工作站，再由车站级 BAS 工作站下放给 A 端或 B 端监控工作站。另外，OCC 级 BAS 工作站可以直接从 A 端或 B 端监控工作站、车站级 BAS 工作站上强制收回权限，无需 A 端或 B 端监控工作站或车站级 BAS 工作站是否接受请求。

3.2　PSCADS 系统程控功能

PSCADA 系统提供对变电所允许遥控的开关、刀闸进行“分”“合”控制。系统将若干个单控组合在一起，以简化操作步骤，完成供电系统所内、所间数个开关的倒闸作业，即为程控控制。程控执行方式分单步执行和自动执行。单步执行是指程控卡片中每个控制步骤均需调度人员进行干预；所谓自动执行，是指程控卡片中所有控制步骤按单控方式一个接一个自动完成。

标准程控功能可分为标准顺控、紧急停电顺控及自定义顺控三种。

3.2.1　标准顺控

标准顺控如图 4 和图 5 所示，送电卡片提供 5 个按钮：

- “选择”按钮：将卡片中所有未处于占用状态的设备设置为占用状态。
- “执行”按钮：执行当前选择卡片内容。
- “取消”按钮：取消自定义顺控卡片的选择，释放卡片中所有被此操作所占用的设备。
- “储存”按钮：保存所修改卡片内容到服务器中。

➢“关闭”按钮：取消对卡片内容的所有修改，并关闭窗口。

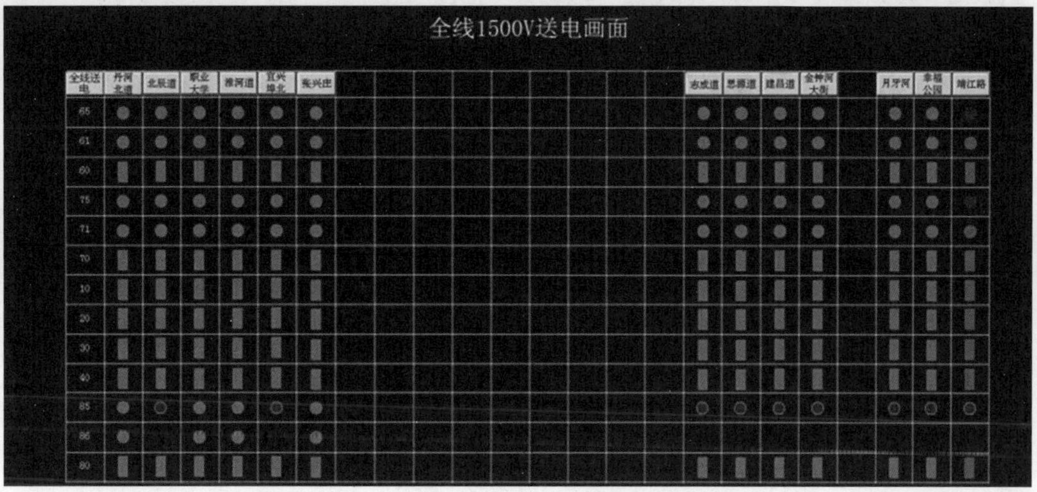

图 4　全线直流 1500V 送电程控画面

执行顺控卡片：北辰道 1500V送电

序号	开关名称	参与标记	实时状态	期望状态	延时(秒)	控制结果	控制权限	就地远方	屏蔽状态	挂牌状态	占用状态	据动原因
2	北辰道 26	☑	合位	合位	2		有	远方	无	无	无	
3	北辰道 36	☑	合位	合位	2		有	远方	无	无	无	
4	北辰道 46	☑	分位	合位	2		有	远方	无	无	无	
5	北辰道 65	☑	分位	合位	2		有	远方	无	无	无	
6	北辰道 61	☑	分位	合位	2		有	远方	无	无	无	
7	北辰道 60	☑	分位	合位	2		有	远方	无	无	无	
8	北辰道 75	☑	分位	合位	2		有	远方	无	无	无	
9	北辰道 71	☑	分位	合位	2		有	远方	无	无	无	
10	北辰道 70	☑	分位	合位	2		有	远方	无	无	无	
11	北辰道 10	☑	分位	合位	2		有	远方	无	无	无	
12	北辰道 20	☑	分位	合位	2		有	远方	无	无	无	
13	北辰道 30	☑	分位	合位	2		有	远方	无	无	无	
14	北辰道 40	☐	分位	合位	2		有	远方	无	无	无	
15	北辰道 中压能馈	☐	分位	合位	2		有	未知	无	无	无	

存储　选择　执行　取消　关闭

图 5　标准顺控送电卡片

3.2.2　紧急停电顺控

紧急停电顺控功能如图 6 和图 7 所示，系统不允许操作员手动更改区间停电内容，系统自动执行相应的送电顺控相同的步骤，仅提供 4 个按钮：

➢“选择”按钮：将卡片中所有未处于占用状态设备设置为占用状态。

➢“执行”按钮：执行当前选择卡片内容。

➢“取消”按钮：取消自定义顺控卡片的选择，释放卡片中所有被此操作所占用的设备。

➢“关闭”按钮：取消对卡片内容的所有修改，并关闭窗口。

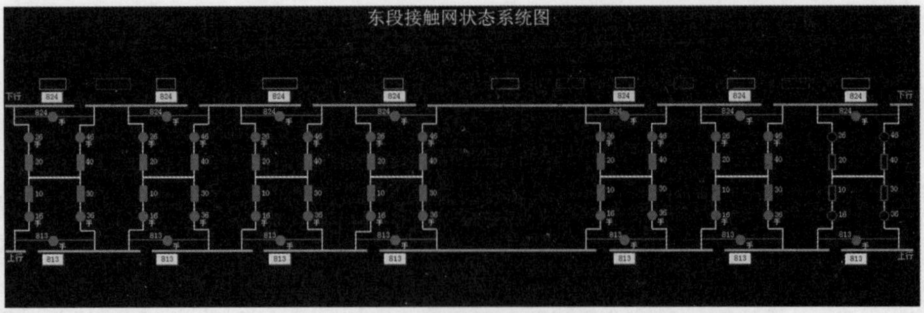

图 6　紧急停电顺控画面

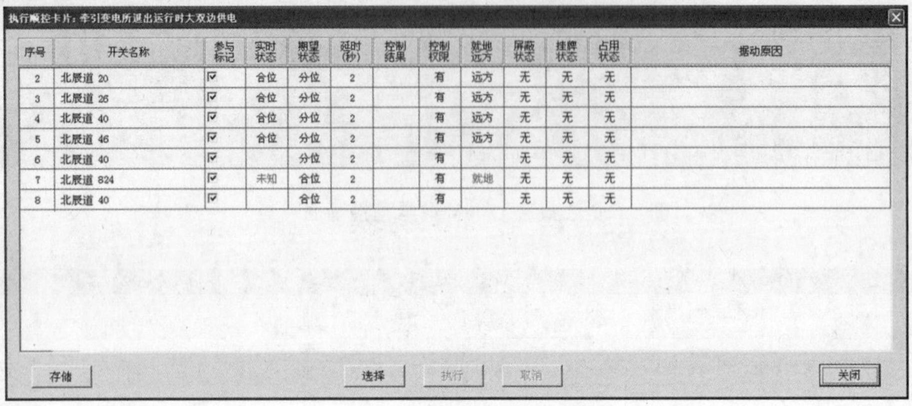

序号	开关名称	参与标记	实时状态	期望状态	延时(秒)	控制结果	控制权限	就地远方	屏蔽状态	挂牌状态	占用状态	据动原因
2	北辰道 20	☑	合位	分位	2		有	远方	无	无	无	
3	北辰道 26	☑	合位	分位	2		有	远方	无	无	无	
4	北辰道 40	☑	合位	分位	2		有	远方	无	无	无	
5	北辰道 46	☑	合位	分位	2		有	远方	无	无	无	
6	北辰道 40	☑		分位	2		有		无	无	无	
7	北辰道 824	☑	未知	合位	2		有	就地	无	无	无	
8	北辰道 40	☑		合位	2		有		无	无	无	

图 7　紧急停电顺控执行窗口

3.2.3　自定义顺控

自定义顺控人机界面如图 8 所示，主要提供以下五种功能：

- ➢查看已执行的自定义顺控卡片。
- ➢删除已编辑的自定义顺控卡片。
- ➢新增自定义顺控卡片。
- ➢编辑自定义顺控卡片。
- ➢执行自定义顺控卡片。

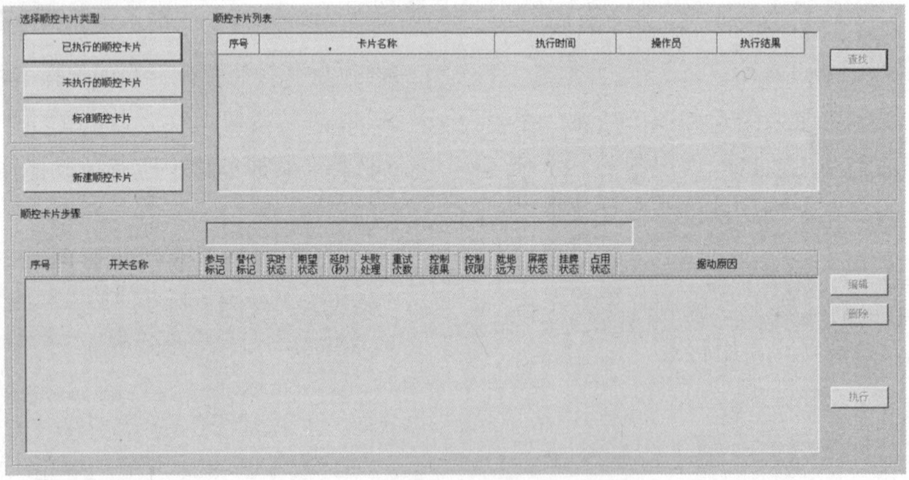

图 8　紧急停电顺控执行窗口

3.3 BAS 系统环控时间表功能

时间表是专门用在环境监控子系统里的一种设置，其预先设定好每天各环境系统执行各模式的时间，由监控系统自动定时下发。时间表的操作界面如图 9 所示。

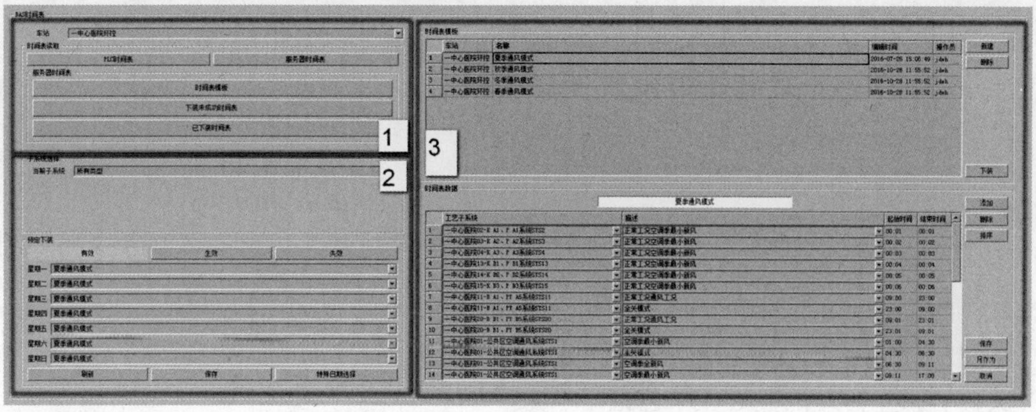

图 9 环控时间表基本操作界面

时间表界面中各区域功能描述详见表 2。

表 2 时间表界面主要功能

序号	区域名称	功能描述
1	查看时间表	调度员可以选择操作的场站，选择需要读取 PLC 时间表的车站后，点击“PLC 时间表”按钮，可选择读取当天、第二天时间表。时间表会在右侧第三部分显示。
2	一周时间表选择	在此处可以选择一周内每天可执行的时间表。
3	时间表编辑部分	在此处可对时间表进行编辑。

在第 1 区域可选择查看各车站的服务器时间表和已下发到 PLC 中的时间表，选择完成后，会在第 3 区域显示出选择车站的时间表。

在第 2 区域可选择一周内每天可执行的时间表，选择完成后点击“生效”按钮，按此执行时间表。

第 3 区域为时间表编辑模式，可编辑在第 1 区域中选择的服务器时间表。

4 ISCS 故障降级对策

ISCS 作为重要调度指挥系统，保障其可靠稳定运行非常重要，一旦出现因系统或通信传输等原因造成系统瘫痪故障，将严重影响 OCC 电力（环控）调度人员对环控系统、供电系统等指挥作业。因此，有必要制定 PSCADA 系统、BAS 系统降级作业对策。

4.1 PSCADA 系统降级作业

4.1.1 资料准备

为应对 PSCADA 系统无法正常监控下的调度指挥作业，OCC 需准备全线路供电一次系统示意图，以津滨轻轨 9 号线为例进行说明，如图 10 所示。

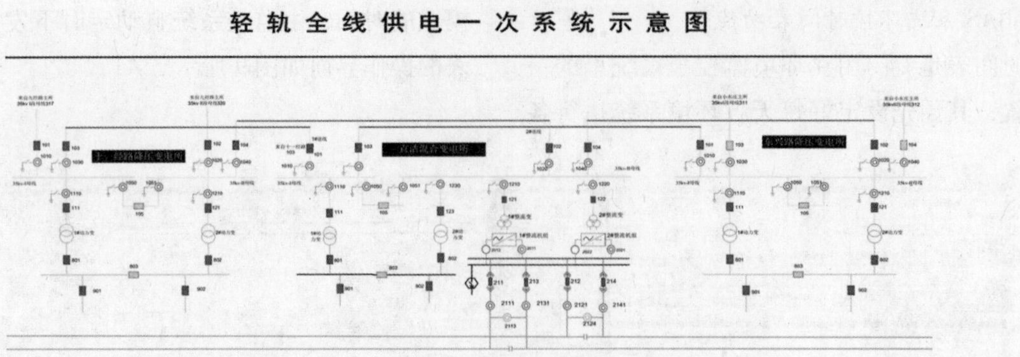

图 10　津滨轻轨 9 号线一次系统供电示意图

上述示意图中主要包含 35kV 中压环网电源走向，正线接触网各供电区段直流开关、上网隔离开关内容，并辅助配置红、绿色记号笔。另准备与示意图搭配使用的调令登记簿（详见表 3），进行应急调度组织。

表 3　调令登记簿表格

电力调度命令

调令编号			调令处所		
工作任务			工作条件		
调令名称					
操作步骤	1		13		
	2		14		
	3		15		
	4		16		
	5		17		
	6		18		
	7		19		
	8		20		
	9		21		
	10		22		
	11		23		
	12		24		
填写人		审核人		值班主任	

命令：____受令人：____

操作时间：____年____月____日____时____分

续表

完成时间：____年____月____日____时____分

操作人：____电调：____

4.1.2　作业程序

因 PSCADA 系统故障，电力（环控）调度员需通过调度命令完成施工组织与应急处置，调度命令在执行中执行以下规范，35kV 母线进出线开关（包括动力变高压侧开关）、主变电所设备的停送电操作，下达逐项调度令；各所直流供电系统、接触网停送电操作，因操作程序固化，故下达综合调度令。

施工组织管理方面：施工组织执行电气工作票制度，电力（环控）调度根据工作票内容编写电力调度命令，施工前及施工结束后由施工负责人向电力（环控）调度申请停送电操作，具备条件后由其向变电所值班员下达调度命令，并执行复诵制度。

紧急故障处置方面：发生设备故障后电力（环控）调度员及时根据汇报情况，在供电一次系统图中对设备状态进行实时标注。如需对系统供电方式进行调整，应依据标注设备实施状态通过调度命令方式进行相应调整。在配合检修人员完成故障处置后，及时恢复系统正常供电方式并做好标注更新。

4.2 BAS 系统降级作业

4.2.1 资料准备

中心级 BAS 系统故障时，为直观地判定各种情况发生地点，为准确、迅速地确定、传递环控系统模式，需制定环控系统工作模式示意图（以下简称示意图）。

以津滨轻轨 9 号线为例，示意图共 14 张。区间隧道示意图 4 张，包括火灾工况 2 张、列车阻塞工况 1 张、空气异味排风工况 1 张；车站大、小系统示意图 10 张。

区间隧道示意图（图 11），包括线路示意图（包括车站位置、区间联络通道位置、线路分布），并标注列车阻塞位置、列车着火部位及对应的模式号、模式名称；车站大、小系统示意图（图 12），包括车站布局示意图，大、小系统火灾发生部位及对应的模式号、模式名称。

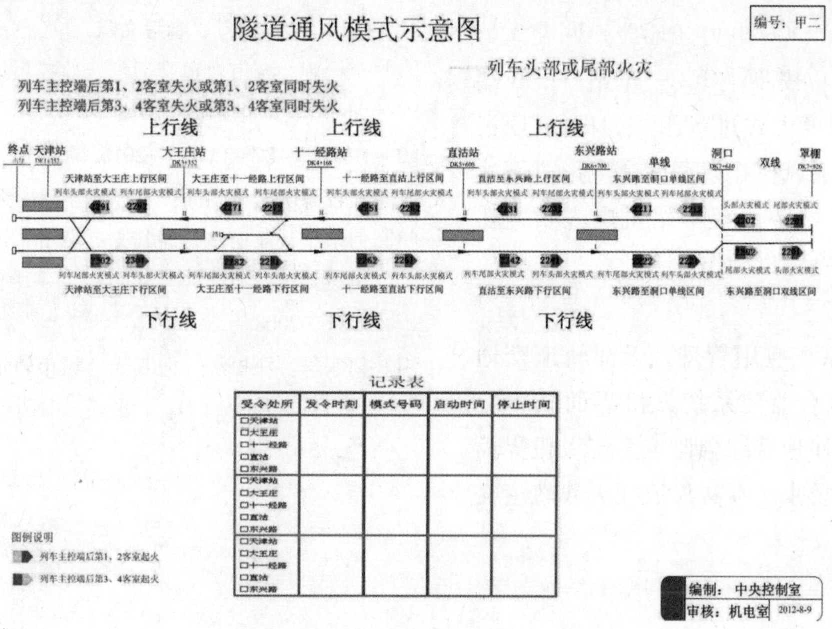

图 11　津滨轻轨 9 号线隧道通风模式示意图

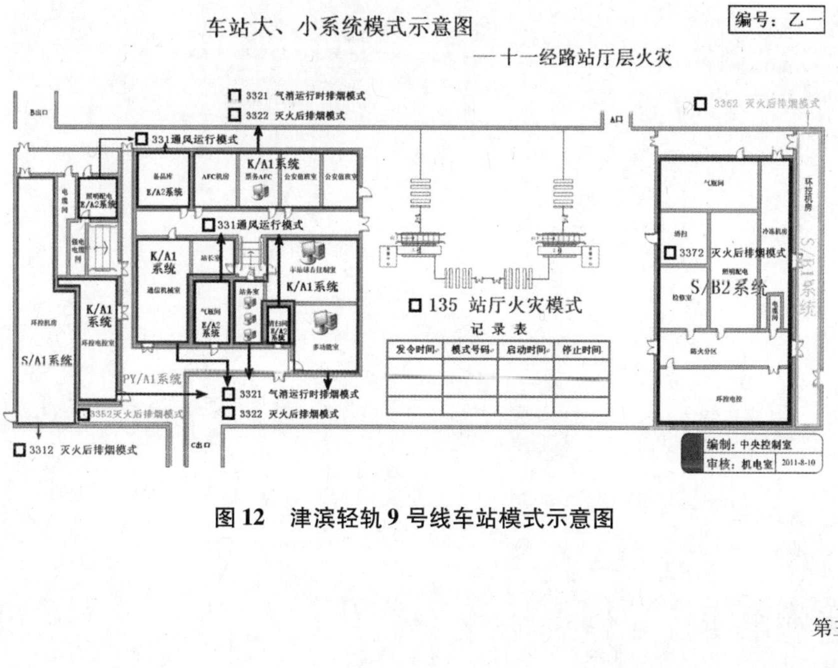

图 12　津滨轻轨 9 号线车站模式示意图

4.2.2 作业程序

➢系统中心级故障、车站级监控正常

此种情况下，BAS系统控制权应在车站级控制，OCC电力（环控）调度人员应根据现场情况命令车站值班员开启本站相应通风模式，如涉及区间隧道通风，则应同时向区间两端车站下发命令。

➢系统中心级、车站级故障，仅现场级正常

此种情况下，BAS系统控制权仅能通过现场工作站级实现，OCC电力（环控）调度人员应根据现场情况，按照“OCC—车站—A/B端环控电控室”调度模式进行组织，即OCC根据示意图将应急通风模式以调度命令形式下达至车站，再由车站转达至本站机电人员，在A/B端环控电控室完成操作。

5 结论

针对ISCS系统应用管理，天津轨道交通集团已经拟定综合监控系统人机界面技术标准，用于规范天津地铁综合监控系统人机界面的技术、管理等要求。本文仅依托天津轨道交通运营管理经验，结合地铁新线建设设备设施条件简述调度指挥体系下对ISCS系统的应用及降级运行下的相关对策。鉴于个人经验所限，涉及技术要点及管理经验仅供研讨。

随着天津轨道交通网络化运营不断深入，ISCS系统在做好电力、机电设备监控、车站运营状态监视等功能的同时，必将向诸如生产调度、生产计划和工作流处理方面发展，促进向智能化方向发展，实现管控一体化。

参考文献

[1] 李天辉. 城市轨道交通综合监控系统的技术发展[J]. 自动化博览，2013（10）.

[2] Q/TRT-BZ-008——2016. 天津市轨道交通综合监控系统人机界面技术标准[S]. 天津，2016.

[3] 何宗华，汪松滋，何其光. 城市轨道交通车站机电设备运行与维修[M]. 北京：中国建筑工业出版社，2008.

[4] 何宗华，汪松滋，何其光. 城市轨道交通供电系统运行与维修[M]. 北京：中国建筑工业出版社，2010.

浅谈行车调度在轨道交通运营组织中的作用

付晓峰

（天津滨海快速交通发展有限公司生产调度部）

摘　要：行车调度是轨道交通运营的指挥中枢，代表运营公司领导组织指挥日常运营工作，担负着确保运营安全、高效、有序的重要责任。调度人员必须精心组织，科学调度指挥。凡与行车组织有关的活动都必须在行车调度的统一组织指挥下进行。调度系统是一个负责人—机—环境系统和点对面的指挥体系。行车调度作为该系统中的主要组成部分，其职业能力的发挥直接决定了线路的运营安全和效率。有必要提高社会各阶层尤其是公司领导的重视程度，并投入更多人力、物力、财力努力提高行车调度人员的能力和权利，从而从内外两方面提高行车调度在城市轨道交通运营中的作用。本文分析了行车调度工作在城市交通运输中的重要意义，结合天津轻轨9号线行车调度工作中存在的问题，从体制、业务等方面提出改进措施。

关键词：行车调度系统；制度完善；日计划；安全

地铁行车调度系统作为一个复杂的系统，其中人是最主要的因素。行车调度组委列车运行的指挥者，肩负着地铁运营管理的核心工作，特别是在设备故障和突发事件时直接影响地铁正常运营情况下，行车调度及时灵活科学地制定调度调整策略，降低事故风险和影响，对保证地铁运营安全和人身安全起着不可替代的作用。

1　行车调度的主要职责

严格执行各项规章、安全管理制度和安全卡控措施，遵守和维护调度纪律，正确发布调度命令，及时处理影响行车安全的有关情况，确保调度指挥安全。

组织运营相关部门密切配合、协同动作、经济合理地使用车辆，充分利用运输能力挖掘运输潜力，压缩运营成本以提高运营效率、完成运输生产任务。

负责编制和下达公司运营方案和运行图，并协调各部门保障运行图兑现率。

负责组织和监控列车运行，关注客流量变化，监督各部门运营保障情况，并根据实际情况随时对列车运行做出调整。

负责编制下达施工周计划及紧急抢修作业安排，协调各专业施工之间的区域划分和责任认定，保障电客车调试、工程车运行与施工人员的安全。

负责紧急情况下的安全保障和秩序恢复工作，指挥相关专业进行危机应对和运营恢复工作，最大限度保证乘客和作业人员人身安全，减少公司财产损失、减小社会负面影响。

2　行车调度作业流程

行车调度在实施地铁行车指挥工作时，通过观察ATS（列车自动监控系统）、接听列车司机和车站报告或领导通知等方式收集外部信息并做出分析判断，最后通过调度命令形式指挥其他行车相关人员。中央控制室（OCC）在日常工作中只与维修调度（MCC）、车辆调度（DCC）、车务调度联系协调并直接指挥在线列车司机和车站值班员。OCC只需综合各方信息对运营做出总体安排并以调度命令形式下达至各专业调度再由其安排相关人员具体执行，以提高工作效率，明确责任划分。

3 存在问题

3.1 定位不准、职责不清

自2003年轻轨开通运营至2015年作为运营组织中枢的中央控制室，一直作为一线部门的一个科室存在。无论组织保障、职责权力和薪资待遇都比其他部门同级别人员低。造成调度工作经常出现“调不动”，责任与权利长期不对等的窘境。2015年，成立生产调度部尤其是公司整合成立9大中心以后又出现“点对面、一对多”的情况，增加了调度人员工作压力，降低了工作效率。

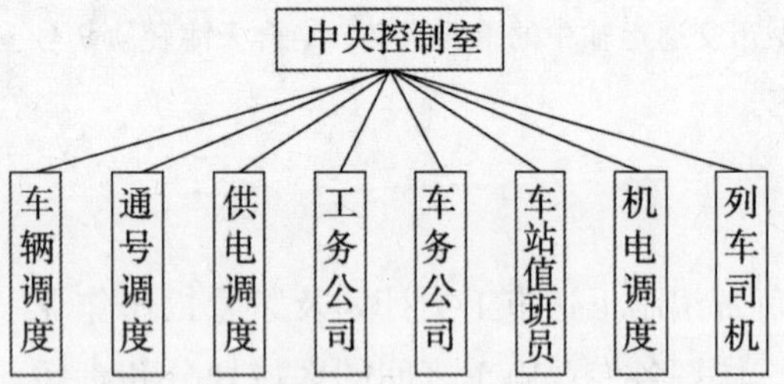

人员固化、培训不足。因调度工作的特殊性和对人员素质的高要求及其他因素影响，出现控制室人员长期仅一名新员工补充，无岗位调动和晋升，无对外交流培训的局面。一定程度上限制了在职人员的业务能力拓展，减少了与同行业同岗位人员的交流学习，不利于实际全面了解目前城市轨道交通调度岗位的新技术和先进经验。另一方面，还存在长期后备人员不足的情况。

3.2 设备陈旧故障率高

轻轨运营十几年主要运营设备鲜有更新，行车调度使用频率最高的ATS调度终端、无线调度台、直通电话、专用电话等设备故障频率逐年提高，无线调度台死机时有发生，直通电话呼叫全线车站无法通话等，甚至出现因外部失电、UPS失效导致ATS终端死机的情况。

4 改进办法

本人通过查阅相关资料，咨询其他地铁调度并结合自己实际工作经验，总结出以下几个方面的措施，用以提高调度工作的效率和作用。

4.1 完善工作管理制度

中央控制室调度管理制度应包括安全、生产、施工、培训管理等基本制度，并将基本管理制度纳入《控制中心手册》，以公司级文件发布，使调度人员日常组织指挥有法可依、有章可循，调度日常工作须按照管理制度抓好落实。

安全管理制度应包括安全逐级负责、安全信息管理、安全检查监控、安全考核、安全分析制度和调度命令、施工管理、工程师开行、接触网停送电安全卡控、防止调度员超劳、恶劣天气行车、应急预案等管理办法。

生产管理制度包括行车调整、运行图编制修订、重大活动及专项运输、临时加减车、生产考核、运营分析等。

施工组织管理办法应包括施工组织领导、施工组织管理程序、施工周计划、施工单提报条件、施工调令的编制下达、交叉施工管控、施工监控及分析。

培训教育管理制度包括调度人员业务培训、考试、技能比武、岗位晋级、持证上岗和现场实习等制度。同时要对考勤、休息、请假等作出规定。

4.2 优化工作报告制度

保持上下级以及各班组间持续联系，加强与有关安全监察、专业部门之间的信息沟通，准确掌握工作进度，不失时机地处置问题。

车站向行车调度：在运营前应向汇报线路出清及运营准备情况。运营期间第一时间汇报运营相关的异常情况及故障（包括列车早/晚点、大客流、车站运营设备故障、列车运行异常、紧急事件的现象影响及已采取措施等），运营后汇报施工准备及审核情况。

各专业调度向行车调度：运营前准备情况包括人员、设备、应急准备等。出现紧急情况时，及时详尽如实汇报修复进展及预计恢复时间。

行车调度应根据实际运营情况填写“行车及电力报告”于次日早九点前发布至公司有关人员，紧急事件结束后还应填写“××事件报告”，并要求相关专业调度提供详尽原因、经过及分析。

4.3 改进调度班计划

调度班计划应按照列车运行图、月度生产计划、当日施工计划编制，保证安全高效地完成运营任务。调度班计划的编制应遵循以下原则：坚持安全第一原则；贯彻国家法律政策及公司运营规章；合理分工划责；明确岗位职责；严格按照列车运行图行车；安全合理组织施工和抢修。

各班组调度主任在接班后向行车及电力调度收集信息编制本班计划并且交代上级领导工作安排。行车调度员提供当日运行计划及施工计划、设备故障及维修安排、备用车及其他必要事项。电力调度员提供当日电力工作票接收及操作情况，设备状态，段/场接触网供电状态等。

4.4 加强作业安全管理

行车工作必须严格执行单一指挥原则。行车调度员是整个运营组织的统一指挥者，有关行车人员必须执行行调命令、除明显违背安全指令外不得违反。

行车调度员应熟悉主要行车人员及车辆、线路、供电、通信、信号等设备设施情况、掌握各种天气对行车的影响、组织行车有关人员协调动作保证列车按运行图正点运行。

为确保列车安全正点和良好的运行秩序，行车调度员应加强和现场行车有关人员的联系、及时布置重点工作。发生非正常情况时，现场行车有关人员必须立即如实详尽地向行车调度员报告。

调度指挥必须坚持安全第一原则。各级行车人员应做到：熟悉有关设备设施的技术数据、作业流程、各项技术作业标准；值班中要精力集中、坚守岗位、保证双人值岗、严格遵守规章制度及时正确处理问题。

当得到现场关于列车、线桥等出现危及行车安全的报告时，应及时指示有关人员立即停车，查明情况，妥善处理。

严密监控降级运行列车情况，及时对后续列车做出安排，防止影响扩大。

4.5 重视调度队伍建设

调度人员肩负指挥日常运营的重责，各级领导应重视调度队伍建设。

调度人员的选拔应遵循下列规定：公开竞聘；较高的思想政治觉悟、敬业精神和团队意识；具有扎实的专业知识；果断冷静、勇于承担的个人素质；必须有一线工作经验。

对新职调度人员培训应遵守下列规定：必须经过调度专业知识学习，设备操作训练，基础业务训练，抗压测试，经考试考核合格后给予考试合格证书。必须经过至少半年跟班练习，期间进行月考、季度考、结业考并得到正式调度员认可后方准独立上岗。对转岗人员尤其是管理岗位人员必须经过跟班学习并由在岗人员业务考试，素质评测合格后方准上岗。强化调度人员的技能业务学习，每年进行一次持证上岗的考核。

为不断提高调度人员的业务水平，需安排各级调度采取脱产与不脱产相结合的方式，轮流进行专业培训。

建设一支指挥灵活、反应快、业务精的高素质调度队伍。加强调度基础工作这是调度队伍保障运营安全优质高效的需要。调度队伍建设的目标是三个过硬：思想过硬、作风过硬、业务过硬。

4.6 增强分析工作

调度工作分析是通过日常运输综合分析发现问题，制定措施不断提高调度工作质量，促进运输生产的有效方法。各级调度必须配备调度分析人员，具有较强业务水平和实践经验的人员负责本单位的调度分析工作。调度工作分析可分为日常分析、定期分析和专题分析。

日常分析：运行图兑现及施工计划兑现，日常工作流程梳理，调度工作安全情况，调度工作质量分析。

定期分析：根据日常运输及安全工作情况，收集、积累有关资料做月度分析并提出改进日常运输组织工作意见和建议。

专题分析：针对非正常行车或事故，深入调查研究，分析经验教训。发现问题，及时作出必要的分析并提出改进意见和措施。

5 结语

整个运营系统的稳定高效运转必须有充足的优秀人员配置，全面的制度保障，合理的薪酬体系作为保障。行车调度是轨道交通运营系统的指挥中枢，代表运营公司领导组织指挥日常运营工作，担负着确保运营安全、高效、有序的重要责任。调度系统是一个负责人—机—环境系统和点对面的指挥体系，其中人是最主要的因素，所以必须重视整个调度队伍的建设和完善。

参考文献

[1] 铁路运输调度规则 TG/CM103—2008. 北京：中国铁道出版社，2008.

[2] 费安萍．城市轨道交通行车组织．成都：西南交通大学出版社，2007.

[3] 彭其渊，王慈光．铁路行车组织．北京：中国铁道出版社，2013.

[4] 李宇辉．城市轨道交通应急处理．北京：人民交通出版社，2013.

浅析地铁车站中的综合监控系统

张　岩　范博学

（天津滨海快速交通发展有限公司）

摘　要：随着城市轨道交通行业的飞速发展，为车站的乘客及工作人员提供便捷舒适环境的要求日益提高，因此对车站中各种设备的实时监控变得尤为重要。本文结合目前天津地铁的建设情况，对地铁行业中综合监控系统的应用进行浅析，对综合监控系统的特点和结构进行说明。

关键词：城市轨道交通；综合监控系统；ISCS

在目前已投入运营的地铁系统中，车站的各种机电设备均处于自成体系的状态，每种子系统均有自己的一套监控体系，如屏蔽门监控系统（PSD）、环境监控系统（BAS）、火灾自动报警系统（FAS）等，各系统分别对车站不同的设备进行监控。随着科技的进步，这种零散的监控模式已逐渐不能满足当下的设备监控要求，根据逐步提高的监管需求，一种对所有车站设备进行统一监控的系统逐渐形成，即综合监控系统[1]。

1　综合监控系统的特点

1.1　全线各系统的综合监管

综合监控系统（ISCS）是将过去的 AFC、BAS、FAS、PSD、PSCADA、PIS 等零散的被控设备集成到一个系统进行监控，在 OCC 及车站车控室建立综合监控工作站，通过实时的数据采集及数据传输，对各车站内设备的运行情况以及故障信息进行可视化的管理[2]。

1.2　各子系统的联动控制

各系统的联动控制最突出的体现在发生火灾时，ISCS 接到 FAS 报的火警信息，通过对 FAS、BAS、PSD、AFC、PIS 等系统中不同设备进行控制，达到扑灭火情、排出烟雾、疏散乘客等目的。在这一过程中，通过综合监控系统的协调，节省了各系统之间信息传递、人员操作的时间，能够更加迅速地实现灾害模式下的应急处置。

1.3　便于车站设备管理

目前的车控室中存放着多个系统的监控主机，对应每个监控系统，引入综合监控系统后，由于 ISCS 系统将其他系统进行整合，因此在车控室配备 1 台综合监控系统的监控主机即可，节省了过去多台监控主机占用的空间，也更便于车站对自身范围内设备的管理[3]。

2　综合监控系统的结构

2.1　中央级综合监控系统

中央级综合监控系统搭建在 OCC 控制中心，其设备包括：监控屏幕、监控工作站、交换机、前端处理器（FEP）、历史服务器、磁盘阵列等。中央级综合监控系统的主要功能如下：

（1）监控各车站故障报警信息，当某个车站所辖设备发生故障时，故障信息会传到中央级控制系统，控制中心对故障信息进行确认，根据故障类别指派专业团队到现场进行故障处理[4]。此外，中央级综合监控系统还会对故障信息进行记录，储存在历史服务器或磁盘阵列中，便于今后查询历史信息。

（2）对车站下发控制信息，当模式、计划需要进行变更时，由控制中心统一下发。当出现突发灾害或紧急情况时，控制中心可根据车站的报警信息，对车站内的各子系统下发灾害模式，进行灾害模式联动。

（3）历史信息的备份及查询，定期将车站级综合监控系统中的操作记录、故障记录、报警记录传输到中央级综合监控系统中的历史服务器，定期将历史服务器中的历时记录转移到磁盘阵列中进行保存，在需要的时候可以从磁盘阵列中查找相关记录[5]。

2.2 车站级综合监控系统

（1）对车站所辖设备的运行状况进行实时监控，对各子系统设备的参数、数据、检修情况进行管理，实现对各系统设备的操作或执行预先编制好的模式信息。

（2）故障报修，当现场设备出现故障时，在车站级综合监控系统的人机界面上会出现故障报警，此时车站根据出现报警的系统进行故障报修，由专业团队进行故障处理。当故障解决后，在车站级综合监控系统中进行报警确认，表示故障已处理完毕。

3 结语

随着城市轨道交通行业的飞速发展，综合监控系统的使用呈现逐步上升的趋势，目前全国多条地铁线路均引入了综合监控系统，用于对全线车站各系统设备进行监督管理，综合监控系统也发挥了良好的作用，为监控车站设备提供了便利[6]。

参考文献

［1］魏晓东．地铁综合监控系统建设的关键问题分析［J］．自动化博览，2009（05）：14－37.

［2］湛维昭．地铁综合监控系统的集成模式［J］．都市快轨交通，2007（04）：82－85.

［3］李中．地铁综合监控系统应用技术研究［J］．城市轨道交通研究，2008（10）：44－47.

［4］李凤举．地铁综合监控系统研究［D］．西南交通大学，2008.

［5］王富章，张莉艳，李平，徐杰．城市轨道交通智能综合监控系统体系结构［J］．中国铁道科学，2006（01）：126－132.

［6］吴超．地铁综合监控系统可靠性评估方法研究［D］．西南交通大学，2006.

天津地铁9号线屏蔽门控制系统介绍及典型故障处理

张长兵
（天津滨海快速交通发展有限公司）

摘　要：地铁屏蔽门设备在越来越多的地铁线路中安装和投入运营，是国内外地铁普遍采用的重要行车设备之一；故障处理工作是其运营维护管理最重要的部分之一。本论文以天津地铁9号线为例，简单介绍屏蔽门控制系统的构造特点，并对控制系统常见故障情况下，行车调度的应急处理方法进行分析。

关键词：屏蔽门；控制系统；故障处理

1　引言

地铁车站屏蔽门系统是沿站台边缘布置，将车站站台公共区与行车轨道区域隔离开的设备，通过控制系统控制其自动开启。屏蔽门能有效地减少空气对流造成的站台冷热气的流失，保障列车、乘客进出站时的安全，降低列车运行所产生的噪音对车站的影响，地铁屏蔽门能为乘客营造一个安全、舒适的候车环境，具有节能、安全、环保、美观等功能，为地铁车辆的无人驾驶创造条件。

屏蔽门从封闭形式上可分为半高敞开式安全门和全高封闭式屏蔽门。前者通常被叫作“安全门”，只起到安全和美观的作用，适合没有安装空调系统的站台，一般为地面站台或高架站台。后者通常被人们叫作“屏蔽门”，适合安装空调系统的站台，一般为地下站，是最常用的一种。

天津地铁9号线工程东起滨海新区经济开发区第七大街，西达天津市河东区天津火车站，线路全长52.24km，现运营车站21座均已安装屏蔽门设备，其中，天津站至东兴路站共5个地下车站，均为全高屏蔽门系统；中山门站至东海路站共16个地上车站，均为半高安全门系统。屏蔽门设备作为频繁使用的运营设备与车地通信系统、主控系统接口较多，故障机率也较大。本文主要从地铁屏蔽门控制系统的构造特点及发生故障时的处理方法等方面进行阐述，希望能够提高大家的分析能力和解决故障的能力，不断提高应急业务技能。

2　系统组成

屏蔽门系统主要由机械和电气两部分构成，机械部分包括门体结构和门机系统（传动部分、锁紧装置），电气部分主要包括门机系统（驱动部分）、电源系统、控制与监视系统，如图1所示。

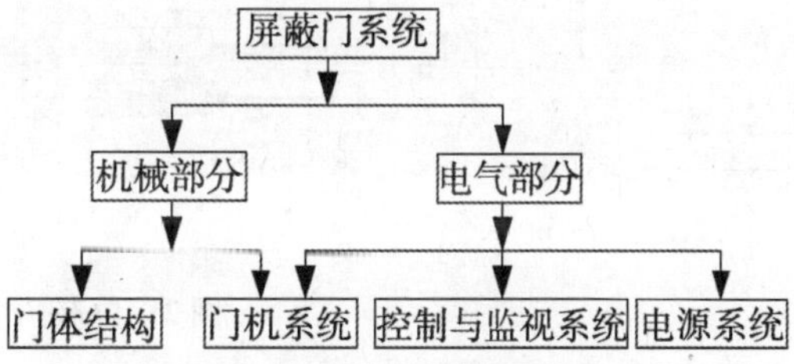

图1　屏蔽门系统的结构图

3　控制系统

3.1　控制系统的构成

由图2可知，屏蔽门系统有两个独立的控制系统，分别控制着两侧站台屏蔽门的开启和关闭，一侧屏蔽门发生故障不影响另一侧屏蔽门正常运行，任意一扇屏蔽门发现故障也不影响其他门动作。屏蔽门控制系统主要由中央控制盘（PSC）、综合后备控制盘（IBP）、以及用于车站或维护人员改变某滑动门操作模式（自动和手动）的就地控制盒（LCB）、控制滑动门开/关的门控单元（DCU）、列车驾驶员或站务人员在站台上操作一侧滑动门开/关的就地控制盘（PSL）以及控制局域网、软件、监视报警装置和网间通信协议转换器、安全继电器回路设备、通信介质及通信接口模块等组成。另外，天津地铁9号线屏蔽门系统中PSC柜接收到来自车地通信系统或PSL的开关门命令后，把该命令转换为DCU可以识别的开关门指令并即时传送给站台上的各个DCU，DCU按照既定程序驱动电机，滑动门在电机的驱动下完成开关门动作。同时，DCU把站台上各个滑动门的工作状态通过内部网线传给MMS监视系统进行记录。

3.2 控制系统的运行模式

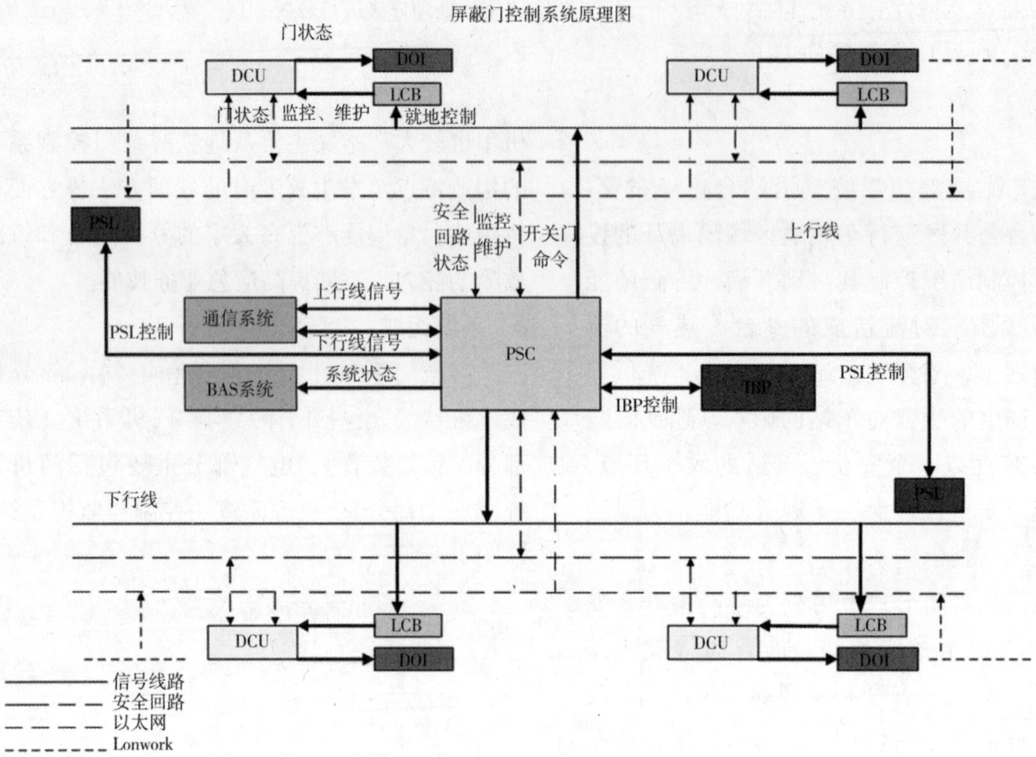

图2 屏蔽门控制系统原理图

屏蔽门控制系统有正常运行模式、非正常运行模式、失电运行模式共三种运行模式。根据开闭控制方式不同，滑动门操作分为五级控制方式。其中以手动解锁优先级最高，车地通信系统（SIG）优先级最低。五种控制方式如下：

——通信系统通过PSC控制屏蔽门，即车地通信系统（SIG）控制。

——站台级控制，即就地控制盘（PSL）控制。

——综合后备控制盘，即紧急控制盘（IBP）。

——单档滑动门就地级控制，即就地控制盒（LCB）控制。

——每档滑动门在轨道侧均可用机械把手、在站台侧可用钥匙对滑动门进行开/关操作，即手动解锁控制。

通过以上任何控制方式，均可实现滑动门

的开启和关闭。

屏蔽门控制系统运行模式优先级如图3所示。

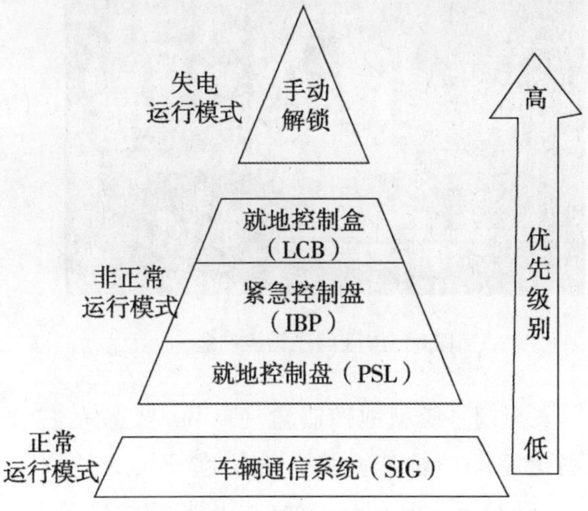

图3　屏蔽门控制系统运行模式优先级示意图

3.2.1　正常运行模式

车地通信系统（SIG）控制

该控制方式是在正常运行模式下由车辆门控系统直接对屏蔽门进行控制的方式。

在系统级控制方式下，列车到站并停在允许的误差范围内时，车辆门控系统向屏蔽门发送开/关门命令，控制命令经通信系统发送至屏蔽门中央接口盘，中央接口盘通过DCU对滑动门开/关进行实时控制，实现屏蔽门的系统级控制操作。

3.2.2　非正常运行模式

就地控制盘（PSL）控制

就地控制盘（PSL）均设于列车运行正方向的头端，当系统级控制不能正常实现时，如通信故障、中央接口盘对DCU控制失败等故障状态下，由列车司机或站务人员在站台的就地控制盘（PSL）对屏蔽门进行“开/关门”的控制方式。

天津地铁9号线在120米地上站设置双面PSL，PSL固定在司机门的玻璃上。双面PSL一面面向轨道侧（图4），一面面向站台侧（图5）。

图4　双面PSL轨道侧安装位置示意图

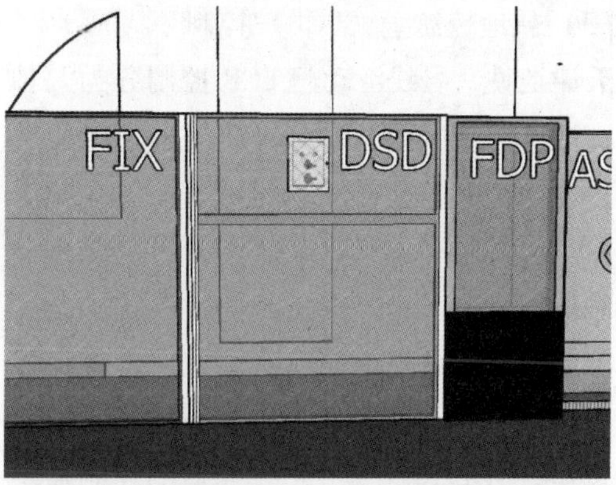

图5　双面PSL站台侧安装位置示意图

单面PSL安装在80米站台上，PSL固定在端头门立柱旁（图6）（地下站屏蔽门按此规则设置）。

图6　单面PSL端门立柱旁安装位置示意图

PSL面板上包括灯、钥匙开关与按钮，由专人操作“滑动门自动/手动钥匙开关”和

"滑动门/应急门/司机门互锁解除自复位钥匙开关"。

（2）IBP 盘紧急控制

IBP 盘设置在车站综合控制室内。当区间失火或乘客疏散情况时，工作人员在车控室的 IBP 盘上操作屏蔽门应急开关打开屏蔽门，配合车站进行灾害处置。屏蔽门系统把站台屏蔽门状态实时传递给车控室，并且门开启状态要通过指示灯在 IBP 盘上显示出来。当屏蔽门系统无法通过 PSL、SIG 控制屏蔽门开启、关闭时启用。实现站台出现紧急情况需开始屏蔽门时使用（注：此状态下没有关门信号，回位即自动状态）。

（3）就地控制盒（LCB）控制

天津地铁 9 号线滑动门 LCB 控制分为两种形式：地下 5 站屏蔽门系统每档门采用单驱单控（一个电机和一套控制按钮），地上 16 站安全门系统每档门采用双驱单控（两个电机和一套控制按钮）。

屏蔽门系统就地控制盒（LCB）安置在顶箱内，靠近门机。它是由一个三位钥匙开关、两个按钮（开和关）与一个蜂鸣器的控制盒组成。在门梁上安装三位钥匙开关钥匙孔朝下，在顶箱中安装控制盒，如图 7 和图 8 所示。

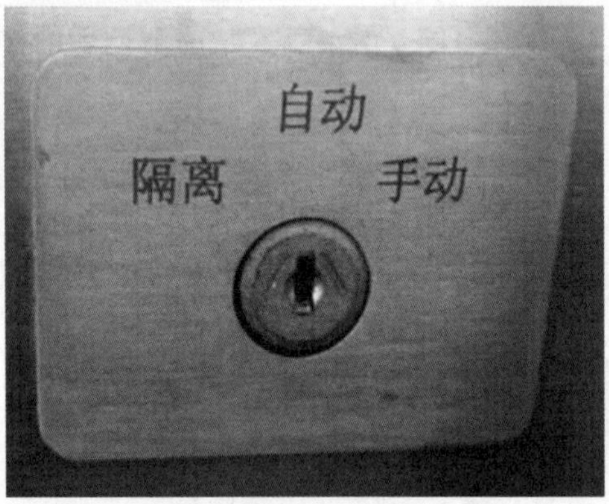

图 7　屏蔽门三位钥匙开关

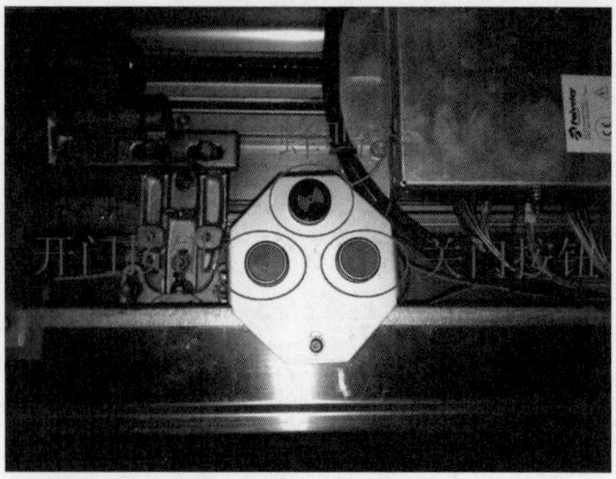

图 8　屏蔽门顶箱控制盒

安全门系统就地控制盒（LCB）安置在右侧固定驱动门检修盒内，该钥匙开关为"隔离/自动/关门/开门"四位，钥匙从"自动"位顺时针旋转 90°为"手动关"位，再顺时针旋转 90°为"手动开"位；从"手动开"不能直接旋转至"隔离"位；从"自动"位逆时针旋转 90°为"隔离"位，如图 9 所示。

图 9　安全门四位钥匙开关盘面

钥匙只有在自动位与隔离位时可取出，钥匙开关可用来选择下列运行模式：

①自动位：屏蔽门系统运行于正常模式，接收来自 SIG、PSL 或者 IBP 发来的控制命令。

②隔离位：被操作的 DCU 和滑动门的电源将被切断。门扇可以通过工作人员钥匙解锁手

动打开或关闭。被隔离的滑动门将进入安全回路。

就地控制模式为一服务模式，包括“关门位”和“开门位”。

③关门位：来自 SIG、PSL 或者 IBP 的命令将被忽略，滑动门关闭或者保持关闭。被操作的滑动门将不进入安全回路。

④开门位：来自 SIG、PSL 或者 IBP 的命令将被忽略，滑动门打开或者保持打开。被操作的滑动门将不进入安全回路。开门位时，滑动门不能直接进入隔离状态。

3.2.3 失电运行模式

手动解锁控制

手动解锁是由站台人员或乘客对安全门进行的操作。当控制系统电源故障或个别安全门操作机构发生故障时，站台工作人员在站台侧用钥匙或乘客在轨道侧用开门把手打开安全门。此时，中央接口盘上的“ASD/EED 手动操作”状态指示灯点亮。

4 屏蔽门故障处理方法

4.1 屏蔽门故障的应急处理原则

4.1.1 发生屏蔽门故障时，要按照“先通车后恢复”的原则进行处理，在保证安全的前提下，车站人员要尽快处理，及时向司机显示“好了”信号，司机在确保安全的情况下按时刻表的要求行车，确保客车准点运行。

4.1.2 列车到站后，出现整侧滑动门不能同步开/关时，司机操作 PSL 开/关屏蔽门，并将情况报告行调。若后续列车仍出现不能同步开/关时，行调通知维修调度通报维修工作人员。

4.1.3 天津地铁 9 号线屏蔽门车地通信系统级控制采用无线同频通信方式，列车进站不检测屏蔽门系统安全回路信号，只有出站才检测安全信号。因此，任何一档滑动门或应急门没完全关闭，不影响列车进站，只影响列车出站。

4.2 屏蔽门系统故障处理

4.2.1 屏蔽门关闭时遇到障碍物的处理

滑动门在关闭过程，如发生障碍物或乘客阻挡关门，当检测到实时关门的阻力大于设定值时，滑动门立即停止关闭并进入障碍物处理程序：马上释放关门力，解脱被夹的人或物，经过一定时间后继续低速关门至原来检测到障碍物的位置，如障碍物已不存在则以正常速度关门。如障碍物继续存在，该滑动门停止尝试关闭并保持自由状态，门头指示灯报警。站台工作人员及时提醒乘客后退或清理障碍物，如不能及时清理障碍物，应对该单元屏蔽门的门头模式开关打到手动位置，让列车发车，并加强监控，通知维修人员处理。如能及时处理，通知司机重新开关一次车门、屏蔽门。

4.2.2 列车到站后/发车前，一对或多对滑动门不能正常开门/关闭故障处理

（1）站务人员接到屏蔽门故障通知后，视各站具体情况尽快到达故障点。

（2）发现两对及以下屏蔽门不能打开，立即将情况上报车控室，并引导乘客从其他开启的屏蔽门下车，同时“隔离”操作开启故障门。确认乘客上下完毕及站台安全后向司机显示“好了”信号。待列车离开站台后，在故障门上张贴“此门故障，暂停使用”告示，加强监控。

（3）发现三对及以上屏蔽门不能开启，立即将情况报车控室，通知值班站长、厅巡等前往协助处理故障屏蔽门，加强对站台的监控及广播引导乘客上下车。并立即前往故障的屏蔽门单元处采用开门钥匙人工操作开启屏蔽门，并根据站台客流情况，保证每节车厢对应的屏蔽门有一对及以上屏蔽门在开启状态，同时“就地开门”操作该故障门保持常开状态。并引导乘客从其他开启的屏蔽门上下车。

若故障门未能及时恢复或“就地开门”操作，将影响发车晚点，第一趟车发车时，站务

人员确认乘客上下完毕及站台安全后，可直接向司机显示“好了”信号可以发车。待列车离开站台后，在故障门上张贴“此门临时故障，请勿靠近。请到临近屏蔽门候车”告示，加强监控。

（4）车控室值班人员通知维修调度组织抢修，维修人员到达现场后，根据车站的客流情况，维修人员以保障运营安全为前提进行抢修；抢修完毕后向行车值班员报告。

（5）观察两趟列车确认屏蔽门运行正常，撤除屏蔽门故障告示。

4.2.3 列车到达后，整侧滑动门不能打开（使用PSL仍不能开启）

（1）站务人员接到屏蔽门故障通知后，视各站具体情况尽快到达故障点。

（2）发现所有屏蔽门不能开启，立即将情况上报车控室，车控室值班人员接到故障通知后，报告行调。经行调同意在综合后备控制盘（IBP）上操作尝试开启屏蔽门。

（3）若屏蔽门仍不能开启，则通知值班站长、厅巡、站务人员前往站台协助处理故障屏蔽门。加强对站台的监控及广播引导乘客候车。

（4）人员在站台侧采用开门钥匙人工开启屏蔽门，并根据站台客流情况，保证每节车厢对应的屏蔽门有一对以上屏蔽门在开启状态，做好站台安全防护，并引导乘客上下车。确认乘客上下完毕后及站台安全后向司机显示“好了”信号。

（5）待列车离开站台后，采取人工方式关闭故障门，关闭的故障门通过“隔离”操作断电（如为相邻的屏蔽门则不能连续关闭两对，并根据站台客流情况，保证每节车厢对应的屏蔽门有一对及以上屏蔽门在开启状态，开启的故障门通过“就地开门”操作保持常开状态），在故障门上张贴“此门临时故障，请勿靠近。请到临近屏蔽门候车”告示，加强现场安全监控。

（6）车控室值班人员通知维修调度组织抢修，维修人员到达现场后，根据车站的客流情况，维修人员以保障运营安全为前提进行抢修；抢修完毕后向行车值班员报告。

（7）观察两趟列车确认屏蔽门运行正常，撤除屏蔽门故障告示。

4.2.4 滑动门/应急门/固定门玻璃破裂或破碎的故障处理

（1）站务人员发现玻璃破碎报告车控室，如是滑动门/应急门应将故障门处于“就地开门”状态（以便旁路此档门的安全回路）保持常开，同时指派站务人员在故障门站岗监护，保障乘客安全并防止乘客或物品掉入轨道。

（2）若门玻璃破裂用封箱胶纸将玻璃粘贴，防止突然爆裂。

（3）若门玻璃已破碎应在10分钟内清理完毕，同时要防止玻璃碎片掉入轨行区，如有玻璃碎片掉入轨行区，应在列车到达前清扫轨道顶面上玻璃碎片，以免影响行车安全。

（4）站务人员贴上警示标志，在故障门前设置好围栏，恢复正常运营（根据屏蔽门的破损情况必要时应降低列车进出站速度，具体速度值由行调提出）。

（5）站务人员应保护好现场，协助维修部门进行维修和事后查看录像。

（6）原则上在非运营时间进行故障屏蔽门修复，故障处理完毕，报告行调同意后，在不影响列车正常进出站的前提下，由维修人员对故障门单元作三次开关门试验，必要时对相应侧的屏蔽门进行两次开关门试验。局部故障恢复后注意观察、检查整体功能情况。

5 结语

综上所述，地铁屏蔽门系统是一个机电一体化产品，它作为客运服务与安全设施在城市地铁轨道系统发挥着重要的作用。因此，掌握屏蔽门的控制系统构造及故障情况下的处理方法，将会提高故障处理效率，最大限度降低故障发生后对运营服务的影响，有效提高地铁运营的服务水平。

参考文献

[1] 曾云菲．地铁屏蔽门控制系统介绍［D］．广州：广州新科佳都科技有限公司，2016.

[2] 于鑫，夏德春，王志飞，阚庭明，陈栋．城市轨道交通屏蔽门控制系统关键技术［D］．北京：中国铁道科学研究院电子计算技术研究院，2015.

[3] 敖建民．地铁屏蔽门构造及故障处理浅析［J］．科技风，2012（19）：115－115.

[4] 梁永波．地铁屏蔽门控制系统介绍［D］．广州：法中轨道交通运输设备（上海）有限公司，2009.

智慧城市之天津轨道交通乘务员司机的建设与培养

张春宇

（天津轨道交通集团滨海快速交通发展有限公司）

摘　要：天津轨道交通集团有限公司是天津市委、市政府研究决定，于2014年5月由天津地铁集团、天津铁路集团、铁路投资集团和滨海快速公司4家公司整合组成，是集投资建设、运营管理、维修养管、综合开发为一体的轨道交通发展新主体，承担城市轨道和市域铁路投资建设与经营管理责任。本文主要介绍轨道运营的关键岗位——地铁司机的工作。

关键词：标准化作业；服务意识；安全责任；执行力

1　标准化作业的重要性

随着天津轨道线网的1、2、3、5、6、9号线的逐步发展与完善，地铁交通系统担负起越来越重要的交通分流作用，而地铁运营所涉及的专业众多，自动化程度也高，运营的安全要求就更高，而人的因素占到很大比重。大部分的行车事故都与司机直接或间接有关系，地铁司机作为现场第一执行人，其素质高低，工作态度，自身技术水平对地铁的运营起着至关重要的作用，司机岗位是安全的第一道防线，也是运营的最后一道防线，稍有疏忽，便会造成无法估量的损失和影响。而标准化作业就能够把所有的工作条件进行融合扩展，规范统一了一道无形的安全防线。地铁司机职业的重要性不言而喻，司机的标准化作业在地铁运营中的重要性显而易见。

标准化作业就是按照预先设定好的程序步骤进行的周期性的作业，并且对作业流程，作业方法，作业条件加以规定并坚决贯彻执行使之制度化、标准化。地铁运营中，司机必须保证列车的“安全、准时、快捷、舒适”，如果运营一团糟，车次随意变更，发车时间不准时，列车经常出现故障，客服收到的投诉不断，乘客的出行计划被打乱，就会使得群众对轨道行业的满意度下降。如果不按照标准化作业去执行，那就谈不上以上的优势了，这是轨道行业从业者的工作失职。

实施司机标准化就是将行业内的运行方法技术和经验制定成文本形式加以学习规范，对没出现的问题起到预防作用，防患于未然。假设是新考上的司机通过标准化的学习和操作后，在驾驶列车对曾经发生过的问题也能够掌握应对，不会因为不会处理故障而出现不如意事件。7.23温甬线动车事故的发生为我们敲响了警钟。只有将司机标准化作业贯彻下去，才能够保障地铁的安全运营，天津的轨道交通发展才能够大踏步地前行，跻身成为全国轨道行业的佼佼者。

2　服务意识与安全的相互作用

天津地铁是服务行业，司机代表着地铁工作人员的形象，其一言一行精神面貌的展现，是乘客坐车安全感的来源，并承担着乘客出行安全的重任。第一，司机服务意识的提高，能够给工作带来便利，提高效率，尤其司机在天津站换乘站进行倒台作业时，面客和善地去回答乘客的各种乘车疑问，语言客气，态度大方、和蔼，如回答不便时，告知询问者去询问站务人员。在每一个站台的立岗区域内进行乘降作业时要面带笑容，语言洪亮，手指确认、呼唤应答标准而有力，这样可以使乘客对工作人员有个好印象，如果需要乘客协助司机处理突发事件时，能够得到帮助，达到事半功倍的效果。第二，服务意识的提高能减少事故的发生概率，提高运行安全率。意识决定行为，司机日常行车时，把精力放在服务乘客上面，进而更加精心地驾驶列车，减少了因人为因素导致的行车事故。地铁的运营与乘客之间存在着紧密的联系，我们要把服务社会作为地铁行车的出发点，使行车安全和社会服务之间相互影响，正确地树立为社会、为乘客服务的思想理念。

地铁司机的安全意识是地铁运营的保证，运营的安全，对社会和群众的生命、财产安全起着决定性的作用。对此，我们更应该明确自己的职责所在，认真学习专业的知识，不断提高业务技能，认真执行调度命令，严格规范操作，有高度的责任心，正确处理和面对行车中的突发事件，更好地意识到责任重于泰山。努力做到安全、准时、舒适地运送乘客，如果在工作中稍有不慎，就会有生命和财产安全的损失，对于整个行业来说是个致命性的打击，我们不能成为“罪人”。

3　乘务司机管理特点

地铁司机安全性管理的措施方面：首先要确定地铁司机的职责，其次要明确地铁司机的工作特点，再次要制定全面的培训计划。这就需要基层的管理者去不断地完善和健全规章制度和培训流程。对于技改技术和改造的设备要针对性的去修订文本制度，让使用者能够全面而深入地去了解掌握。司机的执行力要不折不扣地去执行，好的执行力对于地铁运营起着决定性作用，管理者第一要强化司机的现场出勤管理，努力做到人员的合理搭配，出勤状态的确认，不让状态不佳的司机去执行客运任务。第二对于司机的奖惩制度要公平透明，本着公正原则，根据千米数多与少的情况，建立健全多劳多得的分配制度。给予司机必要的精神与物质奖励，增强他们在行车中对安全性的认识，工作更加认真，让司机真正体会到自身的价值所在，让他们知道自身的含金量有多高。

全国各个城市的地铁公司，都有着自己的一套管理体系，各公司之间定期进行座谈把自身的管理经验互相交流，这能够有助于建立整个行业的科学严谨的管理模式，这就需要全国交通部的有关部门进行一番科学的部署。

4　轨道交通行业在国家层面的地位

司机岗位的社会责任重大，培训的周期也较长，这需要管理者正确地分析司机人员在轨道发展中的意义，2016 年 11 月，全国举办的第八届轨道交通大赛就正好诠释了司机的价值。全国交通运输部副部长刘小明发表了重要讲话，他讲到，职业技能竞赛是选拔、激励、宣传高技能人才的重要载体。党中央、国务院历来高度重视高技能人才的培养工作，习近平总书记强调：“我们要始终高度重视提高劳动者素质，培养宏大的高素质劳动者大军。”竞赛活动实现了 3 个目标：①高素质人才脱颖而出；②展示了行业内青年技工的精湛技艺，顽强的品质；③大赛弘扬了“劳动光荣，技能宝贵，创造伟大”的时代风尚，营造了全社会理解交通、关心交通、支持交通、尊重交通从业者的良好氛围。

全国轨道交通司机竞赛已经被列为全国一级赛事，足以可见国家对这个行业的重视程度。作为轨道交通司机，我们更应该以此为契机，努力创造属于自己的一片天地，当好经济社会发展先行官，做出新的更大的贡献。

天津地铁电客车系统性提升智能化方案

王会发　周兴祥
（天津轨道交通集团运营事业部）

摘　要：地铁车辆作为运送乘客的主要载体，对其自身的可靠性及维修保障工作提出了非常高的要求。智能化地铁以全信息化列车状态感知和动态数字化运行环境为基础，以信息智能处理与交互为支撑，具有自检测、自诊断、自决策能力，通过对牵引/辅助、走行部、车门、网络等直接影响行车安全的关键系统与部件进行动态监控，并通过“车—地”传输网络将所获得的列车及主要部件数据传输到地面数据中心，对列车自身状态进行评估，给出预警和报警信息，为OCC管理人员提供对高速列车的运行状态进行综合评估，以保证地铁车辆安全运行。以及对车辆的关键部件的维修维护提出指导意见，节省人力，实现列车的状态修。

关键词：智能化；轨道交通；地铁车辆；运行状态

目前，大部分地铁车辆故障只能在列车回库后，列车运行及故障数据是单独存储在列车监控系统（TCMS）中，只有通过测试、试验、检查线路的方式进行故障处理。存在数据不全面的缺点，而且车辆维修人工化程度较高。智能化列车通过建立智能化系统，将历史故障数据库、地铁重要性能参数、关键部件的应急处理措施等存储在车载数据中心，通过车载数据中心中设计的故障诊断专家系统，将使故障的定位更加准确，故障诊断信息更加丰富，从而实现对车辆的实时预警分析。同时，丰富车辆数据智能化的采集和传输能够大大节省人力成本，提高列车安全性和可靠性。

1　系统组成

智能化列车检测系统主要由车载网络和地面网络两部分组成，列车将搜集的列车数据通过车载无线数据（需借助车地传输通道、覆盖段场）发送到地面，实现列车与地面之间的车地无线数传，并将列车信息至指定地面管理服务器，并由车辆故障信息管理服务器完成故障的分类、统计和评估。车载以太网络主要由以太网交换机、网络智能控制单元、认证智能控制单元、以及车载天线组成，车载以太网络主要由列车各子系统智能化检测设备、以太网交换机、数据记录仪、网络智能控制单元、认证智能控制器、车载无线数据传输模块及车载天线组成（见表1），列车级骨干网为千兆以太网，各车厢为百兆以太网。车载以太网的拓扑图，如图1所示。

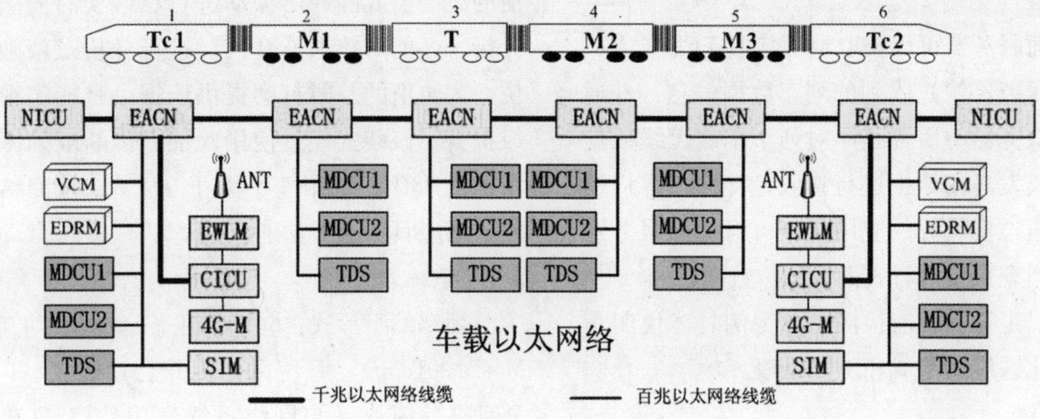

图1　车载以太网的拓扑图

表1

序号	缩写	注释	缩写	注释
1	ANT	无线传输天线	MDCU	主门控器
2	CICU	认证智能控制单元	NICU	网络智能控制单元
3	EDRM	数据记录仪	TDS	车载诊断仪
4	EACN	以太网交换机	VCM	车辆控制模块
5	EWLM	车载无线传输单元		

注：绿色为新加入的以太网网络设备；灰色为子系统设备；蓝色为已有的网络设备。

列车各车厢的子系统智能化设备与本车以太网交换机相连，并按照协议传送本系统相关状态信息和故障信息等，再通过各车厢的以太网交换机将整列车的信息数据由认证智能控制单元，经车载无线数据传输模块和天线传输到地面服务器。

地面网络主要由地面服务器、地面接收装置和客户端组成，以下是地面组成简图。

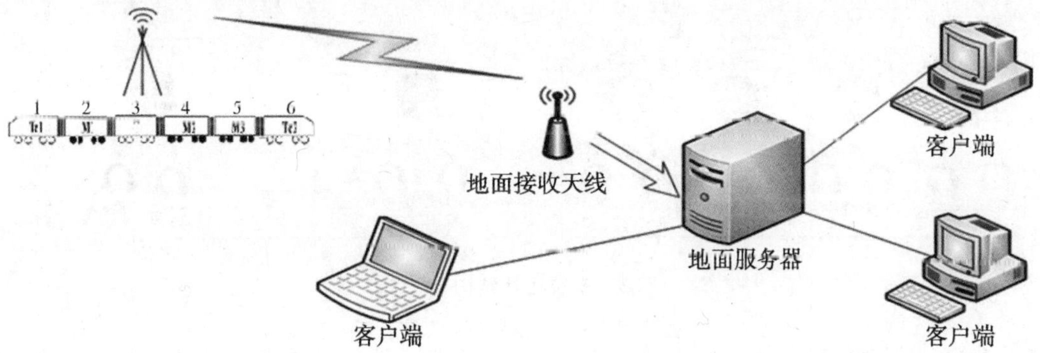

图2

2　系统的功能

在原有车辆系统的可检测范围以外增加检测终端，如转向架、受电弓等机械部件和车门、关键控制用继电器等，采集该部件的状态信息并传给车载以太网。

车载以太网络的主要功能是：把列车各车厢的子系统（包括）控制器设备通过以太网交换机按照协议传送本系统相关状态信息、故障信息和指令等信息进行整合，并把这些信息数据通过车载无线数据发送模块实时发回给地面接收设备（见图2）。

地面服务器可以获取地面接收天线（或车地传输通道传输）收到的列车数据信息，并通过数据服务器中服务程序对列车车载无线数据发送模块发出的数据进行接收、存储。客户端计算机通过安装好的应用软件可对地面服务器存储的列车数据进行查询并分析数据。

现以走行部智能检测系统为例具体说明车辆智能化系统的组成和工作原理。

2.1 概述

智能化走行部检测诊断系统是一种走行部安全监测装备，通过安装在走行部关键部件上的复合传感器，同时监测冲击、振动、温度3个物理量，并通过基于广义共振与共振解调的故障诊断技术，实现走行部关键部件的车载在线实时诊断，对于故障实现早期预警和分级报警，准确指导车辆的运用和维修。该系统不仅能检测轴承温升，对轴箱轴承、轮对踏面和轨道的波磨引起的冲击振动进行在线实时监测和分析、还能对轨道波磨区段进行分析及精确定位，为轨道的及时打磨提供依据，且能实现分级报警。该装置经过使用验证，诊断准确率应不低于98%，漏报率不大于0.1%，检测结果的显示应具备上传功能。

2.2 系统方案

列车编组形式：6节编组（=Tc+M+T+M+M+Tc=）；系统采用由6台诊断仪、1台移动通信模块（与网络系统通用）、1只转速传感器、20台前置处理器与80只复合传感器组成本监测系统，全列车由贯通的屏蔽双绞电缆组成总线通信网络，形成数据通信网络和转速脉冲信号实时通信网络，列车诊断仪通过MVB将实时监测信息和诊断报警信息传输给列车TCMS，供司乘人员使用。同时可通过移动通信模块实现车地无线传输。系统拓扑结构如图3所示。

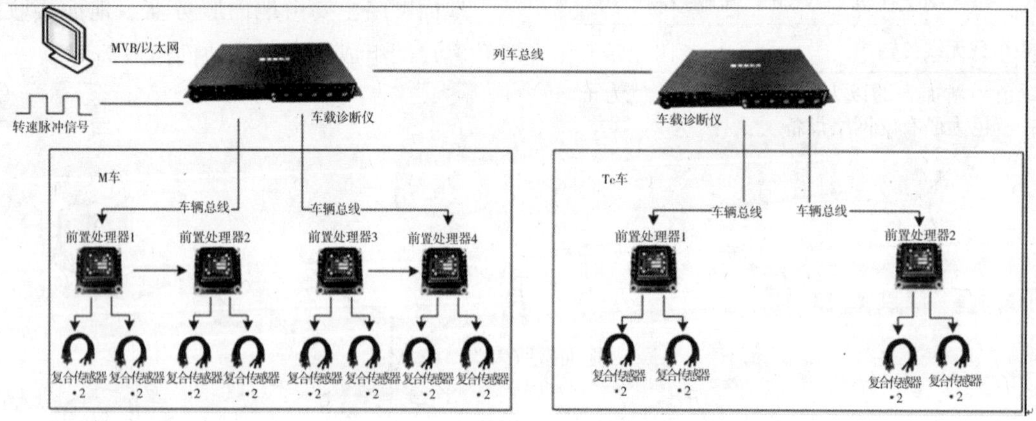

图3　系统拓扑结构

车载子系统：安装在转向架上，通过复合传感器，同时监测冲击、振动、温度3个物理量，在线实时监测诊断车辆走行部（轴承、踏面）与轨道状态，实现故障分级预、报警。重大故障向司机报警，指导乘务人员及时采取措施，保障行车安全；一般故障指导状态维修；早期故障跟踪、关注。

车地无线传输通道（借助智能化列车监测系统）：车载子系统通过WIFI或LTE连接进入车辆LAN网络，地面系统同时挂入车辆LAN网络，实现车地数据互通，实现与维修调度系统的信息互通，实时掌握转向架运行状态，既可指导乘务人员采取措施，也可指导地面人员实施维修准备。

地面系统：车载系统的监测数据可以下载到地面系统，通过故障诊断专家系统对数据进行综合、趋势分析等，用以指导地面检修人员实现状态维修。

2.3 系统功能

（1）走行部关键部件（轴箱轴承、齿轮箱轴承、电机轴承、齿轮、车辆踏面、钢轨）故障的准确识别和早期预警，并实现分级诊断、通过接口将信息输出到HMI；

（2）车载监测数据通过列车主机集中下载，并可通过“车—地”智能传输网络，将数据转储到地面系统；

（3）地面系统，实现详细数据回放分析，故障发生发展的历史和趋势分析，诊断信息统计分析等功能，并实现维修指导；

（4）网络化管理及远程诊断支持；

（5）涵盖轴温报警器全部功能；

（6）振动状态监测；

（7）轨道波磨分析及定位。

2.4 系统配置位置

监测点安装于轴箱位置，如图4所示。

图4 测试点安装位置

2.5 网络接口

走行部检测诊断系统兼容现有列车通信接口（MVB，以太网），同时可借助智能车地传输网络独立单元实现车地无线传输。系统诊断仪通过以太网接口，系统挂入车辆以太网系统，与以太网服务器进行数据交互。同时诊断仪也可以通过MVB接口，与TCMS进行数据交互，输出状态数据，TCMS根据状态数据，在出现安全报警的情况下，在HMI上给予提醒。

基础监测数据通过列车以太网无线传输至地面信息管理系统，实现数据车地传输（要求车辆段和正线建立统一的无线局域网）。

地面信息管理系统对数据进行历史与趋势分析、横向比对分析、归类统计分析、谱线类别分析等形成分析服务数据综合运营维修调度系统。

3 系统需要解决的主要问题

3.1 车辆各子系统网络整合

目前，地铁列车上的子系统很多，除了与TIMS接口的主要系统，其他子系统大都各自组网，这就造成了车上网络众多，纷繁复杂。为此需要业主和车辆生产商共同努力，将子系统的网络进行整合，在车辆上初步形成TIMS和智能网两套主干网，且智能网能够和TIMS接口将自身网络采集的数据和TIMS的数据一并通过车地传输传送到地面。

3.2 车地传输的实时性

众所周知，车地传输现在有多重方式，但要真正实现车上的所有信息能够实时传输到地面，还需要将车上的信息进行周密的分类管理，并根据数据的大小和传输通道的带宽合理分配，以达到信息上传的实时性。

3.3 地面专家分系统的建立

结合车辆上各系统供货商对自身系统部件和部件状态的了解，加之运营方对系统维护的经验建立专家分析系统，该系统将对车上传输的数据进行科学的分析，作出预警和报警，指导现场的维修和维护，节省人力成本，实现车辆的状态修。

总之，天津地铁通过车辆智能化系统的建立，能更加全面、更加系统地掌控车辆运行状态，达到故障预警和及时维护指导，采取合理应急措施的目的。本文以列车智能化走行部检测诊断系统为例对智能网络检测系统进行了简要描述，结合其他系统（具体包括车辆走行部、车门、受电弓、关键继电器等主要设备）的信息数据采集和传输，以及地面对数据分析结果等，最终指导运行和维修，以降低人力成本，提高地铁运营的可靠性和安全性，同时为地铁迈向智慧化奠定了坚实的基础。

浅谈地铁防雷检测及预防措施

周治里[1]　郭茜茜[2]
（1. 天津轨道交通集团有限公司；2. 天津市地下铁道运营有限公司）

摘　要：随着城市化进程不断加快，城市轨道交通建设进入了新高潮，地铁作为大容量的现代化城市轨道交通工具，承担着越来越重要的公共交通运输任务。目前国内外地铁遭受雷击事件时有发生，做好地铁防雷减灾预防性工作，加强地铁防雷检测对减少雷击所带来的财产损失及社会影响，意义十分重大。本文主要是结合本人地铁防雷检测的工作经验，对地铁的防雷减灾预防性工作进行研究与分析。

关键词：地铁；防雷检测；预防措施

1　引言

雷电是一种自然灾害天气，城市轨道交通通信系统、信号系统、综合监控系统、自动售检票系统、火灾自动报警系统等系统的集成度和自动化程度高、设备灵敏度高且抗扰度差，一旦建筑物受直击雷或附近区域发生雷击，产生的过电压和电磁脉冲会通过供电线路、通信线路、接收天线、空间电磁感应等途径侵入建筑物内，产生瞬间高压、大电流，影响网络系统、服务器、计算机、信号继电联锁、计算机联锁、区间自动闭塞等智能化设备及精密设备的稳定运行，严重时会造成设备损坏，影响地铁的安全运行。因此加强对雷电灾害的关注，积极采取切实有效的防护措施是十分必要的。

2　地铁防雷检测内容及方法

为有效预防地铁建筑设施及设备系统遭受雷电的袭击，应依法委托具有雷电防护装置检测资质的单位定期开展检测工作，查找隐患问题，为防雷减灾预防工作提供良好手段。

2.1　具体检测内容

（1）建筑物外部防雷检测

包括对地上站、停车场、车辆段及主变电所等建筑物外部防雷的检测。

（2）建筑物内部防雷检测

包括对供配电设施、环控系统设施、通信系统、信号系统、安全门系统设施、自动售检票系统等设备设施强、弱电防雷装置的检测。

（3）区间

包括对区间内的接地干线、信号设备及废水泵房等设备设施防雷的检测。

2.2　具体检测方法

（1）建筑物外部防雷设施

逐个检测建筑物屋面防雷设施的材质规格、连接方式、接地电阻是否符合要求，检测各建筑物引下线的材质规格、连接方式及引下线间距是否符合要求。检测屋面金属设备的接地路径及接地电阻是否符合要求。

（2）建筑物内部防雷设施

①供配电设施

逐个检测低压配电室及配电间内配电柜的接地方式及接地电阻是否合格、低压进线柜内是否安装SPD及安装的SPD参数和接地线线径是否符合规范要求、SPD的状态指示是否正常，检测高压变电室内的均压环的接地方式及接地电阻是否合格。

②环控系统设施

逐个检测环控室内的环控柜及环控设备的

接地方式及接地电阻是否合格（包括空调机组、TVF风机、UO风机、风冷机组等），检测重要设备前端配电柜内是否安装SPD及安装的SPD参数和接地线线径是否符合规范要求，SPD的状态指示是否正常。

③通信系统

检测机房设备柜及机房接地排的接地方式及接地电阻是否合格以及重要设备（包括通信机房双电源箱、时钟机柜、CCTV机柜、广播机柜等）前端配电柜内是否安装SPD及安装的SPD参数和接地线线径是否符合规范要求，SPD的状态指示是否正常。

④信号系统

逐个检测信号机房设备柜及机房接地排的接地方式及接地电阻是否合格。

⑤安全门系统设施

逐个检测安全门机房设备柜及机房接地排的接地方式及接地电阻是否合格以及重要设备前端配电柜内是否安装SPD及安装的SPD参数和接地线线径是否符合规范要求，SPD的状态指示是否正常。检查安全门门体与轨道是否做等电位连接及安全门门体之间是否做等电位连接和等电位连接的过渡电阻是否合格。

⑥自动售检票系统设施

逐个检测AFC机房设备柜及机房接地排的接地方式及接地电阻是否合格以及重要设备前端配电柜内是否安装SPD及安装的SPD参数和接地线线径是否符合规范要求，SPD的状态指示是否正常，检查现场闸机的连接路径及接地电阻是否合格。

⑦其他需要进行防雷检测的设备设施。

（3）区间

逐个检测区间内的接地扁钢及其他设备设施的接地电阻是否符合要求。

2.3 检测依据

在检测工作中应参照《建筑物防雷设计规范》（GB50057—2010）、《建筑物电子信息系统防雷技术规范》（GB50343—2012）、《建筑物防雷装置检测技术规范》（GB/T21431—2008）及《地铁设计规范》（GB50157—2013）等要求执行。

3 地铁防雷检测常见问题及隐患分析

3.1 地铁防雷检测常见问题

（1）供配电设备的SPD参数不符合规范要求或损坏；

（2）风阀、控制箱、风机、桥架等设备设施未做跨接地线处理或跨接地线损坏脱落；

（3）建筑屋面避雷带无明显防雷引下线，避雷带无支架或损坏脱落。

3.2 隐患原因分析

（1）检修维护工作落实不到位。在日常设备设施维护作业过程中，更多的是关注设备本体运行状态，常常忽略对防雷装置和设施的检查，不能及时对损坏的防雷装置和设施进行有效的处理和更换。

（2）防雷装置设施原有缺陷不够重视。针对设备设施原有防雷装置参数和接闪器等设施安装不符合规范要求的情况，需进一步引起足够重视，并组织力量进行排查。

（3）雷电防护知识宣传培训不到位。维护人员缺乏防雷、避雷安全意识，应定期组织针对相关岗位人员加大、普及雷电防护知识的宣传培训力度，使之进一步认识到防雷工作的重要性。

4 预防措施的探讨

针对上述地铁防雷检测常见问题，对隐患原因进行分析，并提出以下预防对策：

第一，加强防雷装置的检测检验。企业应定期组织，通过内部自查与聘请有资质的检测单位进行检测相结合的方式，可大大提升检测效果，彻底解决存在的隐患问题。

第二，加强防雷装置的日常维护工作。相关维护管理部门应按照计划定人、定点、定时对防雷设施进行维护检查，建立防雷装置及设施隐患台账，对于不符合规范要求和防雷装置损坏等情况，要及时更换；监督管理部门要严格检查维护管理过程，确保日常维护落实到位。

第三，加强雷电防护知识的宣传，增强防雷减灾意识。企业应充分认识雷电袭击对地铁运营安全的危害性，通过搜集国内外地铁遭受雷电袭击的案例，以展板宣传和组织召开专题会议、培训等形式，对事件原因以及造成的损害进行剖析，教育员工，增强员工的防雷减灾意识，充分做好防雷减灾的各类预防性工作。

5 结语

现今，各企业都越来越重视防雷检测工作。城市轨道交通行业作为服务型企业，关系着市民出行的安全，就更要做到未雨绸缪。只有做牢、做实防雷减灾的各类预防性工作，才能保证地铁范围内各建筑及设备设施不会因遭受雷击而造成不必要的损失，为乘客的出行安全提供有力保障。

基于 BIM 的 RMP 在轨道交通运营管理中的应用

石　林　彭品入　张　岩
（天津市地下铁道运营有限公司）

摘　要：建筑信息模型（Building Information Modeling，简称 BIM）作为建筑信息管理系统，通过可视化的三维模型展现全面的数字信息。在智慧城市发展大趋势下，运营管理平台（Run Management Platform，简称 RMP）作为 BIM 针对轨道交通运营管理需求而设计出的衍生系统，借助 BIM 的五大优势，对运营管理过程中的各个环节进行技术性改革，其中涉及安全管理、物资管理、人员管理、行车组织、客运组织、车辆管理、施工管理、培训管理、设备管理方面。

关键词：BIM；轨道交通运营；RMP

1　BIM 的概念和 RMP 的产生背景

1.1　BIM 介绍

建筑信息模型（Building Information Modeling，简称 BIM）作为建筑信息管理系统，通过可视化的三维模型展现全面的数字信息，在项目设计、建设、运营的全生命周期中进行信息传递与共享，为项目各参与方提供可靠的决策依据。BIM 又分为三维 BIM 和四维 BIM，增加了时间维度的四维 BIM 可以更好地模拟建设施工的各个流程、应急管理、物资调配等情况。

1.2　运营管理平台 RMP 的产生背景

BIM 目前在国内建筑领域的应用更倾向于设计和建设施工，而运营管理平台（Run Management Platform，简称 RMP）是在继承 BIM 良好优势的基础上，专为解决轨道交通运营管理相关问题而衍生的一类系统管理平台。

轨道交通行业中，运营管理过程复杂，涉及设备设施管理、物资管理、人员管理、行车组织管理、客运组织管理、车辆管理、施工管理、培训管理、考核管理、演练管理、安全质量管理、应急事件处理等方面，而现行的管理手段一般沿用传统方式，使用规则列表、数据列表、文字描述、平面图纸展现等。

随着运营管理数字化步伐不断加快，运营管理过程需要一个综合平台，能够直观、快速、清晰地将运营管理的各环节进行对接，提高轨道交通运营服务质量。RMP 在原有 BIM 系统的基础上，加入针对轨道交通运营的管理单元，形成了具备 BIM 特点的轨道交通运营综合管理平台。

2　RMP 如何借鉴 BIM 的优势

2.1　BIM 的优势

BIM 拥有 5 个优势：可视化、协调性、模拟性、优化性和可出图性。

可视化：由平面二维图形升级为立体三维模型，能够直观看到项目涉及的所有内容，并对空间通过直观的方式进行分配管理。

协调性：BIM 设计之初，就是为有效解决设计及施工建设中的协同问题，通过三维模型的模拟，获得各个施工工艺流程中所需的空间。在项目不同阶段，不同利益相关方通过在 BIM 中插入、提取、更新和修改信息，以支持和反映各自职责的协同工作[1]。

模拟性：BIM 不仅可以模拟现实事物的三维模型，也对现实世界中难以实现的过程、事件、物体等进行模拟。

优化性：针对复杂的信息及可能存在冗余的流程进行先期优化控制，降低时间成本。

可出图性：BIM不仅仅可以完整地代替施工图纸，而且是经过分析的、立体的、优化的、协调性好的图纸。

2.2 RMP借鉴BIM的优势

RMP可以借鉴BIM的5个优势，在此基础上，对外开放接口，对内增加管理功能（见图1）。

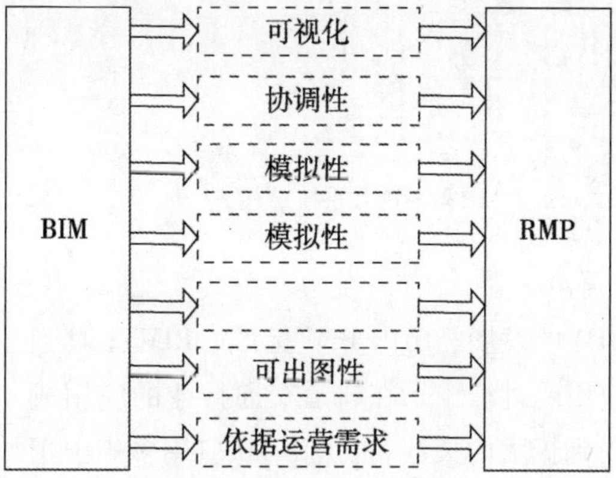

图1 RMP借鉴BIM优势

可视化：运营管理中的可视化往往被看作锦上添花，但却对决策者的判断起着至关重要的作用。例如，遇到险情时，轨道交通行业均有相应的应急处置方案，然而方案的可行性却无法进行直观的验证分析，可视化的RMP模型可以进行险情模拟，帮助管理人员优化应急方案。又如，目前各专业系统网管均实用性较强，但这种实用仅限于专业工程师，并非每个决策者都拥有较强的专业性，难以理解晦涩的专有名词、设备模块名称及故障代码，RMP可直观显示设备故障点位及影响范围，可有效协助故障处理和各专业应急联动。

协调性：轨道交通行业单位为了适应自身发展，都有自己的组织架构，各部门各司其职。部门间的沟通协调一般需要文字、图片等方式进行描述，难免与现场情况会有一定偏差。RMP信息传递与共享的一致性确保了公司之间、部门之间、人员之间都具有良好的协调性，减少因沟通不畅造成的影响。

模拟性：轨道交通行业运营过程中需要极高的安全性，故障处理的方法仅限于资料学习与经验积累。RMP可结合设备影响范围对各类重大故障与紧急事件进行现场模拟，以此提高运营保障人员的综合技能水平。

优化性：RMP可对现有管理机制进行优化。应对突发状况，RMP通过与其他系统设备设施的接口，使得各相关专业协同响应，现场处理更加高效。内部培训管理中，可将传统的文字讲授优化为VR（Virtual Reality，虚拟现实）观摩。物资管理中可将出入库单据优化为数据库记录，省时省力。

可出图性：利用RMP良好的可视化效果，可辅助进行既有运营线网的改造项目出图。

3 RMP的结构

3.1 RMP功能结构表

表1 RMP功能结构表

分类	功能介绍及实现基础
全景漫游	三维建模（可沿用BIM已建成模型），搭建虚拟现实中的轨道交通整体场景及各个空间、房间内部的详细场景，并根据需要对设备进行建模。
应急管理	三维实景模拟（全景漫游基础上）。
物资管理	三维模型基础上增加管理功能，对物资台账，备件台账，物资申报、财买进行统一信息化管理。
人员管理	针对人员建立信息库，对其岗位及职责在三维模型中进行标注，方便人员安排及人力资源设计。
行车组织	针对行车机制建立三维实景，并通过软件接口连接信号系统、电力系统，实现虚拟现实联动。

续表

分类	功能介绍及实现基础
客运组织	针对客运需求及建设情况，建立三维实景分析，体现客运组织效率。后期可同视频分析技术、进站闸机数据相结合，直接将客运组织情况（乘客密度、乘客流向）反映到三维全景中。
车辆管理	对现有车辆本身进行详细建模(可沿用厂家已有)，对车辆各个部件分别建立管理，并分配车辆人员及定期的作业面、作业时间，减少各个检修流程之间的冲突。
施工管理	针对运营过程中的施工管理，RMP可通过三维模型进行施工作业方案的设计，且可按需要帮助出图。可在RMP内部增加施工作业票管理机制，可自动进行作业面冲突检测，将施工管理流程简化。
培训管理	RMP可颠覆传统的专业技术的培训方式，通过虚拟场景的操作，真实感受各个专业设备、系统的构成和技术功能。通过内部管理功能，实现培训的有效性、长期性。
自动工单管理	RMP系统可与其他专业设备进行协议对接，进行综合报警信息的处理和管理，实现故障的多专业、多部门联动，通过自动下发抢修工单提高故障的应急响应速度；同时可将日常巡检计划增加至RMP工单模块中，实现工单的自动管理。后期可与手机APP相结合，实现工单的实时跟踪。
专业设备维护	针对专业性强的设备，可在三维模型基础上，增加管理功能，对现有设备的功能、接口、运行质量、故障率等进行统计，为专业工程师提供改造、大修的决策分析依据。

3.2 RMP系统结构

RMP通过与中心RMP核心服务器相连的接口服务器和数据服务器实现数据采集与分析，再将结果反馈至运营管理人员，实现信息的实时、高效、准确共享，协助管理人员有效管理（见图2）。

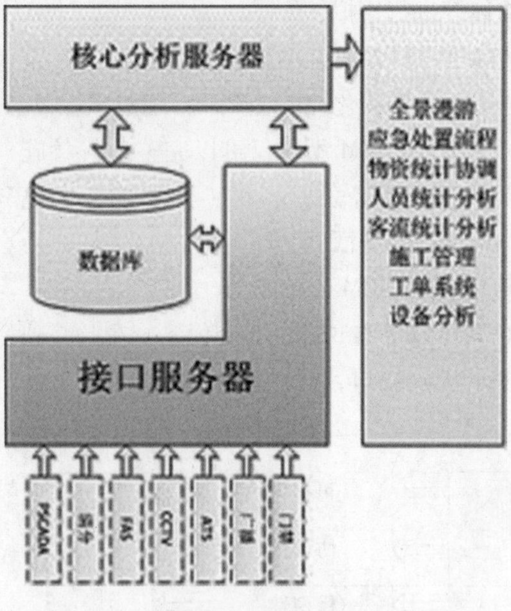

图2 RMP系统结构

4 结语

BIM的发展经历由BIM标准、BIM工具到BIM应用的过程[2]，在轨道交通行业的应用成效也受到极大的关注。目前BIM应用多集中于项目设计与工程实施中，在运营管理中的应用还基本处于研究阶段，衍生于BIM的RMP则是对运营管理机制的技术性改革，其功能全面、针对性强，是运营服务的有效保障。在智慧城市大力发展的今天，智能化的运营管理系统是大势所趋，同时在RMP不断完善的过程中，人工智能等更多的科技手段也将在运营管理中绽放出新的光彩。

参考文献

[1] National Institute of Buiding Sciences. United States National Building Information Modeling Standard, Version1 - Part1 [R].（美国国家BIM标准第一版第一部分）.

[2] 何清华，钱丽丽，段运峰，李永奎. BIM在国内外应用的现状及障碍研究 [J]. 工程管理学报，2012-2，26（1）：12-16.

浅析多种物探方法在城市轨道交通项目中的应用

陈露露

（铁道第三勘察设计院集团有限公司）

摘　要：在城市轨道交通项目的勘察过程中越来越多地引入物探方法来解决在地质勘探中遇到的各类地质问题或其他问题。本文从物探的各类勘探方法出发，结合一些城市轨道交通项目中的实例来介绍物探在城市轨道交通勘察过程中发挥的作用。

关键词：城市轨道交通；地球物理勘探；电法勘探；地震勘探；电磁法勘探

地球物理勘探，简称物探，是一种对天然或是人工地球物理场进行观测借以查明地质构造或解决各种工程地质问题的间接勘探方法，在铁路、公路、石油及矿产等行业均有广泛应用。目前，我国城市轨道交通项目发展迅速，各人城市均规划了多条线路，在城市轨道交通项目的勘察过程中越来越多地引入物探方法来解决在地质勘探中遇到的各类地质问题或其他问题。城市轨道交通项目勘察中常用的物探方法主要有：电法勘探、地震勘探以及电磁法勘探。本文从物探的各类勘探方法出发，结合一些城市轨道交通项目中的实例来介绍物探在城市轨道交通勘察过程中发挥的作用。

1　电法勘探

电法勘探是以岩体的导电性差异作为基础的勘探方法[1]。由供电电极将电流通入地下，建立起稳定的人工电流场，通过观测和研究人工电流场的分布规律来达到解决某些地质问题的目的。

1.1　电测深法

电测深法是电法勘探的一种观测方法，在同一测点上逐渐扩大电极距，使探测深度逐渐加大，可以得到观测点处沿垂直方向由浅到深的视电阻率变化情况。在城轨项目勘察中多用于测量土壤电阻率参数，以便设计专业进行建筑的接地设计。

电测深工作方法（如图1所示），由供电电极AB和测量电极MN组成，通过逐次加大供电电极AB极距的大小，测量同一点的、不同深度的视电阻率值。记录每次测量的级距、视电阻率等参数，之后将测量结果在双对数坐标纸上绘制成一条横坐标为电极距、纵坐标为视电阻率的电测深曲线（图2）。通过对电测深曲线的定量解释可求出各个电性层的深度、厚度以及各层的电阻率值，即可得到测点的土壤电阻率参数。

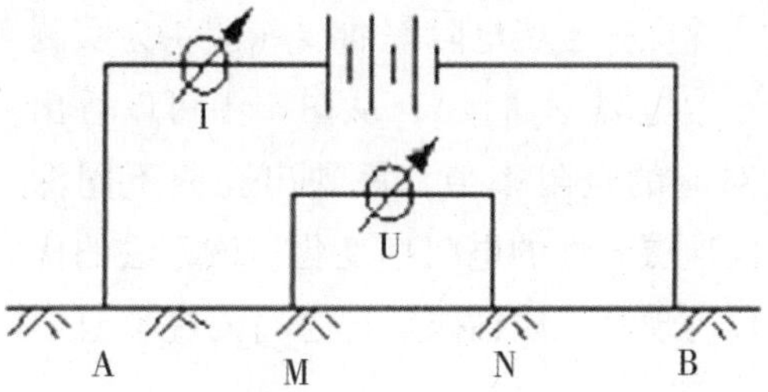

图1　电测深法工作示意图

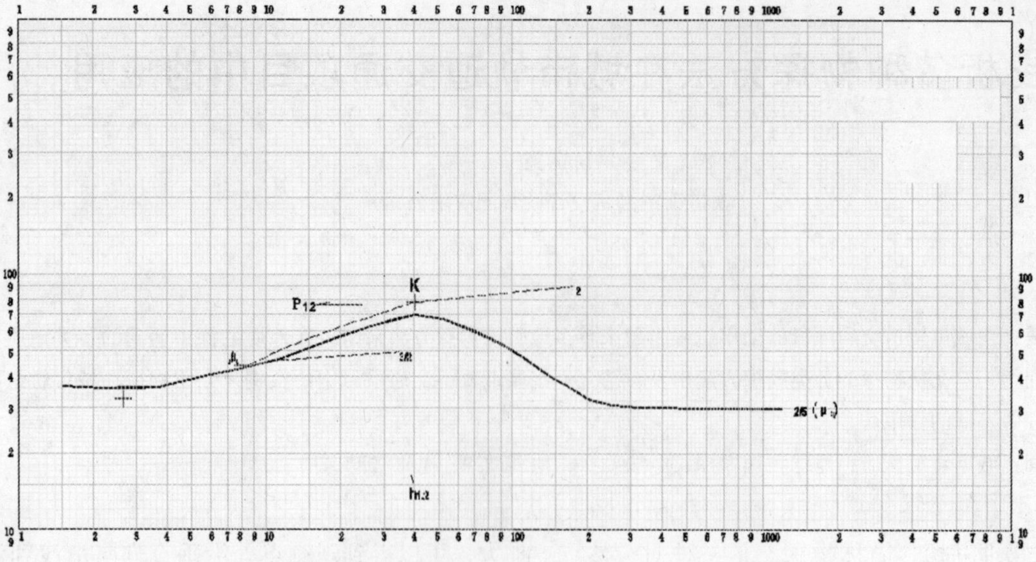

图2　实测的电测深曲线图及定量解释（K型曲线）

1.2　井中电阻率法

利用电测深法测试土壤电阻率，需要一定的场地条件来进行实施，当测点位于开阔地带且接地条件良好的情况时，利用电测深法可以快捷有效地测量土壤电阻率参数。当车站（或测点）位于城市中心特别是老城区时，由于场地条件的限制造成电测深法无法实施。这种情况下可以采用井中电阻率法来进行土壤电阻率测试。该方法是利用地质钻孔进行测试，测试方法如图3所示。

测试原理与电测深法类似，不同的是在测试时可直接观测每一米深度的电阻率值，最终绘制钻孔深度—土壤电阻率曲线（图4为实测的井中土壤电阻率曲线），从图4中可以看出各地层对应的电阻率值，反映出孔内不同深度、不同地层岩性的电阻率变化。该方法的优点是可以与现场地质钻探情况进行对比验证，比电测深法的测试结果更加细致，不受城市内地面条件等因素制约，并且可以在同一钻孔内做多项试验，变相节约了勘察成本。缺点是要求钻孔不能为干孔，必须有井液才能进行测试。

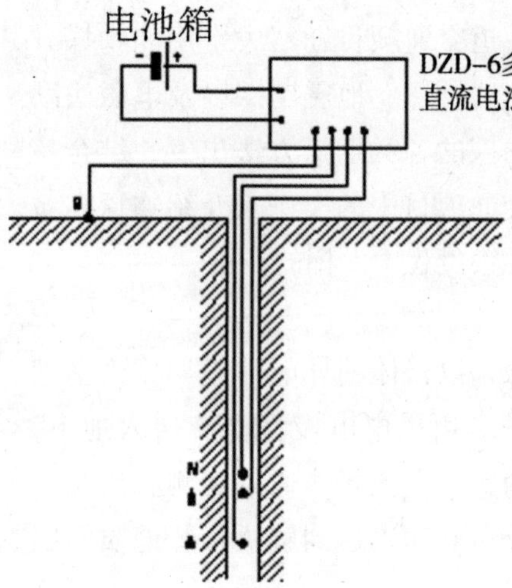

图3　井中电阻率测试方法示意图

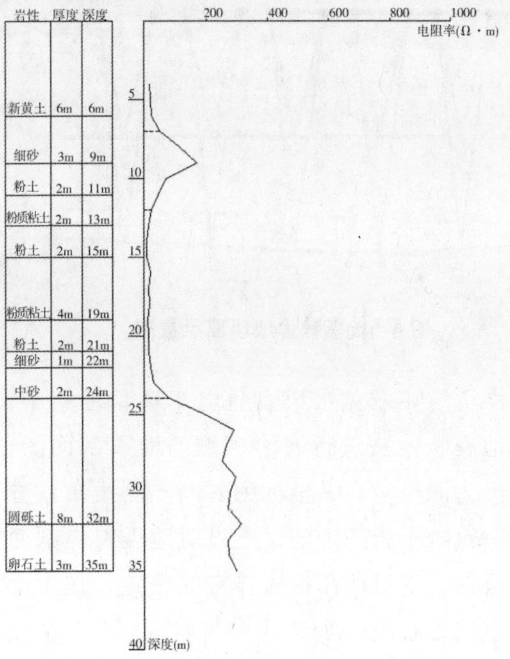

图4　井中土壤电阻率测试曲线

1.3　高密度电法

高密度电法是集中了电剖面（另一种电法探勘的观测方法）和电测深于一体的技术方法，数据采集精度高、抗干扰强且工作效率高。高密度电法在测试时通常需要比电测深法更大范围的工作区域，受制于该方法的工作特点，无法在城轨项目勘察中广泛开展。不过该方法可以有针对性地解决一些特殊问题。通过下面的工程实例可以说明高密度电法在城轨项目中的特殊应用。

在某城市地铁盾构施工过程中，由于一些原因导致隧道内涌水，造成地面不均匀沉降，需要进行注浆处理。为检查注浆效果，决定在场地合适的地方布设一条测线，利用高密度电法来观测注浆前后的变化。

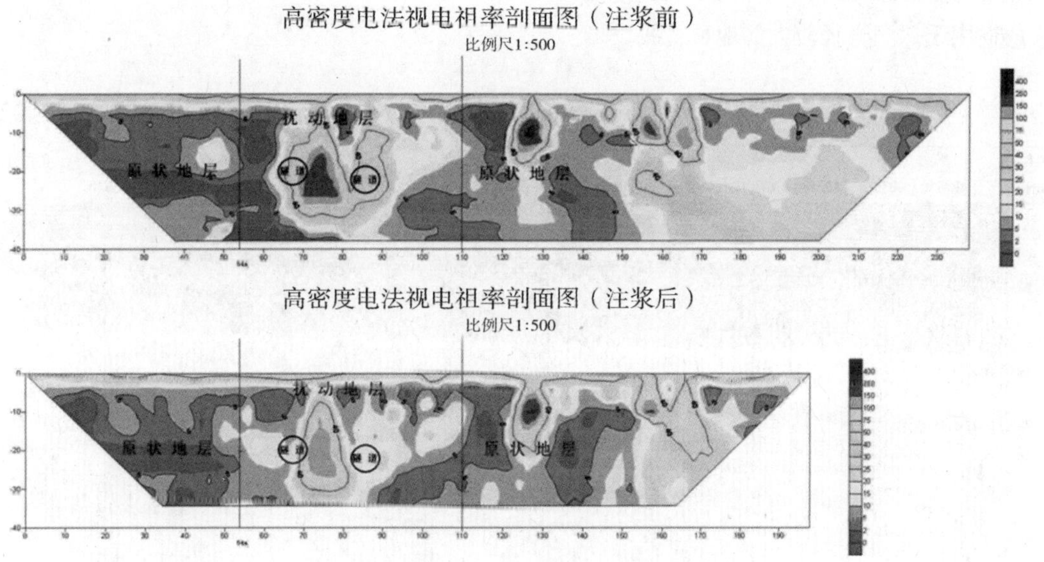

图5　注浆前后的高密度电法剖面图

如图5所示，注浆前可以明显的观察到在隧道区域内的扰动地层，该区域的视电阻率值明显区别于周围地层。注浆后，扰动地层区域内的视电阻率值逐渐接近两侧原状地层的视电阻率值，说明注浆起到一定效果，但并未完全恢复到与周围原状地层一致，这种视电阻率值不均一的情况可能是由于地铁隧道存在所引起的，可选择继续进行注浆之后再次进行观测。在本实例中应用高密度电法来进行注浆效果的检查取得了良好效果，注浆前后变化对比明显。

2 地震勘探

地震勘探是物探各类勘察方法中最常用的方法之一，在石油矿产等领域应用广泛。在城轨项目勘察中，受场地条件以及安全因素（为提高数据采集精度地震勘探有时会用炸药做震源）等限制，多采用浅层地震反射法来解决勘察过程中遇到的问题。

浅层地震反射法[2]一般采用地震映像法。地震映像法主要利用反射波能量的强弱以及相位的时空特性来推断目标物或地质体的位置(图6)。目标物或地质体与周围介质的波阻抗差异越大行成的反射界面越明显，波阻抗差异小形成的反射界面就会减弱，甚至消失。也就是说波阻抗的差异大小是判断是否选择该方法的依据。在岩溶发育的灰岩地区，利用该方法可以探测一些规模不大的小型溶洞，可根据探测结果辅以地质钻孔验证提高探测精度。除此之外该方法还适用于探测管径较大的地下管线。

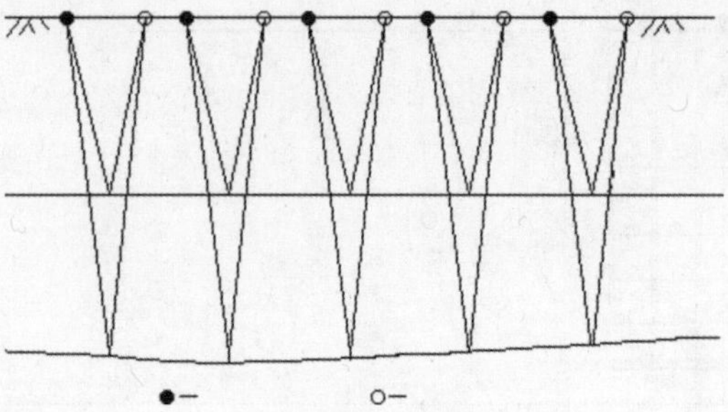

图6　地震映像法原理示意图

图7为在六盘水市有轨电车项目勘察中，利用地震映像法进行岩溶探测的地震剖面图，横坐标为测点号，纵坐标为时间。测线布设方向沿有轨电车线路走向，通过对地震映像剖面图的解释，划定存在物探异常的位置，在4个异常点位各布设一个钻孔进行验证。4个钻孔均发现存在溶蚀印证了之前地震映像法的探测成果。

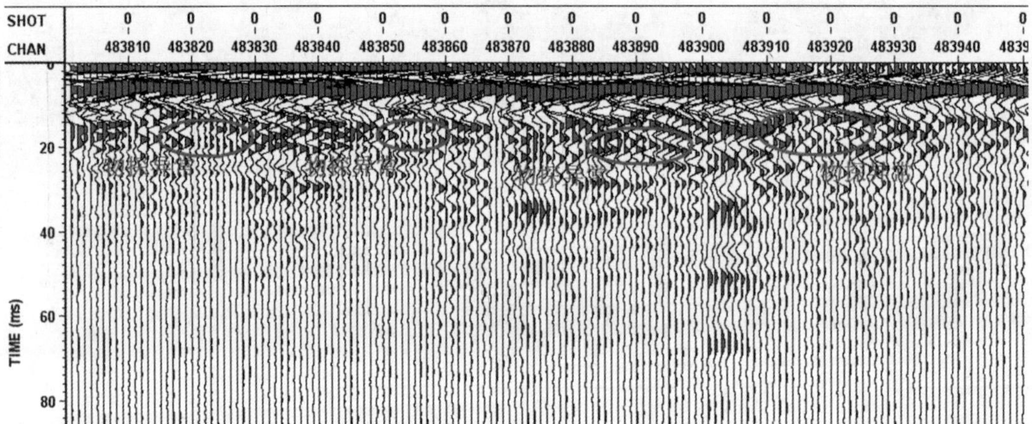

图7　利用地震映像进行岩溶探测

在探测管径较大的地下管线时，该方法也能发挥一定的作用。深圳地铁7号线在跨广深高速处有一条断面尺寸为2800mm×3000mm、埋深约为6m的排水暗渠，为找到该管线位置，决定采用地震映像法进行探测，测线布设方向垂直于目标管线走向。图8为地震映像剖面图，剖面图还是较好地反映了目标管线所处的大致位置，但是不能准确地反映出目标管线的具体深度和位置，还需辅以其他手段进行验证。

图 8　利用地震映像法探测排水暗渠

总的来说，地震映像法的优点是受场地条件限制较小，比较容易实施。缺点是分辨率较低，无法准确定位定深，需要地质钻孔等辅助手段进行验证。

3　电磁法勘探

电磁法属于电法勘探的一组分支，其中地质雷达法以及电磁感应法广泛应用于城市轨道交通项目。

3.1　地质雷达

地质雷达法[3]是利用目标物与周围介质的介电常数（导电性）的差异作为物理条件（见图9），在非金属管线探测方面应用广泛。地质雷达一般根据目标管线的大小与深度来选择不同中心频率的天线。天线选择的是否合理决定了探测的准确度，通常来说频率越低，分辨率越低，探测深度越大；频率越高，分辨率越高，探测深度越小。也就是说地质雷达适合探测埋深大管径大或是埋深浅管径小的管线。影响地质雷达对管道探测的因素主要有：（1）管道材质与周围回填物的电导性差异。电导性差异越大，雷达反应也越明显，反之亦然。（2）管道周围土体的含水率。湿度越高，土体对雷达波的吸收越多，越不利于雷达的分辨，导致探测深度减小。同理，在地下水位较浅的地区不建议使用地质雷达法进行对深埋目标体的探测。

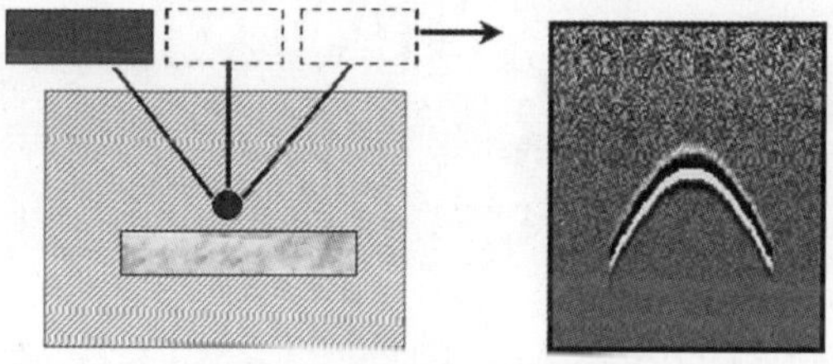

图 9　地质雷达原理示意图

3.2　电磁感应法

电磁感应法是城市轨道交通项目勘察地下管线的一种主要物探方法。电磁感应法是通过向发射线圈供以谐变电流（称一次电流）从而在地下建立谐变磁场，（称一次场），地下管线在谐变磁场的激发下形成的感生电流（称二次电流），然后在地面通过接收线圈测定二次电流所产生的谐变磁场（称为二次场），来推求地下管线的平面位置以及深度。电磁感应法的优点是快速、准确、仪器操作简单，尤其在浅地表探测地下管线时，效率高、精度准。缺点是只能探测金属管线，且探测深度较浅，一般来说探测深度不大于5m。

4 结语

物探方法不同于一般的地质勘探方法，是一种间接的勘察手段，具有一定的“透视性”。通过对各种物理场的观测，可以解决一些城市轨道交通项目勘察过程中遇到的地质问题或其他问题。但是，物探方法也同样具有一定的条件性和局限性，要根据现场实际情况来选择适合的物探方法，在开展物探工作之前应该进行方法实验，确定选择合适参数进行探测。在条件允许的情况应开展综合物探方法来进行对比验证，也可以辅以钻探验证等手段以提高物探勘察的精度。

参考文献

[1] 周天福. 工程物探 [M]. 北京：中国水利水电出版社，1996.

[2] 庄建林. 地下非金属管线探查方法探讨 [A]. 洪立波、王晏民主编. 数字测绘与 GIS 技术应用研讨交流会论文集 [C]，2008：563.

[3] 陈军，赵永辉，万明浩. 地质雷达在地下管线探测中的应用 [J]. 工程地球物理学报，2005，2(4)：260－263.

无线定位系统在地铁日常及应急管理中的应用

杨 祎
（天津市地下铁道运营有限公司车务二中心）

摘 要：随着全国各大城市轨道交通行业的快速发展，地铁已经成为城市交通网络的主要部分。是上班族人群，市内出游人群的首要选择。由于客流量的突飞猛进，地铁站内的工作人员队伍逐渐壮大，每日基础工作量增加，日常客运工作下人员的配置安排成为了车站管理者的课题。在实际工作中，准确执行现场巡视、信息迅速传递，人员合理调配成为地铁站内的难点，同时由于地铁站内人员密集，环境特殊，突发事件时人员点位布控，现场情况的快速跟进成为应急工作的要点。本项目充分考虑了无线定位技术的发展现状及地铁现场的需求，在搭建站间信息化平台的基础上，在站内铺设无线网络，实现站内工作人员无线定位，现场情况及时上传处理的目标。

无线定位系统可与信息化平台对接，使各个点位的工作人员能够及时将现场情况通过数据上传反馈至信息化平台，使管理人员能够实时监控或回放车站工作人员所处位置及行走路径，在应急情况下，可通过此系统直接掌握人员位置，布置点位，协助完成站内人员的搜救。

关键词：无线定位系统；信息化平台；数据上传；实时监控

1 绪论

1.1 项目定义

无线定位系统采用 UWB 无线定位技术，由车站工作人员手持微信标即可对其进行精确定位，同时在 PC 终端将微信标定位点进行连线绘制并存储，实现车站人员位置的实时监控及路径查询，同时将微信标与掌上多媒体设备集成，即可实现现场照片、文字的实时记录，并同步传输至 PC 终端，审核后即可通过信息化平台直接在公司内共享。实现现场故障报修、隐患问题反馈、巡视检查记录、人员定位查询的功能一体化。

1.2 项目背景

随着全国各大城市轨道交通行业的快速发展，城市轨道交通已日渐成为城市交通网络的主要部分，随着地下铁道网络化的形成，地铁担负的日客流量成线性指数增长。地铁成为上班族人群，市内出游人群的首要选择。由于客流量的突飞猛进，地铁现场管理难点增多，设备设施故障率提升，车站现场员工队伍逐渐庞大，随着地铁管理模式的优化，越来越多的委外施工维修队伍也成为车站维护的主力军，同时在应急情况下，地铁站面积较大，人员点位分散，人员能力素质不一，应急情况下人员点位的合理利用分配，疏散时的秩序维护也成为应急管理工作的难点。

同时各个城市地铁为适应新形势下的生产经营需求，纷纷引入信息化技术辅助生产管理，从简单的 PC 应用、电子报表取代纸质办公，到局域网的铺设，甚至搭建庞大的信息化平台，使车站现场与控制中心及维修队伍实现网络互通，信息共享，大大提高了现场设备设施维护、各类数据上传、问题反馈、信息传递的效率，使原本繁琐的流程变得及时高效。

但是，现场各车站及维修队伍的人员管理依然是日常管理中的难点，管理人员难以把控日常人员所处位置，尤其是在巡视过程中，人员覆盖的区域及点位，在应急处置情况下，此问题更加明显，现场环境复杂，员工所处位置分散，通信资源匮乏，难以及时统一掌握现场人员情况并指挥调度。

此项目主要解决现场人员点位的实时监控及路径回放，同时实现所有现场活动人员在巡视或抢险过程中图片及文字信息的实时上传共享，扩大信息化平台覆盖范围，丰富平台的数据来源，提高管理及工作效率，使现场日常及应急管理更具实时性、可控性。

1.3 开发意义

在地铁车站日常管理工作中，员工需要对车站现场定时巡视，但巡视的时间及路径不便于管控。在应急情况下，大部分地铁使用对讲机通话指挥，通话频道容易被占用，同时应急现场指挥须掌握各岗位人员位置，因此通信资源宝贵。此项目的应用，主要具有以下几点优势：

（1）轻便简洁，趋于自动化

车站现场员工只需要携带无线信标（大约火柴盒大小），即可实现无线定位功能，如信标与掌上多媒体设备（如：智能手机，智能平板电脑）相集成，即可实现图片及文字信息的上传及互通。

（2）不受阻挡，信号稳定

只需在地铁内铺设无线定位基站及无线局域网，即可实现无线信号全覆盖，信号的频率及信道独立，不受地域限制，相对稳定。

（3）功能齐全，实时性强

现场员工可在地铁范围内任意位置完成设备设施报修信息的反馈、现场隐患数据的上传、现场实时情况的信息反馈及所在位置的实时反馈及记录。可用于车站工作人员的日常巡视，管理人员现场检查，维修人员巡视动态的监控，设备设施状态的反馈，应急情况下人员点位的实时上传监控，简单信息的收发，疏散及搜救时的定位。

（4）多人使用，标记明确

在同一区域内可以满足上万个信标单位的同时定位和百个信标单位的数据上传，同时可对信标进行标记，在终端监控时标记有持信标人员的岗位及姓名。

2 可行性分析

本项目由于使用环境相对复杂，对定位精确度要求高，同时应具有良好的稳定性，和高速上传能力，因此进行技术可行性分析及经济可行性分析如下：

2.1 技术可行性

近些年无线通信技术领域引入无线接入技术，是迅速发展起来的新技术领域，不需要传输媒质，部分接入网甚至入网的全部皆可直接采用无线传播手段代替，无论是概念上还是技术含量上都产生了一个重大的飞跃，实现了降低成本、提高灵活性和扩展传输距离的目的。优点主要体现在传输线路线、通信方式等方面，我们可以总结如下：

传统的无线定位系统使用 Wi－Fi、蓝牙及 Zigbee 等技术，基于接收信号强度法（RSSI）来对标签位置进行粗略估计，定位精度低，且容易受到干扰，定位稳定性难以适应高精度无线定位应用的要求。超窄脉冲技术的无线定位技术，从根本上解决了这一问题。

无线脉冲电磁波，使用脉冲宽度为 ns 级的无线脉冲信号作为定位载波，是无线定位领域的定位精度最高，性能最为稳定的技术。在频域上，由于其占用的频带较宽，且无线功率密度较低，对于其他的无线设备来说相当于噪声信号，不会对其造成干扰，也加强了自身的抗干扰性。

本项目基于 UWB 无线定位技术，以 WIFI 或以太网为信息传递介质，可设置固定或移动终端，对工作环境温湿度，复杂程度要求较小。因此不会与地铁内通信设备互相干扰，能够满足地铁站内或高架车站的工作环境。

2.2 经济可行性

无线定位设备已有成熟的研发及制造团

队，可全面完成前期硬件及软件的安装铺设工作，以及后期的维护保障。投入使用后能够通过远程监控现场情况，节约日常管理的时间成本及人力成本，避免因日常工作疏漏导致事故隐患发生，缩短了工作流程，降低员工错误率，提升整体效率，在应急抢险过程中，避免工作人员发生意外后难以被发现，确保其人身安全。

3 无线定位功能的实现

3.1 总体设计

以地铁车站的无线定位设备普铺设为主要研究方向，考虑到该项目设备的使用环境，功能设计，使用人群，使用需要以及设备本身技术参数。整体上无线定位系统由硬件层、网络层、解算层和应用层组成。硬件层是无线定位系统实现定位功能的主体部分，包括定位微基站和定位微标签；网络层用于将定位微基站采集的数据回传到数据中心；解算层则是实现标签位置计算的关键；应用层是系统的显示及指令终端。

实现依靠显示终端对现场手持微信标的人员实现实时位置显示的功能，同时对其位置数据进行记录，可供后期分析查询。

3.2 无线信号定位设备选取

本项目以某公司研发工业级高精度定位系统为参考样例，对定位原理、系统结构进行分析描述。

3.2.1 设备组成

无线定位系统主要设备组成有微信标、微基站及显示终端，其中微信标可单独持有，或集成于门禁卡、员工证、腕表或多媒体平台上，微基站的布置可根据现场地域的特点及定位要求，根据布置数量、点位的情况分为零维度、一维度、二维度定位，如图1所示。

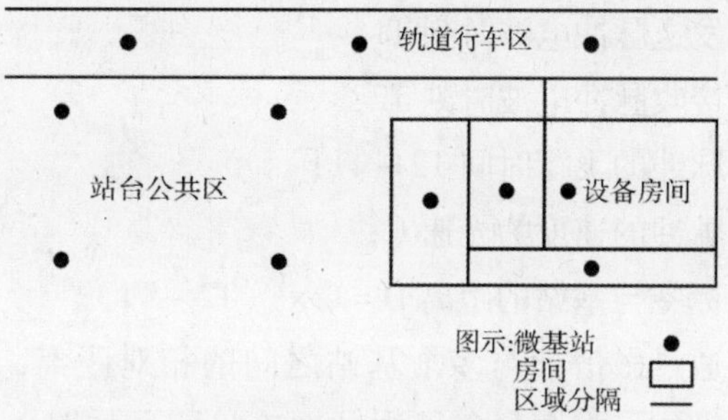

图1 无线定位系统主要设备组成

当被定位对象处于公共区域或较为开放区域时，需要对其准确位置进行定位，因此采用二维度定位方式，在一个开放空间内至少布置三个基站，根据空间的面积确定基站数量，实现平面范围的准确定位。当被定位对象处于轨道行车区这类狭长空间时，仅需要对其所处的相对距离进行定位，即一维度定位，则仅在直线方向上布置基站即可，根据空间的长度确定基站数量。当被定位对象处于封闭房间或狭小空间内时，仅需要对其所处房间进行定位，即零维度定位，则仅需要在房间内设置一个基站即可。

无线定位系统的显示终端可设置一个或多个终端，采用PC电脑显示，在有无线网络覆盖的区域，可连接移动终端，即手持平板电脑。如连接外部网络，可实现超远距离终端监控，即使用智能手机，通过无线网络访问系统，使管理者在任意地区掌握车站现场人员动向。

3.2.2 定位原理

无线定位系统利用双向通信技术，实现微信标与基站之间的相对距离的计算，如图2所示。

图2 定位原理

发送脉冲电波时刻 T1

接收脉冲电波时刻 T2；

脉冲的飞行时间 T2 - T1；

脉冲的速度为光速 C；

标签与基站的距离 D = C × （T2 - T1）。

通过微信标与多个基站之间的相对距离，计算微信标在测量区域内的准确坐标，如图 3 所示。

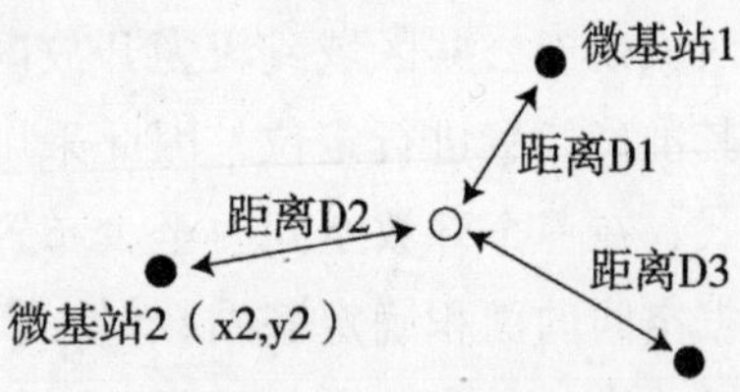

图 3　计算微信标在测量区域内的准确坐标

$$D1=\sqrt{(x4-x1)^2+(y4-y1)^2};$$

$$D2=\sqrt{(x4-x2)^2+(y4-y2)^2};$$

$$D3=\sqrt{(x4-x3)^2+(y4-y3)^2};$$

D1 - D2、D2 - D3、D3 - D1 为已知，代入上述 D1、D2、D3 的表达式，计算出 x4、y4。

3.2.3　系统架构

无线定位系统采用微基站对微信标进行距离测量，并将数据通过 Wi - Fi 或以太网上传至服务器，由服务器定位引擎计算微信标具体位置、存储历史信息，并设置显示终端，显示现场微信标所处位置，完成查询历史记录等功能，具体架构如图 4 所示。

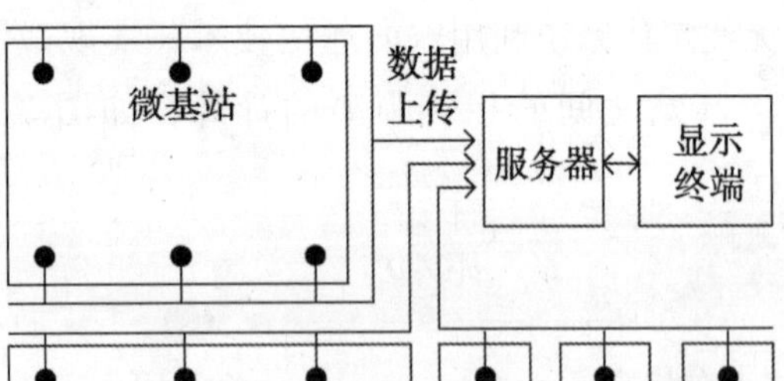

图 4　系统架构

3.3　工作环境

无线定位系统微信标及微基站工作参数（如表 1），根据基本工作参数，可得出结论，无线定位系统可以在地铁范围内装备。

表 1　无线定位系统微信标及微基站工作参数

微信标参数		微基站参数	
电池种类	充电锂电池	数据接口	标准以太网/内置 WIFI
工作时间	3 月一充（1Hz）	电源接口	POE/DC12 - 24V
工作温度	-20—60℃	工作功率	Wi - Fi 2. 5W
储存温度	-4—85℃	工作温度	-20—70℃
工作湿度	10%—90%无结霜	覆盖范围	35—50m

4　与信息化平台互联的实现

4.1　总体设计

无线定位系统数据传输是基于 Wi - Fi 或以太网实现完成，并设置有独立的服务器及 PC 终端显示器，因此总体设计考虑使信息化平台用过网络直接访问无线定位系统服务系抓取数据，即可实现定位功能与信息化平台接入，同时现场照片及信息通过网络上传至服务器，由服务器解读后与定位信息打包，二次上传至信息化平台，即可实现与信息化平台的数据传输。

4.2　通信流程

4.2.1　内部通信流程

无线定位系统采用 C/S 结构，一个服务器同时和多个客户端交互。客户端的形态可以是 PC 软件、移动端软件。实时数据包括位置信息、状态变化等数据。采用 websocket 协议交互，在服务器上启动相关服务，根据 websocket 协议对客户端进行数据推送。如图 5 所示。

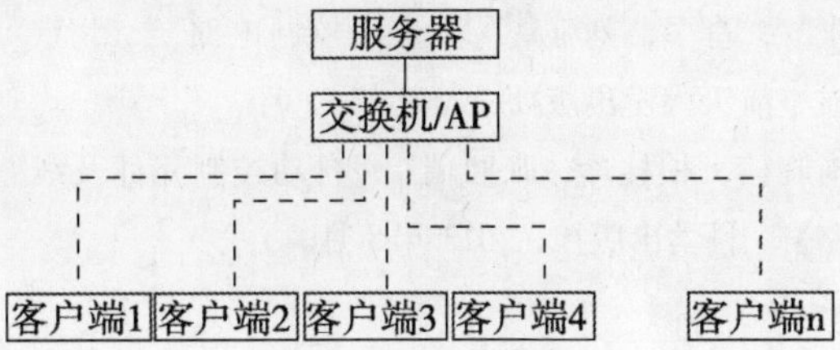

图5　内部通信流程

4.2.2　信息化平台通信流程

无线定位系统可直接通过网络将多样数据回传至服务器，由服务器解读后与定位信息打包，二次上传至信息化平台，同时显示终端可对服务器数据进行处理操作。如图6所示。

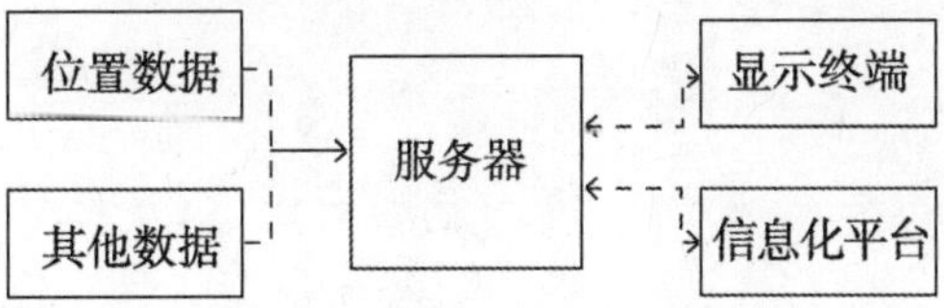

图6　信息化平台通信流程

5　系统的推广及扩展

本项目延伸了信息化管理的范围，丰富了信息化管理的功能，进一步缩短了流程，节约了人力成本，提升管理效率，在突发事件时提升了应急效率，减小现场损失。具体结论如下：

5.1　系统的推广

无线定位系统可独立在地铁范围内推广，设置独立的监视终端及网络覆盖。同时也可以配合信息化平台共同搭建，延伸信息化平台的应用范围及功能，且该系统使用操作简便，对环境要求较低，可以在地铁场段、车站、区间甚至是办公楼内全覆盖，同时使用人群广泛，可适用于基层员工至高层管理人员，在应急情况下，甚至可向地铁乘客发放信标，确保疏散时人员的有效可控。

5.2　系统的扩展

无线定位系统可连接门禁系统，现场摄像头，实现安防管理及深度监控，同时可以与手机终端连接，实现超远程监控，还可以完成员工签到、人员活动范围热度分析图绘制等功能。与信息化平台连接后，可以从公司内部甚至是外部，对公司全员情况进行整体监管，实现数据信息的无缝传输。

6　结论

众所周知，无线技术已经广泛运用于人们日常生活中，技术的更加密集多元化也是现代企业发展的重要标志，运用无线通信技术代替车站人员徒手操作作业，能够切实解决生产过程中的实际问题。

在车站一线工作的经验使我站在更加前端思考问题，也尽量从解决实际问题、棘手问题出发，结合学校所学知识解决它们。在理论提出的时候，我曾进行多方考察，关注交通行业同行的信息化平台建设情况及无线定位领域的发展情况，在进一步学习无线传输知识后，我选定了无线定位系统的定位方式及数据上传方式，找到了相对简便可行的实现方案，同时建立了简单的数学模型，对无线定位系统在地铁内能够良好的发挥作用打下了基础。

由于无线信息技术的发展及行业实际需要，该项目后期有很大的提升扩展空间，能够实现远程甚至超远程的全面监控指挥，为现场管理提供了方便，很大程度上解决了各个工作环节的时间效率问题及错误率问题。

在设计及实验的过程中，让我进一步学习了地铁及无线通信的相关知识，温习了大学时的课程，并就自己未知的学科进行了深入研究，拓宽了我的知识面，全面提升了个人业务知识水平。

参考文献

[1] A. V. Oppenheim.《信号与系统（第二版）》. 西安交通大学出版社，2000.

[2] LeonW. Couch.《数字与模拟通信系统（第二版）》. 电子工业出版社.

[3] 曹志刚.《现代通信原理》. 清华大学出版社.
[4] 叶霞飞，顾保南.《轨道交通线路设计》. 同济大学出版社，2010年2月.
[5]《集成电路应用替换手册》. 国防科技大学出版社，2003年9月.
[6] 张一，肖军，刘强.《测量与控制电路》. 北京航空航天大学出版社，2009年12月.
[7] 梅晓榕，柏桂珍，张卯瑞.《自动控制元件及线路》. 科学出版社，2013年8月.

CONSTRUCTION AND IMPLEMENTATION METHOD OF MULTI – DIMENSIONAL REAL – TIME INTEGRATED OPERATION MANAGEMENT SYSTEM IN FUZHOU METRO

Lin yunzhi Wu yanchun Qi xiaobing

(Fuzhou City Metro Limited liability company)

Abstract: A multi – dimensional real – time integrated operation management system is analyzed in this paper, which is build for Fuzhou Metro. The integrated management system adopts the service – oriented layered architecture with four levels. The data information is got though PHP and feedback to PC and mobile terminal. Moreover, the requirements of the project in the future operation and management are fully considered, including 2 major management themes: the facilities management and dynamic state display. The display interface is designed for both PC and mobile terminal, and a variety of applications for operation management are listed in this paper with detailed flow chat.

Keywords: urban rail transit; Fuzhou Metro; operation management system; multi – dimensional real – time system; construction and implementation method

1 Introduction

At present, the urban rail transit is developing at breakneck speed in China. Since 21 Century, with the rapid development of China' s economy and the accelerated process of urbanization, urban rail transit has entered a period of great development. In 2015, the total investment in the construction amounted to about 191 billion RMB, increased 28 billion RMB over last year, which means increased by 17.6%. By December 31, 2015, a total of 14 cities in China have opened new urban rail transit lines in Beijing, Tianjin, Shanghai, Suzhou, Guangzhou, Wuhan, Zhengzhou, Xi'an, Chongqing, Chengdu, Kunming, Shenyang, Harbin, and Dalian, with 24 new operating lines, 428.39km new operating mileage, and 275 stations[1-3]. China's urban rail transit industry has entered a new golden stage, and China has become the world's largest urban rail transport market.

The continuous opening of a large number of lines put forward higher requirements for equipment management. Each system needs to lay a good hardware foundation for the quality of the operational services, such as the vehicle system[4], the communication signal system[5], the electrical and mechanical system[6], the building automation system[7] and other related subsidiary system[8-10]. At the same time, the complexity of the rail transit system has led to huge expenses in the maintenance, repair and asset management of the advanced equipments. At present, there are many problems in the management and maintenance of the fixed assets of the railway transportation industry in our country[11-13], such as the incompetent of equipment ledger, the irrationality of maintenance procedure, the incompetent of maintenance quota, the unsoundness on evaluation and analysis, the fuzziness on inventory and supplier management and procurement system, and so on.

In view of the above problems, this research is based on the background of the multi – dimensional real – time integrated management system of Fuzhou rail transit, learns from other related industry management systems and ideas, and establishes an integrated display data platform for real time operation data and related information. The following advantages can be found on this platform:

1) Operators can find and display all the data related to operation and maintenance, including the data form mobile terminal;

2) The interface is three – dimensional, which make it easy to browse and fast to locate;

3) Driven by big data, the platform is able to realize data analysis, processing, early warning, and alarm;

4) An expert system is formed for the operation and maintenance gradually; so as to reduce the difficulty of subway operation and maintenance, make it more reliable and efficient, and achieve a better state with lower cost.

In conclusion, this paper theoretically improves and enriches the connotation of rail transport operation and maintenance management, and practically, embodies the innovation of rail transit operation management.

2 System Structure

In this paper, the advanced J2EE technology and three tiers B/S architecture based on the application server are applied in the system, and the MySQL database is used in the underlying as a data support layer, which ensures that the system is safe and stable for operation.

2. 1 System Topology

The integrated management system for Fuzhou Metro adopts the service – oriented layered architecture, which makes it able to meet the complex needs of the operations management. The layered architecture gets four levels, including data layer, system layer, application layer, and presentation layer. The system frame is shown in figure 1.

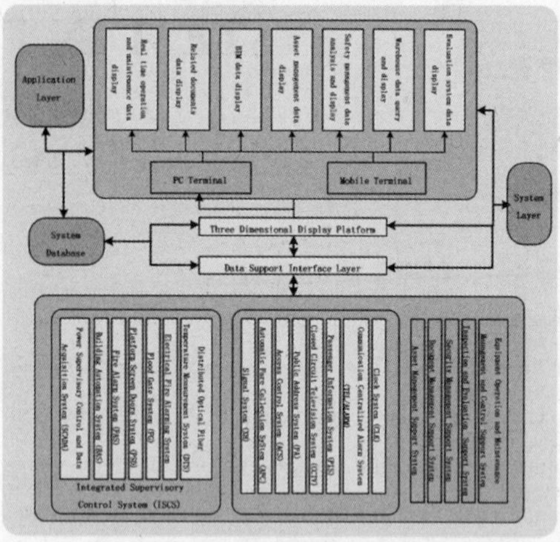

Fig 1 System framework

1) Data layer

The data layer is the basest layer in integrated operation management system, including a MySQL database for data storage server, and the data support interface layer constituted by the information interface between each subsystem.

2) System layer

The system layer is the support environment for the management system, it' s above the data layer, and represents the logical part of the application demand. It provides the data warehouse supporting environment and interface integration tools. Moreover, it' s the intermediate links between the applications and data sharing

3) Application layer

The application layer is the core part of the integrated management system. It secondary processes the information extract from each subsystem; on the other, and responses to service requirements from all levels of users.

4) Presentation layer

The presentation layer is oriented to users of the integrated system, it mainly includes the 3D display platform and other related applications on PC and mobile terminal. The whole system has a high degree of autonomy; a new function can be added according to the actual needs, without any affect to the normal operation of the whole system.

2.2 System Data Structure

The system gets information through PHP, including the entity ID of each subsystem data, the entity management data of related information, the entity SIM data, and the link of other additional data entities. After secondary processed, these information are screened and costumed though custom interface, and finally feedback to PC and mobile terminal. The system data flow framework is shown in figure 2.

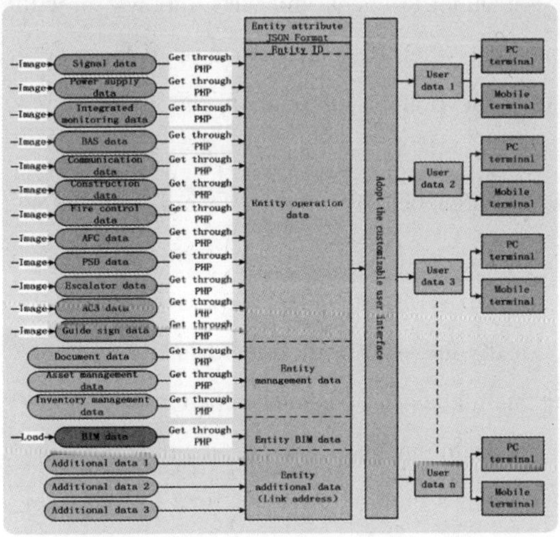

Fig 2 System data flow framework

2.3 System Hardware Structure

The system structure is shown in figure 3, and the functions of each subsystem are explained as follows:

1) Data server: mirror the data from other systems, and collect data.

2) Web server: deploy middleware and the equipment operation management system.

3) PC terminal: access the system data and realize other functions through the browser.

4) Mobile terminal: access the system data and realize other functions through the browser.

5) Output display: display date on large screen.

6) Printer: online print the documents, reports, etc.

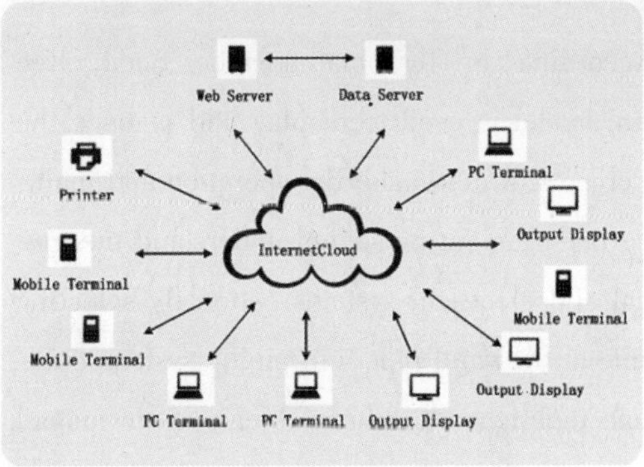

Fig 3 System B/S framework

2.4 Software Requirements and Functions

In this paper, the requirements of the project in the future operation and management are fully considered. Two major management themes, the facilities management and dynamic state display, are mainly researched in the data display interface. The main function requirements are shown as followings:

1) Overview of the line

The name and location of the station and section on the whole line of metro line 1 can be showed on the interface. By clicking on the station or parking lot icon, passengers can quickly switch to a specific station model interface.

2) Virtual reality roaming

The integrated model and hierarchical model

of station, parking lot and control center can be virtually browsed in multi ways; also, it can be switched to any floor and location at any time to realize roaming jump.

3) Small map function of three dimensional models

With the use of small map features to locate when roaming and viewing facilities, users can find the location of the real world more quickly.

4) Classification management and displaying of objects

According to the maintenance need, tree structure model is used to display and manage the model objects, which make the operation and maintenance management personnel understand the mechanical and electrical systems better. By selecting the name of the wind pipe and piping system, operators can highlight all system objects in the model and locate the position very quickly, which make it easy to find out the fault equipment pipeline connection and mutual association, and make it easier to troubleshoot and handle the emergency accidents. The routing topology of the station is simulated, so as to help the operators understand the network equipment of the station and the route connection mode quickly.

5) Object information querying, searching and sorting, 3D model for reverse positioning

By clicking on the device or electrical control box in the 3D model, the relevant information and the current running state of the object can be queried in real – time. Operators can sort and summarize the equipment list in the management interface. When there is too much equipment, operators can search through fuzzy search function and combination retrieve function. Also by clicking on the required equipment items, one can quickly locate the object in three – dimensional space, and display it in the middle of the screen, or view through two – dimensional map.

6) Querying information of product

In the stage of construction drawing, the design of equipment performance parameters and other information can be added in the model objects. When the device is installed, other information can be added to the object, such as the main equipment electronic sample PDF documents, maintenance of animation video, live photos, audio, and so on. In that case, the operation and maintenance management staff can call the view at any time.

7) Periodic maintenance reminder

Add information for facilities and equipment, such as maintenance period, setup time, and so on. Define the periodic maintenance and repair information in the system. In order to help maintenance personnel to check and view, the system will alert message when the management staff login system. Also, the prompt information can be eliminated when the new maintenance time is recorded.

8) Maintenance information record and statistic

Customized maintenance records in the platform. Fill the message in the record in real time after the maintenance personnel repair and maintenance the equipments. Generate maintenance record report in a certain period of time for management consulting.

9) Display the monitor status in real – time

Read the main monitoring equipment state data of the station integrated monitoring system in real time. Refresh online operation status and monitoring data in a three dimensional model according to a certain frequency dynamic. And show reaction to the changes in running state by the use of animation or color change, etc. When the early warning or alarm occurred in the monitoring system, the information can be accessed and prompted in the system instantly. Also, the alarm location can be posited rapidly in the model, and the walking path from the duty room to alarm location can be simulated drawled.

3 System implementation methods

3.1 System interface

The Platform interface for Fuzhou Metro integrated system contains navigation module, query module, fault warning module, and real - time data display module. It realizes many operational functions, such as the station switching, automatic patrol, site navigation, document query, and so on. The display interface for PC and mobile terminal are shown in figure 4 and figure 5:

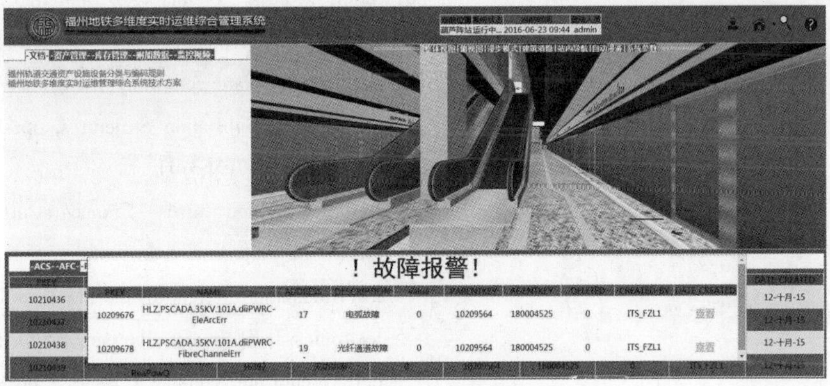

Fig 4 System interface on PC terminal

Fig 5 System interface on mobile terminal

3.2 System Application

The system realizes various applications, including the information management of all kinds of infrastructure assets in Fuzhou metro operation branch.

And it achieves data sharing with integrated monitoring of rail transit by data mirroring. Besides, the system accepts equipment status, fault, alarm and other operation information sent from the integrated monitoring system. It also allows maintenance personnel to manually enter equipment defects, failure and other information found during routine inspection. And the main business module is relatively independent, the configuration can be chosen in accordance with enterprise management needs. The system application process is shown below.

4 Conclusions

In this paper, a multi - dimensional real - time integrated operation management system for Fuzhou Metro is fully analyzed. The integrated management system adopts the service - oriented layered architecture with four levels, including data layer, system layer, application layer, and presentation layer. The system data structure and hardware structure are discussed with detailed structure diagram. Then, the requirements of the project in the future operation and management are fully considered, and the display interface is designed for both PC and mobile terminal. Finally, the various applications of the integrated system for operation management are enumerated in this paper.

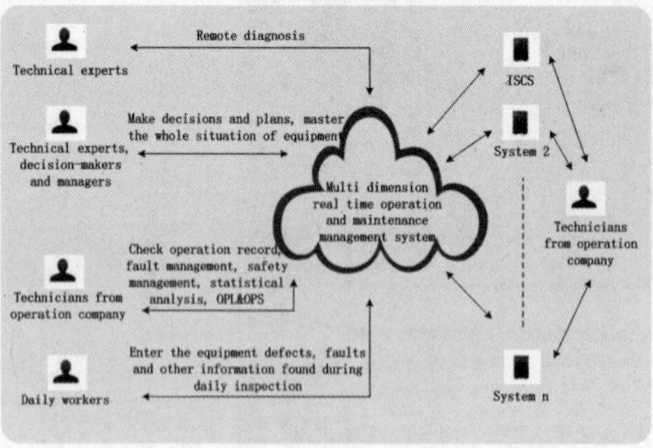

Fig 6 System application process

Reference

[1] Xin Yang, Anthony Chen, Bin Ning and Tao Tang (2016), Measuring Route Diversity for Urban Rail Transit Networks: A Case Study of the Beijing Metro Network. IEEE Transactions on Intelligent Transportation Systems, Volume: PP, Issue: 99, pp: 1 – 10, DOI: 10.1109/TITS.2016.2566801.

[2] X. J. Shen and X. C., Jiang(2011), Development of online monitoring system for 1500V ethylene – propylene – rubber DC feeder cable of Shanghai urban rail transit. IET Generation, Transmission & Distribution, Volume: 5, Issue: 7, pp: 720 – 728, DOI: 10.1049/iet – gtd.2010.0656.

[3] Xin Yang, Anthony Chen, Bin Ning, and Tao Tang (2016), Measuring Route Diversity for Urban Rail Transit Networks: A Case Study of the Beijing Metro Network. IEEE Transactions on Intelligent Transportation Systems, Volume: PP, Issue: 99, pp: 1 – 10, DOI: 10.1109/TITS.2016.2566801.

[4] G. P. Gwon, W. S. Hur, S. W. Kim, and S. W. Seo (2016), Generation of a Precise and Efficient Lane – Level Road Map for Intelligent Vehicle Systems. IEEE Transactions on Vehicular Technology, Volume: PP, Issue: 99, pp: 1 – 1, DOI: 10.1109/TVT.2016.2535210.

[5] Safae El Abkari, and Jamal Mhamdi(2016), The nervous system modeling algorithm for signal processing and communication in intelligent networks. ATSIP, 2016 2nd International Conference on, DOI: 10.1109/ATSIP.2016.7523182.

[6] Kuffel, J., Li, Z., Freimark, B., and Rao, T. (2009), Electrical and Mechanical Considerations in 765kV(Insulator) Hardware Assembly Design. Electrical Transmission and Substation Structures, pp: 1 – 11, DOI: 10.1061/41077(363)41.

[7] María del Carmen Currás – Francos et al(2014), Cooperative Development of an Arduino Compatible Building Automation System for the Practical Teaching of Electronics. IEEE Revista Iberoamericana de Tecnologias del Aprendizaje, Volume: 9, Issue: 3, pp: 91 – 97, DOI: 10.1109/RITA.2014.2340015.

[8] Jian – Qiang Li, Wen – Long Li, Gen – Qiang Deng, and Zhong Ming(2016), Continuous – Behavior and Discrete – Time Combined Control for Linear Induction Motor – Based Urban Rail Transit. IEEE Transactions on Magnetics, Volume: 52, Issue: 7, DOI: 10.1109/TMAG.2016.2533439.

[9] Yihui Wang, Bin Ning, Tao Tang, et al(2015), Efficient Real – Time Train Scheduling for Urban Rail Transit Systems Using Iterative Convex Programming. IEEE Transactions on Intelligent Transportation Systems, Volume: 16, Issue: 6, pp: 3337 – 3352, DOI: 10.1109/TITS.2015.2445920.

[10] Bin Ning, Jing Xun, Shigen Gao, and Lingying Zhang (2015), An Integrated Control Model for Headway Regulation and Energy Saving in Urban Rail Transit. IEEE Transactions on Intelligent Transportation Systems, Volume: 16, Issue: 3, pp: 1469 – 1478, DOI: 10.1109/TITS.2014.2366495.

[11] Darren Prescott, and John Andrews(2013), Modelling ma-

intenance in railway infrastructure management, Reliability and Maintainability Symposium(RAMS), 2013 Proceedings – Annual, DOI: 10.1109/RAMS.2013.6517678.

[12] M. Petkova(2009), The future of fixed installations: Network Rail's position. EMC in Railways, 2009 IET Seminar on, DOI: 10.1049/ic.2009.0106.

[13] Dovile Rama, and John D Andrews(2016), Railway infrastructure asset management: the whole – system life cost analysis. IET Intelligent Transport Systems, Volume: 10, Issue: 1, pp: 58 – 64, DOI: 10.1049/iet – its.2015.0030.

林云志　吴艳春　祁小兵
（福州市城市地铁有限责任公司）